Anos rebeldes
os bastidores da criação de uma minissérie

Anos rebeldes

Rocco

Gilberto Braga

os bastidores da criação de uma minissérie

Copyright © 2010 *by* Gilberto Braga e Sérgio Marques
Copyright da série Anos Rebeldes © 1992-2010 TV Globo

Direitos para a língua portuguesa reservados
com exclusividade para o Brasil à
EDITORA ROCCO LTDA.
Av. Presidente Wilson, 231 – 8º andar
20030-021 – Rio de Janeiro – RJ
Tel.: (21) 3525-2000 – Fax: (21) 3525-2001
rocco@rocco.com.br
www.rocco.com.br

Printed in Brazil/Impresso no Brasil

PREPARAÇÃO DE ORIGINAIS
Leonardo Villa-Forte

CAPA E PROJETO GRÁFICO
Fatima Agra

EDITORAÇÃO
FA Editoração Eletrônica

CIP – Brasil. Catalogação na fonte.
Sindicato Nacional dos Editores de Livros, RJ.

B792a

Braga, Gilberto, 1945-
    Anos rebeldes: os bastidores da criação de uma minissérie /Gilberto Braga e Sérgio Marques. – Rio de Janeiro: Rocco, 2010.

    ISBN 978-85-325-2514-7

    1. Anos rebeldes (Programa de televisão). 2. Roteiros de televisão. I. Título.

10-0016   CDD – 791.4572
                                        CDU – 791.44:654.19

Sumário

- **7** **Prefácio** – Artur Xexéo
- **11** **Introdução**
- **23** **A concepção**
    - Personagens
    - Sinopse
    - Lista de cenários e locações
- **77** **Os anos inocentes**
    - Roteiro dos capítulos 1 ao 6
- **243** **Os anos rebeldes**
    - Roteiro dos capítulos 7 ao 13
- **423** **Os anos de chumbo**
    - Roteiro dos capítulos 14 ao 20
- **623** **Conclusão**
- **627** **Ficha técnica**

Prefácio

Artur Xexéo

Editar roteiros é prática muito pouco comum no Brasil. Se textos escritos especialmente para teatro ou cinema já são difíceis de encontrar, aqueles feitos para televisão, então, são praticamente um milagre. Só por isso, a existência deste *Anos rebeldes* em livro já deveria ser saudada com fogos de artifício. Há outros motivos para comemorar este lançamento. *Anos rebeldes* é uma minissérie de Gilberto Braga, aquele que costuma ser apresentado como um dos maiores escritores de televisão do país. Gilberto talvez seja o primeiro autor brasileiro que sempre, desde o começo da carreira, escreveu para TV. Diferentemente de Janete Clair ou Ivani Ribeiro, ele não começou no rádio. Nem no teatro, como Dias Gomes ou Bráulio Pedroso. Nem no romance, como Aguinaldo Silva. Nem como roteirista de cinema, como Sílvio de Abreu. Gilberto Braga começou escrevendo para televisão. Mas limitar seu talento apresentando-o apenas como um dos maiores escritores de televisão do país é uma injustiça. Gilberto Braga, na verdade, é um dos maiores escritores do país. Ponto. É dono de um texto que, até agora, era preciso ouvir para saborear. Mas que – e *Anos rebeldes* em livro prova isso –, quando é lido, não perde sua força dramatúrgica ou literária.

Há muitas razões para se destacar *Anos rebeldes* na obra de Gilberto Braga. Ele escreveu a minissérie de 20 capítulos em 1992, 14 anos depois de *Dancin'Days* e 12 anos depois de *Água viva*, duas de suas telenovelas de maior sucesso, e 11 anos antes de *Celebridade* e 15 antes de *Paraíso tropical*, duas de suas telenovelas... de maior sucesso. É difícil encontrar nas 17 novelas e quatro minisséries de Gilberto Braga, o número que compõe a quase totalidade de sua obra televisiva, alguma que não tenha sido... um de seus maiores sucessos (ele é o autor de *Anos dourados*, *Corpo a corpo*, das adaptações de *Escrava Isaura*, *Primo Basílio*, *Dona Xepa*...). Com esses "maiores sucessos", ele construiu um estilo que, não seria exagero afirmar, transformou-se quase em gênero. Existem as novelas e as novelas de Gilberto Braga.

Quando é anunciada uma novela de Gilberto Braga, o espectador já pode imaginar que será uma crônica de costumes da Zona Sul carioca. Não cometerá erro se supor que, entre os personagens, haverá uma grã-fina inesquecível (ninguém cria grã-finas como Gilberto Braga). E pode esperar também por um vilão – ou uma vilã, as vilãs são sempre melhores – que, inevitavelmente, cairá na sua simpatia. É por isso que *Anos rebeldes* é tão surpreendente. Nada no trabalho anterior de Gilberto Braga dava a dica de que ele seria o autor de uma minissérie de televisão que retratasse o período do governo militar no Brasil.

Não foi a primeira vez que se fez referência à ditadura numa série de TV. Mas até então ela aparecia – e, mesmo assim, poucas vezes – como elemento secundário. Era, por exemplo, um personagem que tinha sido preso político. No passado. Em *Anos rebeldes*, a ditadura é o pano de fundo de toda ação. O primeiro capítulo da minissérie se passa no verão de 1964, na porta de entrada do golpe militar. O último episódio acontece em 1979, quando a Lei da Anistia traz de volta ao país os primeiros exilados políticos. Entre um e outro, Gilberto acompanha um grupo de jovens estudantes e o quanto a ditadura afetou suas vidas.

Não é um tratado político. *Anos rebeldes* é um novelão. Tem romance, aventura, ação, suspense, reviravoltas e uma técnica impecável em deixar sempre um gancho no fim de cada capítulo, o que torna irresistível a vontade de se assistir – e, agora, ler – ao capítulo seguinte. Aparentemente, a trama desenvolve um triângulo amoroso tradicional. Maria Lúcia, a mocinha sonhadora, divide sua atenção entre João Alfredo, o jovem rebelde, e Edgar, o galã certinho. Isso são só aparências. Na verdade, o triângulo de *Anos rebeldes* é formado por João Alfredo, ele, sim, o mocinho sonhador, dividido entre Maria Lúcia, a heroína certinha e... a revolução. É o sonho de derrubar a ditadura que impede o romance entre João Alfredo e Maria Lúcia. O sonho revolucionário é um dos protagonistas desta trama, que trouxe o período militar para a sala de visitas do brasileiro e para surpresa de uma geração que não sabia bem do que se tratava.

Os jovens de *Anos rebeldes* traçam uma trajetória singular. Na primeira parte da minissérie, eles são adolescentes que acham que vão mudar o mundo pichando palavras de ordem em muros da cidade. No segundo tempo, participam do movimento estudantil reunindo-se em assembleias e organizando abaixo-assinados. Na parte final, aderem à luta armada. Tudo isso cercado também das boas lembranças do período: a passagem de Brigitte Bardot pelo país, os festivais da canção, as noitadas de samba no Teatro Opinião, a descoberta das escolas de samba pela classe média... *Anos rebeldes* é um painel irretocável daqueles tempos.

De quebra, essa edição traz um outro texto de Gilberto Braga, revelando os bastidores da gravação da minissérie. Gilberto não é só um grande criador de histórias. Ele é um irresistível contador de histórias. Das histórias que ele mesmo viveu. Como se nega a escrever uma autobiografia, essa espécie de *making-of* de *Anos rebeldes* torna-se uma miniautobiografia do autor. É preciso aumentar o estoque dos fogos de artifício.

Introdução

A minissérie *Anos rebeldes* tem um fortíssimo significado para mim. Pude contar uma história marcante de amor, fazer um breve panorama de anos turbulentos da história do Brasil, comover diferentes gerações de espectadores e revisitar minha adolescência. Tenho muito orgulho desse trabalho, mais, talvez, do que de qualquer dos meus outros, e penso que tenha sido uma boa contribuição à dramaturgia e à memória do nosso país.

Muitos me perguntam como decido sobre o que vou escrever. Sugerem diversos temas com os quais eu poderia trabalhar, tipos de personagens que eu poderia desenvolver, e têm curiosidade sobre como se dão minhas escolhas.

Não sou um escritor do tipo romântico, não fico pensando se tenho vontade de escrever sobre isso ou aquilo e esperando que a inspiração venha. Sou um escritor profissional. Na minha experiência, conta bem mais transpiração do que inspiração. Escrever é uma tarefa e tento fazê-la com dignidade.

Minhas influências

Parte da minha escrita vem da minha forte ligação com o cinema, em que o texto só existe como guia para algo que acontece depois, a filmagem. Assim também ocorre na televisão: são as imagens que complementam e fazem aquilo que foi escrito previamente, o roteiro, existir de fato. É preciso considerar também a sonoplastia, o figurino, os diálogos, componentes da imagem em movimento. Essa característica faz com que o trabalho na TV e no cinema envolva profissionais de diversas áreas, tornando-o uma experiência necessariamente coletiva. Apesar de haver uma ou outra pessoa comandando o processo, o autor ou o diretor, dependemos de muitos profissionais para que aquilo que começou como uma sinopse chegue até o espectador de forma caprichada, envolvente e divertida.

O lugar onde mais aprendi, sem regras ou academicismos, foi ali, dentro do cinema. Por volta dos seis anos de idade, já ia ver filmes de adulto, como os de Esther Williams, que eu adorava, ou as chanchadas da Atlântida, que tinham um roteirista muito forte, Cajado Filho, o mesmo das deliciosas comédias do Carlos Manga. Aos onze ou doze anos, eu já gostava de filmes no estilo de *Testemunha de acusação*, baseado na obra de Agatha Christie, com o molho delicioso de Billy Wilder roteirista.

O cinema se tornou, definitivamente, minha primeira grande influência lá pelos meus quatorze ou quinze anos, quando comecei a ler revistas especializadas, como *Les cahiers du cinéma*, que detalhava o trabalho de cada diretor. Nela, aprendíamos, por exemplo, que *Deus sabe quanto amei* era um filme de Vincente Minnelli e não de Frank Sinatra, a estrela principal. Assim, comecei a pesquisar sobre os diretores dos filmes de que gostava. O primeiro por que me interessei foi Alfred Hitchcock, cuja obra é maravilhosa.

Na minha juventude, assistia praticamente a um filme por dia, graças a um acordo feito logo cedo com meus pais. Estudava inglês no Ibeu e negociei com eles para que me passassem para a aula das oito da noite, diferentemente de antes, quando minha turma entrava às nove da manhã. Dessa forma, tive, aos doze anos, autorização para ir ao cinema na sessão das dez, após o curso. Não havia violência em Copacabana e meus pais eram liberais. Foi assim que o cinema passou a ser ainda mais importante na minha vida.

Já em 1965, a média de lançamentos de filmes na cidade do Rio de Janeiro era de uns dez títulos por semana. Eu via todos e revia os que apreciava mais. *A chinesa*, de Jean-Luc Godard, foi um marco no meu amadurecimento enquanto espectador. A partir desse filme, passei a sair no meio da sessão quando não gostava do que estava vendo. Nele, um homem faz divagações e equações num quadro-negro, algo que só poderia sair da cabeça do louco do Godard. Disse a mim mesmo: "Vou embora, não fui *condenado* a ver essa merda."

Mais tarde, fui entender que quase todos os meus diretores prediletos, que eu pensava serem americanos, eram, na verdade, judeus europeus. Na minha ingenuidade, acreditava que o cinema americano era melhor por criticar a cultura de seu país, enquanto o francês fazia um cinema de exaltação da França e o italiano, de exaltação da Itália. Depois, vi que não; aqueles cineastas eram judeus que foram para os Estados Unidos fugindo da Segunda Guerra Mundial.

Nos anos 70, começaram a falar muito de humor judaico, certamente por causa do sucesso de Woody Allen. Eu me identificava muito com esse tipo de humor, o que me fez pensar na minha própria ascendência familiar. Algumas pessoas tinham certeza de que, pelo meu sobrenome Tumscitz e pela minha cara, eu só podia ser judeu. Acontece que o pai do meu pai não era o marido oficial de minha avó. Meu pai foi fruto de uma relação ocasional, filho natural, como chamavam. Depois que ele nasceu, minha avó se casou com o Tumscitz, que deu nome a meu pai. Assim, não tenho o sangue judaico.

Eu perguntava para as pessoas o que era este tão falado humor judaico. Elas me explicavam e eu respondia que aquilo para mim era humor, só humor. Nada mais tinha graça. Aos poucos, fui percebendo que minha sensibilidade era muito próxima à dos judeus porque fui criado por eles. Fui educado por Billy Wilder, por Joseph Mankiewicz, por George Cukor e por todo filme americano feito por judeus europeus. Eles me mostraram do que eu gostava, o que eu achava bom, e me influenciaram bastante em relação aos diálogos, pois sempre traziam falas muito bem dosadas, certeiras e bonitas. No caso dos musicais, ainda havia o ritmo e a sonoridade das palavras, tratadas de forma especial, o que me agradava e me marcou tanto. Até hoje, criando uma cena, me guio mais pelo diálogo e seu ritmo do que pela imagem – é uma espécie de marca pessoal.

● ● ●

A leitura também me influenciou. Tive uma formação muito boa em língua portuguesa e literatura no Colégio Pedro II. No ginásio, uma parte do que se chama hoje de Ensino Fundamental, li autores como Carlos Drummond de Andrade, Vinicius de Moraes e Manuel Bandeira. Adorava Aluísio Azevedo. Algumas leituras me influenciaram bem mais que outras. Romantismo, de modo geral, não é a minha praia. Até hoje, meus autores preferidos são Machado de Assis e Eça de Queiroz.

No ano de 1962, ainda no Pedro II, mas já no Clássico, hoje Ensino Médio, tivemos um seminário sobre Nelson Rodrigues. Não que a professora Eneida Bomfim fosse assim tão louca pelo teatro dele, ela era apenas uma grande educadora e viu que alguns alunos gostavam do estilo do autor. Sugeriu esse seminário. Essa época corresponde a uma fase maravilhosa de Nelson. Meus colegas e eu curtíamos ler as peças e tivemos a chance de assistir às estreias nacionais de *Boca de ouro*, em 1961, dirigida por José Renato e estrelada por Milton Moraes, Vanda Lacerda, Oswaldo Louzada; eram tantos craques em cena que o espetáculo se dava o luxo de ter a grande Tereza Rachel apenas no terceiro ato. *O beijo no asfalto*, em 62, foi mais uma estreia histórica, dirigida por Fernando Torres, com Mário Lago, Fernanda Montenegro, Ítalo Rossi e Sérgio Britto, o maravilhoso Teatro dos Sete. *Bonitinha, mas ordinária* também foi fantástica, em 63, direção do Martim Gonçalves. Mais tarde, 66, um dos maiores impactos de minha vida: *Toda nudez será castigada*, com direção do Ziembinski e Cleide Yáconis no elenco, montagem arrasadora. Minha geração teve o privilégio de ver todas essas montagens.

• • •

Meus pais gostavam muito de teatro, desde cedo foram eles que me levavam para assistir a peças, a maioria delas de adultos, porque o teatro infantil antes de Maria Clara Machado era fraco. Mais uma sorte: meu pai, como escrivão de polícia, conseguia entradas gratuitas (todo teatro era obrigado a reservar três ou quatro lugares para a Polícia Federal, por sessão, acho que ainda hoje existe isso). Eu mesmo ia ao centro da cidade de ônibus para pegar os chamados "permanentes", que passavam de mão em mão, sob o controle de uma funcionária, curiosamente alocada no prédio da Polícia Central, onde depois ficaria o Departamento de Ordem Política e Social, o Dops, que aparece em *Anos rebeldes*.

Virou costume eu pegar os tais permanentes para ir ao teatro sem incomodar meu pai. Falava diretamente com a funcionária e pegava o permanente para todo o fim de semana. Às sextas-feiras iam ao teatro mamãe e papai; aos sábados, geralmente eu e meu avô.

Uma vez contei essa história para a Fernanda Montenegro, grande amiga e pessoa de ótimo humor. Ela disse: "Poxa, então aqueles lugares que a gente ficava irritado de dar para a polícia ao menos serviram para alguma coisa, serviram para a formação do Gilberto!"

• • •

Depois das aulas de literatura no colégio, passei a ler menos. Apesar de sempre estar com um livro ou outro na cabeceira, para quem vai bastante ao cinema é difícil ser um leitor voraz. Como cursei francês na Aliança Francesa, acabei conhecendo os escritores franceses. Gosto muito de Molière e Balzac, autor que eu mais li na época. Só mais velho li Proust, e adorei, por conta da psicologia de comportamento, meu maior interesse na vida, acredito.

Na Aliança, descobri que não tenho sensibilidade para poesia. Nas provas orais, quem decorasse um poema ganhava pontos extras. Como tenho ótimo ouvido e decoro poesia com facilidade, sei de cor até hoje poemas de Baudelaire, Mallarmé, Verlaine... mas aquilo não me diz nada, só repito feito um papagaio. Diante de poesia pura, sou o burro olhando o palácio. Interesso-me, naturalmente, por poetas mais próximos da prosa, como Vinicius, Bandeira, Drummond ou La Fontaine.

Li um pouco dos russos, especialmente Dostoiévski, Tolstoi e Tchekov. De literatura inglesa e americana, foram pouquíssimos, e só quando eu já era mais velho. Certamente porque não cheguei a estudar literatura no Ibeu. A exceção vai para Charles Dickens, que li ainda jovem e adorei. O próprio Shakespeare, não conheço muito. Meu inglês não chega ao século XVII, como o meu francês. Traduzido, Shakespeare perde muito. Minha chance são os poucos filmes onde posso ouvir Shakespeare e compreender pelas legendas em português. Entre meus amigos mais próximos, o forte em Shakespeare é o escritor Sérgio Marques, que faz parte de minha equipe de trabalho e escreveu comigo *Anos rebeldes*. Sérgio foi professor da Cultura Inglesa.

Há um tipo de leitura para o qual comecei a atentar mais tarde, os *best-sellers* americanos. Walter Clark, ex-diretor da TV Globo, foi um dos poucos a reparar nisso. Logo depois da minha novela *Água viva*, deu uma declaração me incensando por ser o primeiro novelista surgido dentro da própria televisão, já que todos os outros, antes de mim, vieram do rádio ou do teatro, dizendo: "Gilberto Braga trouxe uma novidade para a novela brasileira. Pela primeira vez, vemos a influência de *best-sellers* americanos."

Realmente, nenhum dos outros autores da época tinha esse tipo de influência. Janete Clair não tinha. Ela lia romances femininos da década de 1930, os mesmos que minha mãe. As duas eram praticamente da mesma geração, Janete pouca coisa mais jovem. Adoravam títulos como *Amar foi minha ruína*, *Stella Dallas*, *Esquina do pecado*, do qual já fizeram três versões para o cinema. Janete leu muito esse tipo de literatura, mas não me lembro de ela comentar comigo sobre *best-sellers*. Li Sidney Sheldon, Harold Robbins, gosto até hoje desses todos, não me envergonho disso, acho uma pena que no Brasil só tenhamos Nélidas Piñons, Clarices Lispectors, a literatura menos sofisticada também tem seu valor.

A ira dos anjos, de Sheldon, é, a meu ver, um ótimo romance. A ação é muito boa. Um dos meus sonhos era comprar os direitos desse livro e fazer uma novela. Pena que não seja mais permitida qualquer adaptação para TV. São muitos os *best-sellers* ruins, é claro. Não vou dizer que os bons ficam marcados na memória, como um Flaubert, de quem algumas passagens sei de cor. Ele levava um dia inteiro para escrever uma frase! Não há como não memorizar algumas. Mas *Aeroporto* ou *Hotel*, do Arthur Hailey, são histórias que me prendem, eu não consigo parar de ler. De modo geral, acho que novelistas mais antenados, como Lauro César Muniz, Sílvio de Abreu ou Aguinaldo Silva leem *best-sellers*. Não têm preconceito contra americanos, como era o caso do Dias Gomes – típica figura do chamado Partidão. Dias só elogiava Brecht, que às vezes me parece muito chato.

• • •

Hoje me dou conta de que as radionovelas também me marcaram muito e influenciam até hoje o meu trabalho. Na infância, eu costumava escutá-las e, creio, isso me ajudou em vários momentos.

A radionovela que todos ouviam na minha infância foi *O direito de nascer*. Lembro também de um programa chamado *As aventuras do anjo*, transmitido à tarde. Todo garoto da minha idade chegava correndo do colégio para ouvir isso e *Gerônimo, o herói do sertão*. Eu gostava também de um programa da tarde, chamado *Presídio de mulheres*, contando histórias de presidiárias ao estilo do cinema mexicano. Lembro ainda de uma novela, provavelmente do Ghiaroni (tio do meu querido oculista Almir), de nome *Pertinho do céu*, Daisy Lúcidi interpretando a professorinha que dava aulas no morro. O meu pai não gostava que eu ouvisse *Pertinho do céu* ou *Presídio de mulheres* porque pensava que não era coisa para meninos. Como vocês veem, nem todo pai é cego, não é?

Todas as referências acima foram marcantes em minha vida. Lembro-me de que na época em que estava fazendo *Dona Xepa*, inspirada na peça de Pedro Bloch, notei que o programa tinha algo que me remetia aos filmes americanos da década de 30. Tinha a impressão de que algumas cenas eram similares a algo que tinha visto ainda criança. Mais tarde descobri que a referência com a qual estava dialogando era *Stella Dallas*, filme em que Barbara Stanwyck interpreta o papel-título da mãe que tem uma filha de caráter duvidoso. É uma obra-prima, vale a pena ser vista. Acho incrível como recuperamos nossas referências quando menos esperamos.

Do Posto Seis a Paris

Meu primeiro trabalho foi como balconista de banco. Eu tinha 17 anos e meu pai havia morrido há pouco tempo. A família estava numa situação difícil, sem dinheiro algum, então consegui uma vaga no Banco Moreira Salles, que ficava no Posto Seis, pertinho do nosso apartamento. Lá, trabalhei durante um ano. Eu já dava aulas particulares de línguas antes mesmo de meu pai morrer. Queria ter meu próprio dinheiro e, com o tempo, vi que estava ganhando mais com as aulas do que no banco. Decidi largar o emprego fixo.

Eu dizia que seria diplomata, porque minha mãe me cobrava a carreira segura. Mas eu não estudava nada. Estava mais interessado em cinema e teatro.

No final de 67, me formei na Aliança Francesa e pude começar a ensinar francês oficialmente. Como tenho sempre muitas ideias, aproveitei meus contatos na instituição para desenvolver projetos de meu interesse, ao mesmo tempo em que promovia a Aliança de uma forma ligada à diversão e à agitação cultural. Consegui que a Nathalia Thimberg, que eu não conhecia, e Henriette Morineau, que eu conhecia vagamente por causa de Daisy Lúcidi, amiga de minha mãe, fizessem uma leitura de uma peça de Jean Racine. Henriette era francesa, Nathalia estudou na França e fala francês tão bem quanto português. A leitura teve uma tremenda repercussão. Divulguei o evento pela imprensa e o diretor geral da Aliança Francesa no Brasil resolveu me dar uma viagem à França de presente.

Ganhei inicialmente apenas as passagens, mas quando disse que não teria dinheiro para me sustentar em Paris, o diretor me ofereceu uma bolsa para frequentar por três meses um curso para professores. As aulas eram de manhã e, como eu passava as noites na farra, faltava. Minha bolsa chegou até a ser suspensa devido à minha baixa frequência. Já contando com essa possibilidade, tinha ido à aula ministrada pelo diretor geral da Aliança Francesa, à qual cheguei bem cedo e me fiz notar, fazendo perguntas pertinentes, sempre um oportunista, safo – digamos. Sabia que, se houvesse qualquer problema, ele poderia me reconhecer futuramente. Na hora em que minha bolsa foi extinta, bati na porta do diretor e expliquei a situação. Disse que não estava frequentando o curso porque ia mesmo ao teatro, depois para a noite e acordava tarde. Ele compreendeu a situação, argumentou que era assim mesmo, que eu era jovem e estava em Paris pela primeira vez, e mandou liberar a minha bolsa.

Com essa viagem, descobri que não queria morar fora do Brasil. Gostei muito de Paris, mas não queria morar lá e falar francês o tempo inteiro. De volta ao Rio, tive que encontrar alguma coisa para fazer que não fosse a diplomacia porque já sabia que não seria feliz com uma carreira nômade. Tive a chance de conseguir um trabalho como professor, na Aliança Francesa, além de retomar meus alunos particulares. Nessa fase, eu já sabia que trabalharia em alguma coisa ligada a cinema ou teatro. Então pensei: "Não conheço ninguém, não sou de família rica, preciso encontrar um jeito de entrar nesse meio, conhecer pessoas ligadas ao poder." Sei ver onde está a oportunidade e percebi que poderia me tornar crítico de teatro. Sabia que isso me ajudaria.

De olho nos palcos

Eu conhecia, da casa de Daisy Lúcidi, o editor do jornal *Gil Brandão*, distribuído aos domingos em Copacabana. Perguntei-lhe se não estavam precisando de um crítico de teatro. Ele respondeu que, se eu quisesse, me daria espaço para escrever a coluna, mas não tinha como me pagar. Ressaltou que esta seria uma boa vitrine para o meu trabalho. Fiz três colunas e dei a maior sorte. O revisor de *O Globo*, meu amigo Fernando Zerlotini, leu uma crítica que fiz e gostou. Coincidiu com o fato de que, na época, O Globo estava à procura de um novo colaborador. Na verdade, o editor do "Segundo Caderno", Carlos Menezes, estava insatisfeito com seu crítico de teatro, Martim Gonçalves. Martim era também diretor de teatro e, como jornalista, bastante negligente.

Carlos Menezes queria ao menos que alguém dividisse a coluna com Martim. Ou talvez quisesse simplesmente um outro crítico. Eu conhecia Martim vagamente. Pedi que Menezes me desse seu telefone, o que foi feito, para que eu tentasse ser contratado como colaborador dele. Liguei para Martim e fui destratado. Ele se sentiu ofendido pelo Menezes, reagiu muito mal. Menezes mandou que eu fizesse crítica de uma peça dirigida por Martim. O espetáculo não era bom. Fiz a crítica negativa. Foi o início de uma guerra. O conflito durou bastante tempo, até Martim ser despedido e eu assumir sozinho a coluna. A posição de crítico de teatro de O Globo facilitou muito minha entrada na TV Globo, porque na hora em que eu quis escrever um Caso especial, as pessoas já conheciam um pouco do meu trabalho.

O começo na Rede Globo

Não lembro quem me informou que a emissora estava pagando uma boa quantia por cada Caso especial, programa semanal contando uma história completa a cada apresentação. Eu frequentava a piscina do Clube Campestre, no Alto Leblon, com uma amiga e seus filhos pequenos. Daniel Filho, na época casado com Dorinha Duval, morava ali perto e também tinha o hábito de ir à piscina do Campestre. Eu costumava conversar com Daniel sobre cinema e teatro e um dia mostrei-me interessado em escrever um Caso especial. Daniel recomendou que eu procurasse Domingos de Oliveira na TV Globo, e foi isso que fiz.

Já conhecia o Domingos vagamente e, quando conversamos, ele me disse que queria dar atenção aos clássicos. Apresentou-me uma lista grande de romances e peças de teatro que ele julgava interessantes para o programa. Isso foi em meados de 72 e eu já estava namorando Edgar Moura Brasil, com quem sou casado até hoje. Foi ele que selecionou da lista A dama das Camélias. Domingos concordou com a escolha, mas queria uma dama das Camélias modernizada, contemporânea.

Fiz a adaptação seguindo as determinações da emissora, entreguei o texto, que precisava ser reescrito, já que eu não entendia nada de televisão, nem espectador eu era. Tive uma grande sorte, entre tantas outras. Domingos estava saindo de férias nessa ocasião e quem cuidaria do Caso especial durante sua ausência seria Oduvaldo Vianna Filho.

Como crítico de teatro, eu era muito refratário à moda. Até hoje, por sinal, não gosto de moda. Nem de roupa. Estava em voga o teatro de diretor, como o do José

Celso Martinez Corrêa, e eu gostava mais do teatro centrado no texto. Oduvaldo Vianna Filho tinha um ponto de vista parecido com o meu e era um autor do qual eu gostava muito. Depois de morrer, ele foi muito elogiado, mas naquela época ainda não era muito bem considerado pela crítica carioca. Como sempre falei bem das peças dele e ele era uma pessoa muito bacana, acabamos virando amigos.

Vianna leu meu roteiro de *A dama das Camélias* e encontrou coisas a seu ver muito fortes, principalmente a personagem feminina, realmente bem desenhada. Então se ofereceu para fazer as adaptações no texto comigo e me dar algumas dicas. Vindo da tradição do trabalho em grupo, com o Centro Popular de Cultura e o Teatro de Arena, Vianna era uma pessoa generosa. Fui para a casa dele e trabalhamos juntos durante quatro ou cinco dias. Como intuição é algo que não me falta, aprendi tanto naqueles poucos dias que o meu segundo *Caso especial* já foi aceito sem necessidade de adaptação, sendo gravado logo em seguida. Incluindo *A dama das camélias*, fiz cinco programas durante o ano de 1973.

Quando entreguei o quinto *Caso especial*, Daniel Filho me perguntou, antes mesmo de ler: "Quer escrever a próxima novela das sete?" Eu respondi: "Tá maluco? Que novela? Eu nunca vi novela, não sei nada de novela." Ele respondeu que, mesmo assim, achava que eu tinha jeito e estava precisando de novos colaboradores.

No início dos anos 70, o problema da Globo era ter alguém com quem Janete Clair pudesse alternar a novela das oito. Acontecia o seguinte: entrava novela da Janete e era um sucesso, entrava novela de outro e não dava certo. Lauro César Muniz tinha ido muito bem no horário das sete com sua novela *Carinhoso*, com Regina Duarte, Claudio Marzo e Marcos Paulo. Daniel Filho viu aí o caso de experimentar Lauro no horário das oito e isso abria uma vaga às sete. Daniel sugeriu que Lauro César escrevesse trinta capítulos de uma novela comigo, me passando técnica, e depois eu seguiria sozinho. Aceitei.

Tudo correu bem enquanto eu estava com Lauro. Mas, quando fiquei só, me atrapalhei e não conseguia escrever seis capítulos por semana. O que salvou a pátria foi que Janete Clair estava assistindo à novela e gostava dos diálogos. Janete conversou com Daniel e resolveu me ajudar. Tratava-se exatamente do que hoje se chama "supervisão de texto", só que na época isso não era oficial. Passei a ter uma reunião semanal com Janete na qual a gente bolava as histórias que seriam contadas durante a semana seguinte.

Janete era um burro de carga para trabalhar, conseguia fazer um monte de coisas ao mesmo tempo, além de dirigir uma casa, criar seus filhos, e papariar o Dias Gomes como o grande escritor da mansão da rua Tabatinguera. Ela lia a minha novela, fazia uma reunião semanal comigo e ao mesmo tempo escrevia uma novela, *Fogo sobre terra*. Graças à sua boa vontade, fiquei mais seguro, até porque Janete tinha um jeito muito hábil de lidar com o supervisionado. E assim consegui terminar *Corrida do ouro*. Fiquei na Globo como aquela pessoa que ainda não está pronta para escrever novela sozinha, mas que também não devia ser dispensada.

Voo solo

O horário das seis ainda era indefinido dentro da grade da Globo. Nada estava dando certo. Daniel teve a ideia de fazer adaptações de clássicos brasileiros da literatura nessa faixa de horário e sabia que, como eu havia sido professor da Aliança, devia ter algum contato com literatura clássica. A estreia das novelas nesse horário das seis foi minha adaptação de *Helena*, do romance de Machado de Assis, um dos meus escritores favoritos, como eu já disse. Essa novela, na verdade, seria hoje o que é uma minissérie como *Anos rebeldes*, porque durava apenas vinte capítulos. O sucesso da dramaturgia nessa faixa de horário começou aí, e a coisa fluiu bem. Minha segunda investida, *Senhora*, adaptação do romance de José de Alencar, já contou com sessenta capítulos e foi a primeira novela das seis em cores. Todas essas atrações eram dirigidas por Herval Rossano, que comandava essa faixa de horário, onde fui me firmando. Só que, em 1976, uma confusão criada pela censura mudou a organização dos autores.

Escalada, novela de Lauro César Muniz, havia sido um enorme sucesso. Por conta dela, Lauro ganhou mais prestígio junto ao público, à crítica e também dentro da Globo. José Bonifácio de Oliveira Sobrinho, o Boni, e Daniel Filho resolveram que Lauro seria, dali em diante, o autor oficial do horário das oito. Janete passou para o horário das sete, onde começou sua novela *Bravo!*. Lauro revezaria no horário das oito com Dias Gomes, que naquela época estava prestes a estrear *Roque Santeiro*. Surpreendentemente, no dia da estreia, *Roque Santeiro* foi proibida. Todos ficaram em polvorosa, alguns se digladiavam, protestando contra a censura, e outros corriam de um lado para o outro pensando em soluções. O fato era que a única pessoa capaz de escrever uma novela da noite para o dia, inclusive com o mesmo elenco contratado para *Roque Santeiro*, era Janete Clair.

Janete escolheu a mim para continuar *Bravo!*, orientando-me durante o processo de transição de autor, e escreveu *Pecado capital* para o horário das oito. Algum santo baixou em Janete e a fez escrever sua melhor novela. *Pecado capital* foi uma virada em sua carreira, trazendo mais modernidade às suas tramas, contando também com a ajuda da brilhante direção de Daniel Filho.

Com *Bravo!*, fui testado no horário das sete: tinha escrito metade da novela, mas de uma maneira diferente, pois não foi com algo de minha autoria ou que tivesse saído de minha cabeça. Assim, depois de terminar essa novela, voltei para as seis, já cansado de fazer adaptações.

O que eu queria era ir para a faixa das sete, escrever um roteiro original. Não queria pedir, queria ser convidado. Tive a ideia de, em vez de vir com uma novela de época, sugerir *Dona Xepa*, uma peça de teatro atual para a época e que quase não tem história, apenas uma personagem muito forte. Assim, eu poderia criar muita coisa.

O resultado foi um tremendo sucesso já no primeiro mês de exibição. Foi aí que aconteceu o que eu queria, ou, na verdade, algo além do que eu vislumbrava, porque Daniel me ligou e perguntou: "Quer escrever a próxima novela das oito?". Fiquei pasmo. Estava esperando ser convidado para a faixa das sete e fui chamado para a das oito. Não era algo fácil de acontecer. Na Globo, tanto ontem como hoje, há uma resistência a novos autores. Um dos motivos, entre outros, é porque há muito dinheiro em jogo em todas as produções, principalmente nas do horário principal.

Tempos depois, fiquei sabendo que Janete Clair e Dias Gomes foram até Boni para me avaliar. Eles garantiram que eu era bom e Janete inclusive se comprometeu a continuar a minha novela caso ela não funcionasse com minha autoria. Fizeram tudo escondidos de mim, para que eu não ficasse inseguro. Com esse aval, Boni aceitou. Eu fiz *Dancin'Days* e a novela foi um sucesso arrasador.

Passei a ser conhecido nacionalmente com *Dancin'Days*. Deixei de ser uma promessa e me tornei um autor estabelecido. Isso é um perigo, é muito fácil dar ouvidos aos constantes elogios e se acomodar. A única saída para esse tipo de coisa é não se deixar encurralar e ousar, tentar algo diferente, o que é sempre arriscado, mas muitas vezes recompensador. Muitos anos mais tarde, foi o caso de *Anos rebeldes*.

A concepção

Depois que fiz uma minissérie ambientada nos anos 50, *Anos dourados*, e uma novela que tratava do Brasil da abertura, *Vale tudo*, muita gente achava que eu devia escrever sobre os anos 60. Sugeriam até o título da minissérie, *Anos de chumbo* ou *Anos rebeldes*. Adorei a segunda opção, mas não encontrava um ponto de partida para desenvolver a trama. Quando me dei conta de que *Anos rebeldes*, ao lado de *Anos dourados* e *Vale tudo*, formava uma trilogia sobre a história recente do Brasil, sabia que tipo de informações deveria buscar para definir a minissérie.

Do ponto de vista político, fui totalmente alienado nos anos 60. Se quisesse escrever uma história passada naquela época, seria imprescindível saber mais sobre o que aconteceu enquanto eu estava dentro de uma sala escura assistindo a um filme por dia. Ainda sem compromisso algum, li *O que é isso, companheiro?*, de Fernando Gabeira, e adorei.

Não conhecia a trajetória de Gabeira e achei o livro maravilhoso. Cheguei a comentar isso com meu psicanalista, que também havia gostado muito do livro, e me indicou a leitura de *Os carbonários*, de Alfredo Sirkis — na opinião dele, ainda melhor que *O que é isso, companheiro?*. Assim, fui atrás de *Os carbonários* e, quando acabei de lê-lo, a vontade de escrever algo passado nos tempos da ditadura cresceu. Outra referência muito importante foi *1968: o ano que não terminou*, de Zuenir Ventura. Essas leituras trouxeram os temas dos sequestros políticos, da luta armada, das reuniões de estudantes e intelectuais, entre outros, e com isso eu já tinha alguns caminhos para *Anos rebeldes*. E, claro, havia dado um passo importante: quando o escritor cria uma história num tempo diferente do seu, ele precisa recorrer a fontes que o ajudem a entender a lógica de uma determinada época. Apesar disso, ainda não sabia de onde partiria nem como seria a trama central.

Um dia, tive um estalo: a *story-line* de *Nosso amor de ontem*, filme de Sydney Pollack a que eu assistira há muito anos, poderia ajudar. *The Way We Were* (no original, em inglês) é um roteiro de Arthur Laurents no qual ideologias opostas separam o casal principal, formado por Barbra Streisand, a politicamente engajada, e Robert Redford, o individualista. Tomei a *story-line* do filme, ou seja, seu enredo, como ponto de partida para criar uma história passada nos anos 60, no Brasil, e troquei o sexo dos protagonistas. Na minissérie, a individualista é Maria Lúcia e o idealista é João Alfredo, interpretados por Malu Mader e Cássio Gabus Mendes. Laurents escreveu um esplêndido roteiro, mas acho que acabei dando mais sorte do que ele. Certamente por questões de escalação e empatia de atores, vejo no filme a história de uma comunista chatíssima que se casa com um adorável rapaz de direita, e isso me faz pender o tempo todo para o lado do personagem de Robert Redford. Já na minissérie, escrevemos sempre em cima do muro, tentando não privilegiar um ou outro personagem do casal principal. Para isso, fizemos com que Maria Lúcia e João Alfredo alternassem momentos de chatice. Na verdade, os dois são como pessoas bem próximas a nós, com qualidades e defeitos que Malu Mader e Cássio Gabus Mendes defenderam extraordinariamente bem. Assim, o resultado final me parece bem mais equilibrado do que o do filme de Pollack.

Com a *story-line* de *Anos rebeldes* na cabeça, perguntei a Boni o que ele achava de eu trabalhar, na Globo, com o tema da ditadura. Ele gostou da ideia. Acredito que tenha dado sinal verde por saber que eu não era nada politizado. Não acredito que ele desse sinal verde, por exemplo, para Dias Gomes fazer uma minissérie sobre essa época. Creio que com Dias ele teria medo. Comigo, ele deve ter pensado que a possibilidade de haver problemas seria menor.

Comecei a trabalhar sozinho. Fazia anotações, organizava os pontos por onde a história poderia caminhar, esboçando tramas em cima dos livros de Gabeira e Sirkis. Mesmo quando já tinha elaborado bastante coisa, eu continuava um pouco perdido. Sentia que, se me baseasse só nos livros, não teria capacidade de tratar bem as passagens ligadas diretamente aos acontecimentos políticos da época.

Fiz uma reunião com escritores amigos, que é o que geralmente faço a partir de um certo momento no meu processo de trabalho. Peço a escritores da Globo que me ajudem com sugestões e ideias.

Diferentemente da reunião de *Anos dourados* (quando amigos mais velhos que eu deram depoimentos sobre a época), para *Anos rebeldes* eu não precisava de informação sobre os costumes, porque eu fui jovem nos anos 60. Sabia, por exemplo, que os personagens deviam ser do Colégio Pedro II, o colégio em que estudei. Em *Anos dourados*, os jovens estudavam no Colégio Militar e no Instituto de Educação, duas referências dos anos 50. Para *Anos rebeldes*, queria mesmo era que os escritores me ajudassem nas informações históricas, e fomos muito bem-sucedidos nesse sentido.

Um deles me chamou a atenção para o fato de que eu estava desperdiçando muitas coisas bacanas em histórias paralelas, coisas que poderiam estar na trama principal. Nessa reunião, notei que Sérgio Marques, por suas colocações, conhecia muito bem as questões políticas da época. Participara do movimento estudantil, fora aluno de direito na UFRJ, na praça da República, e pertencera ao Caco, um dos centros acadêmicos mais atuantes na época. Sérgio já era meu amigo, mas não muito íntimo; eu o conhecia por uma amiga em comum. Pensei que poderia chamá-lo para fazer uma parceria comigo: ele me daria o amparo necessário no campo político. Convidei-o naquele dia mesmo, e ele aceitou.

O passo seguinte era partir para a sinopse, feita por mim, Sérgio Marques e Ricardo Linhares. Ricardo entrou na equipe pois eu havia feito o trabalho de supervisão de uma novela assinada por ele e Ana Maria Moretzsohn. Embora tenha participado da criação de poucos capítulos de *Anos rebeldes* e de ser inexperiente na época, Ricardo deixou sua marca, a meu ver, numa cena em que João Alfredo e Edgar, vivido por Marcelo Serrado, conversam sobre a conquista do espaço, sobre o homem indo à Lua e sobre o tema da amizade. É uma de minhas cenas preferidas. Seu diálogo está reproduzido na seção "Anos de chumbo".

Sérgio me acompanhou desde a sinopse até o vigésimo e último capítulo. Na verdade, a sinopse de *Anos rebeldes* era tão detalhada, tão minuciosa, que parti dela para marcar a divisão por capítulos: "O final do primeiro capítulo é aqui, o segundo vai até a parte tal, os comerciais entram aqui e ali, vou fechar o quarto capítulo nesse ponto..." E fui assim até o fim. Foi minha única sinopse cuja estrutura já estava quase que inteiramente pronta.

Daí para uma escaleta melhor organizada foi um passo. A escaleta é a estrutura do capítulo, um resumo de todas as cenas de cada capítulo. Depois da escaleta pronta, a divisão era, basicamente, a seguinte: Sérgio escrevia metade das cenas e eu, a outra. Em geral, ele fez todas as cenas que mexiam com política. Depois eu fazia uma última revisão, que ainda era lida por Sérgio. Acho justo que o meu nome venha em destaque, é o meu estilo, mas a participação do Sérgio foi decisiva, eu não teria sabido escrever *Anos rebeldes* sem ele.

Em 1990, quando tínhamos a sinopse e oito capítulos prontos, tive que parar para fazer *O dono do mundo*, que estrearia no ano seguinte. Sérgio foi requisitado para o horário das seis, como autor de *Salomé*. O ano seguinte, 1991, foi de muito trabalho. *O dono do mundo* me consumiu bastante, pois a novela enfrentou rejeição. Foi realmente difícil. No final, acabei me saindo bem porque a última parte agradou. Foi a única vez em que terminei uma novela e descansei pouquíssimo, porque estava com muita vontade de continuar *Anos rebeldes*.

Em 92, Ricardo Linhares estava ocupado, e então eu e Sérgio continuamos o trabalho. Relemos os capítulos anteriormente escritos e achamos que estavam bons, não mudamos nada. Fizemos do nono ao vigésimo. Ângela Carneiro também integrou a equipe, acompanhando nosso trabalho, lendo o que escrevíamos e dando sugestões.

A questão da divisão dos créditos é importante e suscita curiosidade. Sempre pergunto a opinião de todos os envolvidos, odiaria ver um companheiro descontente. No caso dessa minissérie, todos concordaram que ficaria assim: *Anos rebeldes* de Gilberto Braga, escrita por Gilberto Braga e Sérgio Marques, colaboração de Ricardo Linhares e Ângela Carneiro. Essa definição é importante, não só para a definição da autoria, mas também por questões de *royalties*, contratos e futuros usos da obra.

A importância do trabalho em grupo

Seja minissérie ou novela, reúno-me com os profissionais de todas as áreas envolvidas no programa: cenografia, figurino, direção musical. Gosto de orientar a criação das roupas, dos figurinos, locações, cenários, tudo. Dou muita importância a esse trabalho. Na verdade, divido a liderança com o Dennis Carvalho. Nunca tivemos atrito porque nos gostamos, nos respeitamos, um quer agradar o outro.

No caso da cenografia, Dennis costuma me pedir para ir até os estúdios olhar os quadros nas paredes e dizer se gosto, se são adequados ou não ao ambiente frequentado por certos personagens etc., porque eu conheço mais pintura do que ele. Em fotografia, por exemplo, não costumo colaborar, não é a minha praia.

Com *Anos rebeldes*, tive o prazer de ver as obras de arte da casa de Fábio sendo objetos de estudo sobre pintura brasileira num programa do Canal Futura. A equipe que trabalhou nessas reproduções era maravilhosa, há copistas fantásticos na Globo. Com a minissérie, entre outros programas, acho que conseguimos melhorar muito o nível das paredes de nossa televisão. Tenho visto, em várias novelas, a diminuição da poluição visual das paredes, e isso é algo de que eu me orgulho muito.

Outro bom exemplo de como o trabalho em equipe, quando os profissionais estão sintonizados, pode render bons frutos, é o da locação escolhida para o sítio de Lavínia, personagem de Paula Newlands, que aparece ainda na primeira fase da minissérie. O local escolhido é uma pousada muito bonita e fica em Corrêas. Chama-se Pousada da Alcobaça. Na época da gravação da minissérie, eu não conhecia o lugar, mas há pouco tempo passei uma noite lá e, conversando com a dona, descobri que quem teve a ideia de usar a locação foi Marília Carneiro, nossa maravilhosa figurinista, que sempre frequentou uma casa em frente à pousada. Isso é que é trabalho de grupo coeso.

• • •

Tenho sempre a mania de querer que as coisas sejam mais bonitas no meu trabalho do que elas são na realidade, sou um esteta, na linha de Vincente Minnelli. Em *Anos rebeldes*, tive problemas com os cenários de faculdades. Eu assistia ao *tape* de escolhas de locação de faculdades e dizia para o pobre do Dennis que a faculdade estava muito feia. Dennis respondia que faculdade é assim mesmo, que não é para ser bonita. Mas na minha cabeça, se o Colégio Pedro II estava lindo – a locação escolhida foi o prédio antigo, da rua Marechal Floriano, com ladrilhos, escadas de madeira linda –, a faculdade poderia ser bonita; é chato ver parede branca, prédio feio. Queria uma faculdade não exatamente igual às de verdade. Afinal, estávamos fazendo uma ficção, não um documentário. Lutei muito por isso, é o meu estilo.

Realmente, a maioria das faculdades de verdade não são bonitas, mas isso é a vida, não é espetáculo. Lembro-me da citação de um filme de Truffaut, *A noite americana*, dita dentro de *Anos rebeldes*, por Galeno, numa espécie de releitura: "A arte é sempre tão mais interessante do que a vida..." No filme, é dito mais ou menos assim: "O cinema é muito melhor que a vida, não há tempos mortos." E é isso mesmo. Não há graça filmar um dia na vida de qualquer um de nós. O espectador ia morrer de tédio. Atualmente, alguns filmes brasileiros me irritam um pouco. Pobreza com gente feia. Ora, no neorrealismo italiano, em *Ladrões de bicicleta* o protagonista é um cara atraente, *Bellissima* tem a Anna Magnani. *Cidade de Deus*, por exemplo, tem atores muito bonitos. Nas produções mais recentes, porém, miséria e gente muito feia têm sido um osso duro de roer.

Faço parte do grupo que acredita que a televisão não deve refletir a realidade esteticamente, é preciso glamourizar um pouco. Há quem ache que o fato de a televisão ter critérios estéticos mais elevados do que o mundo real é algo apelativo, mas a verdade é que pouca gente gosta de ver ambientes e pessoas feios. Uma favela pode ser visualmente muito bonita. E os atores, a meu ver, têm de ser atraentes. É preciso jogo de cintura, equilíbrio. O Galeno não tinha de ser um Alain Delon, mas Pedro Cardoso é um homem agradável de se ver.

• • •

Temos sempre que escrever pensando na produção e na direção de arte. Em *Anos rebeldes*, várias cenas sofreram modificações por serem de difícil execução. Por exemplo, na situação em que João e seu grupo libertam Marcelo da polícia, eles fingem que o carro está quebrado, fazendo com que os policiais saltem do seu veículo. Depois, os rapazes sacam as armas e tiram Marcelo de dentro da viatura policial. No roteiro original, os policiais chegam quando João e seu grupo já empunham suas armas. Seria impossível fazer esse tipo de cena, que requer um plano aberto: a câmera mostraria a rua inteira, e, como se tratava de uma minissérie de época, a locação ficaria descaracterizada.

Cena de ação é algo muito difícil, ainda mais num programa de época. É preciso pensar muito bem na locação a ser escolhida. Não dá para achar que uma emissora de TV poderá bancar uma produção com uma cidade cenográfica reproduzindo a avenida Rio Branco nos anos 1970. Hoje em dia, é possível fazer muitos efeitos via computador, mas em 1992 esses efeitos ainda não existiam.

Um estilo marcante

Cada autor tem os temas e universos com os quais prefere trabalhar. Todos têm um estilo, uma personalidade, o que acaba transparecendo em seus trabalhos.

Geralmente, sou tachado de "o autor dos ricos". Creio que me tacharam dessa forma porque acham que escrevo bem cenas com glamour, mas não é bem assim. Por exemplo, *Anos dourados* e *Anos rebeldes* são programas praticamente sem glamour algum. Em *Anos dourados* até há a elegância nostálgica dos bailes, mas o programa se passa na Tijuca, não é bairro de rico. Em *Anos rebeldes* ainda há a figura da personagem Natália, de Betty Lago, ligada a um ambiente mais elegante, mais chique, mas isso é pouco, porque ela não é parte da história principal que conto ali.

A casa de Damasceno, personagem de Geraldo Del Rey, é o tipo de ambiente que sei descrever melhor, não tem glamour algum. Meu psicanalista acompanhou bastante a minissérie e ele me dizia, sobre as cenas na casa do Damasceno: "Gilberto, isto é a minha casa." Ele é um intelectual de esquerda, e esse é o clima das casas que eu conheci na minha juventude, casas bagunçadas da classe média de Copacabana. Adoro isso. Ser considerado o autor dos ricos me irrita um pouco. Qualquer rótulo, aliás, me irrita, é uma simplificação.

Foi na classe em que nasci e cresci. Por acaso, acabei conhecendo a chamada classe A melhor do que a maioria dos meus colegas autores. Então a classe A se identifica com minhas novelas porque se vê retratada ali. Muito criticada, mas retratada. E gostam, porque a classe A sempre acha que estou criticando a vizinha, nunca ela própria.

Anos rebeldes
Gilberto Braga

Driblando a censura

Em 1988, algum tempo antes de eu começar a conceber *Anos rebeldes*, havia certa tensão dentro da Globo por conta dos cortes na minissérie *O pagador de promessas*, de Dias Gomes. A adaptação da linguagem do teatro para a TV foi feita pelo próprio autor. No enredo havia questões como a luta dos sem-terra contra a Igreja e a reforma agrária. Logo depois do primeiro capítulo, Roberto Marinho ligou para o Boni e mandou tirar a minissérie do ar. Boni argumentou que isso não ficaria bem. A minissérie, que inicialmente teria cerca de 12 capítulos, foi ao ar com oito. Quatro foram cortados.

Enquanto eu escrevia *Anos rebeldes*, principalmente do quarto capítulo em diante, morria de medo que a mesma coisa acontecesse comigo; por isso o que poderia ter sido um prazer acabou sendo um trabalho sempre muito tenso. Tinha medo de escrever e, depois, que as cenas fossem cortadas por alguém. Cláudio Mello e Souza foi a pessoa que Roberto Marinho encarregou de ler algumas partes do roteiro. Seu parecer dizia que, do décimo ao décimo quarto capítulo, estávamos carregando demais nas tintas políticas. O fato é que, a partir do final do oitavo capítulo, entramos em dezembro de 1968, justamente quando foi decretado o AI-5. A partir dali, a situação geral do Brasil mudou muito. Era natural que a série ficasse mais pesada; precisávamos acompanhar a realidade. Até então, as coisas não eram tão sinistras. Cláudio deu um sinal amarelo e Boni conversou comigo. Pediu que reescrevêssemos.

Mudamos algumas coisas, e a imprensa chegou a noticiar muito esse fato. Frei Betto escreveu um artigo horrível, criticando toda a série por conta dos capítulos reescritos, mesmo antes de serem levados ao ar. Ele nem sabia o que tínhamos modificado e como havia ficado, mas mesmo assim fez críticas ridículas. Nunca se retratou. Tenho desprezo por ele.

Quando esses capítulos foram ao ar, mais exatamente na primeira vez em que João Alfredo é espancado, seu rosto aparece todo ensanguentado. A partir daí, muita gente se desarmou. Lembro bem de uma nota do jornal, na coluna do Zózimo, que dizia assim: "E Frei Betto, hein? Queimou a língua." E queimou mesmo.

Em relação às restrições de Cláudio Mello e Souza, negociei com Boni com habilidade, felizmente. Sim, nós reescrevemos algumas partes, mas é bem possível que, na época, eu tenha divulgado que reescrevi mais capítulos do que realmente reescrevi. Ainda que estivesse escrito "novo" na borda da sequência de capítulos que iam do dez ao 15, não reescrevemos isso tudo. Devemos ter reescrito algo como dois capítulos e dito que reescrevemos cinco. É preciso saber lidar com o poder.

De toda forma, e Sérgio concorda comigo, o que mudamos não prejudicou o programa em nada, até melhorou. As cenas no chamado *aparelho*, a base do grupo clandestino de Sandra (Deborah Evelyn) e João Alfredo, eram um pouco maçantes – tudo muito escuro, muito fechado. Os diálogos pareciam saídos do manual de um guerrilheiro socialista e foram reduzidos. Ficou bem melhor assim. A personagem de Deborah Evelyn é uma mulher muito seca, uma fanática, e teve algumas cenas descartadas.

Mesmo com pequenas mudanças, não só enquanto escrevia, mas no período em que a minissérie era veiculada, fiquei muito tenso. Depois que três ou quatro episódios foram ao ar, eu continuava preocupado, não mais por medo de cortarem cenas ou capítulos, mas porque a imprensa estava atrás de mim, querendo saber se houve censura interna. Eu não queria falar desse assunto. Meu grande medo era que cortassem a morte da Heloísa, eu não ia pôr lenha na fogueira.

Em junho de 92, o *Jornal do Brasil* publicou uma matéria em que afirmava ter conseguido os originais dos capítulos 11, 12, 13, 14 e 15. Nessa reportagem, publicaram a versão original de uma cena que foi modificada. Eu realmente gostava dela, pois mostrava algo que acontecia de verdade. No final do capítulo 11, João Alfredo e Maria Lúcia acabam de fazer os panfletos de protesto na casa dela e carregam o material no carro quando são parados numa blitz e levados ao muro para serem revistados. No original, acontece o seguinte: quando um dos policiais chegava para abordar Maria Lúcia no muro, ele separava as pernas dela com o cassetete e o levantava um pouco, quase até a calcinha, numa insinuação de abuso sexual. Cortamos essa parte, com medo de que achassem forte demais. Isso foi uma pena, mas o produtor é a Globo, o autor precisa ter uma certa humildade.

A repercussão

Na série, a rivalidade entre alguns grupos de estudantes e o governo militar ficou mais clara. Clareou-se também um paralelo entre o que era exibido na TV e o que acontecia no Brasil, em 1992. Apesar de a minissérie ter seu aspecto ficcional muito bem trabalhado, a realidade oferecia fatos tão ou mais emocionantes quanto os da TV, fatos que culminaram no *impeachment* do então presidente Fernando Collor.

Parece que a força dos líderes estudantis de 92 foi decisiva nessa façanha e, pelo que soube, muitos deles aproveitaram o sucesso de *Anos rebeldes* para chamar os jovens às ruas, às passeatas contra Collor. Eles diziam: "Ei, vocês não estão vendo na TV como foi importante a atuação dos estudantes? Nós temos que ir para a rua pedir o *impeachment*!" Realmente, usaram o conteúdo da série para compor esse movimento.

Lembro-me de ter visto, talvez em algum jornal, a foto de um cartaz carregado pelos caras-pintadas onde estava escrito: "Anos Rebeldes, último capítulo: Fora

Collor." Desde que as passeatas tiveram início, tive que fugir dos jornalistas, que me procuravam e queriam que eu dissesse que o programa era o responsável por toda a movimentação política contra Collor, que o programa é que tentava expulsar o presidente do Planalto. Eu não queria falar sobre o assunto, pois seria extremamente arrogante dizer que *Anos rebeldes* contribuiu e, por outro lado, seria mentira dizer que não.

Sérgio teve mais contato com a imprensa nessa época. A partir do último capítulo, ele foi a um debate por dia, inclusive em encontros com estudantes. Sílvio Tendler – responsável pela criação dos painéis documentais em preto e branco – também foi a muitos encontros. Os dois são bastante politizados. Dennis foi a alguns. Eu não fui a nenhum, exceto por um encontro organizado por um amigo, Bernardo Jablonski, que estudou comigo no Pedro II e era professor da PUC-Rio. O encontro seria com seus alunos, na universidade. Aceitei falar com a turma de Bernardo, mas com a condição de que ele não fizesse qualquer tipo de publicidade sobre minha presença lá. Quem fosse à aula normal teria a surpresa de ouvir Gilberto Braga falando de *Anos rebeldes*. Se Bernardo anunciasse, o encontro ia crescer, haveria imprensa querendo perguntar sobre censura interna, e eu não estava preparado para esse tipo de divulgação.

Enquanto o programa era veiculado, aconteceu um fato para o qual a melhor atitude a se tomar era ficar calado, não polemizar. O Exército publicou uma nota criticando a visão esquerdista do programa, dizendo que os autores eram tendenciosos. Na época, teve gente da Globo que rebateu, mas eu preferi não me pronunciar porque *Anos rebeldes* é tendencioso, sim. Embora não seja panfletário, tende nitidamente para o lado da antiga esquerda, ou seja, contamos uma história a partir do ponto de vista dos esquerdistas, e não me envergonho disso. Era a primeira vez que uma emissora de TV se dispunha a levar ao ar, na dramaturgia, uma abordagem séria sobre a ditadura militar brasileira. Não seria eu a dar a versão da direita, que até hoje chama o golpe de "revolução".

O fato é que não me importava com a opinião do Exército. Queria era saber da opinião do espectador, e para isso contei com minha madrinha, que sempre assiste a meus trabalhos e é bastante sincera na hora de dizer o que pensa. Quando perguntei a ela o que estava achando de *Anos rebeldes*, ela disse que não gostava muito da minissérie, não era como *Anos dourados*, "tinha política demais".

Anos rebeldes não foi um sucesso como *Anos dourados*, levando em conta o espectador típico de televisão, mas atraiu um público que até então não assistia a esse formato, os jovens. Muitas pessoas que hoje têm cerca de 30 anos me contam que adoravam *Anos rebeldes*. Gravaram toda a minissérie.

O programa marcou essa geração porque propunha inovações: misturava ficção com acontecimentos históricos – os personagens, criações nossas, participavam de discussões e fatos marcantes da época, como a Passeata dos 100 Mil, a missa do estudante assassinado Edson Luís, entre outros. Além disso, trazia uma linguagem rápida, diferente da linguagem habitual de TV. A alta velocidade da edição, as imagens de arquivo, as gravações em preto e branco, a associação de determinadas passagens a temas musicais específicos, tudo isso marcava o tempo – e, assim, as transformações dos personagens e do país – de uma forma que, até então, ninguém tinha feito.

Anos rebeldes
Gilberto Braga

Personagens e sinopse

A história se passa principalmente no Rio, num período de oito anos, 1964 a 1971, com epílogo em 1979. Daí a variação de idade dos personagens. Como os anos que ficarão mais tempo no ar serão 68, 69 e 70, vamos lembrar a idade de cada personagem em 70, apenas para melhor orientação do leitor.

Personagens:

A turminha do Pedro II:

Maria Lúcia (Malu Mader) – (18 a 26 anos, 24 anos em 1970) A protagonista começa como estudante do curso clássico do Colégio Pedro II, em 1964. Filha de um famoso jornalista e escritor de esquerda, um intelectual do Partidão, que vai morrer em 1967, deixando a família numa difícil situação financeira. **Maria Lúcia** hesita durante todo o programa entre dois jovens: um idealista, João, e um individualista, **Edgar** – o conflito central da narrativa é uma luta entre **individualismo** e **idealismo**, durante este lamentável período da história tão recente do nosso país. Maria Lúcia quer, principalmente, segurança, um certo conforto. Primeiro é a adolescente que morre de vontade de ter um quarto só seu, já que o cômodo é usado para o trabalho do pai, há reuniões ali quando os assuntos não podem ser discutidos na sala, não tem, enfim, a menor privacidade. Alguns anos depois – adulta, mais sofrida, precocemente órfã de pai – é a namorada do rapaz engajado a quem vai dar o ultimatum: "a luta armada ou eu".

João Alfredo (Cássio Gabus Mendes) – (19 a 27 anos, 25 anos em 1970) O protagonista começa como estudante do curso clássico do Colégio Pedro II, liderando o quarteto dos rapazes cuja vida vamos acompanhar. João Alfredo é filho de um comerciante médio de Zona Sul, família muito ajustada, que será radicalmente contra sua participação política. Em termos afetivos, no entanto, darão sempre apoio ao filho. Ao contrário de Maria Lúcia, João Alfredo, de família de três irmãos que nunca conheceram maiores dificuldades financeiras, não tem grandes ambições materiais. Impregnado de ideologia, a imagem que nos vem dele é: desde que esteja de acordo com a vida que está levando, sente-se muito bem no meio da rua, com uma mala de poucos pertences na mão. Sem ser propriamente um líder revolucionário, vai participar da luta armada, chegando a integrar, em 70, um grupo que sequestra um fictício embaixador da Suíça.

Edgar (Marcelo Serrado) – (19 a 27 anos, 25 anos em 1970) O antagonista, melhor amigo de João Alfredo, seu colega de Pedro II, com quem vai disputar o amor de Maria Lúcia. Inteligente, ambicioso, bom caráter. É o único da turma que já pratica esportes com regularidade, numa nítida antevisão dos anos que estão por vir. Filho de uma viúva, **Regina**, com quem tem ótima relação afetiva. Mal conheceu o pai, que morreu em sua primeira infância. Edgar é simpático, envolvente, difícil não gostar dele. Apaixona-se logo por Maria Lúcia, com quem quer se casar e ter filhos o mais rápido possível, ao contrário do protagonista. Edgar vai ter uma rápida ascensão profissional a partir do momento em que, formado em economia, disputa o poder de uma editora da *holding* do empresário Fábio Andrade Brito, que vamos descrever a seguir, tendo por rival, no trabalho, o personagem Waldir. (Ao mesmo tempo em que nossa história é a de um casal romântico separado por ideologia, é **também** a história de uma grande amizade entre dois homens, João Alfredo e Edgar, igualmente separados por filosofias de vida conflitantes. Na sinopse, o personagem de Edgar aparecerá bem menos do que no programa.)

Galeno (Pedro Cardoso) – (19 a 27 anos, 25 anos em 1970) Colega de Pedro II e muito amigo de João Alfredo e Edgar. Porra-louca divertido, um personagem quase sempre na comédia. Bom humor constante e inabalável, mesmo diante das piores crises. Seus pais morreram quando era criança, vive com a irmã, casada com um militar. Tem grande nostalgia de família, pais, irmãos. Quer ser artista, provavelmente escritor, adora teatro e cinema. No colégio, escreve peças e quer fundar um grupo de teatro. Logo depois, vai continuar tentando fazer teatro ou cinema, até entrar para o movimento *hippie* e chegar a aparecer nu numa figuração da peça *Hair*. Vamos ver, com o decorrer do programa, que Galeno não é tão porra-louca quanto parece, porque deve ficar nele tudo o que de positivo havia no movimento *hippie*. Acaba se transformando em novelista de televisão, de modo que sua primeira relação mais estreita com a repressão só ocorrerá bem mais tarde (no último capítulo), quando, ao escrever uma novela sobre escravatura, considerada pela censura de Brasília obra de possibilidades subversivas, fará com os censores o pacto de continuar a escrever a novela sem usar a palavra "escravo". Sempre um grande amigo do protagonista João Alfredo e de seu antagonista, Edgar.

Waldir (André Pimentel) – (19 a 27 anos, 25 anos em 1970) O quarto jovem do grupo de rapazes do Pedro II, muito sério, bom aluno, extremamente tímido, seu pai é porteiro de um edifício em Ipanema. Inteligente, grande valor pessoal. Logo nos primeiros capítulos, uma crise financeira de sua família vai mobilizar todos os jovens, esta ajuda será decisiva para que ele não interrompa os estudos. Muitos anos mais tarde, na fase em que estará disputando poder profissional com seu ex-colega de colégio Edgar, no momento em que isto se fizer necessário, não vai retribuir a generosidade que tiveram seus amigos.

Lavínia (Paula Newlands) – (18 a 26 anos, 24 anos em 1970) A melhor amiga de Maria Lúcia, sua colega de Pedro II. Seu pai é dono de uma pequena editora que vai falir, em 1968, e ser absorvida pela *holding* do empresário Fábio. Bom caráter, terá uma grande amizade também com a personagem Heloísa.

• • •

Heloísa (Cláudia Abreu) – (17 a 25 anos, 23 anos em 1970) A jovem filha do poderoso empresário, inicialmente uma adolescente voluntariosa, problemática, embora doce e extremamente simpática, brincalhona, o segundo papel feminino do programa. Colega de curso de francês de Maria Lúcia nos primeiros capítulos, as duas vão se tornar grandes amigas durante a história. Na primeira fase, Heloísa parece um pouco desajustada, precoce, quer liberdade, respeito como ser humano, desencadeando crises familiares típicas da década que acabou transformando radicalmente as relações entre pais e filhos.

• • •

As famílias:

Orlando Damasceno (Geraldo Del Rey) – (51 a 54 anos, morre em 1967, no capítulo 9) Pai da protagonista Maria Lúcia, conhecido jornalista e escritor do chamado Partidão. Entrou para o Partido Comunista nos anos 30 e nunca mais saiu. Autor, entre outras obras muito apreciadas, de um romance sobre delinquência juvenil e suas causas sociais. Nem a literatura nem o jornalismo lhe deram dinheiro. Quando começa a história, trabalha num importante matutino, o fictício *Correio Carioca*, de linha conservadora-liberal, com a qual tem choques fortes, que o fazem pensar em procurar outro emprego, para grande insegurança da família, e em especial de sua filha Maria Lúcia. Em termos de costumes, como muitos homens da sua geração, é um conservador. Terá uma forte ligação afetiva com o jovem João Alfredo. Damasceno é um grande idealista desligado da vida prática. Difícil não se deixar tocar pela figura poética deste intelectual, esperando seu ônibus, quase sempre um guarda-chuva nas mãos, mesmo debaixo do inclemente sol do verão de Ipanema. Sua morte precoce vai deixar a família numa dolorosa crise financeira.

Carmen (Bete Mendes) – (44 a 52 anos, 50 anos em 70) Esposa de Orlando, mãe de Maria Lúcia. Totalmente dependente do marido, muito frágil. Aquele tipo de mulher ainda comum nos anos sessenta, que tem medo até de assinar cheque, prefere lidar com um dinheirinho vivo. Muito humana, bondosa, todos os personagens simpatizam com ela e tendem a paternalizá-la. Depois da morte de Orlando, é Maria Lúcia a chefe da casa, porque Carmen não está nem de longe preparada para enfrentar a dura crise financeira e afetiva por que vão passar.

Dagmar (Stela Freitas) – (30 a 38 anos) Empregada fiel da família de Maria Lúcia. Boa gente, burra, engraçada.

Leila (Clara Cresta) – (4 a 12 anos) Filha da empregada Dagmar. Muito simpática, é tratada como se fosse da família.

Seu Teobaldo (Castro Gonzaga) – (75 a 79 anos) Pai de Orlando Damasceno, avô de Maria Lúcia. Um velho simpático, funcionário público aposentado. Morre em 1968.

D. Marta (Lourdes Mayer) – (70 a 78 anos) Mãe de Orlando Damasceno, avó de Maria Lúcia, menos extrovertida do que o marido, mas afetuosa. Depois da morte de Damasceno e Teobaldo, vai morar com Maria Lúcia e sua mãe.

Caramuru (Stepan Nercessian) – (32 a 40 anos) Um dos porteiros do prédio de Maria Lúcia, em geral come na cozinha da casa, quase uma pessoa da família.

Dolores (Denise Del Vecchio) – (40 a 48 anos) Tia divertida de Maria Lúcia, mora no mesmo prédio. Prima de Carmen, frequenta muito a casa. É antiga funcionária do IAPI e não perde praia. Apesar de ser destas simpáticas alienadas em paz com a vida, sempre aceitou mal que a prima tivesse se casado com Damasceno.

Jurema (Maria Luiza Galli) – (18 a 26 anos) Colega de turma de Maria Lúcia e Lavínia no Colégio Pedro II. Simpática.

Adelaide (Terezinha Sodré) – (entre 40 e 55 anos) Vizinha de prédio de Maria Lúcia, amiga de Carmen e Dolores, com quem vai à praia diariamente. Fofoqueira engraçada, extremamente reacionária, na época das passeatas quer mais é que baixem o pau nos estudantes.

Zuleica (Georgia Gomide) – (entre 45 e 55 anos) Vizinha extremamente reacionária e divertida, muito amiga de Adelaide e Glória.

Glória (Sonia Clara) – (entre 35 e 50 anos) Amiga de Dolores, Zuleica e Adelaide, as quatro formam o grupinho de praia diária em frente à Montenegro. Casada com udenista ferrenho, Glória é fã do governo militar.

Abelardo (Ivan Cândido) – (48 a 56 anos, 54 anos em 70) Pai de João Alfredo, o protagonista, proprietário de uma pequena mas estável papelaria de Ipanema, udenista convicto, terá fortes conflitos ideológicos com o filho.

Valquíria (Norma Blum) – (41 a 49 anos) Mãe de João Alfredo, dona de casa. Família muito típica e ajustada. Grande ligação afetiva com o filho, vai sofrer muito por causa de sua participação na luta armada.

José Rodolfo (Leandro Figueiredo) – (14 a 22 anos) Irmão de João Alfredo. Alegre, boa praça. Sua participação na trama não é intensa.

Guilherme (Jonathan Nogueira) – (10 a 18 anos) Irmão caçula de João Alfredo. Simpático, afetuoso.

Talita (Zeny Pereira) – (60 a 68 anos) Velha empregada da casa de João Alfredo, afetivamente muito ligada à família.

Regina (Mila Moreira) – (39 a 47 anos, 45 anos em 70) Mãe de Edgar, com quem tem boa relação afetiva. Ficou viúva muito jovem, o filho pequeno. Mulher forte, trabalhadeira, advogada bem-sucedida. Inteligente, atraente, afetuosa, boa profissional. É a mulher que a protagonista Maria Lúcia vai admirar. Quando a família de Galeno tiver de ir para Brasília, Galeno vai morar temporariamente na casa de Regina e Edgar.

Idalina (Fátima Freire) – (26 a 34 anos, 32 anos em 1970) Irmã de Galeno casada com militar. Simpática, boa gente. O marido vai ser transferido para Brasília logo no início e esta família não tem participação muito forte na história.

Capitão Rangel (Roberto Pirilo) – (30 a 38 anos, 36 anos em 70) Oficial do Exército casado com Idalina, irmã de Galeno, que ele ajuda a criar. Um sujeito simpático, boa-praça.

Xavier (Benvindo Siqueira) – (48 a 56 anos) Porteiro de edifício com problemas de alcoolismo, pai de Waldir. Mora inicialmente no pequeno apartamento de porteiro do prédio da família de João Alfredo, o protagonista. Vai ser logo em seguida caseiro do sítio dos pais de Lavínia, em Itaipava. Mais tarde, depois de casado com Maria Lúcia, Edgar vai comprar este sítio, de onde Xavier continua a ser caseiro. O sítio tem importante participação dramática na última fase da trama.

Zilá (Maria Rita) – (38 a 46 anos, 44 anos em 70) Mulher de Xavier, mãe de Waldir, vai ser a cozinheira e arrumadeira do sítio. Sofrida, um pouco apática.

Queiroz (Carlos Zara) – (49 a 57 anos, 55 anos em 70) Pai de Lavínia, a amiga de Maria Lúcia, dono de uma pequena editora que vai à falência em 1968 e será encampada pela *holding* do banqueiro. Intelectual liberal, amável, muito educado. Autoexilado depois do AI-5, ele e a mulher saem do programa. A editora fica, dirigida pelo jovem Edgar, que vai disputar o poder com Waldir, o filho do porteiro.

Yone (Maria Lúcia Dahl) – (41 a 49 anos, 47 anos em 70) Esposa de Queiroz, o pai de Lavínia. Queiroz e Yone são de classe média alta – um casal intelectualizado –, simpáticos e liberais, viajam com frequência.

Fábio (José Wilker) – (45 a 53 anos, 51 anos em 70) Poderoso empresário, o capitalista de nossa história, totalmente a favor do golpe militar, que ajudou a financiar. Pai de Heloísa e Bernardo. Um homem muito envolvente e afetuoso, embora às vezes capaz de grande frieza. No início, é em seu enorme apartamento do Flamengo que os jovens se reúnem para as festinhas de bossa-nova, o amor, o sorriso e a flor, que com o correr dos anos vão se transformar em canções de protesto que o dono da casa ouve com um meio sorriso complacente. Discretamente mulherengo, vai ter crises graves em seu matrimônio. Mas seu maior problema será a revelação de que a filha, Heloísa, a partir do AI-5, está na luta armada, indiretamente envolvida no rapto do embaixador norte-americano, presa e torturada por uma repressão que empresários como ele colocaram no poder.

Natália (Betty Lago) – (35 a 42 anos, 41 anos em 70) Bela mulher, mãe de Heloísa e Bernardo, casada com Fábio. Tenta desesperadamente manter um casamento para ele cômodo e para ela muito frustrante. A partir de certo momento, vai ter como amante o jovem **Avelar**, professor de história muito querido dos jovens da nossa história. Vai hesitar entre o amor e o dinheiro.

Bernardo (André Barros) – (19 a 27 anos, 25 anos em 70) Irmão de Heloísa, bom moço de direita, inicialmente universitário. Mais tarde vai trabalhar com o pai, dirigindo uma empresa de navios da *holding*. Muito amigo da irmã. Totalmente a favor do regime militar.

Antunes (Simon Khouri) – (por volta de 45 anos) Mordomo na casa de Fábio e Natália.

Solange (Sílvia Salgado) – (por volta de 35 anos) Amiga muito elegante de Natália.

• • •

Sandra (Deborah Evelyn) – (por volta de 25 anos) Estudante de direito, envolve-se mais tarde na luta armada. Tensa, muito sensível. Amiga de Heloísa. Filha de Salviano, o médico amigo de Damasceno, do Partido Comunista, por quem Sandra sempre teve grande admiração. Em algumas situações, Sandra vai ser antagonista de Maria Lúcia, por causa de sua relação com o pai. Será através de Sandra que vamos mostrar o que era, na luta armada, "cair na clandestinidade", preparando a clandestinidade de João Alfredo, o protagonista.

Professor Avelar, Inácio (Kadu Moliterno) – (31 a 39 anos, 36 anos em 70) Professor de história, de esquerda, muito empenhado. Um ídolo dos alunos. Trabalha no Pedro II e diversas faculdades e cursinhos. Um teórico do socialismo, que vai ter grandes conflitos éticos quando souber que jovens alunos formados por ele estão sendo torturados nas prisões. Romance com Natália, a mãe de Heloísa, que vai ajudá-lo a fugir do país. Avelar nunca participa diretamente da luta armada. (Natália e Avelar não estão na sinopse, e sim depois, na **história paralela**.)

Ubaldo (Tuca Andrada) – (25 a 33 anos, 31 anos em 70) Fotógrafo, trabalha inicialmente no mesmo jornal que o pai de Maria Lúcia e mora com os professores Avelar e Juarez. Seu papel, assim como o de Sandra, tem grande importância dramática. (A partir de certo ponto, Avelar desconfia que Ubaldo tenha entrado para a luta armada, sem se abrir com ele. Em 1969, Avelar fica desconfiado de que o amigo esteja envolvido no sequestro do embaixador norte-americano, que nosso programa só acompanha pelos jornais, rádio e TV, como o resto do Brasil. Um mês depois, sabemos pelos noticiários que

Ubaldo foi preso. Na parte final, quando mostrarmos o sequestro do embaixador suíço, um dado emocionalmente importante é que na lista dos presos políticos exigidos como resgate está o nome de Ubaldo, que o público conhece.)

Gustavo (Maurício Ferraza) – (20 a 28 anos, 26 anos em 70) Estudante de medicina e depois médico, generoso, discreto, vai se casar com Lavínia.

Dr. Salviano (Gianfrancesco Guarnieri) – (53 a 61 anos) Médico competente e simpático, intelectual do Partido Comunista, grande amigo de Damasceno. Vai tentar dar apoio a Maria Lúcia e Carmen após a morte do amigo. Viúvo, tem uma filha, Sandra, estudante de direito, que vai participar da luta armada. Ao contrário de Maria Lúcia, Sandra sempre compactuou totalmente com as convicções do pai, que para ela é um grande ídolo.

Pedro Paulo (Nildo Parente) – (de 45 a 55 anos) Intelectual do Partidão, jornalista, amigo de Salviano e Damasceno.

Dr. Toledo (Emílio de Mello) – (por volta de 28 anos) Jovem advogado que vai cuidar da liberação de Damasceno, em 65, e mais tarde, contratado por Natália, procurar e tentar liberar o professor Avelar na época de seu desaparecimento.

Capitão Junqueira (Mário Cardoso) – (por volta de 35 anos) Oficial da Marinha geralmente vestido à paisana, participa de várias de nossas cenas que envolvem acontecimentos relativos à repressão.

Camargo (Francisco Milani) – (por volta de 45 anos) Policial civil, participa de várias de nossas cenas que envolvem acontecimentos relativos à repressão política.

Kira (Yaçanã Martins) – (40 a 48 anos) Funcionária da editora do pai de Lavínia. Simpática, agradável. Na segunda parte da história, continua na editora, administrada por Edgar.

Sérgio (Paulo Carvalho) – (37 a 45 anos) Assistente pessoal de Fábio, o empresário.

Michel (Fausto Galvão) – (por volta de 25 anos) Amigo de Galeno, a princípio porra-louca, e mais tarde envolvido no movimento *hippie*.

Marcelo (Rubens Caribé) – (19 a 27 anos, 25 anos em 1970) Grande amigo de João Alfredo, acabará fazendo parte do grupo de sequestro do embaixador da Suíça, em 70. É um grande companheiro do protagonista até o final, participação mais longa do que os outros membros do grupo de sequestro. Tem uma ligação afetiva com Heloísa.

Pedro (Enrique Diaz) – (por volta de 23 anos) Participação especial para o episódio sequestro do embaixador suíço, antagonista de João dentro do aparelho. Para os vizinhos, passa por marido de Heloísa. Frio, radical, será o sequestrador mais favorável a que se mate o diplomata caso a repressão não aceite as exigências da organização.

Olavo (Marcelo Novaes) – (20 a 28 anos, 25 anos em 70) Jovem rico bonitão, tipicamente de direita, simpático. Vai se casar com Heloísa, o casamento dura pouco.

Angela (Élida L'Astorina) – (uns 30 anos) Jovem simpática, atriz de teatro e televisão, amiga de Avelar, namorada de Ubaldo. Frequenta o Paissandu, as noitadas de samba do Teatro Opinião, etc.

• • •

Participações especiais:

Nelson (Thales Pan Chacon) – (por volta de 30 anos) Aparece no início da história. Muito atraente, paquerador, o tipo por quem as moças caem de quatro. Professor de violão de Heloísa e outros jovens. Será o primeiro homem na vida de Heloísa.

Professor Juarez (Bernardo Jablonski) – (por volta de 35 anos) Só nos primeiros capítulos. Professor de português e literatura no Colégio Pedro II. Procurado pela repressão, em 64, consegue, ajudado por Avelar, asilo na Embaixada da Iugoslávia.

Mariana (Suzana Vieira) – (por volta de 48 anos) Participação dramaticamente muito importante, para poucos capítulos, no início da narrativa. Advogada, amiga de Regina, a mãe de Edgar. É responsável, em 64, por um programa sobre direito, na Rádio Nacional.

D. Célia (Malu Valle) – (pode ter de 35 a 50 anos) Professora assistente do diretor do Colégio Pedro II, nos primeiros capítulos.

Isabel – (uns 30 anos) Linda, gostosa, amante de Fábio por volta do capítulo 8.

Vera (Patrícia Novaes) – (uns 30 anos) Modelo famosa, deslumbrante, muito sexy, amante de Fábio por volta do capítulo 9.

Dr. Alcir (Emiliano Queiroz) – (uns 50 anos) Cardiologista responsável por Damasceno, capítulo 9.

Maria (Maria Padilha) – (uns 32 anos) Atriz famosa, participação importante em um capítulo, quando protagoniza uma montagem tropicalista de *Fedra*, de Racine, dirigida por Galeno.

Rolf Haguenauer (Odilon Wagner) – (por volta de 53 anos) Participação bastante intensa nos capítulos 16, 17 e 18, o (fictício) embaixador da Suíça sequestrado. Charmoso, boa-praça, inteligente. Fala bem o português, com sotaque francês.

Raymond Kohl (Savas Karidakis) – (por volta de 50 anos) Simpático diplomata suíço subordinado ao embaixador sequestrado.

Jaqueline (Carla Jardim) – (14 anos) Participação especial. Menina simpática e abelhuda, vizinha do aparelho no episódio sequestro do embaixador da Suíça.

D. Marli (Joyce de Oliveira) – (por volta de 46 anos) Participação especial. Dona do apartamento onde João Alfredo aluga um pequeno quarto de empregada, quando cai na clandestinidade.

D. Marileia – (Cininha de Paula) – (uns 50 anos) Funcionária da censura, em Brasília, na situação em que Galeno vai, já escritor, tentar dialogar para que sua novela não seja tirada do ar. Apenas no último capítulo, participação marcante. Linha dura, ao contrário de suas duas auxiliares.

...

Elenco de apoio:

1. Jovens contratados para figuração fixa. As situações mais comuns serão:
a) Festinhas em 64, 65. Os rapazes ainda não têm cabelos muito compridos.
b) Colégio Pedro II, em 64. Os rapazes não têm cabelos muito compridos.
c) A partir de 66, rapazes de cabelos muito compridos para passeatas, etc.
d) Figuração *hippie*.
Serão usados também para a movimentação das ruas de Ipanema.

2. Moradores de Ipanema. Figuração contratada para as ruas de Ipanema. Vizinhos, transeuntes.

3. Intelectuais para assembleias contra o regime militar típicas da época.

Pela descrição dos personagens, e provavelmente mais ainda pelo resumo da história que vamos ler a seguir, poderá ficar a impressão de que estamos propondo um programa em que vai se falar de política, atos institucionais, repressão, luta armada, etc. de ponta a ponta, porque não vemos como contar a história incluindo **o cotidiano**. Mas em *Anos rebeldes*, nossa intenção é enfocar, enquanto estamos contando uma história sem dúvida determinada por acontecimentos políticos, a vida normal de um país numa fase de profundas transformações pelas quais passou o mundo inteiro nos anos 60. Assim, ao mesmo tempo que acompanharmos a trajetória destes personagens, mostraremos:
– jovens muito excitados com a visita de Brigitte Bardot ao Rio, em 64;
– boates onde se dançam *twist, cha-cha-cha*;
– reuniões de violão ao som da bossa-nova;
– os espetáculos teatrais marcantes do período como *Opinião, Liberdade, liberdade, A volta ao lar, Navalha na carne, Pequenos-burgueses, O homem do princípio ao fim, O rei da vela, Roda viva* etc.;
– os shows de samba de morro com Nelson Cavaquinho, Cartola etc.;
– a ascensão das escolas de samba, que começam a ser apreciadas pela classe média, ensaios nas quadras;
– o surgimento de Chico Buarque, Caetano Veloso, Elis Regina, Edu Lobo, Maria Bethânia, enfim, toda a geração dos **festivais da canção** que marcaram a época;
– loura namorando crioulo, que era moda;
– a geração Paissandu, idolatrando Godard, Antonioni etc.;
– o advento da pílula anticoncepcional;
– a minissaia;

- referências à Estudantina, Zicartola, Zeppelin;
- Roberto Carlos e a jovem guarda;
- as novelas de televisão, do *Direito de nascer* a *Beto Rockfeller*;
- o tropicalismo;
- Leila Diniz na Banda de Ipanema;
- o tímido movimento *hippie* no Rio de Janeiro, a que não faltaram maconha, mescalina ou LSD, que temos às vezes tendência a ver de forma folclórica, mas que deixou, na verdade, belíssimas conquistas, como no resto do mundo;
- a indignação geral de liberais de todos os países contra a intervenção dos Estados Unidos no Vietnã;
- a conquista do espaço;
- as copas de 66 e 70;
- o milagre econômico, com muita gente ganhando uma nota preta na bolsa de valores etc. etc. etc.

Sinopse

Primeira parte: OS ANOS INOCENTES

Nossa história começa no ainda democrático e agitado verão de 1964, quando Jango deixava insegura a classe dominante e os jovens de classe média da Zona Sul tentavam ver Brigitte Bardot chegar à janela do apartamento de Bob Zaguri na avenida Atlântica.

Quatro rapazes estão começando seu último ano letivo no Colégio Pedro II, extremamente preocupados com escolha de profissão, já que é o ano do vestibular. O protagonista, João Alfredo, resolve organizar no colégio uma **Semana da Carreira**, convidando importantes profissionais de vários campos para fazer palestras, cada um sobre a sua profissão. No momento em que a direção do colégio vê a lista de profissionais a serem convidados, com nomes como os de Oscar Niemeyer, Evandro Lins e Silva, Orlando Damasceno e Oduvaldo Vianna Filho, desaconselha o evento, dando como desculpa a falta de espaço e horários, frisando bastante que não lhe parece o momento apropriado, ou indicando que talvez haja lugares melhores do que o colégio para essas reuniões. João Alfredo e os amigos tentam encontrar um outro local em que possam se realizar as palestras, sendo que Edgar não acha muito certo estar trabalhando assim de graça, Galeno só se mostra animado quando os profissionais estão ligados a teatro, cinema ou música, e Waldir anda caladão, já muito preocupado com uma grave crise pessoal que está escondendo dos colegas e vai explodir um pouco mais tarde. João Alfredo descobre que a filha de um dos profissionais que mais admira, o jornalista e escritor Orlando Damasceno, conhecida figura do chamado Partidão, também estuda no colégio, no curso clássico, embora em outro turno. Vão procurá-la, para pedir uma apresentação ao pai, e é em clima de grande antagonismo que nosso casal romântico se conhece. A filha, Maria Lúcia, odeia a ideia de ver o pai dando palestras por aí, acha que os garotos querem é farra e os deixa falando sozinhos. (A espinha dorsal de nossa história extremamente romântica é uma **paixão entre Maria Lúcia e João**, duas pessoas fortemente atraídas uma pela outra desde o primeiro instante em que se veem, que vão ao longo de vinte capítulos fazer um esforço muito grande para ficarem juntas, apesar de serem radicalmente diferentes em essência, ela **individualista** e ele **idealista**.)

Incentivados por João Alfredo, nitidamente o líder do grupo quando se trata de assuntos mais sérios, voltam a procurá-la. Maria Lúcia mostra-se ainda mais violentamente contra a participação do pai nesse tipo de evento. Na última vez em que o jornalista foi dar uma palestra do gênero numa faculdade, quinze dias atrás, a conferência não havia sido oficialmente permitida pelo diretor, que se recusara a ceder o salão principal. Damasceno aceitou participar mesmo diante da ideia de falar no pátio, ao ar livre. Os estudantes invadiram o salão proibido, houve denúncia, pintou polícia e o resultado foi que o pai está respondendo a um burocraticamente penoso processo por perturbação da ordem pública, mais um dado de insegurança para ela e a mãe, cujas vidas sempre foram já tão sacrificadas devido ao idealismo do pai. Não é portanto com o pistolão de Maria Lúcia que os rapazes vão conhecer o famoso jornalista. Um simpático e jovem professor de história e ídolo da garotada do Pedro II, Avelar, mora com um jovem fotógrafo, Ubaldo, colega de jornal de Damasceno, e é através do professor que eles acabam chegando ao intelectual, que prontamente aceita realizar a palestra, o que só faz aumentar o antagonismo entre João Alfredo, o líder do grupo de estudantes, e Maria Lúcia, a filha do intelectual.

Desde o primeiro instante, os dois amigos João Alfredo, o engajado, e Edgar, o individualista, ficam romanticamente interessados nesta jovem de tanto charme quanto personalidade forte. Com João Alfredo, ela vai brigar por vários capítulos. A paquera de Edgar ela vai aceitar aos poucos, embora pareça haver desde o primeiro momento, por parte dela, uma atração forte pelo rebelde, atração essa que ela bloqueia e transforma em agressividade.

No dia 31 de março, os rapazes dão um pulo ao jornal *Correio Carioca*, onde trabalha o pai de Maria Lúcia, para lhe pedir conselhos sobre a realização ou não da semana de palestras programada, porque o momento político está delicado. Maria Lúcia foi ao dentista, na cidade, sabe que há boatos sobre um possível golpe, e também aparece no jornal, na mesma hora, para tentar ir para casa acompanhada pelo pai. O clima do centro do Rio já está bastante tenso. Maria Lúcia fica profundamente irritada quando vê os rapazes ali, acha que gente como eles é que sempre atrapalhou seu precário equilíbrio familiar. Damasceno sabe que as possibilidades de o golpe militar se concretizar são bastante fortes. Está frustrado porque tudo indica que, se realmente Goulart for deposto, seu jornal vai apoiar os militares, gostaria de fazer algum tipo de protesto. João Alfredo ouviu dizer que está havendo uma vigília ali perto, na União Nacional dos Estudantes. Damasceno prefere ir para lá, resistir ao lado de companheiros, a passar a noite no jornal. Inicialmente, Maria Lúcia quer que o pai vá para casa. Quando vê que disso não há hipótese, tenta, ajudada por Edgar – que logo se oferece para levar a moça de volta a Ipanema – convencer o pai a pelo menos ficar no jornal. O jornalista prefere a vigília, João Alfredo e Galeno resolvem acompanhá-lo, apesar dos violentos protestos de Maria Lúcia. Damasceno passa a noite fora de casa, ao lado dos jovens, da UNE ao jornal, e finalmente, na manhã de primeiro de abril, como quase todos os resistentes, se dirige à Faculdade de Direito da Praça da República, onde, com efeito, há repressão. Um destacamento de polícia ataca os resistentes a tiros. Soldados do exército ainda fiéis a Jango expulsam a polícia, garantindo a retirada dos estudantes. No tiroteio, Damasceno é ferido, e João Alfredo vai levá-lo em casa. Ao ver o pai ensanguentado, Maria Lúcia culpa mais do que nunca o nosso protagonista por perturbar fortemente seu equilíbrio familiar. Termina aqui o nosso primeiro capítulo.

O jornalista sabe que no momento não adianta muito uma denúncia legal de seu ferimento, é o jovem João Alfredo quem vai procurar um médico amigo e tratar da saúde do intelectual. Para irritação de Maria Lúcia, nasce ali uma forte amizade entre o jornalista e o estudante, que vai durar muito tempo. Os dois colegas de Pedro II passam a ser presenças constantes na casa, Edgar paquerando Maria Lúcia, e João Alfredo, tentando também, mas sendo bem melhor sucedido na amizade com o pai dela, de quem logo começa a organizar a biblioteca completamente bagunçada. João Alfredo vai se transformando, pouco a pouco, na imagem do filho que Damasceno gostaria de ter tido. Esta ligação cada dia mais estreita só faz aumentar a mistura de medo e atração que Maria Lúcia sente pelo jovem estudante idealista.

Maria Lúcia costuma frequentar festinhas típicas da época, em que jovens cantam juntos bossa-nova e conversam, na casa de Heloísa, sua colega de curso de francês, filha do poderoso empresário Fábio Andrade Brito, morador de um belíssimo apartamento do Flamengo. Quem promove as reuniões é o irmão mais velho de Heloísa. Por causa de Maria Lúcia, os rapazes do Pedro II passam pouco a pouco a também frequentar essas reuniões, uma espécie de *open-house* dos sábados. Edgar paquera Maria Lúcia, que se sente muito atraída por João Alfredo. Galeno, desde o primeiro momento, gosta da filha do banqueiro, Heloísa, que delicadamente (e num clima um pouco cômico) o rejeita. Heloísa, apenas um ano mais jovem que Maria Lúcia mas muito precoce, tem com o pai frequentes atritos típicos de adolescentes rebeldes, inconformada com horários para chegar em casa, coisas assim. Maria Lúcia acaba aceitando namorar João.

Waldir, um bom aluno da classe dos quatro rapazes do Pedro II, extremamente tímido, responsável, exemplar, filho de um modestíssimo porteiro do edifício onde mora João Alfredo, tem uma grave crise pessoal que inicialmente tenta esconder dos companheiros. Seu pai bebe, é despedido por justa causa, aceita sair do Rio com a família para ser caseiro de um sítio em Itaipava. Para sobreviver, Waldir terá de acompanhar a família ou abandonar os estudos e trabalhar. Todos os jovens se mobilizam para tentar ajudá-lo. Quem acaba pondo fim à crise é o simpático banqueiro, pai de Heloísa, que consegue para Waldir um emprego de meio expediente num banco, lhe dá de presente uma boa quantia em dinheiro, o que lhe permite alugar um pequeno quarto no apartamento do professor Avelar. O banqueiro vai continuar ajudando Waldir em todo o decorrer de nossa história. Vê no garoto um grande valor pessoal e possibilidades de, discretamente, controlar melhor as idas e vindas da filha a seus olhos problemática.

Entre reuniões em que a garotada canta bossa-nova ao som de piano e muito violão, festinhas de twist, idas ao teatro pra ver *Opinião* quantas vezes o dinheiro der, eventuais fins de semana no sítio dos pais de Lavínia, a garotada termina o ano de 64, preparando-se para o vestibular.

O grande sonho de Maria Lúcia é ter seu próprio quarto, com privacidade. O pequeno e bagunçado apartamento onde mora tem duas pequenas salas e dois quartos. Um quarto é dos pais. No quarto de Maria Lúcia, o pai guarda sua biblioteca e tem uma mesa de trabalho. Frequentemente, nossa heroína é convidada a dormir na sala, onde transitam vizinhos e amigos, televisão sempre ligada, porque Damasceno precisa usar o quarto da filha para reuniões de teor político, ainda mais frequentes entre os membros do Partido Comunista depois da queda de João Goulart. Para se ter ideia da simpática bagunça da casa, o armário de Maria Lúcia fica no quarto dos pais, é muito difícil para ela receber amigas para trabalhos de grupo, às vezes é difícil até estudar sozinha. Para que ela tenha um quarto realmente próprio, é preciso dinheiro para pequenas obras: fazer estantes no corredor para os livros do pai, um armário para ela em seu próprio quarto, destruir seu armário embutido do quarto dos pais, para que neste espaço fique a escrivaninha de Damasceno. De repente, o pai recebe um adiantamento de dinheiro, relativo a um livro que está escrevendo, e é possível realizar as obras. É com grande alegria que dá a notícia à filha que adora. Começam os preparativos para o novo quarto, encomendas a carpinteiros, escolha de tecidos para uma cortina nova, tudo aquilo com que Maria Lúcia vem sonhando desde criança. Paralelamente, João e os companheiros de colégio vêm vivendo uma crise. Estão para lançar no colégio um pequeno jornal independente, de caráter cultural, a ser distribuido (ou como prefere Edgar, vendido) a vestibulandos de diversos colégios. O primeiro número já está praticamente pronto – conta inclusive com uma bonita crônica de Maria Lúcia –, inclui artigo de Galeno sobre movimento cinematográfico e uma análise das possibilidades estudantis diante do momento político, escrita por João Alfredo, e que nosso velho intelectual considera de perspicácia impressionante. Enfim, o jornalzinho é um projeto do grupo, do qual participa Maria Lúcia, e é visto com grande admiração por Damasceno. Só está faltando imprimir. Os rapazes conseguem um mimeógrafo doado pela empresa do pai de Lavínia. De repente, dias antes da entrega do mimeógrafo, um artigo de João Alfredo é retirado do jornal mural do colégio, sob alegação do diretor de que não se trata de matéria oportuna. No mesmo dia, o diretor lhes manda participar que não poderá mais ceder a sala que havia prometido para o mimeógrafo, alegando que o espaço terá de ser usado para uma nova sala de trabalhos manuais para os alunos do ginásio. É preciso um local para o mimeógrafo que vai ser entregue no dia seguinte. A mãe de Edgar resolve emprestar o escritório de sua casa. Quando entende o teor dos artigos de esquerda de João Alfredo, no entanto, Regina, a mãe de Edgar, morre de medo de vir a ter problemas com a por enquanto ainda discreta repressão e volta atrás em sua ideia de ceder espaço. Damasceno fica muito triste ao ver estes rapazes cheios de ideais com um mimeógrafo literalmente no meio da rua e oferece temporariamente o quarto da filha. Ao chegar em casa num momento em que acaba de escolher, junto com a mãe, tecidos de cortinas e colcha, Maria Lúcia vê seu quase quarto novo invadido por um enorme mimeógrafo. As reuniões em seu quarto tornam-se mais e mais frequentes, ora são os rapazes, por causa do jornal, ora é o pai, com amigos que discutem delicados problemas políticos. Maria Lúcia é frequentemente convidada a dormir num somiê da pequena sala de jantar. O pai garante que a situação é temporária, muito breve ela terá o quarto dos seus sonhos. Maria Lúcia tem uma das maiores decepções de sua vida e sente-se traída pelo pai, que acha a filha pouco generosa por se preocupar com um simples quarto, enquanto os rapazes perdem noites de sono realizando com o jornalzinho uma obra de extrema coragem para o momento. Os conflitos entre Maria Lúcia e o pai ainda aumentam quando ela descobre que a verba destinada às obras de seu quarto vai sendo dilapidada, hoje para ajudar um amigo em dificuldade, amanhã para custear despesas de repentina doença do avô, pai de Damasceno. Por tudo, naturalmente, ela culpa João Alfredo. Aumenta o antagonismo entre os dois, com a mesma intensidade que aumenta a paixão latente de que ela tem tanto medo.

Em 65, são todos estudantes de faculdades diversas, cujo dia a dia vamos acompanhar menos do que teremos acompanhado a fase do Colégio Pedro II, que deverá ter sido uma espécie de introdução inocente à nossa história.

Maria Lúcia e sua amiga Lavínia estudam jornalismo na PUC. Edgar e Waldir, economia, na Praia Vermelha, João Alfredo, o protagonista, apesar de também sonhar com a carreira de jornalista, opta por ciências sociais, na Filosofia, ao passo que Galeno começa o curso de jornalismo, mais para satisfazer a irmã mais velha que tem medo da insegurança da vida de artista. Não vai terminar nunca este curso, porque o que ele quer no fundo é escrever, "ser artista", e não estudar. Sentimentalmente, Maria Lúcia oscila entre os grandes amigos Edgar e João Alfredo. Ideologicamente, ela e Edgar estão sempre brigando com João, que eles acusam de estar se preocupando muito mais com política estudantil do que com os estudos.

O pai de Maria Lúcia tem a casa invadida pela polícia, muitos de seus livros são confiscados, quase é levado à prisão por causa do mimeógrafo dos rapazes.

Nossa heroína tem um grande medo de se ligar a um homem tão parecido com o pai. Sua atração pelo jovem João, no entanto, é bastante visível. Com o rapaz que tem mais afinidades com ela, Edgar, evidentemente Maria Lúcia simpatiza, mas tem medo de engrenar um namoro mais sério. Uma noite, Maria Lúcia extravasa seus impulsos beijando João Alfredo pela segunda vez. Entram num clima de namoro e integração. Mas já na manhã seguinte, em vez de ir buscá-la na porta da faculdade, o protagonista dá o bolo, porque é chamado de repente a uma reunião sobre política estudantil. A insegurança acaba levando Maria Lúcia a namorar o outro, Edgar. O pai dela compreende muito bem o que está se passando, tenta ajudar a filha a enfrentar suas ansiedades, considera Edgar simpático, mas superficial, exageradamente ligado a coisas materiais. E Maria Lúcia vai levando o namoro, sempre em conflito, porque a presença de João Alfredo na casa a incomoda muito.

Estamos já na época de liberação sexual. Ao contrário dos rapazes dos anos dourados, mesmo o convencional Edgar quer transar com a namorada, com quem pretende se casar no dia em que estiver formado. Maria Lúcia não cede a essas pressões, bem mais porque teme estar apaixonada por João Alfredo do que por moralismo.

Em novembro, vai se realizar no Hotel Glória uma conferência da OEA, com a presença do Presidente Castelo Branco, no dia do aniversário de Maria Lúcia. Numa tentativa de mostrar carinho pela filha que ele sabe carente, Damasceno a convida para jantar fora, com a mãe, avós, uma tia, o namorado, Galeno, Regina (a simpática mãe de Edgar), Lavínia e o noivo, Gustavo. Alguns intelectuais amigos de Damasceno, entre os quais Antonio Calado, Carlos Heitor Cony, Glauber Rocha, Mário Carneiro, realizam um protesto na porta do hotel, segurando uma faixa: "OEA, Queremos Liberdade". (Em tempo: no programa todo, as pessoas reais são apenas citadas, todas as nossas **personagens** são fictícias.) Ao chegar em casa para se preparar para o jantar no restaurante, todos os convidados prontos e contentes com a perspectiva do programa, Damasceno recebe a notícia de que seus amigos foram presos e está sendo convocada uma assembleia de urgência num teatro, para estudar alguma forma de protesto. Ele deve ser um dos oradores principais desta assembleia, uma mobilização geral da intelectualidade carioca. Maria Lúcia implora ao pai que não troque a comemoração de seu aniversário por este encontro onde pode haver problemas, amigos dele já foram presos à tarde. Damasceno, muito incentivado por João Alfredo, para quem é sempre um ídolo, tem violenta discussão com a filha. Garante a Maria Lúcia que não corre perigo algum, vai para o teatro com João Alfredo enquanto os outros vão sozinhos para o restaurante.

No restaurante, onde o grupo é liderado por Edgar, o clima é mais de tristeza e tensão do que de comemoração de aniversário. Maria Lúcia morre de medo que aconteça alguma coisa ruim com o pai. Após o jantar, Edgar leva os avós da aniversariante em casa. Na porta do prédio de Maria Lúcia, começa uma discussão forte entre mãe e filha. A mãe de Maria Lúcia vai para a casa de sua prima Dolores, que quer acalmá-la. Edgar deixa a namorada em casa. Aproveita para ainda uma vez reiterar seus avanços físicos, que Maria Lúcia rejeita. Ela está triste, muito preocupada com o pai, prefere ficar sozinha. Logo depois que Edgar vai embora, chega João Alfredo, muito animado diante da ideia de poder acalmar a família do intelectual. Maria Lúcia está sozinha, triste e tensa. A assembleia foi um sucesso, não houve repressão, Damasceno falou com brilhantismo. E não voltou para casa por quê?, pergunta Maria Lúcia. João explica que o jornalista aceitou fazer parte de uma comissão nomeada pela assembleia e a comissão está se reunindo neste momento na casa de um dos importantes intelectuais presentes, para redigir um documento de protesto a ser enviado ao secretário geral da OEA. A conversa evolui para uma violentíssima discussão entre os dois jovens, Maria Lúcia acusando pessoas como João de terem estragado a vida do pai, eles não vão conseguir modificar o mundo, João acusando Maria Lúcia de conformismo e covardia. Enaltece mais do que nunca a figura do jornalista. O resultado da violenta discussão é que, sem grandes explicações racionais, como se à paixão estivessem predestinados desde que se conheceram, pela primeira vez os dois jovens fazem amor, num clima de entrega total.

Paralelamente, na porta da casa do intelectual para a qual Damasceno e seus amigos haviam seguido, o grupo é interceptado pela polícia, alguns vão ser presos. Entre eles está Salviano, o médico de esquerda amigo de Damasceno. A repressão tinha acompanhado a assembleia e preferiu efetuar a prisão dos participantes principais longe da multidão. Damasceno é interceptado com grande firmeza por oficiais da Polícia Militar vestidos à paisana.

– Os senhores vão me acompanhar.

O grupo não aceita a coação. Damasceno revida, exaltado:

– Eu insisto em saber quem é o senhor, lhe garanto que é o meu direito de cidadão, ou será que a gente chegou a uma inversão tão completa de valores que eu seja obrigado a receber ordens de um estranho?

No apartamento, Maria Lúcia e João Alfredo têm, depois do amor, um bonito momento de integração, ela se mostra mais corajosa, aberta, espontânea, acha-se de repente uma tola por ter tido medo dessa relação por tanto tempo. A ternura é interrompida pela chegada do amigo Salviano, que acabara de testemunhar a prisão de Damasceno.

À prisão do jornalista, que Maria Lúcia inconscientemente liga à figura de João Alfredo, segue-se para a família um período bastante duro. Damasceno é libertado, depois de três semanas, com a saúde abalada. Tem algum grave problema físico, não dispõe de recursos financeiros para se tratar como deve, João Alfredo passa lista de adesões nos meios intelectuais para que o conhecido jornalista possa se submeter a uma cirurgia delicada.

Nesta fase, Damasceno descobre por acaso que a filha não é mais virgem, porque para procurar um número de telefone, mexe na bolsa da garota e encontra um vidro de pílulas anticoncepcionais. Ao contrário da esposa, a quem Maria Lúcia já havia feito confidências, como muitos intelectuais progressistas de sua geração, Damasceno tem um grande choque, faz uma tentativa desesperada para compreender mudanças de costumes para as quais não parece preparado.

Depois de acentuada depressão, acaba entrando em bons termos com Maria Lúcia. Promete à filha que quando a crise de saúde for superada vai tentar ser um pouco menos idealista, vai se dedicar mais ao trabalho para tentar comprar uma casa de campo com que sempre sonhou, vai fazer as obras para dar a Maria Lúcia o quarto que ela vem querendo há tantos anos... Maria Lúcia sente-se mais do que nunca ligada a este doce pai. Mas o estado de saúde do jornalista se agrava.

Segunda parte: OS ANOS REBELDES

Num momento em que está sonhando com uma vida de menos insegurança, nossa protagonista tem a notícia de que o pai morreu antes que pudesse ser realizada a cirurgia. O conhecido e respeitadíssimo intelectual, ao morrer, deixa a família num quase completo desamparo. Têm onde morar, porque o apartamento, comprado por financiamento, torna-se automaticamente pago. Mas dinheiro para sobreviver a viúva e a filha não têm. Maria Lúcia consegue um emprego na editora do pai da amiga Lavínia. Sua mãe é muito frágil, totalmente despreparada, os avós velhos demais e sem quaisquer recursos financeiros, é ela quem tem de arcar com as responsabilidades da casa. É debaixo de um enorme sacrifício pessoal que Maria Lúcia consegue continuar seus estudos de jornalismo e manter a casa.

Também a editora em que trabalha Maria Lúcia está passando por uma forte crise. Queiroz, pai de Lavínia, o dono da editora, tem tendências humanistas. Acredita na função social de sua empresa. Acredita principalmente na discussão de ideias através dos livros. Tem grande resistência a *best-sellers*, recusa-se a publicar o que considera porcaria. Publica clássicos, livros de história, sociologia, economia, tanto de autores de direita quanto de esquerda, já que sua intenção não é político-partidária, mas a discussão de ideias. Não é bem-visto pelo sistema e, depois do golpe, vem tendo dificuldades em conseguir empréstimos nos bancos. Por interferência da turma jovem, entra em contato com o pai de Heloísa, com quem tem conversa animadora, porque Fábio lhe concede crédito. Na verdade, Fábio manda investigar a editora, vê ali a possibilidade de um bom negócio para sua *holding*, vai emprestando dinheiro a Queiroz para deliberadamente comprometer a editora, que vai acabar absorvendo.

Na casa de Maria Lúcia, a crise é agravada pela morte do avô. A avó, agora viúva, não tem mais como pagar o aluguel de seu apartamento, vai morar com a neta e a nora. Maria Lúcia luta para sustentar a casa sem abandonar seus estudos. Não chega a faltar dinheiro para a comida básica. Mas se a televisão quebra não há como consertar, porque é preciso trocar o tubo de imagem. Durante meses, a avó e a mãe ficam diante do aparelho de tela negra *ouvindo* as novelas e programas musicais da televisão. O aquecedor tem que ser trocado e a família, no inverno, tem de tomar banho frio por muitas semanas. Não há lugar na vida de Maria Lúcia para um namorado que ela ama profundamente, mas que pensa antes de mais nada em política estudantil e nos destinos do país. Edgar, o outro, sempre apaixonado por ela, vive cercando, com convites para programas atraentes, carinho, uma noite de dança no terraço do Hotel Miramar... É capaz até de desculpar o fato de Maria Lúcia ter transado com o amigo. Cada dia em conflitos maiores, ela acaba preferindo a solidão.

João Alfredo, apesar do idealismo, está mais do que nunca apaixonado por ela. Numa tentativa desesperada de conquistá-la, para apresentar uma imagem de rapaz mais convencional, consegue um emprego muito pouco atraente, como recepcionista noturno de um hotel médio. Pode lhe proporcionar passeios charmosos, pagar as entradas de um bom espetáculo teatral, discretamente ajuda um pouco nas despesas da casa da namorada, levando umas frutas para a avó, uns biscoitos para a mãe... Torna-se por alguns meses um estudante menos militante e mais responsável aos olhos de Maria Lúcia, que acaba se entregando a uma relação de grande amor com nosso protagonista. Com o tempo, evidentemente, os conflitos vão voltar. Estamos em 1967, já começaram as passeatas de protesto. Ela não quer nem ouvir falar de participar de manifestações que a ele parecem fundamentais. Depois de um dia muito cansativo, faculdade, trabalho na editora, crivada de problemas financeiros, ela prefere duas horinhas num cinema a reuniões políticas. Mas a paixão é forte, ela faz tentativas para não brigar. No final do ano, é a própria Maria Lúcia quem aconselha João Alfredo a abandonar o trabalho no hotel, que não lhe dá prazer, desde que ele prometa se dedicar mais aos estudos do que à política. Tenta fazer concessões ao idealismo do namorado.

O ano de 1968, naturalmente, não é o quadro ideal para o fortalecimento do namoro entre nossos protagonistas de índoles tão diversas. Para ela, é o ano da formatura, as possibilidades do início de carreira, as chances de passar a viver uma vida mais segura. Para ele, é a morte chocante de Edson Luís, as passeatas, tudo o que vai culminar com o AI-5, no final do ano. João Alfredo faz parte de uma organização fictícia de esquerda, o CPR (Comando Popular Revolucionário). O maior sonho de Maria Lúcia é que o namorado abandone isso tudo para se casar com ela assim que se formar.

Entre brigas e reconciliações, até o AI-5 a paixão supera os constantes conflitos. Uma das maiores brigas do ano é a noite do Festival Internacional da Canção em que João Alfredo vaia "Sabiá", que Maria Lúcia defende com ardor, ainda mais por achar a outra canção concorrente muito sem graça, em termos estritamente artísticos.

Vamos tentar contar aqui a **história da casa de Heloísa** até esta fase, porque as narrativas, naturalmente, correram paralelas. Heloísa, a bela filha do conhecido banqueiro, melhor amiga de Maria Lúcia, nunca aceitou a autoridade paterna. A mãe, muito jovem e simpática, é quase uma amiguinha, que Heloísa nunca sonhou em "respeitar" ou principalmente temer. Heloísa sempre chegou tarde em casa, foi ver espetáculos com que o pai não simpatiza, convidou para as festinhas gente cuja presença incomoda o envolvente, mas bastante reacionário empresário. Pretendemos contar a história de Heloísa inicialmente num tom próximo ao da comédia, para dar uma guinada muito violenta mais tarde. Aos 18 anos de idade, em plena década de profundas transformações, conquistas individuais, inconformismo, luta contra convenções, Heloísa, que tem sempre o perfil de precursora, consciente de que o casamento de seus pais é um desastre – o pai tem amantes, a mãe, que se casou virgem e nunca conheceu outro homem, faz o que se chamava de "vista grossa" para as infidelidades do marido –, tem como meta de vida "não ser como a mãe", que ela acha medíocre e sem vida própria. O primeiro passo seria se tornar mulher, mas ela não está apaixonada por ninguém. Nem faz muita questão de estar. Algumas amigas, como Lavínia, agora noiva de um estudante de medicina, já estão transando. Outras, como Maria Lúcia, preferem esperar pelo momento certo, mágico. Essa história de momento mágico irrita um pouco Heloísa, ela quer é deixar de ser virgem. Às vezes namora um bonito rapaz de sua classe social, Olavo, que acha gostoso, mas bobo. Tem uma forte atração por seu professor particular de violão, Nelson, um bonitão já com seus 30 anos de idade. São esses os dois primeiros parceiros procurados por Heloísa. Olavo, o rapazinho convencional, não admite a hipótese de transar com ela sem que haja um compromisso mais sério. O professor de violão, um adulto responsável, tem medo de levar pra cama uma menor de idade, filha de um homem poderosíssimo. Depois de duas recusas, Heloísa resolve entregar-se a Galeno, nosso personagem meio cômico, que no início da história teve uma forte inclinação por ela. Galeno adora a ideia, mas, diante da obstinação da moça, sente-se um pouco constrangido, numa posição de bisturi em consultório ginecológico e não consegue ficar excitado, maldizendo-se depois, porque Heloísa é superatraente. Quem acaba cedendo aos encantos da moça é o professor de violão, porque está agora prestes a deixar o país para tentar a carreira de músico na Europa. Entende que Heloísa quer apenas uma relação e não "viver um grande amor", os dois transam, sem maiores conflitos. Daí por diante, Heloísa passa a ter diversos namorados, que o programa não acompanha. Mas que ela transa numa boa, o público está cansado de saber, de modo que pode nos parecer um pouco patética a figura do pai prepotente, preocupado se a filhinha chegou em casa às dez da noite ou às onze. O passo seguinte de Heloísa é querer obstinadamente sair de casa para morar sozinha, patrocinada evidentemente pelo dinheiro do pai. Fábio nem pensa em compactuar com o que considera um grande absurdo. O namoradinho convencional, Olavo, fala em ficar noivo, tem a simpatia de Fábio, e Heloísa resolve se casar, consciente de que a união dificilmente dará certo, mas achando que no caso de uma separação, sua situação será muito melhor, a da jovem desquitada rica e independente. Consegue enrolar a mãe, vencer as resistências do pai, e acaba se casando, ainda com 20 anos, o empresário muito de pé atrás, apesar de que o noivo lhe pareça perfeitamente adequado. Com efeito, Heloísa separa-se seis meses depois e passa a morar sozinha. Durante alguns capítulos, nestes poucos meses de vida de casada, Heloísa afasta-se um pouco de Maria Lúcia e consequentemente da narrativa do programa. Há boatos, entre os jovens, de que ela estaria envolvida com um rapaz que João Alfredo sabe estar na luta armada, logo em seguida ao AI-5. Procurada por Maria Lúcia, a amiga preocupada e medrosa, Heloísa garante que tudo não passa de fofoca. Nesta fase de separação do marido, Heloísa parece bastante irresponsável, incapaz de levar, como gostaria Maria Lúcia, uma vida construtiva. Sua presença em nossa história, por alguns capítulos, é bastante nebulosa. Maria Lúcia a vê de vez em quando com uma outra jovem, Sandra, que, João Alfredo confirma, está engajada na luta armada.

Terceira parte: OS ANOS DE CHUMBO

Em 1969, a organização a que pertence João Alfredo, o CPR, também opta pela luta armada, o protagonista nada esconde de sua namorada, que não suporta mais o constante medo que sente a cada dia, de ver seu namorado preso e torturado por estar fazendo panfletagem ou pichando muros nessa época de repressão tão absoluta.

É sequestrado um fictício embaixador dos Estados Unidos no Brasil, e o programa acompanha este sequestro pelos jornais e TV, como o resto do país. O aparelho é localizado pela repressão, que não o invade para não colocar em risco a vida do embaixador, finalmente libertado, ao mesmo tempo em que se inicia uma caçada violenta aos sequestradores. Uma das únicas pistas para localização do grupo subversivo é um casaco de mulher esquecido no aparelho. Este casaco é identificado, por ter sido feito por uma conhecida modista carioca. A modista sabe a quem o vendeu, e por aí a repressão prende Heloísa. Fábio vai dialogar com a polícia numa tentativa de liberar a filha. Sabe que ela é jovem demais para ter qualquer convicção política firme, que foi, na pior das hipóteses, envolvida por algum guerrilheiro sem escrúpulos.

Com efeito, na prisão, foi constatado que Heloísa nada teve a ver com o sequestro do embaixador. O casaco tinha sido emprestado a uma jovem amiga, Sandra, que Heloísa não sabia estar na luta armada. Assim, Heloísa pode sair da prisão acompanhada pelo pai. Na primeira vez em que ficam sozinhos, no entanto, confessa ao banqueiro que foi torturada nos primeiros interrogatórios, conta a tortura, muito emocionada, mostra marcas no corpo. O pai fica extremamente revoltado, quer voltar à prisão. Já tinha ouvido falar, como todo o mundo, de resto, que no afã de servir à pátria a repressão chegava às vezes a "certos excessos", mas não podia concordar com a tortura de jovens inocentes, em especial a de sua própria filha. "Inocente?", pergunta ela, "quem lhe disse que eu sou inocente? Você acreditou no que eu falei pros meganhas?" E Heloísa aparece pela primeira vez diante do pai – e dos espectadores – como realmente já é há bastante tempo: uma jovem adulta muito cheia de convicções. Não tinha realmente participado do sequestro do embaixador. Mas está na luta armada há bastante tempo, e pretende continuar, a não ser que seu próprio pai a mate ali mesmo, naquele momento. Refuta todos os argumentos do banqueiro, de que tenha sido envolvida por um namorado ou doutrinada por professores. Afirma que se tornou uma revolucionária, isto sim, por ter testemunhado as condições de vida dos colonos nas fazendas de sua própria família. Fábio sai dali certo de que perdeu uma filha.

Ao saber da prisão de Heloísa, Maria Lúcia, mais do que nunca, tem medo do que possa acontecer a seu namorado, do CPR.

Dos jovens amigos, todos estão ajustados. Edgar – sempre apaixonado por ela – e Waldir formaram-se em economia e estão trabalhando com bastante sucesso na editora que o pai de Lavínia perdeu para a *holding* do empresário, por falência. Mesmo Galeno, apesar de ter abandonado a faculdade, continuava tentando uma ascensão em teatro ou cinema, envolvido pelo crescente movimento *hippie*, mas não estava seguramente envolvido em política. Maria Lúcia, uma tarde, surpreende João Alfredo em colóquio amoroso com Heloísa. O namorado manda que ela saia imediatamente dali. Na mesma noite, explica a Maria Lúcia que não existe nenhuma relação amorosa entre Heloísa e ele. Estavam posando de namorados para facilitar uma ação efetuada pela organização, e ele não podia, naturalmente, dar a Maria Lúcia detalhes desta ação. Ela confia em João, que sempre lhe disse a verdade, mas tem coragem de fazer-lhe um *ultimatum* com que vinha sonhando há bastante tempo: que ele escolha entre a luta armada e ela.

Ubaldo, o fotógrafo que participou do sequestro do embaixador americano, é preso. Sandra, a moça a quem Heloísa havia emprestado o casaco, vive em perigo constante. Maria Lúcia tem consciência, a cada momento em que está com João, de que poderá estar vendo o namorado pela última vez. Lavínia, agora casada com um jovem médico, Gustavo, acha que a situação do país é tão angustiante que Maria Lúcia deveria fazer um esforço, como ela, para apesar da ansiedade diária renunciar a seu *ultimatum*, tentar ser mais companheira de João, já que a causa por que ele luta lhes parece bastante justa, a todos. Maria Lúcia tenta fazer este esforço para não perder seu grande amor. O estado de espírito de Maria Lúcia, nesta fase, vai evoluir da tensão a uma crise muito braba. Nossa jovem heroína faz um grande esforço para compactuar com o namorado da luta armada, marcando encontros para depois de ações perigosas, muito consciente dos perigos que João Alfredo está correndo, mas, pelo menos aparentemente, segurando a difícil barra emocional. A tensão de Maria Lúcia aumenta muito quando ela descobre que, por acidente, ficou grávida. Discute com João Alfredo a possibilidade de casamento ou aborto. Fica tácito que ela prefere se casar, mas ele não tem coragem de abandonar a organização numa hora tão triste, em que a preocupação principal parece ser libertar companheiros que estão sendo torturados nas prisões. Decidem de comum acordo pelo aborto. João consegue dinheiro com a organização. No momento em que estão na sala de espera de uma clínica lúgubre, no entanto, o rapaz perde a coragem, tira Maria Lúcia dali, decidido a criar seu filho custe o que custar. Ficam os dois fazendo planos, tentando encontrar soluções para esta difícil situação: como conciliar casamento e a criação de um filho com o trabalho de João na organização? Maria Lúcia quer ser amiga e vai forçando mais e mais a sua barra. Um dia, sabe que João tem uma reunião com companheiros num aparelho localizado no bairro do Méier. Sempre com o coração apertado e tentando esconder do namorado suas terríveis angústias, despede-se de João num ponto de ônibus, vê o namorado entrar num Méier-Copacabana. Vai à casa dele buscar alguma coisa e recebe um angustiante telefonema de um amigo de João, da luta armada. O companheiro que reside no apartamento do Méier foi cercado por agentes da repressão, sabe que o aparelho vai cair, e está tentando avisar os amigos convocados para a reunião, para que não sejam todos presos ou mortos. Maria Lúcia acabou de ver João entrar no ônibus. O companheiro de João lhe dá o endereço do aparelho cercado pela polícia, perto do ponto final do ônibus Méier-Copacabana em que vimos João embarcar. Se alguém pegar imediatamente um táxi, tem grande chance de chegar ao ponto final antes do coletivo, prevenir João e salvá-lo. Maria Lúcia procura a ajuda do irmão do namorado com quem acabara de falar, mas o rapaz acabou de sair de casa. A única solução é ela própria tomar o táxi que vai atravessar a cidade neste clima de grande tensão. Estamos mostrando, paralelamente, o desespero do companheiro que reside no aparelho do Méier, cercado pela polícia. Ônibus e táxi chegam juntos ao ponto final. João Alfredo desce antes, e Maria Lúcia consegue apenas vê-lo dobrar uma esquina. Corre atrás do namorado, desesperada. Ao mesmo tempo, a polícia invade o aparelho e o companheiro resiste, troca tiros com os policiais. Quando Maria Lúcia está quase alcançando João para prevenilo, começam os tiros, há correria no meio da rua, ela leva um tombo. Consegue alcançar João, que é tomado pelos policiais por um passante qualquer. O que salva, na verdade, João e Maria Lúcia, é a tentativa – frustrada, por sinal – de fuga do companheiro residente no aparelho.

À noite, muito angustiada, Maria Lúcia repete em sua casa, agora com mais firmeza, o *ultimatum* que já havia dado algumas semanas antes: que João escolha entre ela e o filho ou a organização. Para nosso protagonista, um revolucionário convicto, não é uma escolha fácil. Precisa renunciar a todos os seus ideais mais profundos. Durante a discussão, Maria Lúcia tem uma hemorragia e é transportada para uma clínica. Por causa da tensão e do tombo, perdeu o filho. Maria Lúcia entra em tão profunda crise depressiva que acaba sendo internada numa clínica psiquiátrica.

Enquanto está na clínica, os conflitos de João são muito aumentados por uma ordem da organização. Ele foi escolhido para participar pela primeira vez de uma ação mais importante e perigosa do que panfletagem ou pixação de muros: roubar armas de sentinelas. Para entrar nesta ação, precisa abandonar a casa dos pais, passar a ser conhecido por um nome de guerra, morar num aparelho, enfim, cair na clandestinidade. Dadas as suas convicções revolucionárias, isto era um passo inevitável, que ele se sentia obrigado a dar. Abandonar a família já é afetivamente muito penoso. Mas como ficará Maria Lúcia, em seu momento de maior fragilidade, após a perda do filho? João tem a notícia de que Ubaldo, o fotógrafo que morava com o professor Avelar, foi preso, suspeito no caso do sequestro do embaixador americano. As prisões estão cheias de amigos como ele. A única chance de libertá-los parece ser sequestrar mais embaixadores, enfim, a luta. Depois de muito refletir, João Alfredo chega à conclusão de que jamais se sentirá bem consigo mesmo se desistir desta luta por razões pessoais e afetivas.

Vai buscar Maria Lúcia na clínica psiquiátrica. Ela sai aparentemente bem, disposta a retomar sua vida normal. Mas a João Alfredo parece tácito que a barra de companheira num momento tão difícil ela não vai conseguir segurar. Resolve romper. Maria Lúcia não aceita. Mais tarde, Galeno diz que a única maneira de uma pessoa apaixonada aceitar uma perda é saber que o parceiro está apaixonado por outro. João resolve mentir para que Maria Lúcia aceite a ideia de se separar dele. Em sua grande cena de renúncia, inventa que não é só a luta armada que está afastando um do outro. Inventa que não era para "fazer fachada" que ele estava beijando Heloísa num carro, algum tempo atrás. Inventa que está apaixonado por Heloísa, sua companheira de organização. Maria Lúcia, em prantos, no momento mais difícil de sua vida, não tem o que dizer, e nossa dupla de namorados se separa definitivamente.

João cai na clandestinidade, aluga um pequeno quarto num apartamento no Grajaú, usando um nome de guerra e se fazendo passar por um jovem que dá aulas particulares de matemática. Maria Lúcia retoma sua vida normal, seu trabalho, vai tentando esquecer João. Edgar, cada vez mais bem-sucedido na editora onde trabalha Maria Lúcia, sempre apaixonado por ela, a leva a passeios, vai cercando-a de carinho, até pedi-la em casamento. Maria Lúcia não aceita a ideia de casamento de imediato, mas à medida que o tempo vai passando – já estamos em 1970 –, Edgar sempre envolvente e meigo, trabalhando com ela, nossa protagonista acaba dizendo sim, casa-se com Edgar.

Casados, os jovens vão morar no mesmo prédio em que Lavínia e seu jovem marido moram. Edgar está indo muito bem na editora, onde disputa o poder com Waldir – estamos em pleno milagre econômico –, consegue até comprar o sítio que era dos pais de Lavínia, agora na Europa, um casal de autoexilados. Os pais de Waldir continuam a trabalhar como caseiros no sítio.

Nesta fase, vamos acompanhar com detalhes um dos últimos sequestros de embaixadores realizados pelos jovens revolucionários, o sequestro (fictício) do embaixador da Suíça. João Alfredo, Heloísa e Marcelo, conhecidos dentro da organização por codinomes, vão participar da ação, comandada por Salviano. Heloísa e o companheiro Pedro já estão morando há seis meses numa casa de subúrbio, o aparelho onde será escondido o embaixador, passando por um jovem casal de proletários. Como tiveram tempo de fazer amizade com a vizinhança, o aparelho é considerado muito seguro, caso o sequestro seja bem-sucedido.

São cinco os sequestradores: Heloísa, Marcelo, João Alfredo, Salviano, o líder do grupo, e Pedro, um jovem extremamente radical, antagonista de João Alfredo dentro da equipe do sequestro. Conseguem raptar o embaixador. Lances cômicos não faltam ao episódio. Para início de conversa, uma vez no aparelho, o embaixador acha muito estranho ter sido escolhido. Não tem a importância política do americano ou do alemão, duvida que seu governo tenha grandes possibilidades de fazer pressão, como o presidente Nixon, que ligou para o Brasil ele próprio, em 69, mandando chamar, na época em que o país era governado pela junta militar, *"the man in charge of this fucking country"* (o homem encarregado dessa porra desse país). O embaixador suíço, apesar de evidentemente contra ações violentas como sequestro ou assaltos a bancos, muito consciente de direitos humanos e cheio de tato, é quase um simpatizante do movimento, tem boas relações com os sequestradores, que logo passam a não usar mais capuzes. Para passar o tempo, durante grande parte do episódio, diplomata e sequestradores jogam baralho. A organização quer trocar o embaixador por uma lista de setenta prisioneiros, entre os quais está Ubaldo, o fotógrafo amigo do professor Avelar, personagem que o público conhece. O governo brasileiro demora a divulgar que recebeu as exigências do grupo, por sinal bastante ambiciosas. Durante todo o tempo, tenta, num jogo sem dúvida inteligente, ganhar tempo para que a repressão localize o aparelho. Tudo indica que, ao contrário do que aconteceu com o embaixador americano, se localizarem este aparelho a vida do suíço vai correr perigo, e é o próprio embaixador, no grupo, talvez a pessoa mais preocupada com a segurança da casa.

Finalmente, o governo aceita libertar setenta presos políticos, mas trocando alguns nomes. As negociações demoram. Há um momento bastante dramático em que os jovens têm que decidir o que fazer com o embaixador caso o governo não aceite as exigências. Numa primeira votação, vence a hipótese da execução, embora o embaixador não seja informado disto. Numa segunda votação, vence a outra corrente, não se cogita mais de matar ninguém. Uma ação que deveria, segundo os planos deles, durar no máximo uma semana, se prolonga por intermináveis quarenta dias de um verão escaldante, no subúrbio, que inicialmente apenas Heloísa e o companheiro conhecido da vizinhança podem frequentar, já que os outros não estão oficialmente na casa. A polícia está muito empenhada em localizar esta casa, mas dificilmente os vizinhos vão desconfiar do jovem casal tão simpático. Pouco a pouco, os outros participantes do sequestro têm que ser apresentados aos vizinhos, apenas João Alfredo e o embaixador permanecem escondidos.

Governo e sequestradores acabam encerrando negociações e depois de quarenta dias o embaixador pode ser libertado.

Há problema de carro, porque a luta armada não tem um mínimo de infraestrutura. O único carro de que eles dispõem enguiça. Os jovens demoram três dias para conseguir um carro e libertar o embaixador. O próprio diplomata participa de todas as discussões que envolvem a segurança do grupo, chega a ser cogitada a hipótese de libertá-lo de ônibus. O aparelho continua sendo procurado. Estamos no dia 31 de dezembro. Para fazer fachada, o grupo resolve dar na casa uma festinha de réveillon, convidando vizinhos. Apenas o embaixador e João Alfredo ficam escondidos num pequeno quarto, onde dizem haver uma criança dormindo durante a festa.

No final do réveillon, João Alfredo, trancado nesta casa há quarenta dias, pede permissão para sair, quer ver o mar, e precisa pagar o aluguel de seu quarto, a fim de não despertar suspeitas. A permissão é concedida.

Ao pagar o aluguel, João tem uma leve suspeita de que seu armário foi revistado. Acha que um par de meias deixado numa determinada gaveta está em outra. Mas pode ser paranoia. Faz uma visita a Galeno, na comunidade *hippie* onde está morando, e vai tomar um banho de mar. Na praia, vê de longe a figura de Maria Lúcia com Edgar, aparentemente muito felizes e, como a maior parte da população brasileira, principalmente a classe média favorecida pela política econômica, totalmente alheios aos graves problemas entre o governo e os resistentes. A ideia de que pelo menos setenta companheiros foram soltos, em parte por causa de sua bravura, ajuda João a enfrentar suas crises pessoais. Quando volta ao subúrbio, no final da tarde, a organização já conseguiu um carro e o embaixador pode ser liberado. Heloísa acha que a casa onde João está morando já não apresenta segurança, talvez seja melhor que ele troque de aparelho e nem volte lá. Os outros ponderam que há exagero por parte dela. João Alfredo fica de voltar a esta casa apenas para pegar seus pertences e já marca um ponto com Heloísa para esta noite, de onde irá para outro aparelho.

Uma vez no apartamento do Grajaú, nosso protagonista tem certeza de que novamente mexeram no seu armário. Acha melhor sair sem nem levar roupas, muito preocupado se está sendo seguido. Como já fez outras vezes durante a história, num momento em que tem certeza de não estar sendo seguido, telefona para a mãe, de um orelhão, para dar notícias. Ela pede muito para vê-lo, nem que seja por um instante. João não tem mesmo o que fazer até a hora do ponto com Heloísa. Aceita encontrar a mãe, rapidamente, na rua. O encontro entre mãe e filho é pungente. Mais dramático ainda quando a câmera revela que a partir daí João está sendo seguido. Diálogos entre os policiais mostram que nosso protagonista tinha sido denunciado como suspeito pela dona da casa onde estava morando. Do armário, levaram um retrato dele. Pelo retrato, haviam conseguido localizar sua ficha. Se estava agora usando nome falso tornava-se suspeito de primeira ordem. O telefone de seus pais foi grampeado, a mãe foi seguida. Melhor não prender João, que pode levá-los a outros membros do grupo.

Quando João Alfredo encontra Heloísa, a polícia resolve efetuar a prisão. Heloísa está ao volante de um carro, dirige extremamente bem. Na fuga, João é baleado, mas ela consegue se desvencilhar da polícia. É preciso socorro médico para João. Heloísa resolve procurar Lavínia, casada com o médico que ela sabe simpatizante, os vizinhos de prédio de Maria Lúcia e Edgar.

Lavínia e o marido não estão em casa, e neste momento – João Alfredo perdendo sangue, escondido dentro do carro – Heloísa dá de cara com Maria Lúcia, no elevador do edifício.

Ao ver o estado crítico de João, Maria Lúcia resolve pôr em risco sua própria vida, seu casamento, tudo, acolhe os dois em sua casa e sai desesperada à procura do médico amigo. Sob grande tensão, consegue transportar o rapaz, juntamente com Heloísa, para a clínica onde trabalha Gustavo, onde João é operado e considerado fora de perigo. Maria Lúcia tem certeza de que com a ajuda do pai de Heloísa conseguirá tirar os dois do país, mas é preciso escondê-los provisoriamente. Heloísa acha que o melhor local é um colégio de Friburgo, onde mora sua ex-babá, muito fiel, que conhecemos no início da história. A babá se aposentou e mora no colégio onde trabalha a filha. Maria Lúcia resolve levar os dois a Friburgo, correndo um grande perigo na estrada, todos estes lances narrados em clima de grande tensão. Surpreendentemente, nesta hora, Maria Lúcia mostra-se valente, safa, muito forte, uma guerrilheira.

Ao chegarem ao colégio, João está adormecido e fica no carro, enquanto Maria Lúcia e Heloísa entram para conversar com a babá. Heloísa conta a Maria Lúcia que teve um filho, agora com um ano. Sua grande confiança na babá vem do fato de ela estar esse tempo todo cuidando da criança. Maria Lúcia assume, naturalmente, embora não toque no assunto, que o filho é de João Alfredo. Quando chega a babá, as notícias não são nada boas. A repressão tinha estado no colégio horas antes, porque já estavam procurando Heloísa, sabiam da existência da babá e encontraram o local. Como desconhecem a existência da criança, a babá já estava fazendo sua mala para fugir, bebê no colo, para a casa de uns parentes, no interior de Minas. A única solução é Heloísa se despedir rapidamente de seu filho e procurarem outro esconderijo.

Maria Lúcia leva seu heroísmo ao ponto de escolher, como esconderijo, porque não parece realmente haver outra alternativa, seu próprio sítio, em Itaipava, onde, por excesso de trabalho de Edgar, o casal não tem ido com muita frequência. O problema maior são os caseiros, pais de Waldir. Mas não há outra solução. João Alfredo e Heloísa ficarão escondidos ali enquanto Maria Lúcia tentará, com a ajuda do poderoso pai de Heloísa, transar a fuga dos dois para fora do país.

A mãe de Heloísa e seu irmão Bernardo recebem Maria Lúcia muito bem. Bernardo, agora à frente da companhia de navegação da família, acha que nessas circunstâncias uma boa hipótese é embarcar sua irmã e o amigo como clandestinos num cargueiro que vai zarpar em poucos dias para o estrangeiro. Tanto ele quanto a mãe, no entanto, proíbem Maria Lúcia de dizer uma palavra que seja ao pai de Heloísa. Fábio não perdoou a filha e não aceitará de modo algum a hipótese de colocar sua empresa em risco por compactuar com comunistas.

Nossa conhecida Sandra, da organização, entra em contato com Heloísa e João Alfredo, há também uma possibilidade de fuga pela fronteira, apenas mais arriscada do que o embarque clandestino no navio. Assim, o esquema de fuga sugerido pelo irmão de Heloísa é armado, em dias de terrível expectativa para

Maria Lúcia, que esconde tudo do marido, inclusive para não torná-lo conivente e, consequentemente, também vulnerável.

Edgar está trabalhando muito, na disputa de poder com Waldir, dentro da empresa. Maria Lúcia consegue ajudar João e Heloísa sem que Edgar desconfie de suas frequentes visitas ao sítio de Itaipava. Mas Waldir vai ao sítio visitar os pais, descobre a história toda, leva os fatos ao conhecimento do banqueiro, o que vai fazer mais tarde com que seja ele o escolhido para o cargo importante que ambicionava, em detrimento de Edgar.

O empresário proíbe seus subordinados de ajudar a filha, pondo em risco a segurança da empresa, garante ao filho que vai tentar achar alguma outra solução, a hipótese de fuga de navio é completamente afastada. João Alfredo, agora totalmente restabelecido, e Heloísa resolvem tentar o outro esquema de fuga, montado por alguns companheiros, o da fronteira.

Na véspera da fuga, momentos antes de deixar o sítio, Heloísa pede a Maria Lúcia que, caso alguma coisa lhe aconteça, ela cuide da criança. Maria Lúcia tem o endereço do interior de Minas para onde a babá a levou. Durante o diálogo, desfaz-se o mal-entendido dramático. Quando Maria Lúcia fala no filho de "vocês", Heloísa chega a rir, diz que João e ela sempre foram apenas amigos, o pai do rapaz é Marcelo, o outro participante do sequestro, que está com ela há dois anos. Só então Maria Lúcia compreende a mentira inventada por João Alfredo na época da separação. E mal há tempo para muita conversa. Heloísa e João estão sendo esperados para iniciar o esquema de fuga pela fronteira.

No momento em que estão a caminho de um caminhão que deve levá-los para o sul, surge polícia, há tiros, Heloísa é metralhada, João e Marcelo conseguem fugir do país.

Ao saber que sua filha morreu, Natália culpa o marido, muito arrependida de não tê-lo abandonado para fugir com o jovem amante, Avelar. Pela primeira vez em sua vida, Natália consegue deixar o conforto financeiro em segundo plano, telefona para Avelar na Europa e vai encontrá-lo.

Ao saber até que ponto, não por ideologia, Maria Lúcia pôs em risco a própria vida para ajudar João Alfredo, Edgar, muito frustrado num casamento que dificilmente daria certo, pede a separação.

Já sozinha, Maria Lúcia tem a notícia da morte de Heloísa. Vai a Minas procurar a criança, que, com a conivência do irmão de Heloísa, passa a criar.

Pulamos para 1979. Elis Regina está cantando o lindo samba que fala na "volta do irmão do Henfil, e tanta gente que partiu, num rabo de foguete..." Há no país a expectativa da anistia, os exilados podem voltar. Maria Lúcia sabe que João Alfredo esteve no Chile e posteriormente na Europa: França, Inglaterra, Suécia,

Alemanha... Espera sua volta, que se concretiza. Ela tem grandes esperanças de que os anos de exílio tenham atenuado o idealismo de João.

Maria Lúcia e outros amigos vão esperá-lo no aeroporto. Quando ficam sozinhos, Maria Lúcia descasada, em boa situação financeira, inclusive porque trocou o jornalismo pela publicidade, campo em que se revelou uma craque, criando a filha de sua amiga, agora com dez anos de idade, fica nítido que de ambas as partes há uma grande vontade de reiniciar uma vida em comum, porque o amor não morreu. Maria Lúcia e João passam a primeira noite juntos.

Na manhã seguinte, ele fala em conseguir um emprego, já tem alguns contatos. O rosto dela se ilumina. Mas antes de procurar o amigo que lhe prometeu emprego, João quer ir a uma reunião política na casa de outro companheiro, onde vão discutir pontos importantes a serem tratados amanhã numa reunião de reorganização partidária, na ABI. Mesmo neste momento, chegado do exílio, João está nitidamente mais informado do que ela dos problemas do país. Maria Lúcia quer ter jogo de cintura e acompanha João. Na casa do amigo, um dos pontos discutidos é um conflito muito grave: sem-terras invadiram uma fazenda no Rio Grande do Sul. João logo se prontifica a ir no dia seguinte para o local, tomar informações detalhadas que pode passar ao Partido Social Democrata Alemão, para cuja revista já escreveu uma série de artigos. O problema seria só descolar a grana da passagem, vai dar um pulo na casa de outro companheiro e...

Maria Lúcia levanta-se discretamente para não atrapalhar a reunião e vai embora. João nota sua saída, entende que é definitiva, vai atrás dela. Quando estão frente a frente, os dois se dão conta de que não há nada a dizer. Ela o beija no rosto.

– Desculpa. Vai.

E Maria Lúcia se afasta.

João a chama, ela se volta. João não sabe o que dizer. Também a ele a união parece impossível. Lembra o passado, a juventude, as passeatas, os festivais de música.

– Numa coisa, Maria Lúcia, eu... pensei muito esses anos todos... Numa coisa você tinha razão. Em termos artísticos... "Sabiá" era mais bonita sim.

Os dois se separam para sempre.

FIM

História paralela (ainda de amor)

Ao mesmo tempo em que é professor de história do Pedro II, Avelar, ídolo de nossos jovens personagens, também leciona em cursinhos de pré-vestibular, para sobreviver, e faculdades. É um intelectual de esquerda muito conceituado, autor especialmente de um livro sobre a situação econômica da América Latina. Em determinada fase, vem a conhecer a bela e jovem mãe de Heloísa, Natália, mulher muito carente, que nunca havia traído o marido. Parcialmente influenciada pelas ideias avançadas da filha, Natália acaba tendo um caso com Avelar, por quem se apaixona perdidamente. A paixão por Avelar faz com que ela se torne uma pessoa mais consciente, mais madura, mas mesmo assim pouco propensa a abandonar o marido.

No dia do Ato Institucional, em dezembro de 68, justamente quando está assistindo sozinho à notícia do AI-5 pela televisão, como muitos intelectuais brasileiros, Avelar tem a casa invadida pela polícia, vão levá-lo. Avelar pergunta pela ordem de prisão e um soldado lhe responde, apontando o aparelho de TV.

– Tá ali.

Esta prisão não é noticiada. Para os amigos, é um desaparecimento. Vamos acompanhar por mais de uma semana a desesperada busca de Natália, escondida do marido, ajudada por um advogado de confiança, até que se localize o professor. Começa então a ação para liberá-lo. Avelar é solto um mês depois.

Este período é muito traumático para o jovem professor. Afinal de contas, julgava-se ideologicamente responsável pela formação de muitos e muitos jovens que estavam agora espalhados por prisões, sofrendo as piores torturas, quando não brutalmente assassinados. Natália é uma meiga companheira em seus encontros fortuitos com o amante.

Como a especialidade de Avelar é política econômica da América Latina, ele é convidado a dar consultoria sobre o assunto ao Ministério das Relações Exteriores. Avelar sente-se melhor em relação a seus ex-alunos a partir do momento em que, pondo em risco a própria vida, passa a enviar para fora do país através de aeromoças e comissários de bordo estas denúncias.

Quando é descoberto, o escândalo é enorme, por se tratar de pessoa de dentro do ministério. Usando muito dinheiro, Natália consegue escondê-lo, comprar-lhe um passaporte falso para que ele tente uma fuga para a Europa. O dilema da mulher é, neste momento, abandonar ou não o marido e enfrentar uma vida mais dura ao lado de seu grande amor. Natália acaba optando pela grande fortuna do banqueiro. Avelar, em clima de grande tensão, consegue com o passaporte falso burlar a vigilância da polícia, no Galeão, e fugir. Depois da morte da filha, Heloísa, Natália abandona o marido e vai encontrar-se com Avelar em Paris.

• • •

Nota: Todos os nossos personagens são fictícios, embora nomes de pessoas reais sejam mencionados. O pano de fundo, evidentemente, é a história real do período. Foram usadas para armação do seriado informações contidas nos livros:

- *Os carbonários*, de Alfredo Sirkis
- *1968*, de Zuenir Ventura

(No episódio sequestro do embaixador suíço, no entanto, usamos do livro de Sirkis bem mais do que informação. Sem chegar a *ser* Sirkis durante o sequestro, o personagem de João Alfredo está muito próximo do verdadeiro Sirkis.)

Lista de cenários e locações
para discussão com diretor, produtor e equipe

Cenários:

APARTAMENTO DA FAMÍLIA DE MARIA LÚCIA – Classe média de Ipanema, prédio bem classe média média. O dono é um comunista com pouco dinheiro, do Partidão. Intelectual, jornalista conhecido, deve ter ganho de presente serigrafias e desenhos de bons artistas plásticos. Duas pequenas salas, dois quartos, corredor, banheiro, cozinha, área de serviço, quarto de empregada.

SALAS – Estar e jantar, separadas por um leve biombo. Na sala de jantar, um somiê, onde às vezes dormem visitas ou mesmo Maria Lúcia. Vai haver sempre uma grande agitação neste apartamento, vizinhos e amigos, filha de empregada na sala, uma bagunça bem simpática.

QUARTO DO CASAL – Nada especial. Um armário embutido para o casal, um armário embutido para Maria Lúcia (de alvenaria e madeira), ela guarda suas roupas lá.

QUARTO DE MARIA LÚCIA – Uma bagunça. Entulhado pelos muitíssimos livros do pai. Escrivaninha do pai. Escrivaninha menor, de Maria Lúcia. Não pode ser muito pequeno. Vai haver muita reunião política no cenário, a portas fechadas. É a peça do apartamento onde se pode falar sério, quando necessário, porque o quarto de Damasceno e a mulher é entulhado pela cama de casal.

CORREDOR – Deve ser suficientemente largo para que Maria Lúcia sonhe com obras, passar os livros do pai para o corredor.

COZINHA – Nada especial.

ÁREA DE SERVIÇO – Nada especial.

QUARTO DE EMPREGADA – Nada especial, ali dormem Dagmar e a filha. Provavelmente, de vez em quando, uma amiga no desvio dorme no chão.

(Tudo neste apartamento deve indicar intelectualidade, falta de futilidade e falta de dinheiro.)

Nota: É importante que a janela do quarto de Maria Lúcia dê para uma área interna do prédio, e não pra rua, no capítulo 4.

APARTAMENTO DA FAMÍLIA DE JOÃO ALFREDO – Classe média de Ipanema, prédio mais novo do que o de Maria Lúcia, apto. de duas salas e dois quartos. Típico de pequeno comerciante, com conforto, sem frescura, televisão na sala. Mas não é gente que realmente ligue para "decoração".

QUARTO DE JOÃO ALFREDO E IRMÃOS – João dorme no mesmo quarto que os dois irmãos mais jovens. Escrivaninha. Uma cama beliche, um sofá-cama, onde dorme João, o irmão mais velho. Deve ser frisado que João não tem um armário só para ele, divide com os irmãos, ninguém aqui tem muita roupa.
COPA-COZINHA
BANHEIRO (um só pra todos)
QUARTO DOS PAIS DE JOÃO ALFREDO

APARTAMENTO DE EDGAR E REGINA – Classe média de Ipanema, a mãe viúva, advogada, dos apartamentos de classe média deve ser o mais transado, Regina é uma mulher moderna, de bom gosto e ganha bem. Sala ampla ou em L, com dois ou três ambientes, mesa de jantar integrada ao resto. Como virou moda nos anos 60, duas salas devem ter sido reformadas e abertas para fazerem esta sala mais ampla, com sala de jantar integrada à sala de estar. (Achamos bom não fazer os cenários todos tipicamente anos 60 porque fica falso. Mas este aqui deve ser.)
QUARTO DE EDGAR
QUARTO DE REGINA
ESCRITÓRIO (em determinada fase, Galeno vai morar neste escritório)

(Atenção: os quartos dos personagens jovens devem denotar mudanças ao longo dos oito anos por que passa o programa. Pôsteres e retratos, colagens, essas coisas devem ser trocadas, de acordo com as diversas fases.)

APARTAMENTO DA FAMÍLIA DE GALENO – Classe média de Ipanema, o dono é capitão do Exército. Três quartos e uma sala. Só precisamos mostrar:
A SALA
O QUARTO DE GALENO

SALA DO APARTAMENTO DE GLÓRIA – (Este é o cenário novo que foi combinado com o Dennis na reunião de 18/3) É a mesma estrutura da SALA DA FAMÍLIA DE GALENO (porque estamos no mesmo prédio). Apenas a mesma sala com outra decoração para fazermos cenas de Adelaide, Dolores, Glória, jogando biriba. Pode ser um cenário bem anos 60, inclusive com críticas à época, ao contrário do que pedimos no resto do programa. Qualquer excesso aqui pode ficar interessante, tipo tecido de cortina op-art, essas coisas.

APARTAMENTO DA FAMÍLIA DE WALDIR – É um apartamento de sala e quarto mínimo e muito pobre, desses que certos condomínios podem proporcionar a uma família de porteiro. Waldir dorme na sala, com o irmão mais velho. O irmão menor dorme no quarto com os pais. Cozinha precária integrada à sala.
(O cenário só será usado nos primeiros capítulos)

APARTAMENTO DA FAMÍLIA DE LAVÍNIA – Classe média de Ipanema, conforto, um certo toque de intelectualidade porque o pai de Lavínia é dono de uma editora. Bons quadros. Duas salas, dois ou três quartos. Só precisamos mostrar:
A SALA
(cortamos o quarto de Lavínia)

APARTAMENTO DA FAMÍLIA DE HELOÍSA – Nosso único cenário classe AA. Vamos fazer um dos grandes apartamentos da Rui Barbosa, o dono é um dos banqueiros mais ricos do Brasil, muito bom gosto. (Depois, Fábio, em vez de banqueiro, passou a ser empresário, dono de uma *holding*.)
SALÕES, BIBLIOTECA, VARANDA, SALA DE JANTAR – Aquele varandão arredondado, na frente. No espaçoso hall de entrada, chapelaria (que só existe em alguns poucos prédios), hall do elevador, com o próprio elevador no cenário. Decoração tradicional, com alguns toques de anos 60, especialmente em bons quadros. Piano de meia cauda. Vamos ter aqui neste cenário várias reuniões em que os jovens cantavam juntos, na época da bossa-nova. Além das salas só precisamos mostrar:
QUARTO DE HELOÍSA, com banheiro (Estamos na dúvida se em 64 neste tipo de apartamento o quarto de Heloísa já teria banheiro dentro.)
QUARTO DOS PAIS DE HELOÍSA, com closet e banheiro. Dois ambientes, um de estar, outro de dormir, para que Fábio possa ter cenas de assuntos de trabalho no quarto, com seu assistente pessoal.
CORREDOR PARA OS QUARTOS, amplo, como tudo no apartamento. Pequeno ambiente para telefone.
(cortamos a cozinha)

SÍTIO DOS PAIS DE LAVÍNIA – Um pequeno sítio gostoso na região de Itaipava ou Fazenda Inglesa. Importante fazer a partir da escolha da locação, com casa de caseiro à parte. De cenários, vamos mostrar:
SALA DE ESTAR E JANTAR, com lareira
(cortamos o quarto dos donos da casa)
QUARTO DE LAVÍNIA COM CAMA PARA AMIGAS
QUARTO DE HÓSPEDES
(Este sítio será comprado pelo personagem Edgar, depois de casado com Maria Lúcia, em 1970 ou 71. Sofrerá alterações de decoração. Nesta fase será um cenário mais usado do que na primeira fase.)
(Cortamos o quarto dos caseiros)

ESCRITÓRIO DE FÁBIO NA PRESIDÊNCIA DO BANCO: Basta a sala de Fábio, propriamente, e antessala, para secretárias. (Não teremos cenas de reuniões de diretoria.) Decoração tradicional, de bom gosto.

ESCRITÓRIO DE BERNARDO NA EMPRESA DE NAVEGAÇÃO: Apenas a sala onde trabalha Bernardo, o diretor da empresa, com antessala para secretárias. Decoração tradicional. Só será usado nos capítulos finais.

APARTAMENTO DE AVELAR E UBALDO – Apartamento de solteiros intelectuais, com pouco poder aquisitivo. Leblon. Sala e três quartos. Um quarto, o que vai ocupar o personagem Waldir, deve ser bem menor do que os outros.
    SALA
    QUARTO DE AVELAR – O professor de história. Não pode ser rico, mas deve ser bonito quando bem iluminado, porque teremos aqui cenas românticas.
    QUARTO DE WALDIR – Muito simples, sem qualquer requinte. No início não aparece. Será alugado pelo jovem Waldir numa determinada fase do programa. (o quarto de Ubaldo não precisa aparecer)
    COZINHA – Muito simples, mas é bom termos o cenário, porque os rapazes cozinham um pouco, não têm empregada e sim faxineira.

EDITORA DO PAI DE LAVÍNIA: Pequena editora numa casa de Botafogo, ou bairro semelhante.
    RECEPÇÃO
    SALA DO DIRETOR, COM ANTESSALA
    (cortamos a sala de trabalho de Maria Lúcia)

REDAÇÃO DO JORNAL *CORREIO CARIOCA*

BAR DO CURSO DE FRANCÊS E SALA DE AULA – Pequeno bar para lanches onde se reúnem alunos. Dá para três ou quatro pequenas salas de aula, das quais uma deve ser cenário também, a não ser que, a critério da direção, se prefira fazer sala de aula em locação. O bar deve ser copiado do verdadeiro, localizado no subsolo da Aliança Francesa de Copacabana, rua Duvivier, 43. Era muito charmoso na época do nosso programa.

QUARTO E SALA DE MARCELO: Apartamento que o jovem Marcelo divide com algum amigo que não aparece. Precisamos da SALA e do QUARTO DE Marcelo, porque Maria Lúcia e João transam ali.

RESTAURANTE ZEPPELIN – Reconstituição do famoso restaurante de Ipanema. Foi sugestão do Mário, a gente adorou.

SALA DE SANDRA E SALVIANO – Sala de apartamento pobre, Salviano é um médico sem recursos do Partido Comunista, amigo de Damasceno. Viúvo, mora com a filha Sandra. Mesmo clima do apto. de Damasceno.

Entrando na segunda parte:

APARTAMENTO DE MARIA LÚCIA E EDGAR CASADOS: Ipanema, classe média, jovens casados em 1969. Sala e dois quartos. Quarto do casal, escritório.

APARTAMENTO DE LAVÍNIA CASADA: Mesmo prédio de Maria Lúcia e Edgar, pode ser o mesmo cenário com decoração diferente. Aqui, só vamos precisar da sala.

CASA DE *HIPPIES*: Santa Teresa, 1969 e 70. Prédio velho. Uma sala, três quartos, muitos e muitos hippies. Foi combinado em reunião com Mário Monteiro que é uma casa de três níveis, em terreno pirambeira, sendo a porta da rua no nível do meio.

QUARTO DE ZULMIRA NO COLÉGIO EM FRIBURGO – Um pequeno quarto onde dormem a cozinheira do colégio, sua mãe Zulmira e um bebê. Modestíssimo, mas com certo conforto e limpeza. A ser feito de acordo com a locação do colégio.

CASA DE MARLI – Casa de vila, prédio velho na Urca. Foi combinado que esta casa é <u>numa vila da cidade cenográfica</u>, embora vá passar por uma vila na Urca. João Alfredo vai alugar um pequeno quarto nesta casa. Só vamos mostrar:
    SALA MODESTA
    QUARTO DE JOÃO ALFREDO

APARTAMENTO DO CAPITÃO RANGEL EM BRASÍLIA – Só vamos mostrar a sala. Apartamento confortável de capitão da Marinha, em Brasília, 1975.

SALA DE CENSORES EM BRASÍLIA – 1975. Para discussão de cortes de censura com novelista de televisão e grupo de censores.

CASA DE SUBÚRBIO – É o "aparelho" onde ficará escondido o embaixador durante o sequestro. Rua de terra de um subúrbio gênero Olaria. A locação é importan-

tíssima, porque vamos ter muitas externas. A casa tem que ter pequena varanda na entrada e um pequeno quintal não devassado, onde os personagens que ali vivem clandestinos tomam banho de sol. Dentro da pequena casa:
SALA
TRÊS QUARTOS
COZINHA
BANHEIRO

SALA DE PEQUENO APARTAMENTO NO MÉIER – Apenas uma sala muito simples. Aparelho da organização que vai cair. O importante aqui é ponto de vista. A situação é uma cena em que apenas um rapaz está acuado, o aparelho cercado pela polícia. Dramaticamente, precisamos que ele veja policiais na rua etc...

SALA E ANTESSALA DE CHEFE DE ÓRGÃO DE REPRESSÃO À LUTA ARMADA TIPO DOPS

SALA DE ESPERA DE ABORTEIRO – Antessala de clínica lúgubre de aborto. A locação é muito importante.

APARTAMENTO DE INTELECTUAL EM 1979 – Só sala, para a reunião do último capítulo. Com hall de entrada (quatro aptos. por andar) e elevador. A cena final será na porta deste prédio. Precisamos conversar sobre a locação, deve ter plasticidade.

Sugestões para ruas cenográficas:

Gostaríamos de mostrar <u>três ruas</u> da Ipanema dos anos 60, por exemplo: Nascimento Silva, Montenegro e Redentor, um quarteirão de cada. Nestas ruas morariam quase todos os nossos personagens.

As famílias de Galeno e Edgar moram no mesmo prédio. O pai de Waldir é porteiro do pai de João Alfredo. Podemos fazer Galeno e Edgar na Nascimento Silva, João Alfredo na Montenegro, Maria Lúcia e Lavínia na Redentor. Achamos bom que o prédio da segunda fase (Maria Lúcia casada com Edgar) também seja numa dessas ruas, mas não na Montenegro.

Na Montenegro, a única parcialmente comercial, teríamos:
PAPELARIA DO PAI DE JOÃO ALFREDO
BOTEQUIM VIZINHO AO PRÉDIO DE JOÃO ALFREDO
JORNALEIRO EM FRENTE AO PRÉDIO DE JOÃO ALFREDO

SAPATEIRO COLADO AO BOTEQUIM
(não precisa mais a quitanda)
(não precisa mais o bar tipo Veloso) PORTA DO CINEMA PAISSANDU (como era na época), ficou combinado em reunião de 18/03 que a porta do cinema e o hall de entrada são no estúdio, CENÁRIO. Apenas a sala de projeção é locação. E o bar ao lado é um bar qualquer com cadeiras na calçada, locação. Em nenhuma cena algum personagem será mostrado caminhando do cinema ao bar, sem cortes.

Locações:

COLÉGIO PEDRO II, Centro. Já vimos o teipe, tudo ótimo. Vai ser preciso usar BANHEIRO em alguma outra locação, de preferência próxima a algum local onde vamos gravar o bloco 1 ao 12. Porque nos banheiros do Pedro II não dá.

PRÉDIO DE MARIA LÚCIA E LAVÍNIA DEPOIS DE CASADAS – Importante a portaria e principalmente a garagem deste prédio para uma situação policial (estamos sugerindo que faça parte do complexo cenográfico Ipanema).

FAZENDA DO BANQUEIRO: belíssima fazenda para cenas apenas na externa. De cenários só vamos usar:
   UMA CASA DE COLONOS MISERÁVEIS
   VENDA ONDE OS COLONOS COMPRAM MANTIMENTOS

(cortamos a porta do Banco Andrade Brito)

AGÊNCIA DO BANCO ANDRADE BRITO, onde Waldir vai trabalhar.

TERRAÇO DO HOTEL MIRAMAR – Onde se dançava ao luar. Ainda existe? Fotografa?

CLUBE PARA BAILE DE FORMATURA – De preferência com piscina. (não precisa mais clube tipo Iate para festinhas)

TEATROS – PORTA, FOYER

CINEMAS – PORTA, HALL

TEATRO TIPO GLAUCIO GILL – Para uma assembleia de teor político.

FACULDADE DE DIREITO DA PRAÇA DA REPÚBLICA – Para muita agitação e tiroteio no final do primeiro capítulo.

FACULDADE NA PRAIA VERMELHA – Ler capítulo do "corredor polonês", parte final do capítulo 7.

COLÉGIO DE FRIBURGO – Um colégio de freiras. A locação deve ser bonita. Teremos aqui, durante ação policial, o pequeno quarto de Zulmira.

PORTA E SALA DE ESPERA DO DOPS

PORTA DE ALGUM DOS ÓRGÃOS DE REPRESSÃO À LUTA ARMADA. Pode ser bom o quartel da rua Barão de Mesquita, é preciso verificar.

PORTA DO PRÉDIO DO EMBAIXADOR – <u>Já não vemos necessidade alguma de ser no Parque Guinle</u>. Teremos algumas cenas com muitos repórteres de plantão, esperando o embaixador sequestrado.

APARTAMENTO DO EMBAIXADOR – Achamos melhor locação, para pouquíssimas cenas.

RUA DE OLARIA – A rua de bairro onde está a pequena casa (aparelho) onde é escondido o embaixador da Suíça durante o sequestro de quarenta dias. Ver descrição da casa nos cenários. A rua deve ter campo de futebol e um boteco.

JARDINS DE CLÍNICA PSIQUIÁTRICA – onde Maria Lúcia ficará internada por pouco tempo.

EXTERNAS DA PUC (é possível da época? mudou muito?)

PALÁCIO DO ITAMARATI – Para a história do Avelar, precisamos ver possibilidades de gravação no lindo pátio interno com os cisnes.

THEATRO MUNICIPAL – Para a cena de formatura.

PORTARIA DE HOTEL MÉDIO (tipo Paissandu) – Onde João Alfredo vai trabalhar como recepcionista numa fase rápida do programa.

BOATES CLASSE A TIPO BATEAU, ZUM ZUM, BLACK-HORSE

(cortamos o Cervantes)

BRASÍLIA – Para externas com os personagens Galeno e capitão Rangel, em 72.

e ainda:

ruas de subúrbio
fábrica para pichação de muros (noturnas)
portas de fábrica (diurnas)
ruas da Zona Sul para ações policiais
estradas para ação policial
muitas cenas dentro de ônibus
etc.

Os anos inocentes

1964 O cenário político brasileiro é bastante conturbado: insatisfeitas com a conduta do presidente João Goulart, as alas conservadoras da sociedade articulam um golpe militar que mudaria para sempre o destino do país. Enquanto as consequências desse fato ainda não pesam tanto sobre a sociedade, como mais tarde ocorreria, os principais personagens de *Anos rebeldes* ainda são muito jovens, estão protegidos pelo ambiente escolar, descobrem o amor e vivem a efervescência cultural dos anos 60.

Construção dos personagens

Para mim, uma das cenas mais emblemáticas do começo da minissérie é a 5, do capítulo 1, aquela em que os quatro amigos – João Alfredo, Edgar, Galeno, vivido por Pedro Cardoso, e Waldir, interpretado por André Pimentel – voltam do colégio e andam pelas ruas de Ipanema. Nesta cena, faço a apresentação de espaço e de clima daqueles anos iniciais. Enquanto caminham, eles falam de trabalhos escolares e de Godard. Galeno carrega a revista *Les cahiers du cinéma* debaixo do braço enquanto pessoas passam. É gente lavando carro, namorando, lendo um livro, sentada no banco de uma praça... Ao fundo, o instrumental de "Carta ao Tom". Esse conjunto de elementos estabelece uma atmosfera tranquila e aberta, dando a sensação de que tudo corre bem e a vida é boa. Aliás, o título do primeiro bloco da minissérie foi inspirado no filme de Martin Scorsese, *A idade da inocência*, marcando assim o início da saga dramática.

Geralmente, o trabalho de compor a ambientação é uma questão de direção, principalmente nos meus textos, já que faço pouca rubrica de movimentação. Nesse caso, no entanto, marquei no roteiro que a figuração da rua deveria sempre lembrar a proximidade do mar, com gente indo e vindo da praia.

Dei as indicações principais e Dennis compreendeu muito bem o que eu queria. Ele criou um pouco, claro, é um diretor de grande personalidade, mas produziu algo que correspondia totalmente às minhas expectativas. Em termos de equipe, Dennis sempre se cerca de gente boa, diretores de fotografia e arte, no caso da minissérie, Edgar Moura e Cristina Médicis, respectivamente, e Ivan Zettel como codiretor.

Sou cartesiano, formado na escola literária setecentista, em especial a francesa, em que a principal qualidade do estilo é a clareza. Se não é claro, não é bom nem vou ler, rejeito. Minha apresentação dos personagens, nesta cena, é quase didática.

Assim, faço um retrato muito claro de quem é quem. Galeno está ligado nas artes e venera, nesse momento, o cinema de Godard. Edgar gosta de acompanhar os amigos, mas pensa primeiro nas suas responsabilidades. Waldir destoa um pouco do grupo e é esforçado. Já o João, por essa cena não dá pra ver exatamente quem é ele, mas o espectador já pôde perceber algumas características em cenas anteriores. Na cena 1, João dá uma ótima resposta a uma pergunta sobre colonização feita pelo professor de história, Avelar, vivido por Kadu Moliterno. Depois, une o grupo de amigos em torno da sua ideia de organizar um ciclo de palestras de intelectuais no colégio: ele é o engajado.

Faço cenas com clareza por mera intuição, creio que tenho esse dom. Nasci com a capacidade de apresentar as coisas de forma nítida. Ao mesmo tempo, há um lado meu que é muito racional. Sei o que estou fazendo, em que ordem apresentarei as cenas, é algo que tento fazer com elegância.

Por exemplo, depois da cena ao ar livre, em que é feita a apresentação dos quatro amigos, o espectador verá a apresentação da família dos quatro e, consequentemente, do ambiente em que cada um cresceu. É isso que tento passar quando chegam a suas casas e falam com seus pais, ou com quem mora com eles. No caso de Galeno, ele mora com a irmã, Idalina, vivida por Fátima Freire, e o capitão Rangel, marido dela, interpretado por Roberto Pirillo. Edgar, João, Waldir e Galeno apresentam a seus familiares a ideia de João sobre o ciclo de palestras. Pela reação dos pais, temos noção do ambiente que cerca cada um.

Na cena 10, João nem chega a contar para os pais sobre a ideia que teve. Ele discute com Abelardo, seu pai, vivido por Ivan Cândido, por ter um ponto de vista diferente do dele acerca do caso do pai de Waldir, Xavier, o porteiro do prédio com problema de alcoolismo. Ele é interpretado por Bemvindo Siqueira. João responde à altura, ou seja, é desgarrado, já é um homem. Podemos sentir que não precisa de incentivo dos pais para seguir as próprias ideias.

Anos rebeldes
Gilberto Braga

Com Edgar é diferente. Há uma troca na conversa com sua mãe na cena 11. Ele ainda espera pela opinião de Regina, vivida por Mila Moreira, e aceita suas sugestões, que serão apresentadas mais tarde a João.

Galeno nem vive com os pais, tem a cabeça independente e, na cena 12, ouve apenas um aviso do marido de sua irmã, capitão Rangel, de que não deveria se envolver com palestrantes considerados comunistas. É algo muito rápido, Galeno sequer dá ouvidos. Este diálogo é importante, pois caracteriza Rangel como o militar boa-praça, uma tentativa de não ser maniqueísta demais.

O caso de Waldir é o mais distinto. Ele sequer tem clima para conversar com os pais a respeito de palestras de intelectuais. No início da história, seu pai é um bêbado que tem orgulho do filho, cria mais problemas do que ajuda.

Tenho grande orgulho da cena 15, do capítulo 1, que apresenta a casa do pai de Maria Lúcia, Damasceno. Nela vemos um ambiente de classe média em Ipanema, e como vivem as pessoas que habitam ali. A cena é puro ritmo. É um personagem falando em cima do outro, gente aparecendo por tudo que é canto, campainha tocando, televisão ligada, todos os cômodos ocupados, uma confusão!

O som é muito importante para mim. Uma característica marcante do meu trabalho é que o ritmo é dado pelo diálogo. Gosto muito da possibilidade de um personagem puxar o outro pela fala, tanto que sinalizei nesta cena que não deveríamos ter tempos auditivos mortos. Se parassem de falar, ficaria sem ritmo.

Dennis é realmente um craque. Não sei como conseguiu dirigir esta cena tão bem, não é fácil coordenar tantos sons. Eu queria as pessoas falando uma por cima das outras, porque classe média grita, as pessoas se interrompem a todo instante. Cresci numa casa assim e fico feliz de ter conseguido passar esse clima.

Pedro Cardoso elogiou-me quando *Anos rebeldes* terminou. Ele disse que a maior qualidade do meu texto é o toque de humor presente em todas as cenas, mesmo nas trágicas. A situação pode ser a mais terrível, mas o humor está ali. Eu não havia percebido isso até então, mas depois constatei que é verdade. Pedro é muito sensível e sagaz.

Apesar de a cena na casa de Damasceno representar uma situação irritante – ninguém fica quieto naquela casa e ele precisa discutir um assunto importante com os amigos –, há uma graça ali. Ele vai de canto em canto da casa, à procura de algum lugar para conversar com os amigos, mas não acha nenhum que seja adequado. Pode dar pena, mas também faz rir. Sem querer me comparar, essa característica pode ser influência dos meus escritores preferidos, Eça, Machado e Nelson. Todos eles têm um pé no humor – Nelson, principalmente, é rei nesse quesito.

Depois da cena na casa de Damasceno, a apresentação de todos os personagens centrais e seus ambientes já estava feita, mas ainda havia Heloísa. Maria Lúcia é quem apresenta Heloísa, sua colega do curso de francês, aos meninos. Galeno se interessa por ela, que o convida, assim como a seus amigos, para uma festa em sua casa, no dia seguinte. Isso, por si só, já é uma leve indicação de que ela é uma personagem mais agitadora.

Durante a festa, faço a apresentação do ambiente que cerca Heloísa. Praticamente dirigi o início dessa cena, tantas foram as rubricas. Era muito importante a descrição de como deveria ser o apartamento dela. Como adoro fazer marcações de música, a rubrica dessa cena ficou bem longa, como podemos ver na cena 25, do capítulo 1.

Heloísa é filha do banqueiro Fábio Andrade Brito, personagem do José Wilker, um pai controlador que chega tarde do trabalho e gosta de ver que a filha está em casa com os amigos. Natália, sua esposa, interpretada por Betty Lago, é a dondoca que fica esperando pelo marido o dia todo, sem ter muita coisa para fazer. No final da cena 29 temos a discussão em que Fábio proíbe Heloísa de ir mais tarde à boate. A filha reage com uma malcrição, Fábio se questiona se ela obedecerá a sua ordem, e é repreendido por sua mulher: "Pera lá, também não é assim. A Heloísa tem um temperamento forte, puxou a você, é... meio voluntariosa. Mas desobedecer nunca!"

Na cena seguinte, logo após o corte, vemos Heloísa dançando alegremente numa boate. Ou seja, Natália já é identificada como uma personagem ingênua, uma boba por excelência que vive num mundo à parte e finge não ver o que realmente acontece. É exatamente isso que vai marcar sua trajetória na minissérie.

De Heloísa, temos a imagem de garota animada, festeira e desembaraçada, que não dá ouvidos a quem quer lhe cortar as asas. E Fábio é autoritário e controlador, mas demonstra uma preocupação com os filhos até certo ponto natural. No entanto, a verdade é que Fábio é um canalha, um banqueiro que financia a ditadura, o tipo de figura responsável por problemas que o Brasil vive até hoje.

Entre a metade e o fim da minissérie, escrevi uma passagem em que Fábio fala um pouco de seu passado. Ele conta que começou a trabalhar cedo e que construiu todo aquele império empresarial para os filhos. Quis humanizá-lo, mostrar que ele é apenas um homem de direita que se acha sempre certo. Na sua opinião, o mundo é desse jeito: se ele produziu mais que os outros, tem direito a mais que os outros.

Era importante mostrar esse lado de Fábio, já que em *Anos rebeldes* há dois pais com mais destaque, Fábio e Damasceno. Um é o oposto do outro, e isso define também como se comportam suas filhas. Enquanto Heloísa tem um vilão dentro de casa, Maria Lúcia tem um ídolo. Achei que esse antagonismo, na figura dos pais das duas amigas, seria bom. Como Damasceno é um tipo muito humano e sensível, Fábio não poderia ficar como uma caricatura do homem mau; ele tinha que ser um vilão, mas, antes de tudo, um ser humano verossímil.

Esse tipo de tratamento mostra uma visão crítica e ao mesmo tempo carinhosa para com os personagens. Geralmente, tendo a construí-los assim, pois, de um modo geral, mesmo pelos vilões, gosto de sentir certo carinho. Afinal, eles são pessoas e é melhor que os personagens tenham nuances, pois ninguém é todo mau ou todo bom. Truffaut é uma referência preponderante nesse sentido. Dentre todos os meus cineastas preferidos, acho que foi nele que vi a maior dose de carinho por seus personagens.

A interpretação do Wilker não ajudou muito, não senti que ele fizesse o Fábio com carinho. Às vezes fica maniqueísta, forte, porque Wilker é um ator brilhante, mas maniqueísta. Quando vi suas primeiras cenas, tive uma conversa com ele – incentivado pelo Dennis. Este papo teve ótimos resultados. Na segunda parte da minissérie, Fábio vira o personagem que imaginei.

Em *Anos rebeldes*, tenho carinho por todos os personagens, sem exceção. As peruas que falam abobrinhas na praia, por exemplo, são as amigas da minha mãe, e a minha própria mãe; os rapazes papeando na praia somos eu e meus vizinhos da rua Miguel Lemos. É quase uma homenagem. Essas peruas não têm função de levar a história à frente, mas seus comentários e conversas servem para trazer certo alívio à trama e, às vezes, para repercutir o que está acontecendo. Isso só é possível porque debocho e acaricio ao mesmo tempo. Vejamos uma rápida passagem como exemplo das funções das quais mencionei:

Capítulo 1, Cena 18: RUA DE MARIA LÚCIA – IPANEMA (EXT DIA)

Movimento matinal de rua. Gente passando, alguns indo para a praia. Dolores caminha para a praia com a amiga Glória.

Dolores – Tenha santa paciência, um homem importante, jornalista conhecido, se é de partido comunista ou não, não me interessa, <u>mas não dar um quarto direito pra minha sobrinha?</u> Até no teto ele bota esses livros de Fidel Castro, isso não é falta de dinheiro não, é falta de vergonha! Uma garota que só dá alegria, quando a gente vê como é que andam as outras por aí, (baixo) a filha da Adelaide se perdeu!

• • •

Voltemos à Heloísa dançando na boate no primeiro capítulo. Adoro as músicas desta cena. Quis que *Anos rebeldes* tivesse músicas características de minha juventude, por volta de 1964.

Na boate, uma das canções é "Cha cha cha della segretaria", com Harold Nicholas, numa gravação que foi dificílima de conseguir. Encontrei-a no acervo da Rádio Nacional. A outra canção que coloquei nessa cena foi um twist bem típico da época e que também me tomou um tempo danado para conseguir. Na década de 1980 e no início dos anos 90, ainda era muito difícil localizar uma música. Passei cinco anos em busca dessa, porque já a queria antes de começar a escrever o programa. Esse twist chama-se "Guarda come dondolo" e aparece no filme *Aquele que sabe viver (Il sorpasso)*, de Dino Risi, com Vittorio Gassman e Jean-Louis Trintignant no elenco. Eu nunca tive essa música em casa, twist não era o tipo de coisa que eu comprava, mas, como adoro o filme, passei a gostar da música também. Nem sabia o nome dela, fui descobrir certa vez em Milão. Estava numa loja de discos e cantarolei a canção, cara de pau que sou. Chamaram um vendedor mais velho, que localizou a versão de Edoardo Vianello. Traduzido, o título da canção é "Olhe como eu rebolo". Nada melhor para caracterizar uma época do que uma canção praticamente esquecida.

Além da música, esta cena é importante por definir os personagens. Na cena 29, capítulo 1, quando chegam à boate, Edgar e Galeno veem que não têm dinheiro para pagar, mas enquanto Edgar vai embora por causa disso, Galeno usa um truque: como a boate era cara, ele pede para o amigo que está indo para casa que ligue para o estabelecimento dali a duas horas, informando que a mãe de Galeno Quintanilha estava passando muito mal. Assim, ninguém impediria Galeno de sair às pressas sem pagar pelos drinques que consumira. Repreendido pelo amigo, Galeno afirma que pode fazer isso porque sua mãe já está morta. "Quando a mãe tá viva fica chato." Temos então o amigo responsável e bom-moço e o amigo mais safo e malandro.

Logo depois, temos outra passagem, ainda na boate, de definição de personagem levada pelo lado do contraste, que é a apresentação de Olavo, o riquinho que paquera Heloísa e é deliciosamente interpretado por Marcelo Novaes. Olavo e Galeno estão disputando a atenção de Heloísa. Enquanto Olavo é todo certinho, respeitoso e cerimonioso, Galeno age de forma contrária. Quando Olavo pergunta se Heloísa quer dançar e ela se levanta, animada, ele fica tão bobo com o "sim" de Heloísa, que Galeno se aproveita para levantar pelo outro lado da mesa, dando um leve toque no ombro de Olavo. Enquanto este se vira para ver quem o chama, Galeno já sai levando Heloísa para a pista. Fica marcado que Heloísa se deixa levar sem pensar, enquanto Olavo faz papel de bobalhão.

Dennis teve uma criação de diretor absolutamente brilhante, juntamente com Marcelo Novaes. Ele comentou comigo sobre o filme *Essa pequena é uma parada (What´s up, Doc?)*, uma comédia muito boa de Peter Bogdanovich, e me perguntou o que eu achava de fazer o personagem Olavo tender um pouco para o tipo que Ryan O'Neal interpreta nesse filme. Daí vieram os óculos do Marcelo, uma maneira de não deixá-lo com cara de grã-fininho muito típico, o que podia tornar o personagem sem graça. Achei a ideia ótima.

Não é difícil perceber quais são os melhores papéis da minissérie: Galeno e Heloísa. Os dois foram criados para fazer o ator brilhar, sem demérito algum à interpretação de Pedro Cardoso e Cláudia Abreu, que conheciam tão bem os personagens e sabiam tanto o que estavam fazendo, que se permitiram até alguns improvisos, com meu consentimento. Foram coisas pequenas, como um riso mais aberto, umas palavras a mais nas frases, coisas que acentuaram o tom alegre dos personagens e que não mudavam em nada o sentido dos diálogos escritos no roteiro. Nas cenas em que os dois interagem, dá para sentir que eles estavam adorando fazer aquilo. Suas interpretações foram consideradas as mais bem-sucedidas. Com justiça, como seria agraciar com essa estampa as interpretações de outros atores, principalmente as interpretações de Cássio e Malu, para os quais dou meu voto de louvor. Seus personagens são ingratos, porque realistas, chatos às vezes, e os dois foram brilhantes, um casal muito comovente.

Na cena 11, do capítulo 4, podemos ver a grande diferença de uma personagem realista e pé no chão para outra mais solta e audaciosa. Heloísa é pra frente. Representa as meninas que começaram a transar com os namorados logo que a pílula anticoncepcional surgiu. Foi uma grande mudança. Fui contemporâneo dessas meninas, mas também das que viviam antes do surgimento da pílula. A transformação foi muito nítida. Vejo por minhas próprias experiências: minha primeira relação sexual foi com uma prostituta, mas, três anos depois, eu já mantinha relações sexuais com minhas namoradinhas, pois a pílula já era usada. Todas começaram a ter liberdade sexual. Quer dizer, todas não. Maria Lúcia não transou com Edgar mesmo durante a fase em que ele era seu namorado oficial. Edgar pede Lúcia em casamento sem ao menos ter passado uma noite com ela.

O fato de Heloísa ser determinada a perder a virgindade é inspirado em um caso da minha vida. Uma menina que era muito minha amiga passou pela mesma odisseia que Heloísa, de querer transar logo e não conseguir. Na hora em que ela revelava ser virgem, o cara pulava fora ou falhava.

Desempenho dos atores

Apesar de não gostar muito, tenho certa flexibilidade para mudar cenas caso os atores peçam, como aconteceu com Malu Mader e Pedro Cardoso em *Anos rebeldes* em relação a umas poucas cenas. Mas o único ator que pode improvisar à vontade em meus textos é Stephan Nercessian. Ele é muito engraçado. Costumo avisar minha equipe de roteiristas sobre o fato de Stephan sempre mudar para melhor as falas escritas por nós. É mais prático guardar a piada para os outros e deixar que Stephan faça a sua.

Tenho uma restrição à interpretação de Cláudia Abreu durante a primeira fase do programa. Já disse a ela que considero Heloísa exagerada, espevitada demais. Em uma cena em especial, ainda no primeiro capítulo, ela fala: "Minha mãe deve ter terminado a aula, ela voltou para o literário, com Madame Cox." Cláudia forçou esse nome "Cox" para soar como se fosse um nome esnobe e fazer uma graça. Eu queria que ela tivesse falado de forma natural. Cláudia buscou comicidade para marcar a juventude e a leveza da Heloísa da primeira fase em comparação à Heloísa da segunda fase, mais adulta. Ela discorda de mim, não acha que tenha ficado exagerado. Já na segunda fase, acertou o tom e não carregou na tinta. Ficou uma maravilha.

O brilhante trabalho de Malu Mader em *Anos rebeldes* foi pouco reconhecido por conta dos elogios mais direcionados a Cláudia Abreu. O trabalho de Malu é algo extraordinário. Não há um defeito sequer. E o papel de Maria Lúcia é dificílimo de fazer, mais difícil do que o da personagem Heloísa, porque esta só aparece para dizer coisas engraçadinhas na primeira parte e, na segunda e terceira partes, transforma-se numa heroína romântica com um perfil bem definido. Maria Lúcia é a personagem que mais muda – assim como Galeno, que cada hora está numa onda diferente. As mudanças de Maria Lúcia têm marcas profundas, sempre coerentes. A cada fase do programa ela é uma pessoa diferente.

O personagem de Edgar também é ingrato para o ator. Ele encarna a figura do traído, personagem com o qual ninguém gosta de se identificar. Apesar de ser mais parecido com Maria Lúcia do que João, Edgar fica numa posição desvantajosa dentro desse triângulo, a ponto de nos fazer pensar que, para ele, seria melhor não ter se apaixonado por Maria Lúcia, mas o fato é que ninguém escolhe por quem vai se apaixonar. Isto serve para Maria Lúcia também, porque ela teria uma vida muito mais fácil se fosse apaixonada por Edgar. Os dois combinam, ele é nobre, pé no chão. Mas o amor não é assim.

João, Maria Lúcia e Edgar: o triângulo amoroso

Sempre temi que o público, a certa altura da trama, ficasse contra Maria Lúcia, contra sua insistência na relação com João, tendo Edgar sempre à espera. O personagem de Edgar é muito simpático e Marcelo Serrado é um ator bonito e carismático, um tipo fácil de cair no gosto das mulheres. Ele é o certinho, o genro que todas as senhoras querem ter. Isto seria suficiente para que o público torcesse por Edgar em vez de torcer por João. Mas eu confiava na força de Cássio Gabus Mendes. Sabia que, se Maria Lúcia gostasse de verdade do personagem de Cássio, o público ficaria do lado dele.

É mais ou menos assim: se a narrativa determina quem é o casal, pronto, o casal está definido. O personagem que sobra é o chato. Acho que a maioria viu assim. Malu tem muito carisma, Cássio também. Deu no que deu. De um modo geral, o público torceu pelo João, a não ser as senhoras que sonhavam com a filha casando com um tipo como Edgar.

Os contrastes entre João Alfredo e Maria Lúcia são marcados desde essa primeira fase, e isso deve ter instigado o público. Por exemplo, uma grande diferença entre João e Lúcia é que ele não tem muito humor e ela é alegre, muitas vezes irônica. No baile de formatura deles, isso fica bem claro:

Capítulo 2, Cena 2: JARDINS OU PISCINA DO CLUBE DO BAILE (EXT NOITE)

João – Você acha que... se eu pudesse escolher... também não ia preferir alguém que tivesse mais afinidade comigo?

Maria Lúcia – Mais afinidade com você? Quem? (*tempo*) A Anita Garibaldi não aguentou a barra da perseguição dos austríacos e morreu, Joana d'Arc queimaram viva, que escolha você tinha?

João – (*muito meigo*) Se você não fosse esse estouro que faz eu aguentar até baile de formatura com medo de urubu cair em cima... ainda assim você tinha me comprado só com o senso de humor.

Maria Lúcia – (*séria, com medo*) O que é que a gente vai fazer, João?

João – (*sério, muito romântico*) <u>Tentar</u>.

A fala de Maria Lúcia sobre os pares ideais para João é de uma ironia fina, ao mesmo tempo em que é bastante carinhosa, uma mescla para a qual João é totalmente inepto.

Em outro encontro romântico do casal no terraço do Hotel Miramar, em Copacabana, Maria Lúcia diz a João que ele quase não sorri. Na época, dançar no terraço do Miramar era considerado o programa mais glamouroso para quem ainda não tinha idade de ir à boate. Eu ia lá dançar com uma namoradinha, vendo Copacabana e o mar, devia ter uns 17 anos. A música era com vitrola. O diálogo entre João e Lúcia, nesta cena do terraço, é um pouco inspirado numa cena de *Manhattan*, de Woody Allen. O personagem de Woody fala das coisas que para ele fazem a vida ter sentido, cita os Irmãos Marx e, no final, fala do sorriso da personagem de Margaux Hemingway. Aproveitei essa passagem e contextualizei as falas no clima do Miramar: quando Maria Lúcia pergunta a João o que o deixa feliz, ele responde, fechando a cena, que é o sorriso dela.

Outro fator, mais sutil, que faz a caracterização de João contrastar fortemente com a de Maria Lúcia, é o fato de ele dormir em beliche, dividindo o quarto com um irmão. Esse dado passa quase despercebido, pois João não faz qualquer menção a essa questão como um problema, ele não demonstra qualquer incômodo. Enquanto isso, Maria Lúcia sonha com o dia em que terá um quarto maior, mais bonito, só seu. Mais para o final do programa, João ainda vai alugar um quartinho de empregada no Grajaú, atitude que marca ainda mais seu desprendimento.

Aliás, o episódio de João alugando um quarto no Grajaú tem a ver com minha experiência pessoal: após a morte de meu pai, época em que minha família passou por sérios problemas financeiros, lembro que minha mãe chegou a alugar o quarto de empregada para um rapaz de fora do Rio. Até que ele era simpático; ficava lá, participava um pouco da vida na casa. Deu tudo muito certo, mas eu não gostava. Não ficava feliz com um estranho morando em nossa casa porque não tínhamos dinheiro.

Muitos elementos de minha vida estão presentes na minissérie, inclusive alguns amigos que foram homenageados com seus nomes, como os dos protagonistas. Quis dar a eles os nomes de um casal conhecido, dois dos meus melhores amigos: João Araújo e Lucinha, os pais de Cazuza. Ninguém imagina ser uma homenagem, poucos sabem que eles se chamam João Alfredo e Maria Lúcia, como meus personagens. É uma mania minha fazer brincadeiras com pessoas de que gosto. O nome de Edgar também vem de Edgar Moura Brasil, meu companheiro.

Escolhi Natália para a personagem de Betty Lago por gostar da sonoridade desse nome. Betty, quando leu o início dos roteiros de *Anos rebeldes*, encontrou uma fala em que Natália diz adorar o filme *Hiroshima, mon amour*. Como ainda não havia visto esse filme, ficou curiosíssima. Na época, ela morava em Nova York e foi até uma locadora pegar o filme para conhecer melhor quem era a personagem que interpretaria. Eu sabia todos os diálogos de *Hiroshima* de cor, talvez saiba até hoje, porque é tudo metrificado, rimado, muito fácil de decorar, uma coisa chatíssima, por sinal. Depois de ter assistido ao filme, Betty me liga e diz: "Gilberto, essa Natália é uma débil mental por ter gostado desse filme. Ela é idiota, não é?" Eu ri muito e disse: "Betty, na época, nós todos éramos idiotas, porque todos gostávamos de *Hiroshima*..."

A crônica de uma época

Os primeiros capítulos de *Anos rebeldes* receberam uma crítica contundente em relação a como lidamos com o clima da época, que muitos consideraram exagerado. Concordo com essa crítica. Na cena de apresentação do ambiente familiar de Heloísa, com os jovens cantando na festa, há uma fala de Bernardo, vivido por André Barros, que diz o seguinte: "Vocês ainda não foram ao Zicartola? Mas é o máximo! Essa semana, Nara Leão deu a maior canja, está com cada música nova espetacular." Não chega a ficar tão pesado, pois a frase contém apenas duas informações da época, mas é didático demais, como se quisesse desesperadamente mostrar que se tratava da crônica de um tempo. Isso fica mais patente quando, logo depois, há uma citação dos filmes *O ano passado em Marienbad* e de *Oito e meio*, de Fellini.

A época em que se passa *Anos rebeldes* corresponde, como eu já disse, à minha juventude. Ou seja, eu tinha a idade dos protagonistas. Por isso, houve uma intenção, às vezes exagerada, de descrever aqueles anos, de colocar tudo o que realmente estava acontecendo na época, em termos de cultura. Como sou muito metódico, para não dizer obsessivo, listava o que queria citar. Nessas listas, entre muitos outros, constavam nomes e anotações como Fellini, Kubrick, Cartola, Nara Leão, Grupo Opinião.

Já a cena de apresentação do Show Opinião, no terceiro capítulo, é uma de que gosto muito. Acredito que a escrevi com bastante elegância. O contexto era o seguinte: Galeno já havia começado a trabalhar com artistas e estava vendendo o programa do espetáculo. Então, ele diz aos amigos algo como: "Depois eu levo vocês para conhecer a Nara... só não pode ficar fazendo pergunta demais... porque... Narinha é muito tímida." Adoro essa fala, e Pedro Cardoso é excepcional. Infelizmente, a direção de arte falhou nessa cena. Não tive tempo de acompanhar a reconstituição do show, que ficou descaracterizado. Nara ficou famosa por ter joelhos muito bonitos e cantava sentada, com o violão no colo, de vestido e com as pernas cruzadas. Foi com essa pose e esse figurino que a direção de arte fez a apresentação da Nara no Opinião. Mas está errado, pois essa Nara que descrevi é de antes do Opinião. Quando fez o espetáculo, Nara usava camisa quadriculada e jeans, era uma nova Nara. Eles fizeram a cantora Nara bossa-nova e não era para ser assim, era para ser a Nara em outra fase, de protesto. Apesar de termos contado com a participação da filha de Nara, Isabel Diegues, para encarnar sua mãe no programa, a direção de arte errou e a cena não saiu como deveria.

• • •

Sérgio e eu combinamos que, durante todo o primeiro capítulo, só mostraríamos coisas boas e bonitas. No final deste episódio, intelectuais e estudantes se reúnem na UNE, que é incendiada, e Damasceno toma um tiro, no dia do golpe militar, em 1964.

A partir do segundo capítulo, Sérgio e eu decidimos que cada episódio teria ao menos uma cena indicando que, mais tarde, a barra iria pesar. Já no segundo capítulo, na cena 41, Suzana Vieira faz o papel de Mariana, uma amiga da mãe de Edgar. Ela relata o interrogatório que sofreu no Dops, com perguntas sobre seus colegas de trabalho da Rádio Nacional. Mariana está muito confusa e abalada após ter levado um tapa na cara de um detetive e teme voltar para sua casa.

Isso já é uma novidade, um corte brusco, uma pedrada. Suzana atuou muito bem; teve apenas uma rápida passagem e roubou a cena. Viveu integralmente a personagem que estava no roteiro, e fez isso de forma brilhante. Foi um arraso, é uma boa atriz e adoro seu trabalho na minissérie.

No terceiro capítulo, cena 17, fizemos a fuga do professor Juarez, personagem de Bernardo Jablonski. Ele era amigo de Avelar e estava sendo procurado pela polícia. Juarez invade a Embaixada da Iugoslávia para pedir asilo político. Essa é uma cena de ação, por isso há pouco diálogo e várias indicações de movimentação dos personagens.

Esta cena, somada à de Suzana Vieira, mostra que, se os personagens centrais ainda não estão envolvidos em problemas ou sendo perseguidos, seus conhecidos mais próximos já estão.

No quarto capítulo, as coisas ficam ainda mais tensas: o inspetor Camargo, vivido por Francisco Milani, chega à casa de Maria Lúcia e aprende alguns livros de Damasceno. Ali, senti que eu realmente estava fazendo um programa sério, dramático e político. Os capítulos anteriores estavam um pouco lentos, seguindo um estilo e ritmo de crônica. Esta passagem, que começa na cena 30, trouxe um novo ritmo ao programa. Gosto demais destas cenas.

Enquanto Camargo repreende João em sua atitude exasperada de enfrentá-lo, Edgar é mais prático e vai até o quarto de Maria Lúcia, onde estão os pacotes com os panfletos de protesto que eles tinham feito no mimeógrafo, e os joga pela janela, depois de avisar à empregada Dagmar e ao porteiro Caramuru que recolhessem e colocassem fogo na papelada. Isso mostra uma característica marcante em tudo que escrevo, que é uma certa crueldade. Toda a situação é armada com esta crueldade contra o protagonista. João age como uma criança idiota que se sabota e Edgar, como um adulto inteligente. Colocar o protagonista-herói como o idiota e o alienado como sagaz. É de uma crueldade meio assustadora.

Depois destas cenas, João tem que ouvir muito de Maria Lúcia. Ela solta os cachorros. Diz que ele foi infantil, que não soube lutar e que, se não fosse por Edgar, todos poderiam estar presos... Tudo isso para concluir que, a partir dali, não poderiam continuar namorando.

Na parte final da cena 30, capítulo 4, há uma sequência que serve para reforçar a necessidade de clareza em um roteiro. Em vez de Edgar pegar os pacotes de panfletos fechados e jogá-los pela janela, o que seria mais fácil e rápido, ele abre os embrulhos e vai jogando os papéis soltos. Não escrevi assim no roteiro, mas, antes de gravarem, acabei fazendo essa opção. Era uma questão de facilitar o entendimento do espectador. O recurso visual dos papéis soltos pairando no ar é bonito e ajuda na compreensão do que está acontecendo, assim como a visão de Caramuru e Dagmar recolhendo os papéis e ateando fogo aos mesmos. Em vez de apenas queimar pacotes fechados, optei por uma solução que deixou a ação menos obscura.

Mais adiante, uso esse jogo dramático novamente, o da crueldade contra o herói, quando Heloísa vira guerrilheira e não sabe para onde levar João quando ele toma um tiro. Quem resolve a situação é Maria Lúcia, que não tinha nada a ver com a luta deles. Isso também é cruel porque mostra que a pessoa que preferiu viver sem se envolver no combate pode ser mais safa do que um integrante do movimento estudantil ou da luta armada.

Agrada-me bastante trabalhar com esse tipo de crueldade, o que mostra que sou um poço de contradições, já que sinto um grande carinho pelos meus personagens. Mas é normal, isso enriquece os personagens e as situações. Faz parte da vida.

• • •

As cenas que marcam a piora da situação a cada capítulo foram reais. Gente pulando muro de embaixada, gente sendo chamada pra prestar depoimento e tomando tapa na cara. Na época, todo o mundo tinha uma história semelhante para contar.

Além destas cenas marcadamente dramáticas, há outras pequenas indicações de que as coisas ficavam cada vez mais sinistras, como o fato de o artigo escrito por Damasceno sobre a condição dos sem-terra demorar muito tempo até ser finalmente publicado no jornal; o aviso do capitão Rangel a Galeno, que já há gente conhecida perdendo o emprego até mesmo dentro do Exército. E, assim, o cenário se recrudesce até que passamos de "Os anos inocentes" para "Os anos rebeldes" no final do capítulo 7, com um close de João e seu rosto ensanguentado após ter sido espancado pela polícia.

Roteiro dos capítulos 1 ao 6

AGÊNCIA DE BANCO (INT DIA)

Maria Lúcia e Dolores.

MARIA LÚCIA — *(sem jeito)* Nem sei mais se vou, tia. O João tá cheio de dúvidas, eu não vou pressionar, nunca que ia dar certo fazer qualquer coisa sem ter certeza que é isso mesmo que ele tá querendo, pra mim não faz diferença, casar agora ou/

Letreiro:
RIO DE JANEIRO – FEVEREIRO DE 1969

*Maria Lúcia para de falar porque ouve a voz do assaltante. O que interessa na cena é o **terror** no rosto de Maria Lúcia. Deve ser uma cena de <u>montagem</u>. Tudo muito rápido, até o último plano da cena, alternar closes dela com <u>closes dos vários revólveres</u>, talvez também mãos dos assaltantes pegando dinheiro, em close.*

CHEFE — *(duro)* Isso não é um assalto, é uma expropriação. Ninguém precisa ter medo, só nos interessa o dinheiro do banco, todo mundo na parede!

Corta rápido para:

APTO. MARIA LÚCIA – QUARTO (INT NOITE)

João e Maria Lúcia discutem gritando. Muito muito ritmo.

MARIA LÚCIA	— Assalto!
JOÃO	— Calma!
MARIA LÚCIA	— De arma na mão!
JOÃO	— Machucaram alguém?
MARIA LÚCIA	— Porque não reagiram!
JOÃO	— Não são bandidos, Lúcia!
MARIA LÚCIA	— Vai discutir isso no Instituto Médico-Legal dentro duma daquelas gavetas!
JOÃO	— Você tá nervosa, senta um pouco!
MARIA LÚCIA	— Não tá certo!
JOÃO	— E que outro jeito você vê de lutar contra uma/
MARIA LÚCIA	— *(corta)* Qualquer um, João, violência não! Nem o papai nunca admitiu que/
JOÃO	— *(corta)* Não é bem assim! A posição do seu pai sempre foi que/
MARIA LÚCIA	— *(corta)* <u>Violência não</u>!
JOÃO	— Guerrilha urbana! Que outra maneira pode haver de/
MARIA LÚCIA	— *(corta)* <u>Bola de neve</u>, João! Você acha que eu não penso no soldado da PM que mataram, jogaram tijolo do edifício! Um soldado cumpre ordens, não tem preparo pra fazer um balanço e/

João	– (*corta*) Não foi estudante, foi povo!
Maria Lúcia	– <u>Mas morreu</u>! Em condições normais ninguém ia pegar um tijolo e jogar de/
João	– (*corta, gritando*) Quem é que tá vivendo em condições normais?

Corta rápido para:

PORTA DE AUDITORIA MILITAR (EXT DIA)

Uma auditoria fictícia no centro da cidade. Interessa-nos aqui apenas um plano rápido de João, close, revólver na mão.

João	– Quietinho que ninguém se machuca! (*aos outros*) Cobre os outros!

Corta rápido para:

RUAS ESCURAS DE SUBÚRBIO (EXT NOITE)

Só o final da cena:
Os três saltam e câmera salta com eles. Olham para os lados, por cautela, enquanto vemos o ônibus se afastar. Começam a correr.
Corta para dentro do ônibus em movimento. O passageiro de terno mostra uma carteira de policial ao motorista. Motorista para.
Corta descontínuo para rua escura, o passageiro chama fora de áudio uma patrulhinha que vai passando. A patrulha para, saltam dois policiais. Sempre fora de áudio, o passageiro conta rapidamente o que se passou e aponta para que direção os rapazes correram.
Corta descontínuo para, em outra rua, perto de uma esquina, João, Pedro e André parando de correr, mais calmos. Sentem-se fora de perigo. De repente, pavor no rosto de Pedro, aborda João.

Pedro	– (*tenso, sem ar*) Olha!

Pedro mostra que dois policiais armados estão correndo ao longe em direção a eles. Junto, o homem de terno, também com uma arma na mão. Close de João, apavorado.
Corta para:

Cena 1: SALA DE AULA DO COLÉGIO PEDRO II (INT DIA)

Primeiro plano é close de João, alguns anos mais jovem, mais inocente, atento à aula, ligação visual com a cena precedente. Uns vinte alunos, rapazes e moças, terceiro ano do colegial, assistem atentos ao final da aula de história do jovem professor Avelar, muito querido pela turma. Entre os alunos, João, Edgar, Galeno e Waldir. Avelar dá aula de forma bastante descontraída, é companheiro dos alunos, o contrário de um professor acadêmico.
Sobre o primeiro close de João, letreiro com a data:

5 de março de 1964

Avelar	– Por que as colônias de povoamento que se estabeleceram na América do Norte aqui não conseguiram se desenvolver da mesma forma?

João levanta o dedo.
Letreiro sobre close de João:
                        OS ANOS INOCENTES
AVELAR   – João Alfredo.
JOÃO   – Porque Portugal e a Espanha só queriam explorar os nossos recursos naturais, pra desenvolver o comércio na Europa... Na América do Norte, os colonos foram mesmo pra viver lá, se estabelecer...

Reações dos colegas, gozações misturadas com admiração, "hum, o menino estudou... arrasou na matemática..." etc...

AVELAR   – Como vocês tão vendo, a exploração econômica da América Latina pelo estrangeiro vem de longe.

Corta rápido para:

Cena 2: COLÉGIO PEDRO II (INT DIA)

Muitos alunos vêm descendo a escada porque para algumas turmas terminou a última aula do turno da manhã. O professor Avelar vem conversando com João, Edgar, Galeno e Waldir.

GALENO   – Aí o João teve a ideia de organizar essa semana de palestras...

João entrega lista escrita de nomes a Avelar, que lê atento.

AVELAR   – *(impressionado)* Poxa... Se vocês conseguirem trazer pro colégio essas personalidades todas...

Corta descontínuo para um recanto em frente ao jornal mural, alunos passando. (No jornal mural, artigo assinado por João Alfredo Galvão, título: "A indústria do vestibular." Detalhar.)

GALENO   – O Vianinha confirmou que pode vir.
EDGAR   – E pra achar o Damasceno? Será que ele escreve lá mesmo na redação do jornal?
GALENO   – É o mais fácil de todos, João, a filha dele estuda aqui no colégio, no turno da tarde! Anda sempre com uma menina que eu conheço de vista, moram perto da gente!
JOÃO   – *(sem ênfase)* Poxa, a filha do Orlando Damasceno no Pedro II!

Corta rápido para:

Cena 3: APARTAMENTO DE MARIA LÚCIA (INT DIA)

Abre no QUARTO de MARIA LÚCIA. Ela está terminando de vestir o uniforme do Pedro II pra sair pro colégio. Seu pai, Orlando Damasceno, escreve um artigo à mesa de trabalho, no quarto da filha. Tenta esconder tensão. A mãe, Carmen, vai entrar pra dar dinheiro.

MARIA LÚCIA   – *(casual)* Eu tenho trabalho de grupo essa noite, pai, vêm a Lavínia e a Jurema... O senhor vai precisar do quarto?

DAMASCENO	– Vêm uns amigos aí, depois do jantar, mas a gente conversa perfeitamente na sala, o seu quarto é seu, meu amor.
CARMEN	– (*entrando, entrega um dinheirinho*) A passagem, Maria Lúcia.

Corta para a SALA, Maria Lúcia saindo atrasada, a mãe entregando coisas, levando a filha até a porta. A empregada Dagmar fazendo faxina, sua filha Leila brincando no chão, o clima desta casa deve ser sempre de bagunça simpática.

CARMEN	– Seu pai tá pensando em largar o *Correio*. Marcou com o Pedro Paulo e o doutor Salviano essa noite, aqui em casa, pra ajudarem a tomar uma decisão...
MARIA LÚCIA	– (*doce, amiga do pai*) Será que ele vai se sentir bem, afastado do jornal, mãe, sempre viveu em função de jornal!
CARMEN	– (*angustiada*) Quem tem que fazer das tripas coração pro dinheiro dar pra sua passagem, comida, empregada/ (*corta-se, torturada*) Com essa confusão toda na política, se o seu pai perde o emprego?

<u>*Atenção, direção e edição*</u>: *praticamente em todas as cenas do capítulo o ritmo é dado pelo <u>diálogo</u>, não deve haver tempos auditivos mortos, ninguém deve parar um segundo de falar.*

Corta rápido para:

Cena 4: BAR PRÓXIMO AO COLÉGIO PEDRO II (INT DIA)

(O ideal seria uma daquelas bonitas "leiterias" do centro da cidade, onde se tomava coalhada etc. A locação não precisa, na verdade, ser próxima ao colégio, não vamos localizar.) Movimento de figuração. Alunos do Pedro II pelas mesas ou comprando alguma coisa no balcão. Clientela habitual. Interessa-nos a mesa do professor Avelar, que almoça com amigos, o fotógrafo Ubaldo e o professor Juarez.
(<u>Atenção, edição</u>: Não há interrupção de ritmo de diálogo entre a primeira fala desta cena e a última da cena precedente.)

AVELAR	– Quem trabalha em jornal tinha que saber mais, Ubaldo!
UBALDO	– O comentário na redação é que a coisa tá muito feia... Que dessa vez ou o Jango se impõe, consegue o que ele quer ou...
AVELAR	– (*inquieto*) Ou?
JUAREZ	– Sei lá, Avelar... Que a turma da direita tá se mexendo não tem dúvida.

Corta para:

Cena 5: RUA DE EDGAR E GALENO (IPANEMA) (EXT DIA)

João, Edgar, Galeno e Waldir vêm caminhando pela rua onde fica o prédio de Edgar e Galeno, em Ipanema. Focalizar nas mãos de Galeno a revista Cahiers du cinéma. *Waldir totalmente distante, absorto. Logo nas primeiras falas vão chegar à porta do prédio de Edgar e Galeno. (A figuração destas ruas deve sempre lembrar a proximidade do mar, gente indo e vindo da praia, jovens e crianças carregando pranchas típicas da época, garotas bonitas...)*

GALENO — Cês topam pegar um cinema, sessão das seis? Tão reprisando *Acossado*.
JOÃO — Eu tenho aula de inglês.
EDGAR — Se eu terminar o trabalho de física topo sim, Galeno, tem uns troços que eu não entendi direito.
GALENO — O Godard não é pra entender, burro, é pra sentar e ficar olhando, em estado de graça!

Edgar e Galeno vão entrar. Despedidas informais. Edgar e Galeno vão entrando, João e Waldir continuam.

GALENO — Tô achando o Waldir esquisito essa semana, Edgar, caladão... Nem prestou atenção na aula do Avelar, maior CDF!

Corta para:

Cena 6: RUA DE JOÃO (IPANEMA) (EXT DIA)

João e Waldir continuando a caminhar, agora na rua do prédio de João, mais movimentada, com pequenos comércios.

JOÃO — Se tiver esse sol e a professora Eneida faltar amanhã a gente bem que podia pegar uma praia, hein, Waldir?

Waldir não responde, continuam a caminhar. Tempo.

JOÃO — Aquela garota que cê tava de olho, do 89, tem ido todo dia em frente à Joana Angélica.

Waldir não responde. Chegam à porta do prédio onde moram. Na frente do prédio, um jornaleiro, ao lado, um boteco. Uma vizinha, Adelaide, falando alto, na porta do prédio. Vai se relacionar ao jornaleiro e a Zé Rodolfo, irmão mais jovem de João, que está comprando revistas.

JOÃO — Escuta, ô Waldir... Eu te fiz alguma coisa, cê tá chateado comigo ou o quê?
ADELAIDE — *(alterada)* Mas será o benedito que esse prédio não tem porteiro?

Reação de Waldir, muito envergonhado. João solidário. Durante o diálogo a seguir, câmera segue Waldir, seguido discretamente por João. Waldir vai procurar o porteiro do prédio no botequim ao lado. Esta ação é mais importante do que o diálogo.

ADELAIDE — Não deixaram correspondência nenhuma lá em casa, a Dolores diz que já recebeu conta de telefone!
ZÉ RODOLFO — Fica calma, dona Adelaide, eu acho que vi lá na mesa da portaria, vem.

Corta para o interior do botequim. O pai de Waldir, Xavier, com uniforme de porteiro, bebe cachaça, visivelmente alcoolizado. Waldir se aproxima, morrendo de vergonha. João fica esperando, constrangido.

WALDIR — Tem que ficar na portaria, pai.
XAVIER — *(fala com orgulho, embriagado, a um figurante)* Meu filho! Último ano do Colégio Pedro II! Vai se formar!

João fala discretamente com Waldir.

JOÃO — Vou ver se o Zé pode quebrar o galho na portaria.

Corta para:

Cena 7: GARAGEM SUBTERRÂNEA DO PRÉDIO DE JOÃO (INT DIA)

Waldir esperando o elevador de serviço, segurando Xavier, que pode cair a qualquer momento. Afastado, João tenta acordar o outro porteiro, Zé, que dorme num cubículo extremamente miserável, uma construção improvisada, de madeira velha, clima deprimente. Zé estava dormindo, foi acordado por João. A tristeza do local tem que ser explorada pela câmera. Sempre com o ritmo de diálogo ininterrupto.

JOÃO — *(suplicante)* Só até duas horas, Zé, pra não fazerem queixa pro síndico. Depois da última reunião de condomínio, meu pai falou que o seu Xavier tá por um fio...

Corta rápido pra Waldir abrindo a porta do elevador e tentando fazer Xavier entrar, cambaleante. É difícil. O porteiro que foi acordado, Zé, sobe pela entrada dos carros para a portaria e João vem ajudar Waldir a fazer Xavier entrar no elevador. Juntos, os dois conseguem.

Corta para:

Cena 8: ELEVADOR DO PRÉDIO DE JOÃO (INT DIA)

João, Waldir amparando Xavier, o elevador subindo. Um tempo em silêncio, clima pesado.

JOÃO — *(pra não falar do estado constrangedor do pai do amigo)* Não sei como que o Zé consegue respirar naquele cubículo.
WALDIR — *(seco, cansado)* A dona Alice, do 702, tá querendo mandar destruir, já pensou? O Zé só tem um quarto em Queimados. Vai gastar metade do salário só em condução. E vai dormir quantas horas por noite?

Elevador chega ao sexto andar, onde vai saltar João. Waldir abre a porta.

JOÃO — Eu vou até lá em cima, cê pode precisar de alguma coisa.
WALDIR — Precisa não, brigado, João Alfredo.

Muito constrangido, João sai do elevador.
Corta para:

Cena 9: APTO. DA FAMÍLIA DE WALDIR (INT DIA)

Um apartamento mínimo com quitinete e banheiro bastante precários onde moram Waldir, seus dois irmãos, o pai e a mãe, Zilá, que está trabalhando em máquina de costura. Gerson, o irmão de oito anos, faz deveres de colégio, com uniforme de curso primário de escola pública. Duda, o irmão de 12 anos, come feijão e arroz com farinha. Waldir vem trazendo Xavier completamente alcoolizado, para deitar num sofá. Ninguém presta a mínima atenção, indicando que isto acontece com muita frequência.
Rádio ligado. <u>Sonoplastia</u>: "Aquarela brasileira" (de Silas de Oliveira), do Império Serrano, carnaval de 1964, a parte final.
Depois de bastante esforço, Waldir consegue botar o pai na cama. Tira seus sapatos.

ZILÁ — (*a Waldir*) Seu prato tá no forno.

Waldir olha o pai, muito deprimido.
Corta para:

Cena 10: APARTAMENTO DE JOÃO (INT DIA)

À mesa do almoço, servidos informalmente pela empregada Talita, comem João, ainda de uniforme, seus pais Abelardo e Valquíria e seus irmãos menores José Rodolfo e Guilherme. Favor improvisar alguma fala do gênero "me passa mais batata" durante o próximo diálogo.

ABELARDO — Está muito certa, João, nem sei como foi que construíram esse arremedo de quarto, a garagem tá virando favela! Ocupa vaga pra mais de dois carros! Se todo condomínio se sentir obrigado a dar moradia pros funcionários daqui a pouco eles vão querer comida também.

JOÃO — (*debochadinho*) Trabalhar de estômago cheio eu não ia achar má ideia não.

ABELARDO — O problema é que eles todos só querem morar na Zona Sul, pra praia ficar essa nojeira que tá ficando. Lembra o sufoco que o Lacerda passou pra tirar aquela gente lá do Pasmado?

JOÃO — Esse assunto nem quero mais discutir, pai! (*tom*) Tô preocupado é com o Zé. Se destruírem o quarto pra criar mais vaga pra carro, vão fazer o que com esse cara? Esperar virar mendigo pra jogar no rio?

ABELARDO — Tô cansado de explicar que tudo isso que dizem do Lacerda é calúnia, invenção de comunista!

Corta rápido para:

Cena 11: APARTAMENTO DE EDGAR (INT DIA)

Edgar, ainda de uniforme, e a mãe, Regina, tomando café, depois do almoço. Regina serviu o cafezinho pros dois e olha a lista dos convidados para as palestras.

EDGAR	– Se o seu amigo conhece, não vamos procurar o Evandro Lins e Silva pras palestras por quê?
REGINA	– A lista tá meio tendenciosa, né, Edgar? Por que vocês não chamam também uns intelectuais de direita?

Corta rápido para:

Cena 12: APARTAMENTO DE GALENO (INT DIA)

(<u>Atenção, edição</u>: *não há interrupção de ritmo de diálogo entre a primeira fala desta cena e a última da cena precedente.*)
Galeno, de uniforme, almoça com a irmã Idalina, cujo filho pequeno é alimentado por empregada figurante. O cunhado de Galeno, capitão Rangel, uniforme do Exército, pega pertences seus pra sair.

RANGEL	– (*simpático*) Tudo comuna, Galeno, te garanto! Melhor não te meter nesse negócio de palestra não, porque a maré tá braba, tô avisando como amigo! Eu é que sei os boatos que tenho ouvido lá no ministério.

Corta rápido para:

Cena 13: APARTAMENTO DE JOÃO (INT DIA)

João termina de falar ao telefone com Edgar. Sua mãe, Valquíria, tira a mesa do almoço. O irmão, José Rodolfo, lê revista no chão.

JOÃO	– (*tel*) Não, Edgar, besteira da tua mãe, não tem motivo nenhum pra mudar a lista. O professor Avelar achou legal, todo mundo achou legal, vamos convidar quem a gente quiser. (*tempo*) Isso aí. (*desliga*)
VALQUÍRIA	– O Waldir comentou alguma coisa, João, sobre os planos da família dele?
JOÃO	– Planos por quê?
VALQUÍRIA	– Ele... não falou nada?
JOÃO	– Tava esquisito, a manhã toda, mas... (*corta-se*) O que é que a senhora tá sabendo, mãe?
VALQUÍRIA	– (*triste*) O Xavier foi despedido, por justa causa. O síndico encontrou dormindo na escada de serviço, completamente embriagado. Já contrataram porteiro novo, começa amanhã. (*tom*) Fico com pena é do Waldir, sabe, um rapaz tão estudioso. Só deram três meses pra família deixar o quarto lá de cima. Se o pai não arruma logo emprego, será que esse menino vai conseguir se formar, meu Deus do céu? Último ano do colégio!

Reação de João, torturado, durante toda a fala precedente.
Corta rápido para:

Cena 14: PAPELARIA DE ABELARDO – PAI DE JOÃO (INT DIA)

Movimento habitual da papelaria. Abelardo, no caixa, diante do filho, João.

João — Um emprego, poxa, o senhor conhece tanta gente, será que não é capaz de arrumar um emprego pro homem? Capaz do seu Xavier se modificar com esse tranco...

Abelardo — (*cedendo*) Talvez o Almeida, eu vou falar com ele. Dono de construtora, quem sabe não precisa de vigia pra alguma obra...

João — Pelo amor de Deus, vigia, qualquer coisa! Porque daqui a três meses a família do Waldir tá no olho da rua!

Corta rápido para:

Cena 15: APARTAMENTO DE MARIA LÚCIA (INT NOITE)

Depois do jantar, clima de grande bagunça na SALA. (A ideia a passar é que Damasceno não tem a menor condição de conversar sobre um assunto sério na sala.) Maria Lúcia recebendo as amigas Lavínia e Jurema, com livros, para estudar. Vão caminhando para o quarto. Carmen, juntamente com a mãe de Damasceno, Marta, e a filha da empregada, Leila, veem uma novela de televisão. A empregada, Dagmar, tira a mesa do jantar, perto da qual está o pai de Damasceno, Teobaldo. Damasceno, na sala de estar, tenta conversar com seus amigos Salviano e Pedro Paulo sobre sua crise profissional.
(Vários dos diálogos a seguir podem ser ditos ao mesmo tempo, a critério da direção.)

Maria Lúcia — Por ali, Jurema, no meu quarto a gente pode ficar tranquila.

Lavínia — (*no corredor*) A tua mãe deixa a filha da empregada ver televisão na sala, é?

Maria Lúcia — A Dagmar também vê. É bom porque fazem companhia pra mamãe.

Corta pras mulheres, ligadas na televisão.

Carmen — Mais bonita do que a Yoná Magalhães não tem, olha o cabelo dela como brilha!

Marta — Você lembra quando ela fez *O morro dos ventos uivantes*?

Corta pra Damasceno e os amigos, é a única conversa séria.

Damasceno — Não resta dúvida de que a proposta é fascinante, Salviano, uma enciclopédia de mais de vinte volumes...

Salviano — Como é que estão as coisas no jornal?

Corta para Dagmar, tirando a mesa, Teobaldo do lado.

Teobaldo — Precisava fazer aquela torta de nozes com baba de moça que você faz sempre no Natal. Porque que só fazem torta de nozes no Natal eu não posso entender.

Corta para Damasceno e seu grupo sendo interrompidos por Marta.

Marta	– (*a Damasceno*) Meu filho, você se lembra quem era aquele artista que fez o rapaz n'*O morro dos ventos uivantes*?
Damasceno	– (*paciente*) Laurence Olivier, mamãe.
Marta	– Não, meu filho, não no cinema. Na televisão, não faz muito tempo, nós vimos juntos.

Embaraço de Damasceno, que precisa conversar com os amigos e não quer magoar a mãe. Corta para o QUARTO de Maria Lúcia. Maria Lúcia, Lavínia e Jurema estudam. Livros espalhados.

Lavínia	– Só não tô entendendo essa diferença entre Realismo e Naturalismo. Naturalista por quê?
Maria Lúcia	– Eu acho que entendi, Lavínia, deixa eu ver se consigo explicar...

Corta para a SALA, as duas campainhas, de serviço e social, vão tocar ao mesmo tempo. Abre em Damasceno e os dois amigos.

Salviano	– Quando foi que você recebeu a proposta, Damasceno?

Corta para Carmen, Marta e Leila, perto da televisão. Durante as próximas falas, começam a tocar as duas campainhas. Mostrar reação de impaciência contida de Damasceno.

Marta	– (*a Carmen*) Você viu essa semana o Raul Longras no *Casamento na TV*?
Carmen	– Pois eu não comentei com a senhora? Justamente eu estava vendo com a Leila, e a Dagmar (*corta-se, grita*) Dagmar, não está ouvindo a campainha?

Corta para Dagmar, abrindo a porta da frente, vão entrar Dolores e Adelaide, esta cheia de sacolas, com roupas e adereços para vender. Carmen dirige-se a elas.

Dolores	– (*a Dagmar*) Eu avisei à Carmen que ia dar uma passadinha, depois do jantar.

Carmen já está do lado de Dolores e Adelaide. Mas a campainha continua a tocar, só Dagmar vai se dar conta e entrar na cozinha, para verificar a porta de serviço. Dolores, Adelaide e Carmen se cumprimentam informalmente. Damasceno grita de longe.

Damasceno	– Ninguém vai abrir essa porta, meu Deus do céu? (*aos amigos*) Me ofereceram três vezes mais do que eu ganho no jornal.
Pedro Paulo	– Quem foi que te procurou, da Enciclopédia?

Teobaldo interrompe, para que Damasceno fique ainda mais impaciente.

Teobaldo	– Está tocando a campainha, meu filho.

Reação de impaciência de Damasceno.
Corta para Carmen, Dolores e Adelaide. Marta e Leila ainda na televisão. Campainha continua a tocar, sem insistência. Adelaide está tirando uns conjuntos de banlon de uma de suas sacolas.

DOLORES — Chegaram ontem, Carmen, a Adelaide já vendeu mais da metade, os conjuntinhos de banlon mais lindos que eu já vi.

Campainha toca uma última vez. Damasceno grita e quem vem responder é Leila, a filha da empregada.

DAMASCENO — Será possível que ninguém vai abrir essa porta?
LEILA — É o Caramuru, seu Damasceno, pra jantar.

Corta pra COZINHA, Dagmar faz prato de comida para o porteiro Caramuru, uniformizado sem requintes. Durante o diálogo, Teobaldo entra, ninguém liga para ele enquanto falam, e Teobaldo sai.

CARAMURU — Batata frita num podia deixar pra fritar a minha na hora, Dagmar?
DAGMAR — Ih, Caramuru, olha as confiança!

Corta para a SALA, Damasceno tentando conversar com os amigos. O pai intervém.

DAMASCENO — O problema principal é que, num momento desses, tanto tempo organizando uma enciclopédia, pode me parecer/
TEOBALDO — (*intervindo*) Desculpa, meu filho, mas me diga uma coisa. Esse porteiro come aqui toda noite?

Televisão continua ligada, só a filha da empregada assistindo. Carmen conversa com Dolores. (Marta e Adelaide já não estão na sala.) Damasceno vai abordar a esposa, mas, impaciente, desiste de falar e caminha em direção ao quarto.

DOLORES — Ah, não, você me desculpe, mas em matéria de primeira dama, mais bonita do que a Maria Teresa Goulart eu nunca vi!
CARMEN — Eu ainda acho a Jacqueline mais mulher, tem mais *it*! Você viu no *Cruzeiro*, essa semana?
DOLORES — Comparando à Maria Teresa acho a cara um pouco dura!
CARMEN — Porque está de luto, coitada!

Damasceno caminha pelo corredor (porta do quarto de Maria Lúcia fechada) para entrar em seu quarto. Está pensando em levar os amigos para o seu próprio quarto. Quando entra, mostramos o QUARTO DO CASAL do ponto de vista de Damasceno, uma bagunça total, parecendo uma loja improvisada, muitos conjuntos de banlon de várias cores, saias de tergal, colares de cristal e outras peças que Adelaide está vendendo espalhadas por cima da cama de casal e em toda parte. Marta bota uma blusa de banlon de cor chamativa por cima do colo, olhando-se no espelho.

MARTA — Você não acha um pouco berrante pra minha idade?

Reação de Damasceno, no auge da impaciência. Sai do quarto, meio tonto.

ADELAIDE — Eu lhe mostrei o conjuntinho verde-água, dona Marta?

Corta para o CORREDOR, Damasceno, impaciente, com Carmen.

DAMASCENO — Não dá pra desligar a televisão e levar essa gente pro nosso quarto?

CARMEN	– A sua mãe é que pediu pra ver, porque vem o programa da Bibi.
DAMASCENO	– Precisava chamar os velhos pra jantar logo essa noite, Carmen? Maria Lúcia está estudando com as amigas, no quarto dela.
CARMEN	– E não foi você mesmo que decidiu? Toda quarta-feira!

Damasceno reconhece que é verdade, caminha para a SALA, tonto, contendo-se. Vai dar de cara com Dolores, que o segura pelo braço.

DOLORES	– Há dias que eu tô querendo te fazer uma perguntinha, Damasceno, eu tenho lido os jornais, por que diabo que o Jango quer tanto mudar essa constituição?

Damasceno denota mais impaciência do que nunca.
Corta rápido para o QUARTO de Maria Lúcia. Maria Lúcia, Lavínia e Jurema já arrumando seus pertences de colégio, para deixarem o quarto. Damasceno, muito constrangido.

DAMASCENO	– Me desculpa, Maria Lúcia, eu sei que tinha prometido, mas eu tenho que tomar uma decisão muito importante pra nós todos, preciso ouvir a opinião do Pedro Paulo e do Salviano...
MARIA LÚCIA	– (*boa filha, meiga*) Tem problema não, paizinho, a gente dá um jeito.
LAVÍNIA	– (*a Maria Lúcia*) Vamos pra sala de jantar, feito da outra vez.

Corta descontínuo para a SALA. Maria Lúcia, Lavínia e Jurema tentando estudar na sala de jantar.

JUREMA	– Bota o romance desse Émile Zola na bibliografia dum trabalho de literatura brasileira?
MARIA LÚCIA	– Gente, que ponto de vista mais quadrado! Então só porque é/

Maria Lúcia corta-se porque o avô Teobaldo entrou pra atrapalhar. Durante a fala de Teobaldo, Maria Lúcia sorri amarelo, muito sem jeito, diante das colegas.

TEOBALDO	– Minha filha, só uma curiosidade minha. Eu estava discutindo essa manhã com a sua avó. Vocês que são jovens têm ideias modernas... Vocês acham que um rapaz <u>respeita</u>, na praia, uma moça de biquíni?

Corta rápido para o QUARTO de Maria Lúcia. Damasceno, Salviano e Pedro Paulo, agora com clima para conversar, porta fechada.

SALVIANO	– Você tem motivos concretos pra se sentir inseguro no jornal?
DAMASCENO	– Olha, Salviano, a ordem é liberdade total pra se escrever o que quiser. Mas eu tô com problemas com a direção, sim. O fato desse artigo sobre a reforma agrária ter ficado na fila de espera por três domingos, um trabalho em que eu me empenhei tanto... Não vão publicar não!
PEDRO PAULO	– Não há a menor hipótese de conciliar a Enciclopédia com o *Correio Carioca*?
DAMASCENO	– De jeito nenhum. Dedicação integral por um período mínimo de dois anos.

Corta para SALA, mais tarde. Maria Lúcia, muito constrangida, despede-se à porta de Lavínia e Jurema. Televisão ligada, Carmen, Marta, Dolores, Adelaide e Leila. Dagmar fazendo algum serviço, Teobaldo. Som do programa de Bibi Ferreira, na TV Excelsior.

MARIA LÚCIA — Desculpa, gente, não dá mesmo pra ser cada vez na casa de uma, nunca mais eu marco aqui não.

LAVÍNIA — Eu falei que podia ser lá em casa.

Despedidas informais. Assim que Maria Lúcia fecha a porta, Carmen vem abordá-la.

CARMEN — Vou fazer a sua cama ali na sala de jantar porque essa conversa do seu pai não termina tão cedo. (*animada*) Se ele aceitar dirigir a enciclopédia, Maria Lúcia, muito breve você vai ter o quarto dos seus sonhos. Pagam três vezes mais!

Maria Lúcia esboça um meio sorriso, constrangida.
Corta para:

Cena 16: APARTAMENTO DA FAMÍLIA DE WALDIR (INT NOITE)

Pouca luz. Os dois irmãos menores de Waldir estão dormindo na sala. Porta do quarto dos pais entreaberta, também com pouca luz. Waldir é consolado por João.

JOÃO — O meu velho conhece muita gente, Waldir, prometeu se virar.

WALDIR — (*com um pouco de raiva*) Quem é que vai dar emprego prum cachaceiro?

JOÃO — Não julga o teu pai não, rapaz. Bebida é um escape. (*emocionado*) Tá tudo... tão errado... Um homem trabalha, trabalha... (*tom*) Tem nada que entregar os pontos não, Waldir.

Corta para:

Cena 17: APARTAMENTO DE MARIA LÚCIA (INT NOITE)

No QUARTO DE MARIA LÚCIA, Damasceno, Salviano e Pedro Paulo.

DAMASCENO — O que eu acho duro é deixar o *Correio* num momento desses. Mal ou bem é um espaço meu! Quem é que pode garantir como vai estar o país daqui a um mês? Uma coluna de jornal não pode vir a ser importante, decisiva?

SALVIANO — <u>Se</u> você ainda tiver a coluna daqui a um mês...

Tempo. Os três refletem.

SALVIANO — A situação do país pode tá braba, Damasceno, mas e a sua? Tem a família, filha moça pra acabar de criar...

Damasceno olha pra direção da sala, onde está dormindo a filha.
Corta para SALA. Maria Lúcia, deitada no somiê da sala de jantar, separada da outra por um leve biombo, tenta dormir. Ouve as vozes das conversas. No início está folhean-

do uma revista. Detalhar fotografia de Alain Delon. Maria Lúcia romântica. Fecha a revista. Tenta dormir. No ambiente de estar, Marta, Teobaldo e Dagmar veem televisão. À parte, conversam Carmen e Dolores, Adelaide já foi embora. (Nesta cena a luz deve ser muito fraca, bonita. A maior parte do diálogo em off, o importante é Maria Lúcia, querendo dormir.)

CARMEN — Marcha da família com Deus pela liberdade?
DOLORES — Não vá falar pro seu marido que ele me solta os cachorros em cima, vai ter essa marcha no Rio e em São Paulo! (*tom*) Eu não vou, que não sou mulher de perder praia pra marchar com ninguém, mas a Zuleica, que é metida a entender de política, tá por aqui com o Jango, já garantiu que vai!

Close de Maria Lúcia, tentando pegar no sono.
Corta para:

Cena 18: RUA DE MARIA LÚCIA – IPANEMA (EXT DIA)

<u>*Manhã seguinte*</u>. *Movimento matinal de rua. Gente passando, alguns indo para a praia. Dolores caminha para a praia com amiga <u>Glória</u>.*

DOLORES — Tenha santa paciência, um homem importante, jornalista conhecido, se é de partido comunista ou não, não me interessa, <u>mas não dar um quarto direito pra minha sobrinha</u>? Até no teto ele bota esses livros de Fidel Castro, isso não é falta de dinheiro não, é falta de vergonha! Uma garota que só dá alegria, quando a gente vê como é que andam as outras por aí (*baixo*), a filha da Adelaide se perdeu!

Corta para Maria Lúcia, de uniforme do colégio, saindo do prédio com o pai, Damasceno, ele de guarda-chuva na mão, um hábito. Caminham para o ponto de ônibus.

DAMASCENO — Não pensa que eu não me dou conta da importância que esse quarto tem pra você.
MARIA LÚCIA — (*meiga*) Ih, pai, não tô dizendo nada.
DAMASCENO — Eu estou muito propenso a aceitar esse emprego, na enciclopédia, o salário é excelente. Se bobear, até mudamos prum apartamento maior.

Close de Maria Lúcia, cheia de esperanças. Frisar bem.
Corta para:

Cena 19: COLÉGIO PEDRO II (INT-EXT DIA)

Muitos alunos se cruzando, chegam os do turno da tarde, saem os do turno da manhã. Abre em João, Edgar, Galeno e Waldir descendo escadas, ou num dos pátios com jardim. Em direção contrária, vêm caminhando Maria Lúcia e Lavínia.

EDGAR — Já que o Evandro e o Niemeyer aceitaram, só tá faltando localizar o Orlando Damasceno.

GALENO	– Tá vindo lá!
JOÃO	– Quem?
GALENO	– A filha do homem! Olha ali, com a colega que eu te falei!

Corta pra Maria Lúcia e Lavínia, veem ao longe que João e Edgar vêm se aproximando.

LAVÍNIA	– Olha ali, vem falar com a gente!
MARIA LÚCIA	– Quem?
LAVÍNIA	– O filho do dono da papelaria, lá da Montenegro, você sempre achou um pão!
MARIA LÚCIA	– Falar comigo nada, a gente tá cansado de se cruzar, nunca me olhou.

João e Edgar aproximam-se mais.

LAVÍNIA	– (*baixo*) Não falei?

Os quatro ficam frente a frente. João fala com Maria Lúcia.

JOÃO	– Oi.

Close de Maria Lúcia, toda contente, pensando que é paquera.
Corta para:

COMERCIAIS

Cena 20: COLÉGIO PEDRO II (INT-EXT DIA)

Continuação imediata da cena precedente. Maria Lúcia diante de João.

JOÃO	– Você que é a filha do Orlando Damasceno?
MARIA LÚCIA	– (*gostando*) Maria Lúcia.
JOÃO	– Nós também somos do último ano, no turno da manhã, e tem muito colega que ainda não escolheu carreira, então nós resolvemos organizar uma semana de palestras aqui no colégio, com profissionais bem cobras de áreas diferentes, cada um vai falar da sua profissão, responder perguntas... De arquitetura vem o Oscar Niemeyer, de direito o Evandro Lins e Silva, de teatro o Oduvaldo Vianna Filho... De jornalismo, claro, a gente tinha vontade de convidar o seu pai porque/ (*toca a sineta*)

Em fusão, close rápido do sino do colégio, sendo tocado. Logo que João começa a falar, reação de Maria Lúcia, frustração, porque o assunto é seu pai. A fala dele é interrompida pela sineta para início de primeira aula. Maria Lúcia o corta, apressada pra subir.

MARIA LÚCIA	– Outra hora a gente fala.
JOÃO	– Mas é que é muito urgente!
MARIA LÚCIA	– (*afastando-se*) Outra hora.

Maria Lúcia afasta-se ou sobe escada, <u>não olha para trás</u>. João grita.

JOÃO — Ei... Peraí! Me dá seu telefone!

Lavínia se volta, um instante.

LAVÍNIA — Depois do colégio a gente tem aula de francês, fica sempre batendo um papo no bar quando a aula termina, se quiser eu te explico onde é.

Corta rápido para:

Cena 21: ÔNIBUS EM MOVIMENTO (INT DIA)

Maria Lúcia e Lavínia dentro de ônibus, conversando, já sem uniforme, a caminho do curso de francês. Livros e cadernos nas mãos. (O livro do curso é muito característico para quem conhece: Mauger III.)

MARIA LÚCIA — Que que tinha que ficar dando bola?
LAVÍNIA — Faz meses que você vive de olho no cara!
MARIA LÚCIA — (*sem graça, tímida*) Falei só uma vez que achava bonitinho!
LAVÍNIA — Que máscara!
MARIA LÚCIA — Deixa pra lá, que eles não vão procurar ninguém, Lavínia. Cê fez o dever do *Mauger*?

Corta rápido para:

Cena 22: BAR DO CURSO DE FRANCÊS (INT NOITE)

Edgar, João, Galeno e Waldir esperam que a aula das garotas termine. Movimento de alunos no pequeno bar, adultos e adolescentes. Natália, a mãe de Heloísa, conversa com uma amiga e um professor. Traz livros do curso literário. (O bar e as salas de aula são num porão, há uma escada para o andar térreo.)

NATÁLIA — Em matéria de cinema francês eu acho que nada ainda chegou aos pés de *Hiroshima, mon amour*. Eu queria saber aqueles diálogos de cor!

Corta para os quatro rapazes.

EDGAR — Tem certeza que é aqui em baixo?
GALENO — Tô falando que conheço!
JOÃO — Se eu tivesse tempo voltava pro francês.
EDGAR — Não tem porque só fica querendo organizar palestra, essas coisas!
GALENO — Eu já disse que por mim achava muito melhor fundar um cine-clube!

Corta para:

Cena 23: SALA DE AULA DO CURSO DE FRANCÊS (INT NOITE)

A aula acabou de terminar, uns 15 alunos, adolescentes, alguns poucos adultos, entre os alunos Maria Lúcia, Lavínia e Heloísa. Professora arruma seus pertences, enquanto todos vão saindo. Lavínia conversando com Heloísa.

Maria Lúcia	– Fica um pouco no bar.
Heloísa	– Minha mãe deve ter terminado a aula, ela voltou pro literário, com a madame Cox. Vai querer que eu aproveite o motorista.
Lavínia	– Eu tava querendo te fazer umas perguntas sobre as aulas de violão... Cê tá gostando?

Corta para:

Cena 24: BAR DO CURSO DE FRANCÊS (INT NOITE)

Mesmo clima da cena 22, com mais alunos saindo da aula que terminou. Maria Lúcia dá de cara com João. Clima romântico entre os dois. Natália vai abordar a filha, Heloísa.

João	– E então? Será que agora dá pra gente conversar?

Corta pra Heloísa, que já foi abordada pela mãe, Natália.

Heloísa	– Ih, mãe, vai indo que depois eu pego um ônibus!
Natália	– Seu pai não gosta, Heloísa, se descobrir vai dar bronca é em mim!
Heloísa	– Não tenho direito de bater um papo aqui no bar meia hora, que que é isso?
Natália	– Então o Fausto me leva e sete e meia em ponto tá de volta aí na porta, pra te buscar, não me faz atrasar o jantar!

Corta pra João, Maria Lúcia e Edgar. Durante o diálogo, Natália despede-se de Heloísa e Lavínia. Sobe a escada. Galeno puxa papo com as duas, fora de áudio. Durante as próximas falas, marcar bem que Galeno e Heloísa, em especial, estão conversando animadamente, em segundo plano. Sem interrupção de ritmo do diálogo. O mais importante, a seguir, é mostrar uma forte química romântica entre Maria Lúcia e João. Maria Lúcia esbanja charme, tem que conquistar de pronto os dois rapazes e o público. (Várias vezes, no capítulo, vamos usar este esquema, Edgar fala com Maria Lúcia mas ela só olha para João.)

Edgar	– Bem que o Galeno disse que a gente devia te conhecer de vista. Você não tava vendo o filme dos Beatles no Caruso, domingo passado?
Maria Lúcia	– *(olhando João)* Tava.
Edgar	– *(a João)* Não falei que era ela? *(a Maria Lúcia)* A gente mora pertinho.
Maria Lúcia	– *(a João, <u>clima romântico</u> entre os dois)* Eu... acho que também conhecia vocês de vista. *(tentando cortar o clima romântico)* Deixa eu ver direito a lista dos outros que vão dar conferência.

João mostra papel. Maria Lúcia lê, atenta. Quando termina de ler os nomes dos convidados, denota uma certa apreensão.

Maria Lúcia	– Sabe o que que é? Eu não sei se eu quero que o meu pai participe desse tipo de coisa não.
João	– Que tipo de coisa? Por quê?
Maria Lúcia	– Uns problemas aí...

Maria Lúcia já está escrevendo o número de seu telefone num pedaço de papel. Entrega durante a próxima fala.

Maria Lúcia	– Eu vou conversar com ele. Me liga segunda-feira.
João	– Tem que esperar tanto?
Maria Lúcia	– Segunda-feira. (*a Heloísa e Lavínia, agora em tom casual*) Gente, eu tô aqui em cima na biblioteca, devolvendo um livro.

Maria Lúcia sobe a escada, vira-se rapidamente e dá uma última olhada em João. Sorri. Close, linda. (Durante todo o programa, Maria Lúcia deve rir e sorrir muito. João não deve rir, e sorri pouco.) Edgar e João ficam olhando, românticos. O dois rapazes estão tão impressionados com a beleza de Maria Lúcia que Heloísa e Lavínia passam por eles, subindo também, e os dois nem percebem. Apenas Lavínia balbucia "tchau"... Durante o diálogo a seguir, Galeno vai se aproximar dos amigos e ouvir a última parte.

João	– (*consigo mesmo*) Que garota incrível!
Edgar	– A gente pode dividir: você fica com o pai e eu fico com ela.
João	– Vamos brigar por que, Edgar? Me tratou com uma frieza que/ (*corta-se*) Na melhor das hipóteses, vai dar o telefone do trabalho do pai segunda-feira, e a gente nunca mais vai nem ver.
Galeno	– Só se eu não me chamasse Galeno Quintanilha!
João	– Por quê?
Galeno	– Cês viram a gostosinha, amiga dela? Chama Heloísa. Estuda no São Paulo. Faz reunião na casa dela todo sábado, lá na avenida Rui Barbosa, me chamou pra amanhã e falou que eu podia levar quem eu quisesse!

João dá um beijo em Galeno ou alguma outra brincadeira assim.
Corta para:

Cena 25: SALÕES DO APARTAMENTO DE HELOÍSA (INT NOITE)

(*Um grande apartamento na Rui Barbosa, varandão, vários ambientes de estar, biblioteca, chapelaria no espaçoso hall de entrada, sala de jantar com bufê exposto, sem exageros, porque é uma reunião de jovens, piano.*) Um jovem toca piano, outro violão, cercados por uns 15 figurantes de 17 a 25 anos que cantam juntos. Mais uns dez jovens espalhados pelo resto dos salões, conversando, ou servindo-se de comida no bufê. Garçom servindo bebidas: Cuba-libre, Hi-fi e refrigerantes. Já estão na festinha Maria Lúcia, Lavínia e Olavo (20 e poucos anos, estilo bem Country Club, que paquera Heloísa). Heloísa e seu irmão <u>Bernardo</u> (20 e poucos anos) estão recebendo. Durante esta cena, os jovens cantam juntos "<u>Chora tua tristeza</u>", "<u>Meditação</u>" (de Antonio Carlos Jobim e Newton Mendonça) e, <u>ao mesmo tempo</u>, para fechar a cena, "<u>Só em teus braços</u>" e "<u>Este seu olhar</u>" (ambas *de Jobim), como era moda na época. (O tempo da cena deve ser determinado por uma fita em playback feita antes, com as canções pedidas. Se houver diálogos perto do grupo que está cantando os atores devem falar baixo. Longe, podem falar normalmente.) Abre com Heloísa e Bernardo recebendo João, Edgar e Galeno no espaçoso hall de entrada. Ao lado deles, o mordomo Antunes pega agasalhos leves de duas moças para guardar na chapelaria.*

Heloísa	– (a Galeno) Meu irmão, Bernardo.
Galeno	– Como é que vai? Esses aqui são os meus colegas, não sei se você chegou a conhecer direito ontem, o João, o Edgar...

Cumprimentos informais entre todos estes jovens. Na próxima fala de Heloísa, Bernardo vai se afastar para dar atenção às duas moças que estavam dando agasalhos ao mordomo.

Heloísa	– (aos rapazes, encantadora) Vocês conhecem a Maria Lúcia, a Lavínia... Se tiverem a fim tem comida ali na sala de jantar.
Edgar	– Apartamento lindo.

Heloísa sorri, se afasta e, seguida por Edgar, vai se sentar no chão pra cantar. João fica com Galeno, perto da entrada. Acha estranha a chapelaria, onde o mordomo está guardando os agasalhos. Fofocam baixo.

João	– Que isso aí?
Galeno	– Chapelaria, pra guardar casaco de pele, guarda-chuva, essas coisas!
João	– Nunca tinha visto.
Galeno	– Tu não sabe nada, hein!
João	– Achei que só existia na Europa!

Galeno faz sinal que eles não devem ficar na entrada. Durante as próximas falas, os dois caminham e a câmera aproveita para mostrar todo o cenário. Deve haver (ao contrário do resto do capítulo) vários tempos sem diálogos, para ouvirmos as músicas. Quando depois de terem visto todos os ambientes os dois ainda dão de cara com a sala de jantar, onde um casal de figurantes se serve no bufê, João extravasa seu espanto.

João	– Eu nem sabia que existia apartamento desse tamanho... O que é que o pai dessa garota faz?
Galeno	– Fábio Andrade Brito, não falei não?
João	– Do Grupo Andrade Brito?
Galeno	– O próprio.
João	– Se o magnata tiver por aí vou pedir se não empresta pelo menos essa... chapelaria... Dava pra família do Waldir morar com o maior conforto. (triste) O conhecido do meu pai não deu esperança nenhuma de emprego.
Galeno	– Andei levando um papo com a Lavínia, lá na Aliança. O pai dela é dono de editora, ele que publica os livros do Orlando Damasceno. Quem sabe não arrumava trabalho pro seu Xavier?

Reação de João, gosta da ideia. Corta pra Bernardo, com as moças com quem se relacionou no início da cena, afastados do piano.

BERNARDO — Cês ainda não foram ao Zicartola? Mas é o máximo, puxa, essa semana a Nara Leão deu a maior canja, tá com cada música nova espetacular.

Corta para Edgar com Lavínia. Edgar já se afastou do grupo do piano e violão para cumprimentar Lavínia. Mostrar de longe Fábio, o pai de Heloísa, chegando da rua, muito elegante e charmoso, em trajes esportivos, sacola e raquete na mão. Fala com o mordomo, rapidamente, fora de áudio. Dá uma geral na sala e vê que está tudo bem, caminha em direção ao seu quarto. Enquanto isso:

EDGAR — Todo sábado tem reunião aqui?
LAVÍNIA — Todo sábado. A mãe da Heloísa é o máximo. (*mostra de longe*) Aquele ali é o pai dela, deve tar chegando do clube, ele joga tênis.

Corta para Olavo com uma moça e um rapaz, longe do grupo que canta.

OLAVO — Antigamente, num filme, tinha uma mulher loura, uma morena, se botavam uma terceira era ruiva, pra ninguém fazer confusão. Esses filmes de hoje, eu mesmo boio num monte de coisas. Essa amiga da mãe da Heloísa tá louca atrás de alguém que explique <u>Fellini oito e meio</u>, já pediu pra todo mundo! Ela queria aquele barbudo lá da faculdade, que ano passado explicou *Marienbad* tão bem, mas ele viajou.

Corta para João e Galeno, que agora se aproximam do grupo que está cantando (já o final da terceira canção, as duas juntas). Sentam-se numa posição em que fiquem de frente para o local onde está sentada Maria Lúcia, cantando. João cumprimenta Maria Lúcia, de longe. Closes alternados dos dois. Passar sempre uma química forte do casal. Desde que vê João, ela para de cantar e sorri pra ele, tímida. Baixa os olhos. Último plano da cena, coincidindo com o final da canção, é o close de Maria Lúcia, linda.
Corta para:

Cena 26: QUARTO DE FÁBIO E NATÁLIA (INT NOITE)

Fábio acabou de entrar, já começou a tirar a roupa para ir tomar banho. Natália, de penhoar, é maquiada por um maquiador profissional. Os dois conversam como se estivessem sozinhos, ignorando por completo o profissional.

NATÁLIA — Era pra chegar mais cedo, Fábio.
FÁBIO — Encontrei o Cláudio no clube, fiquei batendo um papo, tanta coisa pra resolver, Natália, a situação política tá muito complicada...
NATÁLIA — A Fernanda convidou pras nove e meia, gosta de pontualidade, é jantar sentado.
FÁBIO — Em dez minutos eu tomo uma ducha e enfio a roupa. (*tom, simpático*) Achei que os meninos chamaram menos gente, hoje. Eu gosto de ver a casa cheia.

| NATÁLIA | – É que essa hora você não costuma ir à sala, a garotada nunca para de chegar até onze horas, meia-noite. |

Corta para:

Cena 27: SALÕES DO APARTAMENTO DE HELOÍSA (INT NOITE)

Mesmos da cena 25. Heloísa recebe um casal de amigos que está chegando. O grupo do piano e violão está agora terminando de cantar "Ilusão à toa" (de Johnny Alf), que vai terminar a parte gravada previamente. Durante este final de canção, Galeno conversa com Edgar.

| GALENO | – Tô vidrado nessa Heloísa! Mas tem um riquinho aí que não desgruda. |

Assim que termina a canção, os jovens se dispersam, espalham-se pelas salas, os que tocavam violão e piano vão comer. João aproxima-se de Lavínia e começam a conversar, fora de áudio. Ficamos um instante com Bernardo e um amigo.

| BERNARDO | – Que chato que ela não vem! Achei essa garota um estouro, rapaz, me lembra um pouco a Monica Vitti. |

Corta descontínuo para close de vitrola rodando. Até o final da cena vamos ficar ouvindo João Gilberto.
Sonoplastia: vamos usar as canções "Corcovado" (de Tom Jobim), "Se é tarde me perdoa" (de Carlos Lyra e Ronaldo Bôscoli), já começada. Todas em bg. A última canção, "Discussão" (de Jobim e Newton Mendonça), tem de entrar num momento muito definido, que será marcado, e com som bastante alto.
Alguns casais dançam num pequeno espaço determinado. Mostrar. A cena toda é de clima. Corta para João com Lavínia.

| JOÃO | – Então eles têm só três meses pra deixar o apartamento, entende? Um dos melhores alunos da turma, Lavínia, nosso colega desde o primeiro ginásio. Se a gente não arruma um emprego pro pai dele, o Waldir vai ter que largar o colégio pra trabalhar, cê já pensou, no último ano? |
| LAVÍNIA | – Eu vou falar com o meu pai, ele é um cara bacana, pode ser que arrume alguma coisa sim. |

Corta para Galeno e Heloísa. Olavo vai intervir.

GALENO	– Chama Nelson Cavaquinho, não existe só bossa-nova não, você precisa ouvir! Nessas reuniões com o pessoal do Centro Popular de Cultura da UNE, o CPC, eu conheci tantos sambistas mas assim duma musicalidade, você não pode imaginar...
HELOÍSA	– Ah, eu quero ir!
OLAVO	– *(aborda Heloísa)* Mais tarde você topa organizar um grupo pra ir até São Conrado, comer milho? Você ainda não viu o meu Gordini zerinho.

Reação de ciúme de Galeno diante do rapaz evidentemente rico.

HELOÍSA — (*sem interrupção de áudio*) Já tô cansando de São Conrado, Olavo.

Corta para Edgar e Maria Lúcia num recanto tranquilo. João vai intervir. (Até João e Maria Lúcia dançarem, a câmera não precisa se preocupar muito com Edgar, mas ele fica ali.)

EDGAR — Você e a Lavínia conhecem a Heloísa faz muito tempo?
MARIA LÚCIA — Somos colegas na Aliança há uns dois anos. A Heloísa é super boa-praça, alegre às pampas, não tem nada de granfininha acomodada não.
JOÃO — (*intervindo*) E aí? Como é que é?
MARIA LÚCIA — (*sorridente, porque ele se aproximou*) Tá gostando?
JOÃO — Bacana. Você falou com o seu pai?
MARIA LÚCIA — Eu não sabia que ia encontrar vocês aqui, a Heloísa não disse nada.
JOÃO — Tudo bem. É que eu achei meio estranha a sua reação. Não tô querendo ser intrometido, viu, Maria Lúcia, mas é que eu sou um tremendo fã do seu pai, também quero ser jornalista, eu leio a coluna dele todo dia e/
MARIA LÚCIA — (*cortando, séria*) Eu também sou muito fã do meu pai, acho que eu devia ter explicado melhor, viu, João? É que ele é um homem muito visado, a minha mãe fica nervosa com essas coisas.
EDGAR — Não tô entendendo, Maria Lúcia, que coisas?
MARIA LÚCIA — (*sempre dando mais atenção a João, sem ser grosseira*) A última vez que o meu pai aceitou fazer uma palestra assim numa faculdade deu o maior rolo, porque o diretor não tinha dado permissão oficial pra conferência, quer dizer, sabia que ia ter, mas falou que não podia ceder o salão principal. (*com emoção*) Meu pai não liga a mínima pressas coisas, pelo contrário... Aceitou falar no pátio, ao ar livre, prum monte de gente. Uns estudantes acharam que era desaforo, invadiram à força o salão proibido, houve denúncia, deu polícia e o resultado... Com estudante ninguém se mete, né? O meu pai é que tá até hoje respondendo um processo, entende?
JOÃO — (*intenso, olhando bem nos olhos dela*) Muito bem. Se eu fosse filho dele ia ter o maior orgulho desse processo.
MARIA LÚCIA — (*cansada*) Se você fosse filho dele... Não sei não... Ia ser só mais um processo... Mais amolação. (*tom*) Antes deu nascer, ele passou até um período exilado, no Uruguai. A gente vive numa insegurança que/
JOÃO — (*corta*) Não foi justamente no Uruguai que ele escreveu o primeiro romance?
MARIA LÚCIA — Você leu o romance do meu pai?
JOÃO — Acho que você não tá entendendo, Maria Lúcia, eu sou fã do seu pai. Claro que eu li o romance, ninguém no Brasil escreveu nada tão

	forte sobre delinquência juvenil. Quem tá me dando a impressão de não ser assim tão fã do seu pai é você. Preocupada com processo?
Maria Lúcia	– Ninguém admira o meu pai mais do que eu. Só que eu acho... Esquecendo que sou filha... Acho que o meu pai não tem a vida que merecia. Só se sacrificou sempre pelos outros, não construiu nada pra ele mesmo.
João	– (*com muita admiração por Damasceno*) Foram homens assim que modificaram o mundo, viu, Maria Lúcia, que transformaram. (*um pouco agressivo*) Ter medo de processo é... (*com desprezo*) Eu acho uma atitude medíocre.
Maria Lúcia	– (*tom de discussão*) Ih, você também acha que pode modificar o mundo, é? (*começa neste ponto "Discussão", na trilha sonora*)
João	– Eu acho... (*muito romântico, macho e firme*) que queria dançar essa música com você.

Há uma química romântica muito forte entre João e Maria Lúcia. Ela faz sinal com os olhos que aceita dançar, os dois caminham para a pista de dança, como se estivessem sozinhos no mundo.
Sonoplastia: assim que pararem de falar, subir o volume da canção ao máximo.
Durante a dança, explorar olho no olho, dar closes de lábios, mãos se tocando, vários primeiros planos sensuais e românticos. Até o rosto colado, na parte final da canção. Desde a última fala de Maria Lúcia, a parte final da cena, sem diálogos, deve durar exatamente 57 segundos, tempo da canção, só a primeira vez que João Gilberto passa a letra.)
CAM fecha nos dois, de rosto finalmente colado.
Corta para:

COMERCIAIS

Cena 28: SALÕES DO APARTAMENTO DE HELOÍSA (INT NOITE)

Mesmos da cena precedente. Abre em Galeno, à parte, com Edgar.
Sonoplastia: segunda parte da canção "Can't Take My Eyes Off Of You", por Frankie Valli and The Four Seasons, baixinho, como música de fundo. A canção termina <u>antes</u> do final da cena.

Edgar	– Mas que boate, Galeno, você não tem nem dinheiro prum táxi!
Galeno	– (*animado*) No fim da noite, a gente dá um jeito do babaca pagar, um cara cheio da grana!

Corta para Maria Lúcia com João, em outro ambiente. Clima romântico.

Maria Lúcia	– Eu vou conversar com o meu pai, ver o que é que ele acha. Me liga amanhã de manhã.
João	– Talvez de tarde a gente pudesse fazer alguma coisa, um cinema...
Maria Lúcia	– (*enfeitiçada*) Me liga...

Corta para Fábio e Natália, vestidos muito elegantemente em black tie, à porta, para sair, o mordomo abrindo, Heloísa falando com os pais. A parte final da cena deve ser no hall.

NATÁLIA	– Pra que boate, minha filha, por quê?
HELOÍSA	– Mais tarde! O Olavo tá organizando um grupo.
FÁBIO	– Não pode, Heloísa, a casa cheia de amigos, como é que você vai sair?
HELOÍSA	– Quem convidou quase todo mundo foi o Bernardo!
FÁBIO	– Boate não, de jeito nenhum, chamou os amigos, fica recebendo os amigos.

Fábio dá um beijo na filha, que se afasta, malcriada.

HELOÍSA – *(afastando-se)* Iiiiiiiiiiiiiih!

Fábio e Natália ficam sozinhos, esperando o elevador.

FÁBIO	– Eu disse alguma coisa de mais?
NATÁLIA	– Você gostava de ouvir não quando tinha a idade dela?
FÁBIO	– Será que pelo menos ela vai obedecer?
NATÁLIA	– Pera lá, também não é assim. A Heloísa tem um temperamento forte, puxou a você, é... Meio voluntariosa. Mas <u>desobedecer nunca!</u>

Corta rápido para:

Cena 29: BOATE (INT NOITE)

Uma boate com figuração bastante jovem. Abre em Heloísa, muito sorridente (relação visual com o final da cena precedente), chegando com seu grupo, Olavo, Galeno, Edgar e uns cinco jovens da festa. Estão sendo recebidos pelo maître, escolhendo mesa. Heloísa já caminha agitando o corpo em ritmo de chá-chá-chá desde seu primeiro plano. Na pista, jovens dançam chá-chá-chá. Explorar alegria do local, os passos típicos da época.
<u>*Sonoplastia*</u>*: começamos com o final de "Cha cha cha della segretaria" e trocamos para o início do twist "Guarda come dondolo", de Rossi e Vianello, por Edoardo Vianello, a partir do exato momento, no meio da cena, em que Galeno tira Heloísa para dançar.*
Enquanto o grupo, liderado por Olavo, vai se encaminhando para a mesa que o maître lhes indica, Galeno e Edgar ficam fofocando na entrada, à parte.

EDGAR	– Vou ficar não, Galeno, passar vexame? Isso aqui deve custar uma nota!
GALENO	– Arregado!

Galeno pega cartão da boate sobre balcão e entrega a Edgar.

GALENO	– Tá vendo esse cartão aqui?
EDGAR	– O telefone da boate, pra quê?
GALENO	– Tá vendo aquele homem ali? Chama *maître*! Daqui a duas horas, você telefona pra cá, manda o *maître* avisar pro Galeno Quintanilha

Anos rebeldes
Gilberto Braga

	que <u>a mãe dele tá passando muito mal</u>! Aí eu levanto, bem nervoso, pra ir socorrer a minha mãe, e quero ver se o babaca vai ter coragem de me cobrar uns Cuba-libres.
EDGAR	– Mas Galeno... A sua mãe morreu quando você era criança!
GALENO	– Por isso que eu posso pregar mentira, né? Quando a mãe tá viva fica chato.

Edgar afasta-se para sair da boate, passando por expressão "Esse Galeno não tem mesmo jeito..." Corta para mesa de Heloísa, Olavo e os outros, Galeno sentando-se. Mostra mesa vazia, mais perto da pista.

| GALENO | – (*a Olavo*) Não era melhor aquela mesa ali? |
| OLAVO | – Tá reservada. |

Começa a tocar o <u>twist</u>. Olavo vai tirar Heloísa pra dançar, com certa formalidade. Galeno lhe dá um tapinha nas costas, sem que Olavo possa perceber que foi ele. Enquanto Olavo se vira pra ver quem bateu nas suas costas, Galeno tira Heloísa para dançar.

| GALENO | – Vamo lá? |

Heloísa vai dançar com Galeno, muito alegre, enquanto Olavo fica na mesa, frustrado, close de Olavo, sem saber que Galeno o tapeou. Na pista, devemos ficar um tempo com Heloísa, Galeno e os jovens dançando twist.

Corta para:

Cena 30: RUA DE MARIA LÚCIA (EXT DIA)

Manhã seguinte. Apenas um plano rápido, domingo de manhã, gente passando para a praia.
<u>Sonoplastia</u>: *Vai morrendo aos poucos o twist da cena precedente, até entrarmos em seco, na cena seguinte.*
Corta para:

Cena 31: APARTAMENTO DE MARIA LÚCIA (INT DIA)

Damasceno lendo seu jornal Correio Carioca, *edição de domingo, produzir. Maria Lúcia toma café com a mãe, servidas de forma descontraída por Dagmar. De repente, lendo um caderno especial, Damasceno tem uma forte reação de alegria. Saiu o seu artigo longo sobre reforma agrária, título: "Miséria e Latifúndio". Produzir. Levanta-se muito animado.*

| DAMASCENO | – Saiu, Carmen! Meu artigo sobre reforma agrária saiu! |

Reação de Maria Lúcia e Carmen, não sabem se gostam ou não gostam.
<u>Corta descontínuo</u> *para Maria Lúcia saindo para a praia, barraca na mão. Damasceno caminha até ela. Durante o diálogo, telefone vai tocar e Dagmar vai atender. Daqui a pouco Carmen vai entrar e intervir na conversa.*

DAMASCENO	– (*constrangido*) Não é a hora de deixar o jornal, entende, minha filha? Eu tenho certeza que num momento mais apropriado eu recebo de novo algum convite bom. O seu quarto... (*gesto vago*)
MARIA LÚCIA	– (*doce, mas forçando sua barra, porque a decepção foi grande*) A decisão é sua... Eu quero o que for melhor pra você. (*tom*) Só que eu sei o quanto você próprio quer um monte de coisas... A casa de campo que sonhou a vida inteira... Quer ter um carro... O ordenado era bom, pai.
DAMASCENO	– Eu tive uma conversa aí, com o pai da Lavínia, sobre a possibilidade dum adiantamento preu escrever um livro de interesse dele. Você vai ter privacidade no seu quarto muito mais cedo do que você tá pensando.
CARMEN	– (*clima de discussão*) Pelo amor de Deus, Damasceno, não bota ilusão na cabeça da garota! Você diz isso desde que ela tinha dez anos de idade!

Carmen vai para o quarto e Damasceno persegue.

DAMASCENO	– (*afastando-se, estas falas são apenas pano do fundo para o <u>telefonema</u>*) Peraí, Carmen, por que esse tom? Ninguém tava discutindo! Eu tô contente porque saiu o artigo, só estava dizendo que... (*e já sumiu*)
DAGMAR	– (*a Maria Lúcia*) Telefone pra você. Um tal de João.

Maria Lúcia atende, <u>muito seca</u>. Joga em João a raiva reprimida.

MARIA LÚCIA	– (*tel*) Alô. (*tempo*) Claro que eu lembro. (*t*) Olha, João, eu pensei muito, não falei nada com o meu pai não, e nem vou falar. (*t*) Se depender de mim, ele não vai dar palestra nenhuma em lugar nenhum nunca mais na vida.

Desliga irritada sem esperar resposta.
Corta para:

Cena 32: COLÉGIO PEDRO II (EXT DIA)

Manhã seguinte. O professor Avelar vem subindo a escada com João, Edgar, Galeno e Waldir. Movimento de alunos passando.

JOÃO	– Acho que é maluca, só isso.
WALDIR	– Só pensa nela, João, garota.
AVELAR	– Não deve ser fácil ser filha dum cara assim não. Tem gente do próprio partido muito mais ligada na vida prática... O Damasceno, pelo que eu sei, sempre levou o idealismo às últimas consequências. Mas o Ubaldo, que mora comigo, é fotógrafo lá no *Correio*. Não sei se conhece pessoalmente, mas se vocês ainda tiverem interessados, eu posso ver se dou um jeito do Ubaldo apresentar o Damasceno a vocês.

Corta rápido para:

Cena 33: REDAÇÃO DO *CORREIO CARIOCA* (INT DIA)

Movimento normal de redação de jornal. Ubaldo, o fotógrafo, diante de João, Edgar, Galeno e Waldir, os quatro de uniforme do colégio. Galeno está conversando com um jornalista, figurante, fora de áudio.

UBALDO	– Um segundo só que ele foi muito legal, já vem aí conversar com vocês.

João sorri agradecido. Ubaldo se afasta ao mesmo tempo que Galeno se aproxima.

JOÃO	– O pai da Lavínia vai mesmo falar com o seu pai?
WALDIR	– (*animado*) Marcou pra semana que vem.
GALENO	– (*intervindo*) Frequentar redação de jornal é fogo, se vocês soubessem a notícia que o coroa ali acabou de me dar...
JOÃO	– O que foi?
GALENO	– (*intenso*) Mais uma vez o mundo desenvolvido se curva diante do Brasil! (*expectativa dos três, tempo*) A Brigitte Bardot acaba de desembarcar no Galeão, gente, o namorado da Brigitte Bardot tem apartamento aqui na avenida Atlântica!
JOÃO	– Esse aí só pensa em sacanagem.

Edgar cutuca JOÃO, porque Damasceno se aproxima.

DAMASCENO	– Boa-tarde. O Ubaldo me explicou vagamente que vocês estão organizando umas palestras no colégio... Mas eu queria saber, antes de mais nada... (*um pouco constrangido*) O que foi que aconteceu exatamente entre vocês e a minha filha?

Corta descontínuo para outro ambiente da redação, algum tempo depois.

JOÃO	– Aí ela bateu com o telefone na minha cara e eu lhe confesso que não entendi nada.

Tempo. Damasceno pensa em sua filha.

DAMASCENO	– Eu queria que vocês tentassem desculpar... A Maria Lúcia é uma menina ótima, inteligente, meiga, quer ser jornalista, como eu. Só que nós tamos tendo alguns problemas de família... (*tom*) Ela escreveu uma crônica muito bonita pro jornal do colégio, não é opinião de pai não... Uma boa crônica.
WALDIR	– O João também escreve pro mural. Hoje mesmo terminou um artigo novo, só tá faltando fazer a revisão, né, João?
DAMASCENO	– (*a João, pensando na filha*) Eu gosto dessas crônicas de vocês. Na minha época eu era... Talvez um pouco mais... (*tom*) Bom, podem acusar a geração de vocês de tudo, menos de hipocrisia, vocês são muito francos. A sua crônica é sobre o quê?

João	– Não é crônica não, seu Damasceno, é o problema de vaga em faculdade, sabe, o aproveitamento de excedentes. (*reação de Damasceno, os olhos brilhando de admiração por João*) O senhor acha justo o cara ser aprovado e não poder estudar?
Damasceno	– Eu... Posso ler o seu artigo?
João	– Agora?
Damasceno	– Por que não?

João tira o artigo de seus pertences de colegial. Entrega ao jornalista. Damasceno põe óculos de leitura, começa a ler.
<u>Corta descontínuo</u> para Damasceno terminando de ler o artigo. Faz uma pausa. Os rapazes esperam ansiosos sua opinião. Tempo.

Damasceno	– (*emocionado, a João*) Você já escolheu carreira?
João	– Pretendo fazer jornalismo.
Damasceno	– (*emocionado*) Muito bom o seu artigo, João, muito lúcido, corajoso. (*alegre*) Claro que eu vou ter o maior prazer em colaborar com o ciclo de palestras que vocês tão organizando, é só me dizerem o dia e a hora. (*reações de alegria dos rapazes*) No meu íntimo eu... Sempre tive uma confiança muito grande na juventude. O Brasil tá precisando demais de vocês.

Corta para:

Cena 34: SEQUÊNCIA EM PRETO E BRANCO

Entra a canção "I Want To Hold Your Hand", de Lennon e McCartney, pelos <u>Beatles</u>*. As imagens* <u>misturam</u> *imagens de cinema, manchetes de jornais e fotografias sobre assuntos políticos a cenas do cotidiano de nossos personagens nos dias que se seguem. A linguagem da sequência deve ser muito clara, precisa, sem quaisquer efeitos "modernos":*

– Personagens:

a) **QUARTO DE JOÃO**: *João escrevendo um artigo à máquina.*
b) **SALA DE AULA DO CURSO DE FRANCÊS**: *Maria Lúcia, Lavínia e Heloísa na aula de francês. Close de cada uma delas, atentas à aula.*
c) **CLUBE DE BASQUETE**: *Edgar jogando basquete num clube, dia. Faz uma cesta, vibra.*
d) **HALL DO CINEMA PAISSANDU, noite**: *Galeno saindo do cinema com Waldir, cartaz do filme Jules et Jim (Uma mulher para dois). Olham o cartaz, comentam o filme.*

– Sugestões para jornalismo cotidiano:
   a) Brigitte Bardot chegando ao Brasil, Brigitte em Búzios, Brigitte na avenida Atlântica, a visita da atriz ao Rio e a Búzios em março de 1964 deve aparecer diversas vezes na sequência.
   b) Os Beatles em sua primeira fase.
   c) Desfile de moda e/ou coisas do gênero, o que houver de característico e atraente em termos de futilidade charmosa da época.

– *Jornalismo político:*
(Devemos fazer aqui um resumo da História do Brasil dos dias 13 a 30 de março. Manchetes de jornais devem deixar os assuntos <u>muito claros</u>.)
   a) *Grande comício no Rio, dia 13, pelas reformas de base.*
   b) *Abertura do Congresso, dia 15, mensagem de João Goulart pelas reformas de base.*
   c) *No dia 18, a CGT pede o afastamento do ministro da Fazenda e exige política financeira nacionalista.*
   d) *Dia 19, Marcha da Família com Deus pela Liberdade, em São Paulo, explorar bastante as imagens, são 500 mil pessoas.*
   e) *Dia 26, rebelião dos marinheiros no Rio.*
   f) *Dia 28, Magalhães Pinto em Juiz de Fora.*
   g) *Dia 30, Goulart discursa na reunião de sargentos do Automóvel Clube.*

A última imagem da sequência, logo após Goulart na reunião de sargentos, deve ser de manchetes de jornais da manhã de 31 de março. <u>Edição</u>: a duração da sequência é de 1 minuto e 11 segundos.

Cena 35: COLÉGIO PEDRO II (INT ou EXT DIA)

Movimento de alunos antes do início das aulas, dia 31. Clima tenso, agitado. Grupinhos cochichando, alguns professores neste clima também. João, Edgar, Galeno e Waldir estão diante do jornal mural, com o artigo de João sobre aproveitamento de excedentes pendurado. <u>Detalhar</u>. (Título: "Queremos vagas", assinatura, João Alfredo Galvão.) Daqui em diante o capítulo tem que ir num <u>crescendo de tensão</u>.

JOÃO	– *(irritado)* E eu não posso escrever sobre excedentes por quê?
EDGAR	– *(apreensivo)* A ordem foi pra tirar o artigo do mural, JOÃO, falaram que a hora não é boa.
GALENO	– O pessoal do grêmio tá dizendo que os militares vão tentar derrubar o Jango!
WALDIR	– Acabam inventando é greve, fecham o colégio e a gente perde mais aula.
JOÃO	– Essa turma do grêmio exagera um pouco as coisas, como é que vão tirar um presidente da República assim, sem mais aquela?

Entra em off a primeira fala da cena seguinte.

UBALDO	– *(off)* O golpe tá na rua, Avelar.

Corta rápido para:

Cena 36: APARTAMENTO DE AVELAR (INT DIA)

Avelar, Juarez e Ubaldo, clima tenso. Nenhuma quebra de ritmo em relação à cena precedente, tudo <u>muito ágil</u>.

Ubaldo	– *(continuando)* O general Mourão se rebelou em Minas, isso tá mais que confirmado.
Juarez	– *(nervoso)* E o Jango não vai fazer nada? Cadê o dispositivo militar?
Avelar	– Vai mandar tropa pra lá, e deve haver resistência ao golpe, intelectuais, estudantes.

Corta rápido para:

Cena 37: COLÉGIO PEDRO II (INT-EXT DIA)

Mesmos personagens e clima da cena 35. Abre em <u>dona Célia</u>, professora, tirando o artigo de João do jornal mural na frente de nossos quatro jovens. Ritmo ágil de diálogo, tensão.

Edgar	– Mas o que é isso, dona Célia, arrancar o artigo assim?
Célia	– *(constrangida)* É só o momento, o diretor mandou avisar que amanhã conversa com o João Alfredo.
João	– Amanhã não senhora, ele ficou de falar comigo hoje, ficou de dar uma resposta sobre <u>a sala</u> pro ciclo de conferências que a gente organizou, a primeira palestra é amanhã!
Célia	– Sobre esse assunto ele mandou um recado também, antes de sair. Aconselha o adiamento dessas palestras, porque pode dar confusão, está tudo extremamente confuso, não é hora pra isso de jeito nenhum!

Corta rápido para:

Cena 38: APARTAMENTO DE JOÃO (INT DIA)

João e seu pai, Abelardo, já no meio de uma discussão forte. Ritmo muito ágil. Valquíria arrumando alguma coisa na sala.

João	– *(impaciente)* Que atacar palácio do Lacerda, pai? Se alguém vai atacar são vocês!
Abelardo	– Nós quem, menino?
João	– Vocês, do Lacerda, maneira de falar! O que tão dizendo lá no colégio é que os militares tão querendo derrubar o Jango! Não acredito que consigam não. *(saindo)* Mas eu já sei quem pode nos dizer direito o que é que tá acontecendo.
Abelardo	– *(perseguindo)* Você vai pra onde? Falar com quem? Melhor não ficar andando por aí hoje não, João Alfredo, a gente não sabe direito o que/ *(o filho saiu, grita)* João!

Corta rápido para:

Cena 39: APARTAMENTO DE MARIA LÚCIA (INT DIA)

Maria Lúcia terminando de se arrumar para ir para o centro. Carmen muito tensa. Ritmo muito ágil.

Maria Lúcia	– E vou perder dentista, mãe? Se a gente falta sem avisar com antecedência o doutor Mateus cobra a consulta!
Carmen	– Liguei pro seu pai pra perguntar se devia, no jornal só tá dando ocupado...
Maria Lúcia	– Não fica nervosa à toa, também não é assim, não estourou nenhuma guerra. O consultório é pertinho do jornal, depois da consulta, eu desço a rua Buenos Aires e volto pra casa com o papai, deixa de bobagem, vai.

Corta rápido para:

Cena 40: ÔNIBUS EM MOVIMENTO (INT DIA)

Dentro do ônibus, a caminho da cidade, João, Edgar, Galeno e Waldir. Ritmo muito ágil. Lotação normal. Passageiros nervosos. Vários ouvindo os radinhos de pilha típicos da época. Galeno está tentando obter informações com um passageiro que ouve rádio, conversam fora de áudio. Os outros três rapazes vão fofocando.

João	– Desaforo! Vamo dizer o que pros convidados? Garanto que o Damasceno é capaz de arrumar um local muito melhor! E lá no *Correio* a gente vai saber direito o que é boato e o que não é boato!
Edgar	– Amanhã se não tiver aula eu não vou perder praia nem que chova canivete!
Galeno	– *(intervindo, excitado)* Verdade sim! Tá dando no rádio que as tropas desse general Mourão já tão na estrada vindo pro Rio!

Corta rápido para:

Cena 41: REDAÇÃO DO *CORREIO CARIOCA* (INT DIA-ANOITECENDO)

Umas seis e meia da tarde. Clima muito intenso de trabalho, agitação, gente passando o tempo todo. Muitos ao telefone. Fones tocando. Damasceno com João, Edgar, Galeno e Waldir. Ritmo muito ágil. Maria Lúcia vai entrar. Depois, Ubaldo.

João	– Então a situação é bem pior do que a gente tava pensando...
Damasceno	– Tá brabo sim, os militares se rebelaram mesmo, podem derrubar o governo!
Galeno	– Não há nada que se possa fazer, seu Damasceno?
Damasceno	– Há notícias de vários focos de resistência espalhados...
Maria Lúcia	– *(intervindo, agressiva, a João)* Eu posso saber o que é que vocês tão fazendo aqui?
João	– *(um pouco agressivo)* Eu acho mais prático você explicar o que <u>você</u> que é tão medrosa tá fazendo aqui!
Maria Lúcia	– *(irritada)* No trabalho do meu pai?
Damasceno	– *(a João, ao mesmo tempo)* Tá vindo do dentista, a mãe telefonou.
João	– *(ignorando Maria Lúcia)* Eu cruzei com um colega do grêmio, seu

	Damasceno, ele falou que já têm vários grupos fazendo vigílias, pra não deixar fecharem sindicatos, faculdades... A maior parte tá indo pra UNE, se o senhor achar que vale a pena, a gente podia ir pra UNE e/
Maria Lúcia	– (*corta, discussão braba*) <u>O meu pai</u>, do lado de vocês, metido em UNE?
Damasceno	– Fica quieta, Maria Lúcia!
Ubaldo	– (*intervindo*) Confirmei agora mesmo que tá quase todo o mundo indo pra UNE sim. Devem tá chegando as armas do Aragão.
Galeno	– (*à parte, a Edgar ou Waldir*) Capaz de ter até artista.
João	– O senhor vai com a gente, seu Damasceno?

Close de Maria Lúcia, apavorada, sem pararmos o ritmo do diálogo.

Damasceno	– Talvez valha a pena, porque aqui no jornal, pelo menos por ora, eu não vou poder fazer nada.
Maria Lúcia	– (*histérica*) O senhor não é estudante, o que é que o senhor vai fazer na UNE?
João	– Não tem só estudante não, Maria Lúcia!

De agora em diante, falam ao mesmo tempo.

Maria Lúcia	– (*a João, histérica*) <u>Você não fala comigo</u>!
Damasceno	– O que é isso, minha filha, que tom é esse?
Maria Lúcia	– O senhor não vai pra lugar nenhum com esses garotos, é perigoso!
Damasceno	– Fica calma!
Maria Lúcia	– Sai tiro, eles não têm um mínimo de responsabilidade, tão querendo é farra!
João	– Do que é que você tá falando, menina, tá doida?
Maria Lúcia	– (*sem ter interrompido, histérica*) O senhor <u>vai me levar pra casa</u>!
Edgar	– (*constrangido*) Se quiser eu levo, Maria Lúcia, eu não tô a fim de me meter em confusão nenhuma não.

Todos param de falar por um instante. João olha Damasceno. Maria Lúcia com olhar suplicante ao pai. Closes alternados.

João	– (*a Damasceno*) O senhor vai?

Corta rápido para:

Cena 42: PORTA DA UNE (EXT NOITE)

Um plano muito rápido, para localizar. Um carro passando. (Newsmatte?) Já com início do áudio da cena seguinte.
Corta para:

Cena 43: SALA INTERNA DA UNE (INT NOITE)

Uma pequena sala interna, tosca, cadeiras e mesas de pau tipo escolar ou escritório precário. Cartazes improvisados em vários cantos, tipo "UNE RESISTE AO GOLPE". Umas

15 pessoas espremidas, estudantes, intelectuais. Entre eles, Damasceno, João, Galeno e Ubaldo. Dois estudantes preparam mais um cartaz. Uma cena muito rápida, estamos apenas tentando passar rapidamente um clima.

DAMASCENO	– Resistir, sim, tem gente se organizando pra passar a noite inteira também nos correios, em sindicatos, na Filosofia, no Caco!
GALENO	– *(baixo, a João)* O que que é Caco?
JOÃO	– *(baixo)* É a Faculdade de Direito lá da Praça da República.

Corta rápido para:

Cena 44: APARTAMENTO DE MARIA LÚCIA (INT NOITE)

Maria Lúcia sentada, muito tensa, Carmen lhe dá pra beber um calmante líquido. Edgar foi levá-la em casa. Muita tensão.

MARIA LÚCIA	– *(a Edgar)* Se acontecer alguma coisa ruim com o meu pai eu mato esse cara!
EDGAR	– Peraí, Maria Lúcia, seu pai é um adulto, um homem importante, não foi pra lugar nenhum só porque o João chamou!
MARIA LÚCIA	– *(por cima)* Eu mato!
CARMEN	– Toma, minha filha, toma aqui.

Enquanto Maria Lúcia toma o calmante, Edgar despede-se de Carmen.

CARMEN	– Muito obrigada pela sua gentileza, ela só tá nervosa... *(torturada)* Eu tô mais habituada. Eu sei como é que são essas coisas, daqui a pouco bate o sono... Maria Lúcia é nervosa, louca por esse pai.

Fade-out para:

Cena 45: APARTAMENTO DE MARIA LÚCIA (INT DIA)

Tarde do dia seguinte. Carmen ao telefone, tensa. Maria Lúcia de ouvido colado no rádio, que dá notícias que não precisamos ouvir com clareza. Dagmar e Leila perto de Carmen, interessadas. Ritmo muito rápido.

CARMEN	– *(tel)* Mas não tem perigo mesmo, Damasceno? Como é que você foi parar em Faculdade de Direito? *(t)* A noite toda? *(t)* Mas o rádio está dando que *(é cortada pelo marido, tempo)* Tá bom, eu entendo que não tem perigo, mas vem logo pra casa, por favor, Damasceno!

Assim que desliga, Maria Lúcia já se aproximou e ouviu o final.

MARIA LÚCIA	– *(muito tensa)* Tem muito perigo sim! Tão dizendo no rádio que tá o maior tumulto em vários pontos da cidade!

Corta para:

Cena 46: LARGO DO CACO (EXT DIA)

Um plano rápido. Pequeno largo na Praça da República, entrada do prédio da faculdade de direito. Vemos policiais chegando, com bombas de gás lacrimogêneo. Portas da faculdade fechadas. Policiais apontam armas para as janelas e jogam bombas de gás.

Corta para:

Cena 47: PÁTIO INTERNO DA FACULDADE DE DIREITO (INT DIA)

Apenas um plano muito rápido, mas deve dar uma intensa impressão visual, porque na verdade havia cerca de 300 pessoas espalhadas pelo Caco neste dia. Muitos figurantes. Intelectuais, uma maioria de estudantes, alguns muito assustados. Explodem bombas de gás lacrimogêneo. Alguns tontos, outros correndo. João, Damasceno, Galeno e Ubaldo passaram a noite sem dormir, estão amarrotados, lenços no rosto para se protegerem do gás. Já surgem, no primeiro plano da cena, caminhando, Damasceno falando com grande dificuldade, tapando o rosto com lenço.

DAMASCENO – Por aqui, pras escadas, lá em cima... Deve tar melhor...

Corta para:

Cena 48: SALA DE AULA DO CACO NO ANDAR DE CIMA (INT DIA)

Alguns estudantes perto da janela. Aqui o gás é menos denso. Tiros de revólveres vêm do lado de fora. Damasceno, João e Galeno entrando. Damasceno aproxima-se dos estudantes na janela, assustado. Arranca um jovem da janela. Muito, muito ritmo.

DAMASCENO – Na janela não, gente, na janela há perigo de/

Para de falar porque uma bala o atinge. Cai no chão. João aproxima-se, assustado. Toca no ombro de Damasceno, ensanguentado, olha sua própria mão, suja de sangue. CAM fecha na mão de João.

Corta para:

Cena 49: APARTAMENTO DE MARIA LÚCIA (INT DIA)

Edgar e Carmen tentando acalmar Maria Lúcia. Dagmar servindo cafezinho. Campainha toca. Todos se entreolham enquanto Carmen abre a porta. Entra João, muito assustado. Treme um pouco. Não consegue falar logo. Ao ver que ele está sozinho, Maria Lúcia aproxima-se, histérica.

MARIA LÚCIA – Cadê o meu pai!? *(berro)* <u>O que foi que aconteceu com o meu pai?</u>

Close de João, inseguro.

Corta.

Fim do capítulo 1

Anos rebeldes
Gilberto Braga

Notas:

1. O capítulo está enorme. Mas é bom lembrar que, em 686 linhas de rubricas (19 laudas), há 516 linhas de rubricas de intenção (15 laudas), que, naturalmente, não contam tempo. Mesmo incluindo as cenas iniciais ainda não escritas, calculamos que o capítulo, no ar, dure uma hora.

2. Favor improvisar uma mudança para não termos de reler tudo. Maria Lúcia deve chamar o pai e a mãe de <u>vocês</u>. Todos os jovens, por sinal, devem chamar os pais de vocês. Obrigado.

3. Trocamos o esporte praticado por Fábio. Em vez de hipismo, ele joga tênis. Caso nos tenha escapado alguma alusão a hipismo nos capítulos que se seguem, favor trocar por tênis.

Cena 1: SALA DE CIRURGIA (INT NOITE)

Damasceno sendo submetido a uma operação de extração de bala no ombro esquerdo. Equipe médica, Salviano. Tensão. Rápido.

Corta para:

Cena 2: SALA DE ESPERA E CORREDOR DE HOSPITAL (INT NOITE)

Maria Lúcia, Carmen, Dagmar, Edgar, João, Galeno, os dois últimos ainda sujos, amarrotados, em decorrência do capítulo precedente. Tensão. Abre em Maria Lúcia com Edgar e João.

João	– Fica calma, Maria Lúcia, o doutor Salviano falou que/
Maria Lúcia	– (*corta, com raiva, falando baixo*) <u>Não fala comigo</u>.

João se afasta. Edgar muito meigo com Maria Lúcia.

Edgar — Só uma bala no ombro, não pegou nenhum órgão...

Corta pra Galeno com Carmen e Dagmar. Durante o diálogo a seguir, Edgar afasta-se de Maria Lúcia e aproxima-se de João.

Galeno — Foi pra salvar a vida dum rapaz, na janela... Seu Damasceno sabia que nessas horas não pode ficar em janela... Experiência, né, dona Carmen?

Carmen — (*torturada*) Quem dera não tivesse.

Corta para João e Edgar.

Edgar — Deu no rádio que os soldados do Exército ainda fiéis ao João Goulart garantiram a retirada de todo o mundo, eu não entendo como foi que/

João vai responder quando vê Salviano saindo da sala de cirurgia. Reação. Para a fala de Edgar com um gesto. Maria Lúcia e Carmen aproximam-se de Salviano. João muito aflito. Expectativa. Corta para Salviano com as mulheres. Durante a fala de Salviano, reação das duas, aliviadas.

Salviano — Tá fora de perigo, não atingiu ligamento, não esfacelou nenhum osso, só vai ter que ficar uns dias de repouso.

Corta descontínuo para CORREDOR, Damasceno sendo levado para fora do centro cirúrgico. Maria Lúcia segura sua mão, com ternura. Close das duas mãos.

Corta para:

Cena 3: APTO. DE MARIA LÚCIA (INT NOITE)

Na SALA, dois dias mais tarde. Damasceno convalescente, ombro enfaixado, recebe visitas de João, Edgar, Galeno, Waldir, Lavínia, <u>Queiroz</u> (pai de Lavínia e editor de Da-

masceno). Carmen trazendo uma cadeira pra Queiroz se sentar perto de Damasceno. Teobaldo e Marta na sala, Marta abraçada a Damasceno, fazendo carinho. Dagmar servindo cafezinhos. Abre em João, à parte com Lavínia, tem nas mãos o primeiro romance de Damasceno, meio surrado, visivelmente lido, produzir a capa, título: Gamboa. João folheia o livro.

JOÃO	– O primeiro romance foi seu pai quem editou, Lavínia?
LAVÍNIA	– É de antes deu nascer. Meu pai só é editor do seu Damasceno faz uns dez anos... (*baixo*) Tudo tiragem baixa, cá entre nós, diz que não vende quase nada...

Corta para Damasceno e Queiroz.

QUEIROZ	– Meu compromisso é com a cultura, divulgação do conhecimento. Desde que haja qualidade, eu publico autores de todas as tendências.
DAMASCENO	– E tá pensando que isso é motivo presse governo militar que tá aí simpatizar com você?

Corta para Maria Lúcia com Edgar, à parte, ele quer paquerar, não sabe bem como. (Durante o diálogo, João vai levar o livro para Damasceno autografar.)

EDGAR	– O problema das palestras no colégio acabou, nem o João acha que tem clima pra isso agora.
MARIA LÚCIA	– (*com raiva de João*) Não se preocupa que ele logo procura outra fria. Aqui em casa ninguém chamou.
EDGAR	– Queria que o seu pai autografasse o livro, puxa, o João sempre falou tanto desse romance...

Corta pra close de livro sendo autografado depois de curta dedicatória por Damasceno. João do lado. Damasceno entrega, João lê, contente.

JOÃO	– Obrigado. Eu tinha vontade de ler aquele estudo famoso que o senhor escreveu sobre o problema do petróleo, foi logo no início do governo do Getúlio, não foi?
DAMASCENO	– Assim que eu puder mover os dois braços vou procurar com o maior prazer, lá no quarto da Maria Lúcia... Tanto livro, meu filho... Eu já nem me dou conta direito do que eu tenho e o que eu não tenho.

Corta para QUARTO de Maria Lúcia. Muita bagunça. Leila, a filha da empregada, procurando alguma coisa em gavetas. Damasceno mostra livros a João, alguns livros por trás de outros. Edgar perto. Ao lado de Edgar, um <u>vestido</u> nitidamente de Maria Lúcia sobre uma cadeira.

JOÃO	– Tô falando sério, seu Damasceno, eu vou ter o maior prazer em arrumar!
DAMASCENO	– (*sincero*) Não, meu filho, não tem sentido, eu não posso aceitar... Se eu tivesse tempo até que/ não, de jeito nenhum, isso não é tarefa prum ser humano sozinho...

Durante a parte final da fala de Damasceno, Edgar olha o vestido de Maria Lúcia, deixar bem claro, por causa do vestido, que Edgar só vai se intrometer para ter a chance de paquerar Maria Lúcia.

EDGAR — Sozinho não, seu Damasceno, eu ajudo! E eu tenho prática! Arrumei os livros de direito todinhos da minha mãe.

Reação de João, acha um pouco estranho.
Corta para:

Cena 4: APTO. DE JOÃO (INT NOITE)

No QUARTO DOS RAPAZES, sábado à noite, cedo. João veste-se, conversando com Galeno e Waldir. Muita bagunça no quarto. Os irmãos menores Zé Rodolfo e Guilherme entram e saem. A partir de determinado momento, Zé Rodolfo começa a se vestir para sair e Guilherme deita-se na cama para ler gibi. (Atenção, direção: é preciso, neste cenário, frisar sempre que possível, pelas marcações, que João, ao contrário de Maria Lúcia, não tem a menor privacidade em seu quarto, mas lida com isso sem qualquer conflito.)

WALDIR — *(a Galeno)* O pai da Lavínia foi bacana, mas justa causa é fogo. Ofereceu pro velho ser caseiro desse sítio deles, em Itaipava... Pros meus irmãos é bom, tem primário perto, seu Queiroz dá até mantimentos, já pensou?

GALENO — Mas você não pode abandonar o colégio, Waldir!

JOÃO — *(ao irmão Zé Rodolfo, que está vestindo uma camisa dele)* Minha camisa vermelha essa noite não, Zé, quem vai usar sou eu. *(a Waldir)* Cê foi à agência de emprego?

WALDIR — Maior embromação, só anotaram nome, endereço, assim na minha idade, sem experiência, meio expediente...

GALENO — Só banco, mas banco é o que todo o mundo quer, precisa muito pistolão.

JOÃO — *(excitado)* Cê falou pistolão?

GALENO — Claro! Meio expediente, banco, conseguir assim depressa, acho que só com...

JOÃO — *(excitadíssimo, acha que encontrou a solução, fala consigo mesmo)* Mas é isso! Cumé que eu não tinha pensado antes?! Pistolão!

Corta rápido para:

Cena 5: SALÕES DO APARTAMENTO DE HELOÍSA (INT NOITE)

Reunião dos sábados, igual à do capítulo precedente, jovens cantando perto de piano e violão. Mordomo Antunes, garçom, bufê na sala de jantar. Presentes João, Edgar, Galeno, Waldir, Maria Lúcia, Lavínia, Heloísa e seu irmão Bernardo, Gustavo (amigo de Bernardo, uns 20 e poucos anos), Olavo, muitos jovens. Maria Lúcia sentada perto do piano, ao lado de Edgar, os dois cantando.
(Cena a ser realizada a partir de playback previamente gravado: começamos com "Corcovado", de Tom Jobim, já iniciada, e emendamos com "Discussão", passar toda a letra

uma vez. Esta gravação determina o tempo da cena, se há momentos sem diálogos, para que a cena termine com o final da canção.)
Abre em João e Lavínia assediando Heloísa, longe do violão.

Lavínia	– Se o Waldir não consegue emprego pra ficar aqui no Rio não vai poder se formar! Último ano, Heloísa!
João	– Tinha que ser emprego de meio expediente, entende?
Heloísa	– Claro que eu falo, poxa, o meu pai vai querer ajudar sim, ainda mais se o cara é bom aluno.

Corta para um plano geral. Heloísa caminha em direção ao quarto dos pais e Lavínia é procurada por Bernardo e Gustavo, enquanto João fica meio perdido, nada disso precisa ser frisado. Bernardo apresenta Gustavo a Lavínia. Só apresenta e se afasta. Clima suavemente romântico entre Lavínia e Gustavo.

Bernardo	– O Gustavo tá achando que te conhece de vista, do Paissandu.
Lavínia	– Como é que vai? Você também estuda direito, com o Bernardo?
Gustavo	– A gente foi colega no colégio, eu tô fazendo medicina.

Corta pra João, procurando Maria Lúcia com os olhos. Finalmente encontra. Aproxima-se dela, arruma um lugar no chão. Maria Lúcia está cantando, ao lado de Edgar. João consegue sentar-se ao lado. Assim que ela percebe que João vai se sentar ao lado dela, para de cantar, fica um pouco incomodada com a presença dele. João é firme, olha no olho, isso tudo é bem mais importante do que a parte dialogada desta cena. Closes alternados dos dois. Terminar com João cantando (embora o som forte seja o playback de todos os jovens), em close, olhando bem nos olhos de Maria Lúcia, o último verso da canção: "Em vez de amor uma saudade vai dizer quem tem razão."

Corta para:

Cena 6: QUARTO DE FÁBIO E NATÁLIA (INT NOITE)

(Este cenário tem dois ambientes, a parte de dormir e uma pequena sala de estar.) Natália está vendo televisão, deitada na cama, em trajes esportivos (não precisamos mostrar o vídeo). Fábio acaba de sair do banho, conversa com Heloísa, no ambiente de estar. (O som da TV é de comercial da época, ao fundo, depois entra um programa.)

Fábio	– Não falei por preconceito nenhum, ainda mais se o garoto é bom aluno, posso tentar ajudar sim. É só que... De repente, um filho de porteiro... Fico curioso de saber como você conheceu, Heloísa, até que ponto é um amigo íntimo.
Heloísa	– Conheci essa noite, é do colégio da Lavínia. Achei simpático, educado, queria ajudar.
Fábio	– Boa-pinta?
Heloísa	– Não é nenhum Alain Delon, não.
Fábio	– *(aliviado por saber que a filha não quer namorar proletário, faz um carinho nela)* Isso é que tá faltando, sabe, Heloísa?

Heloísa	– Homem bonito, aqui em casa?
Fábio	– Como homem bonito?
Heloísa	– Você falou que/
Fábio	– (*corta meigo, entendeu*) Eu quero dizer que o que tá faltando, pra mim, é conversar mais com você... Como amigo. Você contar pra mim e pra sua mãe... da sua vida... do grupo de vocês... Sábado passado, tenta se pôr no meu lugar, Heloísa. Você me chegou em casa às três horas da manhã! O porteiro tinha ordem pra anotar, dez pras três da manhã!
Heloísa	– (*levemente sonsa*) Foi o pneu do carro do Olavo que furou.
Fábio	– Deixei muito claro que não podia ter amigos dentro de casa e ir pra boate!
Heloísa	– (*dando um beijo pra sair*) Não posso ficar aqui de papo que eles tão na sala. Você vem daqui a pouco, preu te apresentar o rapaz, tá?

Heloísa sai, Fábio passa por expressão: "Essa menina ainda vai me dar muito trabalho..."

Corta para:

Cena 7: SALÕES DO APARTAMENTO DE HELOÍSA (INT NOITE)

Mesmos da cena 5, Heloísa inclusive. Todos atentos a um rapaz que canta o início de "Canção do subdesenvolvido", acompanhado por violão. Reações de agrado dos personagens, às vezes risos. <u>Corta descontínuo</u> *para o finalzinho da canção, close de Fábio, que veio do quarto, já em roupa esporte, e ficou olhando, de longe, olhar complacente. No final, aplausos e risos dos jovens.*
Corta descontínuo para a sala de jantar, João, Maria Lúcia, Heloísa, Galeno, Edgar e dois figurantes servem-se de comida. O mordomo serve um uísque só a Fábio, de pé. (No meio do próximo diálogo, entra, previamente gravado, o playback de continuação de jovens cantando "Guantanamera", de Fernando Diaz, Julian Orbon e José Marti, até o final da cena.)

João	– Chato é que o brasileiro pensa, dança e canta como americano, mas não <u>come</u> nem vive como americano (*olha Heloísa e se dá conta de que pode ter sido grosso*), tô falando do povo, claro.

Reação imediata de Fábio, antagonismo com João, aproxima-se, seguro e polido. Heloísa atenta ao antagonismo.

Fábio	– Será que você não é sério demais pra levar essa canção a sério?
Maria Lúcia	– (*com medo de briga*) O senhor não acha a letra engraçada, doutor Fábio?
Fábio	– Muito superficial. (*a João, comprando briga*) Uma letra que diz que o capital estrangeiro só deu ao Brasil rock-balada, chiclete de bola e/ (*corta-se*) E a indústria automobilística, os jornais modernos, que vão dar emprego a vocês, vieram de onde?

João olha Fábio, agressivo, olha a mesa elegante.

João — (*com muito ressentimento, mas não grosseiro*) O senhor deve ter razão. Acho que eu sou sério demais, sim. E eu tenho andado meio nervoso com esse golpe militar que tão chamando de revolução. O senhor me dá licença.

Maria Lúcia sai da sala, João nota e vai atrás dela, a câmera o segue. No ambiente de estar, os jovens cantando. João chega até Maria Lúcia.

Maria Lúcia — Você não acha que foi meio grosso com o dono da casa, não?
João — Me entregaram ainda há pouco que esse cara faz parte do grupo de empresários que financiou o golpe! Vai perguntar pro seu pai se ele acha que eu fui grosso!

Corta para outro ambiente, Fábio entregando cartão a Waldir.

Fábio — (*gentil, sorridente*) Liga pra minha secretária e marca uma hora pra semana que vem.
Waldir — (*contente, servil*) Sim, senhor.

Corta para João e Maria Lúcia, Heloísa já se juntou a eles.

Heloísa — Por que não podem chamar de revolução?
João — Porque revolução é uma transformação radical duma estrutura política, social que/ (*corta-se*) A Revolução Francesa, Heloísa, quando cortaram a cabeça de todo o mundo que/
Maria Lúcia — (*cortando*) Para com isso, João, cê não acha que já foi suficientemente grosso com o pai dela, ainda vai/
Heloísa — (*cortando*) Ele tem toda razão, Maria Lúcia, eu já tinha ouvido discussão sobre isso, claro que foi golpe, revolução foi Fidel Castro, em Cuba.
João — (*amável*) Desculpa, Heloísa... O que eu falei pro seu pai não foi mentira não, eu ando meio nervoso... O problema do Waldir, mais isso tudo que eu tô lendo nos jornais... (*a Maria Lúcia*) Você já ouviu falar que vão prender o professor Juarez, lá do colégio?
Maria Lúcia — Não conheço professor Juarez nenhum e não vim aqui pra/
Heloísa — (*corta*) Eu quero saber! Vão prender um professor?
João — Tão comentando... (*a Maria Lúcia*) Ensina Português, no primeiro clássico. Eu conversei uma vez, boa-praça às pampas, mora com o meu professor de História, o Avelar, e um fotógrafo lá do jornal do teu pai.
Heloísa — Mas querem prender por quê?
João — O Juarez trabalhava pro governo, era um dos coordenadores do Programa Nacional de Alfabetização. Deu no rádio essa tarde que tão prendendo todo mundo desse projeto.

Corta rápido para:

Cena 8: APARTAMENTO DE AVELAR (INT NOITE)

Abre no QUARTO DE JUAREZ (mais tarde o QUARTO DE WALDIR). O quarto é mínimo. O primeiro plano já deve trazer um clima de agitação, com Juarez, muito tenso, abrindo gavetas, fazendo barulho e terminando de encher uma mala de mão. Durante o diálogo, abre mais algumas portas de armário, sempre em gestos bruscos, nervosos, grande clima de tensão, montagem dinâmica, takes rápidos, nervosos. Vai colocar umas poucas peças de roupa na mala de mão, pegar uma outra mala, maior, já fechada, e sair do apartamento, perseguido pelos amigos Avelar e Ubaldo, que tentam acalmá-lo.

AVELAR	– Você não tá se precipitando, Juarez?
JUAREZ	– Já devia ter ido embora antes.
UBALDO	– Mas você não é corrupto, trabalhava pro governo, uma função legal!
JUAREZ	– Eu nem sei como é que a polícia ainda não bateu aí.

Câmera vai perseguindo os três até a sala, sem interrupção de ritmo de diálogo, Juarez vai sair com suas malas.

AVELAR	– Mas você vai pra onde?
JUAREZ	– Arrumei um lugar até resolver a minha vida, eu dou notícia assim que puder. (*já à porta, despedindo-se*) Acho que eu tirei tudo que podia ser comprometedor do apartamento, mas se eu esqueci alguma coisa, vocês queimam, jogam fora sem vacilar.

Corta descontínuo para Avelar e Ubaldo um pouco depois, sozinhos na sala.

AVELAR	– Fugir no meio da noite, Ubaldo, apavorado, com uma mala na mão, feito gatuno?

Ubaldo faz gesto vago, tenso. Tempo. Avelar olha um livro: O capital, de Karl Marx. Detalhar durante o diálogo.

AVELAR	– Você acha que... (*tempo*) Nós também? Será que a gente devia sair de casa?
UBALDO	– Peraí, Avelar, também não é assim. Por que você dá aula de História e eu sou fotógrafo? Tão prendendo quem tinha função importante no PNA!

Reação de Avelar. Reconhece que o amigo tem razão. Mas o medo fica ali. Avelar olha a porta. Baixa a cabeça, sentindo-se frágil.

Corta para:

Cena 9: APARTAMENTO DE MARIA LÚCIA (INT DIA)

Dia seguinte, domingo. Abre no QUARTO DE MARIA LÚCIA, mais bagunçado que nunca, os livros todos pelo chão, Edgar no alto de uma escada entregando livros a João, que os vai separando por assuntos. Maria Lúcia organizando outra pilha. Damasceno vai entrar, vindo da rua. Quando Damasceno falar com João, Edgar deve se relacionar a Maria Lúcia, levando pilha de livros.

EDGAR — Esse aqui do Caio Prado Júnior é história ou sociologia?
DAMASCENO — História.

Cumprimentos informais, beijo em Maria Lúcia.

JOÃO — Como é que tão as coisas no jornal, seu Damasceno?
DAMASCENO — Vou remando contra a maré.

Corta para Edgar e Maria Lúcia, à parte.

EDGAR — Depois que arrumar vai sobrar tanto espaço no seu quarto, cê vai ver só...
MARIA LÚCIA — Quando tiver grana o que precisava era fazer as obras que a gente sempre quis fazer.

Corta descontínuo para, <u>vários dias depois</u>, final de tarde, Edgar e João terminando de arrumar os últimos livros, agora o quarto arrumadíssimo. João no alto da escada e Edgar entregando livros.

EDGAR — Teatro aí tão em cima, será que não vai ser ruim pra Maria Lúcia, não?
JOÃO — Semana passada ela disse que tava bom. Acho meio engraçado, Edgar, a Maria Lúcia fala como se um quarto fosse a coisa mais importante na vida duma pessoa!
EDGAR — Nunca teve um quarto direito, João! <u>Eu</u>, se não tivesse o meu quarto, ia me fazer muita falta sim. (*passa livro*) Anda logo que eu tenho treino de basquete!

Maria Lúcia entra com limonada e sanduíche pros três. Vê que os livros estão arrumados.

MARIA LÚCIA — (*contentíssima*) Eu não acredito!

Os três se servem, contentes.

JOÃO — (*paquerando*) Pra comemorar a gente bem que podia pegar um cineminha.
MARIA LÚCIA — Pra mim era ótimo.
EDGAR — (*muito interessado, paquerando*) Que filme que você tá a fim de ver?
JOÃO — (*sentindo-se traído*) Você não tem treino de basquete, Edgar?
EDGAR — (*inventa*) Eu... Dei um jeito na perna, acho que pinçou um nervo, não vai dar pra jogar essa noite, não.

João olha Edgar com um pouco de raiva do "traidor".
Corta para:

Cena 10: DENTRO DO CINEMA PAISSANDU (INT NOITE)

Na tela, planos de Deus e o diabo na terra do sol. *Abre no exato momento em que, no finalzinho do filme, Sérgio Ricardo começa a cantar, na trilha sonora: <u>SE ENTREGA CORISCO! EU NÃO ME ENTREGO NÃO</u>... Na plateia (bastam planos fechados), primeiro Lavínia e Gustavo, abraçados, já estão namorando. Câmera revela, ao lado, Maria Lúcia entre João e Edgar. Edgar tenta pegar na mão de Maria Lúcia, <u>detalhar</u>, ela discretamente chega-se para o outro lado. João, por sua vez, encosta o seu braço no dela, Maria Lúcia também recua, fica bem no meio da cadeira. Na tela, evitar os planos gerais da cena, tentar explorar os closes da morte do personagem de Othon Bastos, que são fortes.*
Corta para:

Cena 11: HALL DO CINEMA PAISSANDU (EXT NOITE)

João, Edgar, Maria Lúcia, Lavínia e Gustavo saem, cartaz de Deus e o diabo na terra do sol.

EDGAR	– O Glauber é gênio mesmo!
JOÃO	– Diz que muita coisa ele nem olha o roteiro e improvisa na hora da filmagem, já pensou?

Corta para:

Cena 12: BAR (EXT NOITE)

O mesmo grupo da cena anterior numa mesa, chopes etc.

MARIA LÚCIA	– Vidas secas *é mais meu gênero, acho que me tocou mais fundo, sei lá.*
JOÃO	– Um cara dizer o que pensa só pode fazer bem pra todo mundo. (*entusiasmado*) Por isso que eu queria fundar esse jornal. Só com assuntos que interessassem ao pessoal da nossa idade, entende, vestibular, escolha de carreira, tudo o que tá acontecendo... Distribuía também nos outros colégios. (*a Maria Lúcia, romântico*) Ou você acha que só quem é do Pedro II é que merece ler as suas crônicas?

Maria Lúcia baixa os olhos, um pouco encabulada com o galanteio.
Corta para:

Cena 13: APARTAMENTO DE EDGAR (INT NOITE)

Regina estava conversando na sala com sua amiga Mariana, quando Edgar chegou. Acompanha o filho até a porta do quarto.

REGINA	– Incrível a gente não ter se cruzado, fui com a Mariana exatamente na mesma sessão.
EDGAR	– Não tô muito bem lembrado dessa sua amiga não... Eu conhecia?
REGINA	– Era da minha faculdade! Tem o programa de respostas na Rádio Nacional, sobre questões jurídicas.
EDGAR	– Ah!...

Corta descontínuo para Regina e Mariana, tomando um chá, na sala.

REGINA — Medo por que, Mariana, você é liberal, progressista, mas daí a/
MARIANA — (*tensa*) Lá na rádio tem uma lista enorme de quem deve ser afastado. Herivelto, Vanda, Paulo Gracindo, Nora Ney... (*sofrida*) O Mário Lago foi preso, o Dias Gomes tá foragido, essa manhã eu fiz uma visita à Janete, coitada, tá uma pilha, três filhos pequenos, todo dia tem que entregar capítulo de novela! (*tom*) E a gente sabe muito bem quem é o dedo-duro número um, eu sempre falei que nunca fui com a cara!
REGINA — Mas ser chamada pra prestar um depoimento, Mariana... Será que é motivo pra tensão?

Corta rápido para:

Cena 14: APARTAMENTO DE AVELAR (INT NOITE)

Abre no quarto de Avelar. Vitrola tocando, não muito alto, o "Prelúdio" das Bachianas Brasileiras nº 4, de Villa-Lobos. Travelling suave começando na vitrola, capa do disco, até o professor Avelar, relaxado, lendo Plexus, de Henry Miller, no original. Tempo. De repente, Avelar ouve um barulho forte de porta sendo fechada com violência e objetos caindo no chão. Levanta-se, preocupado, para ver o que está acontecendo, câmera o segue pelo apartamento. Quando entra no antigo QUARTO DE JUAREZ, leva um choque junto com o espectador. O quarto está totalmente revirado, três policiais, cujo chefe é o inspetor Camargo, botam o quarto de cabeça para baixo, à procura de pistas de Juarez, sob os protestos de Ubaldo. Durante toda a cena, cortes bruscos, montagem dinâmica, nervosa. No primeiro momento, Avelar perplexo.

UBALDO — O senhor não vai encontrar nada aqui, inspetor, porque/
CAMARGO — (*corta*) Isso deixa que a gente confere!
AVELAR — Eu posso saber o que é que/
UBALDO — (*corta*) Já expliquei que ele não mora mais aqui, Avelar!
CAMARGO — Esse que é o outro professor?
AVELAR — Olha, aqui é a minha casa e/
UBALDO — (*corta*) Acho que eles não tão acreditando que o Juarez não mora mais aqui.
AVELAR — O senhor pode me dizer exatamente o que está querendo?
CAMARGO — (*tirando papel oficial do bolso, não mostra*) Mandado de busca e apreensão, tem um IPM em cima do seu amigo, se você criar caso posso enquadrar por obstrução de justiça, experimente.

Ubaldo faz sinal a Avelar pra não criar caso. CAM fecha em algum gesto brusco de policial, abrindo gaveta, jogando objetos no chão, alguma coisa assim.
Corta para:

Cena 15: SEQUÊNCIA EM PRETO E BRANCO

<u>Um minuto</u> *exato na montagem, apenas jornalística, precisamos de imagens impactantes. Manchetes de jornais, fotografias e filmes de reportagem. Sugestões:*

a) *Começar com manchetes de Mazilli, como presidente provisório, o poder nas mãos da junta militar.*
b) *Incêndio da UNE, dia 1º de abril.*
c) *Marcha da vitória, dia 2 de abril.*
d) *Exílio de João Goulart no Uruguai.*
e) *Ato Institucional, dia 9, possibilidades de cassações, estado de sítio, eleições diretas marcadas para outubro de 65.*
f) *Alguma manchete do jornal Correio da Manhã, agora <u>contra</u> o golpe.*
g) *Invasão da Universidade de Brasília pela PM, prisão de professores e estudantes.*
h) *Lista de cassações, dia 10. Mais destaque para Goulart, Jânio Quadros, Luís Carlos Prestes.*
i) *Eleição de Castelo Branco, dia 11.*
j) *Posse de Castelo Branco, dia 15. É importante terminar com imagens da posse. Passamos, portanto, para o dia 15 de abril.*

<u>Sonoplastia</u>: *sobe bastante o volume da música de Villa-Lobos assim que começa a sequência.*

Corta para:

Cena 16: BANHEIRO DO COLÉGIO PEDRO II (INT DIA)

<u>Sonoplastia</u>: *vai baixando aos poucos o volume da música de Villa-Lobos até morrer no meio da cena.*

João, Edgar, Waldir e Galeno, mais dois figurantes, urinando e fumando escondidos. Descontração. Edgar, vaidoso, refaz o laço de sua gravata, no espelho.

JOÃO — Tô com medo de fecharem o grêmio. O pessoal do Aplicação tá sem aula desde o dia 1º, nem explicam por quê.

WALDIR — Não quero saber de confusão logo agora que o pai da Heloísa marcou preu procurar ele.

Um dos rapazes figurantes usa gravata presa com elástico. Galeno puxa, como no bonde, e diz: "tlin-tlin..."

EDGAR — (*a João, ao mesmo tempo*) Ato Institucional não muda nada na vida da gente não.

JOÃO — Como não muda nada, ô, imbecil? Tudo que é político cassado, militar mais progressista reformado? Se já tavam prendendo gente, fechando diretório, imagina agora!

Corta rápido para:

Cena 17: APARTAMENTO DE GALENO (INT DIA)

Muito rápido, durante o almoço de Galeno, Idalina, capitão Rangel, de uniforme, e o filho pequeno.
(Atenção, edição: não há interrupção de ritmo de diálogo entre a primeira fala desta cena e a última da cena precedente.)

RANGEL — A maré tá muito braba no ministério, 122 oficiais pra reserva... Tinha comuna, claro, tinha corrupto, tinha bicha. Mas não gosto de certas coisas, sabe, Idalina, porque tem gente se aproveitando pra tirar desforra pessoal, tô lá dentro, tô vendo. O Alberto, pelo menos, eu sei que não havia motivo.

Corta rápido para:

Cena 18: ESCRITÓRIO DE QUEIROZ NA EDITORA (INT DIA)

(Atenção, edição: não há interrupção de ritmo de diálogo entre a primeira fala desta cena e a última da cena precedente.)
Queiroz e Damasceno, a assistente Kira servindo um café, de forma elegante e descontraída, é uma funcionária de nível.

DAMASCENO — *(irritado)* Não largam o poder tão cedo, bota três anos aí, bota seis!
QUEIROZ — Que pessimismo, Damasceno, seis anos de ditadura, quem é que ia aguentar? Aliás, o seu próprio jornal/
DAMASCENO — *(corta)* Pelo menos isso! Mudou radicalmente de posição, tô podendo escrever o que eu penso. Mas qual é exatamente a proposta que você queria me fazer, Queiroz?

Corta rápido para:

Cena 19: APTO. DE MARIA LÚCIA (INT NOITE)

Maria Lúcia à mesa de trabalho do pai, no QUARTO, fazendo deveres. Carmen guarda roupas num armário, enquanto fala com Caramuru, uniformizado, à porta. Damasceno vai entrar, vindo da rua.

CARMEN — É a torneira do banheiro, Caramuru, dá uma olhadinha pra mim, talvez teja precisando mudar a carrapeta.

Damasceno entra, beija mulher e filha. Maria Lúcia se levanta para ceder lugar ao pai. Vai recolhendo seus pertences.

MARIA LÚCIA — Eu termino o trabalho lá na sala, pede só pra Leila não botar a televisão muito alto.
DAMASCENO — *(feliz)* Vai sair <u>do seu quarto</u> por quê?

Reação de Carmen, acha estranho. Expectativa de Maria Lúcia. Damasceno tira um cheque do bolso e mostra à filha.

DAMASCENO — *(orgulhoso)* Olha esse cheque.

Maria Lúcia e Carmen olham. A quantia é alta.

DAMASCENO — Um adiantamento que o Queiroz me fez pra escrever um livro sob encomenda. Nunca mais vou escrever aqui não, Maria Lúcia, nem essa noite nem nunca! Vou é fazer as obras que eu venho prometendo há tantos anos e você vai ter o quarto com que sempre sonhou!

Close de Maria Lúcia, radiante.

Corta para:

COMERCIAIS

Cena 20: APARTAMENTO DE MARIA LÚCIA – COZINHA – SALA (INT DIA)

Manhã seguinte. Abre na COZINHA com Caramuru perseguindo Dagmar, que vai sair para fazer compras.

CARAMURU — Vamo logo mais, Dagmar, no Pirajá, parece que é bom, filme de assalto ao trem pagador.

DAGMAR — E eu não vi os cartaz? Não gosto não, é <u>filme de pobreza</u>, eu falei que queria ver *Creópata*!

Corta para a SALA, Damasceno vai sair para o trabalho, Dolores vem de dentro, estava com Carmen.

DAMASCENO — Mais blusinha <u>importada</u>?

DOLORES — (*não passa recibo*) Peruca, finíssima, mas agora a Carmen tá muito ocupada. (*tom*) Já soube da novidade, meus parabéns, vai fazer o quarto pra minha sobrinha!

Damasceno sorri, contente.

Corta rápido para:

Cena 21: APTO. DE MARIA LÚCIA (INT DIA)

QUARTO DE MARIA LÚCIA. Abre em closes de mostruário de tecidos bem coloridos que Maria Lúcia examina. Maria Lúcia e Carmen, muito animadas, recebem <u>carpinteiro</u> que vai fazer orçamento para as obras do quarto, tira medidas. Dona Marta olhando a janela, de madeira já meio velha.

CARMEN — Precisa também calcular metragem pras estantes do corredor, porque já viu que livro é o que não falta, né, seu Artur?

MARTA — (*a Maria Lúcia*) Não podia aproveitar pra trocar essa janela podre por esquadria de alumínio?

MARIA LÚCIA — Se começar com muito luxo o dinheiro não chega, vó. Tem que comprar escrivaninha, cortina, colcha, pagar pintura. Só vamos tirar as sancas porque é baratinho. (*a Carmen*) Na loja de tecidos avisaram que os preços só tão valendo até o dia 30, mãe, esse aqui de fundo *brick* (*ou outro*) cê não acha que ia ficar lindo?

Corta rápido para:

Cena 22: ESCRITÓRIO DE FÁBIO NA PRESIDÊNCIA DO GRUPO (INT DIA)

Sentado à sua mesa, Fábio está acabando de assinar memorandos que Sérgio lhe entrega.

Fábio	– A inflação só cai se o Roberto apertar o crédito e controlar os salários.
Sérgio	– O senhor não acha que com medidas impopulares pode haver reações?
Fábio	– Não há clima pra reações. Mais vale um remédio amargo do que a doença. (*termina de assinar*) Manda entrar o tal rapaz.

Sérgio recolhe alguns papéis e sai. Tempo. Waldir entra, enquanto Fábio vê mais alguns papéis, fala sem olhar.

Fábio	– Fica à vontade, meu filho. Um instante só.

Apreensão de Waldir, muito tímido. Tempo. Fábio termina com seus papéis e olha a agenda. Detalhar: <u>amigo de Heloísa</u>, Waldir.

Fábio	– (*muito simpático*) Como é que vai, Waldir? Minha filha comentou que os seus pais precisam se mudar e que você está precisando de trabalho. Vamos ver se eu posso ajudar. Você tem intenção de continuar os estudos?
Waldir	– Tinha vontade de fazer economia, é uma área que me interessa muito. E parece que o mercado de trabalho... está favorável... O senhor acha que é verdade, doutor Fábio?
Fábio	– Ainda mais agora, o Brasil voltando a crescer, não resta dúvida, meu filho, uma boa área. A revolução vai acabar com a corrupção e colocar a economia nos eixos.

Corta pra:

Cena 23 – APTO. DE EDGAR – ESCRITÓRIO (INT DIA)

Abre em João, com Edgar e Galeno, diante de Waldir.

Waldir	– (*eufórico*) Me ofereceu até cafezinho, quando cheguei no banco com o cartão me mandaram direto pra seção de pessoal, o dono do banco é assim com ele!

Gozações amáveis dos outros três. Entra Regina com lanche para os quatro.

Regina	– Não vou atrapalhar não, só vim trazer um lanche. (*vai servindo*)
Galeno	– (*a Waldir*) Começas quando?
Waldir	– (*eufórico*) Segunda-feira.
Galeno	– Quer ver o artigo que eu terminei pro jornal sobre a obra do Visconti?

JOÃO	– Você lembrou os problemas de censura que ele teve na filmagem de *Rocco*?
GALENO	– Claro! Cê terminou o seu?
JOÃO	– (*entregando*) Ficou um pouco longo, mas pra falar de fome, nesse país...
GALENO	– Xaver aqui.

Close do artigo, nas mãos de Galeno, que vai começar a ler.
Corta para:

Cena 24: APARTAMENTO DE MARIA LÚCIA (INT NOITE)

Na sala de estar, Dolores, Carmen e Leila veem televisão. Abre na sala de jantar, Damasceno terminando de ler o artigo de João, <u>atenção, edição</u>, ligação visual com a cena precedente. João, Edgar, Galeno, Waldir, Maria Lúcia e Lavínia esperam sua reação. Tempo.

DAMASCENO	– Muito bom, João, uma análise precisa. Talvez apenas... um pouco radical...
JOÃO	– E as últimas pesquisas do IBGE? Em 1963 havia 38% de brasileiros subnutridos, 27 milhões de pessoas!
DAMASCENO	– Seu artigo também me interessou muito, Galeno, confesso até que me informou. (*a Maria Lúcia*) E a sua crônica eu prefiro não comentar pra não parecer pai coruja.

Reação de Maria Lúcia, adora.

DAMASCENO	– Tive impressão que podia haver algumas melhoras era na paginação. Olha aqui, Maria Lúcia, você que é responsável, vê se não dava pra trocar...

Maria Lúcia e João olham, atentos, o boneco do jornal que Damasceno lhes mostra. Rápida <u>passagem musical</u>, cobre uma frase que Damasceno ainda diz sobre paginação.
Corta descontínuo para, na sala de estar, perto da televisão, Lavínia com Galeno e Waldir. Na sala de jantar, Edgar com Maria Lúcia e João, vão ser abordados por Leila. Carmen bota mesa para o jantar.

LAVÍNIA	– (*muito contente*) Meu pai arrumou o mimeógrafo! O diretor já cedeu a sala 47, essa semana a gente roda e semana que vem já pode distribuir nos colégios.
WALDIR	– O Edgar tá achando que não tinha nada que distribuir de graça porque perde o valor, e depois não é justo a gente trabalhar tanto sem ganhar nada.

Corta para a sala de jantar. Leila abordando Maria Lúcia.

LEILA	– Corrige o meu dever?

MARIA LÚCIA	– Daqui a pouco, Leila.

Leila se afasta. Campainha toca. Dagmar vai abrir, sem mostrarmos.

EDGAR	– (*a Maria Lúcia*) Eu vi uma escrivaninha legal numa loja na Siqueira Campos, se você quiser a gente pode combinar pra ir juntos.

Reação de João, não gosta. Dagmar entrega dois livros do curso de francês a Maria Lúcia.

DAGMAR	– O chofer da tal da Heloísa veio entregar, que você esqueceu no carro dela.
CARMEN	– (*pondo a mesa*) Precisa convidar essa mocinha pra subir, Maria Lúcia, tomar um refrigerante. Tão gentil, sempre saindo do caminho dela pra dar carona, só o que você economiza em dinheiro de passagem, quando volta da Aliança!
MARIA LÚCIA	– Sabe onde a Heloísa contou que foi ontem? (*excitada*) Dançar lá no terraço do Miramar. (*queria muito ir*) Falou que é lindo!

Reação de João, interessa-se. Close.
Corta para:

Cena 25: APARTAMENTO DE LAVÍNIA (INT NOITE)

Lavínia, Queiroz e Yone jantando.

YONE	– Não sei se você fez bem não, Queiroz, arrumar mimeógrafo, ainda mais que eles mostram o que estão escrevendo logo pro Damasceno. Jovem não tem nada que ficar se metendo em política.
QUEIROZ	– Não são mais crianças, Yone, uma rapaziada inteligente, sabem muito bem o que tão fazendo.

Corta rápido para:

Cena 26: APARTAMENTO DA FAMÍLIA DE WALDIR (INT DIA)

O apartamento já desocupado, malas prontas para a mudança de Xavier, Zilá e os filhos, menos Waldir, que está lá com João, despedem-se dos outros. Waldir abraça a mãe, com emoção. Depois abraça o pai.

WALDIR	– Domingo eu tô lá, pra visitar. Vê se toma juízo, hein, pai.
XAVIER	– Você é que num vai me fazer passar vergonha na casa desse professor...

Waldir sorri, paternal. Abraça o pai, com emoção. Depois pega uma mala, João pega outra.

JOÃO	– Deixa que a gente leva essas, seu Xavier.
WALDIR	– Vão descendo, nós fechamos tudo.

Xavier, Zilá e os irmãos de Waldir se adiantam para fora, João e Waldir ainda se demoram um instante, verificando alguma coisa. Falam à parte.

WALDIR — Será que não tem problema mesmo, João, ficar no quarto que era dum homem que a polícia tá procurando?

JOÃO — Cê acha que o Avelar ia deixar você correr algum risco? Só tavam mesmo atrás do Juarez, coitado. E aluguel barato assim, com gente tão bacana, onde é que você ia encontrar?

Corta para:

Cena 27: APARTAMENTO DE AVELAR – QUARTO DE WALDIR (INT DIA)

Waldir acabou de se instalar. Avelar sai logo no início da cena, deixando sozinhos Waldir, João, Edgar e Galeno. A mobília do quarto é a mesma, Waldir está terminando de guardar suas poucas roupas no pequeno armário.

AVELAR — Pena que agora não dá preu ajudar porque tô em cima da hora pro cursinho.

Despedidas informais. Cada amigo vai dar um presentinho a Waldir, que deve ter uma emoção crescente. Enquanto fala, Galeno vai desembrulhando um pôster grande, sem se revelar o que é.

GALENO — Se a polícia aparecer de novo algum dia procurando o professor Juarez quem é capaz de ir em cana é você, por causa do meu presente.

Corta descontínuo para Galeno terminando de pregar na parede um poster de <u>filme da Nouvelle Vague</u>, fala sem interrupção de áudio.

GALENO — Roubei no Riviera!

Risos dos outros. Reação de Waldir, emocionado. Edgar entrega uma caixa grande embrulhada para presente. Durante a fala, Waldir abre e câmera revela uma bonita colcha.

EDGAR — A minha mãe falou que esse negócio de só ficar dando lençol usado era muito micha, aí soltou verba também pressa colcha.

WALDIR — (*contentíssimo*) Eu... Poxa, Edgar, eu nunca tive um troço tão... É linda!

João entrega uma pequena máquina de escrever usada. Emoção contida.

JOÃO — Meu presente é usado mesmo. O velho me deu uma nova... Mas essa ainda tá funcionando bem... Pelo menos nunca mais vou ter que emprestar.

Waldir fica deslumbrado com sua máquina de escrever. Era um grande sonho. Abraça João, agradecido. Aqui, emoção mais marcante.

Corta para:

Cena 28: AGÊNCIA DE BANCO (EXT DIA)

Movimento habitual de banco. Waldir atende cliente em balcão, muito compenetrado, perto de uma grande janela de vidro por onde se vê a rua. De repente, Waldir vê passarem Edgar e Galeno, que, pelo lado de fora, ficam fazendo macacadas para o amigo, agora trabalhando. Muito compenetrado, Waldir baixa os olhos, tímido.
<u>Sonoplastia</u>: *música que começou na emoção da cena precedente, até o início da cena seguinte.*
Corta para:

Cena 29: QUARTO DE JOÃO (INT NOITE)

O quarto está na penumbra, e João está lendo o livro História da riqueza do homem, *de Léo Huberman, iluminado por um abajur.*
Lá fora, chove. Seus irmãos estão dormindo. João para de ler e fica pensativo. Valquíria entra, de penhoar, com um copo de vitamina que João vai tomar durante o diálogo.

VALQUÍRIA — Lendo nessa escuridão, meu filho. Vista é sagrada.
JOÃO — Já tava indo dormir, mãe...

Valquíria ajeita as cobertas dos dois meninos.

JOÃO — *(pensativo)* Mãe?

Valquíria senta-se na cama do filho, atenta e doce.

JOÃO — *(de igual pra igual, não pode parecer um menino)* Sabe o terraço do Hotel Miramar? Cê tem alguma ideia se é muito caro levar alguém pra dançar lá em cima?
VALQUÍRIA — *(enternecida)* Eu recebi o aluguel da sala na cidade. Posso telefonar pra saber mais ou menos o preço e patrocino essa dança. Mas se for bom depois você me apresenta esse alguém, tá?

João sorri, enternecido. A mãe lhe dá um beijo, pra sair.

VALQUÍRIA — Durma com Deus.

João larga o livro para dormir, mas fica um tempo, romântico, pensando em Maria Lúcia. Close.

Corta para:

Cena 30: SALA DE AULA DO PEDRO II (INT DIA)

Manhã seguinte. João, com Edgar, Galeno e Waldir, reagindo diante de dona Célia, enquanto os outros alunos vão saindo. Ritmo ágil.

CÉLIA — São ordens da direção, eu sinto muito, gente, não posso fazer nada!
JOÃO — *(muito irritado)* Mas a sala tá prometida faz duas semanas, a gente arrumou o mimeógrafo, vão entregar amanhã!

Célia	– Vocês encontram um lugar. Tivemos que fazer um remanejamento, a sala 47 já começou a ser reformada, vai pra trabalhos manuais, do ginásio.
Galeno	– A senhora quer dizer o que é que a gente vai fazer com esse mimeógrafo?
Célia	– Eu posso dar é um conselho de amiga. Deixem a ideia desse jornal de lado e se dediquem mais ao vestibular. Eu li os artigos... (*a João*) O seu em particular. Vocês ainda podem se aborrecer muito com esse tipo de coisa, viu, João Alfredo?

Close de João, com raiva.
Corta para:

Cena 31: APARTAMENTO DE EDGAR – ESCRITÓRIO (INT DIA)

Regina com João, Edgar, Galeno e Waldir.

Regina	– Provisoriamente podem deixar o mimeógrafo aqui, quem usa mais esse escritório é o Edgar mesmo. Coisa mais absurda, meu Deus do céu, cedem sala, tiram sala, depois de todo o trabalho que vocês tiveram!
Galeno	– Bacana feito a senhora eu tô pra ver, dona Regina.
Regina	– Eu tinha curiosidade era de ler os artigos do primeiro número.
Edgar	– Tão ali, mãe, do lado do telefone, pode ler à vontade.

Close dos artigos para o jornalzinho, em cima de uma mesa.
Corta pra:

Cena 32: LOJA DE MÓVEIS DE ESCRITÓRIO (INT DIA)

Maria Lúcia e Edgar veem escrivaninhas, numa loja modesta.

Maria Lúcia	– Não achei boa ideia não, vai atrapalhar vocês, um mimeógrafo é um trambolho!
Edgar	– Só até arrumar outro lugar, porque vão entregar amanhã, a gente tinha que avisar <u>onde</u>!
Maria Lúcia	– (*mostrando escrivaninha*) Essa aqui, o que é que você acha?
Edgar	– Senta pra ver se a altura é boa pra escrever.
Maria Lúcia	– (*experimentando*) Em vez de cortina eu tô pensando em botar persiana pra ver se o dinheiro sobra pruma vitrolinha. Eu não tô nem acreditando, eu poder fechar a porta e ouvir um disco, <u>no meu quarto</u>? O troço que eu mais sonhei a vida inteira!

Corta para:

Cena 33: RUA DE JOÃO (EXT DIA)

Abre em Zé Rodolfo com amigo de sua idade, em frente ao seu prédio.

Zé Rodolfo	– Tenho que arrumar essa carteira falsa até o fim da semana de qualquer maneira, que o porteiro do Pax é fogo e o Pereba falou que aparece os peitão da Claudia Cardinale assim meio de lado, não vou perder não.

Corta para Maria Lúcia e Edgar, caminhando.

Maria Lúcia	– Cê tinha razão, a loja foi o maior achado, vai dar pra comprar tudo...
Edgar	– Pra comemorar, posso te convidar prum sorvete no Moraes?
Maria Lúcia	– Claro. Mas depois da escrivaninha quem tinha que te pagar o sorvete era eu...

Corta para João, despedindo-se de Galeno e Waldir. Maria Lúcia e Edgar vão cruzar com eles.

João	– A mãe do Edgar foi bacana pra chuchu...
Galeno	– Não posso nem falar dela lá em casa que a minha irmã fica com ciúme.
Waldir	– Vamo logo senão o chaveiro pode fechar, eu fiquei de devolver a chave do Avelar até logo mais.

Os três se despedem. João caminha para um lado, Waldir e Galeno para o lado oposto. Câmera mostra, de longe, João encontrando-se com Edgar e Maria Lúcia. Param para conversar, os três. Corta já pegando a conversa começada.

Maria Lúcia	– Só assim eu vou conhecer essa dona Regina que vocês falam tanto.
João	– Antes eu acho que você podia conhecer um outro negócio que eu sei que você também sempre ouviu falar e tem curiosidade.

Maria Lúcia passa por expressão: "O quê?"

João	– Um lugar. (*tempo*) Um certo terraço onde... toca música... as pessoas dançam...

Reação de alegria de Maria Lúcia, close.

João	– Vamos?

Reação de Edgar, com medo que ela aceite.
Corta para:

COMERCIAIS

Cena 34: RUA DE JOÃO (EXT DIA)

Continuação imediata da cena precedente.

João	– Você não comentou que a Heloísa se amarra? Liguei pra lá, abre às cinco, só falta meia hora.

Maria Lúcia	– (*eufórica*) Você quer dizer... pra gente ir... agora?
João	– Por mim, só o tempo de tomar um banho e botar uma roupa.
Maria Lúcia	– (*casual, a Edgar*) O sorvete no Moraes fica pra outro dia, tá?

Corta para:

Cena 35: TERRAÇO DO HOTEL MIRAMAR (EXT DIA-ANOITECENDO)

<u>Sonoplastia</u>: *música dançante. O início da canção romântica mais marcante será assinalado daqui a pouco.*
Alguns casais dançando. Ao fundo, a avenida Atlântica, ao pôr do sol. Maria Lúcia e João tomam refrescos, ou um drinque colorido, conversando.

Maria Lúcia	– (*excitada, riso franco, terminando de contar uma coisa que ela acha engraçadíssima*) Aí veio *boy* do jornal lá em casa, uma loucura, todo o mundo já achando que o artigo tinha ido pro lixo e o Caramuru acabou encontrando dentro dum caderno de colégio da filha da Dagmar! (*ri bastante*)

João sorri, ele nunca <u>ri</u> (e até <u>sorri pouco</u>).

Maria Lúcia	– Mas no fundo eu adoro a minha casa, a família, essa bagunça toda.
João	– Quando você ri você consegue ficar ainda mais bonita do que séria.

Maria Lúcia baixa os olhos, sem jeito por causa do cumprimento.

Maria Lúcia	– Você... quase não ri.
João	– Quando acho alguma coisa engraçada, rio sim. Só que nos últimos tempos eu tenho achado tão pouca coisa engraçada... Cada dia que eu acordo, só de pegar pra ler a primeira página do jornal... (*com raiva*) Sabe que cassaram mais de quarenta deputados? Tão intervindo nos sindicatos, perseguindo todo mundo que lutou pelas reformas e/
Maria Lúcia	– (*corta*) Eu não entendo como você consegue falar tanto de política.
João	– Eu não entendo como você consegue <u>não</u> falar de política!
Maria Lúcia	– (*leve*) Talvez seja porque eu passei a vida inteira ouvindo falar em política. Na minha mamadeira vinha manifesto pra legalização do partido, no primário eu confundia os afluentes do Amazonas com campanha pela nacionalização do petróleo, (*mais intensa*) pessoas inteligentes, amigos do meu pai que eu admiro, discutindo, discutindo, acho que nunca chegaram a um acordo sobre assunto nenhum!
João	– Você não concorda com as posições do seu pai ou? Não pensa nisso... É alienada...
Maria Lúcia	– Sei lá se eu sou alienada, vocês têm mania de botar etiqueta em todo o mundo, eu quero viver a minha vida! Cê acha que em algum lugar desse mundo algum regime é perfeito? Desigualdade existe sempre, você resolve um problema grave aqui, cria outro problema grave ali!

João	– Só porque você acha que não dá pra lutar por uma vida ideal, não deve pelo menos lutar por uma vida melhor?
Maria Lúcia	– Eu acho que a minha maneira de lutar, nesse momento, é... terminar os meus estudos, sabe, me formar, trabalhar... Do que é que adianta ficar de cara amarrada, feito você, lutando contra injustiça 24 horas por dia? Será que eu não tenho o direito de pelo menos nesse momento... o maior problema do planeta <u>pra mim</u> ser <u>o meu quarto</u>? E tá <u>feliz</u> porque eu vou ganhar o meu quarto, vou poder me trancar de vez em quando e ler um livro sossegada, ouvir um disco do João Gilberto?! (*tom*) Você não fica feliz nunca?
João	– Claro que fico.
Maria Lúcia	– Me dá um exemplo, João. Alguma coisa que não tenha nada a ver com política e que faça você... se sentir bem, sorrir...
João	– (*muito sincero, procurando*) A avenida Atlântica, vista aqui de cima... (*procura mais*) Sorvete de creme com calda de chocolate. (*procura*) *Rocco e seus irmãos*, do Visconti... A voz do João Gilberto... (*muito romântico e firme*) <u>O teu rosto</u>.

Começa a canção romântica que eles vão dançar. Maria Lúcia baixa os olhos, sem jeito com o cumprimento.

João	– (*tirando pra dançar*) Vamos?

Maria Lúcia e João caminham em direção à pista de dança. Começam a dançar, de rosto colado. Os dois se olham, muita emoção, amor. Leves carícias físicas. Ela põe a mão no pescoço dele. Close.
Sonoplastia: "Can't Take My Eyes Off Of You", de Gaudio e Crewe, por Frankie Valley and the Four Seasons. <u>Edição</u>: exatamente trinta segundos do momento em que João diz "Vamos?" ao fim desta cena. (A canção vai voltar duas vezes e o público só a ouvirá inteira quando terminar a cena 38.)
Corta para:

Cena 36: PORTA DO PRÉDIO DE MARIA LÚCIA (EXT NOITE)

Silêncio. João e Maria Lúcia caminham abraçados pela rua escura, luz especialmente bonita. Tempo. Corta para os dois, na porta do prédio, ele vai deixá-la em casa. Um tempo morto, os dois se olhando, romanticamente. João faz um carinho no rosto de Maria Lúcia.

Maria Lúcia	– Tô com medo do Edgar ter se chateado porque ele foi ver a escrivaninha comigo e a gente combinou de ir tomar um sorvete e de repente eu/
João	– (*corta*) Eu achava que entre vocês dois tinha só amizade, coleguismo... Tem alguma coisa mais que isso?
Maria Lúcia	– De jeito nenhum. Eu deixei sempre muito claro.
João	– Medo então de quê?

Maria Lúcia pensa, olhando para ele: "Medo de me apaixonar por você e sofrer." Tempo. João a beija apaixonadamente, um beijo longo. Fusão para passagem de tempo. Maria Lúcia entrando no edifício, olha pra ele de longe, tem vontade de voltar, não volta, dá um adeus, João dá um adeus, da rua.
Corta para:

Cena 37: APARTAMENTO DE MARIA LÚCIA (INT NOITE)

Maria Lúcia entra, com sua chave, sala escura, apaga um abajur, enlevada, e vai pro seu quarto. Câmera a acompanha. No quarto, alguma ação cênica de mulher apaixonada. Maria Lúcia deita-se na cama, pensativa, muito enlevada. Close.
Atenção, edição: por causa da música, desde o início do beijo na cena 35 até o close final desta cena, exatamente trinta segundos.
Corta para:

Cena 38: APTO. EDGAR – QUARTO DE REGINA (INT NOITE)

Regina preparando-se para dormir, Edgar entrou para se despedir, chegou agora. (Além da cama, há um somiê no quarto de Regina.)

REGINA — E eu não te conheço? Tá chateado com alguma coisa sim...
EDGAR — *(fechando-se)* Tô nada, mãe, é sono mesmo. Té manhã.

Ao mesmo tempo que Edgar sai do quarto, toca o telefone, Regina atende. Edgar se volta pra saber quem é, porque é tarde.

REGINA — *(tel)* Alô? *(t)* Não, minha querida, eu não tava dormindo. *(a Edgar, fora do aparelho)* Tudo bem. É a Mariana. *(no aparelho)* Que voz é essa? Que foi que houve? *(t)* Claro que pode, vem, tô te esperando.

Regina desliga e fala com o filho, que ainda está ali.

REGINA — Tava muito tensa, mora sozinha, prestou depoimento hoje, eu comentei com você, a situação na Rádio Nacional... Parece que ficou meio abalada, pediu pra vir dormir aqui em casa.
EDGAR — *(despedindo-se)* Se precisar de alguma coisa me acorda.

Edgar beija a mãe e vai dormir.
Corta descontínuo para o somiê arrumado como cama, Regina ajeitando um travesseiro, Mariana muito abalada, meio catatônica, na sua frente.

MARIANA — Você tem um comprimido pra dormir?
REGINA — Peraí que eu vou buscar. Vamos lá pra sala, eu preparo um chazinho, você me conta tudo.
MARIANA — *(muito angustiada)* Eu não queria conversar não... Amanhã... Eu só preciso... Saber que não tô sozinha, tentar dormir... Amanhã...

Corta para:

Cena 39: APTO DE MARIA LÚCIA (INT NOITE)

Silêncio. Em seu QUARTO, Maria Lúcia deitada, para dormir. Carmen sentada na cama, de penhoar.

CARMEN	– Cê não tá conseguindo pegar no sono?
MARIA LÚCIA	– Duma maneira boa... Não tem nada pra te preocupar não...
CARMEN	– Excitada com o quarto novo, não é?
MARIA LÚCIA	– Também. Mas... Tá tudo ótimo. (*consigo mesma*) Eu tava com medo de umas coisas que... Eu acho que preciso parar de ter medo à toa.

Carmen dá um beijo na filha e sai do quarto. Tempo com Maria Lúcia pensativa, apaixonada. <u>Edição</u>: *desde que Maria Lúcia fica sozinha, closes dela gostosamente ansiosa, inserts da dança da cena 34, no Miramar, terminamos em close, trinta segundos exatamente até o último plano.* <u>Sonorização</u>: *terceira e última parte da canção "Can't Take My Eyes Off Of You".*
Corta para:

Cena 40: RUA DE EDGAR E GALENO (EXT DIA)

Manhã seguinte. Gente passando para a praia, movimentação. Um caminhãozinho na porta do prédio de Edgar e Galeno, dentro o enorme mimeógrafo. (Produção, providenciar caminhãozinho de estilo totalmente diverso do usado pela família de Waldir.) Galeno e Waldir falando com o motorista e o carregador. Focalizar o enorme mimeógrafo.

WALDIR	– Poxa, é muito maior do que eu pensava.
GALENO	– (*ao carregador*) Guenta as pontas aí que eu vou perguntar pro porteiro se dá pra subir pela frente que o elevador é maior.

Corta para:

Cena 41: APARTAMENTO DE EDGAR (INT DIA)

Abre na sala, Edgar com João. Durante o diálogo, sem prestar atenção aos jovens, Regina passa para o quarto com bandeja de café da manhã.

JOÃO	– Contar o quê?
EDGAR	– Ah, João, cê tá sabendo... Foram dançar... E o que mais?
JOÃO	– Mas como o que mais? Vou ficar te dando satisfação, se beijei ou se não beijei?
EDGAR	– (*um pouco sofrido*) Vocês tão namorando?
JOÃO	– Não sei. Acho que tamos.

Corta para o QUARTO de Regina. Escuro, Regina abre a cortina, entra luz, deixou a bandeja de café para Mariana comer, na cama.

REGINA	– O comprimido te derrubou...

Mariana não responde, está tensa. Olha a bandeja, sem apetite.

REGINA	– Se não tá com apetite espera um pouco, depois eu esquento.

Mariana	– (*meio consigo mesma*) Foi horrível... Foi... o pior momento da minha vida.
Regina	– Um depoimento, Mariana, será que você não tá exagerando? Não perdeu o emprego, feito outros, por pior que tenha sido o/
Mariana	– (*corta, torturada*) Depois do depoimento oficial... Eu já tava na rua... Apareceu um carro do Dops... Me chamaram pra ir até lá, queriam fazer mais perguntas... O detetive... Regina, eu nem sei te dizer se era detetive, não me deram nem a satisfação de explicar direito com quem eu tava falando! (*muito tensa*) Ainda não dá pra voltar pra casa essa noite não... Uma figura nojenta, o cabelo muito curto, escovinha, bigode... Cara de debochado... Perguntou... Coisas que eu não sabia... Informações sobre gente lá da rádio que eu mal conheço... Eu... Tentei reagir, mostrar que tenho consciência dos meus direitos, sou advogada, sem intimação legal eu não podia ser obrigada a/ de repente... Um <u>tapa</u>. (*passa a mão no próprio rosto*) Estalado. Não deixou marca, eu me olhei no espelho... Um tapa forte... Na minha cara, de repente e eu... (*cai numa crise de choro muito forte*)
Regina	– (*balbucia, consolando*) Calma, Mariana, já passou... Calma... Calma...

Tempo com o choro de Mariana. Corta para a sala de estar. Discussão um pouco histérica entre Edgar e Regina, presenciada por João, constrangido. Muito ritmo. Primeiro plano da cena deve ser close do artigo de João, sobre um móvel, já diálogo rolando.

Edgar	– Mas como não pode?
Regina	– (*muito tensa*) Não pode!
Edgar	– <u>Por que</u> não pode?
Regina	– Por que eu li os artigos, especialmente o do João, <u>não pode</u>!
Edgar	– O mimeógrafo tá aí em baixo, mãe, não tem outro lugar pra levar, o que é que a gente vai falar pra eles?
Regina	– Que eu mudei de ideia! Que na minha casa não vai entrar mimeógrafo nenhum! (*a João, quase gritando*) Você é uma criança, você não tá entendendo o momento que a gente tá atravessando!

Corta rápido para:

Cena 42: RUA DE EDGAR E GALENO (EXT DIA)

Em frente ao prédio de Edgar, mimeógrafo enorme na calçada, a condução já se foi. Edgar, João, Galeno e Waldir tontos, sem saber o que fazer. Movimentação normal de figuração. Damasceno vai passar, guarda-chuva na mão. Discussão, muito ritmo.

Edgar	– Poxa, não tô dizendo que a minha mãe tá certa!
João	– Tá doida, Edgar, tá pinel!
Galeno	– Peraí, João, vê lá como é que fala da dona Regina!
Waldir	– O importante é saber pronde é que a gente vai levar esse bicho!

João	– Como é que dá pra mudar de ideia assim, da noite pro/
Waldir	– (corta) Se o meu quarto na casa do professor fosse um pouco maior...
João	– Me ajuda aqui, vamos levar pra minha casa.
Edgar	– E vai botar onde, João, no lugar do beliche dos teus irmãos e mandar os garotos dormirem no banheiro?
João	– E depois de tanto trabalho vamos fazer o que, <u>devolver</u>?

Damasceno intervém, a caminho do trabalho. Ouviu o final.

Damasceno	– Peraí, gente, o que foi que aconteceu? Fala um de cada vez, calma no Brasil!

Corta rápido para:

Cena 43: COLÉGIO PEDRO II (EXT DIA)

Movimento de alunos e professores. Maria Lúcia e Lavínia saindo do colégio, de uniforme.

Lavínia	– Também não exagera, né, Maria Lúcia, é só um quarto, você fala dum jeito que parece que ganhou uma cobertura na Vieira Souto!
Maria Lúcia	– Pra mim <u>é</u> uma cobertura na Vieira Souto! (tom) Vão começar a pintura amanhã.
Lavínia	– Eu acho que cê tá assim não é só por causa de quarto não, é por causa do João também...
Maria Lúcia	– (romântica) Foi bacana sim. Vamos depressa que ele ficou de me ligar às cinco e meia.

Saem para a rua, Maria Lúcia apressada.
Corta para:

Cena 44: APARTAMENTO DE MARIA LÚCIA (INT DIA)

Dagmar abrindo a porta, Maria Lúcia entrando.

Maria Lúcia	– Alguém ligou?
Dagmar	– E precisa ligar? Acho que todo mundo que você conhece tá apinhado aí nesse maluco desse quarto!

Corta rápido para o quarto de Maria Lúcia. O mimeógrafo enorme ocupa um grande espaço do quarto, algum móvel deve ter sido retirado. João rodando uma página no jornal, para experimentar, todo contente, fala com Damasceno. Waldir e Galeno executando alguma tarefa em relação ao jornalzinho. Edgar mais afastado. Maria Lúcia vai entrar. Evoluir para discussão <u>braba</u>.

João	– Me passa mais papel, Galeno.
Maria Lúcia	– (muito chocada) Eu... Posso saber o que é que significa isso?
Damasceno	– Calma, meu amor...
João	– Eu explico... É provisório...

Maria Lúcia	– (*irritadíssima*) Provisório ou não provisório vai botar esse bicho no quarto da senhora sua avó!
Edgar	– (*sincero*) Eu falei que era contra, gente, não tem cabimento!
Damasceno	– Calma, não tem motivo pra ninguém brigar, a ideia foi minha, eu vou explicar, Maria Lúcia, eu tenho certeza que você vai concordar que não podia ficar no meio da rua!
João	– Será que não dá pra você fazer um sacrifício, por uns dias?
Edgar	– Não tô vendo motivo pra sacrifício nenhum!
João	– (*irritado, a Edgar*) Como que não tá vendo motivo? A culpada disso tudo é a sua mãe!
Damasceno	– (*a Maria Lúcia*) A decisão é sua, Maria Lúcia, o quarto é seu.

Close de Maria Lúcia, confusa. Olha o mimeógrafo, olha João. Close de João. Corta.

Fim do capítulo 2

Notas:

1. A mesma observação sobre rubricas de intenção feita sobre o capítulo 1 vale aqui para o 2.
2. Vamos dar as partes da letra da canção "Canção do subdesenvolvido" (Carlos Lyra e Francisco de Assis) a serem usadas na cena 7:

"O Brasil é uma terra de amores/ Alcatifada de flores/ Onde a brisa fala amores/ Nas lindas tardes de abril/ Correi pras bandas do sul/ Debaixo de um céu de anil/ Encontrareis um gigante deitado/ Santa Cruz/ Hoje o Brasil/ Mas um dia o gigante despertou/ Deixou de ser gigante adormecido/ E dele um anão se levantou/ Era um país... *subdesenvolvido/ Subdesenvolvido/ Subdesenvolvido/ Subdesenvolvido/ Subdesenvolvido*/ E passado o período colonial/ O país passou a ser um bom quintal/ E depois de dada a conta a Portugal/ Instalou-se o latifúndio nacional/ *Subdesenvolvido* etc."

corte descontínuo

"Isso é muito importante/ Muito mais do que importante/ Pois difere o brasileiro dos demais/ Personalidade, personalidade, personalidade sem igual/ Porém... *subdesenvolvida/ Subdesenvolvida*/ Essa é que é a vida nacional!"

Cena 1: APTO. DE MARIA LÚCIA (INT DIA)

Continuação imediata do capítulo precedente, <u>discussão</u> intensa entre Maria Lúcia, João, Damasceno, Edgar, Waldir, Galeno, no QUARTO. Muito ritmo, alguns falam ao mesmo tempo.

EDGAR	– Eu não falei que vocês não tinham o direito de trazer esse bicho pra cá sem/
JOÃO	– *(corta)* E por culpa de quem, me diz por culpa de quem, Edgar?
MARIA LÚCIA	– Será possível que nessa cidade enorme não tinha um santo dum lugar que/
GALENO	– *(corta)* O mimeógrafo tava no meio da rua, Maria Lúcia, você não tá entendendo, a dona Regina/
JOÃO	– *(corta)* Será que você não vai conseguir pegar no sono se ficar aqui só por uns dias?
WALDIR	– O quarto é dela, gente, só ela que pode resolver!
EDGAR	– Não cede não, Maria Lúcia, eu sei o quanto você tá vidrada no quarto novo, não cede que depois é pior!
JOÃO	– Dona Regina deu pra trás na hora, Lúcia, pensa bem, é a única maneira que a gente tem de imprimir o primeiro número!

Pela primeira vez na cena, pausa. Close de Maria Lúcia, indecisa.

DAMASCENO	– Eu preferia bater um papo só com ela, se vocês não se importarem.

João olha Maria Lúcia, suplicante, marcar isso. Sai, seguido dos outros três. Uma vez sozinha com o pai, Maria Lúcia toca no mimeógrafo. Pega em alguma coisa que denote com muita clareza que João já estava rodando o jornalzinho.

MARIA LÚCIA	– *(triste)* O João já tava rodando, né? Nem passou pela cabeça dele que o quarto é meu, que eu tinha que estar de acordo...
DAMASCENO	– Não é culpa dos rapazes, minha filha. A ideia foi minha, quando vi esse bicho na calçada. O João andando dum lado pro outro, feito barata tonta, porque essa senhora deu pra trás, em cima da hora. Pelo que eu entendi... *(com emoção)* esse jornal é tão seu quanto deles... No quarto do João Alfredo são três pra dormir, não tinha condição... Galeno mora com a irmã casada... O seu quarto é muito amplo, prédio antigo. Por uns dias, puxa, será que vai ser tanto sacrifício assim?
MARIA LÚCIA	– *(muito triste)* A gente combinou com o pintor de... tirar tudo aqui do quarto amanhã de manhã, *(quase chorando)* pra começar a pintura... O tecido pra colcha tá escolhido... a cortina... *(gesto vago)*
DAMASCENO	– É tão importante assim começar as obras amanhã e não daqui a uma semana? *(tempo, Maria Lúcia reflete)* E na pior das hipóteses, digamos que eles tenham dificuldade em arrumar logo outro local... Suponhamos que você tivesse que fazer um pequeno sacrifício, abdicar temporariamente dum projeto pessoal pelo bem de... todo um grupo, um grupo muito grande, se a gente contar a rapaziada que vai

	ter a chance de ler esse jornal! Os artigos estão muito bons, Maria Lúcia... Se você agir duma forma egoísta, se por causa de um quarto novo o jornal não sai, será que você vai se sentir bem consigo mesma?
MARIA LÚCIA	– Se o senhor soubesse quantas vezes na vida eu vi esse filme... Uma semana? Vão arrumar outro lugar <u>quando</u>, se só quem vai ficar sem quarto sou eu? E o dinheiro? Com o tempo o senhor tá achando que não vai precisar dessa grana pra outra coisa?
DAMASCENO	– (*vencido, vai sair*) Acho que não tem problema não, seus colegas já tavam esperando...
MARIA LÚCIA	– Peraí... Eu não falei nada... (*Damasceno se volta*) Porque de tudo que o senhor disse, só uma coisa eu reconheço que/ (*corta-se, muito triste*) Se não der pra rodar o jornal... cada vez que eu olhar pressa porcaria de quarto... claro que eu não vou me sentir bem.

Damasceno abraça a filha, emocionado.

DAMASCENO	– Você sabia que eu te adoro?

Close de Maria Lúcia, meiga com o pai mas consciente de que perdeu o quarto novo para sempre.
Corta para:

Cena 2: APTO. DE EDGAR (INT NOITE)

Regina e Edgar durante o jantar. Os dois estão tristes.

REGINA	– Você entendeu meu estado de espírito depois de presenciar a angústia da Mariana?
EDGAR	– (*ressentido*) Entender entendi, mas os meus colegas, que sempre gostaram tanto de você, como é que/
REGINA	– (*corta*) Pros mais íntimos você pode contar. Inclusive eu acho bom, porque eu... tenho muito medo do que possa acontecer. (*tom*) A gente sai na rua e parece que tá tudo igual, nem todo o mundo se dá conta, mas... mudou muita coisa, Edgar... eu tô com medo.

Corta rápido para:

Cena 3: CLUBE – QUADRA DE BASQUETE (EXT DIA)

Quatro meses mais tarde, inverno. Dois times de rapazes treinam basquete, Edgar entre os jogadores, muito animado. Treinador dá ordens. Entre alguns figurantes, Maria Lúcia e João (ele de japona) assistem ao treino. Maria Lúcia mostra um número do jornalzinho a João, umas dez páginas, montagem e diagramação toscas, mas eles gostam. De vez em quando, durante o diálogo, dar planos de Edgar, jogando, fazendo sinal aos amigos.

JOÃO	– (*olhando o jornal, com orgulho*) Número 12... Não pensei que a gente chegasse até aqui não.

Maria Lúcia fica triste. Lembra que perdeu o quarto.

João	– Não fica chateada por causa do quarto não, Lúcia. Agora que eu entrei pro grêmio tenho certeza que a gente vai arrumar um lugar.
Maria Lúcia	– E você tá pensando que depois de <u>quatro meses</u> o meu pai ainda tem dinheiro pra reformar quarto? Gastou uma fortuna com a operação do vovô. Mês passado acabou com a mixaria que tinha sobrado pra emprestar prum amigo que não vai poder pagar nunca. Eu já desisti de algum dia ter privacidade naquela casa, viu, João? (*positiva*) Tô preocupada é com o vestibular, ver se engreno logo uma carreira, arrumo um emprego... porque nessa vida eu tenho que contar é comigo mesma.
João	– (*romântico*) Não podia contar nem... (*indica com o dedo*) um tiquinho assim comigo também?
Maria Lúcia	– Já pedi há tanto tempo pra você não tocar nesse assunto... (*seca*) Até nisso nós somos diferentes, sabe, João, quando eu sei que perdi uma parada, sou incapaz de continuar insistindo.

A partir daqui, João e Maria Lúcia começam a discutir calorosamente, brigar mesmo, <u>música cobrindo os diálogos</u>. Improvisar umas três falas cada um de bate-boca.
Corta rápido para:

Cena 4: PASSAGEM DE TEMPO, *ao som de "Discussão", por João Gilberto, que já entrou no final da cena precedente, assim que Maria Lúcia disse "<u>continuar insistindo</u>", música cobre diálogos. <u>Atenção, edição</u>: <u>57 segundos</u> exatos até o início da cena 5.*

a) LAGOA RODRIGO DE FREITAS (EXT DIA) *Plano bonito. Maria Lúcia, Edgar, Lavínia, Galeno, João e Waldir voltam do colégio, de uniforme. (Dennis, precisamos conversar sobre esta locação.)*

b) QUARTO DE MARIA LÚCIA (INT NOITE) *Os seis jovens rodam jornal no mimeógrafo. Cada um com uma tarefa, João especialmente empolgado. Carmen servindo cafezinhos. Nota que Maria Lúcia boceja, chama a filha para vir dormir na sala.*

c) SALA DE MARIA LÚCIA (INT NOITE) *Maria Lúcia deita-se no somiê da sala de jantar, Carmen ajudando em alguma coisa. Na sala de estar, Teobaldo, Marta, Dolores, Dagmar e Leila vendo televisão.*

d) QUARTO DE MARIA LÚCIA (INT NOITE) *Continuação do take <u>b</u>, sem Maria Lúcia e Carmen. João mostra aos colegas, entusiasmado, uma página do jornalzinho que acabou de rodar.*

e) SALA DE MARIA LÚCIA (INT NOITE) *Continuação do take <u>c</u>, agora um close de Maria Lúcia sozinha, tentando dormir no somiê, muito cansada. Termina a canção de João Gilberto.*

Corta para:

Cena 5: CLUBE – QUADRA DE BASQUETE (INT DIA)

Meses depois, já estamos novamente no início do verão, final de novembro de 1964, a situação é a mesma da cena 2, João e Maria Lúcia, mais figurantes, vendo Edgar treinar basquete. (Produção: frisar bem esta diferença inverno-verão.) Entre os jovens que assistem ao jogo, Marcelo, amigo da mesma idade que João, esperando por um colega, jogador. Edgar faz uma cesta bonita, Maria Lúcia e João fazem sinais de incentivo. O treinador avisa que acabou o treino, jogadores se dispersam. Edgar caminha em direção aos amigos.

EDGAR — Só dez minutos preu tomar uma ducha, a Lavínia marcou pra que horas?
MARIA LÚCIA — Nove e meia.

Edgar se afasta, para o vestuário. Em segundo plano, fora de áudio, Marcelo tem uma discussão violenta com um dos jovens que jogava basquete. João vai perceber durante a fala de Maria Lúcia.

JOÃO — Besteira isso de discutir formatura. Quase ninguém tá a fim mesmo, pagar um dinheirão por causa de baile!
MARIA LÚCIA — Se todo o mundo resolver ir, você vai ter coragem de ser o único a ficar de fora?
JOÃO — Guenta as pontas, um segundinho só...

João aproxima-se de Marcelo, de quem o outro amigo acaba de se afastar, em clima de briga. Falam baixo.

JOÃO — Algum problema, Marcelo?
MARCELO — *(chateado)* Esse covarde aí deu pra trás, dando desculpa que o pai não emprestou o carro. A situação lá no colégio tá pior que nunca, quem dera eu fosse do Pedro II, sabe? Primeiro quase um mês sem aula por causa da Gloriosa, sem nem dizerem oficialmente o porquê, a gente de babaca na porta, pedindo uma explicação oficial que não deram nunca. Agora veio essa diretora fascista, botou inspetor que eu sei que é da polícia, o diabo. Hoje de manhã ameaçou de fechar o grêmio.

Corta descontínuo para Edgar vindo do vestuário já de banho tomado, sacola na mão, caminha sorridente em direção a Maria Lúcia. João e Marcelo perto, ainda conversando.

EDGAR — Vamo lá?
MARIA LÚCIA — *(grita)* João, o pessoal tá esperando!

João se aproxima, tenso, um pouco constrangido.

JOÃO — Sabe o que é? Essa noite não vai dar preu ir na Lavínia não, vocês resolvem tudo de formatura e depois me falam, surgiu um problema aí.

João sai apressado com Marcelo. Edgar grita de longe.

Anos rebeldes
Gilberto Braga

EDGAR — Ô João! Que problema?

João não olha pra trás.
Corta para:

Cena 6: APARTAMENTO DE JOÃO (INT NOITE)

Abelardo, Valquíria e Zé Rodolfo vendo televisão. Som do *Programa Flávio Cavalcanti*. Abre em close da chave do carro de Abelardo sobre um móvel sendo apanhada por João. Cena muito rápida.

ABELARDO — Carro essa hora por que, meu filho?
JOÃO — (*mente*) É um colega que mora na Tijuca, tá com um montão de livro pra levar...
VALQUÍRIA — Não vá me chegar em casa de madrugada que amanhã tem aula, hein, João?

Corta rápido para:

Cena 7: APARTAMENTO DE LAVÍNIA (INT NOITE)

Lavínia, Maria Lúcia, Edgar, Galeno e Waldir conversando. Yone serve bolo e refrescos. Queiroz à parte, lendo jornal.

MARIA LÚCIA — Colação de grau e missa tudo bem, mas o baile eu já falei pras meninas da comissão que tô achando um pouco caro, pro meu pai vai ser sacrifício, não sei não...
GALENO — Que troço mais quadrado, gente, baile de formatura em 1964, que suburbanada! A gente organiza uma chopada, um churrasco, talvez uma *jam session*... só com as turmas mais chegadas...
WALDIR — Eu mesmo que tivesse a fim não ia ter dinheiro pra baile não.
EDGAR — (*quer ir ao baile, sem dar bandeira de mauricinho*) Eu tenho que bater um papo com a mamãe, porque o irmão dela tá querendo vir de Belo Horizonte, sacumé, foi do Pedro II também, tá todo orgulhoso, ainda vai nessa onda de bacharel em ciências e letras...
LAVÍNIA — Eu tô com vontade de ir ao baile.
GALENO — Ô Lavínia, eu acho que você não tá visualizando o que é um baile de formatura! Não é produção da Metro, com direção do Minnelli não! Vão botar a gente num palco e ficar chamando nome por nome, com uma orquestra chinfrim tocando bolero, e a mulher mais parecida com a Márcia de Windsor que eles encontrarem anunciando: (*debochado simpático, sem imitar bicha*) Galeno Quintanilha, 19 anos. Gosta de praia, adora o Rio que mora no mar, sol, sal, sul... Seu livro preferido é o *O pequeno príncipe*, tão pensando que a gente é o que, <u>miss</u>?

Durante essa fala, Lavínia aproxima-se de Maria Lúcia, à parte.

Lavínia	– (*baixo*) Eu quero saber se tirando problema de dinheiro você tá a fim de ir ao baile ou não tá.
Maria Lúcia	– Não sei, queria ouvir também a opinião do João. Você acha tão quadrado assim?
Lavínia	– (*impaciente*) João, João, não quer namorar o cara mas fala em João vinte e quatro horas por dia!

Corta rápido para:

Cena 8: PORTA DE UM COLÉGIO (EXT NOITE)

Clima de suspense. Pequena rua de mão dupla. Abre em João, close (<u>relação visual com a cena precedente</u>), ao volante do fusquinha de Abelardo, passando devagar pela porta do colégio. Marcelo ao lado, três rapazes no banco de trás, todos tensos. Usam roupas escuras, transpiram.

Marcelo	– Para ali... Cuidado!

João estaciona sem barulho enquanto câmera revela uma patrulhinha passando na esquina. A patrulhinha some. Os quatro rapazes saltam, carregando latas de tinta. Marcelo faz sinal a João para esperar. Preparam-se para pular o muro do colégio. Close de João, enxuga o suor do rosto.
Corta para:

Cena 9: COLÉGIO (EXT NOITE)

Clima de suspense. No pátio, os quatro rapazes terminando de pixar um muro branco. Marcelo é mais ágil do que os outros. Estão terminando de escrever: ABAIXO A DITADURA! GREMIOS LIVRES! ABAIXO A REPRESSÃO! Marcelo já terminou sua frase, coloca um acento circunflexo na palavra "grêmios", que o outro escreveu sem, enquanto fala.

Marcelo	– (*baixo*) Cavalgadura.

Corta rápido para:

Cena 10: PORTA DO COLÉGIO – RUA DESERTA (EXT NOITE)

Clima de muito suspense. Mesmo local da cena 8, dois rapazes entrando no carro, João ao volante, motor ligado. O terceiro termina de pular o muro, está entrando no carro, já quase em movimento. Com close de João dirigindo, ouvimos a voz de um policial.

Policial	– Ei! Vocês!

Reação dos cinco rapazes, apavorados, vendo a patrulhinha da cena 8, que voltou. João arranca violentamente, a porta do carro ainda aberta, joga o carro em cima, como se fosse bater na patrulha. O policial de pé joga-se para dentro do carro. O outro policial tapa a cara de susto.

Corta rápido para rua deserta, câmera dentro do carro, João dirigindo em disparada. Muito ritmo, movimento, todos muito tensos.

Anos rebeldes
Gilberto Braga

Marcelo	– Cê é doido, rapaz?
João	– Isso eles não esperam, a gente ir em cima deles!

Corta para fora do carro, o veículo se afastando pela rua deserta.
Corta para:

Cena 11: APARTAMENTO DE AVELAR – TELEFONE PÚBLICO (INT NOITE)

Avelar e Ubaldo conversando, um pouco tensos, Waldir vai entrar com sua chave.

Avelar	– Tem certeza que ainda tão procurando o Juarez por quê?
Ubaldo	– Chegou notícia no jornal. Gente do PNA, a reação tinha a maior gana, já prenderam quase todo mundo.
Avelar	– Só espero que ele tenha encontrado um lugar seguro porque... (*para de falar porque Waldir entrou, disfarça*) Então? Tudo resolvido em relação à formatura?
Waldir	– Tô mais preocupado é em passar no vestibular, viu, professor?

Telefone toca. Avelar atende, e logo que reconhecer a voz de Juarez vai falar no corredor, um telefone com fio bem longo. Enquanto Avelar atende, Ubaldo é gentil com Waldir.

Ubaldo	– O Avelar falou que pra você é moleza, rapaz.
Avelar	– (*tel*) Alô.

Planos alternados com Juarez, em telefone público (ainda não havia orelhão na época).

Juarez	– (*tel, tenso*) Tá reconhecendo a minha voz?
Avelar	– (*tel, tenso, indo pro corredor*) Claro. Távamos falando de você agora mesmo, o Ubaldo e eu, porque...
Juarez	– (*tel*) <u>Não fala o meu nome</u>. Presta atenção, faz o que eu vou pedir. Você tá lembrado daquele bar onde eu te apresentei a Angela? Não diz o nome, tá lembrado qual é?
Avelar	– (*tel*) Tô... claro que tô lembrado, por quê?
Juarez	– (*tel*) Vai pra lá, agora. É, sai agora, pra não dar tempo de te seguirem, a gente nunca sabe... Eu... Eu tô precisando muito, por favor.

Close de Juarez, angustiado, ao telefone.
Corta para:

COMERCIAIS

Cena 12: BAR (EXT NOITE)

Clima de tensão. Movimentação normal de figurantes. Avelar sozinho numa mesa toma chope, disfarçando, tenso e atento. Corta pra Juarez na rua, atrás de banca de jornal ou outra coisa. Zoom do ponto de vista de Juarez num homem sozinho, de terno, perto da mesa de Avelar, Juarez acha que é da polícia. Quando o homem recebe um troco do garçom e se vai, Juarez respira aliviado. Olha bastante para os lados, com medo, até ter coragem de se aproximar da mesa de Avelar. Senta-se e começa a falar. Corta para os dois, já em meio de conversa. Durante o diálogo, Juarez olha várias vezes para os lados, tentando disfarçar sua tensão e medo.

AVELAR	– Asilo em embaixada, Juarez? Será que não tem outro jeito?
JUAREZ	– Na casa desse amigo não dá mais pra ficar, e depois ele não tem nada a ver com isso, tá se arriscando... Não posso ganhar minha vida, Avelar, tenho medo de botar a cara na rua...
AVELAR	– Pensei que bastava você ir lá e/ (*corta-se*) Não tem tratado de asilo?
JUAREZ	– Precisa fazer contato antes, e tão vigiando as embaixadas... O sujeito tem de ter certeza que vão conceder o asilo, conchavar antes, entende?
AVELAR	– Eu posso tentar...

Corta rápido para:

Cena 13: COLÉGIO PEDRO II (INT ou EXT DIA)

Final da manhã do dia seguinte. João, Edgar, Galeno e Waldir chegaram pra aula, cruzaram com Maria Lúcia e Lavínia que vinham chegando, já estão no meio do papo.

WALDIR	– Na minha frente o Avelar nunca comentou nada não.
LAVÍNIA	– Tão falando dum professor dum jeito que parece até que é criminoso!
EDGAR	– Acho que ele era muito importante nesse programa de alfabetização. (*a João*) Você sabe direito que programa era esse, João?
JOÃO	– Método Paulo Freire. Em vez de ensinar o camponês a ler com "Ivo viu a uva", essas coisas, falavam "quem trabalha a terra tem direito a ela"... Conscientização.
EDGAR	– Pera lá... Então os caras também não são tão doidos, porque mais de esquerda só se/
JOÃO	– (*corta, indignado*) Pra prender alguém porque trabalhava nisso?
EDGAR	– Prender não, claro que não.
MARIA LÚCIA	– (*triste*) Mas não tem nada que a gente possa fazer, Edgar, pra que passar o dia inteiro discutindo? (*tom*) Eu fiquei de dar resposta hoje se vou ao baile, missa, colação... (*olha João*) Meu pai falou que podia pagar.
JOÃO	– Eu vou só à colação.
GALENO	– (*gozando o amigo*) Orador da turma, escolhido por unanimidade!

Gozações gerais. Marcar frustração de Maria Lúcia porque João não vai ao baile. João aproxima-se dela, à parte.

JOÃO	– Tenho que dar uma passada aqui no fim da tarde, pra rever uns artigos com a dona Maria da Glória. A gente podia voltar junto...
MARIA LÚCIA	– (*tímida, gostando*) Nossa última aula termina quatro e meia...

Corta rápido pra:

Cena 14: BAR PERTO DO PEDRO II (INT DIA)

(A locação do capítulo 1) Movimento. João e Marcelo numa mesa isolada, cada um usa o uniforme do seu colégio, falam baixo. Discretamente Marcelo mostra as mãos, as unhas um pouco sujas da tinta da noite precedente. Depois, Galeno e Edgar.

Marcelo	– Passei tudo que tinha lá em casa pra tirar mancha, sabão, água sanitária...
João	– Como é que foi no colégio?
Marcelo	– Pintaram o muro de novo, tudo branco. (*orgulhoso*) Mas dá pra ver a pixação por baixo, direitinho, maior repercussão, rapaz, a manhã inteira ninguém falou de outra coisa.
João	– Cê acha que desconfiaram de você?
Marcelo	– Só a professora de latim, mas não é dedo-duro não. (*tenso, revivendo*) Eu cheguei me borrando de medo, tive pesadelo a noite toda que o cara da patrulhinha ia tá lá, pra me reconhecer, com gente do Dops, pra me levar, me expulsar do colégio... (*orgulhoso*) Não desconfiaram não, viu, João, a diretora tá pê da vida... pra mim valeu.

No final da fala de Marcelo, sorriso de João, vitorioso. Galeno e Edgar sentam-se na mesa.

Galeno	– Sabe que os pais do Waldir vêm pro Rio só pra colação de grau? Juntaram uma grana pra passar a noite em hotel, coitado do seu Xavier, diz que não tá mais bebendo não.
João	– Cê vai mesmo a esse baile, Edgar?
Edgar	– Fiquei de dar uma resposta até amanhã.
João	– Troço mais quadrado.

Corta para:

Cena 15: LAGOA RODRIGO DE FREITAS (EXT DIA)

João já sem uniforme caminha para casa com Maria Lúcia e Lavínia, de uniforme. (Atenção, edição: não há interrupção de ritmo de diálogo entre a primeira fala desta cena e a última da cena precedente.)

Maria Lúcia	– Não sei por quê!
João	– Ah, Lúcia, porque... Sei lá... Não tá mais em época disso não. Minha mãe é que ficou toda animada, porque baile, antigamente, parece que era muito bonito... Passou, passou. É feito casamento em igreja. O noivo e a noiva na vitrine, acho antigo, todo o mundo olhando, formatura pra mim é a mesma coisa. (*tom*) Quando você casar, vai querer se vestir de noiva, numa igreja?
Maria Lúcia	– Nunca pensei... Vou ficar pensando por que, se nem namorado eu tenho?
João	– (*romântico*) Não tem namorado porque não quer.

Maria Lúcia	– (*desconversando, o que não lhe é fácil*) Lavínia, cê tá precisando de quanto na oral de grego?
João	– Eu queria entender que atrativo vocês veem nesse baile!
Lavínia	– Ih, João, tô me formando, quero comemorar, ficar alegre, <u>dançar</u>, baile é bom!
João	– Não é melhor dançar em outro lugar, sem coroa apontando? (*a Maria Lúcia, romântico*) Numa boate... Num bonito terraço de hotel...
Maria Lúcia	– Sabe por que que eu quero ir, João? Porque roupa de noiva eu nunca pensei se algum dia vou usar. Mas vestido de baile sim, desde garotinha, sempre quis um, e agora vou ganhar. Nem que seja pra tirar aquela fotografia bem quadrada e no dia que for velha mostrar pros meus netos.

Close de João, na verdade indeciso em relação a ir ou não ao baile.
Corta para:

Cena 16: MUSEU DE ARTE MODERNA (EXT NOITE)

(Ou outra locação aproveitada das nossas, mas algum local de clima.)
Clima de tensão. Ao fundo, algum plano bonito do museu. Avelar conversa com Juarez, tensos.

Juarez	– <u>Eu</u> é que tenho que dar um jeito de entrar na Embaixada, com polícia na porta e tudo?
Avelar	– O adido me deu todos os detalhes... Podem dar asilo depois que você tiver lá dentro, mas se eles ajudarem a entrar criam problema com o governo brasileiro. Eu já armei um esquema, Juarez. Claro que tem um certo risco, mas a Angela e o Ubaldo também tão a fim de ajudar...

Corta rápido para:

Cena 17: RUA DA EMBAIXADA DA IUGOSLÁVIA (EXT DIA)

Dia seguinte. Clima de tensão. Uma casa bonita, com jardins, cercados por grades de ferro. (Não precisa ser a embaixada verdadeira, da época, na rua Dona Mariana.) Perto da porta principal, um sinal de trânsito, dois policiais brasileiros uniformizados tomando conta, discretamente. Abre na identificação: Embaixada da Iugoslávia. (Favor verificar o nome completo do país.) Rua de pouco movimento, mas tem que haver figuração de passantes. Corta para uns cinquenta metros antes do portão, na mesma rua, carro de Angela parando. Na calçada, Avelar e Juarez fingem se encontrar, um pede fogo ao outro. Ubaldo ao volante de outro carro, parado em frente a algum comércio, perto do carro de Angela. Angela, ao volante, faz sinal muito discreto que chegou a hora a Ubaldo e a Avelar. Do ponto de vista do carro de Ubaldo, ao volante, vemos ao longe o sinal de trânsito no verde. Ubaldo avança com seu carro sem correr muito, calculando distância para chegar ao sinal quando estiver vermelho. Avelar e Juarez caminhando em direção às grades *da embaixada. Carro de Angela vai atrás do carro de Ubaldo. Carro de Ubaldo chega ao sinal no exato momento em que passa de amarelo para vermelho, <u>freia bruscamente</u>. Carro de Angela atrás, dá uma batida não muito forte no carro de Ubaldo. Ubaldo sai do carro, como louco, fazendo um teatro de reclamação.*

UBALDO — (*gritando*) Isso é que dá mulher dirigindo carro de marido, mas comigo não tem essa não, <u>vai pagar</u>, salta dessa porcaria desse carro!

Corta para discussão entre Ubaldo e Angela vista de longe, ponto de vista de Avelar e Juarez, já diante de grades da embaixada. Os dois policiais aproximam-se rapidamente do local da "batida" para proteger a moça que está sendo agredida. Avelar dá um calço para Juarez que, rapidamente, pula o muro.

Corta rápido para:

Cena 18: BAR (EXT NOITE)

Movimento. Numa mesa, Avelar, Ubaldo e Angela conversam sem falar alto. Agora um clima leve. Angela ri.

AVELAR — Cê acha que os tiras acreditaram que vocês não tavam na jogada?

UBALDO — (*com desprezo*) Valeu o que vale sempre aqui nessa terra, Avelar, a cervejinha! (*tom*) Sorte a do Juarez, que nunca mais bota os pés aqui...

AVELAR — (*subitamente sério, sofrido*) É a nossa terra, Ubaldo. Uma esculhambação, mas... (*tom*) Vocês já pensaram o que vai ser a vida do Juarez daqui pra frente? Pode ser que se adapte, com o tempo, Iugoslávia, Alemanha, Deus sabe onde, mas... Logo o Juarez, do time de vôlei da Maria Quitéria... Eu não posso me imaginar não... vivendo longe duma roda de samba, minha caipirinha, uma boa galinha ao molho pardo depois da praia, o chope com os amigos sábado à tarde no Jangadeiro...

Corta rápido para:

Cena 19: TEATRO MUNICIPAL (INT NOITE)

Cerimônia de colação de grau de alunos de todas as seções do Colégio Pedro II, 64. Produzir apenas o palco (que já é um tremendo Cecil B. DeMille) e detalhes da plateia, onde estão as famílias. No palco, mesa de diretoria entregando diplomas, formandos agrupados, entre eles João, Maria Lúcia, Edgar, Galeno, Waldir, Lavínia e Jurema, <u>coral do colégio</u> à parte. Na plateia, espalhados entre convidados, Damasceno e Carmen, Teobaldo e Marta, Idalina e capitão Rangel (de uniforme), Regina com seu irmão, Abelardo com Valquíria, Zé Rodolfo e Guilherme, Xavier e Zilá, Queiroz com Yone e Gustavo, professor Avelar, vizinha Glória (uma sobrinha dela está se formando). A cena deve ser rápida, precisa, emocionante. <u>Abre no coral</u>, terminando o Hino Nacional, com closes de João, Edgar, Waldir, Galeno, Maria Lúcia e Lavínia. (Final do hino deve dar de 15 a 20 segundos.)

Atenção, edição: não há um instante sonoramente morto entre o final da fala de Avelar na cena precedente e o coral, nesta cena.
(Talvez os primeiros versos do final do hino já possam entrar baixinho sobre as últimas frases de Avelar.)

CORAL — "Mas, se ergues da justiça
A clava forte,
Verás que um filho teu
Não foge à luta,
Nem teme, quem te adora,
A própria morte,
Terra adorada!
Entre outras mil, és tu Brasil,
Ó pátria amada!
Dos filhos deste solo és mãe gentil,
Pátria amada, Brasil!"

Corta descontínuo para professora Célia anunciando.

CÉLIA — Galeno Quintanilha.

Galeno recebe seu diploma. Reações de Idalina, orgulhosa, com Rangel, na plateia.

CÉLIA — Waldir Santos da Silva.

Planos de Waldir recebendo seu diploma. Reações de grande orgulho de Xavier e Zilá, na plateia. Xavier enxuga lágrimas.
Corta descontínuo para discurso de João. Fala de improviso, sem formalismo e <u>com emoção verdadeira</u>.

JOÃO — Pra finalizar, nós gostaríamos de dedicar nossa formatura não apenas aos nossos pais e mestres, mas... principalmente, ao nosso querido professor de português e literatura Juarez Barboza de Araujo, que nos acompanhou por tantos anos... e nessa hora tão importante não pode estar do nosso lado (*olhando espectadores nos olhos*) por razões que todos os senhores conhecem.

Durante a fala precedente, reação de Damasceno, orgulhoso de João. No final, reação de Glória, sentada perto de Queiroz e Yone.

GLÓRIA — Que desaforo! Elogio a um comunista notório numa formatura de colégio!

JOÃO — (*terminando*) Vai também todo o nosso carinho aos marginalizados por um sistema educacional injusto e elitista. Em nome de milhões de analfabetos brasileiros, nós prometemos usar esse diploma pra lutar por um Brasil melhor.

Corta descontínuo para o coral cantando inteiro o hino de Guerra Peixe, "Fibra de herói", que continuará na trilha sonora de nossa história.

Coral	– "Se a pátria querida For envolvida pelo perigo, Na paz ou na guerra Defende a terra contra o inimigo. Com ânimo forte, Se for preciso, enfrenta a morte. A afronta se lava Com fibra de herói, de gente brava! Bandeira do Brasil, Ninguém te manchará, Teu povo varonil Isso não consentirá. Bandeira idolatrada, Altiva a tremular, Onde a liberdade É mais uma estrela a brilhar."

Durante o hino, reações na plateia, de emoção, especialmente Damasceno, Avelar e João. Último close é João, entre os formandos, coincidindo com o final da canção.
Corta para:

Cena 20: SAGUÃO DO THEATRO MUNICIPAL (INT NOITE)

Planos fechados, takes rápidos nos corredores. Intensa movimentação, pais e formandos saindo. Interessam-nos, além do clima:

a) Xavier e Zilá com Waldir, Lavínia, Gustavo, Queiroz e Yone.

Xavier	– (*a Queiroz*) A cerca eu já consertei, doutor Queiroz, agora o senhor precisa de ir no sítio pra ver a caixa d'água que tá dando pobrema.

b) *Edgar, Galeno e João. De perto, no grupo ao lado, Maria Lúcia com a família, olha João, disfarçando emoção. Isto, naturalmente, é mais importante do que o diálogo.*

Edgar	– (*a Galeno*) Amanhã de noite o pessoal vai se reunir lá em casa, Galeno, pra organizar um esquema de estudo em conjunto pro vestibular, porque/
Galeno	– (*corta*) De noite não vou poder, rapaz, eu arrumei um trabalho aí, porque não tô querendo ficar a vida inteira de gigolô de cunhado, sacumé.
João	– Trabalho? Você?
Galeno	– E eu tenho cara de vagabundo? O Waldir não tá se virando?
Edgar	– Mas você, pelo menos por enquanto, eu não tava imaginando ver atrás dum balcão de banco não...

Galeno	– *(com orgulho, criando suspense)* Nem vai ver!

Corta rápido para:

Cena 21: APTO. DE MARIA LÚCIA (INT NOITE)

No QUARTO, Maria Lúcia em sua cama (até que enfim, coitada) vai dormir, Damasceno despedindo-se.

Damasceno	– Fiquei com um nó na garganta na hora da homenagem que o João prestou pro professor.
Maria Lúcia	– Se eu te falar uma coisa, você promete que não comenta nada com ele?
Damasceno	– Claro.
Maria Lúcia	– Eu também fiquei.
Damasceno	– E não quer que o rapaz saiba por quê?
Maria Lúcia	– Porque... Ah, pai, desde que a gente se conhece... Eu não gosto de ficar comentando isso com você porque... *(encabulada)* O João vive insistindo pra gente namorar... Eu... gosto dele, como amigo, mas namorar não ia dar certo.
Damasceno	– *(dando um beijinho)* Parabéns pela formatura. Té manhã.
Maria Lúcia	– *(meiga)* Té manhã.

Damasceno vai saindo, volta-se.

Damasceno	– Desculpa a curiosidade, Maria Lúcia, mas... não ia dar certo por quê?
Maria Lúcia	– Porque... não sei, tão diferente de mim... Não tem a menor chance de dar certo.

Damasceno sai do quarto, nada convencido. Close de Maria Lúcia, tentando dormir. Tempo com Maria Lúcia, pensa em João, uns 15 segundos para ouvirmos música. A critério da direção, podemos inserir ou não planos da dança no terraço do Miramar e do primeiro beijo, do capítulo 2. Neste caso, trinta segundos na edição.
<u>Sonoplastia</u>: *arranjo de "Can't Take My Eyes Off Of You".*
Corta para:

Cena 22: PORTA DO TEATRO OPINIÃO (EXT DIA)

Vai começar uma vesperal do histórico show Opinião, *produzir bem a porta do teatro, com a ficha técnica. Um enorme sucesso. Entre os espectadores entrando, Maria Lúcia, Edgar e João. Câmera ágil, o ritmo da cena é "estão de passagem".*

Maria Lúcia	– *(a João)* Se você quer ser jornalista vai fazer ciências sociais por quê? Já tem faculdade de jornalismo!
João	– O pessoal mais da pesada que eu conheço tá indo pra lá. Cada dia mais eu me convenço que o papo de intervalo é tão importante quanto aula em si, e escrever eu aprendo com a prática de jornal porque/

Edgar	– (*corta*) Vambora, João, olha a hora, tá todo o mundo passando a tua frente!

Corta rápido pra:

Cena 23: HALL DO TEATRO OPINIÃO (INT DIA)

Espectadores passando para se acomodar, já na parte de cima, o teatro propriamente. Planos fechados, não é preciso lotar de figurantes, basta passar impressão de muita movimentação. Maria Lúcia, João e Edgar com ingressos na mão.

Edgar	– (*a João*) Vê onde é o setor B, arrumei lugar bem na frente, no centro.
Galeno	– (*off, gritando*) Programa do show! Vai querer o programa! Olha aí, companheiro, o programa! Com brilhante apresentação dos autores: Vianinha, Armando Costa e Paulo Pontes!

Reação dos três amigos, ao descobrir junto com a câmera Galeno, muito alegre, vendendo programas. Acham engraçado.

Galeno	– (*aos três, desenvolto*) Três mocinhas elegantes, cobra, jacaré e elefante, aqui, um programa pra cada um.
Maria Lúcia	– (*rindo*) Essa não, Galeno, eu sabia que você tava trabalhando em alguma coisa mas...
Galeno	– (*a Edgar*) Um dos cavalheiros paga, três programinhas, mil e quinhentos paus cada um!
Edgar	– Só se depois do show você me arrumar um autógrafo da Nara Leão.
Galeno	– Autógrafo da Nara? Imagina... Quando acabar eu levo vocês nas coxias, pra conhecer... Só não pode é ficar fazendo pergunta demais porque... a Nara, não parecendo, é muito tímida... assediada por todos os lados, ainda mais depois dessa posição revolucionária que assumiu, a cada declaração desencadeando polêmicas com o pessoal da bossa-nova, sem ter intenção porque... é como eu estou dizendo, vocês vão ver, Narinha é muito tímida.

Corta para:

Cena 24: RUAS DE IPANEMA (EXT NOITE ou DIA-ANOITECENDO)

João, Edgar e Maria Lúcia caminhando, programas na mão, depois do show. Sonoplastia: arranjo romântico de "Diz que fui por aí". Estão perto da porta de Edgar.

Maria Lúcia	– O que eu achei mais incrível de tudo é que... Poxa, de repente, só com três pessoas no palco... A minha impressão é que eu tava vendo o Brasil inteiro naquela arena, gente... Uma menina de Zona Sul... Um crioulo lindo, das madrugadas... Um nordestino...
João	– (*igualmente entusiasmado*) Como a música popular pode ser expressiva assim aliada ao povo, captando transformações...
Maria Lúcia	– E existe alguém mais fofo do que o João do Vale? Não dá vontade de trazer pra casa? Ficar amigo?

EDGAR	– *(parado na porta do prédio)* Quer dar uma subida um instante, Maria Lúcia? Meu padrinho, irmão da minha mãe, tá aí, me deu *smoking* pro baile, de presente, eu queria te apresentar a ele e... te mostrar o *smoking*.
MARIA LÚCIA	– Agora não dá que eu marquei pra estudar com as meninas, lá na casa da Lavínia.
EDGAR	– Então eu te acompanho.
JOÃO	– Precisa não, que isso, acompanhar por que, meu caminho, rapaz! Sobe que pega mal deixar o teu padrinho esperando, padrinho que deu *smoking*!

Corta descontínuo para porta de Lavínia. João vai deixar Maria Lúcia. Luz bonita. Marcar de modo a que quase saia um beijo.

MARIA LÚCIA	– As meninas tão acesas pra ver o Edgar de *smoking*...
JOÃO	– *(quase beijando)* Você também?
MARIA LÚCIA	– *(desvencilhando-se)* Liga um dia desses pra gente combinar alguma coisa...
JOÃO	– Acho que eu não vou entender nunca porque vocês vão a esse baile.
MARIA LÚCIA	– Ih, vai começar o comício decadência da civilização ocidental a partir dos bailes de formatura?
JOÃO	– Deixa de besteira, eu só não acho graça. E nem acredito que você ache, Lúcia. A gente gosta das mesmas coisas, nada que tenha nada a ver com esse baile, eu não fui em conversa de você querer vestido pra tirar fotografia não. Se um dia você quiser mostrar retrato pra neto devia mostrar... sei lá, na porta do Opinião, entrando pra ver o show, combina mais com você.
MARIA LÚCIA	– *(sem ouvir)* O Waldir tá certo, não tem grana nem pra alugar a roupa, mas você e o Galeno, acho a maior atitude, sabe? Tudo bem que não tivessem a fim de se inscrever, mas a gente tem direito a convite, puxa, podem ir de convidados... meu, da Lavínia, do próprio Edgar...
JOÃO	– Por que baile, Lúcia?
MARIA LÚCIA	– Porque... *(tímida)* na hora que eu me inscrevi... eu pensei que ia dançar a noite inteira com você.

Maria Lúcia não tem mais coragem de olhar João, entra correndo no prédio, João fica olhando, close dele, pensativo, romântico.
Corta para:

COMERCIAIS

Cena 25: APTO. DE MARIA LÚCIA (INT NOITE)

Maria Lúcia entrando em seu QUARTO, Damasceno terminando de escrever à máquina. Carmen serve um cafezinho ao marido. Dagmar saindo com uma bandeja com lanche simples já comido. Abre no papel de Damasceno escrevendo FIM, detalhar. Damasceno vai se levantar, excitado.

CARMEN — Que tal o espetáculo, Maria Lúcia, me conta tudo!
MARIA LÚCIA — *(triste)* Muito bom.
DAMASCENO — *(saindo atrás de Dagmar)* Peraí, Dagmar, vê se a folha de rosto não ficou aí na bandeja do lanche!

Maria Lúcia está triste. Pensativa. Carmen nota, aproxima-se. Só as duas no quarto.

CARMEN — Tá triste porque amanhã seu pai vai entregar o livro na editora e você ficou mesmo sem o quarto novo, não é? Não fica assim não, minha filha, eu prometo que vou conversar com ele, Roma não se fez num dia, o primeiro dinheirinho que entrar eu/
MARIA LÚCIA — *(corta, meiga)* Alguma vez eu menti pra senhora?
CARMEN — Que eu me lembre, não.
MARIA LÚCIA — *(é verdade)* Então acredita. Eu não tô nem pensando em quarto nenhum.

Corta para:

Cena 26: EDITORA DE QUEIROZ (EXT DIA)

Manhã seguinte. Um plano de localização da editora.
Corta para:

Cena 27: ESCRITÓRIO DE QUEIROZ NA EDITORA (INT DIA)

Damasceno acaba de entregar a Queiroz o original do livro.

QUEIROZ — *(triste, olhando)* Infelizmente acho que eu não ponho o livro em produção esse semestre não, Damasceno. As vendas caíram muito, tô com dívidas até a raiz dos cabelos... A maior parte das pessoas sem dinheiro até pro essencial.
DAMASCENO — Eles tão cavando a recessão e ainda tentam tapar a boca de quem levanta a voz pra reclamar.

Corta para:

Cena 28: BAR DO CURSO DE FRANCÊS (INT DIA)

Movimento normal de alunos no bar. Heloísa, de uniforme do seu colégio (Colégio São Paulo), Maria Lúcia e Lavínia fazendo um lanche.

MARIA LÚCIA — Convencional é você, que tá chateada só porque precisou vir pra aula de francês de uniforme.
HELOÍSA — Não tô criticando ninguém, Maria Lúcia! Tô dizendo que acho normal o João não querer ir ao baile. Eu só vou porque agitação é comigo mesmo! Mas já tô avisando, se aparecer programa melhor, desisto na hora! Claro que baile é um troço antigo, no meu colégio nem vai ter,

	eu hein, dançar de vestido de baile, eu curtia isso quando debutei com aquele barão não sei de que, mas eu só tinha 15 anos, achava o máximo aquela orquestra com som do tempo da minha avó!
Lavínia	– A gente <u>não</u> debutou com barão nenhum, Heloísa. (*com orgulho*) E depois, não vai ser baile com orquestra quadrada não, é <u>conjunto</u>!

Corta rápido para:

Cena 29: SALÕES DO APARTAMENTO DE HELOÍSA (INT NOITE)

A reunião habitual de sábado, com muito menos figurantes. Uns dez jovens em torno do piano, pianista tocando, jovens cantando, de pé, rodeando o instrumento. Entre eles, Waldir, Lavínia, Gustavo e Bernardo. Cantam "Marcha da quarta-feira de cinzas", de Vinicius de Moraes e Carlos Lyra. O tempo da cena é determinado pelo tempo da canção, gravada previamente, ligeiramente começada. Fábio entrando em casa, vindo de uma partida de tênis. Heloísa conversa bem à parte com Nelson, uns 30 anos. Galeno à parte com Edgar. Um instante com Heloísa e Nelson.

Nelson	– Claro que conheço o Baden, mas trazer aqui fica difícil, muito famoso, cheio de compromissos. Quem eu podia chamar, aliás uns colegas teus conhecem, porque ele estudou no Pedro II, é o Turíbio Santos, toca superbem, você precisa ver que gênio, Heloísa, maior craque!

Corta pra Galeno com Edgar, referindo-se a Heloísa. <u>Quase</u> toda a fala de Galeno deve ser em off. O que interessa é a chegada de Fábio, mordomo Antunes abrindo a porta, vê Heloísa conversando à parte com o rapaz mais velho, não gosta.

Galeno	– Inventei desculpa pra faltar show, tô me sujando com a Teresa e a Pichin pra tá aqui, porque eu sabia que o chato do Olavo não vinha... (*indignado*) pra Heloísa passar a noite inteira agarrada nesse galalau aí, um coroa, cê tá sabendo quem é esse cara?

CAM fecha em reação de desagrado de Fábio, ao longe.
Corta para:

Cena 30: QUARTO DE FÁBIO E NATÁLIA (INT NOITE)

Natália e Fábio, discussão. Natália visivelmente de mau humor.
<u>Atenção, edição</u>: *a primeira fala da cena é resposta da cena precedente, não há interrupção no ritmo do diálogo.*

Natália	– (*respondendo*) Professor de violão!
Fábio	– (*irritado*) Mas que professor de violão?
Natália	– Você não sabe que ela estuda violão?
Fábio	– Professor é pra dar aula, dá aula sábado à noite? Um homem feito, tá fazendo o que aí na sala, num canto, com uma menina?

Heloísa entra, Fábio disfarça seu controle.

HELOÍSA	– Daqui a pouco a gente vai sair pra jogar boliche. (*a Natália, saindo*) Se você quiser o disco do Aznavour, tá lá na sala, mãe.
FÁBIO	– Espera aí, Heloísa, por que essa pressa? Boliche onde? Seu irmão vai junto?
HELOÍSA	– Acho que vai, vai todo mundo, té manhã.
FÁBIO	– Té manhã não senhora, mande o seu irmão aqui, então eu não sei como é? Quero saber se voltam juntos, quem vai trazer você em casa, a que horas!

Heloísa já saiu do quarto, fingindo que não ouviu.

FÁBIO	– (*atônito*) Você viu isso, Natália? Me deixa falando sozinho!

Natália acende um cigarro. Irritada. Não responde.

FÁBIO	– (*meigo*) Não fica assim... Desmarcar um teatro não é o fim do mundo, o Antunes não deu recado? Fiquei preso, Natália, <u>acontece</u>! Um problema com a financeira do Carlos, fomos pro bar do Country, ficamos discutindo até agora, não dava tempo pra teatro de jeito nenhum!
NATÁLIA	– (*seca*) A Lourdes ligou pra saber onde a gente queria jantar depois do teatro, pro Alvaro reservar mesa. Liguei pra casa do Carlos, me disseram realmente que você tinha saído com ele depois do jogo, às cinco horas. Não sabiam pra onde vocês tinham ido, liguei pra Pérgola do Copacabana Palace, você não estava, claro que eu liguei pro Country! (*raiva*) Eu telefonei pro Country feito uma imbecil *às seis, às sete, às oito, às nove*, você <u>não botou os pés no Country</u>!
FÁBIO	– (*quase sem perder o rebolado*) O Olímpio é tão confuso, meu Deus do céu! Não ficamos propriamente no bar, ficamos na varanda... Quem nos serviu foi o Mesquita... Você quer ligar pra lá agora, pra confirmar? Eu chamo o Olímpio, chamo o Mesquita, o Genaro, você vai ver que foi um mal-entendido!

Natália não acredita. Abre um livro pra continuar a ler: Aeroporto, *de Arthur Hailey. Fábio tenta ser carinhoso.*

FÁBIO	– Eu preocupado com a nossa filha, e você com ciúme bobo, Natália, coisa mais sem sentido.
NATÁLIA	– (*fria, levemente agressiva*) Eu posso ler?

Fábio desiste, vai para a sala. Ao ficar sozinha, Natália larga o livro, angustiada. Corta para:

Cena 31: SALÕES DO APARTAMENTO DE HELOÍSA (INT NOITE)

Todos os jovens da cena 29 agora conversando espalhados em pequenos grupos. Um disco na vitrola: "See You in September", de Edwards e Wayne, por The Tempos, a canção

ligeiramente já começada. Waldir com Edgar, Lavínia, Gustavo e uma moça figurante. Heloísa nitidamente afastada com Nelson. No primeiro plano da cena, Fábio vem do quarto para controlar Heloísa. Vê que a filha ainda está com Nelson. Não gosta, pensa em se aproximar, mas não sabe o que fazer. Passar isto. De repente, vê Waldir, em seu grupo. Do ponto de vista de Fábio, zoom sobre Waldir, que conversa, alegre, sem saber que é observado.
Corta para:

Cena 32: AGÊNCIA DO BANCO (INT DIA)

Movimentação normal, segunda-feira de manhã. Waldir atendendo cliente no balcão. Um colega se aproxima, fala com ele. Corta pra plano próximo.

WALDIR — Tem certeza que o telefone é pra mim? Deve ser engano, Cláudio, quem é que ia ligar pra mim, da diretoria do banco?

Corta rápido para:

Cena 33: ESCRITÓRIO DE FÁBIO NA PRESIDÊNCIA DO GRUPO (INT DIA)

Waldir diante de Fábio.

FÁBIO — Pedi ao Raul para mandar você aqui porque... Quero que você entenda, Waldir, que eu sou o tipo de pai que nunca se meteu em vida de filho. Mas a Heloísa, ultimamente... Cada vez que eu faço uma pergunta corriqueira, aonde vai, com quem vai, a que horas volta... Se sente ofendida, um pai fica sem saber o que fazer! Esse baile de formatura de vocês, amanhã... Ela vai! E não é sozinha, porque não quis motorista. Eu queria saber com quem! Se está namorando firme... Coisas que um pai precisa saber... E gostaria de contar com a sua ajuda discreta, entende? É pro bem dela...

WALDIR — Ao baile eu não vou, doutor Fábio. Mas posso tentar saber pro senhor... Pro bem da própria Heloísa, eu sei como é que é, o senhor tá coberto de razão, uma menina tão nova, ingênua, tem tanta gente que se aproveita...

Corta para:

Cena 34: TEATRO OPINIÃO (INT NOITE)

Durante a realização do show, à entrada da arena, Galeno descansando de vender seus programas, com Waldir, falam baixo. Cena muito rápida. Ao fundo, bem de longe, vemos o show Opinião, *com dublê fazendo Nara Leão, cantando "Diz que fui por aí", de Zé Kéti e H. Rocha. Durante o curto diálogo, Nara canta de "Se alguém perguntar por mim..." até "é mais um samba que eu faço".*

GALENO — Comigo é que não vai pra baile nenhum, como é que eu vou saber?
WALDIR — Cê não ouviu ela combinando com ninguém?
GALENO — Ih, você não acha que a Heloísa é areia demais pro seu caminhão-

	zinho não, rapaz? Pergunta pro Edgar! E fala baixo porque se atrapalhar o show eu perco o meu bico!
WALDIR	– (*olhando de longe, admirado*) A Nara é linda, hein.

Um take de Waldir impressionado com Nara Leão, ao longe.

NARA	– "Se quiserem saber se eu volto Diga que sim, Mas só depois que a saudade Se afastar de mim. Mas só depois que a saudade Se afastar de mim."

Corta rápido para:

Cena 35: PRAIA DE IPANEMA (EXT DIA)

Manhã seguinte, movimento normal de um trecho de praia, Valquíria e Dolores lá chupando picolé.

VALQUÍRIA	– Onde é que a gente vai parar, Dolores, se tomar um picolé por dia pra não morrer de sede na praia, vai um salário mínimo!
DOLORES	– Pelo menos não tiveram despesa com o baile de logo mais, não é, que eu já soube que o João não fez muita questão de ir, não acha moderno! (*chamando Valquíria de pão-dura*) O coitado do Damasceno fez das tripas coração mas <u>pagou</u> o baile pra minha sobrinha, e eu acho que fez muito bem, porque afinal de contas formatura é só uma vez na vida!

Corta rápido para:

Cena 36: APARTAMENTO DE EDGAR – ESCRITÓRIO (INT DIA)

João e Edgar batem papo enquanto estudam.

EDGAR	– O Zeca alugou *smoking* numa loja lá na Glória, não foi muito caro não. Se você tiver a fim de ir, eu tenho convite sobrando.
JOÃO	– Brigado, Edgar, mas eu acho esse negócio de baile o fim da picada. Vamo tentar resolver o problema de geometria...
EDGAR	– (*mostrando o problema*) Olha aqui.
JOÃO	– (*pensando em ir ao baile*) Difícil entender vocês... Baile!

Corta rápido para:

Cena 37: SALÃO DE BAILE DE FORMATURA (INT NOITE)

Gente dançando, um baile bonito, ao som de conjunto típico da época, tocando "Call Me", de Tony Hatch, e, para fechar a cena, o início de "Can't Take My Eyes Off Of You". Já presentes Heloísa, Olavo, Maria Lúcia em mesa com a família, Damasceno, Carmen, Marta, Teobaldo, Edgar com Regina e o tio figurante, Lavínia com Gustavo, Queiroz,

Yone e Jurema. Abre em Heloísa dançando com um figurante muito bonito. Corta pra Edgar com Olavo, que procura Heloísa.

OLAVO — A Heloísa me pede pra trazer pra baile e some!

Edgar vê Maria Lúcia perto, com a família de Lavínia, vai se aproximar.

EDGAR — Deve tá por aí, Olavo (*afastando-se*), a gente se vê...

Corta para Lavínia e Gustavo mostrando alianças de noivado (detalhar) a Jurema e Maria Lúcia na frente de Queiroz, Yone e pais do noivo. Edgar vai intervir. Maria Lúcia disfarça tristeza.

JUREMA	— Noivos? Mentira!
LAVÍNIA	— A gente resolveu essa semana, o Gustavo não quis festa, nem nada, porque já tinha o baile.
JUREMA	— (*excitada*) Marcaram casamento?
GUSTAVO	— Ainda não dá, né, Jurema, falta um ano preu me formar, depois tenho que fazer residência...
EDGAR	— (*a Maria Lúcia, intervindo*) Quer dançar?
MARIA LÚCIA	— (*triste*) Agora não, que o meu pai tá trazendo os meus avós pra conhecer o Gustavo. (*baixo*) Convida a Jurema, que até agora ninguém tirou.

Edgar tira Jurema pra dançar, fora de áudio. Dançam. Maria Lúcia fica à parte, com Lavínia.

MARIA LÚCIA — Quantos anos de residência o Gustavo tem que fazer até poder casar?

LAVÍNIA — Não quero esperar isso tudo não, se Deus quiser eu caso antes, Maria Lúcia, deixa comigo.

O conjunto já começou a tocar a canção do terraço do Miramar. Reação de Maria Lúcia.

MARIA LÚCIA — Ah, não, essa música não, essa música é sujeira!

*Gustavo tira Lavínia para dançar. Maria Lúcia fica um instante sozinha, triste. De repente, seus olhos se iluminam. Corta para João chegando ao baile, procura Maria Lúcia com os olhos. Os dois olhares se cruzam, ao longe. Closes alternados.
Corta.*

Fim do capítulo 3

Cena 1: SALÃO DO BAILE DE FORMATURA (INT NOITE)

Continuação do capítulo precedente. Mesmos personagens, clima etc. Maria Lúcia já está dançando com João, rosto colado. Tempo. Lavínia dançando com Gustavo, reação positiva ao ver que João chegou. Corta para Edgar dançando com Jurema, vê Maria Lúcia com João, reage, disfarça a frustração. Heloísa dança com o figurante bonito com quem estava no capítulo precedente, clima de sensualidade (e não romance). Corta para Maria Lúcia e João dançando, mais tempo. Corta para reações de Damasceno, Carmen, Marta e Teobaldo, à mesa.

DAMASCENO — Pensei que o João não vinha, não tem muita cara de baile não.
CARMEN — (*orgulhosa*) Deve ter tido alguma razão muito forte...
DAMASCENO — (*entusiasmo, adora João*) Você acha que ele e a Maria Lúcia...

Carmen faz que sim com a cabeça, contente.
Corta para:

Cena 2: JARDINS OU PISCINA DO CLUBE DO BAILE (EXT NOITE)

Abre em Maria Lúcia e João namorando, num canto discreto. Passam alguns poucos figurantes. (Depois, Edgar, Olavo, Heloísa e seu acompanhante bonito.)

JOÃO — Minha mãe ficou meio assim de me ver sair, falou que essa beca alugada tá fedendo a naftalina, que podia ter comprado, feito a mãe do Edgar...
MARIA LÚCIA — Ficou chateada é porque tinha vontade de também tá aqui, com o seu pai, convidar os parentes, uns amigos...
JOÃO — Foi por isso que você fez tanta questão de vir, Lúcia? Pra dar alegria pros outros?
MARIA LÚCIA — Eu já te dei *n* razões! Se quiser mais essa, contou sim, tô gostando... de ver a minha mãe feliz, a minha avó feliz!
JOÃO — (*olha o baile, de longe*) Tão fingindo que tá tudo bem. (*bem-humorado*) *Flashback*! Nada mudou, os rapazinhos e as mocinhas se formam e comemoram.
MARIA LÚCIA — Você é tão bobo...
JOÃO — (*sem ouvir, continua, as falas curtas de Maria Lúcia são na respiração das dele*) O país tá crescendo governado pelo Juscelino...
MARIA LÚCIA — Você é tão chato!
JOÃO — (*sem ouvir, continua*) O Glenn Miller não morreu na guerra.
MARIA LÚCIA — (*leve, bom humor*) Que mal eu posso ter feito, a quem, pra me apaixonar logo por você?
JOÃO — (*romântico*) Repete.
MARIA LÚCIA — Por quê?
JOÃO — Porque eu quero ouvir.
MARIA LÚCIA — Pra quê?
JOÃO — Pra acreditar que é verdade.
MARIA LÚCIA — Que eu tô apaixonada por você? Acho que até o jornaleiro lá da rua sabe!

João	– Quase um ano me esnobando, Lúcia.
Maria Lúcia	– <u>Porque eu não quero!</u>
João	– Não quer por quê?
Maria Lúcia	– <u>Porque vai ser horrível!</u>

Tempo.

João	– Você acha que... se eu pudesse escolher... também não ia preferir alguém que tivesse mais afinidade comigo?
Maria Lúcia	– Mais afinidade com você? Quem? (*tempo*) A Anita Garibaldi não aguentou a barra da perseguição dos austríacos e morreu, Joana d'Arc queimaram viva, que escolha você tinha?
João	– (*muito meigo*) Se você não fosse esse estouro que faz eu aguentar até baile de formatura com medo de urubu cair em cima... Ainda assim você tinha me comprado só com o senso de humor.
Maria Lúcia	– (*séria, com medo*) O que é que a gente vai fazer, João?
João	– (*sério, muito romântico*) <u>Tentar.</u>

Tempo. Maria Lúcia olha João, com grande ternura.

João	– Você não acha que vale a pena, uma tentativa?

Maria Lúcia acaricia o rosto de João, que a beija apaixonadamente. Os dois se entregam a um longo e terníssimo beijo, reprimido por tantos meses. Corta para outro recanto, mais movimentado. Figurantes passando, planos bonitos. Edgar vem caminhando e cruza com Olavo, que tem um grande saco de pipoca na mão.

Olavo	– Cê viu a Heloísa por aí?
Edgar	– A última vez faz uma meia hora, tava lá no salão, na mesa do pessoal da Lavínia.
Olavo	– (*bobão*) Me pede pra trazer pra baile, de repente dá vontade de comer pipoca! Sabe que pra encontrar um pipoqueiro essa hora eu tive que rodar o centro da cidade de ponta a ponta e só encontrei na porta do Metro-Passeio?

(*Caso o baile não seja num clube do centro, trocar a fala acima.*)
Corta para recanto bem escuro, Heloísa beija o figurante bonito com grande sensualidade, respiração ofegante, a mão dele por dentro do vestido dela, muito tesão, sem vulgaridade.
Corta para:

Cena 3: APTO. DE MARIA LÚCIA (INT NOITE)

Maria Lúcia e Carmen, de volta do baile. Maria Lúcia despindo-se enquanto conversa com a mãe, em seu QUARTO. Luz bonita.

Maria Lúcia	– Quando a senhora conheceu o papai era mais nova do que eu sou agora, não era?
Carmen	– Dezessete anos...

Maria Lúcia	– É que às vezes eu fico pensando... Acho os dois tão diferentes... Quando um homem e uma mulher são tão diferentes assim... eu acho que... eu fico pensando se... (*não tem coragem de perguntar*)
Carmen	– Se eu sou feliz? Olha, Maria Lúcia, talvez a gente não tenha tudo o que eu sonhava, quando tinha a sua idade... mas... quando eu penso no seu pai chegando do jornal, quase toda noite, com o embrulho de pão fresquinho debaixo do (*corta-se, emocionada*) Sou feliz sim, Maria Lúcia, gosto tanto dele! Tem sido muito bom.

Carmen beija a filha e sai do quarto. Um tempo com Maria Lúcia romântica, pensando em João.
Corta para:

Cena 4: BAR DO CURSO DE FRANCÊS (INT DIA)

Já estamos em março de 65, verão. Movimento normal de alunos, de volta às aulas. A figuração deste bar é de jovens e adultos. Depois da aula, Maria Lúcia apresenta Sandra (uns 25 anos) a Heloísa, Lavínia ao lado. (No final da cena, João.)

Maria Lúcia	– A Sandra é filha dum dos melhores amigos do meu pai, faz direito no Caco e se inscreveu aqui, com a madame Dreux.
Sandra	– Como é que vai?

Cumprimentos informais. Durante o próximo diálogo, Sandra sai da conversa porque chegou alguém com quem engrena outro papo.

Heloísa	– Tá aí uma faculdade que eu tinha vontade de entrar, o Caco, se ano que vem eu tiver mais sorte no vestibular...
Maria Lúcia	– Você não contou nada como é que foi a viagem. Pegou muito frio, Heloísa?
Heloísa	– Frio eu tiro de letra, porque me acostumei com esporte de inverno desde criança. Mas esse ano Saint Moritz tava melhor que nunca, cada pão!
Lavínia	– Ah, conta!
Heloísa	– Primeiro eu queria saber do vestibular do pessoal. Não tava nem conseguindo prestar atenção à aula de tanta curiosidade, alguém levou bomba, além de mim?
Maria Lúcia	– Eu não arrumei vaga na Nacional. Tô com a Lavínia e o Galeno, na PUC, meu pai arrumou uma bolsa.
Lavínia	– (*safadinha*) Em matéria de cara bonito você não ia se queixar!
Maria Lúcia	– O João passou pra ciências sociais, na Filosofia, o Edgar e o Waldir tão fazendo economia, na Praia Vermelha.
Lavínia	– Uma oportunidade pra você rever todo mundo era esse fim de semana. A gente vai lá pro sítio, em Itaipava... (*a Maria Lúcia*) Cê sabe se o João já falou com o Waldir?
João	– (*off*) Falei, e ele ficou todo contente de poder rever os pais e tá com a gente... (*CAM revela João*) Cada dia sou mais teu fã, sabe, Lavínia?

Reação de Maria Lúcia, muito contente porque o namorado chegou. Passar pelo close: "E eu sou tua fã." Beijinho terno entre os dois é o último plano da cena.
Corta para:

Cena 5: INTERIOR DO CINEMA PAISSANDU (INT NOITE)

Não é preciso mostrar a tela, se houver problemas com os direitos. O filme é Os guarda-chuvas do amor. <u>Sonoplastia</u>: "Mais je ne pourrai jamais vivre sans toi". Abre em travelling por figurantes, planos fechados, até focalizarmos Maria Lúcia e João, abraçados, curtindo o filme. Ela o olha, com amor. Ele a olha, com amor. Maria Lúcia recosta a cabeça no ombro de João. <u>Edição</u>: trinta segundos.
Corta para:

Cena 6: QUARTO DE HELOÍSA E CORREDOR (INT DIA)

Heloísa arruma uma maleta de roupa para o fim de semana enquanto sua mãe Natália lhe faz perguntas, um pouco tensa.

NATÁLIA	– Mas que sítio, Heloísa, tem telefone?
HELOÍSA	– Sei lá se tem telefone, então eu vou passar fim de semana fora pra ficar telefonando?
NATÁLIA	– Eu conheço os donos?
HELOÍSA	– Os pais acho que não, a filha claro que conhece, né mãe, a Lavínia! (*beija pra sair*) Se eu não voltar domingo de noite, no máximo segunda no almoço a gente se vê.
NATÁLIA	– Vai faltar aula do cursinho?
HELOÍSA	– Eu falei <u>talvez</u>, cê tá fazendo carnaval à toa! (*vai saindo, continuamos pelo corredor, Natália perseguindo a filha*)
NATÁLIA	– Espera aí, Heloísa, não é assim! Me dá pelo menos o número de telefone da mãe da sua amiga, se acontece alguma coisa é comigo que o seu pai vai brigar!

Heloísa já se foi, Natália denota cansaço.
Corta rápido para:

Cena 7: QUARTO DE FÁBIO E NATÁLIA (INT NOITE)

Fábio e Natália na cama, prontos para dormir.

FÁBIO	– Esse fim de semana não tem problema, eu sei direitinho qual é o sítio, quem são os donos, quem vai, estou a par de tudo, Natália, não tem problema.

Reação de Natália, "se é assim tanto melhor".

FÁBIO	– Mas de um modo geral você precisa ter mais pulso com a Heloísa.

Corta rápido para:

Cena 8: SÍTIO DE LAVÍNIA (EXT DIA)

Explorar plasticidade nessa externa. Edgar e Jurema jogam pingue-pongue numa varanda da casa. Abre numa pequena vitrola, close, disco girando. <u>Sonoplastia</u>: *"Quero que vá tudo pro inferno", de Roberto e Erasmo Carlos, por R. Carlos. Bem alto no início da cena, indo até o final, em bg. Tempo com o pingue-pongue e a música. Ouvimos buzina de carros. Os dois param de jogar e caminham para ver quem chegou. Corta para dois carros recém-chegados. De uma camionete Vemag, dirigida por Gustavo, saltam Lavínia, Edgar, Maria Lúcia e Waldir. De um Aero Willys dirigido por um figurante da idade de Queiroz, saltam uma figurante sua mulher, Galeno, Heloísa. Xavier, Zilá, Queiroz e Yone recebendo as visitas. Beijos e abraços no encontro de Waldir com os pais.*

WALDIR	– (*meigo*) Ô pai, tá mais corado!
ZILÁ	– Conta tudo, Waldir, cumé que tá indo na falcudade?
XAVIER	– Olha aí as visita, Zilá, tem que atender!

Corta para Queiroz caminhando em direção à casa, muito afetuoso com Gustavo.

QUEIROZ – Fiquei meio preocupado porque esqueci de avisar que na altura da fábrica de café a estrada tá com problema de derrapagem.

Corta para Maria Lúcia e João, também caminhando em direção à casa, comentando a relação de Queiroz com Gustavo.

MARIA LÚCIA – Do jeito que o pai gosta do noivo esse casamento não demora muito não.

João sorri, meigo, sabe que ela pensa em casamento e a ideia também não lhe desagrada. Corta para Edgar, ao longe, discretamente enciumado de ver Maria Lúcia com João. Close de Edgar.
Corta para:

Cena 9: SALA DO SÍTIO DE LAVÍNIA (INT NOITE)

Durante o jantar, na mesa grande, Edgar, Queiroz, amigo figurante de Queiroz, sua esposa figurante, Gustavo, Lavínia, Jurema, Yone. Numa mesa de jogo, João, Galeno, Waldir, Maria Lúcia, Heloísa. Todos comendo fondue de queijo com alguma elegância e nenhuma frescura. Interessa-nos a mesa pequena.

WALDIR	– Com a revolução o que tem mais futuro é economista, porque tão dando muita importância a planejamento.
JOÃO	– Com recessão? Salário congelado?
MARIA LÚCIA	– Com o seu diploma de ciências sociais é que não vai ser fácil arrumar emprego, João.
HELOÍSA	– (*a João*) Verdade que você tá no diretório, lá na Filosofia?

JOÃO	– Tô só ajudando o pessoal, vendo como é que é... Quem comentou com você?
HELOÍSA	– O Avelar é meu professor no cursinho! Tô adorando o clima, gente, tão melhor que colégio!
GALENO	– Eu também, na faculdade, gosto mais do clima do que das aulas propriamente ditas.
MARIA LÚCIA	– Que aulas, Galeno? Ainda não te vi numa aula! Quando acontece de você ir é só pra paquerar!
GALENO	– Muita responsabilidade lá no Teatro Opinião, sabe, Maria Lúcia, eu já não estou vendendo programa não, eu tomo conta do bar! Estou me tornando, por assim dizer, o braço direito da Teresa! Agora ela tá organizando noitadas de samba, conta mesmo é comigo, muitos contatos pra fazer, tantos sambistas comprometidos com o *Rosa de ouro*... E também não parei de escrever, mais dia menos dia eu vou dar o meu recado.
MARIA LÚCIA	– (*realmente interessada*) Tá escrevendo o que, Galeno?
GALENO	– Uma peça de teatro. Brechtiana. Produção um pouco cara, sabe como é, brechtiana, muita figuração! Mas quando terminar vou mostrar pro Vianinha, aproveitar que já faço parte do meio.

Corta descontínuo para bem depois. Vários grupos, Yone e Zilá servem cafezinho ou chá. Galeno com Heloísa, paquerando.

GALENO	– Vamos sair uma tarde dessas, Heloísa, vai estrear o filme novo do Godard, os comentários de quem já viu lá fora são que *Pierrot le fou*... só ao lado de iniciados.
HELOÍSA	– (*desvencilhando-se*) Quando entrar em cartaz você me liga.

Câmera acompanha Heloísa, que se aproxima do grupo formado por Queiroz, seu amigo figurante, João e Gustavo. Queiroz não nota que Heloísa está prestando atenção, mas o assunto vai ter continuidade.

QUEIROZ	– Tá duro demais pra todo o mundo, só tão se aguentando os muito ricos, eu já não estou sabendo pra que lado me virar, a editora vai mal, até pouco tempo o banco ajudava... Agora, nem crédito pro dia a dia estamos conseguindo.

Heloísa registra. Maria Lúcia entrega um café a João, com ternura. Sorrisos entre os dois. Corta para Edgar, afastado, com ciúme.
Corta para:

Cena 10: QUARTO DE HÓSPEDES NO SÍTIO (INT NOITE)

Quarto com duas camas, João e Edgar se preparam para dormir.

JOÃO	– Calado sim, Edgar, a noite toda, pelo menos comigo e a Lúcia você não deu uma palavra!
EDGAR	– Quer que eu diga que gosto de ver os dois juntos?

João	– (*meigo*) Que que há, companheiro? Vocês nunca namoraram, não roubei mulher de ninguém...
Edgar	– Não namorei mas sou amigo, quero ver a Maria Lúcia feliz, é pecado?
João	– E <u>meu</u> amigo, não é mais meu amigo?
Edgar	– Você sabe que sou. Só que... quando vejo os dois juntos... Deixa pra lá... (*sincero*) Tô torcendo pra você fazer a Maria Lúcia muito feliz.

Alguma marcação bem masculina de amizade.
Corta para:

Cena 11: QUARTO DE LAVÍNIA NO SÍTIO (INT NOITE)

Três camas. Heloísa, Lavínia e Maria Lúcia preparam-se para dormir. Lavínia olha, na mesa de cabeceira, foto sua com Gustavo. Detalhar.
(A partir do momento, logo no início da cena, em que se fala em sexo, o tom deve ser de confidência, delicadeza. Várias coisas, especialmente as que Heloísa vai dizer, seriam muito chocantes em 1965 se não <u>sussurradas</u>, com um resquício de pudor.)

Lavínia	– Maior hipocrisia ter que ficar em quarto separado.
Heloísa	– Você quer dizer que... Você e o Gustavo já... (*excitada*) Não brinca!
Lavínia	– Fala baixo que pra mamãe eu contei mas o papai nem desconfia. A gente vai casar mesmo, Heloísa, assim que puder. Eu fui ao médico, tô tomando pílula. A Maria Lúcia é que não dá colher, vai acabar perdendo o João pra primeira vagabunda.
Heloísa	– Esse negócio de "dar colher" eu acho meio reacionário, viu Lavínia, parece assim que a mulher é um objeto... "Se entrega", o homem "usa"... Você tá achando que homem tem algum desejo ou necessidade diferente de mulher?
Maria Lúcia	– Do jeito que ela fala parece até que tem a maior experiência, mais virgem do que eu!
Heloísa	– (*sussurro enfático*) Mas resolvi deixar de ser.
Maria Lúcia	– (*meiga e animada*) Você não falou nada que tava namorando firme! Ah, Heloísa, quem? Por que não trouxe?
Heloísa	– Porque não tô namorando ninguém!
Maria Lúcia	– Não entendi. Você falou que... (*perdida*) Quer dizer... Você resolveu deixar de ser virgem <u>um dia</u>!
Heloísa	– Um dia a Macaca Sofia sorria na casa da minha tia. (*sussurro enfático*) Tô querendo deixar de ser virgem <u>ontem</u>!
Maria Lúcia	– Também não é assim... Se eu que sou louca pelo João... Conheço há tanto tempo, acho que tá dando certo... Eu ainda não me sinto segura pra/ Ah! Heloísa, acho que é uma coisa tão importante!
Heloísa	– A minha mãe casou virgem.
Maria Lúcia	– Eu não tô dizendo que/

HELOÍSA	– (*corta, sussurro enfático*) Minha impressão é que o casamento da minha mãe é uma merda. Que a <u>vida</u> da minha mãe é uma merda.
LAVÍNIA	– Cuidado pra não ser moderninha demais, viu, Heloísa? Falar merda aqui na nossa frente tá até bonitinho, tá na moda, não faz mal a ninguém, mas amor é uma coisa muito séria.
HELOÍSA	– Não tô falando em amor, tô falando em deixar de ser virgem, uma película, não confunde as estações! Ir pra cama com o Gustavo porque você tá certa que vai casar com ele não muda nada, tá igualzinha às nossas mães, lua de mel um ano antes ou um ano depois que diferença que pode/ (*corta-se*) A gente tá numa época em que a mulher precisa conquistar muita coisa, lutar pra ser vista como uma pessoa, igual a eles! Quantos homens você acha que a sua mãe conheceu?
LAVÍNIA	– Só o meu pai, claro!
HELOÍSA	– (*a Maria Lúcia*) E a minha também, e a sua! <u>E eles</u>? Quantas mulheres vocês acham que eles conheceram?
MARIA LÚCIA	– Iiiiiiiiiiiiih!
LAVÍNIA	– (*ao mesmo tempo*) Homem é diferente.
HELOÍSA	– Aí que tá, <u>homem não é diferente</u>! Como eles que sempre mandaram em tudo desde que o mundo é mundo botaram essas ideias na nossa cabeça pra nos dominar melhor! (*a Lavínia*) Você e o Gustavo, na primeira vez, ele era virgem?
LAVÍNIA	– Ora, Heloísa!
HELOÍSA	– E você acha que ele tava <u>apaixonado</u> pela primeira empregada que comeu, <u>love is a many splendored thing</u> com cada garota que ele deu um chega pra cá?
LAVÍNIA	– (*disfarça mas está chocada*) Eu pra dar um passo assim tão importante só fui capaz porque tô apaixonada, vou me casar. De outra forma, nunca que eu ia me sentir bem.
HELOÍSA	– <u>Nem ele</u>, claro! Porque o que o homem quer é isso mesmo! Pra você, Lavínia, o Gustavo vai ser sempre um deus, a única fonte de prazer, se você olhar prum outro algum dia é pecado, ah, Lavínia, será que você não vê que tudo isso é jogada pro machão nunca ser chifrudo e continuar dominando o resto da vida?
MARIA LÚCIA	– Em teoria pode ser que você tenha razão, mas na prática... Será que você ia ter coragem? Ter relações sem um envolvimento... Falar é muito fácil.
HELOÍSA	– (*baixo*) Quando eu tô sozinha na cama pensando no colosso de instrutor de esqui que eu tive em Saint Moritz não tem nada a ver com amor, viu, Maria Lúcia, tem a ver com desejo!
LAVÍNIA	– Fantasia é uma coisa, realidade é outra. Vai sair por aí com o primeiro que aparecer, pode se machucar.
HELOÍSA	– (*séria*) Eu não falei que ia sair com o primeiro que aparecer. Vou sair com o primeiro que eu tiver atração. (*tom*) E já tenho um bem gostoso em vista.

Anos rebeldes
Gilberto Braga

Close de Heloísa.
Corta para:

COMERCIAIS

Cena 12: SALÕES DE HELOÍSA – ESCRITÓRIO (INT DIA)

Bernardo e Heloísa, outro dia, tomando café de depois do almoço, servidos por Antunes. (Heloísa doce, está <u>pedindo</u>.)

BERNARDO — Tem certeza de que o pai da sua amiga já tentou em banco, é o caminho normal.

HELOÍSA — Não te disse? Escutei ele falando, agora nem banco ajuda mais. Depois eu perguntei pra Lavínia, como quem não quer nada. Uma editora superconceituada, Bernardo, um homem legal, bate um papo com o papai lá no escritório!

BERNARDO — No que depender de mim... Vou ver se levanto a ficha da editora. Conforme for, eu falo.

Corta rápido para:

Cena 13: ESCRITÓRIO DE FÁBIO NA PRESIDÊNCIA DO GRUPO (INT DIA)

Fábio com seu assistente Sérgio e o filho Bernardo examinando relatório escrito sobre a editora de Queiroz.

BERNARDO — (*saindo*) O pai da menina tá marcado pras quatro e meia, se você puder ajudar...

Bernardo sai. Fábio examina a documentação. Tempo.

FÁBIO — Você teve tempo de dar uma olhada mais de perto, Sérgio. Qual a sua opinião?

SÉRGIO — Só vejo alguma chance se esse Queiroz mudasse radicalmente a linha editorial, os bancos estão com carradas de razão, doutor Fábio, uma editora que só publica material de suposto interesse cultural!

FÁBIO — (*olhando o relatório, pensativo, olha o relógio*) Ainda tenho 15 minutos pra dar uma estudadinha, vamos ver...

Corta descontínuo para Queiroz tomando uísque com Fábio, servidos por garçom, Queiroz recusa mais com gesto, final de conversa.

QUEIROZ — Você me deu alma nova, Fábio, realmente... Eu não estou sabendo nem o que dizer.

FÁBIO — Nossas filhas são amigas e eu só posso lhe dar os parabéns, Queiroz, tantos anos de apoio à cultura...

QUEIROZ — (*saindo*) Muito obrigado mesmo.

FÁBIO — Um grupo como o nosso tem muitos recursos, nós reunimos financeiras, firmas de participação, sempre se encontra um meio de ajudar um empresário amigo numa dificuldade passageira. Procure o gerente amanhã... O contrato já vai estar pronto.

Queiroz sai, agradecido e aliviado. Fábio o acompanhou, volta à mesa. Olha a papelada sobre a editora. Sérgio entra.

SÉRGIO — Mando arquivar, doutor Fábio?
FÁBIO — *(frio e casual)* Em novos projetos. Peça ao Mauro pra ir estudando o mercado editorial norte-americano... Que escritores de *best-sellers* rentáveis ainda não têm contratos de exclusividade com brasileiros.
SÉRGIO — O senhor acha que...
FÁBIO — O homem é um suicida, escolheu esse caminho porque quis. Vai pedir mais um empréstimo... E outro, e mais outro... Em pouco tempo a gente encampa a editora e vamos ver se não dá pra ganhar uns trocadinhos com livro, mesmo no Brasil.

Corta rápido para:

Cena 14: SEQUÊNCIA EM PRETO E BRANCO

Maria Bethânia canta "Carcará", de João do Vale, 1 minuto e 26 segundos na edição. Vamos misturar manchetes de jornais, filmes e fotos de acontecimentos políticos ao dia a dia de personagens.

Parte política:
  a) Manchetes de jornais sobre consequências da Lei Suplicy, de 1964, sobre fechamentos de diretórios etc.
  b) Maio de 1965, envio de soldados brasileiros para São Domingos à Força da Paz da OEA. Protestos estudantis porque havia ameaça de convocação.
  c) O presidente Castelo Branco em alguma solenidade de cinejornal. *(Parece-nos a melhor imagem para iniciar a sequência.)*
  d) Repercussões do rompimento de Carlos Lacerda com Castelo Branco.
  e) Manchetes sobre empréstimos estrangeiros ao Brasil.

Costumes:
  a) Planos de sertão, miséria nordestina, pouca coisa ou fica óbvio.
  b) Nordestinos chegando ao Rio, de pau de arara. PRODUZIR. Basta um plano. *(Aproveitar alguma das nossas locações.)*

Personagens:
  a) **BOATE CLASSE A (NOITE):** *Fábio e Natália muito elegantes, chegando a uma boate ou restaurante bonito.*
  b) **SALA DE QUEIROZ NA EDITORA (DIA):** *Queiroz trabalhando com Kira, empenhado.*
  c) **APTO. LAVÍNIA (NOITE):** *Queiroz em sua casa, falando animadamente do trabalho com a esposa Yone.*
  d) **PORTA DE CINEMA QUE NÃO PAISSANDU (NOITE ou DIA):** *Depois do assunto protestos estudantis, João, Marcelo e um companheiro figurante distribuindo*

panfletos em porta de cinema. Detalhar alguns panfletos. Títulos: DIRETÓRIOS LIVRES, ABAIXO A LEI SUPLICY! João fala com os passantes, entusiasmado, querendo convencer.

A sequência deve terminar com protestos estudantis, em manchetes de jornais, e o último plano deve ser João panfletando.
Corta para:

Cena 15: APARTAMENTO DE JOÃO – SALA (INT NOITE)

Depois do jantar, João discute com o pai, Abelardo.

ABELARDO	– É perigoso, João, o que comunista sempre fez foi isso mesmo, usar a ingenuidade da juventude!
JOÃO	– Tem que ter diretório livre!
ABELARDO	– E precisa de diretório pra estudar? Nessa sua faculdade mais se agita do que se estuda! Já se foi o tempo em que ninguém mexia com estudante, basta ler os jornais!
JOÃO	– Pelo menos então o senhor vê o que o seu governo "democrático" tá fazendo.
ABELARDO	– O Castelo é um democrata sim! O que não pode é entregar a juventude de mão beijada pras manobras desses subversivos!
JOÃO	– Se fosse uma democracia mesmo podia ter candidato comunista até pra presidente, nos Estados Unidos pode, sabia?

Corta rápido para:

Cena 16: SALÕES DE HELOÍSA (INT NOITE)

Heloísa vai sair, Fábio vai sair, de paletó e gravata, Natália vai ficar em casa. <u>Discutem</u>.
<u>Atenção, direção e edição</u>: emendar com a cena precedente, como se fosse uma discussão só, o assunto é "pais e filhos discutem", embora por razões totalmente diversas.

FÁBIO	– Perdi a paciência, Heloísa, ou você diz exatamente aonde vai, com quem vai e a que horas volta, ou <u>não sai de casa</u>! (*a Natália, tom*) Eu volto cedo, meu amor.

Fábio sai. Heloísa olha a mãe, Natália triste, alheia à discussão que terminou. Tempo.

HELOÍSA	– Tá com essa cara porque tem que encher o meu saco ou porque sabe que ele não vai voltar cedo coisa nenhuma?
NATÁLIA	– (*segurando a barra*) Seu pai tem um jantar só pra homens, para com insinuação boba.
HELOÍSA	– Você também acha que eu sou alguma criancinha que tem que ficar dando satisfação de cada passo?
NATÁLIA	– (*amiga*) Não custa nada dizer, Heloísa, custa alguma coisa?
HELOÍSA	– (*sincera e seca*) Aonde eu vou não custa. Vou à noitada de samba no Opinião. Com quem vou já fica mais difícil, porque eu não combinei com ninguém, vou pegar um táxi, comprar o meu ingresso e

Natália	– (*corta*) Eu não quero brigar, Heloísa, não fala comigo desse jeito! Eu tô... cansada... tô triste!
Heloísa	– Tá triste porque sabe melhor que eu que esse jantar só pra homem é pura embromação.

entrar, lá dentro o que não falta é conhecido. Que horas volto, aí já fica <u>bem</u> mais complicado, porque depende de um monte de coisas, se vai tá bom, se/

Heloísa já saiu. Close de Natália, angustiada.
Corta rápido para:

Cena 17: TEATRO OPINIÃO (INT NOITE)

Noitada de samba, clima bem característico da época, com o teatro cheio. As fileiras da frente transformadas em mesas, figurantes bebem chope etc. Galeno no bar, servindo muito animado. Presentes ainda Maria Lúcia, Heloísa, Nelson, Lavínia e Gustavo, Olavo, Avelar. Gente dançando o tempo todo, muita animação.
<u>Sonoplastia</u>: *previamente gravados, com som de samba de morro, coro bonito, "O sol nascerá", de Cartola e Elton Medeiros, e "Recado", de Paulinho da Viola e Casquinha. Abre em Galeno, muito animado, no bar, entregando dois chopes a Avelar, que está com figurante linda. (Por favor, Cristina, aqui neste bar serviam cerveja ou chopes?)*

Galeno	– Dois chopes históricos aqui pro tremendo professor Avelar!

Avelar entrega chope à companheira. Sorri. Corta para Maria Lúcia procurando João com os olhos. Ainda não chegou. Marcar uma certa ansiedade de Maria Lúcia, olha o relógio. Corta para Olavo com dois chopes na mão, procurando Heloísa. Cara bem de bobo, não encontra. Corta para Heloísa, em outra parte, com Lavínia e Gustavo. Perto delas, Nelson, o professor de violão, dança animadamente, parece que sozinho. Heloísa fala à parte com Lavínia.

Lavínia	– Esse aí?
Heloísa	– Então? Escolhi mal?
Lavínia	– Pedaço de homem.

Plano de Nelson dançando, explorar bastante seu charme, beleza e reação de Heloísa tentando ser vista. De repente, câmera revela que Nelson está dançando com uma mulata lindíssima. Integração entre os dois. Marcar bem decepção de Heloísa ao ver que os dois formam um casal. Olavo finalmente se aproxima, com os chopes.

Olavo	– O chope esquentou!
Heloísa	– (*derramando os chopes, segura*) Eu não quero mais... E tô por aqui de samba, tá calor demais, vambora...

Heloísa vai saindo, arrastando Olavo. Corta para Lavínia abordando Maria Lúcia.

Lavínia	– Cadê o João?
Maria Lúcia	– Ainda não chegou... (*constrangida*) Mas logo logo deve tá aí...

Gustavo puxa Lavínia pra dançar, Maria Lúcia fica sozinha, close.

Corta para:

Cena 18: RUA DE MARIA LÚCIA (EXT NOITE)

Abre num mendigo, dormindo na rua. Maria Lúcia, um pouco triste, caminha com João, que foi deixá-la em casa. Logo chegam à porta do prédio dela e param.

João	– Não fica com essa cara...
Maria Lúcia	– Pagou entrada à toa, os shows foram ótimos, depois o samba tava animadíssimo, uma e meia da manhã quem é que ainda podia tá em teatro, João?
João	– Juro que não foi minha culpa... No lugar que o diretório marcou tinha mais polícia do que gente pra nós distribuirmos os panfletos. O jeito foi improvisar, Lúcia, de ônibus, com a papelada toda na mão...
Maria Lúcia	– Tudo bem, fica pra próxima, té manhã.
João	– (*meigo*) Você ainda tá usando o mimeógrafo pras aulas particulares, não tá?
Maria Lúcia	– De vez em quando... Arrumei mais uma aluna, vestibular de medicina.
João	– É que tá cada vez mais dureza, viu, Lúcia, lá na faculdade, pra rodar uns panfletos.
Maria Lúcia	– De novo?
João	– Você se importa?
Maria Lúcia	– Qualquer dia esse negócio de panfleto lá em casa vai acabar dando confusão.
João	– Tá tão difícil, nós tamos tão sozinhos... Mas vai chegar uma hora que o povo vai entender por que que a gente tá brigando e vem pro nosso lado.

Maria Lúcia passa expressão: "Pode ser..."
Corta para:

Cena 19: SALÕES DO APARTAMENTO DE HELOÍSA (INT NOITE)

Bem tarde. De penhoar, na biblioteca, Natália discute com Heloísa, que acabou de chegar.

Heloísa	– Não tava fazendo nada de mais, mãe, fui com o Olavo pro Bateau! No Olavo o papai tem a maior confiança!

Natália senta-se em algum lugar, tem uma leve crise de choro. Reprimiu muito esse choro. Tempo. Heloísa aproxima-se, meiga. Faz carinho.

Heloísa	– Não fica assim...

Tempo. Natália chora. Não responde.

Heloísa	– O que é que tem demais, eu ir a uma boate com o Olavo?
Natália	– Não é isso... (*chorando*) Não é nada disso...
Heloísa	– Se acalma...

Natália limpa lágrimas. Acalma-se.

Natália	– Seu pai. Você tem razão. Olha aí, quase três horas... Claro que não foi a jantar de homem coisa nenhuma, eu ia saber, um jantar só pra homem sem marido de <u>uma</u> conhecida minha que fosse?
Heloísa	– Você aceita, mamãe! Desde que eu sou criança... Finge que não nota!
Natália	– (*muito frágil*) Que outra alternativa eu tenho? Separação?
Heloísa	– Em último caso... Por que não?
Natália	– (*frágil*) Eu gosto dele, Heloísa.
Heloísa	– E de você, não gosta?
Natália	– Que outra coisa eu posso fazer se não/ Daqui a pouco entra aí, com uma desculpa esfarrapada... Vou fazer cena? Mostrar que sei perfeitamente que tava com mulher? Vou lucrar o que com isso? Esposa chata o homem abandona com muito mais facilidade.
Heloísa	– É disso que você tem medo? Ser abandonada?
Natália	– Eu gosto dele. (*frágil*) O que é que eu posso fazer?
Heloísa	– Pra começar, acho que a mesma coisa que ele, né?
Natália	– Heloísa, você está me dizendo que/
Heloísa	– (*corta*) Então eu não vejo como os homens te olham, linda desse jeito?
Natália	– (*chocadíssima*) Heloísa, eu sou sua amiga, eu admito tudo, mas uma filha dizer pra mãe que ela deve... Você só pode tá brincando, isso é uma brincadeira de muito mau gosto!
Heloísa	– (*firme, vai pro seu quarto*) Você tem inteligência suficiente pra saber se eu tô brincando ou não. Té manhã.

Heloísa beija Natália e sai. Close de Natália, perplexa.
Corta para:

COMERCIAIS

Cena 20: SALÕES DO APARTAMENTO DE HELOÍSA (INT DIA)

Outro dia. Heloísa terminando na biblioteca aula de violão com Nelson. Termina de cantar, se acompanhando. O tempo todo, ela faz charme. (A atriz deve cantar bonitinho, pode ser dublada.)

Heloísa	– (*cantando*) "Pra que trocar o sim por não/ se o resultado é solidão/ em vez de amor uma saudade/ vai dizer quem tem razão."
Nelson	– (*terminando*) Melhorou muito, Heloísa. Melhorou mesmo, só tem que praticar...
Heloísa	– Você acha que mês que vem eu posso passar pra coisa mais difícil?

NELSON	– Sobre isso eu tinha que bater um papo. É que... ainda não é certo... mas eu tô na boca de arrumar uma passagem pra Paris, tentar vida profissional lá, sabe como é, e talvez eu tenha que interromper as aulas. Se der certo eu te recomendo outro professor, claro.
HELOÍSA	– (*paquerando*) E você me dá essa notícia assim? Como se não fosse nada?
NELSON	– É que não tem mesmo nada de concreto, pelo menos por enquanto.
HELOÍSA	– Acho o fim da picada, viu, depois de três meses! Pra dar uma notícia triste assim, tinha pelo menos que me pagar um chope...
NELSON	– (*sem jeito*) Bom... é que... (*mais seguro*) Por que essa ideia de chope?
HELOÍSA	– Porque eu ia passando com uma amiga e te vi, anteontem. Perto da hora do almoço. Tomando chope.
NELSON	– Anteontem? (*lembra*) Ah, eu moro ali. Do lado daquele bar.
HELOÍSA	– (*sedutora*) Então? Quando?
NELSON	– Se você quiser... amanhã, eu acho... Que hora que termina a tua aula?

Corta para:

Cena 21: QUARTO DE FÁBIO E NATÁLIA (INT DIA ANOITECENDO)

Fábio discute com Natália.

NATÁLIA	– Hoje também, Fábio?
FÁBIO	– Você acha que pra mim é divertido passar a noite com um chato, conversa de trabalho?

Natália senta-se, muito frustrada. Fábio separa documentos.

FÁBIO	– Não tô nada satisfeito com a vida que vem levando a Heloísa não. Esse cursinho... Preferia que tivesse repetido o ano no colégio, um bom educandário! Nesse cursinho nem se sabe direito quem dá aula, já ouvi dizer que muitos são estudantes ou recém-formados... Achava bom você dar um pulo lá, deve ter um responsável, você sente um pouco qual é o clima, pergunta pelo adiantamento... (*carinhoso*) Deixa eu ver um sorriso nesse rosto, meu amor, para com isso, não posso ir com você ao jantar porque vou aturar um chato que vem de Brasília só pra me ver, será que o mundo vai acabar por causa disso?

Corta para:

Cena 22: TERRAÇO DO MIRAMAR (INT-EXT DIA ANOITECENDO)

Maria Lúcia e João bebem alguma coisa, conversando. Não mostrar gente dançando, a locação nem precisa ficar muito caracterizada.

JOÃO	– Nervosa por quê?
MARIA LÚCIA	– Porque foram na casa do Fontoura, amigo do meu pai, conheço desde garota, foram na casa dele ontem! Levaram!
JOÃO	– Prenderam... assim? Mas como é que pode? O que foi que ele fez?
MARIA LÚCIA	– (*amarga*) Você que tá no movimento devia saber melhor que eu.

João lhe faz um carinho. Tempo.

MARIA LÚCIA	– Lá em casa foi sempre assim, mesmo antes de ditadura. Medo, viu, João, a gente sem saber se... de repente...
JOÃO	– Um homem tá errado em acreditar nas suas ideias?
MARIA LÚCIA	– Nunca pedi pro meu pai pensar diferente. (*sofrida*) Só fico torcendo pra tomar mais cuidado, você também... Cada minuto de atraso toda vez que a gente se encontra... Quase toda noite reunião de diretório, panfletagem, pichação...
JOÃO	– (*meigo*) Eu entendo. Amanhã à noite, realmente vou ter uma reunião sobre os efeitos da Lei Suplicy. Mas eu tava achando que a gente podia pegar um teatro à tarde, tem entrada pra estudante...
MARIA LÚCIA	– (*contente*) Amanhã?
JOÃO	– A peça do Oficina. Sei que você também tá louca pra ver. Eu podia te pegar na faculdade, a gente come alguma coisa, tem uma exposição do Antonio Dias na Relevo, acho que dava tempo... A matinê é às quatro horas, na Maison.
MARIA LÚCIA	– (*feliz*) A tarde inteira do teu lado?
JOÃO	– (*meigo*) Onze e meia no bar da faculdade.

Close de Maria Lúcia, feliz.
Corta pra:

Cena 23: APTO. DE MARIA LÚCIA – QUARTO (INT NOITE)

Maria Lúcia conversa com Damasceno, antes de dormir.

DAMASCENO	– (*meigo*) O João é um rapaz responsável, minha filha. Será que eu preciso defender pra você as posições dele? A validade de uma briga que/ Claro que não é só por diretório livre que ele tá lutando, a briga é bem maior que isso, é... por um país melhor, por igualdade de chances, por justiça social...
MARIA LÚCIA	– Eu tenho medo.
DAMASCENO	– Por que que não se liga então a um homem acomodado, que se contente com um salário melhorzinho no fim do mês e o mundo que se dane? Por tudo a gente paga um preço. Eu sei que você merece mais do que ninguém... uma vida direita...
MARIA LÚCIA	– Segurança. Pelo menos saber que o homem que eu escolhi vai tá lá, na hora que combinou, que não vão bater na minha porta no meio da noite pra... (*passa medo, horror*)

Damasceno	– Segurança total, será que existe, Maria Lúcia? Na mediocridade existe uma segurança relativa, ou pelo menos uma... aparência de segurança. Mas será que uma moça inteligente como você era capaz de preferir isso a... ao calor? O fogo? A paixão?

Maria Lúcia esboça um sorriso, pensativa. O pai lhe faz um carinho e sai do quarto.
Close de Maria Lúcia, pensativa.
Corta para:

Cena 24: PÁTIO E BAR DA PUC (EXT DIA)

Manhã seguinte. Alunos passando. Maria Lúcia despede-se de Lavínia.

Lavínia	– Não quer carona da Cláudia?
Maria Lúcia	– Hoje não. (*orgulhosa*) O João vem me buscar pra gente passar a tarde juntos, vamos ver *Pequenos-burgueses*.
Lavínia	– (*afastando-se*) Dá um beijo nele.

Corta descontínuo para bar da faculdade, uns 15 minutos depois, Maria Lúcia esperando, olha o relógio. Passam figurantes.

Corta descontínuo para uma hora depois, Maria Lúcia totalmente sozinha no bar, sentada em algum lugar sem conforto, sentindo-se muito por baixo. De repente, vê um rapaz se aproximar, acha que é João, reage, <u>decepção marcante</u>, é Edgar. Edgar aproxima-se.

Edgar	– Oh, Maria Lúcia, a culpa é minha, quer dizer... uma batida de ônibus... nunca vi o trânsito no Jardim Botânico tão engarrafado. Prometi pro João que você não ia esperar nem cinco minutos...
Maria Lúcia	– Pro João?
Edgar	– Ele ficou preso porque mudaram a hora duma reunião lá de diretório, parece que ia ser de noite... Pediu preu te avisar. Te liga assim que terminar essa reunião.

Decepção marcante de Maria Lúcia. Tempo.

Edgar	– Essa hora... os dois de estômago vazio... o mínimo que eu podia fazer era te convidar pra almoçar.
Maria Lúcia	– (*triste*) Vamos.

Corta rápido para:

Cena 25: CURSINHO PRÉ-VESTIBULAR (INT DIA)

Movimento de alunos entrando em sala depois de intervalo. Heloísa cruzou com Avelar, que vai dar aula.

Heloísa	– Dentista. Não tinha outra hora. Depois eu pego as anotações da Rute.

Reação de Avelar, não acredita. Mas acha Heloísa divertida.

Corta rápido para:

Cena 26: BAR (EXT DIA)

Heloísa e Nelson bebem chope. Heloísa paquerando.

HELOÍSA — Não sei pra que morar na França. A maior parte do tempo um frio de mico, quase todo francês que eu conheço o maior sonho é vir pra cá, pegar um sol, curtir essa praia linda...
NELSON — Nem sei se vou, Heloísa. A única coisa concreta mesmo é que eu tô me virando pra arrumar essa passagem...

Corta rápido para:

Cena 27: CURSINHO PRÉ-VESTIBULAR (INT DIA)

Alunos saindo. Aula de Avelar terminou. Quando saem todos os alunos, Avelar recolhe seus pertences para ir embora, Natália entra. Está especialmente atraente, roupa casual e jovem. Avelar olha.

AVELAR — Se é pra se inscrever a secretaria agora tá fechada, reabre às duas.
NATÁLIA — *(constrangida)* Me inscrever? Não, eu... não sei se estou com o endereço certo... Eu tô procurando uma aluna, Heloísa Andrade Brito.
AVELAR — Ih, sua amiga já se mandou faz um tempo... Falou que ia pro/
NATÁLIA — *(corta)* Não é propriamente minha amiga... Eu sou... mãe da Heloísa.

Avelar se aproxima, sua presença de macho atraente deve fazer Natália ficar um pouco tensa.

AVELAR — *(acha jovem demais)* Mãe?

Close de Natália, ainda mais constrangida.
Corta para:

Cena 28: REDAÇÃO DO *CORREIO CARIOCA* (INT DIA)

Movimento normal. Damasceno e Ubaldo num canto, tensos.

UBALDO — O Fontoura?
DAMASCENO — Invadiram a casa, reviraram tudo, levaram preso. Tá assim mesmo, Ubaldo, tão caindo em cima do pessoal todo, até simpatizante, intelectual...
UBALDO — Você... na sua casa... não tem nada assim? *(expressão: comprometedor)*
DAMASCENO — Meus livros... Talvez o mimeógrafo onde a minha filha roda apostilas pra aulas particulares, porque o namorado também usa, de vez em quando...

Reação de Ubaldo, preocupado.

Corta para:

Cena 29: PRAIA DE IPANEMA (EXT DIA)

Zuleica, uma vizinha, na praia com Dolores.

ZULEICA — Deu no rádio, Dolores, confusão aí numa faculdade com esses estudantes comunistas, por mim tinham mesmo era que baixar o cacete, sabe?

DOLORES — Mas esse negócio de invadir casa dos outros, Zuleica, pegar livro, levar preso...

ZULEICA — Tem que cortar o mal pela raiz, cumé que vai moralizar com livro subversivo solto por aí, ah, eu fazia uma fogueira bem alta!

Corta rápido para:

Cena 30: APARTAMENTO DE MARIA LÚCIA (INT DIA)

Muita agitação de dia a dia bagunçado na abertura desta cena. Maria Lúcia acaba de entrar com Edgar. Carmen grita com Caramuru porque Dagmar está gritando com a filha Leila, tevê ligada, se Carmen não gritar Caramuru não ouve. Falam ao mesmo tempo. Campainha vai tocar e Dagmar vai abrir a porta, com apetrechos de limpeza na mão.

CARMEN — Pergunta pro porteiro da noite se não quer pudim de pão!

DAGMAR — *(brigando com Leila)* Que ver Rintintin uma hora dessas, menina, desliga essa porcaria, vá fazer o dever do colégio!

CARAMURU — Comprar pão pra senhora?

CARMEN — Não! Pergunta pro porteiro da noite se não quer um pedaço do pudim de pão, eu não faço mais, ninguém come, fica rolando.

DAGMAR — *(a Carmen)* Feijão tem, dona Carmen, mas dobradinha não sobrou pra dois não!

MARIA LÚCIA — *(a Dagmar)* Precisa não, Dagmar, a gente almoçou na rua, brigada.

Dagmar já abriu a porta, João vem entrando carregado de embrulhos, são montanhas de panfletos, o amigo Marcelo ajudando.

JOÃO — Dá uma mão aqui, Edgar. *(a Maria Lúcia)* Confusão horrível, Lúcia, a repressão arrebentou com uma assembleia lá na Engenharia, cassetete, bomba de gás lacrimogêneo... *(Edgar e Marcelo vão levando os embrulhos de panfletos para o quarto, seguidos por João, que é seguido por Maria Lúcia, irritada)* A Marininha, lá da Filosofia, machucou o rosto com um estilhaço.

Corta para o QUARTO: enquanto João fala, vai tirando estênceis de uma pasta e pondo o mimeógrafo para funcionar. Edgar e Marcelo empilhando os embrulhos de panfletos. Maria Lúcia entrando. Durante o diálogo, detalhar um dos embrulhos de panfletos, título: "CHEGA DE REPRESSÃO". Nenhuma interrupção de ritmo de diálogo.

JOÃO	– (*exaltado*) A gente vai levar o protesto pra rua ditadura deixando ou não deixando, essa manhã fecharam mais um diretório.
MARIA LÚCIA	– (*irritada*) Você nem ao menos me pede desculpa de ter me deixado plantada?

Edgar faz sinal a Marcelo que devem sair, vão saindo.

JOÃO	– (*meigo*) Desculpa, meu amor, o Edgar não levou o recado? É que/
MARIA LÚCIA	– (*corta*) <u>Uma hora</u> plantada feito uma idiota e nem pede desculpas?
JOÃO	– Fica calma... Me ajuda aqui a rodar esses últimos panfletos, a situação tá muito braba.
MARIA LÚCIA	– Braba tô eu, João, nem vem que não tem porque paciência tem limite!
JOÃO	– (*meigo*) Desculpa, Lúcia, te juro que não vai mais acontecer, eu te adoro, só quero ser uma coisa boa na tua vida...

Corta rápido para Edgar abrindo a porta, na SALA, campainha acabou de tocar. Na sala, além dele, Carmen, Leila, Caramuru entrando na cozinha, Marcelo. Dagmar varre o corredor dos quartos. Entram três homens de terno, o chefe é Camargo, do capítulo 2. Reações gerais de medo. Nem um segundo sem diálogo até o final da cena.

CAMARGO	– Orlando Damasceno é aqui, não é? Inspetor Camargo, ordem de busca.
CARMEN	– (*quase gritando*) O meu marido não está! Deixa pelo menos eu ligar pro meu marido, no jornal!
JOÃO	– (*vindo do quarto, uma pilha*) Fica calma, dona Carmen, ninguém vai revistar casa de ninguém assim não, o senhor tem mandado?

(Durante a discussão, bem forte, enquanto João enfrenta Camargo, Edgar fica perto do corredor.)

CARMEN	– Não é justo, eu devo ter o direito de telefonar pro meu marido!
CAMARGO	– (*firme*) Eu estou tratando a senhora com gentileza e civilidade, não admito histeria porque/
JOÃO	– (*corta, galo de briga*) Eu perguntei se o senhor <u>tem mandado</u>!
MARIA LÚCIA	– (*ao mesmo tempo, entrando*) Para com isso, João!
CAMARGO	– (*a João*) Estou aqui pra executar uma diligência, assunto de segurança nacional!
JOÃO	– (*agressivo*) Tá dizendo que é inspetor, deve saber o que é um mandado!
CAMARGO	– Me respeita, ô moleque, te boto em cana sem mandado nenhum!
MARIA LÚCIA	– (*ao mesmo tempo, bem histérica, a João*) <u>Para com isso</u>!
JOÃO	– Sem mandado de busca o senhor não tem o direito de revistar lugar nenhum!
CAMARGO	– Você é o quê do Damasceno, ô garoto?
MARIA LÚCIA	– (*gritando*) Não discute, João!

Anos rebeldes
Gilberto Braga

CAMARGO	– (*aos policiais*) Se tá criando tanto caso só pode ser porque tem coisa pra esconder.

João vacila, olha rapidamente em direção ao quarto onde estão os panfletos. Durante a discussão, Edgar consegue ir discretamente para o quarto e faz sinal para que Dagmar entre. Devemos mostrar esta ação, sem frisar demais. Clima muito tenso. (As janelas das salas dão para a rua e a do quarto para um pátio interno.)

CAMARGO	– Tá escondendo o quê?
JOÃO	– Por que que o senhor acha que eu tô escondendo alguma coisa?
CAMARGO	– Quem faz pergunta aqui sou eu, ô garotão. E antes de mais nada eu quero saber o que é que você tem a ver com o Damasceno.
JOÃO	– (*enfrentando*) Sou namorado da filha dele, tem alguma lei proibindo?

Corta rápido para o QUARTO. Apenas um take. Edgar com um dos enormes embrulhos com panfletos na mão, falando com Dagmar.

EDGAR	– (*baixo*) O Caramuru ainda tá aí?
DAGMAR	– Deve tá na cozinha.
EDGAR	– Me ajuda aqui, Dagmar, depressa!

Corta rápido para a SALA, onde a discussão não parou.

CARMEN	– Não discute, João, eu sei que é pior!
CAMARGO	– Já que a senhora tá mostrando um pouco de bom-senso, tá aqui o mandado de busca.

Camargo tira o mandado do bolso e mostra a Carmen, que lê rapidamente, trêmula, enquanto João fala.

JOÃO	– Eu perguntei porque tenho ouvido casos que/
CAMARGO	– Cala essa boca ou eu perco a paciência!

Reação de Maria Lúcia, suplicante, pedindo a João para calar a boca. Muito ritmo.

CARMEN	– Eu só queria que o senhor deixasse eu ligar pro trabalho do meu marido, porque não acho justo que/
CAMARGO	– (*corta*) Quem resolve o que é justo aqui sou eu. Não tenho ordem pra prender ninguém, trata-se de uma busca rotineira, eu suponho que haja livros na casa...

Corta para o QUARTO. Um take muito rápido, Edgar e Dagmar jogando os grandes embrulhos de panfletos pela janela.
Corta rápido para:

Cena 31: ÁREA INTERNA DO PRÉDIO DE MARIA LÚCIA (EXT DIA)

Apenas um plano rapidíssimo. Área interna do edifício. Grandes embrulhos de panfletos caindo no chão e se abrindo, jogados de um andar alto. Close de um panfleto, título: "ABAIXO A DITADURA".

Corta para:

Cena 32: APARTAMENTO DE MARIA LÚCIA (INT DIA)

Continuação imediata da cena 30, na SALA. Clima muito tenso.

CAMARGO	– Não vai ligar pra ninguém, eu só vou revistar a casa, são quantos cômodos?

João vai falar, Maria Lúcia se adianta, mais calma, fazendo sinal para ele não se intrometer.

MARIA LÚCIA	– Tem as salas que o senhor tá vendo, dois quartos, banheiro, cozinha, dependências de empregada.
DAGMAR	– (*quer passar pra cozinha, faz jogo para a repressão deixar*) Posso... oferecer um cafezinho pros moços, dona Carmen?
CAMARGO	– (*a Dagmar*) Não precisa, minha filha. Vá fazer o seu serviço.

Durante o diálogo, Dagmar entra na cozinha, <u>vitoriosa</u>, e fecha a porta, conseguindo não chamar a menor atenção.

MARIA LÚCIA	– O senhor falou que... não tem ordem pra prender ninguém...
CAMARGO	– Não acredito que o Damasceno vá guardar nada muito quente aqui, mas com a atitude desse rapaz...

Reação de MARIA LÚCIA, morre de medo. Pela primeira vez, há um instante de silêncio na sala, os personagens se olham, com medo, mesmo João, que agora transpira, enxuga suor do rosto com um lenço. De repente, ouvimos barulho de <u>mimeógrafo</u>, no quarto ao lado. Maria Lúcia mais apavorada do que nunca. Olha João, olha Marcelo, não entende quem possa estar rodando mimeógrafo.

CAMARGO	– O que é isso?
MARCELO	– Só pode... só pode ser o Edgar...

Camargo caminha em direção ao QUARTO, seguido por João e Maria Lúcia, amedrontados. Câmera o segue e entra no quarto junto com eles. Com os personagens, descobrimos Edgar rodando um estêncil no mimeógrafo. Reação de muito medo de João e Maria Lúcia.

CAMARGO	– (*a Edgar*) Outro namorado?
EDGAR	– Amigo.

Camargo pega uma das folhas que Edgar está copiando. Lê com atenção. Durante o diálogo, entram os dois outros policiais.

EDGAR	– É um poema do Fernando Pessoa. A Maria Lúcia dá aulas particulares, faz essas apostilas, pros alunos e pruma senhora, que foi nossa professora, no Pedro II.

Maria Lúcia respira aliviada.

CAMARGO — (*aos policiais, olhando os livros*) Vamo lá, gente, pente fino na casa toda.

Os policiais começam a examinar livros, um por um. Um deles mostra a Camargo. O Estado e a revolução, de Lênin. Detalhar.

CAMARGO — Subversivo.

Corta rápido para:

Cena 33: ÁREA INTERNA DO PRÉDIO DE MARIA LÚCIA (EXT DIA)

Dagmar e Caramuru, atarantados, pegando os embrulhos desfeitos no chão e colocando dentro de grandes sacos. Rápido.
Corta para:

Cena 34: APARTAMENTO DE MARIA LÚCIA (INT DIA)

Abre no QUARTO, totalmente revirado. Os policiais terminando de separar obras de esquerda, que vão entregando a Camargo, que as separa numa pilha a ser apreendida. João, Maria Lúcia e Edgar muito tensos. Um policial entrega livro que acha duvidoso, pra Camargo examinar. Maria Lúcia vê e se aproxima de Camargo.

MARIA LÚCIA — (*chocada*) Isso aí é *A capital*, um clássico da literatura portuguesa, Eça de Queiroz!

CAMARGO — (*firme, separando*) <u>Comuna</u>!

Corta rápido para:

Cena 35: TERRENO BALDIO (EXT DIA)

Dagmar e Caramuru fazem uma grande fogueira com todos os panfletos que recolheram. Sensação de alívio dos dois. Um mendigo arruma no chão uma cama improvisada, para dormir. Close do mendigo, alheio a tudo.
Corta para:

Cena 36: APTO. DE MARIA LÚCIA (INT DIA)

O QUARTO todo revirado. Maria Lúcia e João sozinhos, muito tristes e altamente emocionados.

JOÃO — Não tinham o direito de invadir casa de ninguém, Lúcia, se a gente não lutar o que acontece é que/

MARIA LÚCIA — (*corta, dura, quase gritando*) <u>Quem lutou foi o Edgar</u>!

Tempo. João baixa a cabeça. Sabe que é verdade.

MARIA LÚCIA — Galo de briga é uma coisa, luta é outra! Teve sangue-frio, João, teve cabeça, enquanto você dava uma de herói que (*corta-se*) Se não fosse pelo Edgar no mínimo você e o Marcelo tavam em cana! E provavelmente o meu pai também!

João	– (*humilhado*) Fui burro, reconheço.
Maria Lúcia	– Foi infantil!
João	– (*balbucia*) Fui infantil.
Maria Lúcia	– Se não fosse por ele a gente tava/
João	– (*por baixo, corta, quase gritando*) <u>Quer parar de me humilhar</u>?
Maria Lúcia	– Desculpa, eu tô nervosa, não tinha intenção.
João	– É que às vezes vem uma vontade muito forte de enfrentar os meganhas e... (*gesto vago, quase chorando*) Eu agi mal, me desculpa.
Maria Lúcia	– Tá desculpado. Por essa burrada, João, mas não pelo resto. Porque nós dois... juntos, não dá mais não.

Close de João, muito triste.
Corta.

Fim do capítulo 4

Cena 1: APTO. DE MARIA LÚCIA – QUARTO (INT DIA)

João e Maria Lúcia, continuação imediata do final da cena precedente, os dois muito tensos e emocionados, Maria Lúcia tentando ser fria e racional.

João	– Terminar?
Maria Lúcia	– Claro!
João	– Você não pode tá falando sério, Lúcia, o que existe entre nós dois é/
Maria Lúcia	– *(corta, alterada)* Você não tem o direito de encher a boca pra vir falar do "que existe entre nós dois", <u>existe muito pouca coisa</u>!
João	– Eu tô reconhecendo que fiz uma burrada, tá certo que se não fosse pelo Edgar a gente agora ia/
Maria Lúcia	– *(corta)* Não tem nada a ver com o que acabou de acontecer, João!
João	– *(quase chorando)* Você tá de cabeça quente. Tá com raiva de mim, e com certa razão, porque eu me exaltei, não podia ter enfrentado o meganha, mas você desculpou, você sabe que/
Maria Lúcia	– *(corta)* Desculpei por esse incidente, eu não ia brigar com você por causa duma infantilidade, claro que qualquer ser humano tem o direito! Mas o resto eu não posso desculpar! O bolo na faculdade, a vida que eu venho levando, você acha que alguém ia conseguir aguentar, João?
João	– *(minimiza)* Eu queria que você entendesse que não deu preu ir ao encontro porque pintou uma situação de emergência! Eu tava saindo da aula de/
Maria Lúcia	– *(corta)* Vai ter <u>sempre</u> uma situação de emergência!

Tempo. João não sabe o que dizer.

Maria Lúcia	– Eu tô tentando fingir pra mim mesma que tá tudo bem, que tô segurando a barra, mas <u>não tô</u>! Eu me sinto sozinha! É triste. É muito duro. Eu sou nova demais pra me sentir sozinha!
João	– Eu reconheço que tenho falhado um pouco, Lúcia, eu prometo que de hoje em diante/
Maria Lúcia	– *(corta, segurando emoção)* Não tem de hoje em diante! Acabou! E já devia ter acabado há muito tempo. Não é por causa desses infelizes desses gorilas, eu já tinha resolvido antes, lá na faculdade, esperando, pra ir a uma porcaria dum teatro, uma exposição de pintura, toda contente porque uma vez na vida tava achando que ia poder ficar umas horas do teu lado, os colegas passando, mais de uma hora eu ali, esperando, com vergonha diante deles... perguntavam, ofereciam carona, com vergonha diante de mim mesma! *(tom)* Pro seu próprio bem e pro meu, <u>acabou</u>. A gente tinha combinado, João, era uma tentativa. Sem a menor chance de dar certo. Na sua vida vai ter sempre uma situação de emergência, uma assembleia... panfletagem... um muro pra pichar, se não tivesse você procurava!

João	– Você tá nervosa. Cê não acha melhor refletir um pouco antes de/
Maria Lúcia	– (*corta*) Tava na cara desde o começo que era impossível.

Tempo. João sofrendo.

Maria Lúcia	– Não fala mais nada, João, por favor. Por enquanto tá dando pelo menos pra... pra gente continuar amigo.
João	– (*quase chorando*) Vou abandonar a luta, Maria Lúcia? Como é que você acha que eu ia me sentir se/ (*corta-se*) A Marininha ferida... Meus companheiros todos lá... Essa manhã a gente soube que em Belo Horizonte/
Maria Lúcia	– (*corta*) Você acha que tudo o que acontece nesse mundo tá acontecendo a você, pessoalmente?

Tempo.

João	– De certa forma sim, porque quem é conivente com/
Maria Lúcia	– (*corta, muito triste*) Não precisa explicar, por favor. A minha impressão é dum disco, já até meio chumbado, arranhado... se repetindo na vitrola... desde que eu era criança... repetindo... (*sofrendo*) Vamos ser amigos, João. Tá mais que provado que não tem a menor chance.

João baixa a cabeça, reconhece que é verdade.
Corta para:

Cena 2: CURSINHO PRÉ-VESTIBULAR (INT DIA)

Avelar e Natália, algum tempo depois do final do capítulo precedente.

Avelar	– Resumindo, é isso aí. Na verdade, eu não vejo nenhum interesse real da Heloísa pelos estudos. Ela é muito boa gente, mas... aluna... (*gesto vago*)
Natália	– Eu não tô mais sabendo o que fazer. Ela é inquieta demais, sempre foi. Muitas vezes eu sinto a Heloísa tão distante de mim, quero me aproximar e... Desculpa eu tá tomando o seu tempo, professor, eu imagino como o senhor deve ser ocupado.
Avelar	– (*paquerando de leve*) Avelar, por favor. Só quem me chama de senhor é guarda de trânsito, quando vai dar multa. Infelizmente, porque até pouco tempo atrás ainda chamavam de você.

Natália olha o relógio. Está constrangida porque sente atração por Avelar.

Natália	– De qualquer maneira, eu tenho que ir andando porque marquei com uma amiga no bar da Aliança Francesa, já tá quase na hora e tô dependendo de táxi porque/
Avelar	– (*corta*) Te deixo lá! Eu tinha mesmo que passar na biblioteca pra devolver um livro, eu sou sócio.

Close de Natália, indecisa se aceita.
Corta para:

Cena 3: BAR DO CURSO DE FRANCÊS (INT DIA)

Avelar e Natália conversando. Menos movimento do que nas outras cenas que tivemos aqui, porque é mais cedo. Tomam cafezinho.

AVELAR	– Quando a Heloísa se interessa por um assunto quer logo saber tudo, pergunta, questiona, mas provas, notas... eu sinto que não dá valor.
NATÁLIA	– O pai dá, aí é que tá o problema.
AVELAR	– Ela já não completou o clássico? Na minha opinião, Natália, a gente tende a supervalorizar um pouco o ensino superior. Quem sabe a Heloísa não ia ser mais feliz fazendo alguma outra coisa?
NATÁLIA	– (*pensa nela própria*) Disso eu discordo, sabe, Avelar? Hoje em dia... uma mulher que não trabalhe...
AVELAR	– Não foi isso que eu falei. O que eu quero dizer é que nem todo trabalho interessante implica necessariamente formação universitária. Se eu tivesse uma filha... Puxa, preferia ver vendendo roupa numa boutique contente a... advogada sem preparo ou sei lá o quê. O importante, a meu ver, é a pessoa ter um interesse, um interesse real.
NATÁLIA	– Eu vou pensar bastante no que você tá dizendo. Mas eu queria... queria muito saber qual é o interesse real da Heloísa, sabe?

Avelar olha o relógio, verifica que está atrasado.

AVELAR	– Pena eu ter que ir embora. Se você achar que vale a pena eu bater um papo com ela...
NATÁLIA	– Por enquanto acho que não. Eu... vou conversar com o meu marido. Muito obrigada, você não podia ter sido mais gentil.
AVELAR	– (*charmoso*) Qualquer hora que eu possa ajudar em alguma coisa... você sabe onde me encontrar. Conta comigo.

Avelar sobe a escada. Natália fica olhando, um pouco impressionada.
Corta para:

Cena 4: BAR (INT ou EXT DIA)

Heloísa e Nelson na mesa de chope do capítulo precedente.

HELOÍSA	– A única conclusão que eu pude tirar é que eu devo fazer sempre aquilo que tô com vontade... seguir os meus impulsos...
NELSON	– (*paquerando*) E... nesse momento... você tá com vontade de fazer o quê?

Heloísa diz um segredo no ouvido de Nelson. Ele gosta da ideia.

NELSON — Tem certeza?

Heloísa faz que sim com a cabeça. Nelson faz sinal ao garçom para trazer a conta. Heloísa faz um carinho no rosto de Nelson.
Corta para:

Cena 5: QUARTO DO APARTAMENTO DE NELSON (INT DIA)

Cortina fechada, pouca luz, embora se note que é dia. Móveis precários. Disco na vitrola portátil. <u>Sonoplastia</u>: "Mascarada", de Zé Kéti e Elton Medeiros, arranjo de violão. Abre em travelling lento pela sala, livros espalhados, um violão, roupas de Heloísa e Nelson pelo chão, até chegarmos à cama, Heloísa e Nelson fazendo amor. Beijos muito sensuais, respiração ofegante.

HELOÍSA — *(depois de muitos ahs e ohs, balbucia)* Cuidado, Nelson, vem com carinho... é a primeira vez...

Nelson a larga, senta-se na cama, assustado. Heloísa tem um susto maior ainda.

NELSON — Você... tá brincando comigo, não tá?
HELOÍSA — Não, tô só falando com franqueza porque eu sei que na primeira vez/
NELSON — *(corta)* Você tá querendo me ver em cana?
HELOÍSA — Que isso, Nelson? Eu fui ao médico, tô tomando pílula, só falei porque/
NELSON — *(corta, nervoso, constrangido)* Filha dum dos homens mais importantes do país! Menor de idade!
HELOÍSA — Não sou menor de idade, fiz 19 anos em abril e de qualquer maneira/
NELSON — *(corta, nervoso)* Faz diferença? Prum homem que dá as cartas, feito o seu pai?
HELOÍSA — Mas eu não tô entendendo o que é que tem o meu pai a ver com/ *(corta-se)* Nelson, a decisão é minha!
NELSON — E o rabo é meu! Eu não tenho onde cair morto, garota, dou aula pra sobreviver, tô cavando essa viagem que/ *(corta-se)* Um cara feito o seu pai acaba de destruir a merda da minha vida com um peteleco!

Tempo. Heloísa chocada. Nelson sente que foi grosso. Aproxima-se, carinhoso, volta pouco a pouco a ficar excitado. Ela com raiva.

NELSON — Desculpa, vem, eu tô sendo exagerado, não tem motivo... Claro que tudo não dá... mas eu tô louco por você, vem... *(beijando, acariciando)* Dá pra gente se divertir... Tem muita brincadeirinha...
HELOÍSA — *(entregando-se, mas agora é pra sacanear)* Tá louco mesmo?
NELSON — *(beijando, com muito desejo)* Completamente...
HELOÍSA — *(excitando)* Bem louco?
NELSON — Nunca me senti assim com mulher nenhuma...

Heloísa levanta-se abruptamente, com muita raiva.

HELOÍSA — Pois então vai <u>chamar a sua avó</u> pra fazer brincadeirinha! (*vestindo-se, rapidamente*) Cafajeste, covarde!

Heloísa sai, com muita raiva, pra continuar a se vestir na sala. Close de Nelson, achando a situação inacreditável.
Corta para:

Cena 6: APTO. DE MARIA LÚCIA – QUARTO (INT NOITE)

Antes de dormir, Maria Lúcia conversa rapidamente com Carmen.

CARMEN — Não foi culpa do João... Seu pai foi o primeiro a admitir que podia ter sido bem pior, só levaram uns livros, tá acontecendo com todo o mundo!
MARIA LÚCIA — (*triste*) Eu não falei que foi culpa de ninguém.
CARMEN — Maria Lúcia... Se você... realmente gosta dele... Você tem certeza que tomou a decisão certa?
MARIA LÚCIA — (*contendo choro*) Não tinha outra.

Carmen sai do quarto, triste porque a filha está triste. Tempo com Maria Lúcia, muito triste. Deita-se na cama. Fica pensando em João. Consegue conter o choro.
<u>Sonoplastia</u>: *tema de amor do casal, até o final da cena seguinte.*
Corta para:

Cena 7: APTO. DE JOÃO – QUARTO (INT NOITE)

Os dois irmãos de João dormem profundamente. João começa a trocar de roupa, para dormir, mas está ansioso, não sabe o que fazer. De repente, resolve sair. Sai do quarto, para ir à rua.
Corta para:

Cena 8: RUA DE JOÃO (EXT NOITE)

A rua quase deserta. Abre em João, saindo do seu prédio, muito triste. Caminha um pouco. Passa um transeunte, passeando um cão. João vai se afastando, triste.
Corta para:

Cena 9: RUA DE MARIA LÚCIA (EXT NOITE)

João aproxima-se do prédio da namorada, muito triste. Fica olhando a portaria deserta. Tempo. Aproxima-se de uma árvore das redondezas. Encostado à árvore, tem uma violenta crise de choro. Tempo com João chorando.
<u>Sonoplastia</u>: *"Can't Take My Eyes Off Of You", por Frankie Valli and the Four Seasons. (começamos aqui pela segunda parte)*
<u>Edição</u>: *desde que Maria Lúcia fica sozinha, no final da cena 6, até o último plano desta cena, 1 minuto e 5 segundos.*

Corta para:

Cena 10: APTO. DE LAVÍNIA – SALA (INT NOITE)

Alguns dias mais tarde. Depois do jantar, comem sobremesa Queiroz, Yone, Lavínia, Gustavo, Edgar e Regina.

EDGAR	– Padrinho? Claro que aceito, Lavínia, entre tantos amigos... Bacana!
LAVÍNIA	– Você vai fazer par com a Heloísa. A Maria Lúcia e o João, depois da briga, não tô nem sabendo o que fazer.
YONE	– Tenho certeza de que muito breve a Maria Lúcia encontra o homem que ela merece, como outras encontraram...

Lavínia sorri, sem jeito. Corta descontínuo para depois do jantar, todos tomando cafezinho fora da mesa, servidos por empregada. Gustavo e Lavínia à parte.

GUSTAVO	– Teu pai não abriu a boca o jantar todo. Cê acha que ele tá chateado porque a gente só escolheu padrinho jovem?
LAVÍNIA	– É problema da editora, tá nervosíssimo, nada tá dando certo, sabe, Gustavo?

Corta para Yone com Regina.

YONE	– Era uma espécie de tradição, ele tirava férias em maio e nós fazíamos uma viagenzinha, às vezes até à Europa, alugávamos carro pra passear, só os dois... Esse ano fomos obrigados a cancelar, Regina, porque com essa crise...

Corta para Queiroz com Edgar, entusiasmado.

EDGAR	– Mas só reduzir custos, assim à primeira vista, num mercado tão competitivo, doutor Queiroz, não sei não... Talvez o que a editora esteja precisando é de um lançamento até... arrojado, sei lá, ideias novas... Nos Estados Unidos, por exemplo, eu li que tão editando muita coisa em fascículos...
QUEIROZ	– Você... trabalha, Edgar?
EDGAR	– Faço faculdade de manhã, emprego de meio expediente é muito difícil.
QUEIROZ	– Quer dar um pulo lá na editora amanhã de tarde, pra gente aprofundar um pouco essa conversa?

Corta rápido para:

Cena 11: BOATE (INT NOITE)

Animação. Jovens dançando. Mesma boate do capítulo 1. Sonoplastia: parte final de "(I Can't Get No) Satisfaction", de Jagger e Richard, pelos Rolling Stones. Heloísa muito animada, na pista, dando show de passos da época, com figurante bonito. Corta para mesa com Olavo, mais casal de figurantes jovens, conversando alegres. Corta descontínuo para

outra música *"See You in September"*, por *The Tempos*. Na pista, Heloísa dança com Olavo. Ela começa a seduzi-lo e Olavo fica excitadíssimo. Algum tempo na dança, sensualidade.
Corta para:

Cena 12: RUA DE HELOÍSA (EXT NOITE)

Heloísa e Olavo dentro do Gordini dele, na porta do prédio dela.
Rádio ligado: continua em bg a canção da cena precedente. Os dois se beijam. Longamente. Termina o beijo. Tom leve, quase comédia.

OLAVO	– Você me deixa maluco, Heloísa, mas eu queria que você me levasse um pouco mais a sério.
HELOÍSA	– Mais do que eu tô levando? Tomei essa decisão, Olavo, mais sério que isso, puxa. Teus pais não tão viajando? Vamo pra lá.
OLAVO	– Cê tá fazendo hora com a minha cara.
HELOÍSA	– Me leva que você vai ver.
OLAVO	– Heloísa, para de gozação!
HELOÍSA	– Que gozação?
OLAVO	– (*magoado*) Você é uma menina de família, nossos pais são amigos... Desde garoto, eu... você sabe que eu sou louco por você... eu quero me casar com você.
HELOÍSA	– Eu não acredito no que eu tô ouvindo! Será que a gente não trocou os diálogos não, Olavo?... Vamo começar de novo, você é quem tem que me passar uma cantada e eu/
OLAVO	– (*corta, romântico*) Heloísa, eu sempre sonhei com você como a mãe dos meus filhos!
HELOÍSA	– Será que eu tenho cara de mãe de filho de alguém?
OLAVO	– Não fala assim. Eu sempre gostei tanto de você! a/
OLAVO	– (*corta*) Você própria tá confirmando que é virgem!
HELOÍSA	– E te garanto que não é por minha culpa.
OLAVO	– Mas que jeito de falar! Como é que eu vou levar a garota com quem eu sonhei a vida inteira, pra/ (*corta-se*) Heloísa, vamos ficar noivos! Se você topar ficar noiva, aí sim, tenho certeza que o teu pai vai concordar... Não sou nenhum quadrado, basta a gente marcar casamento que no dia seguinte mesmo eu... puxa... nem acredito no que eu tô falando... eu sonhei com você a vida inteira!
HELOÍSA	– E só me leva pra cama se eu aceitar ficar noiva.
OLAVO	– Falando assim parece até que/ (*corta-se*) Heloísa, tenta compreender, eu quero você como/
HELOÍSA	– (*corta*) Eu entendi muito bem como você me quer, Olavo. E quer saber de uma coisa? Não aparece nunca mais na minha frente! (*sai do carro e bate a porta, com raiva*) Frouxo!

Close de Olavo, sem saber o que fazer.

Corta para:

COMERCIAIS

Cena 13: APARTAMENTO DE AVELAR – SALA (INT NOITE)

Avelar parou um instante de corrigir provas, pra conversar com Ubaldo, que come uma pizza. Waldir afastado, vendo TV. Logo no início, boceja, desliga o aparelho e vai dormir, dando tchau pros outros sem atrapalhar o ritmo do diálogo que não lhe interessa.

AVELAR — *(no primeiro instante da cena)* Linda, Ubaldo. Sabe mulher que até saindo do banho deve ter um... cheiro diferente... uma mulher que você não consegue imaginar andando na rua, feito todo mundo...

UBALDO — Não consegue imaginar porque nem anda na rua mesmo, né Avelar, granfina! O motorista abre a porta, ela sai do carro, entra na loja, vai assinando os cheques e o povo que tome! *(tom)* Mas parece um mulherão mesmo, cê nunca tinha visto foto em coluna social não?

AVELAR — Já fiz muita coisa esquisita na vida, mas ler coluna social não cheguei a tanto. Conheço classe dominante não é de hoje, Ubaldo, ainda mais mãe de aluna, puxa. *(gamado)* Essa Natália é diferente. Não tem aquela arrogância típica, não é bem isso que eu quero dizer... Sabe um ar complacente que elas todas têm quando/ *(corta-se)* <u>Carente</u>! Manja mulher que faz charme de carência? Ela não faz, Ubaldo, ela <u>tem</u> o charme da carência.

UBALDO — Achava melhor você não embarcar em canoa furada, hein, rapaz! Mulher de milionário, mãe de aluna sua...

AVELAR — Que canoa, rapaz, tá louco? Nunca mais vou nem ver. Só tava falando por falar...

Corta para:

Cena 14: PORTA DA EDITORA DE QUEIROZ (EXT DIA)

Manhã seguinte. Plano geral de localização.
Corta para:

Cena 15: ESCRITÓRIO DE QUEIROZ NA EDITORA (INT DIA)

Abre na ANTESSALA. Maria Lúcia diante de Kira.

MARIA LÚCIA — Meu pai pediu preu passar e pegar o cheque, dona Kira. O que precisar assinar eu levo e trago depois, ou entrego pra Lavínia.

KIRA — Um instantinho só que eu tinha separado aqui.

Edgar sai da sala, em clima de trabalho. Não vê Maria Lúcia de imediato.

EDGAR — Dona Kira, eu tava precisando daquela lista de tradutores pra/ *(vê Maria Lúcia, reação de surpresa)* O que é que você tá fazendo aqui?

Corta descontínuo para dentro da SALA, Edgar e Maria Lúcia.

EDGAR — Então eu aceitei, porque além da experiência e uma graninha pouca mas que sempre ajuda, conta como tempo de estágio na faculdade, e eu acho o doutor Queiroz muito bacana. Pensei que a Lavínia tinha comentado, comecei já faz três dias.

Maria Lúcia sorri, está um pouco triste.

EDGAR — E você? Me conta de você.
MARIA LÚCIA — Acho que não tenho nada pra contar. Da faculdade pra casa, de casa pra faculdade, umas aulas particulares... Sempre um certo medo de acontecer alguma coisa com o papai...
EDGAR — O Waldir falou que te viu em algum lugar... Ah, o filme do Truffaut!
MARIA LÚCIA — Lindo. Fui com a Jurema, a Françoise Dorléac é o máximo.
EDGAR — A gente podia, um dia desses... (*corta-se*) Ei, um dia desses não, pera aí... (*liga interfone da época*) Dona Kira, a senhora pode chegar aqui um instante?

Maria Lúcia curiosa. Kira entra.

EDGAR — Dona Kira, o que eram mesmo umas entradas pra logo mais que o doutor Queiroz perguntou se eu queria?
KIRA — Uma apresentação dos vencedores desse festival de música da TV Excelsior... Naquele auditório onde era o Cinema Astória...
EDGAR — (*a Maria Lúcia*) Topas?
MARIA LÚCIA — Tô meio cansada, tenho prova amanhã, mas... em Ipanema mesmo... Ah, topo sim, Edgar. Bem que eu tô precisando dar uma arejada.

Corta rápido para:

Cena 16: SEQUÊNCIA EM PRETO E BRANCO

Música: "Arrastão", de Edu Lobo e Vinicius de Moraes, por Elis Regina, 2 minutos e 15 segundos na edição.
A sequência vai de abril a 27 de outubro de 1965, vamos <u>intercalar</u> dia a dia de personagens com acontecimentos gerais do país e política. Dessa vez, vamos tentar aqui já uma cronologia definitiva.

a) **AUDITÓRIO DE TEATRO (INT NOITE)** *Edgar de gravata com Maria Lúcia, atentos, em plateia de teatro. Plano fechado. Dar impressão de auditório lotado com pouca figuração. (Podemos fazer este plano na mesma locação de teatro no final do capítulo apenas com outros figurantes, esta plateia aqui é paletó e gravata.)*

b) Elis Regina cantando "Arrastão", com os gestos característicos.

c) **TERRAÇO DO MIRAMAR (EXT DIA ANOITECENDO)** *Outro dia, roupas esportivas, o cabelo dela penteado de forma diferente da cena **a**, para ficar claro que estão saindo* *juntos uma segunda vez. Edgar e Maria Lúcia tomando um drinque e conversando, take rápido.*

d) **ÔNIBUS EM MOVIMENTO (INT DIA)** *João dentro de um ônibus em movimento, fazendo panfletagem, com Marcelo e companheiro.*

e) Elis Regina cantando "Arrastão". Plano de Edu Lobo sorridente, vitorioso pela primeira vez.

f) **CLUBE DE BASQUETE (INT ou EXT DIA)** *Edgar terminando uma partida e vindo em direção a Maria Lúcia, que o cumprimenta, sorridente.*

g) Manchetes de jornais informando sobre o acordo feito pelo MEC com a USAID.

h) **SALA DE AULA (INT NOITE ou DIA)** *João numa assembleia de estudantes, plano fechado, discursando contra o acordo. (Aproveitar locação de outra cena.)*

i) **APTO. DE JOÃO (INT DIA) SALA** *João, Marcelo e um colega figurante preparando cartazes de protesto contra o acordo MEC-USAID.*

j) **AGÊNCIA DE BANCO (INT DIA)** *Waldir trabalhando no banco.*

k) **TEATRO OPINIÃO (INT NOITE)** *Galeno servindo espectadores, no bar do Teatro Opinião. Cartaz do espetáculo* Liberdade liberdade. *Galeno feliz e orgulhoso.*

l) Imagens de passeatas estudantis de protesto contra o acordo MEC-USAID.

m) **BAR (INT ou EXT DIA)** *Edgar e Maria Lúcia tomando sundae, contentes, conversando.*

n) **RUA (NOITE)** *João, Marcelo e um companheiro terminando de fazer pichação em muro, noite. Escrevem: LIBERDADE! Correm para carro de companheiro que os espera. (Locação já usada, fora do COLÉGIO DE MARCELO, sem que o público perceba que estamos na mesma locação.)*

o) **PORTA DE CINEMA QUE NÃO O PAISSANDU (INT DIA ou NOITE)** *Maria Lúcia, Edgar, Lavínia e Gustavo saindo de uma sessão de cinema. Cartaz do filme* Adeus às ilusões (The Sandpiper).

p) **BOATE (INT NOITE)** *Heloísa dançando com um figurante bonito em boate. Mesma locação do capítulo 1 e deste capítulo. (A que tivemos numa sequência em preto e branco com Natália e Fábio deve ser outra boate, que será usada mais tarde.)*

q) Filme de desfile de modas (de preferência) ou fotos e notícias: Mary Quant lança a minissaia. É importante que fique claro que neste período aqui Mary Quant lançou a minissaia.

r) Imagens das eleições para governador do estado.

s) Manchetes de jornais mostrando a vitória de Negrão de Lima na Guanabara e Israel Pinheiro em Minas.

t) Manchete de jornal informando que Carlos Lacerda retira sua candidatura à presidência.

u) PORTA DO PRÉDIO DE MARIA LÚCIA (EXT NOITE) Perto da porta de sua casa, Maria Lúcia e Edgar finalmente beijam-se na boca. (Os beijos dos dois nunca podem passar a paixão que devem passar os beijos de Maria Lúcia e João.)

v) Castelo Branco em alguma solenidade oficial.

w) Manchetes de jornais informando a assinatura do Ato Institucional número 2. Que fique claro o cancelamento de eleições presidenciais. Fim da sequência.

Cena 17: APARTAMENTO DE MARIA LÚCIA (INT NOITE)

No QUARTO de Maria Lúcia, conversa sobre política, com Damasceno, Salviano, João, Marcelo e um estudante figurante. Clima tenso.

DAMASCENO	– Pera aí, gente, também não vejo motivo pra entregar os pontos, tem que haver uma reação da sociedade, da inteligência!
SALVIANO	– Vamos usar todas as formas possíveis de protesto!
MARCELO	– (*indignado*) Por quanto tempo será que essa gente vai querer ficar no poder?
JOÃO	– (*triste*) Ano que vem eu ia votar pra presidente da República pela primeira vez.

Corta rápido para a SALA DE JANTAR, na penumbra, Maria Lúcia no seu somiê, Carmen ao lado, despedindo-se.

CARMEN	– Nem cumprimentou o João?
MARIA LÚCIA	– (*triste*) Deixa eu dormir, mãe... Tô com sono...

Carmen se afasta. Close de Maria Lúcia, apaixonada por João. Entra voz dele, de longe, na sala ao lado, sobre o close dela.

JOÃO	– (*off*) Eu vou saber amanhã qual é a posição do pessoal do diretório!

<u>Arranjo romântico de "Discussão"</u> *cobre as palavras seguintes de João. Uma lágrima rola do rosto de Maria Lúcia.*
Corta para:

Cena 18: APTO. DE JOÃO – QUARTO (INT NOITE)

Os irmãos dormem. João acaba de se despir, para dormir de cueca. Entra a velha empregada Talita, de camisola e penhoar precário, nas mãos um copo de vitamina de abacate. Fala baixinho.

TALITA	– Nem tocou no jantar que eu deixei no forno, João Alfredo.
JOÃO	– Comi um sanduíche na rua.
TALITA	– Sanduíche num alimenta não. Toma aqui sua vitamina de abacate que cê gosta. E vê se amanhã chega mais cedo, pra num tá azucrinando a cabeça do seu pai.

João sorri, enternecido. Talita sai e ele começa a tomar a vitamina. Antes de se deitar na cama, olha foto de Maria Lúcia colada na porta de dentro do seu armário. Fica triste. Deita-se na cama e fica pensando nela, um tempo.
Corta para:

Cena 19: APTO. SALVIANO E SANDRA – SALA (INT DIA)

Manhã seguinte. Salviano e sua filha Sandra tomam café da manhã como dois amigos que se dão bem. Abrir em mala pronta, no chão.

SANDRA	– Quantos dias fora, pai?
SALVIANO	– Três, quatro, no máximo. Marcaram essa reunião do comitê em Minas, por medida de precaução, o Damasceno não vai poder ir porque tá cheio de trabalho no jornal.
SANDRA	– Vocês têm que encontrar alguma forma de protesto muito clara, sabe? Lá na faculdade, a gente bem que tentou, mas a primeira bomba de gás lacrimogêneo só deu mesmo foi pra dispersar. Aquele rapaz que namorava a Maria Lúcia escapou por um triz.
SALVIANO	– Ela e o João Alfredo não tão mais namorando?
SANDRA	– Pelo que eu sei brigaram faz tempo, ela tá com um cocoboizinho aí bem mais apropriado pra ela, se você quiser a minha opinião.
SALVIANO	– Boa menina, Sandra, que implicância!
SANDRA	– Individualista, não dá a menor força pro pai!
SALVIANO	– Muito garota.
SANDRA	– Me apresentou uma colega, lá na Aliança, acho que mais nova que ela, filha de milionário. A Heloísa sim, vou te contar, eu acho que idade não tem nada a ver com nada, a Maria Lúcia é medíocre, superficial, vamos ficar tentando tapar o sol com a peneira só porque é filha dum homem maravilhoso?

Salviano já pegou sua mala. Vai partir. Dá um beijo na filha.

SANDRA	– *(meiga)* Cuidado, pai.
SALVIANO	– Se eu conseguir ligação, te telefono logo mais, por volta de meia-noite.

Corta para:

Cena 20: BAR DO CURSO DE FRANCÊS (INT DIA)

À tarde, movimento normal. Natália com uma amiga. Interessam-nos Heloísa e Sandra, bem à parte.

SANDRA	– Acho típico, viu, Heloísa, não me espanta nem um pouco. Um é um covarde, que eu até desculpo por causa da posição do teu pai. E o outro é um panaca que quer casar com uma mulherzinha mais panaca do que ele no esquema que a gente tá sabendo muito bem.

Heloísa	– Mas entender a cabeça deles não resolve o meu problema não. Será que algum dia esses caras vão conseguir nos ver como gente, Sandra?

Corta rápido para:

Cena 21: TERRAÇO DO MIRAMAR (EXT DIA-ANOITECENDO)

Figuração de dança. Sonoplastia: "There's A Kind Of Hush", de Stephens e Reed, pelos Herman Hermits. Planos de jovens dançando. Corta para mesa, com Edgar e Maria Lúcia, tomando drinque fraco.
Conversam, em clima de namoro.

Edgar	– Será que ele vai chegar ao ponto de ter que pedir empréstimo em banco pra pagar os funcionários? (*triste*) Um homem tão legal, Maria Lúcia.
Maria Lúcia	– Tinha que ter os pés um pouco mais na terra. Esse romance americano ele não tá querendo editar por quê?
Edgar	– Porque leu e achou ruim, vulgar. Pior que é verdade, tremendo caça-níqueis.
Maria Lúcia	– Tá aí uma atitude que eu admiro.
Edgar	– Toda editora séria tenta balançar um pouco, puxa, não dá pra ser tão radical. Ele não tem a menor chance de sobrevivência se não mudar completamente a linha, tá pendurado até a raiz dos cabelos! No lugar dele, que atitude você tomava?
Maria Lúcia	– Não sei... Pra não deixar a editora ir à falência acho que publicava até pornografia. Mas eu não sou dona de editora nenhuma, vem dançar.

Edgar e Maria Lúcia caminham até a pista de dança. Sonoplastia, aumentar bastante o volume da canção quando termina o diálogo. Na pista, Edgar e Maria Lúcia dançam de rosto colado, por algum tempo, mas sem o fogo da paixão das cenas com João. Algum tempo com os dois dançando. Quem deve fazer carícias é ele.
Corta para:

Cena 22: RUA DE MARIA LÚCIA (EXT NOITE)

Edgar e Maria Lúcia parados na porta do prédio dela. Sonoplastia: música da cena precedente morre aos poucos. Beijam-se, ele tem uma atração louca. Ela com bem menos desejo. De repente, Edgar lhe faz alguma carícia mais íntima e Maria Lúcia se retrai. Afasta-se.

Edgar	– Por que isso?
Maria Lúcia	– Muito tarde. Té manhã.
Edgar	– Poxa, Maria Lúcia, você tá agindo da forma mais convencional que/ (*corta-se*) Eu sei que você não é assim.
Maria Lúcia	– Eu preciso de tempo, só isso.

Edgar	– Já foi época, né? Hoje em dia, quando um casal se gosta de verdade...
Maria Lúcia	– Não tô falando que você tá errado. Só que eu preciso de um tempo. (*dá um beijinho na boca, meiga*) Té manhã.
Edgar	– Sonha comigo.

Maria Lúcia entra no prédio. Um instante com Edgar, frustrado.
Corta para:

Cena 23: SALÕES DO APARTAMENTO DE HELOÍSA (INT NOITE)

Reunião dos sábados, com uns 15 jovens conversando, no clima habitual. Já estamos em novembro de 65. Presentes Heloísa, Galeno, Waldir, Maria Lúcia, Edgar, Sandra, Lavínia, Bernardo, Gustavo, Nelson conversando com uma garota linda. Vitrola ligada. <u>Sonoplastia</u>: *"Roda", de Gilberto Gil e João Augusto, por Gil, até o final da cena. Abre em Heloísa com Lavínia, fofocando sobre a presença de Nelson com a garota bonita. Planos do casal enquanto elas falam.*

Lavínia	– Pensei que você tinha desistido das aulas de violão.
Heloísa	– O Nelson tava falando que ia pra Paris, achei melhor interromper. Mas depois soube que ele não tinha viajado, recomecei. Ele ensina bem, sabe? Pra professor de violão serve.

Corta para Bernardo com um figurante. Durante o diálogo, Heloísa relaciona-se a Galeno.

Bernardo	– Não sou reacionário coisa nenhuma! Só estou defendendo a dignidade pessoal do Castelo, me aponta um presidente da República que a gente tenha tido com esse grau de integridade! Isso aqui sempre foi uma terra de roubalheira, o homem é honesto, Marcos, quero ver alguém dizer <u>isso</u> contra!

Corta para Galeno com Heloísa.

Heloísa	– Desistiu de escrever a peça por quê?
Galeno	– Terminei o primeiro ato, Heloísa, dei pruns amigos julgarem... A opinião foi unânime: comercialmente muito arriscada, pressa época de crise. E pro segundo ato eu ia precisar no mínimo de uns oitenta figurantes, pra cena de incêndio da cidade, sabe como é, peça brechtiana! Resolvi partir pro cinema. Produção modesta, eu acho que a saída é o Cinema Novo: uma ideia na cabeça e uma câmera na mão! Ontem à noite... eu estava inspirado... Escrevi trinta laudas de roteiro, de um só sopro! Se a modéstia não me impedisse, eu diria que lembra um pouco a construção operística do Glauber! (*tom*) Se você quiser... (*paquerando*) podia dar uma passada lá em casa, um dia desses... eu lia pra você em voz alta...

| HELOÍSA | – Não sei se tô com vontade de ouvir roteiro de cinema em voz alta não, Galeno (*safada*), mas dar uma passada na sua casa, uma tarde dessas... É bem possível, sabe? Deixa só eu pensar mais um pouco. |

Heloísa se afasta. Galeno fala um instante sozinho.

| GALENO | – Ei... Pensar em quê? |

Corta para Waldir com Gustavo.

| WALDIR | – A maior surpresa, Gustavo, com menos de dois anos de banco, minha segunda promoção, tô com função de muita responsabilidade, reconhecendo assinatura! |
| GUSTAVO | – Sinal que você trabalha direito, só isso. |

Corta para Edgar aproximando-se de Maria Lúcia, num canto. Ela parece triste.

EDGAR	– Tava te procurando... Cê tava sozinha aí?
MARIA LÚCIA	– Meio cansada.
EDGAR	– Vai desistir do cineminha sessão de meia-noite?

Maria Lúcia vai dizer que não quer ir, quando tem uma <u>reação forte</u>, porque vê João entrando, mordomo abrindo a porta. João entra com Marcelo. Os olhares dos dois se cruzam, de longe. Maria Lúcia tenta disfarçar sua emoção. Closes alternados.
Corta para:

COMERCIAIS

Cena 24: SALÕES DO APARTAMENTO DE HELOÍSA (INT NOITE)

Continuação da cena precedente. Maria Lúcia e Edgar. João vai se aproximar. Agora não há música.

MARIA LÚCIA	– Tô a fim de ir ao cinema sim, vê se mais alguém vai querer ir.
EDGAR	– (*com ciúme*) Por que ele chegou?
MARIA LÚCIA	– Ih, Edgar!
EDGAR	– Desculpa... Eu não tive intenção, mas é que fica difícil, viu, Maria Lúcia, cada vez que a gente se cruza, você...
MARIA LÚCIA	– (*nota que João está se aproximando pra cumprimentar*) Quer parar com isso!

Edgar entende. João chegou perto, cumprimenta.

| JOÃO | – Oi. |

Maria Lúcia cumprimenta fria, Edgar o amigo de sempre.

JOÃO	– Vocês tão sabendo da chopada na semana que vem?
EDGAR	– Que chopada?
JOÃO	– O Emídio ia te ligar, mas agora eu mesmo falo. Um ano de formados, né? O pessoal do colégio tá organizando essa chopada, um

reencontro só com as turmas mais chegadas. (*cruel, a Maria Lúcia*) Não tem perigo nenhum de pintar polícia, viu, Maria Lúcia, eu acho que você pode ir sem susto, é só pro pessoal se rever.

Corta rápido para:

Cena 25: BAR (EXT NOITE)

Lotando quase todo o bar, uns trinta ex-alunos do Pedro II tomando chope, alegres, em grandes mesas. Na mesma mesa, a que nos interessa, João, Edgar com Maria Lúcia sentados perto, Galeno, Waldir, Lavínia e Jurema. Abre em grito entusiasmado de colégio.

GALENO	– E pro Pedro II tudo ou nada?
TODOS	– Tudo!
GALENO	– Então como é como é que é?
TODOS	– Tabuada! (*tempo*) Três vez nove vinte e sete, três vez sete vinte e um, menos doze ficam nove, menos oito fica um, Zum-zum-zum, Paratimbum, Pedro II!

Corta descontínuo para João conversando com Waldir e outro colega, em frente a Edgar e Maria Lúcia. (Reações de Maria Lúcia, incomodada pela conversa. Perto de João, alguns ex-alunos dos mais politizados.)

WALDIR	– Justamente eles tão muito de olho no pessoal da Filosofia, João, eu acho que você tem que tomar cuidado.
JOÃO	– (*a outro colega, animado*) O Mauro tá superatuante lá na Arquitetura, né Mauro, tô sabendo!
WALDIR	– (*a João*) Vocês... não ficam com medo?
JOÃO	– De vez em quando, claro que fico, né Waldir? Outro dia, távamos fazendo uma pichação em Bonsucesso... passou uma patrulhinha, rapaz, eu suei frio... Mas o Marcelo teve muita presença de espírito, acabou levando os caras na conversa. (*olha Maria Lúcia, agora sério*) O que eu tenho medo, Waldir, é... de ter medo mesmo, sabe, porque se algum dia eu começar a ter medo... eu sei que na hora de fazer a barba vai ficar meio difícil de olhar a minha cara no espelho.
WALDIR	– Hoje lá na faculdade tavam comentando que houve um monte de suspensões no Caco... Lembra do Heitor? Foi suspenso!

João, em resposta, começa a cantar o hino de Guerra Peixe, no início olhando bem nos olhos de Maria Lúcia, e vai aos poucos sendo acompanhado por todos os colegas engajados, não os outros. Assim que João começa a cantar, Maria Lúcia, incomodada, fala à parte com Edgar e se levanta, para ir ao banheiro.

JOÃO E OUTROS	– "Se a pátria querida for envolvida pelo perigo, na paz ou na guerra defende a terra contra o inimigo. Com ânimo forte, se for preciso, enfrenta a morte. A afronta se lava com fibra de herói, de gente brava!"

Logo no início do hino, já cortou para a cena seguinte.

Cena 26: BANHEIRO DO BAR (INT NOITE)

Com o som do hino ao longe, Maria Lúcia tem uma forte crise de choro. 15 segundos na edição.
Corta para:

Cena 27: RUA DE HELOÍSA (EXT NOITE)

Um ônibus para no ponto. Entre os passageiros que saltam, está Sandra. Salta, olha assustada para os lados, com <u>grande medo</u> de estar sendo seguida. Atravessa a rua, sempre olhando para os lados, muito medo, caminha em direção ao prédio de Heloísa e entra. Na trilha sonora, a continuação do hino da cena precedente.

JOÃO E OUTROS — "Bandeira do Brasil, ninguém te manchará, teu povo varonil isso não consentirá. Bandeira idolatrada, altiva a tremular, onde a liberdade é mais uma estrela a brilhar!"

Edição: a cena deve ter trinta segundos.
Corta para:

Cena 28: SALÕES APTO. DE HELOÍSA – BIBLIOTECA (INT NOITE)

Sandra muito tensa, com Heloísa. Falam baixo.

SANDRA — (*angustiada*) O Caco tá muito visado depois do protesto contra o AI-2... O pessoal do Caco-Livre todo suspenso, o Serra, o Beze, o Jorge Eduardo, até calouro suspenderam. Essa manhã a gente entrou na faculdade na marra, fizemos comício-relâmpago, o diretor chamou a polícia.
HELOÍSA — São alunos e o diretor não deixa entrar na faculdade?
SANDRA — Suspendeu pra isso! (*apavorada*) Agora de noite, avisaram pra gente que a polícia tava lá, anotando nome de um monte de gente, pegando endereço... Quando eu ia entrar em casa, vi na esquina um sujeito que... ah, Heloísa, pode ser paranoia mas eu não tô com coragem de dormir em casa, o meu pai viajou... Pelo menos até me certificar se... (*gesto vago*)
HELOÍSA — (*carinhosa*) Que isso, menina, fica aí.
Corta rápido para:

Cena 29: QUARTO DE HELOÍSA (INT NOITE)

Cama de Heloísa aberta, é tarde. Heloísa ajeita cobertas de Sandra, que vai dormir num somiê confortável.

SANDRA — Não vai dar galho com o teu pai?
HELOÍSA — Toda hora tem amiga minha dormindo aqui. Vão saber que dormiu, mas eu não preciso dizer por que, né Sandra?
Corta para:

Cena 30: PRÉDIO DE HELOÍSA (EXT DIA)

Manhã seguinte. Um plano de localização.
Corta para:

Cena 31: QUARTO DE FÁBIO E NATÁLIA (INT DIA)

Fábio separando roupas, para viajar, mala separada. Natália de mau humor.

NATÁLIA — Não pode me levar por quê?
FÁBIO — Uma chatice, Natália, três dias em Brasília, você vai ficar fazendo o quê? Tomando licor de genipapo com mulher de milico? Ainda se tivesse alguma amiga no corpo diplomático, mas o Flávio já foi pra Genebra... (*casual*) Pergunta pro Antunes pelo meu terno de lã risca de giz.

Natália olha as roupas separadas, triste, frustrada.

FÁBIO — (*meigo*) Aproveita esses dias, faz um grupo agradável com a Heloísa e vão pra fazenda.

Natália responde com o olhar: Heloísa não vai querer ir.
Corta para:

Cena 32: APARTAMENTO DE EDGAR – SALA (INT NOITE)

Depois do jantar, Regina, Edgar, Maria Lúcia e Galeno.

GALENO — Uma malha bacaninha, sabe, eu queria dar pra garota, modelo unissex, mas não tinha nada especial, o troço mais simples! Quando a mulher da loja falou o preço eu caí pra trás! Onde é que esse país vai parar?
REGINA — Pera lá. Comparando com a expectativa de inflação de antes do golpe até que tão contendo sim. (*entrega um livro embrulhado para presente a Maria Lúcia*) Eu pelo menos ainda tô conseguindo comprar um presentinho de aniversário... Como eu não sei se vou te ver amanhã, Maria Lúcia, <u>parabéns</u>!

Maria Lúcia começa a abrir o embrulho, contente.

MARIA LÚCIA — Ah, dona Regina, a senhora é sempre tão gentil que/ (*corta-se*) Puxa, Manuel Bandeira, obras completas! Eu era louca pra ter!
REGINA — (*referindo-se a Edgar, que vai sorrir*) De vez em quando, em matéria de presente, um pouquinho de espionagem não prejudica ninguém.
MARIA LÚCIA — Mas eu espero que a senhora vá me ver sim! O Edgar não falou nada?
EDGAR — Achei que quem devia chamar era você.
MARIA LÚCIA — É que em vez de festa eu preferi jantar fora, com a família. E o meu pai falou pra convidar uns amigos... (*muito contente*) Já combinei com o Galeno, a Lavínia e o Gustavo, vão meus avós também, a tia

	Dolores, a gente queria muito que a senhora fosse. Eu sou louca pra conhecer aquele restaurante russo da Gomes Carneiro.
REGINA	– Ah, nós vamos passar uma noite muito gostosa, o Doubiansky é uma delícia!
GALENO	– Se o seu Damasceno mandou chamar essa gente toda talvez fosse bom ligar pra lá pra saber se fazem crediário!
MARIA LÚCIA	– Pode ser besteira minha, mas eu sempre considerei aniversário uma data especial sim, uma vez por ano!

Corta rápido para:

Cena 33: REDAÇÃO DO *CORREIO CARIOCA* (INT DIA)

Manhã seguinte. Movimento habitual. Abre em Ubaldo com colega.

UBALDO	– Como o Castelo Branco vai a esse congresso da OEA no Hotel Glória, um grupo da pesada resolveu fazer uma manifestação na porta... o Antonio Callado, o Cony, Flávio Rangel...

Corta rápido para, num canto discreto da redação, João, Marcelo e um colega figurante mostrando a Damasceno uma faixa onde está escrito: "BIENVENIDOS A NUESTRA DICTADURA". Não há interrupção de ritmo de diálogo.

JOÃO	– Na faixa que os intelectuais vão ficar segurando tá escrito "OEA – Queremos liberdade". E a gente preparou essa outra aqui.

Damasceno olha a faixa em espanhol, estirada no chão. Detalhar.

DAMASCENO	– Pena essa matéria especial ser tão urgente, porque eu gostaria de tá lá, sabe, João, ao lado dos amigos. Salviano também não pode, ligou de Minas, só chega à noite...
MARCELO	– Tem bastante gente conhecida, seu Damasceno, o Joaquim Pedro, o Glauber, Mário Carneiro...
JOÃO	– Tenta pelo menos falar com o editor pra mandar repórter cobrir, divulgar bastante a manifestação.
DAMASCENO	– Já tá tudo acertado, imagina. De noite eu tenho que jantar fora, porque é aniversário da Maria Lúcia, mas o Callado prometeu que dava uma passada lá em casa, pra contar como foi a repercussão.

Corta rápido para:

Cena 34: APARTAMENTO DE MARIA LÚCIA (INT NOITE)

Abre no QUARTO, Maria Lúcia com Edgar. Ele acaba de entregar um presente, uma vitrolinha portátil. Detalhar. Já prontos para o restaurante, Maria Lúcia usa minissaia, das primeiras lançadas, bom explorar. Edgar dá um beijinho nela. Leila vai entrar.

EDGAR	– Feliz aniversário.
MARIA LÚCIA	– (*muito contente*) Ah, Edgar... cê tá brincando, eu morro de vergonha, um presente tão... (*gesto vago, emocionada*)

EDGAR	– E eu tô trabalhando pra quê?
LEILA	– (*entrando*) Maria Lúcia, a mamãe tá falando que criança não pode tomar leite de onça.

Corta para o CORREDOR, Galeno pendurado ao telefone, enquanto Carmen vai passando, vinda do quarto, com Teobaldo.

CARMEN	– O senhor vai ver se não regula o intestino, seu Teobaldo, flora medicinal!
GALENO	– (*telefone*) Não, meu amor, essa noite não posso... Como é que eu vou deixar a minha irmã doente, sozinha, o marido viajando a serviço, pra/ (*tempo, a garota fala*) Olha, essa noite não dá, mas semana que vem eu arrumo entrada pra gente ver a estreia do *Arena conta Zumbi*!

Corta para a SALA, Carmen recebendo Regina, que aceita um leite de onça de bandeja servida por Dagmar. Presentes Teobaldo, Marta, Dolores, Lavínia e Gustavo. Vão entrar Maria Lúcia e Edgar, vindos do quarto. Campainha vai tocar e Dagmar vai abrir. Primeiro, Gustavo e Lavínia, à parte, sussurrando, áudio emendado com diálogo acima.

GUSTAVO	– Eu acho tão mais natural rachar a conta!
LAVÍNIA	– Seu Damasceno pra aniversário não mede despesa. Você precisava ter visto quando a Maria Lúcia fez 15 anos, no salão de festa do edifício da Jurema! (*baixo*) Agora a barra tá mais pesada, eu soube pela Dagmar que a dona Carmen teve que botar joia no prego, mas eles gostam, não ligam pra dinheiro não.

Corta para Carmen, Regina, Dolores e Marta. Maria Lúcia, e depois Teobaldo, vão intervir.

DOLORES	– (*casual*) Eu só não fui ver o final do *Direito de nascer* no Maracanãzinho porque estava gripada, eu não perdia um capítulo, acho tão melhor do que enlatado!
MARIA LÚCIA	– (*intervindo, ansiosa*) O papai não falou que chegava oito horas no máximo?
REGINA	– Eu cheguei da cidade ainda agora, acho que houve algum problema na Barata Ribeiro, um engarrafamento horroroso.

Teobaldo intervém. Ouviu o final.

TEOBALDO	– Isso tudo aqui quando eu conheci era um areal! Não fiquei rico porque fui burro, dona Etelvina! Preferi passar um mês em Campos de Jordão com a Marta a comprar um terreno, ah! meu Deus, eu não gosto nem de pensar o que não está valendo hoje em dia um terreno daqueles.
MARIA LÚCIA	– (*à parte, ao avô*) Não é Etelvina, vô, é Regina! (*à mãe*) Que horas são, mãezinha?
CARMEN	– Se esse menino desgrudasse do telefone eu ligava pro jornal!

Dagmar abriu a porta, entra Damasceno, com seu guarda-chuva, afobado. Maria Lúcia vai beijá-lo, contentíssima.

DAMASCENO	– Boa-noite, desculpem o atraso... (*a Carmen*) O Callado apareceu, Carmen, ou telefonou?
MARIA LÚCIA	– Não me dá parabéns?

Damasceno olha a filha, com muito amor. Vão se abraçar.

DAMASCENO — – Vinte anos... Difícil de acreditar.

Os dois se abraçam longamente. Campainha toca. Carmen vai abrir.

DAMASCENO	– (*a Maria Lúcia*) Em dois tempos eu troco de roupa. Você acha que fica feio diante das visitas eu tomar uma ducha? Dez minutinhos.
MARIA LÚCIA	– Até quinze, vinte! Tava nervosa com o atraso porque... se acontecesse alguma coisa essa noite eu acho que/ (*corta-se*) Eu te adoro.
DAMASCENO	– Quer escolher uma gravata preu usar?

Carmen já abriu a porta, entra João, nervosíssimo. Muito muito ritmo daqui até o final. João só enxerga Damasceno. Maria Lúcia preocupada desde o instante em que vê João.

JOÃO	– Telefonei pro jornal, o senhor já tinha saído, e aqui eu acho que tá com defeito, tá dando ocupado faz quase uma hora!
GALENO	– (*entrando*) Boa-noite, né, João?
DAMASCENO	– Aconteceu alguma coisa na manifestação? O Callado ficou de passar e até agora não/
JOÃO	– (*corta, intenso*) <u>Foi preso</u>! Prenderam todo mundo na porta do hotel! Ele, o Glauber, o Mário Carneiro, o Cony, o Flávio Rangel, o/
DAMASCENO	– (*corta*) Porque estavam segurando uma faixa, pacificamente? Onde é que a gente vai parar se/
JOÃO	– (*corta*) Tão convocando pruma assembleia de urgência pra resolver que atitude a gente pode tomar, tá marcada pra daqui a 15 minutos no Teatro Gláucio Gil.

(Nota: Gláucio Gil ou outro teatro característico das assembleias da época.)

MARIA LÚCIA	– (*muito tensa*) João, hoje é o meu aniversário! Eu não posso acreditar que você teja entrando na minha casa pra/
EDGAR	– (*corta*) Pera aí, Maria Lúcia, calma!
REGINA	– Quem que foi preso?

Galeno começa a repetir a história pra Regina fora de áudio, enquanto os outros continuam a discutir, muito ritmo.

JOÃO	– O Gullar tá contando com o senhor pra mesa, seu Damasceno, é uma mobilização geral, daqui a 15 minutos.
MARIA LÚCIA	– Você tá querendo levar o meu pai presse teatro <u>pra ser preso também</u>?

DAMASCENO	– Maria Lúcia, não sei se você ouviu direito o que aconteceu. Houve uma manifestação pacífica na porta do Hotel Glória e prenderam vários amigos meus, Antonio Callado, o/
MARIA LÚCIA	– (*corta, histérica, grita*) Carlos Heitor Cony, Flávio Rangel, eu não sou surda! E ele tá querendo te carregar prum teatro pra ser preso também!
JOÃO	– Tão esperando o seu pai como um dos oradores principais!
MARIA LÚCIA	– (*ao pai*) Meu aniversário! É esse presente que o senhor vai me dar?
REGINA	– (*atônita*) Não podem ter prendido essa gente toda, são pessoas que/
JOÃO	– (*corta*) Os intelectuais todos, Maria Lúcia, estudantes, artistas, será que você não tá compreendendo o que tá se passando?
MARIA LÚCIA	– (*suplicante e histérica*) <u>O senhor vai?</u>
EDGAR	– (*conciliador*) Pera lá, Maria Lúcia, pelo que eu tô entendendo, talvez fosse até melhor nós todos irmos porque/
DAMASCENO	– (*corta, a Edgar*) Eu preferia que você acompanhasse as moças ao restaurante, meu filho, que me representasse, porque afinal de contas/
MARIA LÚCIA	– (*corta, gritando*) Quer me dizer se existe alguma coisa que eu possa fazer nessa vida pro senhor não ir?

Corta rápido para:

Cena 35: PORTA DO TEATRO (EXT NOITE)

Gente chegando, intelectuais, artistas, estudantes. Primeiro plano da cena é Damasceno, entrando no teatro, ao lado de João e Salviano. Marcar bem. Corta para Ubaldo com Angela, na calçada, não viram Damasceno.

UBALDO	– A barra vai pesar.
ANGELA	– Por quê?
UBALDO	– Disfarça e olha ali, na esquina, os dois caras de terno.

Câmera revela dois figurantes com cara de policiais à paisana.

UBALDO	– Polícia.

Corta rápido para:

Cena 36: HALL DO TEATRO (INT NOITE)

Figurantes passando. Apenas um take muito rápido de Damasceno, acendendo um cigarro, ao lado de Salviano. Close.
Corta.

Fim do capítulo 5

Cena 1: APARTAMENTO DE HELOÍSA – BIBLIOTECA (INT NOITE)

Heloísa vai sair. Natália toma chá, servido por Antunes, com roupa de ficar em casa.

HELOÍSA — Posso saber por que essa cara de enterro?

Natália faz sinal a Heloísa que não quer assunto íntimo na frente do mordomo. Antunes sai.

NATÁLIA — (*tensa e doce*) Você não sabe que qualquer assunto aqui nessa cozinha demora no máximo meia hora pra passar pras outras cozinhas do prédio e da cozinha pra sala, e sábado sai piadinha na coluna da Nina?

HELOÍSA — Eu tava preocupada com você, mamãe, fofoca em coluna de jornal, realmente não é um troço que/

NATÁLIA — (*corta, triste*) Porque você não aceitou fazer um grupo e ir comigo pra fazenda como o seu pai sugeriu, meu Deus do céu, chamava a amiguinha que dormiu aí!

HELOÍSA — (*sem drama*) Porque é longe, eu não tava com vontade.

NATÁLIA — Se eu perguntar aonde você vai você se ofende.

HELOÍSA — (*doce*) Vou estudar na casa da Raquel, deixa de besteira.

NATÁLIA — É... importante esse estudo?

HELOÍSA — Tem prova amanhã. Por quê?

NATÁLIA — Porque... tô meio pra baixo, sim. Me sentindo... sei lá, tava com vontade de dar uma arejada, ver gente, tão reprisando um filme no Paissandu que eu/ (*corta-se*) Deixa pra lá, não tem cabimento deixar de estudar pra me fazer companhia, num cinema.

HELOÍSA — Você não pode chamar uma amiga?

NATÁLIA — (*ressentida*) Minhas amigas têm marido, Heloísa, têm filhos, quem é que eu vou chamar de repente pra/

HELOÍSA — (*corta*) Que pena. (*vai saindo*) Amanhã, se você quiser...

Heloísa vai sair. Natália levanta-se, mexe em cortina ou alguma outra marcação que denote ansiedade. Tempo. Heloísa volta.

HELOÍSA — Esse clima todo de filme de Antonioni é realmente porque você tá com vontade de ir a um cinema ali na esquina e não tem companhia?

NATÁLIA — Isso de não ter companhia... (*triste*) acho que eu mesma cavei, Heloísa. De certa forma eu me isolei... (*baixo, envergonhada*) Passei a vida inteira me dedicando à sua educação, de repente... Seu pai trabalha muito, eu tenho tentado preencher o tempo, faço meus cursos, mas tem horas que/ (*corta-se, tentando realmente encontrar paz, e não se fazer de vítima*) Deixa pra lá, acho que essa noite tem um programa novo na televisão, eu comecei um livro ótimo...

HELOÍSA — (*sem drama*) Mas você tá com vontade de ver o filme!

NATÁLIA — (*tentando ser positiva*) Se você quiser... amanhã.

HELOÍSA	– E nas outras vezes que ele viajar, como sempre viajou?
NATÁLIA	– Aonde é que você tá querendo chegar?
HELOÍSA	– (*simples, casual*) Ao Cinema Paissandu, não é lá que tá passando o filme que você tá com vontade de ver?
NATÁLIA	– (*chocada*) Sozinha?
HELOÍSA	– Por que não?
NATÁLIA	– Imagina, uma mulher sozinha num cinema, ainda mais de noite, se alguém cruzar comigo vai pensar que/
HELOÍSA	– (*corta*) Que besteira! De repente, depois da sessão, encontra outra mulher, ou um homem, sai pra tomar um chope, bater um papo.
NATÁLIA	– Eu <u>nunca vou me sentir bem</u> sozinha num cinema, Heloísa, imagina!
HELOÍSA	– Você <u>se sente bem</u> em todo jantar chato aonde vai com ele, aguentar conversa cricri de granfina que você vive reclamando?

Tempo.

NATÁLIA	– (*quase consigo mesma*) Daí a... Sozinha num cinema de noite, encontrar alguém e <u>tomar um chope</u>, ah! Heloísa, me dá impressão que você tá falando de outra pessoa!
HELOÍSA	– (*casual*) Capaz deu tá falando da pessoa que você <u>queria e devia ser</u>. (*beijinho, meiga*) Tchau.

Heloísa sai para a rua. Close de Natália, abalada.
Corta para:

Cena 2: HALL DO TEATRO (INT NOITE)

Figurantes passando para tomar seus lugares na plateia. Damasceno fuma um cigarro com Salviano. João, Marcelo e Galeno vão vir de dentro do teatro, para fofocar. João vai ouvir uma fala.

SALVIANO	– Todos presos, numa manifestação pacífica, nem se sabe pra onde levaram, fica difícil contemporizar!
DAMASCENO	– Tenta manter a calma que muita gente aí tá de cabeça quente.
JOÃO	– E dá pra ficar de cabeça fria numa hora dessas? Tá fervendo lá dentro, a impressão que eu tenho é que o Rio de Janeiro tá inteirinho aqui!
DAMASCENO	– (*preocupado*) Mas pouca gente tá parando pra pensar, tão circulando as propostas mais doidas...
MARCELO	– (*porra-louca*) O pior pra mim é gente que fica querendo conciliar!

Corta rápido para Ubaldo e Angela, entrando, com um amigo.

UBALDO	– Só não consegui avisar o Avelar, não encontrei em lugar nenhum...

Corta rápido para:

Cena 3: SALÕES DO APARTAMENTO DE HELOÍSA (INT NOITE)

Abre no close do livro que Natália está tentando ler, na biblioteca: A arte de amar, de Erich Fromm. Não consegue fixar a atenção. Abandona o livro, por um momento. Levanta-se, ansiosa. Resolve ouvir música. Liga o gravador, no equipamento de som, apenas com um toque de dedo.
<u>Sonoplastia</u>: *entra "Senza fine", de Gino Paoli, por Ornella Vanoni.*
Natália olha um pouco a sua sala, caminha, toca em objetos. Sempre denotando ansiedade. Senta-se, acende um cigarro, dá algumas tragadas. De repente, toma uma decisão. Apaga o cigarro rapidamente, caminha firme em direção ao som, para a fita. Caminha rápida em direção ao quarto.
(Do momento em que Natália liga o gravador e desliga, exatamente 1 minuto e 6 segundos para a canção)
Corta para:

Cena 4: QUARTO DE FÁBIO E NATÁLIA (INT NOITE)

Apenas um plano, muito rápido. Natália abre seu armário e pega um vestido simples, que vai usar.
Corta para:

Cena 5: INTERIOR DO CINEMA PAISSANDU (INT NOITE)

Abre em Natália entrando sozinha, roupa que escolheu na cena precedente. Um pouco insegura, a sessão já começada. Procura um lugar vago. Planos fechados, não precisamos da plateia cheia, o importante é a luz do projetor, o clima. Natália escolhe lugar perto de um casal, tomando cuidado para que os dois lugares ao lado dela estejam vagos. Senta-se. Close, atenta à tela, que não precisa aparecer. Tempo. Travelling pela fileira em que está sentada. Alguns metros ao lado, câmera revela Avelar (que não viu Natália), ao lado de um amigo. Avelar atento ao filme. Close.
<u>Sonoplastia</u>: *"L' eau à la bouche", de Gainsbourg e Goraguer, por Serge Gainsbourg. (Apenas para o Brasil. Para os outros países, vamos usar o início da canção "Baby", de Caetano Veloso, por Gal Costa, uma de nossas músicas-tema.)*
<u>Atenção ao tempo</u>: *por causa da música, a cena, do primeiro ao último plano, deve durar exatamente 45 segundos.*
Corta para:

Cena 6: RESTAURANTE (INT NOITE)

(Nossa intenção é recriar a atmosfera do antigo restaurante Doubiansky, da rua Gomes Carneiro, Ipanema. Casa simples. Samovar num canto. Em vez de garçons tradicionais, mulheres russas servindo, de saia preta, blusa branca.) Movimentação normal. À mesa de nossos personagens, Maria Lúcia, Edgar, Carmen, Regina, Gustavo, Lavínia, Teobaldo, Marta e Dolores. Comem pequenos pastéis, bebem cerveja e refrigerantes. Há um couvert vago e uma cadeira a mais para Damasceno, caso chegue. Maria Lúcia tenta disfarçar tensão. Durante a primeira fala, a garçonete vai tirar o couvert.

REGINA	– Eu queria saber como elas fazem esse pastelzinho, eu nunca comi nada tão gostoso.
MARIA LÚCIA	– (*à garçonete, sobre o lugar na mesa*) A senhora deixa aí, por favor... capaz do meu pai chegar.
CARMEN	– Que esperança, Maria Lúcia! Você não sabe como essas assembleias se prolongam noite a dentro?
MARIA LÚCIA	– Ele prometeu que se desse tempo vinha, pelo menos pra sobremesa.

Reação de Carmen: "Imagina!" Um tempo morto.

LAVÍNIA	– (*pra puxar assunto, a Regina*) A senhora, pelo visto, é habituée do restaurante...
REGINA	– Vinha muito com um amigo, coitado, tava agora mesmo pensando nele, ficou desempregado com essa falência triste da Panair...

Tempo morto. Edgar olha Maria Lúcia, sabe que ela está triste. De repente, Regina e Marta falam ao mesmo tempo.

REGINA	– Esse problema da Panair eu acho que/
MARTA	– (*ao mesmo tempo*) Apesar da minha idade sabe que/

As duas param de falar, educadamente.

REGINA	– Por favor, dona Marta.
MARTA	– Eu não ia dizer nada importante.
REGINA	– Por favor.

Tempo.

LAVÍNIA	– A senhora tinha feito alguma referência à sua idade.
MARTA	– Ah, vocês vão me achar uma velha muito bossa-nova.
DOLORES	– A senhora?
MARTA	– Porque na minha juventude as saias eram bem abaixo do joelho...
TEOBALDO	– Ah, isso eu é que sei, o frenesi que era quando conseguíamos ver o tornozelo de uma moça, num bonde.
MARTA	– Pois não é que eu estou achando essa moda da minissaia muito engraçadinha? Adorei a minha neta com as pernocas de fora!
TEOBALDO	– Sem meias, Marta?
MARTA	– Ora, Teobaldo, por que meias?
TEOBALDO	– Eu vi a filha do Salviano de minissaia com umas meias vermelhas, de meias não achei imoral não.
MARTA	– E sem meias é imoral por que, Teobaldo? Vai querer que os rapazes cresçam feito você, tentando ver tornozelo em bonde, que já nem existe mais? (*aos outros*) Só vive falando em bonde, bonde!
TEOBALDO	– Velha bossa-nova sim, ainda bem que você sabe, Marta, velha bossa-nova!

Tempo. Ninguém tem assunto.

REGINA — *(a Maria Lúcia)* A geração de vocês ainda chegou a andar bastante de bonde, não foi, Maria Lúcia?

Maria Lúcia sorri, triste. Ninguém mais consegue encontrar assunto. Silêncio. Close de Maria Lúcia. Gustavo resolve ser sincero.

GUSTAVO — E se a gente deixasse o jantar pra mais tarde, se fôssemos todos pro teatro, participar da assembleia?

EDGAR — *(a Maria Lúcia)* O aniversário é seu. Quem tem que resolver é você.

MARIA LÚCIA — Se esse negócio de assembleia fosse resolver alguma coisa eu tinha sido a primeira a ir. *(tensa)* O que é que eles podem fazer? *(a Carmen, sofrida)* Eu tô... com uma intuição ruim... Essa noite... *(não tem coragem de dizer que acha que o pai vai ser preso)*

DOLORES — Vira essa boca pra lá, menina!

REGINA — Não vai acontecer nada de mais, Maria Lúcia, um teatro cheio... eles têm razão! Alguém tem que protestar contra essa arbitrariedade toda.

EDGAR — *(a Maria Lúcia)* Até o Galeno, puxa! O que é que você acha que pode acontecer num teatro cheio de gente feito o Galeno?

Corta rápido para:

Cena 7: TEATRO (INT NOITE)

Em planos fechados, temos que dar impressão de um teatro apinhado de gente, muita agitação, calor, tensão. No palco, em mesa com outros intelectuais, Damasceno na presidência da assembleia. Abre em detalhe da plateia onde estão, entre muitos figurantes, João, Marcelo, Ubaldo e Angela. Em outro canto repleto, Salviano ao lado de sua filha Sandra.

MARCELO — *(entusiasmado, discursando)* A posição dos estudantes é que protesto pacífico sem um esquema pra reagir contra a violência só vai entregar mais gente nas mãos da repressão, como aconteceu de tarde* com os companheiros do Hotel Glória!

Reações positivas de estudantes e negativas de intelectuais. De agora em diante, gente falando ao mesmo tempo.

SALVIANO — A luta é de todos, não vamos começar com discriminação!

UBALDO — Alguém vai enfrentar ditadura na marra sem ter condições pra isso?

JOÃO — *(exaltado, grita)* Se não começar alguma hora nunca que a gente vai ter condições!

Aplausos e protestos, confusão.

UBALDO — (*berra pra mesa*) Questão de ordem, companheiro presidente! Questão de ordem! Nós não podemos adotar nenhuma posição porra-louca!

Damasceno interfere firme, bate na mesa, fala alto, até conseguir impor silêncio.

DAMASCENO — Vamos conservar a calma e um mínimo de lucidez! A reação tá lá fora! Aqui dentro nós podemos discordar, mas tamos do mesmo lado! (*aplausos, silêncio*) O ponto que você levantou não é questão de ordem, companheiro Ubaldo. Estamos reunidos aqui pra discutir se vamos reagir à agressão da ditadura divulgando manifesto, realizando ato público ou acampando na frente da polícia até soltarem os nossos companheiros! Mas quem vai decidir isso é a assembleia, <u>democraticamente</u>, isso é o que nos distingue do lado de lá! Nós somos comunistas, socialistas, liberais... mas <u>democratas</u>, e não vamos deixar essa nova violência do governo ficar em branco!

Sobre as últimas palavras de Damasceno, close dos policiais à paisana, sentados, os que foram mostrados no final do capítulo precedente. Presença ameaçadora.
Corta para:

Cena 8: RESTAURANTE (INT NOITE)

Mesmos da cena 6. Garçonete servindo cafezinhos. Primeiro plano é Maria Lúcia, tensa, esperando a primeira brecha pra poder falar.

MARTA — (*à garçonete*) Pra ele não.
TEOBALDO — Meia xicrinha só, Marta!
MARTA — E você fica uma semana sem dormir, não senhor!

Silêncio, jantar bem sem graça. Agora vamos ter uma discussão em crescendo, até gritos de Carmen, que vão deixar os convidados muito constrangidos.

LAVÍNIA — (*pra puxar assunto, a Maria Lúcia*) Tô achando muito melhor comemorar aniversário em restaurante, sabe, ano passado, na festa, você lembra que o seu Damasceno até/

Lavínia para de falar porque se dá conta de que não devia ter tocado no nome de Damasceno. Clima pesado. Gustavo olha Lavínia, como que repreendendo.

MARIA LÚCIA — (*a Edgar, um pouco agressiva*) Pede a conta?
CARMEN — Espera aí, Maria Lúcia, vamos oferecer um licorzinho.
MARIA LÚCIA — (*com raiva*) Pra comemorar o quê?
CARMEN — Eu posso saber que mal eu fiz pra levar patada também?
MARIA LÚCIA — Podia perfeitamente ter ficado do meu lado!
CARMEN — Seu pai tem idade suficiente pra saber o que deve e o que não deve fazer, Maria Lúcia!
MARIA LÚCIA — Se a senhora tivesse dado apoio ele <u>não ia</u>, meu aniversário, vai ser preso logo na noite do meu aniversário!

Carmen	– (*grita, descontrolada*) <u>Quer parar com isso</u>? Você tá passando dos limites, sabe, tá parecendo uma inconsciente que não sabe o que tá se passando nesse país! Os amigos todos presos e ele ia ter cabeça pra vir pra restaurante comer estrogonofe, egocentrismo tem limite!

Corta rápido para:

Cena 9: RUA DE MARIA LÚCIA (EXT NOITE)

Na porta de Maria Lúcia, carro de Edgar estacionado. Maria Lúcia e Edgar fora do carro, <u>ela chora</u>. Afastadas, Dolores tenta acalmar Carmen. Abre no choro de Maria Lúcia. Tempo com Maria Lúcia chorando.

Edgar	– Para com isso, meu amor, a sua tia tá tentando acalmar. Acho que a dona Carmen tem um pouco de razão, Maria Lúcia, a situação é muito grave, pensar em comemoração de aniversário uma hora dessas...
Maria Lúcia	– (*chorando*) Tô pouco ligando pra aniversário... Não quero é ver meu pai numa cadeia...

Dolores se aproxima. Carmen fica afastada.

Dolores	– Melhor eu levar a Carmen um instante lá em casa, dar um chazinho... (*um pouco malvada*) Sua mãe está uma pilha!
Maria Lúcia	– (*raiva*) E eu, tia Dolores? Como é que a senhora acha que eu tô?

Edgar faz sinal a Maria Lúcia para parar de falar.

Dolores	– (*a Edgar, afastando-se*) Se o Damasceno aparecer... ou qualquer notícia... Vocês ligam lá pra casa.

Dolores entra no edifício com Carmen.
Corta para:

Cena 10: APARTAMENTO DE MARIA LÚCIA (INT NOITE)

Maria Lúcia sentada, muito tensa, Edgar tentando acalmar.

Edgar	– Não vai acontecer nada nessa assembleia, Maria Lúcia, fica calma.
Maria Lúcia	– Por que que ainda não terminou? Ele já não podia tá em casa?
Edgar	– Sua mãe falou que demora muito.
Maria Lúcia	– Será que ela não entende que eu tô assim porque gosto dele?
Edgar	– E ela não gosta também? Sua mãe é dessas pessoas que ficam aguentando tudo caladas, chega uma hora tem que explodir!

Maria Lúcia disca o telefone, de cor. Tempo.

Maria Lúcia	– (*tel*) Tia Dolores, eu posso falar com ela? (*tempo*) Sou eu, mãe. (*muito sincera e emocionada*) Me desculpa, eu fui grossa. Vem pra casa, tá? (*tempo*) Não, ninguém ligou, mas você tem razão, vai dar tudo certo, eu tô histérica, sei lá o que tá acontecendo comigo... desculpa.

Maria Lúcia desliga. Olha Edgar. Está tensa. Não sabe o que fazer, ele não sabe o que dizer. Tempo.

EDGAR — Você já podia ter se acostumado um pouco, você própria vive dizendo que foi sempre assim...

MARIA LÚCIA — *(carinhosa)* Você é que eu não posso culpar por essa porcaria de noite, você foi um amor. Amanhã a gente se fala.

EDGAR — Tá me mandando embora por quê?

MARIA LÚCIA — Porque eu tô... *(gesto vago)* Eu preferia ficar sozinha.

EDGAR — Deixa eu esperar pelo menos a sua mãe descer.

Maria Lúcia abre a porta para Edgar sair, mais calma e meiga.

MARIA LÚCIA — Té manhã.

Edgar dá um beijinho suave nos lábios de Maria Lúcia e sai, ela fecha a porta. Anda até um ponto do cenário, ansiosa. De repente, lembra-se de telefonar. Consulta caderninho e disca um número.

MARIA LÚCIA — *(tel)* Dona Laura? Aqui é a Maria Lúcia Damasceno, eu queria saber se o seu marido já chegou em casa...

Corta para:

Cena 11: HALL DO CINEMA PAISSANDU (INT NOITE)

Espectadores saindo, a sessão terminou. Entre eles, Natália, Avelar e o amigo. Avelar e Natália ainda não se viram. Natália bebe água, no bebedouro, enquanto Avelar vem falando. Assim que ela levantar a cabeça, os olhares dos dois se cruzam.

AVELAR — Uma relação desgastada, Carlos, távamos acomodados, só isso, eu queria encontrar uma mulher que/

Avelar para de falar, reação forte, está frente a frente com Natália. Ela também fica bastante abalada. Closes alternados. Há uma forte atração entre os dois. Logo no início do diálogo, o amigo de Avelar entabula conversa com um casal conhecido e se afasta, bem casual. Avelar aborda Natália, cheio de charme.

AVELAR — Você tá proibida pelo médico de beber água?

Ela fica olhando, não entendeu.

AVELAR — Porque... tá com cara de uma pessoa que foi surpreendida fazendo alguma coisa que não deve ou que não pode...

NATÁLIA — Deve ser porque eu tô um pouco sem graça de/ *(corta-se)* Ah, Avelar, se eu inventar uma desculpa vai ser pior... *(muito sincera)* O meu marido viajou, eu tava com vontade de ver esse filme, tive uma discussão chata com a Heloísa, me senti meio que obrigada a vir... e... Acho que não queria encontrar ninguém, porque é uma situação que/ *(corta-se)* E logo você, numa cidade tão/

Avelar	– (*corta, paquerando de leve*) Por que logo eu?
Natália	– Porque... (*muito sem jeito*) A discussão com a Heloísa... foi penosa... professor dela...
Avelar	– Seria indiscrição eu perguntar por que foi que vocês discutiram?
Natália	– Justamente porque ela achava ridículo eu ficar constrangida de vir a um cinema sozinha.

Tempo.

Avelar	– Eu tô com uns amigos... vamos comer uma pizza e tomar um chope nesse bar aqui ao lado. Não era melhor a gente continuar o papo sentado?
Natália	– (*achando engraçado e atraente*) Um <u>chope</u>?
Avelar	– Ou se você preferir nós podemos/
Natália	– (*corta, tensa*) Eu não prefiro nada! Eu... eu tenho um compromisso... eu... fica pra próxima... foi bom te ver.

Natália vai saindo assustada, Avelar a persegue.
Corta para:

Cena 12: RUA PERTO DO CINEMA PAISSANDU (EXT NOITE)

Natália, apressada e assustada, acabou de atravessar a rua, chegou até seu carro estacionado lá, um Karmann Ghia. Avelar a persegue.

Avelar	– Natália!

Ela se volta.

Avelar	– Você... tá se sentindo bem?
Natália	– Claro... só tô um pouco apressada...
Avelar	– Mas agiu como se (*corta-se*) Eu só convidei pra tomar um chope! (*indica o bar*) Ali. Você vê algum mal nisso?
Natália	– Não... claro que não... é que eu... Eu tenho um compromisso... tchau.
Avelar	– Se você mudar de ideia... tá calor, um chopinho ao ar livre... Vamo ficar um tempo aí.

Natália entra no carro, assustada, arranca sem olhar para trás. Avelar fica olhando, encantado.
Corta para:

Cena 13: APARTAMENTO DE MARIA LÚCIA (INT NOITE)

Maria Lúcia sozinha na SALA, ao telefone, tensa.

Maria Lúcia	– (*tel*) Como é que a gente podia saber pelo menos se a assembleia terminou?

Campainha.

MARIA LÚCIA — (*tel*) Tão tocando a campainha, dona Vera, deve ser a minha mãe, se a senhora tiver alguma notícia, por favor, liga pra cá.

Desliga. Maria Lúcia abre a porta, entra João. Ela fica histérica.

MARIA LÚCIA — (*com raiva, nervosa*) <u>Eu sabia!</u>
JOÃO — O quê?
MARIA LÚCIA — (*gritando*) <u>Eu avisei, eu sabia!</u>
JOÃO — Para com isso, parece maluca! Eu tô aqui justamente pra avisar que <u>correu tudo bem</u>! Não houve repressão. Seu pai pediu preu dar uma passada pra avisar que terminou e que tá tudo bem!

Close de Maria Lúcia, mais aliviada.
Corta para:

COMERCIAIS

Cena 14: APARTAMENTO DE MARIA LÚCIA (INT NOITE)

Maria Lúcia e João, continuação imediata da cena precedente.

MARIA LÚCIA — (*com medo, dura*) Se tá tudo bem por que é que ele não voltou pra casa?
JOÃO — Calma!
MARIA LÚCIA — Você tá escondendo alguma coisa de mim, você tá tentando me enrolar porque/
JOÃO — (*corta*) Quer ouvir?

Tempo.

JOÃO — (*meigo*) Não houve repressão, quer dizer, tinha uns meganhas lá espalhados, à paisana, mas era só pra observar. (*com orgulho*) O seu pai falou melhor que nunca! Não vou dizer que concordo com todas as posições dele, mas... dominou completamente a assembleia... Ele tem um brilho, uma força de argumentação que/ (*gesto vago*)
MARIA LÚCIA — E ficou resolvida alguma coisa?

À medida que João vai falar, reação de Maria Lúcia. Tudo o que João diz, para sua cabeça pragmática soa simplesmente: "A assembleia não serviu para nada."

JOÃO — Claro! Democraticamente. Foi votado que toda a intelectualidade brasileira, inclusive dos outros estados, mais artistas, jornalistas, estudantes... nós vamos mandar uma nota de protesto, direta pro secretário geral da OEA. Teu pai tá indo agora com uma comissão pra casa do Ênio, pra redigir essa nota... Não tem mais motivo nenhum pra você se preocupar, Maria Lúcia, ficou nervosa à toa!
MARIA LÚCIA — (*raiva, quase chorando*) Briguei com a minha mãe no dia do meu aniversário!

Daqui por diante, clima de discussão em crescendo até que os dois <u>gritem e falem ao mesmo tempo</u>, possessos. Um não ouve muito o outro. Ritmo alucinado de diálogo, nem um segundo de pausa até o momento de amor.

João	– Dá pra explicar por que que você ainda tá falando com essa raiva de mim?
Maria Lúcia	– Porque foram pessoas feito você que estragaram a vida dele!
João	– A vida do seu pai é um exemplo, quem dera a esse país que/
Maria Lúcia	– (*corta*) Uma figura patética, eu tenho vontade de chorar quando vejo de guarda-chuva, no ponto do ônibus, até o Edgar na idade dele já tem carro, enquanto o meu pai/
João	– (*corta*) Que importância que pode ter um carro, pomba?
Maria Lúcia	– Ideal não enche barriga de ninguém!
João	– Será que você nunca vai crescer?
Maria Lúcia	– Não tinha ditadura nenhuma e você já tava chamando meu pai pra dar palestra, pra se meter em fria!
João	– Já pensou se todo o mundo fosse acomodado feito você?
Maria Lúcia	– (*muita raiva*) Por sua causa eu perdi o meu quarto, o maior sonho que eu sempre tive nessa vida!
João	– Qual a importância duma porcaria dum quarto com cortina bonitinha?
Maria Lúcia	– Por causa daquele mimeógrafo maldito todo mundo aqui podia ter sido preso!
João	– A coisa mais importante da vida pra você é um jantarzinho de aniversário?
Maria Lúcia	– Nessa esperança infantil que vocês têm de salvar o mundo estragam a vida de quem tá perto!
João	– Você só pensa no imediato, em coisas pequenas!
Maria Lúcia	– Querer que o meu pai envelheça com tranquilidade é coisa pequena?
João	– Diante dos nordestinos deixando a terra deles pra não morrer de fome é pequeno <u>sim</u>!
Maria Lúcia	– Vocês não vão conseguir modificar o mundo!
João	– Mesmo aqui, um monte de gente no meio da rua porque não tem onde morar!
Maria Lúcia	– Até com a coitada da minha mãe eu briguei!
João	– Conformista!
Maria Lúcia	– Sempre cercado de gente feito você, a vida inteira!
João	– Mesquinha!
Maria Lúcia	– Estragam a vida de todo mundo!
João	– Covarde!
Maria Lúcia	– <u>Nunca que eu vou levar uma vida igual à da minha mãe</u>!
João	– Num momento como esse é até falta de caráter a pessoa não tomar uma posição!
Maria Lúcia	– O <u>medo</u> que a minha mãe sentiu a vida inteira!
João	– É pra ninguém nunca mais ter esse tipo de medo que a gente luta!

MARIA LÚCIA — Ela escolheu essa vida porque quis, eu não quero!

Na próxima fala João sacode Maria Lúcia violentamente, muito tenso. Esta aproximação física vai levar da raiva ao beijo numa fração de segundos, daqui a pouco.

JOÃO — (*sacudindo*) Será que você não entende que você é muito melhor do que essa mediocridade toda que tá defendendo?

MARIA LÚCIA — (*sem parar*) Vocês tão querendo enfrentar canhão com atiradeira, vocês são muito ingênuos!

João para de sacudi-la. Os dois se olham, muito confusos. Uma grande atração física. Closes alternados. É o primeiro tempo morto desde o início da discussão violenta.

MARIA LÚCIA — (*com amor*) Eu te odeio... eu... eu...

João beija Maria Lúcia apaixonadamente. Pouco a pouco, ela vai se entregando ao beijo, também com muita paixão. <u>Sonoplastia</u>: tema romântico do casal, orquestrado.
Corta para o QUARTO, os dois se despindo rapidamente, entre carícias, vão começar a fazer amor de forma quase brutal, totalmente irracional. Respiração ofegante. Quase dois animais, muita sensualidade sem vulgaridade. A cena deve terminar num beijo muito longo.
Corta para:

Cena 15: RUAS CARIOCAS (EXT NOITE)

Alguns planos de ruas do Rio, Zona Sul, madrugada, ruas vazias, só para sairmos aos poucos do clima de amor da cena precedente.
<u>Sonoplastia</u>: *a música romântica só morre quando aparecerem personagens na próxima cena.*

Cena 16: RUA DA ZONA SUL (EXT NOITE)

Uma rua escura, pouco movimento. Uma senhora passeia com um cachorro. Tempo. (Aqui termina a música de amor.) Para um carro. Saltam Salviano mais quatro figurantes com ar de intelectuais, entre eles uma mulher. Reação de Salviano, acaba de ver alguma coisa que o assustou. Pega o braço da mulher ao seu lado e mostra, de longe. Close de Salviano denotando grande preocupação e medo.
Corta para plano geral, ponto de vista de Salviano: ao longe, na porta de um prédio, um carro é interceptado por outro, da polícia, cantada de pneu. Um segundo carro de polícia se aproximando.
Corta para plano próximo. Do carro dos intelectuais saltam Damasceno mais três figurantes. Do carro dos policiais, saltam o capitão Junqueira (à paisana), e quatro militares, também à paisana, entre eles os que apareceram no teatro. Junqueira se dirige a Damasceno. Bastante tensão.

JUNQUEIRA — Os senhores vão me acompanhar.
DAMASCENO — Quem é o senhor?

Junqueira	– Quem vai fazer pergunta depois sou eu, todo o mundo entrando aqui no carro!
Damasceno	– (*exaltado*) Eu insisto em saber quem é o senhor, lhe garanto que é o meu direito de cidadão, ou será que a gente chegou a uma inversão tão completa de valores que eu seja obrigado a receber ordens de um estranho?

Corta rápido para:

Cena 17: SALÕES DO APARTAMENTO DE HELOÍSA (INT NOITE)

Sonoplastia: "Senza fine", por Ornella Vanoni. <u>A cena deve durar aproximadamente 1 minuto e 45 segundos</u>, *para emocionar pela canção.*
Abre em Natália, sentada, ouvindo música. Tempo. Olha um retrato de Heloísa, em porta-retrato, consulta relógio, pensa que Heloísa já poderia ter chegado. Resolve ler seu livro. Pega, olha a capa, não se sente disposta, larga o livro. Levanta-se e caminha um pouco. Acha a sala harmoniosa, gosta de sua casa. Coloca um objeto no lugar, algum detalhe exagerado de pessoa excessivamente ligada à estética. Olha novamente a sala. Pensa: "É bonita mas não é tão importante assim, tá faltando alguma coisa na minha vida." Caminha um pouco, agora sem dar importância à casa. De repente, vê a porta da rua. Detalhar a porta, closes alternados de Natália e da porta da rua. Como se a porta pudesse ser uma solução. Natália fica olhando a porta, em dúvida. Close.

Corta para:

Cena 18: BAR PERTO DO CINEMA PAISSANDU (EXT NOITE)

Movimentação habitual. Ubaldo sentando-se à mesa onde estão Avelar, uma mulher bonita e o amigo de Avelar que estava no cinema.

Avelar	– Como não me encontrou? Saí de casa sete e meia em ponto.
Ubaldo	– Então foi por questão de segundos, porque pelo meu relógio a primeira vez que eu liguei eram sete e meia...
Avelar	– Mas o que foi que ficou decidido exatamente na assembleia? Essa comissão vai/

Avelar para de falar porque de repente vê Natália do seu lado, parada em frente à mesa. Close. Linda. Reação de Avelar.

Natália	– (*firme*) Você tinha razão, tá muito quente. O convite pro chope ainda tá de pé?
Avelar	– (*sem jeito, levanta-se*) Claro... por favor... esses aqui são...
Natália	– (*sentando-se, agora <u>segura</u>*) O meu nome é Natália, tudo bem?

Corta para:

Cena 19: APARTAMENTO DE MARIA LÚCIA (INT NOITE)

Abre no QUARTO dela. Depois do amor, Maria Lúcia e João em cena de muita ternura e integração, luz bonita. Mais carinho do que sexualidade. Ela usa calcinha e a camisa social que João estava usando, grande pra ela.

Maria Lúcia	– Desde o primeiro instante em que eu te vi, tanto medo!
João	– Eu te adoro.
Maria Lúcia	– Você tem razão... o meu pai tem razão... eu... tô com tanta vergonha de...
João	– De quê?
Maria Lúcia	– O que aconteceu entre nós... Há meses que o Edgar vinha insistindo... me chamando de convencional... Só agora eu tô entendendo que/ Como é que eu ia poder me entregar pra ele se eu sempre fui louca por você?

João faz um grande carinho em Maria Lúcia.

Maria Lúcia	– *(feliz)* Eu nunca me senti tão... Eu mal acredito que eu tô aqui, do teu lado... me sentindo... não sei se protegida, não sei se/ Ah, João, como eu fui burra, eu te adoro! Eu não posso ter medo de ficar com você, de tentar ser feliz!
João	– Eu tento compreender o teu lado... Claro que as coisas materiais têm uma certa importância...
Maria Lúcia	– Não têm nenhuma! Imagina se tivessem feito obras, eu aqui num quarto coberto de ouro, sozinha ou com/ *(faz carinho)* Eu te amo tanto! Não deixa eu ser burra, nunca mais, não deixa eu ser medrosa.

Tempo. João faz um grande carinho nela.

Maria Lúcia	– Claro que o meu pai tinha mesmo que ir pressa assembleia, lutar contra esses infelizes, eu tenho tanta vergonha de/ Me promete, João, não deixa nunca mais eu ser covarde. Eu devia ter ido pro teatro também. Quando tiver assembleia, manifestação, o que seja... você vai ver... eu vou tá sempre do teu lado...
João	– Não exige demais de você duma hora pra outra não, Lúcia. É importante uma pessoa conhecer os seus limites...
Maria Lúcia	– Eu vou ser outra... Você vai ver. Pra começar eu/

Maria Lúcia para de falar porque a campainha toca. Ela começa a enfiar rapidamente uma saia e separa uma blusa pra ir abrir a porta. João também, estava de cueca, começa a vestir calça.

Maria Lúcia	– Se veste rápido porque pra essas coisas o meu pai não é nenhum revolucionário não.

João sorri.

Corta para a SALA, Maria Lúcia abrindo a porta. Entra Salviano, já falando. Logo em seguida, vem João, do quarto, já vestido.

SALVIANO	– A sua mãe foi dormir?
MARIA LÚCIA	– Tá aí em cima, na casa da tia Dolores...
SALVIANO	– Calma, Maria Lúcia, muita calma.
JOÃO	– O que foi que aconteceu?
SALVIANO	– Mais do que nunca a gente vai ter que manter a cabeça fria.
MARIA LÚCIA	– (*tensa*) Fala!
SALVIANO	– Ele foi preso. Mais os três que tavam no carro, na porta do Ênio. Nossa primeira preocupação é procurar localizar, pra ver o que é que se pode fazer.

Closes de Maria Lúcia e João. Ele pergunta com os olhos: "Você vai brigar comigo?" Close.
Corta para:

COMERCIAIS

Cena 20: APTO. DE MARIA LÚCIA – SALA (INT NOITE)

Maria Lúcia, João, Edgar, Galeno, Lavínia, Gustavo, Carmen, Dolores, Dagmar, Regina, Salviano e Queiroz, todos muito tensos.

QUEIROZ	– Consegui falar com a Marília Carneiro, tão na mesma situação, tentando localizar os que foram presos de tarde, pra tentar impetrar um *habeas corpus*.
REGINA	– Eu já liguei pro doutor Sobral Pinto, mas ele não está no Rio, não sabem dizer quando volta... Também tenho ouvido falar muito num jovem criminalista chamado Toledo... Tem se empenhado demais em casos parecidos, amigo de amigos meus, talvez faça um preço camarada...
CARMEN	– Liga imediatamente, Regina, por favor, a gente não tem um minuto a perder.

Corta para João, abordando Maria Lúcia num canto, ela apática, amparada por Lavínia.

JOÃO	– Você... vai me responsabilizar?
MARIA LÚCIA	– (*sai da apatia*) É isso que tá preocupando você, João, na hora que o meu pai foi preso?
JOÃO	– (*muito meigo*) Eu preciso muito de você, Lúcia. Mais que nunca. Claro que o problema agora é descobrir onde tá o seu pai, mas <u>nós</u>/
MARIA LÚCIA	– (*corta, forte e meiga*) Não precisa falar nada. Não vou deixar a minha mãe mais nervosa do que já tá, <u>eu vou enfrentar</u>.
LAVÍNIA	– Na época que eu aprendi a dirigir carro, lá no sítio, eu tinha mania de querer ir pra Petrópolis escondida, só nós duas... Claro que a Maria Lúcia morria de medo por causa da volta... Medo do escuro,

	de ladrão, da polícia pegar sem carteira... Uma noite, ela foi, pra me fazer a vontade... Caiu um temporal na estrada, o carro enguiçou, nós duas sozinhas numa estrada deserta, cheia de lama... Você sabe qual foi a reação dela?
João	– (*com ternura*) Sentou no chão e ficou chorando, debaixo da chuva.
Lavínia	– Nem eu esperava, viu, João? Na hora que aconteceu tudo o que ela tinha mais medo, <u>ela</u> que me deu força pra mesmo debaixo da chuva, na lama, fazer um calço pro carro desatolar.
Maria Lúcia	– (*recuperando-se, meio nostálgica*) Chamei uns moleques pra me ajudarem a empurrar... (*agora forte, otimista e emocionada, levanta-se*) <u>A gente vai localizar o meu pai e lutar até o fim contra essa ditadura desgraçada</u>. Juntos, João, eu também preciso muito de você.

Corta rápido para:

Cena 21: APARTAMENTO DE GALENO – SALA (INT NOITE)

Galeno com capitão Rangel e Idalina, que foram acordados, estão de pijama e penhoar simples. A campainha vai tocar durante o diálogo, Idalina vai abrir a porta.

Rangel	– Que diabo você acha que eu posso fazer?
Galeno	– Nem vem, Rangel, pai duma das minhas melhores amigas! Você conhece gente no SNI!
Rangel	– Vou acordar colega no meio da noite pra perguntar pronde levaram? Um agitador conhecido?
Galeno	– Deixa de bancar o durão, Rangel, eu sei que você é boa-praça.
Idalina	– Comunista mesmo, Galeno, todo o mundo sabe!
Galeno	– Não tô pedindo pra soltar! A gente precisa é saber quem prendeu! Pra onde levaram! Imagina como é que tá a mulher dele, Rangel, a filha!
Rangel	– Sei lá... Deixa eu pensar um pouco... Que horas são? Talvez eu pudesse dar uma ligada pro/

Rangel para de falar porque Idalina já abriu a porta, João entrou. Só vê Galeno.

João	– O advogado que a dona Regina chamou conseguiu localizar. Levaram ele pro Dops.

Corta rápido para:

Cena 22: BAR PERTO DO CINEMA PAISSANDU (EXT NOITE)

Movimentação habitual. Mesma mesa da cena 18. Agora, além de Natália, Avelar, Ubaldo e os dois figurantes, chegou Angela. Estão discutindo, inflamados, enquanto Natália se entedia, acha o local barulhento, fica se perguntando o que está fazendo ali. Durante o diálogo, garçom dá um chope novo pra cada um dos presentes, Natália pega o seu chope, passa o copo gelado no rosto, gosta da sensação do copo frio no rosto, em close. (Não

bebe porque esse chope que a filha receitou Natália ainda vai demorar muito pra tomar.)
Quase todas as falas, portanto, em off, à câmera interessa Natália, linda.

ANGELA	– É a prova concreta que em parte a garotada tem razão!
AVELAR	– Pera aí, Angela, até você?
UBALDO	– Pera aí digo eu, Avelar, que a Angela não tá falando nenhuma loucura! Prender dessa forma justamente a comissão que ia/
AVELAR	– *(corta)* Eu só tô tentando não passar pro lado dos porra-loucas! Mais que nunca cada um de nós tem que manter a lucidez, *(olha Natália)* você não acha, Natália?

Daqui por diante, duas conversas totalmente distintas. Interessa-nos a de Avelar e Natália. Vamos dar primeiro a dos outros, que é o pano de fundo.

ANGELA	– Não acho tão porra-loucas assim não.
UBALDO	– Uma coisa a gente tem que reconhecer, Angela, nenhum dos estudantes fez nenhuma proposta realmente cabível.
ANGELA	– Mas tão indignados, são corajosos!
UBALDO	– Bota um barril de pólvora perto deles que eu quero ver o que não acontece.
ANGELA	– E os intelectuais, vão fazer o quê? Na melhor das hipóteses pedir pras famílias levarem uma boa marca de cigarro pra cadeia!
UBALDO	– Você própria não tá falando nada de concreto, pensa bem...

<u>*Ao mesmo tempo*</u>*, a conversa que interessa, à parte, em primeiro plano. Ritmo bem mais lento de diálogo.*

NATÁLIA	– Eu?
AVELAR	– É... eu suponho que... você tenha uma posição... ninguém pode compactuar com o que tá acontecendo, você não tem uma posição?
NATÁLIA	– *(simpática, sincera e lenta)* Desculpa, eu... eu não tava prestando a menor atenção, eu... não tô habituada assim a bar aberto... Faz muito barulho, eu fiquei um pouco zonza, desliguei. Acho que eu errei em ter vindo *(já se levantando)*, me desculpa.
AVELAR	– Pera um instante, Natália, ali na esquina tem um bar bem mais calmo...

Corta rápido para:

Cena 23: CASA DE CHÁ SIMPLES (INT NOITE)

(A intenção é que o cenário passe pela Americana, que havia na época na esquina das ruas Paissandu e Senador Vergueiro. Uma casa de chá muito simples.)
Pouca movimentação, para esse tipo de lugar é fim de noite. Avelar e Natália conversam numa das poucas mesas ocupadas. Ele toma cerveja, ela toma um chá.
Sonoplastia: "Senza fine", arranjo romântico com orquestra, como se fosse uma música ambiente.

Natália	– (*muito sincera*) Então ficou uma coisa assim... tão cheia de coincidências ridículas que parecia um roteiro de filme... Filme fraco, tá entendendo?
Avelar	– Francamente não. Tenta de novo.
Natália	– Ah, Avelar, a minha filha me dá uma bronca que eu nunca levei nem dos meus pais... Fala com a maior naturalidade que no cinema eu podia encontrar gente, ser convidada pra tomar um chope! (*tom*) <u>Tomar um chope</u> é uma coisa... tão distante da minha vida... tão... (*mais direta*) Na hora da discussão, quando a Heloísa falou, eu achei até engraçado, porque nas minhas relações eu não posso imaginar ninguém que eu pudesse encontrar num hall de cinema e que me chamasse pra <u>tomar um chope</u>! E eu encontro justamente... Talvez a única pessoa que eu conheço em toda essa cidade que/ (*corta-se*) E pra aumentar a confusão na minha cabeça, você realmente <u>me convida</u> pra tomar um chope!?
Avelar	– (*romântico*) E isso foi bom ou foi ruim?
Natália	– (*agora constrangida*) Bom, eu... eu não tô vendo as coisas por esse prisma. (*tentando ser mais segura*) Eu acho que a Heloísa tem razão em muitas coisas que ela diz, eu precisava pensar um pouco mais em mim mesma, ser menos convencional, menos dependente do meu marido pra não me sentir tão ansiosa numa hora em que ele é obrigado a fazer uma viagem de negócios... Eu... eu acho que voltei porque... porque <u>eu queria mostrar pra mim mesma que aceitar esse convite não tinha nada demais.</u> (*tempo*) Entendeu?
Avelar	– (*sacana*) Acho que... perfeitamente.

Os garçons já começaram a limpar a casa de chá para fechar. Natália nota.

Natália	– Pede a nota ou por mais que você tenha cartaz aqui nas redondezas nós vamos ser maltratados.

Corta para:

Cena 24: RUA PERTO DO CINEMA PAISSANDU (EXT NOITE)

Pouco movimento na rua, é tarde. Avelar e Natália estão perto do carro dela.

Avelar	– Eu te acompanho.
Natália	– Não tem motivo, eu tô de carro, moro logo ali, na Rui Barbosa.
Avelar	– (*romântico e com malícia*) Eu vou te seguindo. Só pra ficar mais tranquilo, te ver entrar no prédio, dar um adeus.

Corta para:

Cena 25: PORTA DO PRÉDIO DE HELOÍSA (EXT NOITE)

Natália dentro do carro, vai entrar em sua garagem. Avelar de pé, ao lado do carro. Carro de Avelar parado atrás, de qualquer maneira.

NATÁLIA	– Você foi muito gentil... em convidar pro chope... me acompanhar até aqui... Um dia desses a gente se vê.
AVELAR	– *(romântico e firme)* Onde?
NATÁLIA	– *(formal)* Você é professor da minha filha, claro que mais dia menos dia a gente vai acabar se cruzando. Aliás... eu queria te pedir uma coisa... *(sem jeito)* Não comenta nada com a Heloísa que a gente se encontrou, tá?

Natália engata a primeira e vai entrar na garagem. Avelar chama.

AVELAR	– Natália!

Ela para o carro um metro adiante, ele se aproxima.

AVELAR	– Só uma coisa. Se você voltou só pra mostrar pra você mesma que não era nada demais aceitar o convite... Por que esconder da Heloísa?
NATÁLIA	– *(muito constrangida)* Não é esconder, é... Não precisa comentar... Eu tenho certeza que você entende.
AVELAR	– *(romântico e safado)* Mais do que você tá pensando. Só que você vai ficar me devendo uma.

Natália passa por expressão: "Como devendo?"

AVELAR	– É. Porque... o chope você não chegou a tomar.

Natália baixa os olhos, muito constrangida. Dá partida para entrar na garagem. Avelar fica olhando Natália entrar na garagem, com atração. Tempo.
Sonoplastia: na parte final da cena, tema romântico do casal.
Corta para:

Cena 26: PRÉDIO DA REPRESSÃO (EXT DIA)

Se possível, o Dops. Plano geral, de localização, manhã seguinte.
Corta para:

Cena 27: SALA DE ESPERA NO PRÉDIO DA REPRESSÃO (INT DIA)

Movimentação habitual. Num pequeno grupo, Maria Lúcia, Carmen, João, Edgar, Regina e Salviano. Tensos. Tempo. Advogado Toledo sai de uma sala e dirige-se a eles.

TOLEDO	– Infelizmente não é mais caso pra *habeas corpus*. Pelo que eu pude intuir, o agente que prendeu o seu Damasceno... Está levando a coisa prum terreno quase pessoal... Acabou conseguindo que decretassem a prisão preventiva... Porque de certa forma parece que ele resistiu à prisão... Nesse clima que a gente tá vivendo, dar um empurrão num policial ou num militar...

Carmen tem uma crise de choro. Maria Lúcia mais forte.

MARIA LÚCIA	– Nós... nem podemos entrar? Ver o meu pai?
TOLEDO	– Por enquanto ele só pode ter contato comigo. Mas a gente vai lutar, Maria Lúcia.

Corta rápido para:

Cena 28: APTO. MARIA LÚCIA – QUARTO DAMASCENO E CARMEN (INT NOITE)

Carmen prepara uma pequena mala de roupas para o marido, com a ajuda de Maria Lúcia e Salviano.

CARMEN	– Manda rápido a Dagmar comprar xampu, Maria Lúcia, escova de dente, pasta...
SALVIANO	– Pela experiência que eu tenho nesses casos, Carmen, o prisioneiro se sente... Bom, você pode imaginar... Muito desamparado... Muito só... Eles raramente deixam junto de conhecidos, o advogado garantiu que já espalharam o grupo todo pelos prédios mais diversos... Qualquer lembrança que ele possa ter da casa... pequenas provas ou... símbolos concretos de que a vida aqui fora continua, que a família tá resistindo... Por exemplo, pra que um frasco de xampu novo? O próprio xampu que ele tava usando, pela metade, parece que dá um certo conforto, entende? Alguma coisa de comer que ele aprecie, de preferência preparada por alguém com quem haja laços afetivos fortes...
MARIA LÚCIA	– O doce de goiaba que a vovó manda sempre!

Carmen tem uma crise de choro forte. Maria Lúcia abraça a mãe, sem saber o que fazer. Corta para:

Cena 29: PRAIA DE IPANEMA (EXT DIA)

Manhã seguinte. Movimentação normal. Adelaide, Glória e Zuleica fazendo um grupinho de praia.

ZULEICA	– Gosto muito da Carmen, mas ela que me desculpe, antes de mais nada sou patriota! Se deixarem o país nas mãos desses comunistas você sabe o que eles vão fazer com a gente? Nos botam de vassoura na mão pra varrer o chão da rua!
ADELAIDE	– E quem se recusar eles mandam pra Sibéria!
GLÓRIA	– Não sei não, Adelaide, muita gente presa... Artistas... Você não viu os jornais? Será que o governo dessa vez não tá indo um pouco longe? Esse Flávio Rangel eu já vi uma vez, diretor de teatro muito bom, não posso acreditar que seja comunista, um homem até meu tipo, sabe, rosto jovem, cabelos grisalhos...
ZULEICA	– Subversivo sim! O verdadeiro artista, íntegro, o Castelo Branco adora! Foi ao teatro, vocês não leram não? Foi pessoalmente assistir à *Noviça rebelde!* Um presidente que apoia as artes!

Corta rápido para:

Cena 30: APARTAMENTO DE MARIA LÚCIA (INT DIA)

Advogado Toledo acabou de chegar. Presentes Maria Lúcia, João, Edgar e Carmen. Durante o diálogo, João vai segurar Maria Lúcia como se fosse seu namorado. Ela vai se retrair, sem jeito, por causa de Edgar. Jogo de olhares mostra embaraço entre João e Maria Lúcia. Esta marcação é o ponto principal da cena.

CARMEN	– *(frágil)* Tem... parlatório? Alguma sala especial pra receberem visitas?
TOLEDO	– Não porque não se trata propriamente de uma prisão, mas eu tenho certeza que a senhora não vai ficar chocada, dentro dos limites da situação o seu marido está bem.
MARIA LÚCIA	– E essas dores no ombro, nos braços, que ele se queixou com o senhor?
CARMEN	– Coluna, Maria Lúcia. *(a Toledo)* Ele tem uma pequena hérnia de disco... Qualquer clima de tensão... *(a Maria Lúcia)* Pega o comprimido pra dor muscular.
JOÃO	– *(pega nela)* Os livros, Lúcia. Os que tavam separados... *(reação de Edgar, constrangimento de Maria Lúcia e João)*
CARMEN	– Talvez fosse bom eu perguntar ao Salviano se não devia levar um fortificante, vitaminas...

Fecha no jogo de olhares entre Maria Lúcia e João, constrangidos.
Corta para:

Cena 31: SALA DE ESPERA NO PRÉDIO DA REPRESSÃO (INT DIA)

Movimentação. Toledo acompanha Carmen e Maria Lúcia, que vão visitar Damasceno. Ficamos um instante com Edgar e João, que ficam esperando.

JOÃO	– Será que dão porrada neles, Edgar?
EDGAR	– O advogado falou que não.
JOÃO	– Quanto tempo será que isso pode durar? Você já imaginou como ele deve tá se sentindo?
EDGAR	– Claro... Mas acho que... justamente porque pode durar algum tempo, não tem motivo nenhum pra você tá acompanhando sempre... Afinal de contas, quem namora a Maria Lúcia sou eu.

João baixa os olhos, constrangido.
Corta para:

Cena 32: CELA (INT DIA)

Maria Lúcia e Carmen entram para visitar Damasceno, que está muito abatido. Carmen beija o marido. Muita emoção. Enquanto Carmen começa a separar coisas que trouxe numa sacola, Maria Lúcia abraça o pai, longamente, um abraço muito comovente. Close.

Corta. (Produção: favor verificar se devemos usar cela ou sala.)

Fim do capítulo 6

Os anos rebeldes

A segunda parte da minissérie tem início durante o capítulo sete. Estamos em março de 1966 e a situação não está nada boa: passeatas são reprimidas, três atos institucionais já foram instaurados e há boatos sobre torturas. Em meio a um cenário cada vez mais sombrio, os personagens são forçados a tomar posicionamentos mais bem definidos, e as mudanças propostas por sua geração vão muito além da política.

Conflitos em casa e nas ruas

Damasceno sai da prisão após ser detido durante uma reunião de intelectuais e Maria Lúcia, impactada com o ocorrido, apresenta uma nova atitude, de querer participar da luta política. É bem provável, no entanto, que sua motivação nasça, sobretudo, de um desejo de agradar João e não deixar que o engajamento dele os separe. Acontece que, quando ela muda de postura, João recua e fica reticente, desencorajando a namorada.

João critica Maria Lúcia o tempo inteiro, acusando-a de só pensar em si mesma, mas, quando ela muda de atitude perante a luta política, quando quer participar daquele aspecto da vida de João, ele a desestimula, como podemos ver, por exemplo, na cena 30 do capítulo 7. É um comportamento que marca as contradições do que é ser humano, algo que me fascina.

Na ocasião da missa de sétimo dia do estudante Edson Luís, morto pela polícia numa confusão entre estudantes e policiais, novamente Maria Lúcia surpreende. Isso acontece no capítulo dez, cena 43, quando todos os amigos vão à casa de João para o chamarem ao evento que, devido ao enorme número de pessoas envolvidas, se tornou mais uma passeata do que propriamente uma missa. Gente de todo tipo fez questão de ir, não importava se a era alienado ou até simpatizante da ditadura. Era uma questão de solidariedade.

A mudança que Maria Lúcia tenta empreender em si mesma é surpreendente. Essa transformação é bem urdida, não só por Lúcia estar apaixonada por alguém que participa do movimento político, como também por nutrir grande admiração pelo pai. Apesar de não ter traquejo e vocação real para a luta política, sua maior referência é um militante do Partido Comunista e, por isso, temos a impressão de que às vezes Maria Lúcia se questiona acerca de seu individualismo.

Choque entre gerações

Uma coisa bem curiosa no pessoal do Partidão é que eles, politicamente, se diziam liberais, mas, nas questões mais pessoais e de costumes gerais, não eram nada progressistas. Lembro de um amigo comentar que, quando era bem jovem, via muita discriminação contra homossexuais entre o pessoal do Partido Comunista. Essas pessoas eram liberais de um lado e continuavam reacionárias por outro. De novo, poços de contradição, como todos nós.

A história que me inspirou a escrever a cena 15, do capítulo 8, em que Damasceno fica abatido após saber que Maria Lúcia já havia perdido a virgindade, foi inspirada em um outro amigo meu, também do Partido Comunista, que ficou muito abalado ao descobrir que a filha já não era virgem.

A cena seguinte é a que tem menos falas em toda a minissérie. Damasceno se demora na rua, inconsolável, acompanhado apenas da chuva. É como se estivesse encaixando as informações para tentar entender que a filha já é adulta.

Ainda no oitavo capítulo, cena 20, Maria Lúcia nota que o pai passou a tratá-la de forma diferente e tenta uma conversa com ele. Acho esse diálogo muito instigante.

Uma coisa é a razão, outra é a emoção. Deixei isso bem claro no diálogo. Não é porque alguém estudou Freud, Marcuse e refletiu seriamente sobre temas como a liberdade sexual, que, do ponto de vista emocional, vai encarar a questão de forma mais simples. Nosso emocional tem pouco a ver com nosso racional.

Na cena 37 da parte final desse mesmo oitavo capítulo, fiz uma passagem análoga a essa, só que entre João e seu pai. Ao ver um pôster de Che Guevara no armário do filho, Abelardo, lacerdista típico, sente-se impotente ao conjecturar os caminhos trilhados por João em nome de seus ideais políticos. Este vê o pai desprezar fortemente uma de suas maiores referências e Abelardo vê seu filho idolatrando alguém que para ele só representa valores negativos. É muito forte quando as referências entre pais e filhos se tornam não apenas diferentes, mas totalmente antagônicas. É uma situação difícil e de grande potencial dramático.

Gosto muito da situação pois, além de mostrar a separação mais radical entre o pai e o filho que já cresceu, como na cena entre Damasceno e Maria Lúcia, pude transmitir também a diferença de visão entre João e Damasceno. Apesar de João enxergar um ídolo em Damasceno e os dois terem ideais políticos semelhantes, ficou clara a diferença entre um homem mais velho do Partidão e um jovem engajado daquela época; um defendendo a revolução por meios pacíficos, o outro pela luta armada.

No final desta cena, vemos a diferença entre os costumes da geração de João para a de Damasceno. Aterrorizado pela expectativa de uma resposta positiva, Abelardo pergunta se João está fazendo parte do Partido Comunista e ele, depois de um tempo para respirar, diz que não, com a firmeza de quem realmente não faz parte e nunca quis fazer. Essa firmeza vem do fato de que até João é, de certo modo, um pouco contra o Partidão. João percebe que, entre outras atitudes retrógradas, eles são contra os gays e querem mais é que a filha se case virgem. Isso tudo é por demais convencional para a geração de João.

Essa faceta de João vem da postura de Sérgio Marques, que percebia bem essas diferenças entre pessoas de tal ou qual organização. Eu, na verdade, até tinha afinidades com membros do Partidão. Entre minhas amizades há nomes como Oduvaldo Vianna Filho, Dias Gomes, Ferreira Gullar, os membros do Grupo Opinião, Tereza Aragão... Enfim, todos eram do Partido Comunista. Por isso acho que, na época, eu não teria simpatia pelo pessoal da luta armada, que é o grupo de João. Meu temperamento é racional, não sou incendiário, sou um moderado.

Ivan Cândido brilha nessa cena. Ele é um dos meus atores preferidos. Ivan fez vários personagens de Nelson Rodrigues. Entre os mais marcantes, o Leleco de *Boca de ouro* e o Toninho de *A falecida*. Esta cena de *Anos rebeldes* com ele e Cássio é bonita, não só pelos diálogos, mas esteticamente também, porque os dois estão batendo boca frente a frente e, ao fundo, entre os dois, fica o pôster de Guevara, simbolizando algo que os separa.

Identifico-me bastante com uma fala de Damasceno um pouco antes de ele morrer, no nono capítulo, quando já está no hospital e Maria Lúcia lhe faz companhia. Ele pede que ela jogue o maço de cigarros fora e diz que ainda tem muito o que viver. Entre outras coisas, ele fala de todos os livros que juntou durante a vida e não teve tempo de ler: "... Começar a ler aquele monte de livros que a vida inteira eu fui guardando para depois..." A vida é curta. Esta cena emociona, me dá vontade de chorar.

Damasceno também conta para a filha que voltaram a convidá-lo para dirigir o projeto de uma enciclopédia e que ele vai aceitar para poder ganhar melhor e comprar um carro e uma casa em Friburgo, para os fins de semana. Sem demora, Maria

Lúcia diz, contendo o choro: "Você tá fazendo esforço demais... o médico disse pra falar pouco." É uma fala que vale ali para o momento, mas também diz respeito a toda a vida de Maria Lúcia, a toda a expectativa que ela sempre nutriu a partir das promessas do pai de que um dia teria um quarto maior só para ela. Lúcia não quer mais ouvir esse tipo de coisa. É como se estivesse criando um escudo contra o que o pai diz por mero ímpeto, sem compromisso com o que está dizendo.

Apesar das frustrações que sente, Maria Lúcia trata os pais com muito carinho. No lado oposto, em termos de demonstração, está Heloísa, que sente um enorme carinho pela mãe, mas repudia o papel de vítima e dondoca em que esta se coloca em sua relação com o marido, Fábio. É por isso que Heloísa até tenta ajudar Natália, mesmo que às vezes soe um pouco agressiva. Heloísa se preocupa com o sofrimento que Natália passa dentro do casamento com Fábio, mas odeia que este sofrimento seja contido e sufocado, como se não existisse.

Este tipo de comportamento incomoda a mim também. Ir contra a hipocrisia é uma das características presentes em tudo que sempre escrevi, desde muito jovem. Talvez eu possa até aceitar certas coisas quando não há outro jeito, mas não digo que está tudo bem. Acho que extravasei um pouco desse meu incômodo pela boca de Heloísa na cena 26, capítulo 8, em que ela tenta animar a mãe e a chama para ir ao ensaio de uma escola de samba.

As coisas que Natália diz para recusar o convite da filha são bobagens, desculpas esfarrapadas. Não é Natália quem arruma a casa, e sim os empregados. Além disso, tanto ela quanto a filha sabem que essa viagem a trabalho de Fábio é um mero pretexto para que ele passe algum tempo com uma amante. A diferença é que Natália não se permite admitir isso. Heloísa, então, passa um sermão na própria mãe e depois diz que, para sermos felizes, a primeira coisa a se fazer é deixar de fingir que está tudo bem.

Depois que Fábio volta, Natália vai atrás da confirmação de que ele realmente estava com uma amante, mas ele consegue enganá-la. Fábio abraça-a por trás e diz algo como: "... Depois de quinze dias ao lado dela, eu vi como amo você." Natália não consegue resistir às palavras de Fábio e acredita que ele vai mudar.

Na verdade, esta cena não resultou no que eu imaginava. A maneira como Wilker atuou não passou sinceridade, pareceu que aquela era só mais uma mentira contada à mulher. Ele tinha que dizer aquelas palavras de coração, estava sendo totalmente honesto, Fábio ama a mulher enquanto a trai.

Wilker está esplêndido numa discussão com a personagem de Cláudia Abreu na cena 10, capítulo nove, depois de Fábio e Natália terem visto a filha dançando com um rapaz negro num show de samba. Fábio, revoltado, pensa que Heloísa está namorando o homem. Heloísa enfrenta o pai.

Anos rebeldes
Gilberto Braga

É o próprio retrato da época. Foi no final dos anos 60 que meninas de classe alta, como Heloísa, passaram a se relacionar com homens negros sem se importar com tabus racistas que ainda vigoravam. Para um homem como Fábio, no entanto, só de imaginar aquilo já era terrível. Ele é extremamente racista. Aliás, vejo que essa é uma das poucas coisas em que nossa sociedade melhorou. Atualmente o país é bem menos racista, principalmente as camadas mais jovens. Da mesma forma, certas palavras perderam a conotação ofensiva que tinham então. O termo "babaca", por exemplo, estava ganhando um novo significado na época. Antes era usado para se referir à vagina, literalmente, mas depois ganhou um tom de xingamento. E era um xingamento muito forte, como era "chato" na minha época de criança. Quando indico "gesto" entre parênteses, ao final dessa cena, queria que Wilker fizesse aquele gesto juntando as mãos pelos polegares e os indicadores, simbolizando uma vagina, enquanto diz: "Babaquice? De babaca?" Isso mostraria que aquele gesto não tinha mais nada a ver com o sentido da palavra empregada por Heloísa. Acho que assim demonstraríamos com mais contundência a comunicação falha entre as gerações do pai e da filha, mas Dennis disse que colocar isso na televisão seria demais. Eu reclamei, mas também não queria briga.

A partir de 1968, uma verdadeira "Roda viva"

Não demora muito para que Heloísa e Natália aceitem colocar um pouco de hipocrisia em suas vidas. Heloísa passa a jogar o jogo da vida, como pôde aprender, observando o pai. Assim, para atingir seu objetivo de sair de casa, acaba se casando com Olavo. Ela o vê como um sujeito legal, mas definitivamente não o ama.

Natália, por sua vez, se liberta da sua extrema dependência de Fábio e deixa-se apaixonar por Avelar. Consegue viver um caso com o professor sem permitir que isso afete o conforto de seu casamento. Seu personagem ganha força ao se tornar uma mulher mais decidida e habilidosa.

Todas essas mudanças foram resumidas num painel em preto e branco, no capítulo 10, em que editamos cenas do casamento de Heloísa: os amigos a parabenizam, Natália aparece na casa de Avelar, com quem tem um caso, várias vezes, mas logo depois é mostrada jantando alegremente com Fábio e seus amigos. Tudo ao som da canção "Roda viva", de Chico Buarque. A letra desta canção é absolutamente brilhante e dá a impressão de que foi escrita especialmente para a cena. Acho que é o momento em que mais usamos o painel em preto e branco como recurso para avançar na história. Alguns painéis continham apenas cenas de contextualização da época e outros mostravam acontecimentos históricos do qual os personagens participavam. Esse, especificamente, serve bastante ao desenvolvimento da história, pois a faz avançar muito.

Apesar das grandes mudanças que o país vivia, às quais Chico Buarque faz alusão com a letra de "Roda viva", o casamento como opção para sair da casa dos pais ainda era algo que acontecia com frequência. Heloísa viu aí a única oportunidade para se livrar da família, que cortava suas asas. De um lado, muita coisa continuava igual, mas, de outro, tudo estava prestes a mudar drasticamente.

A passagem para os anos de chumbo

Uma cena marcante, mas alegre, é quando todos os amigos estão reunidos no sítio de Heloísa para assistir ao Festival Internacional da Canção na televisão. Para abrir na imagem do sítio, escolhi a canção de Roberto e Erasmo Carlos, "Que tudo o mais vá pro inferno", que diz "De que vale o céu azul e o sol sempre a brilhar...". Combina muito bem pois, apesar do ambiente bucólico, o clima no país está pesado e a vontade da juventude é de que tudo vá mesmo para o inferno.

Nesta fase, ocorre a discussão entre os amigos sobre qual era a melhor canção do festival: "Sabiá", de Chico Buarque e Tom Jobim, ou "Pra não dizer que não falei de flores", de Geraldo Vandré. No grupo a favor de "Sabiá" está Maria Lúcia, e no grupo a favor de "Pra não dizer que não falei de flores", João. Essa divisão prepara a cena final da minissérie, na qual eles voltarão a lembrar da discordância. Aliás, eu já sabia como seria a última cena desde a época em que fiz a sinopse. A cena final tinha de fazer algum sentido dentro da trama. A cena da discussão no sítio de Heloísa foi escrita porque sabíamos que aquilo seria utilizado posteriormente.

Outra cena que está pontuada na sinopse e marca a mudança de clima é a da instauração do AI-5. Esta cena, a 38 do capítulo 12, é sinistra, assim como a maioria daquelas em que Francisco Milani está presente. Eu queria apresentar a mudança na situação do país a partir do AI-5 de uma forma diferente. Não precisamos recorrer à nossa imaginação porque, da forma como escrevemos, não difere em quase nada do que aconteceu na realidade.

Na cena, Camargo bate à casa de Avelar para buscá-lo. O inspetor é indagado sobre o mandado, mas não se abala: "O senhor não tava vendo televisão? AI-5, professor, não precisa mais de autorização do juiz pra isso não. Olha o mandado ali na tela."

Isso ocorreu na casa de Ferreira Gullar. Sérgio Marques, que sabia da história, pediu permissão a Gullar para que pudéssemos usar as falas na minissérie.

Avelar então é preso. Heloísa e Bernardo ficam sabendo disso e a pessoa mais próxima que pode ajudá-los a retirar Avelar da cadeia é Fábio, o marido que está sendo traído pela esposa com o próprio professor. Bernardo acaba sabendo da traição e quando conversa com seu pai sobre o antigo professor, tudo indica que vai revelar a traição de Natália. Entretanto, o que acontece é que ele dá um jeito de pedir a intervenção de Fábio, dando a desculpa de que Avelar foi um professor muito importante no colégio, um homem que sempre ajudava os alunos. E Avelar acaba sendo libertado.

Pregamos uma peça nos telespectadores. Encaminhamos as coisas para que eles esperassem por algo que não aconteceu; o personagem tem uma atitude que ninguém poderia prever.

Fica muito sem graça mostrar sempre o que o espectador espera. A construção de uma expectativa e a quebra da mesma é algo muito importante dentro da narrativa dramatúrgica. A reação de Damasceno, de quem perdeu o chão ao saber que Maria Lúcia já não era mais virgem, também não é algo pelo qual o espectador esperasse. De um homem que se diz liberal, a gente espera que isso se estenda aos costumes.

Os personagens precisam surpreender os espectadores. É certo que estes precisam sentir que os conhecem, mas se tudo correr exatamente como o público espera, não haverá surpresa alguma e a trama ficará sem fôlego, por falta de reviravoltas. Sem contar que os espectadores, a partir de certo ponto, não se sentirão mais recompensados por assistir ao programa.

Isso é importantíssimo. E eu me mantive bastante atento à questão na terceira parte da trama, onde muita coisa mudaria drasticamente.

Roteiro dos capítulos 7 ao 13

Cena 1: CELA (INT DIA)

Damasceno sendo visitado por Carmen e Maria Lúcia, continuação do capítulo precedente, pouco depois. Maria Lúcia vai tirando mantimentos de bolsa e arrumando num canto: frutas, Yuki etc... Carmen mais próxima ao marido, abatido, cansado.

CARMEN	– Respiração ofegante?
DAMASCENO	– Cansaço, Carmen, estresse...
MARIA LÚCIA	– Você tá se alimentando direito?
DAMASCENO	– Do que eles servem eu consigo empurrar uma sopinha, porque o resto...

Maria Lúcia faz um carinho no cabelo do pai.

DAMASCENO	– Era bom se vocês dessem um jeito de mandar mais um travesseirinho, porque essa coluna ainda me mata. Basta eu baixar um pouco a cabeça que vem falta de ar...

Maria Lúcia abraça o pai, com grande ternura.

CARMEN	– Não vai durar muito, Damasceno, eu sei que o doutor Toledo tá fazendo o possível e o impossível...

Damasceno estende a mão pra esposa, com muita ternura. Câmera fecha em Damasceno, tentando ser forte, mas muito abatido.
Corta para:

Cena 2: APARTAMENTO DE EDGAR (INT NOITE)

Abre na SALA. Gustavo, Lavínia e Kira veem televisão: Elis Regina e Jair Rodrigues em O fino da bossa. À parte, Regina abrindo a porta, entram Maria Lúcia, Edgar e João.

MARIA LÚCIA	– Ele adorou o livro que a senhora mandou. (*tentando ser forte*) Acho que o Sérgio Porto achou mesmo o título que define isso tudo que a gente tá vivendo...
REGINA	– E vocês não imaginam a história ridícula que o Toledo me contou, essa tarde. Sabe o sujeito que esteve na casa de vocês no início do ano, apreendendo livros?
MARIA LÚCIA	– (*com raiva*) A cara daquele meganha dificilmente eu vou esquecer algum dia, viu, dona Regina?
REGINA	– Lembra como você ficou chocada dele ter levado A capital, do Eça de Queiroz? Pois o Toledo soube por gente da própria repressão que mais tarde esse indivíduo justificou o engano <u>por escrito!</u> (*divertindo-se*) Escreveu, e assinou embaixo, que confiscou o livro porque confundiu com <u>a obra homônima</u>... do notório subversivo <u>Mar-ques!</u>

Kira já se aproximou e ouviu o final da conversa.

Kira	– Quando invadiram a casa do Ferreira Gullar levaram um livro de pintura, sobre <u>Cubismo</u>.
Edgar	– Cubismo?
Kira	– Acharam que era sobre <u>Cuba</u>.
João	– (*triste*) "Festival de besteira que assola o país".
Regina	– (*apresentando*) Kira, eu acho que você ainda não conhece... o melhor amigo do Edgar... João Alfredo Galvão. (*a João*) A Kira trabalha com o Edgar, na editora.

Cumprimentos informais.

Regina	– E Maria Lúcia Damasceno, <u>a namorada do Edgar</u>.
Kira	– E você acha que eu não conheço a Maria Lúcia, Regina?

Enquanto Kira falou, o que interessa são closes alternados de Maria Lúcia e João, muito constrangidos com a situação.
Corta descontínuo para os mesmos personagens algum tempo depois, a maior parte vendo televisão, ainda O fino da bossa, abrir talvez na telinha. Regina pode estar servindo cafezinhos. Edgar se afasta, para pegar algum objeto. João faz sinal a Maria Lúcia que deve conversar com ele, não dá pra esperar mais. Maria Lúcia concorda com os olhos e dirige-se a Edgar. Falam à parte.

Maria Lúcia	– A gente tá precisando conversar.
Edgar	– Sobre o quê?

Corta rápido para o ESCRITÓRIO de Edgar, Maria Lúcia e Edgar. Abre em tempo morto. Clima tenso. Os dois muito emocionados.

Edgar	– (*quase desesperado*) Você... não pode tá falando sério, Maria Lúcia, não dá pra acreditar que vocês dois...
Maria Lúcia	– (*muito triste*) Foi uma coisa de momento, sem um mínimo de raciocínio, no meio duma discussão...

Tempo.

Edgar	– (*consigo mesmo*) Você... tem ideia de como que eu tô me sentindo?

Maria Lúcia faz que sim com a cabeça.

Edgar	– Se alguém me dissesse que um troço desses ia acontecer e me perguntasse qual ia ser minha reação eu tenho certeza que ia dizer que... ia lá na sala pegar o João de porrada e/ (*corta-se, muito triste*) Maria Lúcia, eu gosto tanto de você que... eu vou fazer um esforço pra compreender. Dizer que aceito a ideia eu não posso porque... (*tom*) Eu acho a coisa mais cruel, mais revoltante que/ (*corta-se*) Mas eu vou conseguir esquecer. Você me promete que nunca mais se encontra com ele, não quero nem que <u>veja</u> mais, nem como amigo, e a gente pode... Vamos fazer um esforço pra passar uma esponja por cima disso tudo... Você tava num momento de muita fragilidade...

Maria Lúcia	– Ah, Edgar, como essa vida às vezes consegue ser insuportável!
Edgar	– Nós somos dois adultos... Juntos, nós temos capacidade pra/
Maria Lúcia	– (*corta*) Será que você não entende que eu tava num momento de grande fragilidade <u>foi quando eu aceitei namorar você</u>?

Tempo. Essa cacetada, pra Edgar, é ainda maior do que a primeira.

Maria Lúcia	– Eu... sou louca pelo João! Desde o primeiro instante que o meu olho bateu no olho dele! Não dá pra continuar fugindo, eu tenho que comprar essa briga, já comprei, tá me dando força, Edgar, me dando força até pra enfrentar essa prisão do meu pai, talvez a coisa de que eu mais tinha medo na vida! Eu sei que vai ser difícil, o João Alfredo e eu, nós somos tão... (*gesto vago*) Mas não dá pra escolher. A única chance que eu tenho de tentar ser feliz é mergulhar de cabeça, como eu tô mergulhando. Eu juro que se eu pudesse escolher... Você é um cara excepcional, Edgar, sabe que por mais que eu procure eu tenho muita dificuldade em achar <u>um</u> defeito que seja em você? Eu queria muito que... pelo menos com o tempo... você entendesse e... continuasse a ser meu amigo, porque eu gosto de você tanto quanto... quanto eu gosto do meu pai, da minha mãe, mas amor não é isso! Amor é... é a minha perna que treme, que tremeu esses meses todos cada vez que/
Edgar	– (*corta*) Existe um limite entre franqueza e sadismo, tá?
Maria Lúcia	– Me desculpa. É que eu não sei mais o que dizer pra ver se você compreende que... (*gesto vago*)
Edgar	– Eu compreendi. Não vou aceitar nunca, mas compreendi. Sei que não tem chance nenhuma de dar certo, mas/
Maria Lúcia	– (*corta*) Por favor. Como você próprio acabou de dizer... tem um limite entre franqueza e sadismo. (*tom*) Deixa eu sonhar um pouco, tá?

Tempo. Edgar no momento mais difícil de sua vida.

Maria Lúcia	– Com o tempo... eu acho que vai dar pra nós sermos amigos de novo...

Tempo.

Maria Lúcia	– Eu queria que você falasse logo que possível pra sua mãe, porque ela é muito amiga também e eu tô me sentindo como se...
Edgar	– Eu falo.

Tempo.

Maria Lúcia	– Tem um detalhe... meio ridículo nisso tudo... (*muito constrangida*) Mas eu queria devolver o presente de aniversário que você me deu. Era um dos meus maiores sonhos, essa vitrolinha, e eu não vou me sentir bem se/
Edgar	– (*corta, ressentido e mais forte*) Se você é capaz de pensar em vitrola numa hora dessas, capaz de achar que eu vou aceitar de volta uma/

(*corta-se, mais calmo*) Você não muda, Maria Lúcia. Depois de todo esse Romeu e Julieta... (*tom*) Talvez pra sorte minha, sabe? Porque quem é capaz de pensar em vitrola numa hora dessas... (*firme*) Entre você e o João não vai dar certo nunca. (*mais calmo*) E na hora que vocês brigarem... eu vou tá te esperando.

Corta para:

Cena 3: APTO. DE HELOÍSA – CORREDOR DOS QUARTOS (INT NOITE)

Bernardo vai saindo, cruza com Heloísa, que vem chegando.

BERNARDO	– Foi ver *Dr. Jivago*?
HELOÍSA	– Saí no meio, Bernardo, nunca mais eu vou atrás de dica sua, que filme mais reacionário! Na hora que aquele velho preferiu continuar de empregado depois da revolução eu/
BERNARDO	– (*corta*) Ok, não tá na moda, mas é lindo, não vou discutir não! Tenho certeza que um dia você vai parar de fingir que entende esses filmes malucos da Nouvelle Vague ou morrer de tédio com o Antonioni.
HELOÍSA	– A mamãe tá no quarto?
BERNARDO	– Acho que tá arrumando umas coisas, o papai chega de Brasília amanhã, antes do almoço.

Heloísa entra no quarto de Natália.
Corta para:

Cena 4: QUARTO DE NATÁLIA E FÁBIO (INT NOITE)

Natália, de penhoar, está remexendo numa gaveta do marido, tensa, procurando alguma coisa comprometedora, entre papelada. Heloísa entra sem que ela perceba e quando Natália se dá conta de sua presença leva um susto.

HELOÍSA	– Encontrou?
NATÁLIA	– (*disfarçando tensão*) O quê?
HELOÍSA	– (*sem drama*) O que você tá procurando nas coisas dele.
NATÁLIA	– (*sem jeito*) Eu... eu acho que deixei uma nota de lavanderia por aqui...
HELOÍSA	– (*sabe que é mentira*) Na gaveta dele, mãe? Uma dona de casa doente de organizada feito você?
NATÁLIA	– (*fechando a gaveta*) Você tem razão, eu devo ter deixado em algum outro lugar...
HELOÍSA	– Será que você não ia se sentir melhor se abrindo um pouco comigo? Tá nervosa por quê? Saiu mais alguma nota em jornal, revista, sobre corneação?
NATÁLIA	– (*ofendida, irritada*) Eu não admito que você me fale nesses termos! (*tom*) Está tudo bem...

| HELOÍSA | – Se é assim que você prefere, *(levemente cínica)* <u>tá tudo bem</u>. Té manhã. |

Heloísa sai. Close de Natália, angustiada.
Corta para:

Cena 5: PORTA DO PRÉDIO DE HELOÍSA (EXT DIA)

Manhã seguinte. Movimento normal de rua. Fausto, motorista de Fábio, para o Mercedes na porta do prédio, Fábio salta, com uma pequena maleta de mão, Fausto vai levando o carro para a garagem enquanto Fábio fala com o porteiro Madureira, que lhe abriu a porta. Cumprimentos informais, Fábio vai entrando no prédio.
Corta para:

Cena 6: SALÕES DO APARTAMENTO DE HELOÍSA (INT DIA)

Fábio, com a roupa da cena precedente, toma um drinque leve, com Natália, enquanto vemos, ao fundo, o motorista Fausto entregar mala ao mordomo Antunes, que vai levando a mala para o quarto. Natália está fazendo comentários sobre agenda que tem na mão.

NATÁLIA	– Amanhã, cineminha do Harry Stone... dia 22, essa festa grande, no Bateau, e dia 23 um jantar íntimo da Helena e o Murilo, aniversário de casamento, ela falou em doze casais... Eu disse que em princípio podíamos, que só dependia de você.
FÁBIO	– Confirma os três.
NATÁLIA	– *(meiga)* E essa noite tamos livres.
FÁBIO	– Você tem algum programa em vista?
NATÁLIA	– *(com amor)* Não, assim... alguma coisa especial não.
FÁBIO	– Então liga pra Glorinha, vê se ela e o Ibrahim tão livres, eu tenho uns assuntos quentes de Brasília pra comentar com ele, vê se eles querem jantar conosco, no Bec Fin, talvez tomar um drinque antes, aqui...
NATÁLIA	– *(magoada)* Você não acha mais prático a sua secretária ligar?
FÁBIO	– Que que foi, Natália? Eu... O que é que tá acontecendo? Você nunca falou assim...
NATÁLIA	– Deixa pra lá, desculpa, eu vou ligar pra Glorinha.

Natália vai saindo e o marido a persegue. Toca suave e ela para.

FÁBIO	– *(meigo)* Me fala!
NATÁLIA	– Bobagem minha... é que eu pensei que... depois de três dias sozinha... Sabe há quanto tempo nós não ficamos juntos, uma noite, só os dois, um cinema, ou... ficar em casa conversando, como... como...
FÁBIO	– Como a gente fazia quando se casou?

Natália faz que sim com a cabeça, frágil.

FÁBIO	– (*meigo*) Porque faz mais de vinte anos, Natália. Um casamento sólido... A vida é assim, todos os casais são assim... Às vezes eu tenho impressão que você fica pedindo provas de amor como se fosse... uma adolescente...
NATÁLIA	– (*escondendo mágoa*) Você tem razão.
FÁBIO	– (*meigo*) Se você quiser... deixa o Ibrahim pra outro dia... Vamos fazer o que você tiver vontade...
NATÁLIA	– Já reconheci que é bobagem minha, eu vou ligar pra eles.

Corta para:

Cena 7: LAGOA RODRIGO DE FREITAS (EXT DIA)

Num plano bonito e romântico, João e Maria Lúcia.

JOÃO	– (*muito meigo*) Vou acompanhar vocês sim, por que não?
MARIA LÚCIA	– Porque tem reunião do DCE. Ele próprio vai ficar muito mais feliz de saber que você foi a uma reunião importante pra luta em vez de ficar esperando naquela sala nojenta.
JOÃO	– (*meigo*) Só que a reunião foi transferida pra amanhã, essa tarde eu tô livre e vou com vocês sim.

(DCE é Diretório Central dos Estudantes.) Maria Lúcia sorri, muito apaixonada. João faz um carinho muito meigo em Maria Lúcia. Beijam-se suavemente.
Corta para:

Cena 8: SALA DE ESPERA DA REPRESSÃO (INT DIA)

João esperando, tenso por estar ali. Ao fundo, figurantes passam.
Corta para:

Cena 9: CELA (INT DIA)

Maria Lúcia e Carmen visitando Damasceno, que respira ofegante.

CARMEN	– Não é normal isso, seu pé inchado desse jeito, Damasceno, tem que ver o que é...
DAMASCENO	– Não fica preocupada à toa, de noite melhora...
CARMEN	– E a dor no braço?
DAMASCENO	– (*escondendo*) Quase não tenho sentido mais.
MARIA LÚCIA	– (*abraçando-o carinhosa*) O papai tá cansado, mãe...
DAMASCENO	– Na hora que eu sair daqui pode deixar que eu fico bom.

Um tempo na ternura entre pai e filha.
Corta para:

Cena 10: APARTAMENTO DE EDGAR – ESCRITÓRIO (INT NOITE)

Edgar e João. Clima de muito ressentimento. João chegou faz pouco, Edgar estava fazendo arrumações em coisas antigas. Gritam.

João	– Não vim dar satisfação nenhuma, só que eu acho que a gente precisa conversar pra você entender que/
Edgar	– (*corta*) Eu já entendi o que tinha pra entender!
João	– Como é que eu vou me sentir bem se ficar <u>esse peso</u> entre a gente, Edgar?

Tempo. Daqui em diante, baixam o tom de voz.

Edgar	– (*raiva*) Eu gosto da Maria Lúcia! Quero que ela seja feliz! O que tá acontecendo entre vocês dois... Será que você não vê que não vai dar certo nunca?
João	– A gente não tem o direito de tentar?
Edgar	– Não vai durar um mês!

Tempo.

João	– (*amigo*) Edgar, raciocina comigo. A gente gamou na mesma garota, disputou desde o primeiro instante, eu tô com ela, você já deixou muito claro que acha que a gente vai brigar e prefere ficar esperando, e tá fazendo muito mal, porque vai dar certo sim! (*suplicante*) Mas eu queria pelo menos que... depois desses anos todos... você precisava fazer um esforço pra... (*gesto vago*)

Tempo. João encontra entre os papéis sobre a mesa um álbum que ele e Edgar fizeram juntos, com recortes de jornais, fotografias e desenhos que os dois montaram sobre a conquista espacial, com fatos ocorridos até 61. Produzir um álbum bonito, sem exageros, na capa: "A Conquista do Espaço", por João Alfredo Galvão e Edgar Ribeiro.

João	– Você tava fazendo arrumação?
Edgar	– (*sem querer conversa*) Tô precisando de espaço, toda hora compro livro, disco, tem muita coisa pra jogar fora.

Detalhar o álbum, João vai folheando, emocionado. Closes, mostrar bastante durante as próximas falas.

Edgar	– Encontrei por acaso. Não deixa de ser uma ironia, porque a gente brigou tanto por causa desse álbum...
João	– A cachorrinha, a Laika, o primeiro ser vivo que mandaram pro espaço...
Edgar	– Você achou a maior sujeira terem mandado sozinha.
João	– Quantos anos a gente tinha, Edgar?
Edgar	– (*tentando não se emocionar*) Uns onze, doze, eu acho.
João	– (*triste*) Eu ficava imaginando a cadela sozinha lá em cima, uma solidão danada...

Edgar	– (*mais amigo*) Apesar de ter sido ideia dos russos.
João	– (*olhando, emocionado*) O Gagarin, olha aqui! Essa parada vocês perderam.
Edgar	– (*envolveu-se*) Te paguei cinco bananas-split, maior prejuízo na mesada.

Tempo.

Edgar	– Não lembro por que que a gente parou de fazer o álbum...

Tempo. Mais detalhes do álbum.

João	– Qualquer dia o homem tá pousando na Lua, Edgar. A Maria Lúcia... quando ela brigou comigo... vocês namoraram, doeu pra burro, mas eu continuei seu amigo. Eu acho que amizade... (*gesto vago*)

Tempo. João olha o álbum. Pega.

João	– Tá separado aqui pra jogar fora?
Edgar	– Não... eu ia guardar...
João	– (*muito inseguro*) A nossa amizade... você tem certeza que... puxa, não dá pra fazer um esforço, Edgar?
Edgar	– (*cedendo*) Desculpa. Eu tenho que tentar sim.

Algum gesto masculino de amizade. Muita emoção. Tempo.

João	– Eu queria... no dia que o homem pisar na Lua... do jeito que tá indo o avanço tecnológico... se passar na televisão... amizade pra mim é o troço mais sagrado dessa vida, Edgar. A gente podia ver junto e... Vamos ver juntos sim. Vamos ver juntos e completar o álbum.

Edgar faz que sim com a cabeça, muito emocionado.
Corta para:

Cena 11: PRAIA DE IPANEMA (EXT DIA)

Geral da praia de Ipanema, manhã, algum tempo depois.
Corta para:

Cena 12: PRAIA DE IPANEMA (EXT DIA)

Plano fechado. Dolores, Adelaide, Glória e Zuleica, aquele grupo típico de mulheres que não perdem praia. Glória comprando limãozinho. Depois, Zuleica se serve.

Adelaide	– Torci contra não senhora, casado com sua prima, tenho pena da Carmen, só que eu acho que já era tempo dele parar com essa história de comunismo!
Dolores	– Ih, o Damasceno tem essas ideias desde garoto, não muda não.
Glória	– Meu marido fala sempre que quem nunca foi de esquerda até os trinta anos é insensível, mas quem é de esquerda depois dos trinta é insensato.

ZULEICA	– Deus queira que essa temporada na cadeia tomando sopinha do Zarur sirva de lição. Já tá fazendo quase um mês, não tá não, Dolores?
DOLORES	– Três semanas e pouco... Mas o advogado garantiu que liberam hoje.
ZULEICA	– Fala com ele, Dolores... O seu Damasceno é um homem inteligente. Eu arrumo pra ele e a Carmen passarem até na frente de gente que tá na fila de espera há mais de um ano, os dois <u>tinham que fazer um cursilho</u>, só a religião pruma pessoa ver a luz, sabe?

Neste momento o rapaz pobre que está servindo limãozinho deixa o copo de Zuleica transbordar. Ela fala irritada, sem ter parado.

ZULEICA	– Presta atenção ao seu serviço, ô estafermo, não vê que tá derramando?

O rapaz vai se afastando, com medo de bronca. Zuleica resmunga.

ZULEICA	– O cérebro deles é do tamanho duma bolinha de gude! Por essas e outras que o país não vai pra frente!

Corta rápido para:

Cena 13: PORTA DO PRÉDIO DA REPRESSÃO (EXT DIA)

Maria Lúcia, João e Carmen esperam na calçada. Apreensão, expectativa. Tempo. De repente, Damasceno sai do prédio, mala na mão, acompanhado do advogado Toledo. Olha a filha e a mulher. Abraça as duas, com muita emoção. Terminar em close de algum dos três. Corta para:
(Caso seja complicado demais fazer esta cena na rua, podemos abrir com plano geral do prédio, cortar para sala de espera, e os atores só aparecerem na sala de espera.)

COMERCIAIS

Cena 14: APARTAMENTO DE MARIA LÚCIA (INT DIA)

Depois do almoço, todos ainda à mesa. Damasceno abatido. João, Maria Lúcia, Carmen, Dagmar tirando travessas, Leila pegando uma fruta, Teobaldo e Marta, preocupados. Dagmar entra na cozinha no final das falas.

DAMASCENO	– A comida tava ótima. É só que ninguém sai da cadeia cem por cento.
CARMEN	– Tem que ir a um médico, meu filho, fazer um check-up!
DAMASCENO	– Depois eu vejo isso. Tanta coisa que eu preciso fazer... Eu tô aqui fora, Carmen, mas e os outros?
JOÃO	– Os advogados tão acompanhando...

Corta para COZINHA, Dagmar servindo comida a Caramuru e um amigo, que conversam sobre futebol.

DAGMAR	– Acho que ele tá certo, viu, Caramuru? Vão ficar sonhando com tricampeonato com essa seleção?

CARAMURU	– (*ao amigo, exaltado*) Marcação cerrada em cima do Pelé, tu queria o quê? Mas o Brandão vai mexer no time, espera só a hora da Copa!

Corta para:

Cena 15: APARTAMENTO DE JOÃO (INT NOITE)

Depois do jantar, Abelardo, Valquíria e os dois filhos mais jovens saindo da mesa, Talita tirando a mesa. Abelardo fala à parte com a esposa.

ABELARDO	– Nem janta mais conosco! Toda noite na rua até altas horas!
VALQUÍRIA	– Juventude!
ABELARDO	– Afundado em política até a raiz dos cabelos!
VALQUÍRIA	– Você também se interessa, Abelardo, coisa de homem...
ABELARDO	– A culpa é dessa faculdade. Um ninho de subversivos, no Pedro II não era assim.
VALQUÍRIA	– Não é só na faculdade dele, meu bem, são os jovens de hoje. Todas as minhas amigas que têm filhos nessa idade tão passando pelas mesmas preocupações...
ABELARDO	– Se você souber de alguma coisa concreta... Presta atenção, Valquíria, quem telefona, quem vem aqui. Pelo que eu tenho lido nos jornais... os estudantes se metendo em assuntos que/ (*corta-se*) Eu não sei onde esse país vai parar!

Corta para:

Cena 16: APARTAMENTO DE MARIA LÚCIA (INT DIA)

Algum tempo depois. Damasceno, um pouco melhor, João e Maria Lúcia, com um jornal de <u>março de 1966</u>. Detalhar. Notícia de passeata reprimida em Belo Horizonte, invasão de uma igreja pela polícia, atrás dos estudantes.
Sobre close de João, letreiro:

OS ANOS REBELDES

JOÃO	– (*raiva*) Até igreja tão invadindo!
DAMASCENO	– Um grupinho golpista não vai dominar um povo inteiro pra sempre!
JOÃO	– Mas se a gente ficar esperando eles caírem de podres!
MARIA LÚCIA	– Não foi isso que o papai falou.
DAMASCENO	– Claro que não, é preciso resistir. (*mostra o jornal, refere-se aos estudantes*) Vocês tão fazendo um papel bonito.
JOÃO	– Tem que avançar mais, seu Damasceno, sacudir! Ato institucional, que era pra ser um, já têm três. Agora, até eleição pra governador é indireta!

Maria Lúcia	– E esses partidos que eles criaram? O partido do <u>sim</u> e o partido do <u>sim, senhor</u>!
Damasceno	– É melhor o MDB do que nada, João!
João	– A gente vai ter que lutar em outros terrenos também. (*mostra o jornal*) Reprimir passeata e pegar estudante dentro de igreja, pera lá! Vai ter reação no Brasil todo, a UNE tá coordenando. Não vai ser com discurso na Câmara que nós vamos conseguir parar violência não.
Damasceno	– Mais passeatas, João? A tendência da repressão é aumentar!
Maria Lúcia	– (*faz das tripas coração*) A gente... tem que protestar...
João	– (*surpreso*) Você não precisa ir junto, Lúcia, você é nervosa.
Maria Lúcia	– Não vai ter passeata no Brasil todo?
João	– Aqui no Rio tá marcada pra amanhã na/ (*corta-se*) Mas <u>você</u>, Lúcia?
Maria Lúcia	– Você tá achando que eu tenho medo, não é?
João	– Não tem?
Maria Lúcia	– <u>Tenho</u>. Muito. Mas vou.

Corta rápido para:

Cena 17: APARTAMENTO DE EDGAR – SALA (INT DIA)

Dia seguinte. Abre em Galeno e Edgar trocando um olhar tenso, disfarçado, e já se movimentando para sair para a passeata. Regina desconfiada, inquieta.

Regina	– Vocês não vão nessa loucura, vão?
Edgar	– Deixa pra lá, mãe, não fica pensando nisso não.
Regina	– Eu sei que tá todo mundo revoltado, mas o governo vai endurecer mais! É perigoso!

Edgar, saindo atrás de Galeno, se detém só um instante.

Edgar	– A gente vai tomar o maior cuidado. Fica calma...

Junta-se a Galeno na porta, falam baixo.

Galeno	– (*tenso*) Cê marcou o ponto?
Edgar	– Com o João, na Filosofia.

Corta rápido para:

Cena 18: SEQUÊNCIA EM PRETO E BRANCO

<u>Sonoplastia</u>: já entrou "Fibra de herói", orquestrada, arranjo para o programa. <u>Edição</u>: aproximadamente <u>um minuto.</u>
a) Foto ou filmes de passeata de 19 ou de 24 de março de 1966, no Rio. Gente aplaudindo e jogando papel picado do alto, dos escritórios.
b) **RUA DO CENTRO (EXT DIA)** Foto ou plano fechado, no mesmo clima da passeata mostrada, de João e Maria Lúcia entre os jovens. Galeno e Edgar, saídos da cena prece-

dente, também no meio. Figurantes estudantes. Cartazes: Maria Lúcia carrega "SE SÃO FORTES ABRAM AS URNAS", João carrega "MAIS ESCOLA, GORILAS NA GAIOLA". É importante frisar nossos quatro personagens na passeata, especialmente Maria Lúcia. Deve ser o momento mais marcante desta sequência.
c) Capa de revista com o programa Jovem Guarda, TV Record, São Paulo, em 66. Referência à letra "Quero que você me aqueça neste inverno e que tudo mais vá pro inferno."
d) **PORTA DE CINEMA QUE NÃO O PAISSANDU (EXT DIA ou NOITE)** Lavínia e Gustavo saindo de cinema, cartaz do filme Un homme, une femme, de Claude Lelouch. Mostrar bem o cartaz.
e) Repressão policial em passeata estudantil, em 1966. Em março houve passeatas, além do Rio, em São Paulo, em Curitiba e em Vitória.
f) Manchete de jornal. 1 de junho de 1966. MDB lança candidatura de Cordeiro de Farias à presidência da República.
g) Manchete de jornal. 3 ou 4 de junho de 1966. Cordeiro de Farias renuncia à candidatura.
h) Cena de novela ou alusão em capa de revista especializada (Intervalo, ou outra), em 1966. Redenção ou O sheik de Agadir.
i) Manchetes de jornais: o Brasil na Copa do Mundo da Inglaterra. Oswaldo Brandão treinador do time. Protestos contra a convocação de Servílio.
j) 8 de junho. MDB decide não participar das eleições indiretas.
k) Manchetes de jornal: Brasil perde para a Hungria. Última chance é derrotar Portugal.
l) Manchete da manhã do jogo contra Portugal.
Corta para:

Cena 19: APARTAMENTO DE AVELAR (INT DIA)

João, Edgar, Galeno, Waldir, Avelar, Ubaldo, dois ou três figurantes homens, tomando cerveja, ouvindo o jogo Brasil x Portugal, Brasil derrotado. Baixo-astral. (Precisamos do áudio real da irradiação.) Locutor do rádio encerra narração dos últimos segundos da partida, termina a partida, entra nos comentários, Avelar consulta os outros com o olhar, vai desligar. Clima de grande tristeza.

UBALDO	– Desliga, chega de tortura.
JOÃO	– No fundo acho até bom, sabe? Futebol não resolve nada. Se ganhasse, capaz era da ditadura usar pra fazer propaganda.
WALDIR	– É, mas você que tava torcendo mais!
JOÃO	– Torcida é uma coisa, raciocínio depois é outra!
UBALDO	– Era sempre um consolo, gente.
AVELAR	– (serve mais cerveja) Tamos por baixo mesmo, até futebol.

Corta descontínuo para algum tempo depois. Mesmos personagens, Galeno com João e Edgar.

GALENO	– Não vamos cair na fossa não, que isso? Tem um show do Gil logo mais que/

João	– *(corta)* Eu marquei com a Lúcia pra ver *Dois perdidos numa noite suja*.
Galeno	– Vocês vão adorar, o Plínio Marcos é o nosso Shakespeare!
Edgar	– Tem que ver se algum de vocês vai querer carona pro casamento da Lavínia, amanhã, em Itaipava.
Galeno	– A Lavínia não muda... Faz pose de progressista mas é burguesa até a alma! Casar vestida de noiva, ainda por cima lá nos cafundós do Judas!

Corta rápido para:

Cena 20: SÍTIO DE LAVÍNIA (EXT DIA)

Abre em Lavínia e Gustavo cortando bolo de casamento, numa bonita mesa ao ar livre. Inverno. Intensa movimentação de figurantes finos na cerimônia campestre, elegante mas sem luxo, na qual estão, além dos noivos, Bernardo, Heloísa, Carmen, Damasceno, Dolores, Adelaide, Zuleica, Edgar, Galeno, João, Maria Lúcia, Jurema, Queiroz, Yone, Olavo, Regina, Waldir, Xavier, Zilá, Kira. Corta do bolo para Queiroz e Yone recebendo cumprimentos de Bernardo. Garçons servem bebidas e salgadinhos. (Lavínia é noiva de minissaia.)

Bernardo	– Parabéns, doutor Queiroz, eu posso imaginar a emoção dum pai numa hora dessas.

Corta para Maria Lúcia, à parte, com Jurema e Heloísa.

Maria Lúcia	– Eu não quero nem pensar! Porque a primeira vez foi um negócio tão louco, tão de repente que eu nem me lembrei de tomar uma precaução. Mas eu já fui ao médico, tá tudo bem, tô tomando pílula, dessa vez eu não fui punida por irresponsabilidade não.

Durante a fala de Maria Lúcia, close de Heloísa, chateada por ainda ser virgem.
Corta para Regina, Kira, Dolores, Zuleica e Adelaide. Galeno vai se integrar ao grupo no momento em que começarem a falar de teatro.

Zuleica	– Precisam cortar as asas dessas diretoras de colégio sim, onde é que já se viu, estar falando em sexo dentro de uma sala de aula?
Regina	– Eu conheço a Henriette, uma pessoa seriíssima, da maior dignidade! Por essas e outras é que a gente não entra num cinema sem ver presidente vaiado no jornal!
Adelaide	– Mas no Jóquei Clube, domingo passado, ele foi aplaudidíssimo!
Regina	– Se nós formos julgar a popularidade dum presidente pela Tribuna Social do Jóquei!
Dolores	– *(pra mudar de assunto)* Você tem ido ao teatro, Regina?
Regina	– Estou com vontade de ver essa peça dos estudantes que ganhou o Festival de Nancy, *Morte e vida severina*.
Adelaide	– Pelo que eu li me cheirou à coisa chata de comunista, não me pega não, ainda mais com os preços que estão cobrando...

Galeno cantarola no ouvido de Adelaide, gozador. E se afasta.

GALENO — (*cantarolando*) "Marchou com Deus pela democracia, agora chia, agora chia!"

ZULEICA — A censura está de olho! Logo no ano em que o próprio Papa acendeu a iluminação nova do nosso Cristo Redentor, lá do Vaticano?

REGINA — Vocês deviam virar amigas era desse delegado lá de Belo Horizonte, viu, gente?

ADELAIDE — Que delegado?

REGINA — (*irônica, a Kira*) Declarou que se o Pierre Cardin aparecer por lá vai mandar prender por obscenidade, por causa da minissaia! Palavras dele: "A tradição de moral e pudor dos mineiros será preservada sempre!"

KIRA — (*leve, a Adelaide*) O deputado falou na câmara: "Ninguém levantará a saia da mulher mineira!"

Corta para Galeno com João e Waldir. Perto estão Heloísa e Olavo, que Galeno vai ver no final do diálogo.

GALENO — Eu tô interessado na antiarte! Vocês não leram a entrevista do Glauco Rodrigues? Tá fazendo objetos de matéria plástica, pra você usar e jogar fora quando ficar velho. Tudo o que for feito como peça única pertence ao passado, meu irmão, e a gente tá numa época que o passado é ontem, mas o que é que eu estou dizendo, cinco minutos atrás, já é passado!

WALDIR — Verdade que a tua família viajou e você tá sozinho no apartamento, Galeno?

GALENO — O Rangel foi fazer uns contatos em Brasília, tá discutindo uma remoção, por quê?

WALDIR — Porque lá em casa tem sempre gente... se você pudesse me emprestar a chave... (*vaidoso*) Tem uma garota aí que tá me dando a maior bola, colega de faculdade da Jurema, cê precisa ver, lourinha linda, lembra um pouco a Vanderléia...

GALENO — (*vendo Heloísa com Olavo, ao longe*) Vai me falar em sexo logo numa hora que eu tô vendo a Heloísa, rapaz! Olha lá... tá mais gostosa do que nunca... e não dá colher! Sabe que se eu tivesse que escolher assim entre a Heloísa e a Jane Fonda, eu não ia pensar duas vezes?

Corta para Heloísa com Olavo, isolados, Galeno vai se aproximar.

OLAVO — (*sem jeito*) Essa conversa de novo?

HELOÍSA — Você que fica dando em cima, deixa de onda! Se quiser, ainda tô disposta, mas é como eu falei.

OLAVO — Para de brincadeira, Heloísa. Vamos ficar noivos, o meu pai fala com o seu, aí são outros quinhentos...

Heloísa	– (*afastando-se*) Tchau pra você, Olavo.

Heloísa afasta-se, Galeno a aborda.

Galeno	– Você vai voltar pro Rio com esse cara?
Heloísa	– Tô dirigindo. Meu pai me deu um carro de presente, quando eu passei pra PUC.
Galeno	– Poxa, então podia me dar uma carona! (*tarado*) Só nós dois, eu te convido prum chope no Castelinho, ou no Mau Cheiro.
Heloísa	– (*dando bola*) E o roteiro de cinema, tá escrevendo?
Galeno	– Parei, porque tá muito difícil arrumar produção. Estou me dedicando a uma peça de teatro.
Heloísa	– Outra? Brechtiana, Galeno?
Galeno	– Um *approach* diferente... Sem falsa modéstia, uma ideia até bem... atual, participante, original! Só dois personagens, sabe, dois homens, marginalizados pela sociedade de consumo, num quarto de pensão, uma linha assim... vagamente Plínio Marcos.
Heloísa	– (*safada*) Quer ler em voz alta, pra mim?
Galeno	– (*cai do cavalo*) Você... tá falando sério?
Heloísa	– (*séria*) Nunca falei tão sério na minha vida.

Corta rápido para:

Cena 21: APTO. DE GALENO – QUARTO DE GALENO (INT NOITE)

Galeno na cama, de cueca, mão segurando a cabeça, querendo morrer. Heloísa começando a se vestir.

Galeno	– (*muito envergonhado*) Eu sei que a última coisa que eu devia dizer numa hora dessas é que isso nunca me aconteceu antes, mas a verdade, Heloísa... eu quero que esse teto caia na minha cabeça se eu tô mentindo... a verdade... é que isso nunca me aconteceu antes!

Heloísa faz um leve carinho nele, com pena. Tempo.

Galeno	– E em parte a culpa é sua... Você... colocou tudo duma maneira tão fria, tão racional que eu... eu fiquei me sentindo um instrumento de consultório ginecológico! (*tempo*) Me faz um favor, Heloísa, pelo menos isso, não conta nada pra ninguém.

Corta para:

Cena 22: RUA DE JOÃO (EXT DIA)

Manhã seguinte. Prédio de João, plano de localização. Figurantes.

Corta para:

Cena 23: APARTAMENTO DE JOÃO (INT DIA)

Abelardo e Valquíria, tensos, terminando café da manhã. SALA.

ABELARDO	– (*sofrido*) Passeata sim, senhora, com a namorada, filha desse comunista! O Francisco viu os dois, ia mentir?
VALQUÍRIA	– Fica calmo, Abelardo.
ABELARDO	– (*sofrido*) Já não é mais nem questão de política, você não vê? Já pensou no que pode... acontecer com o menino?
VALQUÍRIA	– Isso vai passar, é fogo de palha!
ABELARDO	– (*irritado, caminhando para o quarto do filho, pra brigar*) O Francisco viu, não ia mentir! Eu tenho que fazer valer minha autoridade de pai!

Corta para QUARTO DE JOÃO. João e Abelardo, já no meio da discussão. Muito ritmo. João de cueca ou calça de pijama, acabou de acordar. <u>Os dois gritam</u>. *Abelardo jogando no chão livros de esquerda que vai encontrando entre os pertences do filho, enfurecido. Os dois falam ao mesmo tempo. Grande tensão.*

ABELARDO	– Autor comunista!
JOÃO	– <u>Lê</u> e discute comigo!
ABELARDO	– Mais comunista!
JOÃO	– Você fala como se fosse palavrão!
ABELARDO	– Em passeata, Francisco viu!
JOÃO	– Porque é o meu papel! É a única coisa que se pode fazer pra protestar!
ABELARDO	– (*desesperado*) Protestar contra o quê?
JOÃO	– Você tá com medo, pai! Se a gente se deixar vencer pelo medo também/
ABELARDO	– (*corta*) E se estiver? É pecado? Que pai pode querer ver um filho espancado, pisoteado por cavalo?
JOÃO	– (*grita*) <u>E alguém não tem que lutar pra mudar isso tudo?</u>

Tempo. Muda o tom. Agora Abelardo deprimido, suplicante, pra baixo.

ABELARDO	– Mas isso tudo o que, João? Você é uma criança... Nem sabe do que tá falando... Carrega cartaz contra acordo MEC-USAID sem nem saber direito o que... (*gesto vago*) É porque tá na moda... não pode ter uma base... Tão lutando por quê? Você já parou pra pensar um instante que... Que diabo você quer pro nosso país? Que vire uma nova Cuba? Você fala desse jeito porque não parou pra pensar, tá influenciado pelos outros, más companhias, você não pode acreditar nesses absurdos que tão botando na sua cabeça.
JOÃO	– (*firme*) Acho que é o contrário, viu, pai? Porque... faz muito tempo que se alguém tá botando coisa na cabeça dos colegas... esse alguém sou eu, e com muito orgulho.

Close de Abelardo, sofrido, arrasado.
Corta para:

COMERCIAIS

Cena 24: SALÕES DE HELOÍSA (INT DIA)

Vitrola ligada em volume baixo: "Samba da bênção", de Baden, Vinicius e Barouh, cantado em francês por Pierre Barouh.
Abre em Antunes, atendendo telefone num local discreto, de preferência corredor, depende do cenário.

ANTUNES — *(tel)* Dona Natália não está e eu não sei lhe dizer a que horas volta, a senhora quer deixar um recado?

Corta para BIBLIOTECA, Heloísa um pouco triste com Nelson.

NELSON — Embarco sábado.
HELOÍSA — *(triste)* Assim... tão de repente?
NELSON — Como de repente, Heloísa? Faz meses que eu tô cavando essa passagem... Acabei arrumando só até Lisboa, mas de Lisboa pra Paris eu me viro, diz que na Europa sempre dá pra pedir carona...
HELOÍSA — E... quanto tempo você tá pretendendo ficar?
NELSON — Se tudo der certo, não volto mais não. O músico na França é muito mais valorizado... Não tem nada que me prenda aqui, acho que muito pouca gente tá satisfeita, né?
HELOÍSA — *(com atração física)* Pena, eu... Eu vou sentir muita falta das aulas.
NELSON — *(meigo)* Pode ter certeza que eu vou sentir bem mais falta de você, do seu sorriso... essa maneira tão simples que você tem de... *(gesto vago)*

Heloísa sorri. Tempo.

NELSON — Eu... tô meio sem jeito de perguntar, mas... tô curioso. Aquele problema, você resolveu?
HELOÍSA — Te garanto que não foi por falta de tentativa, mas até agora...
NELSON — *(envolvido)* E você... ainda tá certa que... que é isso mesmo que você quer?
HELOÍSA — Mais do que nunca.
NELSON — *(com muita atração por ela)* Não sei se você entendeu a minha situação... Se bem que agora/ *(corta-se, meio sem jeito)* eu acho você o máximo... eu...

Heloísa indica por expressão que quer ser beijada. Nelson beija Heloísa apaixonadamente.
Corta para:

Cena 25: QUARTO DE NELSON (INT DIA)

Pouca luz. Heloísa e Nelson fazem amor com grande delicadeza e sensualidade. Rádio ligado.
Sonoplastia: *música que veio da cena precedente agora bem alta.*
A critério da direção, pode haver fusões (mas de modo algum slow motion, por favor) até

o momento de depois do amor. Agora Nelson fuma um cigarro, contente. Heloísa deitada na cama, realizada. Ele faz um grande carinho nela. Cena bem lenta, imagens bonitas.

NELSON — Espero que um dia a gente... Você às vezes vai a Paris, não vai?
HELOÍSA — Mesmo que não vá... (*carinhosa*) Foi muito bom. Foi bacana. Eu nunca mais vou te esquecer.
Corta para:

Cena 26: PRAIA DE IPANEMA (EXT DIA)

Um plano geral da praia. A música morre aos poucos.
Corta para:

Cena 27: PRAIA DE IPANEMA (EXT DIA)

Heloísa, Maria Lúcia, Lavínia e Jurema na praia. Heloísa, de bruços, soltou a parte de cima do biquíni para queimar as costas.

JUREMA — Tão olhando, Heloísa!
HELOÍSA — Deixa olhar. Troço mais provinciano. Em certas praias da Europa já tem até *topless*. Um dia chega aqui. Tudo no Brasil demora, mas um dia acaba chegando.
MARIA LÚCIA — Mulher nua na praia eu até acredito. É o tipo de coisa que chega sim. Já o resto... progresso... cultura... liberdade...
HELOÍSA — Essa semana eu vi um trabalho do Vergara que me impressionou demais, lá na G4.
LAVÍNIA — O que que era?
HELOÍSA — Ele fez um furo na parede e botou um cartaz pedindo pra gente olhar o que tinha dentro... Um buraco bem baixinho... Pra você olhar tinha que ficar ajoelhada, numa posição meio ridícula...
MARIA LÚCIA — E o que é que tinha escrito?
HELOÍSA — Mais ou menos assim: "Em vez de você ficar nessa posição ridícula, olhando esse buraco, por que não toma uma atitude em relação a tudo o que tá acontecendo?"

As quatro riem.
Corta para:

Cena 28: SEQUÊNCIA EM PRETO E BRANCO

Música: "A banda", de Chico Buarque de Hollanda, por Nara Leão. A sequência deve durar exatamente 1 minuto e 50 segundos. A introdução (15 segundos) vem baixinho, subindo aos poucos, na cena precedente.
a) Cenas do festival, a consagração de Chico Buarque. Frisar bem as figuras de Chico e Nara Leão.
b) Cartazes de anúncios de exposições de arte: Rubens Gershman, Antonio Dias, Roberto Magalhães.

c) Desfile de modas do costureiro Courrèges.
d) **APTO. DE EDGAR (INT DIA ou NOITE)** Regina em sua sala lendo a revista Realidade, um dos primeiros números (foi lançada em abril de 1966).
e) Notícia de jornal do atentado a Costa e Silva, candidato à presidência, no Aeroporto dos Guararapes, em Recife, 25 de julho de 1966.
f) Repressão a movimento estudantil. Se possível, faculdade cercada pela polícia, em 1966.
g) **HALL DO CINEMA PAISSANDU (INT DIA ou NOITE)** Cartazes dos filmes Opinião pública, de Arnaldo Jabor, e A falecida, de Leon Hirszman, Galeno fala pelos cotovelos, elogiando demais um filme, depois o outro, a uma garota bonita.
h) **SALA DE AULA DE FACULDADE (INT DIA ou NOITE)** João, Marcelo e figurante preparam panfletos a favor do VOTO NULO. Detalhar um panfleto. (Pode ser a mesma locação do final do capítulo, sem que frisemos isso.)
i) Reunião do Conselho de Segurança Nacional, em 1966.
j) Notícia do 28º congresso da UNE, julho de 1966, Belo Horizonte.
k) Planos rápidos de passeata estudantil de 1966. Repressão.
l) **RUELA NO CENTRO DO RIO (EXT DIA)** João puxando Maria Lúcia assustada para dentro de algum beco do centro da cidade, os dois com lenços tapando o nariz, gás lacrimogêneo, um ou dois figurantes estudantes também fugindo, não precisa aparecer polícia.
m) Publicação da UNE, produzir, anunciando o dia 22 de setembro de 1966 como "Dia Nacional de Luta contra a Ditadura".
Corta para:

Cena 29: PÁTIO DA PUC (EXT DIA)

Movimento de alunos saindo, final da manhã. Maria Lúcia vem caminhando com Edgar, que veio encontrá-la, conversam. Roupas de frio carioca, porque o episódio que vamos acompanhar se passou num dia frio de setembro.

MARIA LÚCIA	– Não vai mais por quê?
EDGAR	– (*preocupado*) Mudou tudo, viu, Maria Lúcia, a barra tá pesando muito, por isso que eu vim aqui te avisar. E achava bom você falar pro João pra parar também.
MARIA LÚCIA	– Imagina!
EDGAR	– <u>Eu parei</u>! A coisa tá braba e vai piorar! Não é mais brincadeira de estudante não. Lembra o meu primo lá de Minas? Levou o maior pau duns soldados numa manifestação, cacetada firme mesmo, escapou de ficar cego por um triz!

Corta rápido para:

Cena 30: APARTAMENTO DE MARIA LÚCIA (INT DIA)

João, Galeno e Marcelo esperando Maria Lúcia, que vai chegar durante a cena. Campainha vai tocar, Carmen vai abrir a porta e Maria Lúcia entrar durante o diálogo. No início, interessam-nos Damasceno e João com Caramuru e Dagmar.

DAGMAR	– Ele tá querendo saber se é obrigado a opitá nesse tal de figeteésse!
JOÃO	– Se é obrigado não é opção!
DAGMAR	– E Caramuru lá sabe o que é oupição?
DAMASCENO	– (*a Caramuru*) Faz quanto tempo que você trabalha no prédio?
CARAMURU	– Pra mais de seis ano, eu acho.
DAGMAR	– Que seis ano, Caramuru, só eu te conheço faz uns nove, dez!
DAMASCENO	– Você já deve ter estabilidade, Caramuru, não assina esse papel sem pensar porque você perde a sua indenização. O governo tá tirando um direito vital do trabalhador.
CARAMURU	– O síndico falou preu oupitar senão eu perco o fundo.
JOÃO	– Você não tem nada nesse fundo, Caramuru, nunca depositou!
CARAMURU	– (*perdido*) Ué? Tem que depositar antes?

Maria Lúcia já entrou, relacionou-se a Marcelo e Galeno. João vai dirigir-se a eles e intervir.
Corta para este grupo, assunto sério, um pouco tenso.

MARIA LÚCIA	– Na reitoria? Na Praia Vermelha?
MARCELO	– Da maior importância, dia nacional de luta no país todo.
MARIA LÚCIA	– Marquei aula particular às três, vou ligar pra desmarcar.
JOÃO	– (*ouviu*) Não sei se tem necessidade, Lúcia, nós já tamos indo...
MARIA LÚCIA	– Que horas começa a assembleia?
GALENO	– Tá marcada pra logo depois das aulas da manhã.
JOÃO	– Não vejo problema de você faltar não, só nós aqui já somos três, na volta eu te conto como foi...

Os três rapazes vão saindo. Maria Lúcia chama João, um pouco tensa.

MARIA LÚCIA	– João!

Ele se volta. Falam a sós.

MARIA LÚCIA	– Você acha que... pode ter repressão?
JOÃO	– Pensa nisso não, Lúcia, quem tá na chuva é pra se molhar.

Corta rápido para:

Cena 31: APARTAMENTO DE AVELAR (INT DIA)

Avelar e Ubaldo no meio da conversa. Roupas de frio. Waldir vai chegar no final. Clima de leve tensão.

AVELAR	– Você teve notícias?
UBALDO	– Os garotos saíram da reitoria, foram pra Faculdade de Medicina. Tavam dizendo que o Calmon mandou chamar a polícia...
AVELAR	– Por causa duma assembleia de estudantes?! Onde é que nós estamos? (*deprimido*) Tá muito duro, viu, Ubaldo? Até pra dar aula em curso secundário... O Werneck foi obrigado pela diretora a adotar o livro escrito por ela, de estudos sociais, os alunos perceberam que

não podia ter sido uma escolha dele... Se ele confessar que foi ordem daquela reaça pode perder o emprego ou coisa pior. E ficam os alunos pressionando... Acho que ele vai acabar sendo afastado do colégio.

Entra Waldir, com sua chave, já falando, tenso.

WALDIR — O negócio vai feder lá na faculdade! Na hora que eu saí a situação tava ficando preta na Medicina!

Corta rápido para:

Cena 32: FRENTE DA FACULDADE DE MEDICINA (EXT DIA)

Tomada rápida. A frente da faculdade, o portão. Alguns estudantes olham, muito assustados, a chegada de um ou dois choques da PM (aqueles caminhões com soldados sentados dos dois lados), os soldados vão saltando, com cassetetes na mão.
Corta rápido para:

Cena 33: ESCADARIA DA FACULDADE DE MEDICINA (EXT DIA)

Uma escadaria praticamente vazia. Tomada de baixo para cima. Apenas Galeno e um estudante figurante correndo para entrar numa sala. Som longínquo da cena seguinte.
Corta rápido para:

Cena 34: SALA DE AULA DA FACULDADE DE MEDICINA (INT DIA)

A sala onde Galeno e o figurante entraram. Assembleia de estudantes. Clima muito tenso. Revolta e medo. Bastam um ou dois detalhes, impressão de muita gente, Marcelo discursando entre os que formam a mesa principal. Roupas de frio. O ideal seria conseguir acompanhar a difícil trajetória de Galeno da porta de entrada da sala ao canto onde, apinhados entre muitos outros, estão João e Sandra. Vamos dar a fala toda do discurso de Marcelo, que deve ser dita ao mesmo tempo que as conversas paralelas.

MARCELO — Vamos manter a cabeça fria, pessoal! Isso aqui é uma assembleia pacífica do Dia Nacional de Luta dos Estudantes contra a Ditadura! Só vamos reagir à violência em último caso! Mas não vamos fugir do nosso dever de protestar! A polícia cercou a faculdade mas os portões tão fechados! A imprensa já foi informada da situação, muitos parlamentares já tão se movimentando! O diretor tá intercedendo pra garantir a retirada, mas a nossa garantia fundamental é a nossa própria mobilização!

Durante o discurso acima:

GALENO — *(excitado)* Tá tudo cercado!
SANDRA — Não bota lenha, Galeno!
GALENO — Não tão deixando ninguém entrar nem sair!

João	– Calma, Galeno, a liderança vai decidir!
Sandra	– Com esse monte de gente aqui em cima vocês acham que eles vão ter coragem de invadir? Tem que haver algum jeito!
João	– Claro que vai ter jeito! O diretor da faculdade tá tentando!

Corta rápido para:

Cena 35: APARTAMENTO DE MARIA LÚCIA (INT DIA ANOITECENDO)

Damasceno entrando em casa nervoso, vindo do jornal. Alívio ao ver Maria Lúcia, que está muito tensa, ao lado de Carmen. Muito ritmo.

Damasceno	– Filha! Puxa, que alívio, eu pensei que/
Maria Lúcia	– *(corta)* Eu fui lá mas não dava pra entrar! Cheguei a dar de cara com um PM, uma expressão agressiva...
Damasceno	– Os repórteres tiveram lá... Tá se fazendo o possível pra negociar uma solução, os garotos só querem uma garantia pra sair, a cidade toda tá solidária.
Carmen	– *(apavorada)* O João, o Galeno, o Marcelo...
Damasceno	– Não vamos pensar no pior! Afinal, o governador aqui é o Negrão, já é uma loucura essa situação tá durando o dia inteiro...

Corta rápido para:

Cena 36: PORTA DA FACULDADE DE MEDICINA (EXT NOITE)

Tomada rápida. Um grupo de PMs pega um "aríete" (tronco serrado, com argolas do lado pra segurar). Deve apenas ficar claro para o público que a polícia vai arrombar o portão da faculdade.

Corta para:

Cena 37: SALA DE AULA DA FACULDADE DE MEDICINA (INT NOITE)

A mesma ambientação da cena 34. Mas agora a situação é de pânico total. A cena deve ser rapidíssima, com muito movimento, é preciso passar mais pânico do que informações, a não ser a fala de João.

Galeno	– Por aquela última janela ali eu acho que dá pra pular pra sala ao lado e de lá a gente vai pro telhado!
Sandra	– *(ao mesmo tempo)* Para de falar, Galeno, você tá me deixando mais nervosa ainda!
Marcelo	– Não dá pra enfrentar! Eu tô tentando pensar em alguma solução mas/
João	– *(corta)* <u>Pânico não, gente, pelo amor de Deus! Embaixo de cada capacete de PM tem um homem, que teve infância, tem família, retrato de primeira comunhão, tem uma tia que mora em Niterói!</u>

Corta rápido para:

Cena 38: ESCADARIA DA FACULDADE DE MEDICINA (INT NOITE)

Apenas um plano, muito rápido e altamente ameaçador. A mesma escadaria da cena 33. Dos dois lados da escada, soldados da PM encostados, esperando os estudantes saírem, fazem um corredor polonês. Câmera de frente para a porta da sala, descendo a escada e revelando aos poucos este corredor polonês.
Corta para:

Cena 39: APARTAMENTO DE MARIA LÚCIA (INT NOITE)

Muita tensão. Carmen dá um calmante líquido a Maria Lúcia. Dagmar tirando mesa do jantar, atrapalhada pela filha Leila. Durante a fala de Damasceno, a campainha vai tocar e Maria Lúcia vai abrir a porta, muito aflita.

DAMASCENO — Não pode acontecer nada de tão grave, Maria Lúcia, fica calma, metade da população tá grudada no rádio, na televisão, muita gente nem sabe se o filho tá lá ou não, parece que são centenas de estudantes, têm deputados, senadores lá, tentando achar uma/

Damasceno para de falar porque Maria Lúcia abriu a porta e João entrou, moído, camisa rasgada, manchas de sangue no rosto e no corpo, marcas nos braços, uma visão altamente dramática. Close de João ensanguentado. Reações. Maria Lúcia <u>solta um grito forte</u>, apavorada.
Corta.

Fim do capítulo 7

Cena 1: APARTAMENTO DE MARIA LÚCIA (INT NOITE)

Algum tempo depois do final do capítulo precedente, Salviano está fazendo curativos em João. Damasceno e Maria Lúcia ao lado, Carmen com alguma ação cênica, mais afastada. Logo no início do diálogo, Maria Lúcia vai se aproximar da mãe e as duas vão ficar à parte.

João	– (*cansado e sofrido*) Corredor polonês. Desceram o pau em todo o mundo, homem, mulher, passando a mão, chamando as meninas de... (*faz um carinho em Maria Lúcia*) Ainda bem que você/
Maria Lúcia	– (*corta*) Não fala isso... eu tinha que tá lá do teu lado...
Salviano	– (*a Damasceno*) Aqui no braço basta uma compressa. Olha só o hematoma.
João	– (*dor*) Ai...
Salviano	– Não tem fratura, mas logo que der não custa tirar umas chapas.

Corta para Maria Lúcia e Carmen, à parte.

Maria Lúcia	– O João veio pra cá porque depois de tudo ainda discutir com o pai...
Carmen	– (*sofrida*) Fez muito bem...

Corta para os homens, Damasceno está fumando, tenso.

Damasceno	– Eles perderam inteiramente a noção das coisas! Policiais armados, massacrando <u>meninas</u>!
Salviano	– Você não pode continuar fumando desse jeito.
Damasceno	– Dá pra parar numa hora dessas, Salviano?
Salviano	– Como é que tão as coisas no jornal?
Damasceno	– E alguma coisa tá boa no Brasil? Os anunciantes sumindo... Querem acabar com qualquer oposição, na violência ou na pressão econômica.

Corta descontínuo para Carmen servindo café a Damasceno e Salviano, ao fundo, Maria Lúcia à parte, carinhosa com João já medicado.

João	– A maioria apanhou mais do que eu, já pensou se não tivesse todo o mundo de japona, casaco?
Maria Lúcia	– E o Galeno, será que ele...
João	– (*preocupado*) Sumiu...

Corta rápido para:

Cena 2: RUA DE GALENO (EXT DIA)

Corta para:

Cena 3: APTO. DE GALENO – SALA (INT DIA)

Galeno toma café, explicando-se com a irmã, Idalina.

Idalina	– Na caixa d'água, a noite toda?
Galeno	– (*treme de frio*) Consegui pular a janela e fui pro telhado, senão tinha que passar no meio deles! Ou me esconder na sala dos cadáveres, que nem o Luizinho.
Idalina	– Deus do céu!
Galeno	– Vai ver até era melhor encarar, você precisava ver, Idalina, um gelo, a noite toda...
Idalina	– Deu na televisão, eu não preguei os olhos... (*maternal*) Se você não levar a vida mais a sério, como é que vai ficar morando no Rio, nós em Brasília?
Galeno	– (*brincalhão*) Levar a vida mais a sério? A noite <u>todinha</u> numa faculdade!
Idalina	– Não tô dizendo?

Corta rápido para:

Cena 4: RUA DE MARIA LÚCIA (EXT DIA)

Zuleica e Adelaide saíram do prédio para ir à praia. Enquanto Zuleica tenta fazer com que seu cachorro yorkshire faça pipi, Adelaide fofoca com o porteiro Caramuru. Ritmo ininterrupto de diálogo.

Adelaide	– Vai querer disfarçar pra nós, Caramuru? Então a gente não leu os jornais?
Caramuru	– (*cedendo*) Capaz de ter sido isso mesmo, viu, dona Adelaide, o João chegou inté a sujar a maçaneta do elevador de sangue, eu fiquei mais de meia hora essa manhã pra tirar com sapólio. Tão falando que se o pai descobrir vai bater inda mais que os polícia!

Zuleica se liga, gosta deste assunto.
Corta para:

Cena 5: PAPELARIA DE ABELARDO (INT DIA)

Movimento normal de papelaria. Zuleica falando com vendedor, Abelardo no caixa, Adelaide constrangida, fazendo sinal a Zuleica para parar de fazer fofoca.

Zuleica	– É, Leontino, aqueles bloquinhos pra jogo de biriba.

O vendedor vai procurar os blocos. Zuleica aproxima-se de Abelardo.

Zuleica	– Como é que vai, seu Abelardo?

Abelardo cumprimenta, sem entusiamo.

Zuleica	– E o João Alfredo, há tanto tempo que eu não vejo... Toda manhã, quando eu leio as notícias, fico morrendo de preocupação com esses meninos que estudam em faculdade.
Abelardo	– (*muito sem jeito*) Ele... sofreu um acidente de carro, ontem à noite...

ZULEICA	– *(falsa)* Aaaaaaah, coitado!
ABELARDO	– Nada grave, felizmente, mas precisou de cuidados médicos... escoriações...

Corta rápido para:

Cena 6: PRAIA DE IPANEMA (EXT DIA)

Adelaide, Zuleica e o cachorrinho na praia.

ZULEICA	– Têm mais é que baixar o cacete mesmo, onde é que já se viu? Estuda lá do lado da Maison de France, o que é que tem que se meter em política na Praia Vermelha?

Corta rápido para:

Cena 7: APARTAMENTO DE JOÃO – SALA (INT DIA)

Abelardo e Valquíria, nervosos, já no meio da discussão.

ABELARDO	– *(irado)* Não iam mandar a polícia toda se fosse só coisa de estudante! *(sofrido)* Eu criei esse menino da melhor maneira que podia, Valquíria, você é testemunha, o sacrifício, os filhos sempre em primeiro lugar!
VALQUÍRIA	– Não fala assim. O João é bom.
ABELARDO	– Apanhando feito um marginal!
VALQUÍRIA	– Talvez sirva de lição...
ABELARDO	– E se não servir? É uma bola de neve... Eu conheço o meu filho! Imagina se ele continua, pode se comprometer, se envolver cada vez mais!

Corta rápido para:

Cena 8: PORTA DE FÁBRICA (EXT DIA)

(Vamos fazer uma sucessão de três cenas sem diálogos, ao som de "Casa forte", de Edu Lobo, com vocalização de Elis Regina. As cenas 8, 9 e 10 devem durar <u>exatamente</u> um minuto e cinco segundos, na edição. A introdução da música já entrou antes, baixinha, por sete segundos, no final da cena 7.)
Diante de uma fábrica, João, ainda com curativos, Marcelo e outro estudante distribuem panfletos aos operários que chegam ao trabalho. É de manhã cedo, umas 7 horas. A maioria dos operários olha ressabiada ou acha graça dos rapazes com os panfletos. João consegue convencer um operário a pegar um panfleto e sorri feliz.

Corta para:

Cena 9: PORTA DE CINEMA QUE NÃO O PAISSANDU (EXT NOITE)

Frente de um cinema. Filme: O grupo, Modesty Blaise, ou Adivinhe quem vem para o jantar. Entrada de sessão. João, Marcelo e o mesmo companheiro da cena anterior

distribuindo panfletos aos frequentadores. João ainda com alguns curativos. As pessoas recebem com simpatia, para contrastar, mais tarde, com a atitude, na mesma situação, de depois do AI-5, quando vão ter medo de receber panfletos.
Corta para:

Cena 10: RUA ESCURA (EXT NOITE)

João, já sem os curativos, e Marcelo colam um cartaz enorme num muro. Rua deserta. O companheiro das cenas anteriores espera tenso, dentro de um carro castigado. O cartaz é uma reprodução enorme da cédula eleitoral (eleições proporcionais de 1966, reproduzir modelo). Em cima do modelo, está escrito em letras garrafais: ABAIXO A FARSA ELEITORAL. ANULE SEU VOTO. Em diagonal, atravessando os espaços para assinalar os candidatos, ABAIXO A DITADURA. João alisa o cartaz pra colar, capricha. Marcelo, nervosíssimo, mostra que, na esquina, dois policiais a pé viram o grupo e começam a correr para eles. João e Marcelo conseguem entrar rapidamente no carro, que sai de ré violenta. Um dos policiais saca a arma, o carro já sumiu de ré na outra esquina. O policial frustrado, enquanto termina a música de Edu Lobo.
(Pode ser gravado junto com as cenas do colégio de Marcelo.)
Corta para:

Cena 11: BAR ABERTO (EXT NOITE)

Movimento de jovens e intelectuais. Maria Lúcia, tensa, Lavínia e Gustavo, tomando chope e esperando.

LAVÍNIA	– As almofadas no chão ficaram até mais charmosas que sofá, cê não acha? (*nota*) Coitada, já tá cheia de ouvir falar do apartamento...
MARIA LÚCIA	– Né isso não, desculpa. É que o João tá demorando. Não comenta nada que eu tô nervosa, eu não gosto que ele saiba, mas é tanto risco, tanta coisa que pode acontecer...
GUSTAVO	– Tá tudo bem, Maria Lúcia, olha ele aí.

Reação de Maria Lúcia. João chega, ainda esbaforido. Beijinho.

<u>Corte descontínuo</u> para ele já sentado com os outros, terminando de contar o que aconteceu. Maria Lúcia contém o nervosismo.

JOÃO	– Se o companheiro não é bom de ré!
GUSTAVO	– Isso vai acabar mal, viu, João, eu parei! Acho que você devia pensar bem no que tá se metendo!
JOÃO	– (*irritado*) Pô, até você, agora? Quer que a gente faça o quê?
GUSTAVO	– Não sei, desculpa, eu tô meio tenso... a Maria Lúcia tava nervosa... O dia hoje lá no hospital foi de lascar... Não tem remédio, não tem equipamento, não tinha gaze, você pode acreditar num troço desses, trabalhar num hospital público onde não tem gaze? Tem gente morrendo de fome no meio da rua e não tem nem ambulância pra recolher o cadáver.

João	– E não é pra mudar isso tudo que a gente tá lutando?
Lavínia	– (*angustiada, pra mudar de assunto*) Tá na hora do filme, gente.

Gustavo faz sinal ao garçom para fechar a conta.
Corta para:

Cena 12: APARTAMENTO DE EDGAR (INT NOITE)

Terminando de jantar, Galeno, Edgar e Regina. Durante seu bife, Galeno se serve de mais comida, muito apetite.

Galeno	– (*sempre entusiasmado*) Vocês não podem perder: *Se correr o bicho pega, se ficar o bicho come!* Elenco enorme, nomes de peso, eu estou alargando muito, por assim dizer, o meu círculo de amizades no meio. Sábado passado, por exemplo, conheci a Leila Diniz na Banda de Ipanema. Fomos todos juntos pro Velloso. Ela vai fazer um filme com o Domingos de Oliveira e ficou de tentar (*corrige-se*) quer dizer, <u>insistiu</u> muito pra que eu aceitasse a assistência de direção. Por outro lado, a Odete Lara, que é do meu elenco, vai protagonizar um primeiro filme, diretor estreante mas... talentoso, ontem conversamos até mais de quatro da manhã, na Fiorentina... eu praticamente <u>aceitei</u> o convite do Fontoura pra ser assistente no filme dele! Mas há essa pressão da Leilinha, preu trabalhar com o Domingos...
Edgar	– Acho que você devia ir um pouco mais à faculdade, Galeno, em vez de morar na Fiorentina, bicando frango a passarinho de mesa em mesa.

Regina faz sinal a Edgar pra não humilhar o amigo.

Galeno	– Uma faculdade pequeno-burguesa... Será que eu não aprendo mais como mandou <u>Montaigne</u>, no "grande livro do mundo"?
Regina	– Nós estamos meio preocupados com problemas práticos, pequeno-burguesíssimos, Galeno. Seu cunhado removido... Esse negócio de assistência de direção em cinema paga o suficiente pro seu sustento?
Galeno	– (*não paga*) Paga, claro que paga... E eu continuo fazendo as minhas traduções... Sem contar que mais dia menos dia... Quantos anos a senhora pensa que o Plínio Marcos passou no anonimato?
Regina	– É que... o Edgar e eu conversamos... e chegamos à conclusão de que... pelo menos provisoriamente, enquanto você de certa forma ainda... não se afirmou... você podia ficar aqui conosco, no somiê do escritório.
Galeno	– (*contentíssimo*) Eu... eu... Ah, dona Regina, no dia que eu realizar o meu primeiro filme, vou dedicar à senhora, como o Truffaut dedicou ao Bazin!

Corta rápido para:

Cena 13: QUARTO DE MARCELO (INT NOITE)

Maria Lúcia e João acabam de fazer amor. Luz bonita. Muita ternura.

João	– Tô te achando diferente, Lúcia... meio tensa... Houve algum problema com o seu pai?
Maria Lúcia	– Muita insegurança no jornal... nada de novo não...
João	– Então sou eu?
Maria Lúcia	– Eu fiz uma promessa pra mim mesma que nunca, João, nunca! Deixa pra lá.

Tempo.

João – *(olha relógio)* Daqui a pouco o Marcelo vai chegar.

Maria Lúcia começa a se vestir. João aproxima-se, carinhoso.

João	– Ce acha que eu também não tenho medo? *(tempo)* Mas qual é a solução? Abandonar a luta?
Maria Lúcia	– *(forçando sua barra)* Não... de jeito nenhum...

Corta para:

Cena 14: RUA DE MARIA LÚCIA (EXT NOITE)

Porta de Maria Lúcia, João e Maria Lúcia beijam-se suavemente, despedida.

Maria Lúcia	– Eu te amo.
João	– *(muito meigo)* Té manhã.

Corta para:

Cena 15: APARTAMENTO DE MARIA LÚCIA (INT NOITE)

Dagmar tira a mesa do jantar, Leila e Marta veem novela de televisão (O sheik de Agadir), Carmen vai se relacionar com Maria Lúcia que entra, com sua chave, logo nos primeiros instantes da cena. Damasceno ao telefone deve ser o primeiro plano, e o resto misturado, na bagunça característica do cenário. Enquanto conversa com a mãe, Maria Lúcia vai deixar a bolsa sobre algum móvel, dar um beijinho no pai que está ao telefone e entrar no banheiro.

Damasceno	– *(tel, indignado)* Mas como não receber pelos artigos de domingo? *(tempo)* Pera lá, Floriano, sempre foi extra!
Carmen	– *(a Maria Lúcia)* Deixei carne assada no forno e tem salada na geladeira...
Maria Lúcia	– Brigada, mãe, a gente comeu uma pizza depois do cinema.
Carmen	– Não alimenta, minha filha, precisa comer verdura, legume...
Damasceno	– *(tel, tenso)* Eu sei que o jornal tá em crise, Floriano, mas os artigos pro suplemento especial sempre foram *(corta-se porque o amigo fala)* Entendo, claro... *(tempo)* Por essas e outras é que muita gente boa tá

indo pra São Paulo. (*tempo*) Tá bom... eu falo com o Fernando. Té manhã.

Damasceno desliga, consulta o caderno de telefone da casa. Carmen relaciona-se com Dagmar, que está guardando louça. Marta vai chamar Carmen de longe para ver televisão.

Carmen	– (*a Dagmar*) Não, Dagmar, tem paciência, <u>outra vez</u>!? Xícara é do lado direito!
Marta	– (*grita*) Venha ver, Carmen, <u>acho que hoje eles vão dizer quem é o Rato</u>!
Damasceno	– (*a Carmen*) Nós não temos o número de telefone do Fernando?
Carmen	– Tem no caderninho da Maria Lúcia, ela é colega da filha dele, na Aliança. Procura em Áurea!

Damasceno abre a bolsa de Maria Lúcia para pegar o caderninho de telefones da filha enquanto Carmen vai para a televisão. Ficamos com Damasceno. Close da bolsa. Ele vê uma caixa de remédios. Pega. Detalhar. (Este close com som de algum diálogo de amor bem ingênuo da novela ficaria bem.) Caixa de pílulas anticoncepcionais. <u>Grande choque de Damasceno</u>. Tempo. Vai até Carmen, muito tenso, e cutuca a esposa. Fala baixo, sob grande comoção.

Damasceno	– Carmen... Carmen...

Corta para o QUARTO DE DAMASCENO E CARMEN, porta fechada.
Damasceno muito tenso, com a caixa de pílulas na mão. Carmen vai tentar acalmar o marido.

Damasceno	– Não tem dúvida, Carmen, pra carregar isso na bolsa só pode ser porque ela já... (*gesto vago, seu mundo caiu*)
Carmen	– (*com respeito à aflição do marido mas calma*) Não só ela, meu amor... Praticamente todas as amiguinhas que tão namorando firme... A gente tem que tentar se adaptar a/
Damasceno	– (*corta, muito chocado*) Você tá querendo me dizer que... Você já sabia? <u>E escondeu de mim</u>?
Carmen	– Bom, eu... tava pensando em comentar quando... quando...
Damasceno	– (*quase gritando*) <u>Quando</u>?
Carmen	– Quando eu tivesse certeza que você não ia fazer essa cara que tá fazendo de/
Damasceno	– (*corta*) Carmen, você tá dizendo na minha cara que acha natural a nossa filha... a <u>sua</u> filha...
Carmen	– Também acho muito garota, Orlando, mas hoje em dia elas não pedem permissão a ninguém não. Eu ainda me dou por muito satisfeita dela ter confiado em mim e principalmente por estar tomando precaução, foi ao médico e tudo, porque a filha da Laura...

Carmen para de falar porque o marido já saiu do quarto, fora de si. A caixa ficou no quarto. Carmen chama.

CARMEN — Orlando!

Corta para a SALA. Maria Lúcia foi pegar sua bolsa e alguma outra coisa, quando o pai vem do quarto, muito tenso. Cruza com a filha, ela vai lhe fazer uma pergunta, e Damasceno vai sair sem responder.

MARIA LÚCIA — Oi, paizinho... Até que enfim hoje deu preu ir ver *Blow Up*, tô louca pra você ver, pra comentar umas coisas, porque o João acha que/

Maria Lúcia para de falar porque o pai acaba de sair, batendo a porta. Carmen veio do quarto e testemunha.

MARIA LÚCIA — (*a Carmen*) O que foi que aconteceu? Não esconde nada de mim, mamãe, alguém foi preso?

Corta para:

Cena 16: RUA DE MARIA LÚCIA (EXT NOITE)

A rua totalmente deserta. Apenas um transeunte solitário. Chove um pouco. Um tempo com Damasceno caminhando, aqui sem guarda-chuva. Tenso e solitário. Bastante tempo com Damasceno caminhando. Passar que está completamente desavorado, sem saber o que fazer. Foi um choque muito forte. Tempo. A chuva aumenta e Damasceno nem se dá conta. Música triste.
Corta para:

Cena 17: QUARTO DE HELOÍSA (INT DIA)

Heloísa, Maria Lúcia e Lavínia.

HELOÍSA — (*assustada*) <u>Três dias</u>?
MARIA LÚCIA — (*triste*) Três dias, Heloísa, sem me dirigir a palavra. Nem me olha nos olhos...
HELOÍSA — Pera lá, se ainda fosse o meu pai... Eu sempre pensei que o seu Damasceno fosse um homem que/
LAVÍNIA — (*corta*) Não tem nada a ver com ideologia, quer dizer... Muita gente do Partidão, não tô dizendo todos, claro, mas muitos, viu, Heloísa, são superquadrados, discriminam homossexual, um monte de troços que/ (*corta-se*) Progressistas só em política, principalmente os mais velhos.
MARIA LÚCIA — (*sofrida*) O pior é que eu adoro ele, a situação tá dum ridículo!

Corta rápido para:

Cena 18: RUA DE MARIA LÚCIA (EXT NOITE)

João despedindo-se de Maria Lúcia na porta do prédio dela.
(<u>Atenção, edição</u>: *não há interrupção de ritmo de diálogo entre a primeira fala desta cena e a última da cena precedente.*)

João	– (*grave, forte*) Melhor eu subir e bater um papo com ele, de homem pra homem.
Maria Lúcia	– Não vai dar certo.
João	– Assim é que não dá pra ficar, Lúcia, uma pessoa que eu sempre admirei tanto!
Maria Lúcia	– Deixa eu tentar...
João	– Tentar o quê?
Maria Lúcia	– Falar com ele, João, <u>eu</u>!

Corta rápido para:

Cena 19: APTO. M. LÚCIA – QUARTO DAMASCENO E CARMEN (INT NOITE)

(<u>Atenção, edição</u>: *não há interrupção de ritmo de diálogo entre a primeira fala desta cena e a última da cena precedente.*)
Maria Lúcia e Damasceno.

Damasceno	– (*duro*) <u>Sobre o quê?</u>
Maria Lúcia	– Você não sabe? Não fala comigo há três dias e não sabe? Vai continuar essa comédia por quanto tempo, o que é isso? A gente tem que conversar!

Close de Damasceno.
Corta para:

COMERCIAIS

Cena 20: APTO. M. LÚCIA – QUARTO DAMASCENO E CARMEN (INT NOITE)

Continuação imediata da cena precedente. Maria Lúcia e Damasceno. O clima começa para baixo, mas logo vai evoluir para alta tensão e <u>gritos</u>.

Damasceno	– (*triste, não agressivo*) Não tem sobre o que conversar, Maria Lúcia. Você me deu uma das maiores decepções da minha vida e/
Maria Lúcia	– (*corta*) Decepção? <u>Você</u> vai falar pra mim de decepção? Um homem que me ensinou que/ (*corta-se*) Você leu Freud, leu Marcuse, <u>três dias sem falar comigo</u>? Se fosse um ignorante eu compreendia, você vai falar <u>pra mim</u> de decepção?
Damasceno	– (<u>grita</u>) Como é que você acha que pode se sentir um pai, sabendo/
Maria Lúcia	– (*corta, <u>gritando</u>*) Que a filha tá apaixonada e não vê motivo nenhum pra esperar o dia que a gente tiver uma situação firme e quiser se casar?

Agora é um bate boca bem gritado mesmo.

DAMASCENO	– Eu não aguento essa naturalidade com que vocês, a sua própria mãe/
MARIA LÚCIA	– (*grita*) Talvez ela teja mais perto da vida do que você, porque sexo é vida! Esses tabus que vocês criaram/
DAMASCENO	– (*corta*) Não me responsabiliza por condicionamentos que (*corta-se*) Eu não criei! Encontrei assim! Fui criado assim!
MARIA LÚCIA	– (*muita raiva, gritando*) Foi criado assim? Você sempre falou que foi criado dentro da ideologia mais reacionária, mais (*corta-se, agora mais lenta, embora intensa*) Te ensinaram que o pobre tem que se conformar com as condições mais desumanas de vida porque um dia vai ganhar o reino dos céus, não foi isso que te ensinaram, quando você era criança? Não te ensinaram que o branco era superior ao negro e que (*corta-se, bem intensa*) Você aceitou um mundo preconceituoso, triste, velho, que encontrou quando nasceu ou desde muito jovem entendeu que a única maneira de viver em paz com a própria consciência era tentar transformar esse mundo?

Tempo. Damasceno reflete.

DAMASCENO	– (*triste, pra baixo, quase chorando*) A emoção dum pai... Você tá vindo com a razão, Maria Lúcia, a emoção e a razão... (*gesto vago*) Difícil prum pai aceitar que/ (*corta-se*) A gente tá passando por uma fase de transições tão profundas... Por mais que eu seja informado... há condicionamentos que/ (*corta-se*) Eu errei. Queria que você entendesse que é difícil pra mim, pra qualquer homem da minha geração... De repente, em cada década parece que tá se passando um século, em cada ano uma década, eu... (*tom*) Pisei na bola... Me perdoa... Acredita que não é fácil, duma hora pra outra, ver você aí na minha frente... lúcida... madura... uma adulta que não depende mais de mim. (*tempo*) Você me perdoa?
MARIA LÚCIA	– (*abraçando-o com muito amor*) Eu te adoro...

Os dois se abraçam longamente, muita emoção.
<u>Sonoplastia</u>: *em cima das últimas palavras já entrou a introdução da música da sequência a seguir: "Alegria, alegria", de Caetano Veloso, pelo próprio. A letra só deve começar na cena seguinte.*
Corta para:

Cena 21: SEQUÊNCIA EM PRETO E BRANCO

Dois minutos e trinta e três segundos <u>exatos</u> na edição, para a gravação inteira. (A introdução será usada no final da cena precedente, começando bem baixinho e subindo aos poucos.)
a) *Caetano no III Festival da TV Record, 1967, cantando "Alegria, Alegria".*
b) **PRAIA DE IPANEMA (EXT DIA)** *Um grupinho isolado num canto, no fim da tarde, o sol se pondo. Maria Lúcia lendo o jornal O Sol, de 1967, os outros em volta papeando, João de camisa, Heloísa, Galeno, mais três ou quatro figurantes jovens.*

c) Notícia da fundação do NOW, National Organization for Women, por Betty Friedan, em 1966 (sem mostrar a data).
d) **HALL DO CINEMA PAISSANDU (INT DIA ou NOITE)** João e Maria Lúcia entrando no cinema, filme Todas as mulheres do mundo, cartaz com Leila Diniz em destaque.
e) Planos de hippies nos Estados Unidos, 1966 ou 1967.
f) 3 de outubro de 1966, Costa e Silva eleito presidente pelo Congresso.
g) Outubro de 1966. Presidente da Câmara, Adauto Lúcio Cardoso, da ARENA, ex-UDN, se nega a reconhecer cassações de mandatos, Castelo Branco fecha o Congresso.
h) Constituição de 1967, janeiro. Eleição indireta para presidente e governador, estado de sítio, julgamento de civis por tribunais militares, direito de estrangeiros explorarem riquezas minerais. MDB chama Constituição de carta liberticida.
i) Posse de Costa e Silva, março de 1967.
j) Passeata de estudantes contra Acordo MEC-USAID.
k) Morte de Castelo Branco em acidente, 18 de julho de 1967.
l) Terra em transe, de Glauber, premiado em Cannes.
m) Festival da Record de 1967. Segundo lugar, "Domingo no parque", Gilberto Gil, acompanhado pelos Mutantes, destaque para Rita Lee.
n) Noticiário, Frente Ampla contra o governo. Foto de Lacerda com Juscelino.
o) Capa do 1º disco de Gal Costa com Caetano Veloso.
p) Noticiário, Juscelino convocado para depor na polícia federal sobre a Frente Ampla, 11 de setembro de 1967.
q) Juscelino se nega a prestar depoimento, viaja para os EUA no dia 12 de setembro. (Tentar dramaticidade nesta saída de Juscelino do país.)
r) Proibido Congresso da UNE, polícia paulista garante que o congresso não vai se realizar, julho ou agosto de 1967.
s) Arquivo, tomadas de cenas da guerra do Vietnã mostradas pela tevê americana. Superpostas, chamadas sobre escalada americana no Vietnã e resistência do Vietcongue.
t) Noticiário, Luís Travassos eleito presidente da UNE.
u) Noticiário sobre suspeita da presença do Che Guevara na Bolívia, participando da guerrilha contra o governo.
v) **HALL DE TEATRO (INT DIA ou NOITE)** Galeno e garota bonita entram num teatro, figurantes passando, cartaz de Tônia Carrero em Navalha na carne, de Plínio Marcos, Tônia em destaque. (Pode ser a locação que usamos para a assembleia. Na verdade, a peça estreou no Teatro da Maison de France.)
w) Notícia da morte de Che Guevara na Bolívia, acusações de que foi morto a sangue frio pelo exército boliviano, outubro de 1967.
x) Desfile de modas do costureiro Paco Rabanne.

Cena 22: ESCRITÓRIO DE FÁBIO NA PRESIDÊNCIA DO GRUPO (INT DIA)

Na antessala da presidência, Sérgio recebe um Waldir deslumbrado.

WALDIR — Preu trabalhar <u>aqui</u>? Na presidência do Grupo?
SÉRGIO — (*casual*) Na assessoria do diretor administrativo. O gerente do seu banco deu ótimas informações, o próprio doutor Fábio pediu ao

banco para ceder você, ficou inclusive de apresentar ao Figueiras ele próprio, o que infelizmente não vai poder fazer porque surgiu um imprevisto e ele embarca ainda essa noite pros Estados Unidos.

Corta rápido para:

Cena 23: QUARTO DE NATÁLIA E FÁBIO (INT NOITE)

Antunes prepara mala de Fábio enquanto Fábio e Natália discutem, inicialmente no banheiro.

NATÁLIA — Mas não pode me levar por quê?

FÁBIO — Uma chatice, Natália, muito mais... Washington do que Nova York, você não gosta do comércio de Washington... De qualquer modo, não vamos pra Europa em janeiro? Se você quiser eu dou um jeito de tirar uma semana a mais, a gente faz uma triangular... (*casual*) Pede ao Antunes pra dar uma olhada no meu sobretudo marinho porque se não me engano tá faltando um botão.

Muito decepcionada, Natália olha as roupas de frio do marido que o mordomo está separando. Fábio nota a tristeza e se aproxima.

FÁBIO — (*carinhoso*) Não faz essa carinha, meu amor. No máximo eu resolvo tudo em cinco dias...

Corta para:

Cena 24: BAR DO CURSO DE FRANCÊS (INT DIA ANOITECENDO)

Quatro dias depois, abre em Natália, conversando com Lavínia. À parte, Maria Lúcia e Heloísa. Movimento normal de bar.

LAVÍNIA — A Heloísa falou que esses dias que o doutor Fábio tá viajando a senhora não quis sair de casa! Nós tamos organizando essa mesa pra ver o show do Chico Buarque com a Odete Lara, logo mais, achei que talvez a senhora... Olha, eu tenho certeza que o doutor Fábio não vai ficar chateado...

NATÁLIA — (*visivelmente triste*) Essa noite eu não posso, porque ele volta amanhã, você sabe como é, dona de casa... Mas eu tô muito contente porque... Puxa, Lavínia, que delicadeza da sua parte pensar em me chamar...

Corta para Heloísa e Maria Lúcia, discutindo animadas.

MARIA LÚCIA — (*irritada*) Saveiros é chata?

HELOÍSA — Alienada! Vaiei!

MARIA LÚCIA — Primeiro que eu acho esse troço de vaia em festival o fim da picada! A Nana é o máximo! E depois vocês tão confundindo arte com/

HELOÍSA — (*corta*) Quem vive nessa terra aqui, sobe no palco e não aproveita pra dar um recado, eu não quero nem saber (*vaia*) Uúúúúúúúúúú!!!!!!!! Quero prêmio pra Vandré, Edu Lobo!

Maria Lúcia	– Vocês perderam a noção de tudo, viu? Terceiro lugar pro Chico, quarto lugar pro Caetano, com duas obras-primas?
Heloísa	– (*vaia novamente, gaiata*) Úúúúúú!!!!

Corta rápido para:

Cena 25: QUARTO DE WALDIR NO APTO. DE AVELAR (EXT DIA ANOITECENDO)

Final de tarde. Galeno e Waldir conversam.

Waldir	– O quarto é muito pequeno... Com esse aumento eu posso ir prum lugar meu, basta encontrar um amigo pra rachar. Você falou que na casa do Edgar era provisório...
Galeno	– Sabe o que é, Waldir? É um... provisório... que tem que durar um pouquinho mais, porque senão não é mais provisório, é <u>click</u>, entrou, saiu, como se fosse hotel! Nem fica bem, você sabe como a dona Regina me trata, vai ficar magoada.
Waldir	– (*realista*) Galeno, você falou que tava sendo <u>disputado</u> como assistente de direção de dois filmes importantes! Trancou matrícula na PUC!
Galeno	– Assistência em cinema é meio complicado, porque acaba entrando sempre peixinho... O Glauber também me chamou, mas fica com receio de magoar o Calmon...
Waldir	– Arruma um emprego fixo, rapaz!
Galeno	– Ih! Parece a minha irmã buzinando!
Waldir	– Tudo bem. Tem um colega lá do banco que tá a fim de dividir apartamento comigo.

Corta para:

Cena 26: QUARTO DE FÁBIO E NATÁLIA (INT NOITE)

Natália de penhoar, triste. Heloísa pronta pra sair.

Heloísa	– Acho que você vai adorar, mãe, <u>vem</u>, ensaio de escola de samba é tão animado, um troço tão alegre, tão...
Natália	– (*muito deprimida*) Bacana vocês ficarem se preocupando comigo... (*angustiada*) Até a Lavínia... me chamar pra ver show... (*volta ao personagem dona de casa feliz que está acostumada a representar*) Mas eu tenho uma série de coisas pra coordenar, seu pai chega amanhã. Depois de uma viagem cansativa de trabalho o mínimo que eu posso oferecer a ele é encontrar a casa em ordem, você não acha?
Heloísa	– (*muito decepcionada*) É tão difícil falar com você...
Natália	– Por que, meu amor?
Heloísa	– Você se acostumou a levar uma vida tão artificial que/ (*corta-se*) É como se tivesse uma barreira de vidro entre nós duas! Em certos momentos... você faz um esforço, uma frase, um olhar, eu sinto que

você tá com vontade de dar uma paulada nesse vidro, estilhaçar... mas logo em seguida... (*indignada*) <u>Depois de uma viagem cansativa de trabalho</u>, mamãe? Até pra mim você tem que fingir que tá sempre tudo bem? Dorme Jeanne Moreau e acorda Doris Day? Fingir <u>pra mim</u> que não ficou aí nessa sala, de madrugada, andando dum lado pro outro e... (*sem drama*) Olha, quando você quiser fazer esse teatro de dona de casa feliz procura outra pessoa, tá?

Heloísa vai saindo. Natália chama.

NATÁLIA — Heloísa!

Heloísa se volta.

NATÁLIA — (*quase chorando, totalmente exposta*) O que é que eu faço?
HELOÍSA — Enfrenta a verdade, seja lá qual for! Se tiver raiva quebra o quarto todo, abre o jogo com ele, você própria me falou que ainda gosta dele! Pra ser feliz, você precisa antes de mais nada parar de fingir que tá tudo bem!

Heloísa sai. Close de Natália, muito ansiosa.
Corta para:

Cena 27: APARTAMENTO DE AVELAR – SALA (INT NOITE)

Avelar, abatido, com Ubaldo e Waldir, que vai se mudar.

AVELAR — Tô feliz por você. Tá mudando, sinal que tá melhorando.
UBALDO — Vamos sentir muito a sua falta...
WALDIR — E eu? Já pensou?

Waldir vai para dentro. Ubaldo sacando a solidão de Avelar.

UBALDO — Temos que arranjar logo alguém pra ficar com o quarto, que a maré não tá pra peixe... Quem parece que tá a fim é a Maria Alice.
AVELAR — Mulher não, que tira a liberdade. E depois, eu saí umas vezes com a Maria Alice, não tô a fim de ir adiante... Melhor nem tá encontrando, sabe?
UBALDO — Será que você já não tá na idade de acertar com uma mulher não, Avelar?
AVELAR — Se eu encontrasse a certa... disponível...

Close de Avelar, meio triste. Pensa em Natália.
Corta para:

Cena 28: QUARTO DE FÁBIO E NATÁLIA (INT NOITE)

Natália falando ao telefone, com Fábio, vestida para dormir.

NATÁLIA	– (*tel*) Não, querido, eu só não vejo por que você não quer que eu vá te buscar... (*escuta*) O horário não tem importância, eu tô com tanta/ (*corta-se porque ele fala, um tempo, agora triste*) Tá bom, Fábio. Eu confirmo a hora com o motorista, sim. Outro pra você, até amanhã. (*desliga, grilada*)

Corte descontínuo. Natália está falando com o motorista Fausto.

NATÁLIA	– (*firme*) Eu resolvi fazer uma pequena surpresa ao Fábio. Amanhã cedo vou com você ao aeroporto.
FAUSTO	– (*nervoso*) Mas... é de madrugada! A senhora não acorda!
NATÁLIA	– Você não acha que isso é problema meu? Estou dizendo que vou com você.
FAUSTO	– (*sem jeito*) Sabe o que é, dona Natália? (*procura desculpa*) É que o doutor Fábio mandou eu deixar o carro pra fazer uns ajustes, lá em Bonsucesso...
NATÁLIA	– E daí?
FAUSTO	– Se eu tiver que ir pegar o carro e depois inda vir aqui buscar a senhora... Eu moro em Xerém, dona Natália... A oficina só abre sete horas...
NATÁLIA	– (*firme, seca*) Nesse caso eu não vou, está tudo bem, até amanhã.
FAUSTO	– Sim senhora... (*sai*)

Natália fica um tempo pensativa, tem quase certeza que é mentira.
Corta para:

Cena 29: PORTA DO PRÉDIO DE HELOÍSA (EXT DIA)

Manhã seguinte. Plano de localização.
Corta para:

Cena 30: QUARTO DE FÁBIO E NATÁLIA (INT DIA)

Natália senta-se para o café servida por Antunes, já com roupa de sair. Está abatida, não dormiu.

NATÁLIA	– (*nojo da comida*) Pode levar, Antunes, me traz só mais um cafezinho...
ANTUNES	– Nunca vi a senhora levantar tão cedo...
NATÁLIA	– Manda o porteiro tirar o carro.
ANTUNES	– A senhora... vai precisar do motorista?
NATÁLIA	– (*grilada*) O Fausto tá aí?
ANTUNES	– Tomando café, pra ir buscar o doutor Fábio no aeroporto, mas se a senhora quiser eu/
NATÁLIA	– (*corta firme*) Não quero nada. Só que tirem o meu carro da garagem imediatamente.

Corta rápido para:

Cena 31: PORTA DO PRÉDIO DE HELOÍSA (EXT DIA)

Um tempo sem acontecer nada. Sai o motorista Fausto, de Mercedes, da garagem. Fala com o porteiro Madureira em tom de conspiração.

FAUSTO	– Ela já saiu, Madureira?
MADUREIRA	– Faz uns cinco minutos.
FAUSTO	– Tem certeza que não viu o Mercedes?
MADUREIRA	– De jeito nenhum! Botei atrás do Galaxy conforme você mandou, vê lá se o doutor Fábio vai lembrar mesmo de me dar uma grana, hein?
FAUSTO	– (*aliviado*) Pressas coisas não se preocupa que mais mão aberta eu nunca vi. Já tava vendo a hora que a bomba ia estourar na minha mão...

O motorista sai com o carro. O porteiro volta ao seu posto.
CAM desvia e só então mostra Natália, que esperava afastada do prédio, ao volante do seu Karmann Ghia. Usa óculos escuros.
Ela dá uma distância e arranca, seguindo de longe o Mercedes.
<u>Sonoplastia</u>: *até o comercial, música de suspense romântico.*

Cena 32: RUA (EXT DIA)

CAM abre no Mercedes, com o motorista Fausto colocando bagagens dentro da mala, <u>apenas em primeiros planos</u>, para não podermos identificar o local da gravação.
Corta descontínuo para o interior do carro, Isabel e Fábio entrando, Fausto abrindo a porta. Um plano rápido. Ao fundo, apenas movimento de carregadores e malas passando.
Corta rápido para:

Cena 33: RUAS PERTO DO GALEÃO (EXT DIA)

Abre em Natália, ao volante do seu carro, dirigindo. À sua frente vai o carro de Fábio dirigido por Fausto. Close de Natália, expectativa.

Corta para outra rua, movimento normal, ainda na Ilha do Governador. Em plano geral, o Mercedes vem vindo em direção à ponte quando é brutalmente <u>cortado</u> pelo Karmann Guia de Natália. Corta para dentro do carro, uma rápida reação de Fábio, assustado, ao lado de Isabel. Toda a cena muito rápida, com intensa movimentação.

FÁBIO	– Mas o que foi isso?

Corta rápido para plano geral, Fábio e Isabel saindo do carro, um por cada lado.

ISABEL	– (*grita*) Deve ser assalto, polícia!
NATÁLIA	– (*off*) <u>Pra prender quem, sua vagabunda?</u>

Câmera revela Natália, uma fúria, ao lado de Isabel. Fábio se aproxima, muito tenso.

FÁBIO	– Calma, Natália, não é nada do que você tá pensando!

Natália dá um forte tapa na cara de Isabel, que perde o equilíbrio e cai no chão. Corta rápido para:

Cena 34: QUARTO DE FÁBIO E NATÁLIA (INT DIA)

Fábio arrasado, pra baixo, Natália em fúria.

FÁBIO — O que mais você queria, polícia, escândalo?
NATÁLIA — <u>Muito</u>. Muito escândalo, Fábio! Eu quero o desquite.

Corta para:

COMERCIAIS

Cena 35: QUARTO DE FÁBIO E NATÁLIA (INT DIA)

Fábio e Natália, continuação imediata da cena precedente.

FÁBIO — (*baixo*) Você não podia ter feito isso comigo!
NATÁLIA — <u>Eu</u> não podia ter feito isso com você?
FÁBIO — Me ouve, Natália, eu não conhecia a moça, encontrei no avião por acaso, entabulamos uma conversa muito sem graça, moça vulgarzinha, diga-se de passagem, no início achei até um pouco estranho que estivesse voando de primeira mas/
NATÁLIA — (*grita*) <u>Quer parar de mentir?</u> (*gritando, descontrolada*) Maria Isabel Soares, foi rainha de não sei o que do baile de carnaval sei lá de onde, já saiu até em revista, Fábio, as "amigas", se é que eu tenho amigas, deixam a página bem aberta, no cabelereiro, diante de cada lugar onde eu vou me sentar, <u>você tem caso com essa vagabunda pelo menos há três meses!</u>
FÁBIO — (*de agora em diante muito <u>sincero</u> e arrasado*) Dois meses e meio.

Tempo. Reação de Natália, mal acredita que o marido confessou.

FÁBIO — Começou... nem sei te explicar como, Natália, uma leviandade, nenhum homem tá livre...
NATÁLIA — Se você resolveu ter vergonha na cara para de mentir, você sempre me traiu, desde <u>meses</u> depois do casamento, fidelidade passou longe!
FÁBIO — Não é verdade... No início não... só muito tempo depois... Por... afirmação, Natália, autoafirmação, nunca falta de amor por você, você sempre foi a primeira, a mulher que/ (*corta-se*) Eu confesso sim, nos últimos anos, dei minhas puladas de cerca, de vez em quando... afirmação.

Tempo. Natália chora suavemente.

FÁBIO — Várias vezes... logo depois de um encontro... eu me vi diante de mulher com quem eu não queria mais nem cinco minutos de conversa! Eu gosto é de você!

Tempo.

NATÁLIA — *(raiva)* Não tem paciência pra cinco minutos de conversa e leva pra América? <u>Eu falei que queria ir com você!</u>

FÁBIO — *(sincero)* Com a Isabel foi diferente... Eu... tava um pouco envolvido, Natália, tenho que te dizer a verdade, sei que a minha única chance é te contar a verdade... Me envolvi um pouco, sim, nunca tinha acontecido antes.

NATÁLIA — *(tentando se recompor)* Meu advogado procura você ainda hoje, você vai prum hotel, vai pra casa dela ou pro prostíbulo onde vocês costumam se encontrar, eu não quero ficar nem mais um segundo debaixo do mesmo teto que você, eu tenho nojo, eu/

FÁBIO — *(corta)* Por favor, eu nunca fui tão sincero em toda a minha vida... Tô confessando que me envolvi com outra mulher, homem nenhum confessa isso, Natália, tô confessando porque <u>eu não posso</u>, será que você não entende, <u>não posso te perder</u>! *(tom)* Nesse tipo de relação... um homem bem casado... em dois meses e meio de caso... As poucas horas que eu passei do lado dela... *(gesto vago)* Mas tava envolvido, pela primeira vez me deixei envolver sim! É tão difícil, Natália, com todo o amor, manter um casamento longo, tão difícil... De repente, eu me vejo do lado duma garota... atraente, cortejada, e... apaixonada por mim. Não é dinheiro, Natália, essa moça tem aos pés dela quem quiser, ela é muito bonita, vistosa... eu me deixei envolver. Talvez porque pra ela eu fosse novidade, entende, é bom ser novidade pra alguém, ela <u>ria</u> das minhas piadas mais antigas... Na verdade, me conhecendo muito pouco, porque o adultério é/ *(corta-se)* Quantas horas você acha que nós passamos juntos esse tempo todo? E sem conflitos, sem brigas, encontros rápidos em que qualquer homem começa a ter a impressão que/ *(corta-se)* Eu praticamente inventei essa viagem porque eu tinha certeza que se passasse uma semana ao lado dela, acordando junto, ali, do lado, o dia inteiro... eu ia me desinteressar. E não deu outra. Logo na primeira tarde, em Nova York, eu tinha feito reserva pra almoço, no <u>Twenty-One</u>, claro que essa moça não tem a menor ideia de como se vestir prum almoço, tive que mandar trocar de roupa três vezes, você pode imaginar muito bem, um homem casado com você há mais de vinte anos, casado com uma deusa!

Tempo. Natália começa a baquear.

FÁBIO — Eu saí do Galeão uma semana atrás achando que o nosso casamento tava balançando. Em quarenta e oito horas, tudo o que eu queria era ver essa moça longe de mim, ela é vulgar, sem assunto, sem vivência, ingênua, burrinha, eu só não voltei antes porque tinha realmente compromissos de trabalho... Cada programa ao lado dela foi uma penitência, fomos ver uma peça na Broadway, essa garota nunca ouviu falar de Cole Porter, eu não precisei de mais do que quarenta e oito horas pra cair em mim e reconhecer que você é a mulher da minha vida, a única, tem que ser assim sempre, Natália, eu te adoro!

Natália já se derreteu. Ele se aproxima, sensual.

FÁBIO — Pelo amor de Deus, Natália, me perdoa. Me serviu de lição, nunca mais eu vou conseguir nem olhar pra outra mulher. Eu sei que pode parecer um contrassenso, mas eu... eu nunca tive tanta saudade do teu corpo, da tua voz, da tua pele, do teu cheiro, eu...

Fábio beija Natália apaixonadamente e os dois começam a fazer amor, com certa violência, paixão. Rolam na cama, beijando-se. Algum tempo com esse amor, muita sensualidade sem vulgaridade.
<u>Sonoplastia</u>: "Going Out of My Head", de Randazzo e Weinstein, orquestrado, tema de Fábio e Natália. <u>Edição</u>: do final do diálogo ao final da cena, vinte segundos.
Corta para:

Cena 36: PORTA DO PRÉDIO DE JOÃO (EXT DIA)

Take de localização.
Corta para:

Cena 37: APTO. DE JOÃO – QUARTO DE JOÃO (INT DIA)

João terminando de se vestir, apressado. Abelardo brigando.

ABELARDO — Nem almoça mais em casa!
JOÃO — Tô atrasado, pai.
ABELARDO — Enquanto eu sustentar tem obrigação de me dar satisfação sim, porque/
JOÃO — Outra hora a gente conversa!
ABELARDO — Você tá se deixando influenciar por agitadores profissionais pagos a soldo de Moscou!
JOÃO — Outra hora!
ABELARDO — Você tem alguma ilusão que aqui, algum dia, alguém vai pegar em armas pra lutar contra o governo? Um governo forte que/
JOÃO — (*corta, agora tenso*) Que bate, prende, tortura, só falta matar! Eliminam quem se revolta! O Damasceno não recebe salário há três meses!
ABELARDO — Não tem nada a ver com governo, o anunciante não quer saber dum jornal de oposição tão radical, direito deles, democracia!
JOÃO — Democracia só pra quem já tá montado no dinheiro ganhar ainda mais! Pra quem protesta a democracia é pau no lombo!
ABELARDO — Eu não acredito que eu tô ouvindo da boca do meu próprio filho...

Enquanto Abelardo falava, João abriu a porta de seu armário para pegar alguma coisa e câmera descobriu, junto com Abelardo, pregado no lado de dentro do armário, um pôster grande de Che Guevara, com os dizeres **"Hay que endurecer, pero sin perder la ternura jamás".** *Detalhar. Reação forte de Abelardo.*

ABELARDO	– Não pode ser... (*pra baixo, quase chorando*) O seu ídolo é... (*tempo*) Herói por quê? Que sentido teve a vida desse homem? Já tinha armado o circo dele em Cuba, era ministro, precisava largar tudo pra ir morrer na Bolívia?
JOÃO	– Tem sentido pra você alguma coisa que não seja lucro pessoal?
ABELARDO	– (*suplicante*) Você tá começando a sua vida, João, tem tanta coisa pra fazer, pra aproveitar...
JOÃO	– (*sem ouvir*) Você não vai entender nunca, não é, um homem tá pouco ligando pra ser ministro, preferiu lutar por gente que continua passando fome, num regime talvez inda pior do que esse daqui. (*tom, consigo mesmo*) E o próprio Damasceno ainda acredita que o Guevara tava equivocado, acha que o caminho pra revolução pode ser pacífico...
ABELARDO	– (*olhando o pôster*) É nisso que você quer se transformar? Um guerrilheiro?
JOÃO	– Não sou criança não, pai. Eu li muito, tenho a minha maneira de encarar o mundo, meus ideais. Outra hora a gente conversa com calma.

João vai saindo. Abelardo chama. João vai parar.

ABELARDO	– João! (*frágil*) Você... não está no Partido Comunista, está?

João faz uma pausa, raciocina e responde com sinceridade.

JOÃO	– Não, pai. Isso eu posso te dizer, não tô no partido não. (*vai saindo*)
ABELARDO	– Nem num desses grupos ainda mais radicais, vanguarda não sei do que, esses que querem enfrentar exército... (*João saiu, ele grita*) Com que arma? João! João!

Abelardo sente-se só e impotente. Olha o pôster de Guevara. Tem muito medo.
Corta para:

Cena 38: REDAÇÃO DO *CORREIO CARIOCA* (INT DIA-ANOITECENDO)

Movimento. Ubaldo e o editor do jornal esperando perto da mesa de Damasceno, que termina sua coluna e entrega ao editor.

DAMASCENO	– Tá aí... caprichei, tô lutando. Vou lutar nem que eu acabe sendo o último sujeito no Brasil que ainda acredita no poder das ideias.

O editor sorri tenso, recolhe o material, levanta-se.

UBALDO	– Nessa altura, eu tô querendo saber é por quanto tempo você ainda vai ter a sua coluna...

Damasceno	– Pessimismo não, rapaz, não vão vender o *Correio* prum safado que até organização paramilitar de direita financia!
Ubaldo	– O velho tá enforcado, vende pra quem pagar as dívidas...
Damasceno	– (*exaltado*) Fez muita besteira na vida, Ubaldo, mas vender pra um/ (*corta-se, tem dor forte no braço*)

Ubaldo se assusta. Damasceno senta-se.

Ubaldo	– O que foi?
Damasceno	– A coluna... Reflete dor pra tudo quanto é lado... Já passou...
Ubaldo	– Você precisa ouvir o Salviano, rapaz, fazer um check-up.
Damasceno	– Eu tô bem... É essa tensão... O jornal não vende, esses porras-loucas querendo derrubar a ditadura a pedrada... (*acendendo cigarro*) Mas de uma coisa você pode ficar certo, esse fascista não compra o *Correio* não, eu conheço os homens.

Corta para:

Cena 39: APARTAMENTO DE MARIA LÚCIA (INT NOITE)

Maria Lúcia dá aula particular a uma aluna de uns 20 anos, na mesa de jantar. João com Teobaldo, que tem um boneco MUG na mão, ambiente de estar. Dolores e Carmen perto da tevê desligada. Leila brinca no chão com alguma coisa.

Maria Lúcia	– Não, Fernanda, tá quase, presta atenção, como é que pode ser predicativo do sujeito se <u>voz</u> não é sujeito?
João	– (*a Teobaldo*) Melhorou da tosse, seu Teobaldo?
Teobaldo	– Ah, felizmente. Eu acho que foi graças a esse bonequinho MUG que a minha neta fez pra mim... (*tosse*)
Dolores	– (*cochicha, referindo-se à tevê*) Se essa aula não acabar logo eu vou ver *Sangue e areia* lá em casa!

Corta para a COZINHA. Caramuru come e discute com Dagmar, que trabalha.

Dagmar	– Tu só fica falando besteira, Caramuru! Mudou só o nome, o dinheiro é o mesmo!
Caramuru	– Num é não, eu preferia cruzeiro que esse cruzeiro novo!
Dagmar	– E cê quer me explicar onde é que tá a diferença?
Caramuru	– Tão quereno embromar a gente, Dagmar, cumé que dez mil vai virar dez e é a merma coisa? Sabe quantas nota eu recebi de salário esse mês?

Corta para a SALA. Damasceno chegando nervoso da rua e Carmen recebendo-o.

Carmen	– Nervoso por que, Orlando?
Damasceno	– Tá muito forte a pressão em cima dos homens, todo o mundo com medo que eles acabem vendendo o jornal...

Agora câmera acompanha Maria Lúcia, que se despede de sua aluna, levando-a até a porta, enquanto Damasceno começa uma discussão à parte com João.

MARIA LÚCIA	– Você não viu? Ah, eu não perco *Esta noite se improvisa*! Cá entre nós, eu acho que muita letra ali o Chico inventa na hora, sabe? (*divertindo-se*) Mas ontem foi o máximo, porque o Vinicius, coitado, não acertava uma, nem conseguia correr pra apertar o botão. De repente, a palavra era <u>garota</u>, o Vinicius deu um pulo na frente dos outros! Aí, claro, começou a cantar "Garota de Ipanema" e à medida que ele ia cantando ia murchando, porque (*rindo*) <u>não tem a palavra "garota" nem uma vez na letra de "Garota de Ipanema"</u>!

Durante as próximas falas, Maria Lúcia se despede da aluna, que sai. Maria Lúcia beija o pai durante sua discussão no início leve com João.

DAMASCENO	– Foi uma besteira, o voto nulo, o partido não podia aceitar, indisciplina aberta!
JOÃO	– Besteira mas teve quase tantos votos nulos quanto pro MDB!
DAMASCENO	– Só facilitou a vitória da reação!

Maria Lúcia cumprimenta o pai sem interromper o ritmo da discussão.

MARIA LÚCIA	– (*beijando o pai*) Um segundo só, João, eu troco de roupa rapidinho.

Um flash de Dolores e Carmen enquanto a discussão <u>continua</u> em crescendo. Daí em diante, tevê ligada na novela Sangue e areia.

Daqui a pouco, Caramuru e Dagmar vão vir da cozinha para fazer uma pergunta a Damasceno no auge da discussão dele com João.

DOLORES	– Vai querer ver a novela ou não vai?
CARMEN	– (*ligando a tevê*) Quero sim que distrai! Acho que essa noite a dona Sol vai à festa!
JOÃO	– (*tenso, sem terem parado*) Seu Damasceno, nessa ditadura a reação ganha sempre! Quando não ganha, leva! Mudam a regra do jogo, cassam mandato! Com a campanha do voto nulo, a gente pelo menos denunciou a farsa da eleição, o movimento estudantil ficou unido! Tá surgindo um partido novo, revolucionário, sem compromisso com políticos antigos...
DAMASCENO	– Política, sem compromisso? João, eu tô nisso há mais de trinta anos, você que vem me falar em partido revolucionário? Cada dia é uma dissidência nova!
JOÃO	– O senhor quer autoridade revolucionária por antiguidade, que nem funcionário público?
DAMASCENO	– Você é suficientemente inteligente pra compreender que nesse momento o caminho deve ser pacífico, conscientizar o povo! Revolucionário tem que saber esperar sua hora, João.
JOÃO	– Ou fazer a hora?
DAMASCENO	– A <u>paciência</u> é uma virtude revolucionária!

Caramuru e Dagmar, que vieram da cozinha, intervêm informalmente. Maria Lúcia vai chegar do quarto pronta para sair na última fala de João, quando ele se altera.

DAGMAR	– *(intervindo)* Tô explicando pra ele, seu Damasceno, só entrou pra perguntar besteira!
CARAMURU	– *(a Damasceno)* O senhor me dá a sua opinião, seu Damasceno, não era melhor voltar a ganhar a mixaria em cruzeiro do que esse cruzeiro novo?
DAMASCENO	– Não é bem assim, Caramuru, ontem eu tentei explicar o processo da inflação à Dagmar...
DAGMAR	– O pobrema todo tá no... Só num tô lembrando muito bem dum detalhe, seu Damasceno, o senhor falou Banco Central... Esse banco é na Central do Brasil?
JOÃO	– *(alterado, grita)* O senhor tá querendo me convencer que a gente tem que conscientizar o Caramuru e a Dagmar pra <u>eles</u> um dia tomarem o poder?

Telefone tocou, Carmen já atendeu e <u>reage</u>. A notícia é muito ruim. Chama Damasceno, nervosa. A partir do momento em que Carmen fala com o marido, Maria Lúcia fala à parte com João, fora de áudio, falas gênero "não adianta discutir, ele não vai mudar de opinião etc..."

CARMEN	– *(com medo)* Pra você, o Tavares.

Enquanto Damasceno atende, Dolores se levanta e vem reclamar com Carmen. Damasceno ao telefone.

DOLORES	– Ah, Carmen, não vejo mais novela aqui não, muita bagunça... Você levanta logo na hora que o homem ia esnobar, pra fazer ela sofrer?
CARMEN	– *(a Dolores, nervosíssima)* Cala a boca, Dolores, desliga isso que eu não sei como é que o Damasceno vai receber essa notícia. *(desesperada, pra baixo)* O jornal foi vendido pro tal grupo que ele morria de medo. Tá desempregado, eu não sei o que vai ser da gente, e você me vem com/

Carmen é parada por gesto de Dolores, apavorada, indicando na direção de Damasceno. Câmera focaliza Damasceno caindo no chão com dor forte de infarto. As duas mulheres gritam.
Corta para:

Cena 40: RUA DE MARIA LÚCIA (EXT NOITE)

Plano rápido de Assistência saindo da porta do prédio com sirene.
Corta rápido para:

Cena 41: CORREDOR DE HOSPITAL (INT NOITE)

Damasceno sendo levado para o CTI. Aflição de Maria Lúcia, ao lado de Carmen e João. Close final de Maria Lúcia.
Corta.

Fim do capítulo 8

Cena 1: SALA DE ESPERA DE HOSPITAL PÚBLICO (INT NOITE)

Figurantes passando, caracterizando um hospital sem nenhum glamour, gênero Servidores do Estado, com algum toque da miséria infelizmente característica de nosso país. Num grupo, Maria Lúcia chorando suave, amparada por João e Galeno, em outro, Salviano fala com Carmen, Dolores e Edgar.
(Quem sabe não haveria uma locação que se pudesse juntar à já usada SALA DE ESPERA DE ÓRGÃO DA REPRESSÃO? São prédios públicos, antigos.)

João	– Minha culpa, Galeno, se você soubesse a discussão que a gente teve minutos antes, as coisas que eu/
Galeno	– (*corta*) Deixa de besteira, rapaz, tinha acabado de receber a notícia que o jornal foi vendido!

Corta para o grupo de Salviano.

Carmen	– Como não posso entrar no CTI?
Dolores	– Não fica assim, Carmen, hospital público...
Salviano	– O doutor Serpa acha que o Damasceno já enfartou algum tempo atrás, sem ninguém saber, provavelmente quando esteve preso. Cansaço, falta de ar... Não entra em clima de pânico, Carmen, existe uma lesão, mas a gente tem que esperar a evolução do quadro.

Corta para:

Cena 2: APTO. MARIA LÚCIA – SALA (INT NOITE)

Algumas semanas depois. Damasceno tomando uma sopa à mesa, de robe, com Salviano, Carmen, Queiroz e Yone apenas acompanhando. No outro ambiente, Maria Lúcia e João.

Queiroz	– Recuperação excelente, Damasceno, só três semanas!
Carmen	– Graças a Deus não tá fumando, tá fazendo direitinho a dieta sem gordura... (*a Salviano*) Já recebeu convite pra colaborar com uma revista de São Paulo!
Damasceno	– (*triste, a Queiroz*) No jornal, mais de quarenta despedidos.
Salviano	– Não é hora de ficar pensando nisso, rapaz, precisa é cuidar da sua saúde! Tá tudo bem, mas não dá pra confiar tão cegamente em hospital público... Eu queria que você visse um cardiologista da minha confiança, medida de precaução...
Damasceno	– (*bloqueando*) Que exagero! Ontem mesmo o médico falou que nunca viu recuperação tão rápida!

Corta para João com Maria Lúcia.

João	– Minha culpa sim, Lúcia. Não podia ter falado com ele do jeito que falei.
Maria Lúcia	– (*muita raiva*) Sua culpa? E a prisão? E o clima em que ele tá vivendo desde a noite do golpe, o clima em que esse país todo tá vivendo? Você tem é que continuar a luta, João, porque do jeito que tá não tá dando não.

Corta rápido para:

Cena 3: CLUBE CLASSE A (EXT DIA)

Dia seguinte. Fábio joga tênis, visual bonito. Tempo. Natália na assistência, lê um romance: Quarup, de Antonio Callado. Detalhar. De repente, Natália para um instante de ler, olha o marido, contente, e Fábio lhe faz um aceno. Ela sorri.
Corta descontínuo para Fábio terminando a partida, cumprimentando elegantemente o jogador que venceu. Caminha em direção a Natália e fala com ela antes de caminhar para o vestuário.

Fábio	– Pensei em pegar um cinema, só nós dois... Tem *A primeira noite de um homem*, mas pelo que o Bernardo falou, esse filme da Audrey Hepburn com o Albert Finney faz muito o teu gênero...
Natália	– *(contente)* Escolhe você.

Corta descontínuo para Natália e Fábio saindo do clube dentro de um carro esporte conversível de Fábio, cor bem marcante, de preferência vermelho, o carro vai ter importância no decorrer do capítulo. Fábio ao volante, porteiro abrindo correntinha pro carro passar.

Fábio	– Depois podíamos jantar só os dois, num lugar que você escolhesse.
Natália	– Você não tava com vontade de ver o Tomás? Eu também tô com saudade da Solange... Vamos os quatro.
Fábio	– *(carinhoso)* Tem certeza que você não prefere só nós dois?
Natália	– Aquela mulher insegura e carente só existe quando você dá motivo, meu amor. Liga pro Tomás.

Natália fala encostando a cabeça no ombro do marido. Carro se vai.
Corta para:

Cena 4: RESTAURANTE FINO (INT NOITE)

Natália, Fábio e um bonito casal, Solange e Tomás. Tomam café, de depois do jantar. Movimentação, elegância. Vai entrar uma mulher linda, com um homem mais velho.

Solange	– Eu tava com vontade de ir ver o show do Zum Zum.
Natália	– Vinicius e Caymmi? Eu tô louca pra ir! Vamos marcar pra semana que vem, nós podemos qualquer dia, menos sábado que é chatíssimo... Você topa, não topa, Fábio?

Fábio não prestou atenção porque estava de olho na mulher linda que entrou e se sentou.

Natália	– *(leve)* Fábio, será que não dá nem pra disfarçar o entusiasmo pela moça?
Solange	– Vera Linhares.
Natália	– A modelo?

SOLANGE	– Linda, não é?
NATÁLIA	– Eu não tinha reconhecido. Dizem que tá fazendo o maior sucesso, quem lançou foi o Denner, mas já foi chamada pra desfilar pro Paco Rabanne. (*olha discretamente*) Tem classe sim. (*a Fábio*) Dessa vez eu te perdoo, é difícil não olhar.
FÁBIO	– Mania de achar sempre que eu tô olhando pra/ (*corta-se*) Não tinha nem visto, Natália. É uma bela mulher sim, mas... Prum homem casado com você...

Carinho entre Fábio e Natália. Fábio pede a conta com um gesto.

SOLANGE	– Vamos dar um retoque na maquiagem?

As mulheres se levantam e caminham em direção ao banheiro. Assim que Natália sai da mesa, Fábio paquera claramente a modelo linda, porque o acompanhante está de costas para ele. Closes alternados. Finalmente, Vera sorri para Fábio, um close lindo. (Se possível, esta paquera ficaria bonita num restaurante com espelhos, desde que o sentido da cena passasse com grande clareza.)
Sonoplastia: arranjo orquestrado de "Going Out Of My Head Over You", como música de fundo.
Corta para:

Cena 5: CLUBE DE BASQUETE (INT ou EXT DIA)

Jogo de vôlei feminino, jogadoras e assistência jovens. Galeno com Edgar, que terminou de jogar, ficou vendo as meninas, desanimado. Galeno preocupado com Edgar, responde a uma pergunta dele. (Claro que é o mesmo clube onde Edgar joga basquete.)

GALENO	– A Maria Lúcia tá bem, acho que o seu Damasceno tá fora de perigo, já passou bastante tempo. E você? Como é que a vida tá te tratando?
EDGAR	– Vou chutando do jeito que a bola vem.
GALENO	– Cozinhar dor de cotovelo só piora, vai por mim. Tô falando por experiência própria e observação! Você vê o Hitchcock: a Grace Kelly virou princesa, ele arrumou outras louras, ia parar de filmar?

Edgar olha as garotas sem interesse. Geral das moças jogando.
Corta para:

Cena 6: BOATE (INT NOITE)

(Não é a boate do capítulo 1. Esta é mais refinada.) Abre em Heloísa com figurante, um jovem bonito, clima de namoro, numa mesa. Corta para Natália linda, dançando com o marido, romanticamente. Tempo.
Sonoplastia: parte final de "See You In September" por The Tempos, uma de nossas músicas-tema.
Corta descontínuo para Natália e Fábio à mesa, tomando champanhe, com Solange e

Tomás. Outra música. Na pista, a modelo Vera dança com um rapaz ligeiramente efeminado. Tempo com a dança de Vera, sua beleza deve impressionar bastante, ela deve dançar muito bem, sexy, um avião, separada do par, acariciada pela câmera. Natália comenta com Fábio, à mesa.

NATÁLIA — Essa noite eu tenho que dar o braço a torcer que você nem olhou pra tentação.
FÁBIO — Que tentação?

Natália indica, com um gesto de cabeça, Vera, dançando. Fábio olha.

FÁBIO — Ah, não tinha visto. É bonita sim, tem classe, mas é meio magrinha pro meu gosto... (*ou outro falso defeito*)

Natália dá um beijinho em Fábio e se levanta, para ir ao toalete. Corta para:

Cena 7: BANHEIRO DA BOATE (INT NOITE)

Heloísa retocando maquiagem quando Natália entra, ao mesmo tempo em que uma figurante muito fina sai.

HELOÍSA — (*feliz*) Gostei de ver os dois dançando, rostinho colado, maior namoro, hein!
NATÁLIA — (*muito feliz*) Ah, Heloísa, eu não gosto nem de falar, o teu pai tá outro, é namoro <u>mesmo</u>! E cá entre nós, graças aos teus conselhos! Faz todos os programas que eu sugiro... Imagina que aceitou a ideia de ir amanhã à noitada de samba do Opinião!

Heloísa sorri, contente.
Corta para:

Cena 8: BOATE (INT NOITE)

Num canto bem discreto, Fábio acende um cigarro, Vera passa e fala com ele, sem dar muita bandeira pra quem está de longe.

VERA — (*com amor*) Fiquei esperando até nove e meia. Não telefonou por quê?
FÁBIO — Problema de última hora, amanhã te explico, te manda daqui.

Vera se afasta, discreta. Ao longe, Fábio vê Natália saindo do banheiro, vai ao seu encontro e a tira pra dançar. Os dois vão para a pista e dançam, romanticamente. Tempo com os dois dançando. Vera sentou-se a uma mesa com amigos. De longe, os olhares de Vera e Fábio se cruzam rapidamente, sem dar bandeira. Último plano da cena deve ser close de Natália, muito contente, dançando com o marido.
<u>Sonoplastia</u>: *desde o primeiro corte descontínuo da cena 6, "Going Out Of My Head Over You", por Sérgio Mendes, volume bem alto especialmente na cena 8, quando não há diálogo.*

Corta para:

Cena 9: TEATRO OPINIÃO (INT NOITE)

Abre em gente animada subindo a escada, música bem ao longe, final de "Pecadora", de Jair Costa e Joãozinho, por coral. Entre os figurantes, Lavínia, Maria Lúcia, João e Gustavo. João fala à parte com Gustavo. (Nesta cena, talvez a <u>figuração</u> já possa mostrar as mudanças de costumes. Rapazes de cabelos longos. No final de 1967, os cabelos das moças já começam a encrespar ou elas ainda faziam touca?)

JOÃO — Vai sair mais gente do partido. Não dá mais pra luta interna, tem que enfrentar a ditadura com as armas deles. Nós vamos ter que ir pra fora do movimento estudantil também...

Corta para o teatro propriamente, noitada de samba, animação, a música mais alta. Abre em Galeno, saindo de dentro do bar porque viu Heloísa.

GALENO — Guenta as ponta aqui pra mim um instante, meu irmão.

Galeno persegue Heloísa até chegar perto.

GALENO — E aí? Quando terminar quer ir comer um sanduíche comigo, no Zeppelin?

HELOÍSA — Pensei que você ia chamar pra ler roteiro de filme em voz alta.

GALENO — Que roteiro, Heloísa? Deixei de lado, temporariamente, não tô bem certo que cinema seja a minha não, sabe? Tô escrevendo um romance... É mais pessoal. Eu, a máquina de escrever, a luz de um abajur e a inspiração.

HELOÍSA — Um romance sobre o quê?

GALENO — Um intelectual da grande cidade enfrentando pela primeira vez a realidade do interior do Brasil, o sertão, a selva... Logo no início, meu herói vai pra região do rio Tocantins e/

HELOÍSA — *(corta)* Não tá meio em cima do *Quarup* não, Galeno?

GALENO — *(sem jeito)* Eu... não estou sabendo expressar muito bem... Vamos comer o sanduíche e a gente conversa melhor! Você nunca vai me dar uma segunda chance não, Heloísa? Ficou chateada?

HELOÍSA — *(meiga)* Outra vez. Essa noite não dá mesmo porque eu tô acompanhada.

Heloísa se afasta e câmera revela que ela estava com um rapaz negro muito bonito. Ela lhe dá um suave beijinho na boca e os dois caem no samba. Muita animação, Heloísa deve dar um show de samba. Corta para Fábio e Natália perto da porta da entrada, chegando. Ele vem enxugando suor com lenço, discretamente, ela vem dançando, animada.

FÁBIO — Calor infernal, Natália!
NATÁLIA — Se entrega um pouco à música que você esquece! Vem dançar!
FÁBIO — Aqui?

NATÁLIA	– Ah, Fábio, que esnobismo!
FÁBIO	– Esnobismo nenhum, é calor mesmo.
NATÁLIA	– Vem!
FÁBIO	– (*meigo*) Dança um pouco sozinha que eu fico olhando.

Sonoplastia: entra "Mascarada", de Elton Medeiros e Zé Kéti, por coral. Natália dança sozinha, com muito charme. O marido olha, tentando aparentar bom humor, mas está entediado.

CORAL	– "Vejo agora esse teu lindo olhar, Olhar que eu sonhei, que sonhei conquistar/

Corta para Avelar, sem saber que o marido está presente, olhando Natália dançar com cobiça. Inicialmente ela não o vê.

CORAL	– E que um dia afinal conquistei, Enfim, findou-se o carnaval, E só nos carnavais, encontrava-te sem Encontrar esse teu lindo olhar porque

Neste verso, de repente Natália vê Avelar e fica sem jeito. Closes alternados dos dois. Ela continua a dançar, pra não dar bandeira que tem atração pelo professor. Avelar fica olhando, na paquera, sem saber que está ao lado do marido. No final da letra da canção, Natália vai parar de dançar.

CORAL	– O poeta era eu, Cujas rimas eram compostas Na esperança de que Tirasses essa máscara, Que sempre me fez mal, Mal que findou só depois do carnaval."

Avelar vai falar com Natália, alegre, mas Natália corta seu barato apresentando rapidamente o marido, tentando dar o mínimo de bandeira possível. Sonoplastia: passam a letra da canção uma segunda vez, agora em volume mais baixo.

NATÁLIA	– Fábio, esse aqui é o... foi professor da Heloísa, no cursinho de pré-vestibular. Me desculpe, mas como é mesmo o seu nome, professor?
AVELAR	– (*firme e irônico*) Avelar.
NATÁLIA	– Meu marido, Fábio, pai da Heloísa.
FÁBIO	– (*casual, sem notar qualquer clima porque tem muita confiança na mulher*) Como é que vai?

Cumprimentos informais.

NATÁLIA	– (*a Avelar*) O Fábio tá morrendo de calor... Em parte ele tem razão, pra gente ficar muito tempo aqui, em dezembro, tem que gostar de

	samba um pouco além da conta, não é? Vamos ali pra perto do bar que eu tenho impressão que é mais arejado, Fábio.
Fábio	– (*a Avelar, gentil*) Tchau.

Fábio e Natália vão se afastando para sair. Avelar fica olhando, com atração por Natália. Fábio não percebeu nada. Sonoplastia: *no que passaram pela segunda vez a letra de "Mascarada", entra "Tristeza", de Haroldo Lobo e Niltinho, que pode terminar em qualquer ponto, porque a cena seguinte é discussão.*
Corta para João, Marcelo, Maria Lúcia, Lavínia, Gustavo e Jurema.
João e Marcelo conversam à parte, em voz baixa. Gustavo vai intervir, acompanhado pelas moças.

Marcelo	– Graças ao movimento estudantil é que tão levando a gente a sério!
João	– É, mas só com o movimento estudantil ninguém vai derrubar ditadura. Tô com um contato nos marítimos, uma turma da pesada.
Gustavo	– (*intervindo*) Política até aqui, gente?
Maria Lúcia	– Política tá em todo lugar, presta atenção nas letras das músicas.
Jurema	– Precisa de um refresco que ninguém é de ferro.
Lavínia	– O que é que adianta dançar, cantar, fingindo que tá tudo bem?
João	– Tudo nessa vida é política, Jurema. Se você quiser pode tentar se alienar mas os meganhas vêm em cima, das formas mais disfarçadas, ninguém tá escapando não.

Corta para Natália e Fábio, procurando um local menos quente. De repente, forte reação de Fábio. *Câmera do ponto de vista dele. Vemos Heloísa dançando encantada com o jovem negro bonito. Planos de Heloísa e o rapaz dançando. Close de Fábio, atônito.*
Corta para:

Cena 10: QUARTO DE NATÁLIA E FÁBIO (INT NOITE)

Gritos, discussão violenta *entre Fábio e Heloísa, Natália tentando contemporizar. Às vezes, devem falar ao mesmo tempo.*

Fábio	– Só dançando não senhora, havia um clima entre os dois, então eu não percebo clima?
Heloísa	– (*desafiando*) E se houvesse?
Natália	– (*por cima*) Fábio, calma!
Heloísa	– Se houvesse? Me diz! Qual era o problema? Vai desrespeitar a lei Afonso Arinos? Direitos humanos?
Fábio	– Natália, você tá ouvindo?
Heloísa	– (*agressiva*) Ela é surda?
Natália	– Calma, Fábio, eu tenho certeza que/
Heloísa	– (*corta*) Tem certeza de quê? Do que é que você tem certeza?
Natália	– (*frágil, morrendo de medo*) De que você só tá falando nesse tom porque... você não suporta repressão, nunca suportou! Claro que o rapaz era só um amigo, eu sei, não podia ser mais que um amigo...

HELOÍSA	– *(agressiva)* Por que que não podia ser mais que um amigo?
NATÁLIA	– *(sem jeito)* Bom... porque...
FÁBIO	– *(fora de si)* Natália, não contemporiza! Se dá asa pra essa louca qualquer dia você acorda com um bloco de mulatinhos correndo pela sala, te chamando de vovó, e ela vai achar que é a coisa mais natural do mundo!
HELOÍSA	– *(desafiando bastante)* E não seria?

Reação de Fábio, assustado.

HELOÍSA	– *(agressiva, firme)* Olha nos meus olhos e diz que não seria! Não, faz favor, eu quero que você diga na minha cara que é racista mesmo porque acho uma atitude muito mais digna do que racismo velado!
NATÁLIA	– Para com isso, Heloísa, eu não suporto discussão, principalmente se não tem o que ser discutido! Vocês não concordam num monte de coisas, você não vai fazer um homem da idade dele mudar duma hora pra outra toda uma visão do mundo que/ *(corta-se)* O que eu não quero é discussão pelo prazer de discutir! O que é que custa falar a verdade? *(frágil)* O rapaz, muito bonito, por sinal, era... um namorado firme... ou um amigo?

Heloísa olha o pai, com raiva. Tempo.

NATÁLIA	– Custa responder?

Tempo.

NATÁLIA	– *(quase chorando)* Custa?
HELOÍSA	– Eu queria muito dizer que vou me casar com ele amanhã! *(cedendo)* Mas não era um namorado firme.

Reação de Fábio, aliviado. O ritmo da discussão não para.

NATÁLIA	– Então? Vão discutir teoria?
HELOÍSA	– Por que não?
FÁBIO	– *(acusando)* Trocou de curso sem nem me consultar!
NATÁLIA	– É a vida dela, Fábio, a gente não pode se intrometer desse jeito!
FÁBIO	– Não vai mais à manicure! Tô achando masculinizada!
NATÁLIA	– É a moda!
FÁBIO	– É moda não ir nem a cabelereiro? *(a Heloísa)* Por que você passou de letras pra sociologia? Um curso infestado de subversivos, estudantes profissionais, essa gente tá lá pra isso, pra encher a cabeça de idiotas feito você! Daqui a pouco tá indo a passeata!
HELOÍSA	– *(saindo)* Eu vou dormir porque babaquice tem limite, té manhã.

Heloísa saiu. Fábio mortificado.

FÁBIO	– *(a Natália)* Ela falou... babaquice?

Natália	– *(constrangida)* Os jovens todos falam assim, Fábio, há palavras que vão perdendo a força com o tempo, a gente não podia dizer <u>chato</u> quando era criança, lembra?
Fábio	– *(mortificado, consigo mesmo)* Babaquice? *(gesto)* De babaca?

Corta rápido para:

Cena 11: PRAIA DE IPANEMA (EXT DIA)

(<u>Atenção, edição</u>: não há interrupção de ritmo de diálogo entre a primeira fala desta cena e a última da cena precedente.)
Na praia, movimento habitual de manhã de dezembro. Em plano fechado, Dolores interroga Galeno, que está com um colega de cabelos longos.

Dolores	– O Edgar comentou que você conhece pessoalmente, Galeno, conta pra mim, eu acho tão engraçadinha, no júri do Flávio Cavalcanti! É verdade que a Leila Diniz fala palavrão assim como quem pede um copo d'água?
Galeno	– *(gozador)* Depende do que a senhora considera palavrão, né, dona Dolores?
Dolores	– Mas como assim?... Considerar... Ou é palavrão ou não é palavrão!
Galeno	– Não... Depende... Cocô, é palavrão?
Dolores	– Ah, bonito não é. *(enojada)* Ela fala?
Galeno	– Cocô... *(reflete)* que eu me lembre... fala sim. A gente tava num restaurante outro dia e ela comentou que tava achando um cocô. *(tempo)* Merda fala também.

Dolores se afasta, rápida, horrorizada. Galeno e o amigo riem dela.
Corta descontínuo para o grupo de praia formado por Dolores, Adelaide, Glória e Zuleica.

Adelaide	– A culpa é das revistas! Não estou dizendo que essa mulher discute virgindade, aborto, pílula anticoncepcional, tudo abertamente?
Zuleica	– Uma revista que qualquer moça de família pode comprar na banca, <u>tinham que proibir</u>!
Glória	– E palavrão em teatro? Meu marido já não quer mais nem ir! O que me contaram dessa *Volta ao lar*, com a Fernanda Montenegro!
Dolores	– Ih! Até a Tônia! Eu não vou ver essa *Navalha na carne* não, Deus me livre!
Zuleica	– Tudo isso é que vai influenciando a juventude! Pra mim, esse país virou bagunça foi há muito tempo, sabe, quando o Jânio Quadros deu condecoração pro tal de Che Guevara, esse que morreu agora, já não foi sem tempo, que Deus o tenha.

Corta rápido para:

Cena 12: APTO. DE MARCELO – QUARTO (INT DIA)

Maria Lúcia e João na cama, depois do amor. Luz bonita, ternura.

MARIA LÚCIA	– Acho uma falha sim, João, um líder feito ele... ter se exposto do jeito que se expôs... em linha de frente de combate... O Guevara deu chance ao inimigo pra/
JOÃO	– *(corta, suave)* Não fala isso, meu amor... Porque de tudo é o que me deixou mais triste e ao mesmo tempo mais... *(com muita admiração)* Quer atitude mais revolucionária do que ir pra linha de frente com os companheiros em vez de ficar dando ordem de dentro de salinha com ar-refrigerado, que nem os gorilas lá da matriz, que mandam garoto de 18 anos pra morrer no Vietnã? É contra essa gente que nós tamos brigando!

Tempo. Maria Lúcia faz um carinho nele. Começa a se vestir.

MARIA LÚCIA	– *(casual)* Vai dar essa noite pra gente ver *Bonnie And Clyde*?
JOÃO	– Eu não te falei? Nove horas tem reunião aqui, da direção.

Corta rápido para:

Cena 13: APTO. DE MARIA LÚCIA – SALA (INT NOITE)

Damasceno na sala só com Salviano, que reage fortemente.

SALVIANO	– *(tenso)* Do CPR, Comando Popular Revolucionário? Você tem certeza?
DAMASCENO	– Quase. Mas vê lá, eu escutei esse papo do João sem querer...
SALVIANO	– Damasceno, você não sabe, esse CPR tá todo infiltrado, até na direção tem polícia, tem que avisar o rapaz!
DAMASCENO	– Eu acho que o próprio João é dirigente.

<u>Corta</u> *para o quarto de Maria Lúcia, que estava estudando, agora olha surpresa para Damasceno e Salviano.*

MARIA LÚCIA	– Ele foi cedo, ia bater um papo com o Marcelo antes da reunião, mas eu não posso tá falando disso, o senhor sabe, que foi que houve...?
DAMASCENO	– Na casa do Marcelo? *(olha para Salviano)* Reunião da direção? Filha, eu tenho que falar com o João <u>já</u>, preciso desse endereço, é perto daqui, não é? Eles tão correndo muito perigo!

Corta para:

Cena 14: PORTA DO PRÉDIO DE MARCELO (EXT NOITE)

Damasceno fumando, chegando ao prédio com Salviano, muita tensão.

SALVIANO	– Você não pode fumar, que diabo!
DAMASCENO	– É só esse... *(olha o relógio)* Salviano, cinco pras nove, corre!

Eles se apressam para o prédio, entram rápidos.
Corta para:

Cena 15: HALL DE ENTRADA DO PRÉDIO DE MARCELO (INT NOITE)

(Talvez a locação possa ser a mesma da garagem e elevador do prédio de João, no capítulo 1.)
Damasceno e Salviano, impacientes diante do elevador, parado no 8º andar. Porteiro do prédio fala com os dois.

PORTEIRO — Festa. O de serviço tá enguiçado.
DAMASCENO — *(a Salviano)* Vamos de escada... dois andares...

Corta rápido para:

Cena 16: ESCADA E HALL DE ENTRADA APTO. MARCELO (INT NOITE)

Salviano e Damasceno sobem correndo a escada do prédio. Salviano adianta-se e toca a campainha do apartamento. Damasceno especialmente ofegante, tentando esconder isso.

SALVIANO — Você tá se sentindo bem?

Damasceno não consegue falar. Faz sinal que sim ao mesmo tempo que Marcelo abre a porta.
Corta rápido para:

Cena 17: APTO. DE MARCELO – SALA (INT NOITE)

João, Marcelo, Salviano, Damasceno escondendo deles que está se sentindo muito mal. Durante a fala de João, Damasceno não vai conseguir esconder que sente uma dor muito forte no braço direito.

JOÃO — Poxa, a Maria Lúcia não podia ter falado que/ *(corta-se)* Por outro lado, vocês terem vindo aqui, desse jeito... *(tom)* Obrigado. Mas a infiltração foi descoberta, já botamos o cara na geladeira e/
SALVIANO — *(corta, muito tenso, a Damasceno)* Damasceno, o que é que você tá sentindo? Você não tá aguentando subir dois lances de escada! Por que é que você tá com a mão no *(corta-se)* Você tá sentindo dor no braço?
DAMASCENO — *(com dificuldade)* Fal... falta de... de ar...

Close de Damasceno, ou de João, apavorado.
Corta para:

COMERCIAIS

Cena 18: APTO. DE MARIA LÚCIA – SALA (INT NOITE)

Damasceno um pouco melhor com Salviano, Carmen, Maria Lúcia e João. Clima bem tenso.

Carmen	– (*dando bronca*) Tá fumando escondido sim, Orlando, eu sinto o cheiro!
Salviano	– Agindo feito criança! Vai se consultar com um cardiologista da minha confiança sim senhor, agora é assim, quer agir feito criança? Pois então eu mando e você obedece!

Corta rápido para:

Cena 19: CONSULTÓRIO DE CARDIOLOGISTA (EXT DIA)

Manhã seguinte. Plano de localização de clínica particular. (Deve haver uma locação na rua da editora de Queiroz, sem mostrarmos que é a mesma rua.)
Corta para:

Cena 20: CONSULTÓRIO DE CARDIOLOGISTA (INT DIA)

Damasceno com cardiologista, doutor Alcir, Salviano e Carmen, depois de uma consulta. Acabou de fazer um eletro. Um tempo de expectativa e o médico fala.

Alcir	– O eletrocardiograma e o hemograma só determinam que existe a lesão. Pode não ser nada demais, mas também... (*gesto vago*) A única forma de nós sabermos a extensão e o local exato dessa lesão é partirmos pra uma cateterização, o que na minha opinião já devia ter sido feito há bastante tempo.

Corta rápido para:

Cena 21: EDITORA DE QUEIROZ (INT DIA)

Edgar, inquieto, na ANTESSALA, com a secretária Kira, porta de Queiroz fechada.

Kira	– Ele disse que era particular, não queria ser interrompido...
Edgar	– O João, com o doutor Queiroz?

Corta para a SALA, João fala constrangido com Queiroz, Lavínia também lá.

João	– Tem que fazer esse exame, mas da indenização do *Correio* não sobrou nada, o que ele tira daquela revista de São Paulo mal dá pra comer...
Lavínia	– E o doutor Salviano, pra isso, confia é nesse cardiologista, clínica particular...
João	– Não é pro senhor <u>pagar</u>, entende? Só que sendo editor dele e tudo... Eu pensei, quem sabe um adiantamento...
Queiroz	– Já tô pagando os empregados com empréstimo de banco... (*firme*) Mais dívida menos dívida, claro que eu pago esse exame pro Damasceno, meu Deus do céu.

Corta para:

Cena 22: PUC (EXT DIA)

Pátio. Movimento de estudantes. Lavínia chegando, Heloísa e Sandra, num canto, ainda não a viram.

HELOÍSA	– Sei não, Sandra. Eu participo, mas acho que movimento estudantil não dá em nada não. Sempre isso, no começo o maior fogo, todo mundo disposto, depois vem prova, férias...
SANDRA	– Mas se a gente não atuar no movimento estudantil vai fazer o quê?

Heloísa vai responder, vê Lavínia, se liga, pede licença, corre até alcançar Lavínia. Corta para as duas já no meio da conversa.

HELOÍSA	– Tô achando estranho. Três dias sem vir aqui, e ontem vocês duas faltaram, na Aliança.
LAVÍNIA	– Você não tá sabendo nada dos problemas de saúde do pai dela?

Corta rápido para:

Cena 23: APARTAMENTO DE MARIA LÚCIA – SALA (INT NOITE)

Dagmar serve café a Heloísa e Maria Lúcia, que conversam.

HELOÍSA	– É um exame... perigoso?
MARIA LÚCIA	– *(escondendo tensão)* Mais ou menos, quer dizer... um certo risco sempre existe, porque o catéter pode provocar hemorragia interna... Mas o meu pai tá sendo tratado por um dos melhores cardiologistas do Brasil. O problema maior foi ele ter escondido esse tempo todo que tinha os sintomas, eu tenho certeza que vai correr tudo bem... Ele vai se internar amanhã, eu só tô um pouco nervosa porque/ *(corta-se, emocionada)* Bacana demais você ter vindo, Heloísa.

Heloísa faz algum gesto de amizade.
Corta para:

Cena 24: EXAME DE CATETERIZAÇÃO (INT DIA)

Planos rápidos. Damasceno faz o exame de cateterização. Um fino tubo de plástico é introduzido em determinado vaso sanguíneo e um braço, até atingir uma ou mais câmaras cardíacas.
(Tentar juntar com a locação CENTRO CIRÚRGICO, do capítulo 2.)
Corta para:

Cena 25: QUARTO DE HOSPITAL PARTICULAR (INT DIA)

Damasceno internado, faz uma refeição, paparicado por Carmen. Salviano, Maria Lúcia, Dolores, João ao telefone.

Carmen	– Tem que se alimentar, Orlando, deixa de ser medroso. Quer apostar como esse resultado não vai dar nada demais?
Damasceno	– (*olha a clínica, deprimido*) Essa clínica... (*olha um vaso de flores*) Eu fico pensando... num trabalhador que tenha um problema feito o meu. Um pai de família, com filhos, que ganhe um salário mínimo, dois, um trabalhador tá livre de ter um problema igual ao meu?

Corta para João, ao telefone, ao mesmo tempo que entra doutor Alcir.

João	– (*tel*) Daqui a pouco eu ligo, doutor Queiroz. O médico tá chegando pra dar o resultado do exame. (*desliga*)

Alcir dirige-se diretamente a Damasceno. Expectativa geral.

Alcir	– Você me pediu toda a franqueza, Damasceno, vamos lá. Você tem um bloqueio atrioventricular. Pode morrer de velho, se levar uma vida regrada, mas... pra nós ficarmos mais seguros, o que se podia fazer de mais moderno... Eu estive num congresso em Buenos Aires, ano passado, sobre colocação de veias safenas. Conheço pessoalmente o doutor Favalora, que tem alcançado um grande êxito nessas operações. Eu posso entrar em contato com ele agora mesmo. No seu lugar, Damasceno, eu marcava essa cirurgia pro mais rápido possível.
Maria Lúcia	– (*apavorada*) Se operar... na Argentina?
Carmen	– (*nervosíssima*) Isso deve custar uma fortuna! Como é que nós vamos/
João	– (*firme*) Calma, dona Carmen!

Corta rápido para:

Cena 26: APARTAMENTO DE MARIA LÚCIA – SALA (INT NOITE)

(*Atenção, edição: não há interrupção de ritmo de diálogo entre a primeira fala desta cena e a última da cena precedente.*)
Carmen em pânico com Maria Lúcia e João.

Carmen	– Eu venho fazendo das tripas coração pra/ (*corta-se*) Até a Dolores, já não digo eu, Dolores é prima, não é irmã, não ganha nenhuma fortuna no IAPI, empenhou joia pra me pagar conta de açougue! O que podia ter algum valor aqui dentro... O desenho do Di Cavalcanti... Gravuras que ele ganhava dos amigos... eu só não vendi roupa velha porque as nossas nem *hippie* ia querer!
João	– Saúde, dona Carmen! A senhora lembrou muito bem, ele tem amigos! Uma pessoa que tem amigos feito o/
Maria Lúcia	– (*corta, chorando*) Você tá falando em...
João	– (*carinhoso*) Não é vergonha, Lúcia. Vai fazer companhia pro seu pai, na clínica, ele tá precisando do seu apoio mais que nunca. Deixa esse lado prático comigo...

Corta para:

Cena 27: REDAÇÃO DO *CORREIO CARIOCA* (INT DIA-ANOITECENDO)

João com uma lista na mão, Ubaldo assinando um cheque, constrangido. Outros jornalistas perto ou olhando de longe, clima geral de pena.

UBALDO — Desculpa, eu sou o maior fã do Damasceno, mas tô tão duro, aqui não tão pagando, só dá pra isso.

Entrega o cheque.

JOÃO — Tá ótimo, Ubaldo. Qualquer coisa ajuda muito. Daqui eu vou no *Correio da Manhã*, o Cony teve preso com ele... Diz que tem mais gente pra me apresentar.

Um <u>contínuo</u> tira algumas notas amassadas do bolso, estende tímido, não sabe se João vai aceitar, João recolhe surpreso, <u>emocionado</u>.
Corta para:

Cena 28: APTO. JOÃO – QUARTO ABELARDO E VALQUÍRIA (INT NOITE)

Antes de dormir, Abelardo, torturado, com Valquíria.

ABELARDO — Meu próprio filho, Valquíria, passando subscrição! Se não tem o que fazer tinha mais é que me ajudar na gráfica, tá cada dia mais difícil eu cuidar da papelaria...

VALQUÍRIA — *(com pena)* A Dolores também tá rifando um rádio, prima da Carmen.

ABELARDO — *(sem ouvir)* Pra operar esse irresponsável que não é capaz nem de cuidar da própria vida?

Corta para:

Cena 29: QUARTO DA CLÍNICA PARTICULAR (INT NOITE)

Damasceno deitado, descansando. Maria Lúcia lhe faz companhia.

MARIA LÚCIA — Quase todo mundo do jornal assinou. O João falou que às vezes tem recebido solidariedade de pessoas que ele próprio nem conhece. Ontem ligou uma tal de Leonor, casada com um Maurício...

DAMASCENO — Amigos do Ênio. *(tom)* Pega uma coisa ali pra mim, no armário.

MARIA LÚCIA — O quê?

DAMASCENO — Embaixo do pijama azul. Ali, pega.

Maria Lúcia pega um maço de cigarros que não precisa ser detalhado para não mostrarmos a marca.

Maria Lúcia	– (*chocada*) Cigarro? Você tá achando que... na minha frente vai...
Damasceno	– Pelo contrário, Maria Lúcia. Joga fora, na cesta do banheiro. (*animado*) Eu quero viver... Vou viver, sim.

A filha se aproxima, muito meiga. Ternura entre os dois.

Damasceno	– Fiz muita besteira, eu quero viver porque afinal de contas... bonito ou feio, o mundo que eu conheço é esse aqui mesmo. (*Ela lhe faz um carinho*) Lembra do convite que me fizeram pra dirigir uma enciclopédia, no início de 1964?
Maria Lúcia	– Dava preu esquecer?
Damasceno	– Ontem o Macedo veio visitar. Na época a ideia acabou não indo pra frente, por uma série de razões... Tão pensando em retomar o projeto, e parece que vão me chamar... Eu vou aceitar, Maria Lúcia. Quando passar essa crise... não vou mudar a minha maneira de encarar o mundo, claro, vou continuar lutando, mas... tô disposto a pensar um pouco mais em nós, sabe? Em mim. Há uma série de coisas que você sempre defendeu que... Talvez eu teja muito velho pra ter certeza que esse país tem conserto, mas ainda tô muito novo pra desistir de certas coisas que... (*nostálgico*) Ter um carrinho... Posso ganhar bem na Enciclopédia. Pagar esses amigos que tão se quotizando e... quem sabe uma casinha em Friburgo pros fins de semana... Você lembra como eu sempre sonhei com um canto em Friburgo, pra começar a ler aquele monte de livros que a vida inteira eu fui guardando pra depois...
Maria Lúcia	– (*emocionada, contendo choro*) Você tá fazendo esforço demais... O médico disse pra falar pouco...

Corta rápido para:

Cena 30: RUA DE JOÃO (EXT NOITE)

João e Edgar vêm caminhando.

Edgar	– Só tô dizendo que acho trabalho demais pruma pessoa só... Você tem os estudos, tem a atividade política, eu posso perfeitamente ajudar a passar essa lista...
João	– Já tá quase no final, não tô precisando de ninguém não.
Edgar	– Ih, que que foi? Tá ressentido?
João	– (*sente que foi grosso*) Desculpa, Edgar, eu não tive intenção nenhuma de/ (*corta-se*) Tô só um pouco nervoso, cansado... O médico falou que o estado dele é grave, não tá faltando muita grana pra viagem não, mas é uma corrida contra o tempo. Desculpa.

Gesto de amizade masculina entre os dois. No fundo da cena, um mendigo faz cama improvisada para dormir na calçada. (O ritmo do diálogo não deve parar pra mostrarmos este mendigo, que é <u>fundo</u>.)

Corta para:

Cena 31: PORTA DE HELOÍSA (EXT DIA)

Dia seguinte. Plano de localização.
Corta para:

Cena 32: SALÕES DE HELOÍSA (INT DIA)

(Produção: em algumas salas, até o réveillon do próximo capítulo, poderíamos ter a partir daqui decoração de Natal, porque estamos em dezembro de 1967.)
Fábio, Natália, Heloísa e Bernardo terminando de almoçar, servidos por Antunes. Roupas descontraídas. É sábado de verão, nublado. Fábio vai se levantar antes de ser servida a sobremesa.

BERNARDO	– Eu não gostava do Jango, mas o Juscelino, o Lacerda! Subversivos porque querem um pouco de liberdade, não era pra isso a revolução?
FÁBIO	– O Lacerda tem experiência pra saber que uma revolução sacrifica ambições.
HELOÍSA	– *(irritada)* Quer liberdade pra se encher de mais dinheiro, Bernardo, você ainda perde tempo em discutir? Pro povo tão querendo o sacrifício, a/

Heloísa para de falar porque Fábio se levanta irritado da mesa. Bernardo vai atrás dele.

BERNARDO	– Pera aí, papai, ela tá querendo dizer que...

Os dois já saíram. Antunes, um pouco sem jeito por ter presenciado discussão, serve sobremesa, <u>mangas</u>, partidas em pedaços, com gelo moído em cima.

ANTUNES	– *(a Natália)* O doutor Fábio gosta tanto dessa manga carlotinha...
HELOÍSA	– *(servindo-se)* Saiu da mesa dando faniquito azar, me dá aqui que eu também gosto.

Heloísa continua a conversar com Natália, enquanto come.

NATÁLIA	– Tá um pouco difícil pra mim, viu Heloísa? Eu que sempre gostei tanto das refeições com a família reunida... de repente...
HELOÍSA	– *(fria)* Não dá pra mudar o disco?

Tempo. Heloísa come.

NATÁLIA	– *(tenta ser casual)* Aonde você vai essa noite?
HELOÍSA	– *(sem saco)* Ao ensaio da Mangueira. Também vou ter que dizer com quem?
NATÁLIA	– *(magoada)* Assim não dá pra conversar, sabe, Heloísa, uma patada atrás da outra.
HELOÍSA	– E pra mim você acha que não tá difícil?

NATÁLIA	– Por que, Heloísa? Tirando discussões teóricas, o que é que tanto incomoda você no comportamento do seu pai?
HELOÍSA	– Só no dele não, no seu também!
NATÁLIA	– No meu?
HELOÍSA	– Esse controle todo, vinte e quatro horas por dia, aonde eu vou, com quem vou, que horas volto, você acha que alguém aceita essa encheção?
NATÁLIA	– Você leva tudo pro mal! Se eu pergunto... aonde você vai logo mais... controle por quê? Não pode ser... pra ter sobre o que conversar, ser companheira? Eu gosto de saber!
HELOÍSA	– Controle! Cada segundo, mamãe, se você não souber onde eu estou, com quem estou, até que horas, parece que o mundo vai acabar!
NATÁLIA	– (*sincera, pra baixo*) Não pode ser porque... se algum dia eu tiver uma crise... um momento difícil, uma necessidade... a primeira pessoa a quem eu queira recorrer seja você?

Heloísa já levantou, fala dando um beijo na mãe, para sair.

HELOÍSA	– Pode ser, não sei.

Close de Natália, cansada das discussões.
Corta para:

Cena 33: APARTAMENTO DE AVELAR (INT DIA)

Ubaldo, com maleta de fim de semana, despede-se de Avelar, que lê jornal, o Correio da Manhã.

UBALDO	– Não tá mesmo a fim de ir, Avelar? Tem lugar na casa.
AVELAR	– Tô meio sem saco. Vou aproveitar pra fazer umas arrumações.
UBALDO	– A Clarinha vai.
AVELAR	– Talvez seja justamente isso, sabe? Saí com ela semana passada, não tô a fim de engrenar nada mais sério... Melhor a Clarinha em Cabo Frio e eu aqui.

Ubaldo sai. Avelar volta a ler seu jornal, interessado. Close.
Corta para:

Cena 34: SALÕES DE HELOÍSA – ESCRITÓRIO (INT DIA)

Abre em Natália lendo O Globo, *relação visual com a cena precedente, coluna de Nina Chaves. Detalhar. Um tempo. Fábio entra. Assim que ele começa a falar, ela larga o jornal.*

FÁBIO	– Não vou poder te acompanhar ao casamento, meu amor, o Sérgio ligou, problemas chatos com a empresa de navegação, marquei uma reunião de emergência pra daqui a pouco, não sei a que horas vai terminar.

NATÁLIA	– (*frustrada*) Aceitamos ser padrinhos, Fábio, você já imaginou a decepção da Marisa quando/
FÁBIO	– (*corta*) Doze casais de padrinhos, já mandei presente de mais de mil dólares, trabalho é trabalho! (*beijando*) Se não terminar tarde demais eu passo pra te buscar na recepção e dou um abraço na Marisa.

Fábio saiu. Natália um pouco frustrada, retoma a leitura do jornal. Passagem de tempo. Agora O Globo está no chão e ela está lendo a coluna social do Correio Carioca, produzir a capa do jornal, não é preciso detalhar a coluna. De repente, <u>forte reação de Natália</u>. Um grande choque. Levanta-se. Caminha em direção aos quartos e cruza com Antunes.

NATÁLIA	– (*desavorada*) A Heloísa ainda tá no quarto, não tá?
ANTUNES	– Saiu ainda há pouco, dona Natália, falou com a senhora...

Natália entende que não está raciocinando direito. Pega o primeiro aparelho telefônico à sua frente, e disca de cor. Antunes já se afastou.

NATÁLIA	– (*tel*) Solange? (*t*) Vem pra cá agora, pelo amor de Deus, porque eu acabei de ler uma coisa que (*é cortada, tempo*) Na coluna social daquele cafajeste, claro! (*t*) Você também leu? (*amarga*) Não sei se é fofoca não, vem pra cá, Solange, pelo amor de Deus, se eu ficar sozinha eu acho que vou ficar maluca.

Close de Natália.
Corta para:

COMERCIAIS

Cena 35: QUARTO DE NATÁLIA E FÁBIO (INT DIA ANOITECENDO)

Natália desavorada com a amiga Solange. Solange de chapéu, elegantemente vestida para o casamento. Ritmo muito ágil de diálogo.

NATÁLIA	– Empresário! Financiando filme pra Vera Linhares se lançar de atriz!
SOLANGE	– E o Fábio é o único empresário do país?
NATÁLIA	– Você tava conosco quando ele viu essa mulher pela primeira vez, comeu com os olhos!
SOLANGE	– Deixa de bobagem, Natália, fofoca de jornal, vá se arrumar pro casamento!
NATÁLIA	– Liguei pro escritório e ninguém responde! Reunião aonde?
SOLANGE	– Na casa de algum dos diretores, depois você pergunta, eu acho o cúmulo, Natália, estragar o seu sábado por causa de fofoquinha de/
NATÁLIA	– (*corta*) <u>Não foi só a nota</u>! Olha aqui!

Natália mostra a Solange um recibo de aluguel de apartamento.

NATÁLIA	– Encontrei entre as coisas dele!
SOLANGE	– Você foi revistar papelada do Fábio de novo, Natália, você não jurou que nunca mais ia/
NATÁLIA	– (*corta*) Recibo de aluguel de apartamento no nome do Sérgio, assistente dele! O que é que esse recibo ia tá fazendo nos papéis do Fábio?
SOLANGE	– Um homem que controla uma *holding* do porte da/
NATÁLIA	– (*corta*) Na... (*nome de rua verdadeira*), em Copacabana! Apartamento 704! Isso tem a ver com a *holding*, Solange, não se faz de boba!
SOLANGE	– (*ao mesmo tempo*) Calma!
NATÁLIA	– Ele <u>tá lá</u>, com essa vagabunda!
SOLANGE	– Você tá tirando conclusões que/
NATÁLIA	– E não tenho pelo menos que verificar?
SOLANGE	– De jeito nenhum! Vamos já pro casamento porque no cabeleireiro o <u>Demoar</u> falou que/
NATÁLIA	– (*corta*) E eu lá tô com cabeça pra ser madrinha de casamento? Vou tirar essa história a limpo nesse instante e você vem comigo!
SOLANGE	– Eu?
NATÁLIA	– (*frágil*) A Heloísa já saiu, eu tô nervosa demais pra ir sozinha, não tô em condições de dirigir...
SOLANGE	– Não procura sarna pra se coçar, Natália, vai se vestir porque/
NATÁLIA	– (*corta*) Você tá se negando a me dar apoio num momento que/
SOLANGE	– (*corta*) Tô tentando impedir você de fazer uma bobagem muito grande!
NATÁLIA	– Eu tenho que saber, Solange! Porque se o Fábio tá mentindo pra mim esses meses todos, se ele voltou a (*corta-se*) Eu não sei o que eu vou fazer da minha vida.

Corta rápido para:

Cena 36: RUA DE COPACABANA – PORTARIA DE PRÉDIO (EXT NOITE)

(Podemos tentar juntar com outra locação, por exemplo, o momento em que Damasceno foi preso, na rua.)
Natália dentro do Mercedes, Fausto dirigindo, procurando um número de prédio. (Qualquer rua, menos Barata Ribeiro. Atenção porque a rua é citada no diálogo na cena precedente.)

NATÁLIA	– É aquele ali. Me espera. Eu não sei quanto tempo vou demorar, procura uma vaga ou fica em fila dupla.

Corta para fora do carro, Natália caminhando nervosa em direção ao prédio. Bem na porta do prédio, tem uma reação forte, ao descobrir junto com a câmera o <u>carro esporte conversível</u> de Fábio. Para, não sabe o que fazer. Close de Natália, tensa. Música sublinha as emoções. Resolve entrar no prédio.

Corta para dentro da portaria do prédio, classe média, porteiro à mesa. Natália olha o elevador, na dúvida se sobe ou não. O elevador chega ao térreo. Em vez de entrar, ela resolve falar com o porteiro.

NATÁLIA	– Eu... tô na dúvida se... Eu estou procurando o apartamento de uma amiga, Vera Linhares.
PORTEIRO	– É o 704.

Reação forte de Natália.
Corta descontínuo para a rua, Natália entrando no Mercedes, bate fortemente com a porta. Corta para dentro do carro parado, Fausto ao volante. Natália quer chorar, mas se contém.

FAUSTO	– A senhora... tá tudo bem, dona Natália?
NATÁLIA	– (*quase chorando*) Vá pra casa da Solange.

Fausto dá a partida. Logo em seguida Natália manda parar.

NATÁLIA	– Não, para! Ela tá nesse raio desse casamento, vamos pra casa.

Fausto dá novamente a partida. Carro em movimento.

NATÁLIA	– Não, pra casa não porque em casa eu... (*muito sofrida*) Se eu soubesse onde é esse ensaio de escola de samba aonde foi a Heloísa... Se eu pudesse <u>ver</u> a Heloísa... conversar...
FAUSTO	– (*casual*) Foi pra Mangueira, dona Natália. Fui eu que ensinei o caminho.
NATÁLIA	– Você... tem certeza que conhece?
FAUSTO	– A Mangueira?
NATÁLIA	– Dentro dessa escola de samba eu encontro a Heloísa? É coisa grande demais?
FAUSTO	– Se ela tiver lá a senhora encontra sim, que ainda não é carnaval nem nada...

Corta rápido para:

Cena 37: ESCOLA DE SAMBA (EXT NOITE)

Quadra da Mangueira. Ensaio animado, cheio, samba, cerveja. <u>Sonoplastia</u>: "Sei lá Mangueira", de Paulinho da Viola e Hermínio Bello de Carvalho, todos cantando. Avelar numa mesinha com amigos. Heloísa e Sandra dançam com figurantes, Heloísa vê Galeno e Edgar, vai para eles, <u>Olavo</u> olha.

AVELAR	– (*na mesa*) Antigamente, vinha quem gostava. Agora, ensaio de escola é moda, acho que muita gente da Zona Sul só vem pelo folclore.

Corta para Heloísa, Galeno e Edgar, já no meio da conversa.

HELOÍSA	– (*com Edgar e Galeno, muito tocada*) Sério assim? Eu não sabia... Vocês também tão passando essa lista pro seu Damasceno?

EDGAR	– (*reservado*) A minha mãe vai dar uma ajuda, eu não quero tá me metendo muito, o João já tá coordenando...
HELOÍSA	– Mas eu posso colaborar, principalmente em problema de dinheiro, vou ficar aqui, sambando, numa hora que/ (*corta-se*) Será que não tem algum jeito deu ver a Maria Lúcia, agora?

Corta rápido para:

Cena 38: APARTAMENTO DE JOÃO – SALA (INT NOITE)

Regina assinando um cheque para entregar a João, na frente de Valquíria. João tem nas mãos o abaixo-assinado.

REGINA	– Deviam ter me avisado antes. A gente contribui com o que pode...
JOÃO	– (*vendo o cheque*) Puxa, dona Regina, um dinheirão!
REGINA	– E o Toledo comentou que quer contribuir também. Você tá lembrado, não tá, o advogado, ele tem um carinho muito grande pelo Damasceno...
VALQUÍRIA	– Lá isso a gente tem que reconhecer que todo o mundo parece gostar demais do pai da Maria Lúcia.
JOÃO	– (*a Regina*) Será que dá preu procurar o doutor Toledo ainda hoje?

Corta para:

Cena 39: PORTA DA ESCOLA DE SAMBA (EXT NOITE)

Música baixa, ao longe, do ensaio: já começado "Fiz por você o que pude", de Cartola. O Mercedes parou do lado do carro de Heloísa. Natália salta, Fausto abrindo a porta, já falando.

NATÁLIA	– Eu tô meio nervosa, você tem certeza que esse aqui é o carro da Heloísa?
FAUSTO	– Não sou eu que cuido, dona Natália? Então não vou conhecer a placa?

Natália olha a escola de samba. Olha o carro da filha.

FAUSTO	– Vou procurar uma vaga por aqui. Pode deixar que eu vejo a senhora sair.
NATÁLIA	– Não precisa, vai embora. É o carro dela sim, eu volto pra casa com a Heloísa.

Corta para um local próximo, de onde não haja ângulo para verem Natália. Heloísa, Edgar e Galeno entram no carro de Edgar. Edgar dá a partida. Marcar bem. Carro se afasta.
Corta para:

Cena 40: ESCOLA DE SAMBA (EXT NOITE)

<u>Sonoplastia</u>: "Mascarada", o final da cena tem que coincidir com o final da canção. Muita animação, gente dançando. Abre em Avelar na mesa de amigos.

AVELAR — A Moniquinha chegou de São Paulo e viu *O rei da vela*, sim! Pelo que tão dizendo é marco na história do teatro brasileiro, quando será que vão trazer pro Rio?

Corta para Natália, muito perdida, procurando Heloísa pela multidão. Corta para planos gerais, gente animada dançando. Corta para Natália, que encontrou Olavo, conversa já iniciada.

NATÁLIA — Tem certeza, Olavo?
OLAVO — Não faz nem dez minutos! Acho que foi visitar o pai duma amiga num hospital.
NATÁLIA — Mas o carro dela taí!
OLAVO — Capaz de ter deixado a chave com a garota que veio com ela.

Corta para planos gerais, gente dançando. Corta para Natália e Olavo agora com Sandra. Natália cada vez mais <u>desprotegida</u>.

SANDRA — Não, eu não sei qual é a clínica, só se eu telefonar pro meu pai, ele é muito amigo do pai da Maria Lúcia, mas ele ia sair, só deve chegar em casa depois de meia-noite...
NATÁLIA — *(consigo mesma, irritada)* Como é que pode ter deixado chave de carro com...
SANDRA — *(corta, agressiva)* Ih, se a senhora quer a chave tá aqui, eu só fiquei com o carro porque a gente veio junta, o Edgar tava de carro também!

Natália se afasta, não quer chave, totalmente perdida, apatetada, enquanto ficamos com Sandra e Olavo.

SANDRA — Será que essa mulher tá achando que eu vou roubar carro da filha dela?

Corta para Natália, desavorada, sentindo-se totalmente sozinha no mundo. Vê um local mais vazio. Encosta-se numa parede e tem uma violenta crise de choro. Tempo com Natália chorando. De repente, surge à sua frente Avelar. Ela reage, para de chorar. Closes alternados dos dois.

Corta para:

Cena 41: PORTA DA ESCOLA DE SAMBA (EXT NOITE)

Plano geral de carros estacionados. Música de escola de samba bem baixinha, final de "Pranto de poeta", de Guilherme de Brito e Nelson Cavaquinho. Câmera vai se afastando da escola até vermos o carro de Avelar, parado mais longe do que os carros dos outros personagens. Corta para dentro do carro de Avelar, parado. Avelar ao volante, Natália ao lado. Rádio do carro ligado: "Senza fine", por Ornela Vanoni, baixinho. Tempo. Muito tempo. Finalmente, Avelar fala.

AVELAR — Se você não falar alguma coisa, como é que eu posso te ajudar?

Tempo. Closes. Atração dele por ela. Natália muito triste.

NATÁLIA — A Heloísa tem razão... a minha vida tá toda errada... eu...

Natália não sabe o que dizer. Avelar também não. A forte atração que tiveram um pelo outro desde o primeiro momento em que se viram explode aqui num beijo muito apaixonado. Natália entrega-se ao beijo com volúpia. Música vai subindo aos poucos até a próxima cena, em que a música vai dominar.
Corta para:

Cena 42: APTO. AVELAR – QUARTO DE AVELAR (INT NOITE)

Avelar e Natália fazem amor com grande delicadeza, uma cena <u>extremamente</u> romântica. (Deve contrastar com a cena de amor do capítulo 8 entre Natália e Fábio, que terá sido mais amor-físico.) Aqui, precisamos passar a ideia de carinho. Bastante tempo. O último plano deve ser um close de Natália, passando <u>grande realização interior</u>.
Corta para:

Cena 43: PORTA DA CLÍNICA PARTICULAR (EXT NOITE)

Dois planos de localização da clínica onde está internado Damasceno. Um geral. Outro com enfermeira e figurantes passando. A música da cena precedente morre aos poucos e esta termina seca.
Corta para:

Cena 44: CORREDOR DA CLÍNICA PARTICULAR (INT NOITE)

Movimento habitual de hospital, à noite, passa uma enfermeira. De repente, surge João, muito animado, caminhando firme.

HELOÍSA — (*off*) João!

João se volta, câmera revela Heloísa, Edgar, Galeno, Lavínia e Gustavo.

JOÃO — (*animado, sorridente*) Levantei a grana! Tua mãe foi o máximo, Edgar, imagina que o advogado/
EDGAR — (*corta, mortificado*) Não dá mais.

Reação de João.

HELOÍSA — Você era muito ligado a ele, né?

Close de João, com muito medo do que vai ouvir.

EDGAR – Foi de repente, João, ainda agora. O coração não resistiu.

Corta para:

Cena 45: QUARTO DA CLÍNICA PARTICULAR (INT NOITE)

João entra no quarto. Enfermeira tomando alguma providência para remoção de corpo. Carmen chora, abraçada a Dolores. Maria Lúcia chora muito, agarrada ao cadáver de Damasceno, na cama. Close de Maria Lúcia.
A critério da direção, Maria Lúcia pode ou não ter uma fala de desespero.

MARIA LÚCIA – *(abraçada ao pai muito nitidamente morto, gritando)* Fala comigo, paizinho! Fala comigo!

Corta.

Fim do capítulo 9

Cena 1: APTO. DE AVELAR – QUARTO DE AVELAR (INT NOITE)

Avelar e Natália, algum tempo depois do amor. Já conversaram bastante. Abre em longo silêncio. Avelar faz um carinho nela.

NATÁLIA	– Será que é assim que toda mulher se sente depois de... (*corta-se*) Primeira vez, em mais de vinte anos de casada! (*muito meiga*) Será que eu não tinha que tá tendo... nem um pouquinho de culpa?
AVELAR	– Por que culpa?
NATÁLIA	– Porque... (*faz um carinho nele, esquece a culpa*) Eu nunca pensei que um homem pudesse ser tão meigo.

Tempo. Ele faz um carinho nela.

NATÁLIA	– Eu tô me sentindo... essa ternura, tudo o que tá acontecendo entre nós é tão/
AVELAR	– (*corta, macho*) O que aconteceu desde que a gente se cruzou pela primeira vez é muito raro, Natália, essa integração, essa vontade incontrolável de tá junto...

Tempo. Carinho.

NATÁLIA	– Verdade mesmo que você pensava em mim?
AVELAR	– (*fazendo carinho*) Desde o primeiro encontro, no cursinho, essa pele clara, (*toca*) essa sobrancelha, esse nariz de/
NATÁLIA	– (*sem jeito*) Não gosto do meu nariz. De vez em quando eu penso em fazer plástica.
AVELAR	– (*meigo*) Esse seu jeito de menina...

Close de Natália, olhando para ele, apaixonada.

AVELAR	– Sabe que eu ainda não me acostumei direito à ideia de que você tá mesmo do meu lado, que eu posso... tocar em você, posso... (*corta-se*) Quantas vezes aqui mesmo nessa cama eu fechava os olhos e ficava tentando lembrar do teu rosto! Eu não conseguia. E só essa noite eu descobri por quê. É que o teu rosto... você muda muito de acordo com o ângulo, a posição que você tá... (*romântico e firme*) É como se eu tivesse do meu lado... todas as mulheres do mundo numa só.

Natália encantada. Depois, olha um relógio sobre a mesinha de cabeceira. Detalhar: 12h45m. Avelar entende.
Corta para:

Cena 2: PERTO DA PORTA DE HELOÍSA (EXT NOITE)

Natália e Avelar dentro do carro de Avelar estacionado. Rádio ligado: "Mascarada", por Paulinho da Viola, inicialmente bem baixinho.

NATÁLIA	– Você entende então até que ponto o meu casamento esses anos todos tem sido uma mentira?

Avelar faz que sim com a cabeça.

NATÁLIA	– Eu não queria envolver você em problemas que são só meus. E dele, claro. Eu nunca me senti tão confusa em toda a minha vida. Mas são coisas que você não pode me ajudar a resolver.

Natália vai abrir a porta do carro, para sair.

AVELAR	– Quando é que a gente se vê de novo?
NATÁLIA	– (*tímida*) Eu telefono.
AVELAR	– Mesmo?
NATÁLIA	– Assim que eu tiver resolvido certos problemas básicos, porque há resoluções que/ (*corta-se*) Eu devia tá me sentindo <u>muito mal</u> de ser deixada em casa assim, longe do meu prédio, com medo de ser vista por vizinho, filhos, marido, eu devia tá me sentindo como uma ladra! E na verdade... Que vergonha, meu Deus do céu! Eu nunca me senti tão bem em toda a minha vida!

Natália sai do carro, apressada, meio menina, caminha em direção ao seu prédio. Avelar a segue de carro, bem devagar, e logo chama.

AVELAR	– (*baixo*) Natália! (*ela se volta, chega perto do carro*) Me promete só uma coisa. (*ela olha*) Você falou em tomar resoluções... (*romântico e firme*) Faz o que você achar que deve, mas cirurgia plástica aí nesse nariz de estátua grega não, tá?

Natália sorri tímida e se afasta. Agora, Avelar não a segue. Aumenta o volume do rádio e fica parado dentro do carro, vendo Natália entrar no prédio, ao longe.
<u>Sonoplastia</u>: sobe muito o volume da canção.
<u>Edição</u>: desde que Avelar aumenta o volume do rádio até exatamente o final da próxima cena, 20 segundos para ouvirmos a música.
Corta para:

Cena 3: ELEVADOR PRÉDIO HELOÍSA E HALL DE ENTRADA APTO. (INT NOITE)

Natália sozinha, charmosa, feliz, no elevador que vai subindo. Explorar seu perfil e mostrar o indicador de andares. Chegamos ao andar dela. Natália sai. No hall, abre a porta com sua chave.
Corta para:

Cena 4: SALÕES DE HELOÍSA (INT NOITE)

Natália acaba de entrar, cruza com Antunes, que vem da cozinha de uniforme.

NATÁLIA	– Quantas vezes eu falei que você não tem motivo nenhum pra ficar trabalhando até uma hora dessas?

ANTUNES — É que o doutor Fábio ligou avisando que vai chegar um pouco tarde e/

Natália se deu conta de que Fausto, o motorista, veio da cozinha e está caminhando na direção dela. Reagiu, achou estranho, fez Antunes parar de falar tocando nele. Olha o motorista.

FAUSTO — Achei que a senhora podia precisar de alguma coisa, dona Natália. Porque o pai duma amiga da Heloísa faleceu.

Corta rápido para:

Cena 5: QUARTO DE HELOÍSA (INT NOITE)

(*Atenção, edição*: não há interrupção de ritmo de diálogo entre a primeira fala desta cena e a última da cena precedente.)
Heloísa pegando um agasalho leve em seu armário, dar movimentação visual, Natália acaba de entrar, tensa.

NATÁLIA — Claro que eu lembro perfeitamente quem é a Maria Lúcia!
HELOÍSA — (*sofrida*) Um homem genial, mãe, não dá pra entender... Ia se operar na Argentina...
NATÁLIA — Eu vou pro velório com você.

Corta rápido para:

Cena 6: ANTESSALA E CAPELA MORTUÁRIA (INT NOITE)

Flashes rápidos do velório de Damasceno, caixão fechado. Carmen chora muito, abraçada a Dolores, enquanto é cumprimentada por Yone e Queiroz. Marta e Teobaldo ao lado. Maria Lúcia apática, abraçada por João. Presentes ainda Edgar, Regina, Galeno, Heloísa, Natália, Lavínia com Gustavo, Marcelo, Ubaldo, Waldir, Adelaide, Caramuru, Dagmar, Glória, Salviano, Pedro Paulo, Zuleica, Jurema. Alguns figurantes. Valquíria e Abelardo estão entrando.

VALQUÍRIA — A viúva tá ali, Abelardo, vem.

Corta para conversa à parte de Salviano, Pedro Paulo e Ubaldo.

UBALDO — Daqui a pouco vai tá cheio, vem todo mundo do jornal, foi um choque na redação, do editor à turma mais humilde, adoravam o Damasceno.
SALVIANO — (*triste, com orgulho*) Chegaram duas coroas do pessoal de São Paulo, você viu?

Corta para Marta sendo cumprimentada por Natália e abraçada por Heloísa, que chora.

NATÁLIA — Meus sentimentos.
MARTA — (*chorando*) Isso uma mãe não aceita... não pode aceitar... um filho que sempre foi tudo pra mim...

Corta para Marcelo, Galeno e Waldir.

MARCELO	– Levou a vida toda pensando nos outros... tanta gente aí viva que... (*corta-se*) Fatalidade coisa nenhuma, é essa pressão toda em cima, não deixam respirar, foi a ditadura que matou seu Damasceno.

Corta para Regina com Maria Lúcia e João.

REGINA	– Você se alimentou, Maria Lúcia?
MARIA LÚCIA	– (*muito frágil*) Tia Dolores me fez tomar uma sopa.

João vê de longe que Salviano está dando um comprimido a Carmen.
Corta para Glória, Adelaide e Zuleica vendo a viúva de longe.

ADELAIDE	– Ele deixou a Carmen amparada?
ZULEICA	– Com uma mão na frente e outra atrás e a filha pra acabar de criar. Comunista!
GLÓRIA	– Dolores falou que o apartamento com a morte tá quitado, pelo menos problema de moradia...
ADELAIDE	– (*otimista*) Diz que o João Alfredo tava passando essa lista, deve ser muito dinheiro, cirurgia na Argentina!
ZULEICA	– (*criticando suavemente*) Já falaram que vai devolver cada tostão.

Corta rápido para:

Cena 7: APTO. JOÃO – QUARTO DE ABELARDO E VALQUÍRIA (INT NOITE)

Seis dias depois, Valquíria e Abelardo preparando-se para dormir.

ABELARDO	– E essa senhora não pode trabalhar?
VALQUÍRIA	– Vai tentar arrumar alguma coisa, mas você sabe como é, mais de 40 anos, nem o curso médio terminou, largou pra se casar muito novinha, feito eu.
ABELARDO	– Você, (*bate na madeira*) se algum dia me acontecer uma coisa dessas, só com os seguros que eu fiz...
VALQUÍRIA	– Amanhã é a missa de sétimo dia, na Igreja do Rosário. Você vem comigo, não vem?
ABELARDO	– Tenho encontro na gráfica, onze horas, não posso deixar o Leontino sozinho na papelaria muito tempo. Conhecia esse senhor de vista, Valquíria, já acompanhei enterro, será que você não tá levando namorico de criança a sério demais?
VALQUÍRIA	– Quantos anos você pensa que tinha quando a gente se conheceu?
ABELARDO	– Não vou dizer que eu era o homem mais maduro do mundo, mas o João... O João tá se metendo em coisa perigosa, Valquíria, não tem comparação... Aquela viagem que ele fez a São Paulo, visitar ex-colega de colégio que a gente nunca viu mais gordo? Foi ao congresso da UNE, esse que a polícia proibiu, Deus sabe como não foi preso...

Valquíria	*(tom)* Esse Damasceno... Coitado, uma hora dessas não gosto de tá falando, mas pra mim ele exerceu muito má influência. – Pelo que falam da Maria Lúcia... Parece que tinha discussões com o pai. Gostava, claro, <u>pai</u>, mas ela... *(reação de Abelardo)* Pensa bem, não podia ser bom pro João, um namoro firme?

Abelardo pensativo. Um tempinho.

Valquíria	– Você me acompanha à missa, amanhã?
Abelardo	– *(apagando a luz do abajur)* Mas da cidade vou direto pra São Cristóvão, você volta de táxi.

Corta para:

Cena 8: APTO. MARIA LÚCIA (INT DIA)

Manhã seguinte. Na SALA, depois da missa, Dagmar e Dolores servem cafezinhos. Adelaide, Carmen, Glória, Heloísa, Jurema, Marta, Teobaldo, Queiroz, Yone, Salviano, Valquíria, Waldir. João abraçado a Maria Lúcia, passar sensação de proteção. Abre em Salviano com Teobaldo.

Salviano	– Se serve de algum consolo saber o quanto seu filho era querido, seu Teobaldo, nunca vi uma igreja tão cheia.

Corta para Valquíria com Waldir, à parte, falam baixo.

Valquíria	– Você nunca tinha me contado essa briga dela com o pai por causa de quarto.
Waldir	– Faz tanto tempo, dona Valquíria, não foi bem briga. Mas agora... pensar em quarto, na situação que elas ficaram...

Corta rápido para Adelaide e Glória. Durante o diálogo, vemos Maria Lúcia sair da sala. Heloísa nota e vai atrás.

Adelaide	– O avô talvez possa dar uma ajuda!
Zuleica	– Com aposentadoria de Correios e Telégrafos? Damasceno é que ainda ajudava os pais, pagava aluguel.
Glória	– Com a pensão que a Carmen vai receber, pra botar comida dentro de casa ela vai ter que trabalhar fora urgente!
Adelaide	– A Dolores já tá mexendo os pauzinhos dela lá no IAPI, pra arrumar uma colocação, deixa passar Natal, Ano-novo...

Corta para QUARTO bagunçado de Maria Lúcia. Maria Lúcia acabou de entrar. Olha três ou quatro presentes de Natal, sobre algum móvel. Pega um deles, uma caixa (dentro, supomos, um pijama) com etiqueta "De: Maria Lúcia, Para: <u>Meu pai</u>". Detalhar a etiqueta. Maria Lúcia se agarra ao presente que ia dar ao pai. Heloísa já entrou. Chega perto da amiga, muito meiga.

Heloísa	– Vai ser muito duro, fim de ano. Se você e a sua mãe quisessem, a gente podia fazer um grupo e passar o Natal na fazenda, arejava um pouco... Quem pediu pra chamar foi a minha mãe.

Maria Lúcia	– Brigada, Heloísa, agradece muito a ela. Mas os pais da Lavínia chamaram pro sítio, em Itaipava, e a minha mãe aceitou, vamos ficar a semana inteira lá.

Corta rápido para:

Cena 9: SALA DO SÍTIO DE LAVÍNIA (INT NOITE)

Noite de réveillon, decoração de fim de ano, árvore de Natal etc. Ceia posta. Disco na vitrola: "Travessia", por Milton Nascimento. Presentes Dolores, Edgar, Gustavo, Lavínia, João, Jurema, Kira, Marta, Teobaldo, Queiroz, Yone, Waldir, Zilá colocando rabanadas na mesa, uns dois casais de figurantes amigos de Queiroz. Abre em Yone com Dolores.

Yone	– O Queiroz tem perguntado a todo o mundo, Dolores, o problema é que uma mulher dessa idade, que nunca trabalhou fora...
Dolores	– Cadê a Carmen?

Corta para Waldir e Edgar.

Edgar	– Tá se dando bem no apartamento novo?
Waldir	– O quarto é maior que o da casa do Avelar, comprei uma televisão... E o Galeno, por que que não veio?
Edgar	– Acho que se mancou que aqui não ia ser muito animado. Arrumou convite com a Heloísa pruma festa aí de granfino, artista.

Corta rápido para:

Cena 10: BOATE CLASSE A (INT NOITE)

Festa animada, figuração muito bonita, abre na pista, Heloísa dança animadamente com Olavo. Tempo. Presentes Galeno em mesa com Sérgio e duas moças bonitas. Bernardo com um rapaz e duas moças bonitos.
Sonoplastia: parte final de "Pata Pata", de Makeba e Ragovoy, por Miriam Makeba. Corta para mesa de Bernardo. (A partir desta cena, Galeno de cabelo mais comprido.)

Bernardo	– O Delfim vai conseguir reduzir a inflação, o governo tá tentando retomar o diálogo com a sociedade, a classe política... Esse ano vai ser um grande avanço, quer apostar?

Corta para mesa de Galeno e Sérgio, que discutem animadamente.

Galeno	– Na minha classe a indignação é geral, você sabe, eu sou de teatro. Só *Liberdade liberdade* teve 25 cortes em São Paulo depois duma tremenda carreira no Rio. Invadiram teatro pra impedir um debate sobre Brecht, proibiram uma oração de Santa Teresa D'Ávila na peça da Fernanda Montenegro, ah!, quem tem razão é o outro!
Sérgio	– Razão em quê?
Galeno	– <u>Não confia em ninguém de mais de trinta anos!</u> Não é só aqui não, rapaz, a hora é essa, a juventude tá com a faca e o queijo na mão pra virar esse mundo pelo avesso! Sabe quantos anos tem o Vladimir

Palmeira? 23! O Franklin Martins? 21! Glauber tá com 29, Chico Buarque 24, Caetano, Elis e Gal, Narinha, Bethania, Gil, Edu, Milton, Roberto Carlos, pra quem Caetano tem dado, por assim dizer, uma merecida força, está com 25 e já é rei!

Corta rápido para Heloísa e Olavo, numa mesa afastada, música mais baixo. Sonoplastia: começa "Call Me", de Tony Hatch, por Chris Montez, uma de nossas músicas-tema. Olavo romântico.

Heloísa	– Cê não pode tá falando sério, Olavo.
Olavo	– Gosto de você, meu amor, desde garoto, vamos ficar noivos, deixa eu falar com o seu pai.

Tempo. Heloísa não responde.

Olavo	– Você mesma falou que não tá feliz em casa.
Heloísa	– E será que eu vou ser feliz casada com você?
Olavo	– Te garanto que eu vou fazer tudo, Heloísa, mas tudo pra te fazer muito feliz.

Tempo. Heloísa não responde.

Olavo   – Então? Posso falar com o seu pai?

Tempo. Heloísa não responde.

Olavo	– Não vai falar nada? (*tempo*) Tá pensando em quê?
Heloísa	– Que essa música é linda. Vem.

Os dois se levantam para dançar. Caminham em direção à pista. Sobe o volume da música. Tempo com os dois dançando, Olavo muito romântico, Heloísa pensativa.
Corta para:

Cena 11: JARDINS DO SÍTIO DE LAVÍNIA (EXT NOITE)

(Música da cena precedente continua muito baixa aqui e mais alta na cena seguinte porque também está sendo tocada no sítio.)

Maria Lúcia e Carmen, num local bonito.

Maria Lúcia	– Como é que você acha que eu tô me sentindo? Essa tristeza a gente vai carregar pelo resto da vida, porque foi injusto, eu não entendo, não aceito, ele tinha que tá aqui, do nosso lado, uma tristeza horrível. Mas <u>medo</u> por quê? De quê?
Carmen	– (*frágil*) Medo de tudo. A minha vida inteira... as decisões importantes, os momentos mais difíceis... Eu não me sinto capaz de... de ser responsável nem por mim mesma.
Maria Lúcia	– Não sou criança, mãe, nós tamos juntas. Uma vai dar coragem pra outra...

Tempo. Carmen não diz nada.

MARIA LÚCIA — Fala alguma coisa.
CARMEN — *(agora calma)* Tô precisando ficar um pouco comigo mesma, lembrar coisas bonitas que eu tive a chance de viver do lado dele... *(meiga)* Me deixa um pouco sozinha, por favor.

Maria Lúcia faz um carinho no rosto da mãe e se afasta. Carmen caminha para um lado e Maria Lúcia para outro. Câmera acompanha Maria Lúcia por algum tempo. Maria Lúcia para, pensativa. Close. Alguém a toca. Ela reage. Câmera revela João. Closes alternados.

JOÃO — Eu te amo.

João faz um carinho nela, tempo.
Corta para outro local do jardim. Carmen encontrou Zilá, que lhe mostra, ao longe, a casinha onde mora.

ZILÁ — É logo ali, dona Carmen, uma casa bem jeitosa, banheirinho bom, os meninos inda tão acordados, vão gostar de ver a senhora.

Corta para:

Cena 12: SALA DO SÍTIO DE LAVÍNIA (INT NOITE)

Mesmos da cena 9, mais Maria Lúcia, Carmen e Xavier. Abre em Xavier com Yone, perto da entrada da cozinha. (João e Edgar não estão presentes.)

XAVIER — *(servil)* A Zilá só saiu um instante pra ver se os menino tava precisando de alguma coisa, mas já voltou pra cozinha, pediu pra perguntar se já é pra servir a comida.
YONE — Daqui a pouquinho, Xavier. Vamos esperar a meia-noite.

Corta pra Maria Lúcia e Carmen, num canto.

CARMEN — *(emocionada, intensa)* Olhando pro rosto da mãe do Waldir... uma mulher que... quando o marido foi despedido não tinham onde morar! Toda contente porque esses meninos têm colégio aqui perto, vão a pé, quase uma hora pra chegarem no colégio, caminhando... Tudo que o seu pai defendeu a vida inteira... Tanta vergonha, Maria Lúcia! Tô triste sim, muito triste, mas <u>medo de quê</u>? Nós somos umas privilegiadas, apartamento próprio, eu tenho saúde, uma filha maravilhosa, claro que eu vou conseguir trabalhar pra manter a casa e tocar o nosso barco pra frente.

Maria Lúcia faz um carinho na mãe, emocionada.

Corta para:

Cena 13: JARDINS DO SÍTIO DE LAVÍNIA (EXT NOITE)

João olhando uma bela lua cheia, plano da lua no céu. Edgar vem caminhando da casa, chega perto. Olha João, olha a lua. Plano da lua.

João	– Tamo quase chegando nela, será que vai ser esse ano?
Edgar	– Os dois lados tão se aperfeiçoando, eu ainda acompanho, o foguete Saturno, o Proton-Soyuz...

Tempo. João olha a lua. Plano da lua.

João	– Acho que pode ser esse ano sim. *(tom)* O homem quase chegando à lua, e aqui embaixo... *(tom, firme)* <u>Tem que mudar tudo</u>, Edgar.
Edgar	– Tô com esperança, o Costa e Silva começou linha dura, mas agora... O sujeito quando chega lá em cima, vê os problemas, acho que ele já tá amolecendo, vai abrir um pouco.
João	– Tô precisando mesmo acreditar, porque se eu não tiver esperança, muita esperança, ainda mais agora, a Maria Lúcia nessa situação, contando mais que nunca com o meu apoio, e eu...

João é cortado pelo barulho dos primeiros fogos do Ano-novo, nos sítios vizinhos, aumentam até o fim da cena. Planos dos fogos no céu. Maria Lúcia vem da casa e se aproxima, meiga.

Maria Lúcia	– Gente, meia-noite!

João se aproxima. Closes alternados dos dois. Muito amor.

Maria Lúcia	– *(a João, meiga, frágil)* <u>Feliz 68</u>.

*Os dois se beijam suavemente. Close de Edgar, disfarçando ciúme.
Corta para:*

COMERCIAIS

Cena 14: APTO. EDGAR – CORREDOR E QUARTO EDGAR (INT DIA)

Manhã seguinte. Abrimos no corredor, Galeno passa a caminho da praia, de bom humor, cantarolando, e câmera entra no quarto.

Galeno	– "Tá com pulga na cueca, patinputinpá, Tá com pulga na cueca, patinputinpá..."

Entramos no quarto de Edgar, onde ele começou a tomar café da manhã, na cama, Regina levou numa bandeja, ela usa roupão.

Edgar	– *(sonolento)* Como é que foi o teu réveillon na casa dessa Helô?
Regina	– Teve um certo ar de último baile da Ilha Fiscal. Só que com muita briga. Liguei pro Luís ainda agora, coitado, a casa ficou completamente destruída. Que a gente saiba, uns dez casamentos desfeitos numa única noite, e na minha opinião o número não vai parar por aí porque/ *(tom, Edgar desligado)* Você tá prestando atenção?

EDGAR	– Acho que eu vou dormir mais um pouco, cheguei tardíssimo, dirigir na serra, muita gente de pileque, medo de bater...
REGINA	– (*carinhosa e cautelosa*) Será que você fez bem em romper o ano logo do lado do João e da Maria Lúcia?
EDGAR	– Fica pensando nisso não, mãe. Lembra só o que eu te pedi. (*meigo*) Tenta cavar um trabalho pra mãe dela.

Corta rápido para:

Cena 15: APTO. DE MARIA LÚCIA – SALA (INT NOITE)

Uma semana depois. João, Maria Lúcia e Marcelo num canto, Dagmar vai vir da cozinha no meio da conversa e solicitar Maria Lúcia que vai se afastar com ela um instante.

MARIA LÚCIA	– Um amigo do papai tinha prometido uma entrevista aí numa firma de exportação, parece que tavam precisando duma assistente, primeira semana do ano ninguém resolve nada, mas hoje eles acabaram indo. Ela só tava meio nervosa porque se for aceita vai ter que aprender a fazer fatura, preencher guias... (*a João*) Mas continua o que você tava falando, João, o Calabouço.
JOÃO	– Tô preocupado. Quase que só estudante pobre, de fora do Rio, a comida tá um horror, aumento de preço... Queria conversar mais, Marcelo. Você acha que tão mesmo pensando em fechar porque virou foco de agitação?
MARCELO	– Passei a noite inteira discutindo, tive com o pessoal da PUC e das Independentes, e já tô com a posição fechada pra levar pro Conselho da UME.

Dagmar veio da cozinha, fez sinal para Maria Lúcia, que vai até lá, acompanhamos, João e Marcelo continuam fora de áudio. Durante o diálogo das duas, Carmen vai chegar da rua, com sua chave.

DAGMAR	– (*baixo*) Sua mãe comprou um quilo de alcatra semana passada, partiu em bife, falou que tem que durar, os bife tá contado, esses menino vai jantar aí?

Maria Lúcia não tem tempo de responder porque Carmen está entrando, excitada, feliz, já falando.

CARMEM	– Consegui o emprego, gente!

Reações, até Marcelo se interessa, Maria Lúcia feliz.

CARMEM	– (*com medo*) Quer dizer, período de experiência. Não sei se vai dar certo, é meio complicado o trabalho, mas se der... (*radiante*) daqui a dois meses vou tá com um ordenado muito bom!

Corta rápido para:

Cena 16: QUARTO DE NATÁLIA E FÁBIO – CORREDOR (INT NOITE)

Natália com sua amiga Solange, talvez tomando um aperitivo.

SOLANGE	– (*excitada*) Ele te procurou de novo?
NATÁLIA	– (*tensa*) Hoje à tarde. Eu tava indo pro cabeleireiro, assim que dobrei a Osvaldo Cruz, tava ele ali, esperando há horas, parado no carro, fez sinal, não tinha nem certeza se eu ia sair de casa ou não.
SOLANGE	– (*gostando*) Vocês foram pra onde?
NATÁLIA	– (*frágil*) Prum bar discreto, no Leme, só pra conversar. Porque eu não me sinto bem, não tenho o temperamento do Fábio pra viver na mentira, encontrar um homem escondida, cheguei à conclusão de que eu quero o desquite. Tô apaixonada, mas não é só por isso não, mesmo que o Avelar não existisse, a melhor solução pra minha vida era o desquite, tentar crescer como ser humano...
SOLANGE	– (*cautelosa*) Você já consultou advogado?
NATÁLIA	– Advogado por quê?
SOLANGE	– Sua situação financeira! Eu conheço um advogado jovem, discreto, competente, que/
NATÁLIA	– (*corta*) Eu prefiro viver com menos luxo e ter uma vida verdadeira, não tenho temperamento pra fazer teatro todo dia.
SOLANGE	– Se você quiser eu marco um encontro, você tem que fazer pelo menos uma consulta informal, porque...

Natália para Solange com um gesto. Nas duas últimas falas já ouvimos gritos em off, de Heloísa e Fábio. Natália faz sinal a Solange que não a siga. Natália sai do quarto, tensa. (Vamos dar os gritos em off, que deverão ter sido concomitantes.)

FÁBIO	– (*off*) Porque é um absurdo!
HELOÍSA	– (*off*) Absurdo por quê?

Corta para o CORREDOR. Natália caminha nervosa em direção à sala enquanto continuamos ouvindo os gritos em off. (A impressão que devemos ter é de que Heloísa e Fábio começaram a discutir no quarto de Heloísa, Fábio foi para a sala, irritado, seguido pela filha.)

FÁBIO	– (*off*) Eu nunca ouvi um disparate tão grande em toda a minha vida!
HELOÍSA	– (*off*) Quer fazer o favor de me ouvir?

Corta para:

Cena 17: SALÕES APTO. HELOÍSA (INT NOITE)

Heloísa e Fábio discutem na biblioteca, muito ritmo, gritos. Inicialmente, vemos a discussão do ponto de vista de Natália, que não se aproxima muito, ouve escondida, tensa. No final, câmera deve voltar a Natália.

FÁBIO	– A paciência de qualquer ser humano tem limite!

Heloísa	– Não vai ouvir?
Fábio	– O que você tá dizendo é o maior disparate que eu/
Heloísa	– (*corta*) Disparate por quê? Sou criança? Só tô falando que eu quero morar sozinha!
Fábio	– Onde é que já se viu, uma moça da sua idade?
Heloísa	– Na minha idade a minha mãe já era casada há três anos e o Bernardo já tinha nascido!
Fábio	– Você falou muito bem! <u>Casada</u>! Se amanhã você quiser se casar, não estou dizendo que vou aceitar o primeiro vagabundo, mas realmente/
Heloísa	– (*corta*) Se tenho idade pra me casar como é que não tenho idade pra morar sozinha? Não tô querendo brigar com ninguém, não tô pedindo pra ir pro estrangeiro, feito a Cláudia, só quero ter o meu canto, viver a minha vida, eu sou adulta!
Fábio	– Viver a <u>sua</u> vida com o <u>meu</u> dinheiro, Heloísa, acho-te uma graça!
Heloísa	– (*honesta*) Não pode dar uma ajuda? Não tô pensando em viver em nenhum palácio não, só uma ajuda até eu ter me formado, pra grana que você tem que diferença que pode fazer, uma ajuda?
Fábio	– (*muito firme*) Se depender de mim, solteira, fora dessa casa, quero ver morando debaixo da ponte, quero ver pedindo esmola no meio da rua!

Close de Natália, escondida, sofrida.
Corta para:

Cena 18: RESTAURANTE (INT DIA)

Num canto do restaurante classe A que já tivemos neste bloco, Natália toma um drinque ou chá com o advogado Toledo.

Toledo	– Você tem certeza de que não existe a menor hipótese dele aceitar o desquite amigável?
Natália	– Absoluta.
Toledo	– (*pessimista*) Nesse caso, Natália, casados em regime de separação de bens...
Natália	– Alguma coisa ele deve ter obrigação de me dar!
Toledo	– Sem dúvida. <u>Uma pensão</u>, calculada sobre os rendimentos dele, <u>declarados</u>, e as suas necessidades.
Natália	– O que na prática significa...
Toledo	– Um homem que tem o poder do seu marido? Com o quadro de autoritarismo que você acabou de pintar? Significa que... ele vai te dar <u>o que ele quiser</u>, provavelmente muito pouco. Há uma série de jogadas que um homem como ele pode fazer, <u>vai dar muito pouco</u>, além do que esse desquite litigioso pode durar anos...
Corta para:	

Cena 19: QUARTO DE NATÁLIA E FÁBIO (INT NOITE)

Muito ansiosa, Natália anda de um lado para o outro. Olha um porta-retrato onde estão ela e Fábio, mais jovens. Reflete. Em outro local, um porta-retrato com foto de Heloísa e Bernardo. De repente, toma uma decisão, vai ao telefone. Disca de cor. Espera.

NATÁLIA – (*tel*) Avelar? Sou eu. (*tempo, frágil*) Eu... tô precisando demais encontrar você... porque... porque...

Corta para:

Cena 20: SEQUÊNCIA EM PRETO E BRANCO

<u>Sonoplastia</u>: *"Roda viva", por Chico Buarque de Hollanda. A introdução já entrou na cena precedente. (Atenção: a letra da canção é importante na cena. Ver nota no final do capítulo.)*
a) **RUA DA ZONA SUL (EXT DIA)** *Uma rua discreta. Natália ao volante de seu carro dirige até um ponto onde está estacionado o carro de Avelar. Natália para seu carro ao lado do dele. Salta, entra no carro de Avelar. Corta para interior do carro de Avelar, os dois se beijam apaixonadamente.*
b) **APTO. DE AVELAR – QUARTO (INT DIA)** *Cortinas fechadas, pouca luz, Natália e Avelar fazem amor, com paixão.*
c) **SALÕES DE HELOÍSA (INT NOITE)** *À mesa de jantar, Natália, Fábio, Solange, seu marido Tomás e um bonito casal de figurantes jantam, servidos à francesa por Antunes. Corta descontínuo para depois do jantar, todo o grupo num ambiente de estar, Antunes serve licores. Natália ajuda um convidado a escolher um licor, dando explicações. Fábio se aproxima, carinhoso, Natália pega seu braço, também carinhosa, bem esposa (queremos passar: aceitou a mentira).*
d) Noticiário sobre a estreia da peça Roda viva, *de Chico Buarque de Hollanda, direção de José Celso Martinez Corrêa. Se for possível algum material filmado seria ótimo.*
e) Noticiário sobre a temporada carioca de O rei da vela, *no João Caetano. (Estreou dia 5 de janeiro.)*
f) **SALÕES DE HELOÍSA (INT NOITE)** *Fábio, Natália, Bernardo, Heloísa, Olavo. Depois de um jantar requintado, Olavo <u>pede Heloísa em casamento</u>. Tira aliança do bolso, feliz, close da aliança, na caixa, close de Heloísa, que sorri, mostrando que concordava. Todos cumprimentam Heloísa efusivamente. Corta descontínuo para Antunes, que serve champanhe a todos, alegremente. Os noivos recebem cumprimentos informais efusivos.*
g) Close de um convite de casamento bem formal, clássico, de Heloísa e Olavo. Data: 30 de janeiro de l968. Qualquer igreja classe A. Cristina produz lindo, né?
h) **SALÕES DE HELOÍSA (INT NOITE)** *Sala de jantar. Heloísa e Olavo, vestidos de noivos, cortam bolo de casamento. Alegria generalizada. Brindes. Presentes Maria Lúcia e João, Natália e Fábio, Bernardo com namoradinha linda, Edgar, Regina, Galeno, Gustavo e Lavínia, Jurema, Sandra, Sérgio, Solange e Tomás, Waldir, alguns figurantes. (Deve ser muito chato vocês gravarem esses takes, gente, mas é bom pensar que uma gravação de cena mesmo, cada um dizendo uma fala, ia ser bem pior.)*
i) Noticiários de jornal sobre a polêmica desencadeada pelas peças O rei da vela *e* Roda viva. *Notícias sobre teatro de agressão.*

j) **ESCRITÓRIO (INT DIA)** Carmen trabalhando na firma de exportação. Seu chefe a repreende porque ela preencheu errado uma fatura. Carmen pede desculpas, diz que vai refazer. (Vamos aproveitar, em plano fechado, alguma das nossas locações, claro. Exemplo: cursinho pré-vestibular.)
k) **APTO. MARIA LÚCIA – SALA (INT DIA)** Maria Lúcia dá aula particular a uma moça, na mesa de jantar. Dá a aula por terminada, a aluna se levanta.
l) Janeiro, noticiário (sem mostrar data), estudantes ocupam a Universidade de Florença.
m) Noticiário: no Japão, estudantes do movimento Zengakuren protestam contra a presença do porta-aviões americano Enterprise, 24 feridos.
n) Primeira quinzena de fevereiro, noticiário sobre vigília na escadaria do Theatro Municipal, Rio, contra a censura em teatro. (Está relatado no livro do Zuenir, p. 95)
o) Noticiários sobre agitação e repressão no restaurante do Calabouço durante o mês de fevereiro ou início de março.
p) **SALA DE AULA (INT NOITE)** João discursa com muito calor numa assembleia de estudantes.
q) Noticiário, 22 de março, estudantes ocupam dependências universitárias em Nanterre, França, Daniel Cohn-Bendit líder dos estudantes.
(Por causa da duração da parte da canção que queremos usar, o painel deverá ter exatamente 40 segundos.)
Corta para:

Cena 21: APTO. DE MARIA LÚCIA (INT NOITE)

João, Maria Lúcia e Waldir estão preparando sanduíches na COZINHA.

MARIA LÚCIA	– Eu não tô entendendo, João, li e reli o jornal, os estudantes tão querendo exatamente o que, em Nanterre?
JOÃO	– Uma reforma geral em toda a estrutura do ensino francês, aquilo tá mumificado há séculos, repressão não é só/

João para de falar porque Dagmar vem da sala, muito chocada.

MARIA LÚCIA	– O que foi?
DAGMAR	– Dona Carmen. Chegou do trabalho. Não quis falar comigo, tá lá no quarto, chorando...

Maria Lúcia sai correndo. Câmera a segue. Carmen está chorando copiosamente, em seu QUARTO. Maria Lúcia entra e faz carinho.

MARIA LÚCIA – Fala, mãezinha, o que foi?

Close de Carmen, chorando, desamparada.

Corta descontínuo para Maria Lúcia chegando à sala, onde João e Waldir a esperam, ansiosos.

MARIA LÚCIA – (*triste contida*) Não é nada tão grave assim, gente. Período de experiência, eu sabia que não iam contratar, ela chegava sempre muito

Waldir	nervosa, todo dia se queixando que dava mancada, ela tem que arrumar um trabalho, só isso. – Essa tarde eu encontrei o Avelar, ele acha que vai ter vaga de inspetora lá no Pedro II. Inspetora de alunos podia ser bom pra dona Carmen, não podia?

Close de João, preocupado.
Corta para:

Cena 22: APTO. JOÃO – QUARTO ABELARDO E VALQUÍRIA (INT NOITE)

Valquíria e Abelardo conversando, enquanto se preparam para dormir.

Abelardo	– Na papelaria?
Valquíria	– Você não tá procurando alguém pra gerenciar?
Abelardo	– Mas uma mulher que nunca trabalhou fora, Valquíria? Se não contrataram aí nessa firma de exportação!
Valquíria	– Inteligente, honesta, só o fato de ser de confiança, pensa bem! E depois, pessoa conhecida no bairro, superquerida por todo mundo...

Close de Abelardo, pensativo.
Corta para:

Cena 23: APTO. JOÃO – SALA (INT DIA)

Manhã seguinte. Abelardo, diante de Valquíria e João, acaba de convidar Carmen para a gerência da papelaria. Maria Lúcia atenta.

Carmen	– *(tensa)* Gerente?
Abelardo	– Desde que eu abri a gráfica em São Cristóvão pra fabricar esses cadernos tem sido difícil conciliar, mas eu não tenho intenção de deixar a papelaria totalmente nas suas costas, dona Carmen, eu só preciso duma pessoa de confiança, continuo supervisionando...
Carmen	– *(deslumbrada, feliz)* Gerente!

Close de João, feliz. Close de Maria Lúcia, <u>preocupada</u>.
Corta para:

COMERCIAIS

Cena 24: PAPELARIA DE ABELARDO (INT DIA)

Movimentação normal. Carmen excitada com Dolores, perto da caixa.

Carmen	– O que eu já aprendi nessas duas semanas! Outra coisa que eu tô encarregada é de pagar as duplicatas. Eu vou anotando aqui, com muita atenção, olha só, as datas dos vencimentos... os fornecedores, e na véspera eu aviso ao seu Abelardo, prele deixar o cheque pronto.

Dolores	– Você vê como Deus escreve certo por linhas tortas? Muito mais futuro do que no IAPI, se esse homem um dia abre uma filial, já tem a gráfica, você cresce junto! Mas deixa eu ir andando que hoje é aniversário do chefe da seção do pessoal, encomendamos um bolinho, não posso chegar atrasada não.

Enquanto Dolores vai saindo, Carmen atende o telefone.

Carmen	– (*tel*) Alô? (*t*) Seu Abelardo saiu ainda há pouco, o senhor quer deixar um recado? (*t*) Ah, eu falo com o gerente, diga que é a Carmen, ele já me conhece. (*tempo maior*) Seu Álvaro? (*tempo*) Que duplicata? (*tempo*) Um momentinho que eu vou verificar aqui. (*Carmen olha suas anotações, fala casualmente*) Não, seu Álvaro, deve ser algum engano do banco, foi paga sim (*com orgulho*), o recibo está aqui.

Corta para:

Cena 25: APTO. DE JOÃO – SALA (INT DIA)

Abelardo almoçando com Valquíria. João, Marcelo, mais um estudante figurante vão sair, a empregada Talita circula da cozinha para a sala, ajudando a servir o almoço. Tensão. Discussão já pelo meio.

Abelardo	– Ir nesse Calabouço pra que, vocês não têm nada a ver com aquilo, não é pros que não têm restaurante na faculdade?
João	– Solidariedade com os colegas! E quem disse que a gente tá indo pra lá?

Os rapazes saem, Abelardo grita e eles não se voltam.

Abelardo	– João! (*tempo*) João!
Valquíria	– (*pra acalmar*) Como é que está indo a Carmen, na papelaria?
Abelardo	– Tem boa vontade, eu gosto dela, só tenho que ficar de olho, inexperiente. Outro dia ia rasurando uma nota de venda do talonário, a fiscalização podia me tascar uma multa, imagina só, em quase trinta anos de comércio nunca cometi infração! Mas eu felizmente vi a tempo.

Abelardo se levanta, preocupado, quase não comeu.

Valquíria	– Não gostou do peixe?
Abelardo	– (*tenso*) Essas discussões me tiram o apetite, Valquíria, Calabouço...

Corta para:

Cena 26: APTO. DE HELOÍSA CASADA (INT DIA)

Heloísa (agora uma jovem dona de casa), Maria Lúcia, Lavínia, Jurema, Sandra e uma figurante bonita levantam-se da mesa, depois de almoço no bonito apartamento jovem.

LAVÍNIA	– Delícia de almoço, Heloísa!
JUREMA	– Tremenda dona de casa!
HELOÍSA	– (*sincera*) Tô gostando.
SANDRA	– Mas tá levando a faculdade menos a sério, não tá não?

Corta descontínuo para empregada servindo café às moças no ambiente de estar, Heloísa despedindo-se de Maria Lúcia, à porta.

HELOÍSA	– Que pena.
MARIA LÚCIA	– Eu te avisei, tinha marcado essa aula particular pras quatro horas, não posso ficar dependendo da mãe até pra dinheiro de condução, né?

Corta para as outras, no ambiente de estar. Heloísa vai voltar da porta e ouvir o final da conversa abaixo.

JUREMA	– Vai dar certo sim, Sandra, o Olavo é louco por ela, boa-praça.
LAVÍNIA	– Prum casamento dar certo precisa dum pouco mais que isso, viu, Jurema?
SANDRA	– Se um dia separarem, na pior das hipóteses pra casa daquele reaça ela não volta, uma mulher desquitada eles acham natural morar sozinha.
LAVÍNIA	– (*chocada*) Você acha que... que ela casou pensando em se separar?
HELOÍSA	– (*franca e doce*) Eu casei porque eu tenho ternura pelo Olavo, ele gosta muito de mim, e pelo meu pai já faz muito tempo... vocês sabem que pelo meu pai eu não tenho ternura nenhuma.

Reações desde o início da fala acima. Mal-estar das amigas.

HELOÍSA	– Por que esse clima, gente? Tavam fofocando sobre a minha vida, tudo bem, quem não fofoca? (*a Lavínia, séria*) Essa pergunta que você fez, eu também já me fiz um monte de vezes, viu Lavínia, eu <u>não sei</u> se isso não contou. Pelo menos em parte. Mas o Olavo é um cara legal e eu vou ficar muito feliz se o nosso casamento der certo. (*agora leve*) De qualquer modo eu tô tentando, tô fazendo um esforço pra ir em frente que atrás vem gente.

Corta rápido para:

Cena 27: APTO. MARIA LÚCIA – SALA (INT NOITE)

Na mesa de jantar, Maria Lúcia tenta arrumar livros e cadernos da aula que estava dando quando Abelardo entrou. Durante o diálogo, campainha vai tocar, Dagmar vai atender e Edgar vai entrar.

ABELARDO	– Desculpa eu aparecer assim, sem ter avisado, mas é que eu ando uma pilha, e acho que você podia ajudar... Essas atividades todas do João no movimento estudantil... Aliás, isso não é mais movimento estudantil, não acredito, sabe a que horas ele chegou ontem?

Maria Lúcia	– O senhor não precisa ficar assim, foi reunião do DCE.
Abelardo	– Então, você... sabia... Você também tá envolvida...
Maria Lúcia	– Reunião do DCE é normal, eu sou da PUC, é outra universidade, o João foi representando o diretório dele.
Abelardo	– Mas esses diretórios, não foi tudo proibido? O da faculdade do João...
Maria Lúcia	– O senhor acha que a gente deve aceitar o fato de terem proibido?

Edgar já entrou da rua muito tenso, corta, vai para Maria Lúcia.

Edgar	– O João tá aqui?
Maria Lúcia	– (*tensa*) Não, por quê?
Edgar	– Vocês sabem onde ele tá?
Abelardo	– (*tenso*) Que cara é essa, o que foi que aconteceu?

(<u>Muito muito ritmo. Até a cena 32 devemos ter a impressão de estar vendo uma cena só.</u>)
Corta rápido para:

Cena 28: BOTEQUIM (INT NOITE)

João e Marcelo estavam comendo no balcão do botequim (que deve passar por Botafogo) quando Galeno entrou. Galeno acaba de dar a notícia da morte de Edson Luís, mas o público só deve entender com clareza na cena 32. Muito ritmo.

Galeno	– (*tenso*) Eu tava ali no ensaio, no Teatro Jovem. Quem chegou com a notícia foi o Luís Gustavo, já deu no rádio! Não dá tempo pra Assembleia, o Plínio Marcos decidiu na raça com uma delegação de estudantes, vão fechar os teatros, em protesto, solidariedade da classe teatral.

Corta rápido para:

Cena 29: ÔNIBUS EM MOVIMENTO (INT NOITE)

Interessam-nos apenas Galeno, João e Marcelo, conversando, tensos, enquanto o ônibus anda. Muito ritmo.

Galeno	– No Princesa Isabel deu pra avisar a tempo.
Marcelo	– É o que tá passando *Roda viva*?
Galeno	– Não vai ter sessão, muita gente já foi com o elenco pro velório. O Sérgio Porto já suspendeu também, lá no Teatro Toneleros, tá em cartaz com o *Show do crioulo doido*.

Corta rápido para:

Cena 30: PORTA DE TEATRO (EXT NOITE)

Galeno, João e Marcelo entrando num teatro. A cena deve rolar com os três andando. Cartaz de peça fictícia: Joana Portobelo em O caviar nosso de cada dia, *de Joe Leslie* e Peter Short, tradução de Antonio Sarmanho, direção de Mário Signorelli, cenários de Felipe Watson, figurinos de Guilherme Lopes, mais nome de seis atores fictícios. (Basta que o espectador consiga ler o nome da peça.) Muito ritmo.

GALENO	– Se o espetáculo já começou aqui vai ser fogo!
MARCELO	– Por quê?
GALENO	– Tem teatro e teatro, né, Marcelo? Esses aqui tão mais pra lá do que pra cá, o administrador da companhia é irmão da estrelona, vidrado em grana, convencer a devolver o dinheiro dos ingressos!

Corta rápido para:

Cena 31: HALL DE TEATRO (INT NOITE)

Galeno, João e Marcelo diante do administrador da companhia, Meireles. Muito ritmo.

MEIRELES	– (*bestificado*) Mas é no mínimo... uma descortesia muito grande com o público!
JOÃO	– Diante do que eu tô lhe contando o senhor vem me falar em cortesia?
MEIRELES	– Nós apoiamos os estudantes, não vou dizer que somos de esquerda, somos de centro, mas/
MARCELO	– (*alto, irritado*) O senhor não tá entendendo ou não tá querendo entender?
MEIRELES	– (*enérgico*) Fala baixo, garoto, que o espetáculo começou faz dez minutos, a plateia merece respeito!
JOÃO	– É uma decisão de toda a classe teatral, o problema não é dos estudantes, é do país inteiro, cada um de nós é responsável!

Enquanto Meireles e João disseram as duas últimas falas, Marcelo fez sinal a Galeno que é melhor saírem dali. Os dois se afastaram discretamente.
Corta rápido para:

Cena 32: INTERIOR DE TEATRO (INT NOITE)

Abre no palco, pv da plateia, um cenário bonito, sala de estar, típico do bom teatro de bulevar. A protagonista, Joana, de vestido longo, tomando drinques com dois atores de smoking.

JOANA	– Não, meu caro Thompson! A receita correta do bom dry martini é uma só! Serve-se o gin no copo previamente gelado e você apenas <u>passa</u> rapidamente pela sala com a garrafa de vermute pra dar o cheiro!

Corta rápido para as coxias. (Público ri.) Galeno e Marcelo tensos, vendo a cena das coxias.

GALENO	– O João não vai convencer esse cara a devolver grana de ingresso nunca! De qualquer maneira, pensando bem, parar um espetáculo no meio não deve ser fácil.

Reação de Marcelo: será? Olha o palco. Um plano dos atores, pv das coxias.

JOANA — Vai trabalhar por quê? Ele já tem mais de um milhão de dólares! (*tempo*) No bolso!

Público ri. Corta para o palco, pv do público.

JOANA — E depois, eu nunca odiei um homem o suficiente pra devolver brilhantes!

Marcelo entra no palco. Reação de Joana. Olha o público. Olha Marcelo e fala com ele, apatetada.

JOANA — Mas... quem é você? O que foi que aconteceu?
MARCELO — (*firme e comovido, ao público, olhando nos olhos, de vez em quando reações do público, mobilizado*) O que aconteceu foi que mataram um estudante. Não era um líder estudantil, não era nenhum desses nomes que vocês já ouviram, eu também não conhecia... Se chamava Edson Luís. Era secundarista, um menino pobre, parece que tinha 18 anos. Veio do interior pra estudar no Rio, comia no restaurante do Calabouço... pra economizar, queria ser universitário um dia. Mas nunca vai ser, nem vai casar, nunca vai ter um filho, nunca mais vai ser nada, porque... (*mais contido*) Essa tarde houve um protesto no restaurante, mandaram a PM e um soldado deu um tiro no peito do Edson Luís. Os colegas levaram o corpo pra Assembleia Legislativa e tão velando o nosso companheiro lá. Os artistas resolveram suspender as sessões de teatro e convidar vocês pra... pra ir ver o corpo... dizer a alguém que não tá de acordo com isso, fazer alguma coisa porque... (*mais firme e com raiva*) porque mataram um estudante que podia ser filho de qualquer um de vocês.

Corta rápido para:

Cena 33: APTO. DE AVELAR – QUARTO (INT NOITE)

Natália e Avelar, depois do amor, acabaram de ouvir a notícia pelo rádio. Primeiro plano é close da mão de Avelar, desligando rádio.

NATÁLIA — Eu... não acredito!
AVELAR — Iam tá inventando?
NATÁLIA — Um rapaz de 18 anos?

Corta rápido para:

Cena 34: ESCRITÓRIO DE FÁBIO (INT NOITE)

(*Atenção, edição e direção: não há interrupção de ritmo de diálogo entre a primeira fala desta cena e a última da cena precedente. As cenas 33, 34, 35, 36, 37 e 38 devem dar impressão de serem uma só em termos de ritmo.*) Muito muito ritmo.

Fábio indignado com seu assistente Sérgio e o filho Bernardo.

FÁBIO – Só pode ter sido algum equívoco, Sérgio, uma bala perdida!
SÉRGIO – Num restaurante de estudantes?
BERNARDO – Estudante não anda armado, pai, mesmo que tenha sido bala perdida, saiu do revólver de quem?

Corta rápido para:

Cena 35: REDAÇÃO DO *CORREIO CARIOCA* (INT NOITE)

(*Atenção, edição*: não há interrupção de ritmo de diálogo entre a primeira fala desta cena e a última da cena precedente.)

Ubaldo, muito tenso, com algum redator.

Ubaldo – Tô dizendo que falei nesse instante com o Zuenir! Cê não conhece a redação da revista *Visão*? Eles viram da janela! O Ziraldo, o Washington e o Zuenir foram testemunhas, a redação deles fica a uns 200 metros de distância do Calabouço! A polícia tava achando que eles iam apedrejar a Embaixada Americana!

Corta rápido para:

Cena 36: APTO. DE HELOÍSA CASADA – SALA (INT NOITE)

(*Atenção, edição*: não há interrupção de ritmo de diálogo entre a primeira fala desta cena e a última da cena precedente.)

Olavo e Heloísa gritando.

OLAVO – E que diabo você tem com isso?
HELOÍSA – Você tá maluco, Olavo? Você não acabou de ver na televisão? Mataram um estudante!
OLAVO – E você conhecia?
HELOÍSA – Que diferença faz se eu conhecia ou não conhecia? Tô dizendo que vou pro velório na Assembleia, e você, se tiver alguma coisa aí dentro dessa cabeça, vem comigo!

Corta rápido para:

Cena 37: ESCRITÓRIO DE QUEIROZ NA EDITORA (INT NOITE)

(*Atenção, edição*: não há interrupção de ritmo de diálogo entre a primeira fala desta cena e a última da cena precedente.)

Queiroz saindo apressado, falando com Kira.

QUEIROZ – Desmarca com o Sampaio, explica o que aconteceu. Acho que a gente tem que ir pra lá sim.

Corta rápido para:

Cena 38: APTO. DE JOÃO – SALA (INT NOITE)

(*Atenção, edição:* não há interrupção de ritmo de diálogo entre a primeira fala desta cena e a última da cena precedente.)
Valquíria fala com Talita, está saindo com Regina.

TALITA	– Será que não vai sair mais tiro, dona Valquíria? Seu Abelardo tem tanto medo!
REGINA	– A gente tem que ir, Talita.
VALQUÍRIA	– Podia acontecer com qualquer uma de nós.

Corta rápido para:

Cena 39: SEQUÊNCIA EM PRETO E BRANCO

(A música, só orquestrada, será o "Prelúdio" das Bachianas Brasileiras nº 4, de Villa-Lobos.)
Explorar ao máximo material jornalístico pungente (filmes e fotos) do velório de Edson Luís na Assembleia Legislativa, cheio de pessoas famosas, o cortejo no dia seguinte pelas ruas cariocas até o Cemitério São João Batista, e o enterro, já no final da tarde.
Tempo a critério da direção e edição: de 35 segundos a 1 minuto.
Corta para:

CENA 40: APTO. DE JOÃO – QUARTO DE ABELARDO E VALQUÍRIA (INT NOITE)

Seis dias depois. Abelardo, muito nervoso, com Valquíria, prontos para dormir.

VALQUÍRIA	– Foi muito comovente sim, Abelardo, eu cheguei até a achar que em certas coisas o João Alfredo tem razão... Tanta gente famosa, tantas mães... Amanhã eles vão à missa.
ABELARDO	– Só se tiverem doidos, Valquíria, essa missa vai ser uma guerra.
VALQUÍRIA	– No enterro não aconteceu nada, 50 mil pessoas, eu li no jornal, será que numa igreja vão ter coragem...
ABELARDO	– (*corta*) Eles já engoliram provocação demais, não vou deixar ninguém ir a missa nenhuma.

Close de Valquíria, medo.
Fade.

Cena 41: RUA DE JOÃO (EXT DIA)

Manhã seguinte. Um plano bonito de localização. Gente indo à praia. Valquíria e Talita passam com carrinhos de feira.

Corta para:

Cena 42: PAPELARIA DE ABELARDO (INT DIA)

Movimento normal. Enquanto Regina compra alguma coisa com vendedor, Carmen está abrindo correspondência, perto da caixa. Reação forte porque acaba de receber uma notificação judicial de protesto em cartório. Regina se aproxima, para pagar sua compra.

REGINA — Esses três blocos e as canetinhas, Carmen, por favor.

Carmen abalada. Regina nota.

REGINA — Você não tá se sentindo bem?
CARMEN — (mostra, muito aflita) Esse papel... Vê pra mim, Regina, você é advogada, vê se é o que eu estou entendendo!
REGINA — (depois de ler) É uma notificação judicial de protesto de uma duplicata.
CARMEN — Gomes Abrantes Editora Ltda! Eu paguei! Tenho certeza que paguei! Eu te mostro o recibo!

Corta descontínuo para um monte de papelada que Carmen mostra a Regina, num canto, close. Encontra o recibo. Mostra a Regina.

CARMEN — Olha aqui! Não estou dizendo? Dia 20!
REGINA — Melhor eu dar um pulinho ao banco com você pra ver se a gente esclarece isso.

Corta rápido para:

Cena 43: APTO. DE JOÃO – SALA (INT DIA)

Abelardo, João, Maria Lúcia, Edgar, Galeno, Lavínia, Jurema, discussão acesa, já pelo meio, gritos, agitação, falas superpostas, uns atropelam os outros. Logo no início, campainha vai tocar, João abre a porta e vão entrar Carmen e Regina.

ABELARDO — Onde é que vocês tão com a cabeça, acham que é missa normal, uma situação normal?
EDGAR — Uma missa, afinal de contas, todo o mundo tem direito!
GALENO — Que que vão fazer, seu Abelardo, numa igreja?!
LAVÍNIA — É, eu também acho, missa não é...

João abriu a porta. Carmen e Regina entraram.

ABELARDO — (alterado) A situação tá feia, esses estudantes, o governo não pode permitir! Tão depredando loja, banco, botando fogo em carro, a polícia tá baixando o pau!

Corta para Regina, Carmen e João. Muito ritmo.

REGINA — Está havendo um pequeno problema com um pagamento da firma do seu pai, nós queríamos falar com ele, João.
JOÃO — (muito tenso) Tá querendo impedir a gente de ir à missa!

ABELARDO	– (*alterado, sem ter interrompido*) Esses dias todos desde que o rapaz morreu! A cidade tá ocupada, eu vi, Exército na rua, muita loja até fechada!
JOÃO	– Bom que pelo menos reconheceu, taí o governo democrático!
ABELARDO	– Você vai me dizer de sã consciência que não vai haver repressão nessa missa?
JOÃO	– Eu não falei isso, os caras são capazes de tudo, mas/
MARIA LÚCIA	– (*muito forte, enfrentando Abelardo*) Peraí, seu Abelardo, a questão agora nem é essa, mataram um estudante, sem motivo, vão rezar uma missa por ele, não é protesto, não tem discurso, quem é contra essa violência tem que ir lá, solidariedade, não tem nada de ilegal, eu não tô entendendo o senhor, e a gente tá em cima da hora, não dá mais pra discutir não!

Maria Lúcia vai saindo, seguida por todos os jovens.

CARMEN	– (*grita repreendendo*) Maria Lúcia!
ABELARDO	– (*grita, a Maria Lúcia*) Pensei que pelo menos você tivesse juízo na cabeça!

Os jovens saíram. Ficamos com Abelardo, Carmen e Regina.

REGINA	– Acho que ela colocou bem. É isso mesmo, não se trata de ser a favor ou contra o governo, é uma questão de consciência, não vejo por que não ir.

Corta rápido para:

Cena 44: ESCRITÓRIO DE FÁBIO (INT DIA)

Olavo, aborrecido, com Fábio controlado, calmo. Bernardo perto.

OLAVO	– É perigoso, doutor Fábio, numa situação dessas!
BERNARDO	– No início eu achei que tavam certos, mas tão exagerando, tão falando como se fosse um assassinato a sangue-frio, tiro no peito, foi bala perdida, uma coisa horrível mas/
OLAVO	– (*corta*) Depois que é que a Heloísa tem que fazer em igreja, nem acredita!
FÁBIO	– Fica calmo, Olavo, você não precisa se preocupar tanto. Claro que essa agitação não pode continuar indefinidamente, mas nesse momento... Ninguém vai querer criar problemas com a Igreja, hoje não tem perigo de repressão nenhuma não.

Olavo consulta seu relógio, tenso. Close: 12h10min. Um tempo com o ponteiro de segundos avançando.

Corta para:

Cena 45: APTO. DE JOÃO – SALA (INT DIA)

Abelardo tenso num canto. Carmem tensa em outro canto. Valquíria com Regina. No início da cena, durante a fala de Valquíria, campainha toca, Abelardo atende, entram João e Maria Lúcia.

REGINA	– Foi uma distração, entendeu? A Carmen não sabia que alguns fornecedores descontam duplicata em banco, quando recebeu o aviso não deu importância porque realmente já tinha pago, mas <u>à firma</u>, e não <u>ao banco</u>! A falta de sorte foi o gerente estar de férias, mandaram pro pau. Eu tenho muita fé de que tudo vai se resolver, já fui ver esse conhecido no cartório, ele vai ligar daqui a pouco, o nome do seu Abelardo não pode ficar sujo por causa dum mal-entendido!
VALQUÍRIA	– Acho que ele não tá nem ligando, Regina, enquanto os meninos não voltarem...

As duas se voltam porque João e Maria Lúcia já estão na sala, ofegantes, amarrotados, diante de Abelardo.

ABELARDO	– (*frágil*) Vocês tão feridos?
JOÃO	– Eu tô bem. Foi só uma pranchada na perna, mas já tá passando.
CARMEN	– (*aproxima-se com medo*) Maria Lúcia!
MARIA LÚCIA	– Eu tô bem, mamãe, não aconteceu nada comigo, o João... ficou na frente.
ABELARDO	– Pranchada?
JOÃO	– De sabre. Os PMs tavam lá, na saída da igreja, a cavalo. Atacaram todo mundo, de sabre, na porta da igreja. Bateram de lado, não cortou, só machucou, tavam batendo pra valer.
MARIA LÚCIA	– O pior é que ficou todo mundo imprensado, até mulher, criança, não dava pra respirar, e eles em cima com os cavalos...
REGINA	– (*impressionada*) Na Candelária, cavalo?

João fala com cuidado, atento a Regina. Enquanto isso, <u>Abelardo olha Maria Lúcia com raiva</u>.

JOÃO	– É, dona Regina, espremeram a gente lá. (*pausa*) E justamente o Edgar...
REGINA	– (*muito aflita*) Onde é que está o Edgar?
JOÃO	– Levou um tombo, na escadaria, um cavalo/ (*corta-se*) A gente levou pra clínica onde o doutor Salviano arrumou pro marido da Lavínia fazer residência. O cavalo pisou nele, mas não pegou em nenhum lugar sério, ele tá <u>bem</u>!

Corta rápido para:

Cena 46: QUARTO DE CLÍNICA PARTICULAR (INT DIA)

Edgar num leito, ainda com dores, mas já medicado. Uma enfermeira termina de fazer um leve curativo em Marcelo. Gustavo, o médico, ao lado de Edgar, tentando animar.

EDGAR	– Não quebrou nada?
GUSTAVO	– (*força sorriso*) Uma costela à toa, em pouco tempo tá bom.
MARCELO	– (*tenso*) A gente pode ir? Porque se aparece polícia...
GUSTAVO	– Calma, rapaz! Vamos esperar o resultado das outras radiografias.

Corta rápido para:

Cena 47: SALA DE ESPERA DA CLÍNICA PARTICULAR (INT DIA)

João, Maria Lúcia, Abelardo, Valquíria, Regina, Carmen, nervosos, médicos e enfermeiros passando. João se adiantou, está interrogando a enfermeira da recepção, Maria Lúcia e Regina acompanham.

JOÃO	– (*tenso*) Edgar Ribeiro, tá aqui sim, eu queria o número do quarto.
MARIA LÚCIA	– Taí no livro, entrou agora há pouco.

A enfermeira, confusa, vai procurar. Regina recua um instante, tensa, para perto de Abelardo e Valquíria.

REGINA	– Eles vão notificar à polícia, é obrigatório.
VALQUÍRIA	– Você acha? Nessa situação, se aproveitar dum hospital pra/

Corta-se porque Regina apertou seu braço, nervosa, viu Junqueira entrar, acompanhado de dois homens de terno. (Jovens, bonitos, atléticos, com expressões duras. São oficiais da Marinha, mas isto o público não precisa saber aqui.) Junqueira se dirige à enfermeira, firme, mostra seu documento enquanto fala normalmente, todos podem ouvir e reagem.

JUNQUEIRA	– Me mostra aí o registro dos pacientes, minha filha. Viram entrar um estudante conhecido nosso. (*sorri*) Nem sabia que o rapaz frequentava missa, tô precisando muito dum papinho amigo com ele.

Close de João, com muito medo. Close de Abelardo, que olha Maria Lúcia, <u>acusador</u>. Close de Maria Lúcia, muito tensa.

Fim do capítulo 10

Nota: para quem não lembrar, aqui vai a letra da canção "Roda viva", dramaticamente decisiva para a evolução das personagens de Natália e Heloísa durante a cena 20, sequência em preto e branco:
"Tem dias que a gente se sente como quem partiu ou morreu,/ A gente estancou de repente ou foi o mundo então que cresceu?/ A gente quer ter voz ativa, no nosso destino mandar/ Mas eis que chega a roda viva e carrega o destino pra lá./ Roda mundo, roda gigante, roda moinho, roda pião,/ O tempo rodou num instante as voltas do meu coração./ A gente vai contra a corrente até não poder resistir./ Na volta do barco é que sente, o canto deixou de cumprir./ Faz tempo que a gente cultiva, a mais linda roseira virá,/ Mas eis que chega a roda viva e carrega a roseira pra lá./ Roda mundo, roda gigante etc.../ A roda da saia mulata não quer mais

rodar não senhor,/ Não posso fazer serenata, a roda de samba acabou./ A gente toma a iniciativa, viola na rua a cantar,/ Mas eis que chega a roda viva e carrega a viola pra lá./ Roda mundo, roda gigante etc.../ O samba, a viola, a roseira, um dia a fogueira queimou./ Foi tudo ilusão passageira que a brisa primeira levou./ No peito, a saudade cativa faz força pro tempo parar,/ Mas eis que chega a roda viva e carrega a saudade pra lá./ Roda mundo, roda gigante etc..."

Cena 1: SALA DE ESPERA DA CLÍNICA PARTICULAR (INT DIA)

Continuação da última cena do capítulo anterior. João reage rápido, puxa Maria Lúcia para um canto, afastado de Junqueira.

João	– (*voz baixa*) Eu sei quem ele tá procurando, vou lá dentro rápido, fica aqui!

Já se esgueirou para dentro, Maria Lúcia só um segundo desnorteada, depois vai decidida para Junqueira, que continua examinando o registro, diante da enfermeira, Maria Lúcia interrompe.

Maria Lúcia	– Moço, eu tava esperando uma informação, tô com pressa!
Junqueira	– É assunto oficial, minha filha, você vai esperar quanto tempo for preciso.

Corta rápido para:

Cena 2: QUARTO DA CLÍNICA PARTICULAR (INT DIA)

O mesmo quarto do final do capítulo anterior. Edgar na cama, enfermeira junto. Edgar atento a João, que entrou e puxou Marcelo e Gustavo para um canto, os três já falando à parte, tensos.

João	– É atrás do Marcelo que eles tão, (*a Marcelo*) lembra aquele meganha que tava de olho em você na igreja? Com certeza veio seguindo!
Marcelo	– O Edgar não tinha por que, não tem ficha, nunca foi de diretório...
João	– Você tem que sair daqui, Marcelo, depressa! Vão te levar!
Gustavo	– Deixa comigo. (*tom*) Enfermeira, chama o doutor Salviano, rápido!

Corta rápido para:

Cena 3: SALA DE ESPERA DA CLÍNICA (INT DIA)

Os mesmos da cena 1, mais Gustavo, que veio de dentro, já está falando, cortês, com Junqueira.

Gustavo	– Entendi perfeitamente, estamos à sua disposição, no que for possível, o senhor quer me acompanhar?

Já conduz Junqueira e os outros dois para dentro. Maria Lúcia, Regina especialmente, Carmen, Valquíria, Abelardo observam, tensos.

Corta para:

Cena 4: CORREDOR DA CLÍNICA (INT DIA)

Movimento de corredor de hospital, enfermeiros passando, um paciente pode estar sendo levado em cadeira de rodas para algum lugar. Gustavo conduzindo Junqueira e os outros dois na direção do quarto, já falando.

GUSTAVO	– Realmente, um estudante, atendemos sim, um rapaz claro, alto.
JUNQUEIRA	– (*a um auxiliar*) Alto?

Antes do auxiliar responder, surgem no corredor dois enfermeiros empurrando às pressas uma maca, paciente (Marcelo) coberto por lençol, máscara de oxigênio tapando rosto, Salviano ao lado atento à bomba de oxigênio, já falando rápido a Gustavo.

SALVIANO	– Tô levando pra clínica ortopédica, Gustavo, dilacerou o osso, aqui não dá pra fazer, tem que transplantar o tendão.

Gustavo dá passagem, Junqueira se interessa vagamente.

JUNQUEIRA	– O que foi?
SALVIANO	– Acidente de automóvel, veja só, filho de um general do Exército, a vida pela frente, o senhor não imagina o estado em que ficou, quer ver?

Ameaça mostrar, puxar o lençol, Junqueira se antecipa.

JUNQUEIRA	– Não, por favor, o senhor tá com pressa.
SALVIANO	– Com licença.

Já seguiu em frente com os enfermeiros e a maca, desaparecem numa esquina do corredor, Gustavo volta a conduzir os três.

GUSTAVO	– O quarto é logo ali, o senhor pode conversar com o rapaz.

Corta para:

Cena 5: QUARTO DA CLÍNICA (INT DIA)

Junqueira disfarça decepção diante de Edgar na cama, Gustavo atencioso ao lado, os outros dois observam.

JUNQUEIRA	– Estudante de economia? Como é que foi isso?
EDGAR	– Eu também trabalho, saio correndo da faculdade todo dia, hoje não sei o que houve, uma baderna, tava entrando no banco pra reformar um título, veio um bando de gente correndo, me derrubaram no chão, fraturei a costela.
JUNQUEIRA	– (*olha desanimado para os outros*) Banco... Reformar título.

Passa que não deve ser ninguém interessante para a repressão.
Corta para:

Cena 6: RUA DA ZONA SUL (EXT DIA)

Plano de ambulância saindo com sirene.

Corta rápido para:

Cena 7: SALA DE ESPERA DA CLÍNICA (INT DIA)

Os mesmos da Cena 3. João e Maria Lúcia num canto com Regina, mais calma, João já concluindo, em voz baixa.

JOÃO — Pode ficar sossegada, dona Regina, vieram aqui atrás de outra pessoa, mas...

Maria Lúcia cutuca João, que se cala, Junqueira e os outros dois voltando de dentro, Junqueira já falando irritado, um dos outros dois envergonhado, quieto.

JUNQUEIRA — O que é que você acha de passar mais uns dois anos na seção de identificação pra fazer uma reciclagem?

Corta para:

Cena 8: RUA DA ZONA SUL (EXT DIA)

Um trecho deserto de alguma rua de pouco movimento. A ambulância da cena 6 para, a porta traseira se abre, Salviano salta, puxa Marcelo ainda meio confuso para fora.

SALVIANO — Acabou a moleza, salta que você tá inteiro! E livre!
MARCELO — Doutor Salviano... fico lhe devendo.
SALVIANO — *(sorri)* Na hora certa eu cobro. Cuidado que os homens tão de olho.

Marcelo sorri, agradecido.

Corta para:

Cena 9: APTO. DE EDGAR (INT DIA)

João, Maria Lúcia, Regina, com Edgar enfaixado mas já bem melhor.

JOÃO — O Marcelo é muito visado, foi da diretoria da UME, a repressão tem retrato dele de todos os ângulos.
REGINA — Ele estuda o quê?
MARIA LÚCIA — Arquitetura, mas o que ele tá fazendo mesmo é política, o João já tinha notado um cara de olho nele lá na missa, deve ter seguido até a clínica.
REGINA — Fico pensando nos pais desse menino...
JOÃO — A família do Marcelo saiu do Rio faz anos, ele ficou morando com um colega.
EDGAR — E não vão prender ele em casa?

Corta rápido para:

Cena 10: APTO. DE MARCELO – SALA (INT DIA)

(Atenção, edição: não há interrupção de ritmo de diálogo entre a primeira fala desta cena e a última da cena precedente.)

Marcelo já respondendo a Sandra.

MARCELO — Se tivessem o meu endereço, eu já tinha caído há muito tempo, não tem o menor perigo de acharem, tomo o maior cuidado, sempre dou uma volta no quarteirão antes de entrar pra ter certeza que não tô sendo seguido, não tem nada em meu nome...
SANDRA — Tô preocupada com o meu pai.
MARCELO — O doutor Salviano me largou aqui perto, disse que ia voltar pra clínica.
SANDRA — Ele vai à missa da tarde do Edson. Apesar de tudo que aconteceu de manhã. Quer marcar posição, vão muitos intelectuais, ele acha importante.

Corta para:

Cena 11: APTO. DE EDGAR (INT NOITE)

(<u>Atenção, edição</u>: *não há interrupção de ritmo de diálogo entre a primeira fala desta cena e a última da cena precedente.*)
Um pouco depois da cena 9. Regina, Edgar, Galeno, Maria Lúcia e João fazem um lanche, à mesa. O mais importante na cena é a reação de Maria Lúcia. Ela concorda com Edgar, mas está forçando a sua barra para não perder João.

EDGAR — (*irritado*) Importante é ficar vivo!
REGINA — Calma, querido, já passou.
EDGAR — Tentei tirar um cochilo lá na clínica, bastou fechar os olhos pra começar pesadelo, pata de cavalo na minha cara.
JOÃO — Tá tenso, Edgar, natural.
EDGAR — <u>Muito</u> tenso! Mas nunca mais vou sentir esse medo, sabe? Eu tinha jurado que não me metia em mais nada, há muito tempo não vou a passeata, nada, a morte do rapaz me tocou, me deixei envolver...
REGINA — Até <u>eu</u>, Edgar, a Valquíria! Todo mundo se deixou envolver!
EDGAR — E esquecemos dum detalhe importante. Eles são bem mais fortes do que nós.
JOÃO — O jogo é esse, Edgar, eles querem justamente que todo estudante raciocine assim pra/
REGINA — (*corta, tensa, pegando em João*) Esse Marcelo... tá visado, fugindo de polícia... (*tom*) Eu acho que tenho o direito de perguntar, João, eu gosto de você como de um filho, a sua situação... Você também ocupou ou <u>ocupa</u> algum cargo que...
JOÃO — Fica tranquila, dona Regina. Eu nunca tive a importância do Marcelo no movimento estudantil, não tem ninguém atrás de mim.

Reação de Maria Lúcia, tem medo que não seja verdade.

REGINA — E se amanhã... alguma outra manifestação... você acha que existe chance de lutar contra soldados de sabre?

João olha com raiva, close. Prefere não responder. Acha que deve lutar mais do que nunca.

REGINA — Você, Galeno?
GALENO — Não vou a lugar nenhum onde possa aparecer soldado, nem Praça Serzedelo Correia domingo à tarde. *(tom)* Tem outras formas de lutar... Descobri, dona Regina, essa veia musical dentro de mim, até hoje adormecida... Vou me inscrever no Festival da Canção, o Michel e eu tamos trabalhando, a letra está ficando... por assim dizer, muito lúcida...
EDGAR — *(a João)* O seu pai tinha toda a razão: quem achar que tem condições de lutar contra pata de cavalo é doido.
REGINA — *(levantando-se)* Eu vou ligar pra Mariana, ela tava com medo da sobrinha ter ido à missa da tarde, essa hora já deve ter terminado.

Corta rápido para:

Cena 12: APTO. DE SALVIANO E SANDRA – SALA (INT NOITE)

(<u>Atenção, edição</u>: não há interrupção de ritmo de diálogo entre a primeira fala desta cena e a última da cena precedente.)
Sandra recebe Salviano de volta da missa da tarde, abalado, ofegante, já contando.

SALVIANO — No final, logo depois da comunhão, a gente lá de dentro começou a escutar o barulho dos cascos dos cavalos, camburões freando... A igreja lotada, mais de 600 pessoas. O padre Gui disse pra ninguém sair. Começou a entrar pelas frestas das portas o gás lacrimogêneo que eles já tavam jogando no pessoal lá fora. O Pedrosa passou mal, teve uma isquemia, o Hélio Pellegrino ainda conseguiu tirar ele de lá. Mas os outros que quiseram sair...

Sandra ouve abalada. Sobre a continuação da narração agora em off, entram planos em preto e branco das cenas da segunda missa, as tropas alinhadas diante da igreja, depois a retirada da multidão sob a proteção do círculo formado pelos padres paramentados, até as cenas de violência, mais tarde, na Cinelândia.

SALVIANO — *(off)* A praça tava tomada, três fileiras de cavalarianos, espada na mão, atrás os fuzileiros e o Dops. Os padres saíram na frente, com as roupas da missa. A gente veio atrás, no meio do círculo, todo mundo calado... andando muito devagar... até ficar cara a cara com eles... Mais de cem cavalos, batendo com os cascos no chão. O comandante deles mandou... <u>desembainhar</u>. *(comovido)* Os padres levantaram os braços, na mesma hora, pediram calma, argumentando que não era passeata, e não era! O comandante mandou dispersar. Nós fomos indo pela calçada, devagar... calados. Os padres ficaram na esquina da Rio Branco até sair o último. O Carpeaux tava lá. Disse pra eles: "<u>Inesquecível, padres</u>".

SANDRA	– (*off*) Então pelo menos... não teve violência...
SALVIANO	– (*off*) Teve sim. Depois que a gente saiu de perto dos padres... eles vieram, com cavalo, espada, tudo. Caçaram todo mundo pela cidade até a Cinelândia.

Fim dos planos da missa. Salviano e Sandra abalados.

SALVIANO	Eu consegui pular num ônibus, só... vi a pancadaria. (*pausa*) Mas aquela saída da igreja... os padres de braços abertos diante dos cavalos... o Carpeaux tem razão, foi inesquecível.

Close de Salviano, muito emocionado.
Corta rápido para:

Cena 13: APTO. DE JOÃO – SALA (INT NOITE)

(*Atenção, edição*: não há interrupção de ritmo de diálogo entre a primeira fala desta cena e a última da cena precedente.)

João e Abelardo exaltados, já no meio da discussão. Valquíria presente, tensa, enquanto Talita arruma mesa de jantar.

ABELARDO	– E o que vocês fizeram durante a semana toda, disso você não lembra? Queria que a polícia ficasse parada vendo a baderna tomar conta da cidade?
JOÃO	– Missa por um colega assassinado é baderna? Ninguém abriu a boca, nem uma faixa, um cartaz, mandam um exército em cima, como se fosse guerra!
ABELARDO	– E não é? Desde que esse menino morreu, coitado, passeata todo dia, quebra-quebra! Atirando em vidraça de comerciante que não tem nada a ver com a história!
JOÃO	– Ninguém da liderança manda quebrar loja, no máximo banco, embaixada americana! Mas o povo tá revoltado, quem é que pode impedir um cara qualquer no meio do bolo de tacar uma pedra em vitrine?
ABELARDO	– Vocês vão de pau e pedra porque eles atiraram no rapaz, aí eles vêm de cavalo e tanque, <u>não para mais</u>, e os inocentes pagam o pato também, porque vocês não sabem o que custa manter uma loja, eu sei, a vida toda dando duro atrás dum balcão! (*com raiva*) Ainda agora, por causa da mãe dessa sua <u>namorada</u>, ia ter duplicata protestada, eu que nunca! Namorada que me desafia, praticamente me desacatou!

Corta para Talita, à parte, pondo mesa, pergunta a Valquíria.

TALITA	– (*discreta*) O nome do seu Abelardo vai pro tal do protesto, dona Valquíria, por causa da mãe da garota?

VALQUÍRIA — Graças a Deus não, a Deus e à Regina. O escrevente entrou em contato com ela, conseguiu sustar o protesto.

Corta rápido para:

Cena 14: APTO. DE MARIA LÚCIA – QUARTO DE CARMEN (INT NOITE)

(<u>Atenção, edição</u>: *não há interrupção de ritmo de diálogo entre a primeira fala desta cena e a última da cena precedente.*)
Carmen e Maria Lúcia vestidas para dormir.

CARMEN — (*torturada*) O nome dele não ficou sujo por um triz, Maria Lúcia, por minha culpa, irresponsabilidade minha!

MARIA LÚCIA — (*meiga*) Distração!

CARMEN — Não aconteceu antes porque eu tenho tido sorte. Eu é que sei, o peso na minha cabeça, por mais que eu preste atenção! Foi sempre o seu pai quem cuidou de tudo... Certas coisas, eu tenho até vergonha de dizer, nem sei direito o que é, Maria Lúcia, execução em cartório, Boletim Mercantil, eu tô tentando aprender, uma série de coisas que... (*gesto vago*) Como é que eu vou olhar pra cara dele, amanhã de manhã?

MARIA LÚCIA — De cabeça erguida porque não roubou, não matou, quem não erra?

CARMEN — Toda noite eu chego da papelaria com o corpo doído. Acho que é tensão. Tenho medo de decepcionar seu Abelardo, que me deu esse cargo de tanta responsabilidade, decepcionar você...

MARIA LÚCIA — Você acha que é culpa sua, mãe? A vida inteira só cuidando da casa! A maior parte das mulheres da sua geração, cê acha que são diferentes? Têm cacife pra assumir gerência em comércio assim, da noite pro dia? Se você tivesse uma carreira aí sim eu/

CARMEN — (*corta*) Por isso que eu tenho que fazer um esforço, Maria Lúcia, pra <u>você ter a sua carreira</u>, vou continuar fazendo das tripas coração porque se eu desisto da papelaria, já na firma não me contrataram... Se eu não ganho bem, qualquer dia... (*medo*) Você não pode abandonar os seus estudos, ano da formatura, eu não vou decepcionar uma filha feito você!

MARIA LÚCIA — Só vai me decepcionar se encasquetar na cabeça que tem obrigação de assumir um cargo pro qual a gente sabe que você não foi preparada.

CARMEN — (*gostaria*) Tinha essa chance, de inspetora de alunos no Pedro II, o Waldir comentou. Mas o ordenado é mais baixo, ainda vou gastar em condução, pra cidade!

MARIA LÚCIA — E eu não posso arrumar um trabalho também? Fim do ano eu me formo, mãe, vai melhorar! Eu vou ter orgulho duma mãe que chegue em casa todo dia com o corpo doído, por problema de tensão?

CARMEN	– (*frágil*) Gerente ele encontra, a própria Dolores comentou que conhece um rapaz da maior competência. Mas você... fala a verdade, Maria Lúcia, seria muita fraqueza da minha parte, não seria?
MARIA LÚCIA	– (*meiga*) Uma pessoa conhecer os seus limites não é fraqueza, mãe, é força.

Corta para:

CENA 15: COLÉGIO PEDRO II – ESCADARIA E SALA DE ESPERA (INT DIA)

Manhã seguinte. Câmera em cima, Carmen vem subindo as escadas enquanto alunos descem, agora alguns cabeludos. Corta para a sala de espera, onde Carmen se dirige à professora Célia.

CARMEN	– (*frágil*) Por favor, eu estou procurando a secretaria, sobre um cargo de inspetora.
CÉLIA	– (*simpática*) O professor Avelar falou comigo, meu nome é Célia.
CARMEN	– (*mais segura, contente*) Carmen Damasceno, talvez a senhora tenha conhecido a minha filha, Maria Lúcia, é ex-aluna.

Corta rápido para:

Cena 16: PRAIA DE IPANEMA (EXT DIA)

Um mês depois. No grupinho habitual de praia, Glória, Adelaide, Zuleica e Dolores.

ZULEICA	– Pra mim o Abelardo é que botou pra fora da papelaria por culpa da Maria Lúcia! A Talita comentou com a minha cozinheira, essa menina tem cabelo nas ventas, <u>desafiou</u> na hora daquele raio daquela missa!
GLÓRIA	– Foi a própria Carmen quem pediu demissão, o Leontino viu, me contou!
ZULEICA	– Fez bem, porque pelo que eu estou sabendo em mais uma semana a Carmen botava o pobre do Abelardo atrás das grades!
ADELAIDE	– Ouvi dizer que ele e a Valquíria não fazem mais gosto no namoro não.
GLÓRIA	– E você faria, no lugar deles?
DOLORES	– Peraí, Glória, vê lá como é que você fala da minha sobrinha! O filho deles é que eu não acho partido pra Maria Lúcia, vira-mexe metido em passeata, estudar que é bom não ouço nem falar! <u>Ela</u> continua o curso de jornalismo na PUC e está trabalhando de tarde na editora do pai da Lavínia, porque tavam precisando duma revisora, o Edgar arrumou já está fazendo um mês. E muitas noites ainda dá aula particular, sabe, preparadíssima, está praticamente sustentando a casa!
ADELAIDE	– (*fofoqueira*) O Edgar que conseguiu esse trabalho, é?
ZULEICA	– Regina teve muita sorte com o filho. Responsável, educado... (*enfática*) Aquilo é que era homem pra Maria Lúcia!

Corta rápido para:

Cena 17: ESCRITÓRIO DE QUEIROZ NA EDITORA (INT NOITE)

Queiroz termina de trabalhar com Kira, em sua SALA.

QUEIROZ — Pede ao Edgar pra dar uma passada aqui pra gente estudar a minuta desse contrato.

Corta para ANTESSALA, Maria Lúcia entrega original de livro a Edgar. Kira vai sair. (Depois, João entra.)

MARIA LÚCIA — Terminei a revisão, Edgar. Como ele escreve bem!
KIRA — (*a Edgar*) Doutor Queiroz tá te chamando.
EDGAR — Se você quiser esperar dez minutos te dou carona, Maria Lúcia.
MARIA LÚCIA — Obrigada, não precisa porque...

Entra João, sorridente. Close.

MARIA LÚCIA — (*feliz*) Olha ele aí.
Reação de Edgar, disfarçando ciúme.
Corta para:

COMERCIAIS

Cena 18: APTO. MARIA LÚCIA (INT NOITE)

Abre na COZINHA, Caramuru comendo, Dagmar voltando ao fogão enquanto Galeno passa para a sala, ela abriu a porta de serviço.

CARAMURU — Ensopado de dobradinha duas vezes na mesma semana, Dagmar?
DAGMAR — Se não tá agradando, diz que essa churrascaria aí perto da praça é muito boa.
GALENO — (*de passagem*) A Maria Lúcia e o João já chegaram?
DAGMAR — Não faz nem cinco minuto.
CARAMURU — (*Galeno já saiu*) Pelo menos uma linguicinha no feijão cê sempre botou!
DAGMAR — Olha, Caramuru, só pra mim tão devendo dois mês de ordenado, e não precisa de pagar nem nunca, que se não fosse pelo falecido seu Damasceno eu não tinha criado a minha filha!

Corta para o CORREDOR, Maria Lúcia entregando cheque à mãe.

CARMEN — Seu pagamento todo, Maria Lúcia?
MARIA LÚCIA — Você faz as contas e amanhã me dá o que puder. Essa noite eu não preciso, vamos ver uma sessão especial do filme do Rogério Sganzerla, aqui perto, o Galeno arrumou convite.

Enquanto Maria Lúcia entra em seu quarto pra trocar de roupa, Galeno vem cumprimentar Carmen.

GALENO	– Como é que vai a nossa bela e severa inspetora de alunos, novo terror dos secundaristas aflitos?
CARMEN	– Com saudade do seu bom humor, Galeno.
GALENO	– E seu Teobaldo? Não tenho tido notícias.
CARMEN	– Tá se recuperando devagarinho da trombose, já tá falando bem melhor...
GALENO	– Como diria o Conselheiro Acácio, muito breve as rosas da saúde hão de voltar a florir no rosto de seu amado sogro.

Corta descontínuo para SALA, Carmen e Dolores veem novela de tevê. Mostrar na tela rapidamente uma novela do primeiro semestre de 1968. Interessam-nos João desligando o telefone ao lado de Maria Lúcia e Galeno.

MARIA LÚCIA	– *(decepcionada)* Não vai poder ir?
JOÃO	– Reunião, Lúcia, na casa do Marcelo, você vai com o Galeno, se der tempo pego vocês na saída e a gente toma um chopinho no Varanda.
GALENO	– Passo pra te buscar oito e meia em ponto. Meu cunhado chegou de Brasília, vai ficar uma noite no Rio, marcou a nossa reunião de encheção de saco semestral.

Galeno caminha para sair do apartamento, ficamos um instante com João e Maria Lúcia.

JOÃO	– *(casual)* Você sabe qual é o cargo do capitão Rangel em Brasília?
MARIA LÚCIA	– *(casual)* O Galeno comentou outro dia mas eu não prestei muita atenção. Claro que não é nada muito importante, né, João, liberal demais pra ter função de destaque.

Corta rápido para:

Cena 19: APTO. DE EDGAR – SALA (INT NOITE)

Rangel, de uniforme, discute com Galeno. Muito, muito ritmo.

RANGEL	– *(afetuoso)* Sua irmã tá preocupadíssima, Galeno, chegou aos ouvidos dela que você tá vivendo aqui de favor, que trancou matrícula na faculdade!
GALENO	– <u>Antes que a definitiva noite se espalhe em *Latinoamérica*!</u>
RANGEL	– *(preocupado)* Esse seu cabelo...
GALENO	– <u>Viva a mata! Viva a mulata!</u>
RANGEL	– *(preocupado)* Dá impressão de sujeira...
GALENO	– <u>Viva Iracema! Viva Ipanema!</u>
RANGEL	– *(preocupado)* Não tem emprego fixo!
GALENO	– <u>Viva a banda! Carmen Miranda!</u>
RANGEL	– *(grita)* Para com isso!
GALENO	– *(muda o tom)* Desculpa, eu tô brincando.
RANGEL	– Eu quero tranquilizar a sua irmã.
GALENO	– Tá certo, já falei que tô brincando.

Rangel	– O que é que você tá fazendo, nesse momento?
Galeno	– Tô falando sério, porque já vi que com citação do Caetano você fica nervoso.
Rangel	– (*tenso*) Eu tô lhe perguntando o que você tá fazendo pra viver, você deve ter alguma ocupação!
Galeno	– Tô fazendo música, com o companheiro Michel, mais especificamente, <u>letra</u>, ele é o Tom, antes de ganhar em dólar, claro, e eu sou um Vinicius que não fez a besteira de entrar pra carreira diplomática, se me convidarem posso cantar em boate a qualquer hora sem dar satisfação pra ninguém.
Rangel	– Você acha que dá pra gente te levar a sério, Galeno?
Galeno	– Isso eu não pedi.
Rangel	– Vou ter cara de falar pra Idalina que você agora tá fazendo música?
Galeno	– <u>*Y el cielo como bandera*</u>!
Rangel	– (*consigo mesmo*) Peça de teatro...
Galeno	– <u>Não sejam palavras tristes</u>!
Rangel	– (*consigo mesmo*) Roteiro de filme...
Galeno	– <u>*El nombre de l'hombre muerto*</u>!
Rangel	– (*consigo mesmo*) Agora música!
Galeno	– (*debochado*) <u>Que tudo mais vá pro inferno, meu bem</u>!
Rangel	– (*irritado*) Eu te proíbo de continuar a me tratar como se eu fosse um/
Galeno	– (*corta, sério*) <u>É proibido proibir</u>!
Rangel	– Eu estou te tratando como um adulto e você me/
Galeno	– (*corta*) <u>Proibido proibir</u>!

Tempo. Pela primeira vez desde o início da cena.

Rangel	– (*afetuoso*) Seu futuro, Galeno. O que é que vai ser do seu futuro?
Galeno	– (*irritado*) <u>Você</u> tá preocupado com o <u>meu</u> futuro? (*sério e pomposo*) Pois eu lamento muito te informar, Rangel, que <u>eu</u> estou preocupado com o futuro <u>do mundo</u>!

Corta rápido para:

Cena 20: SEQUÊNCIA EM PRETO E BRANCO

<u>Sonoplastia</u>: "Soy loco por ti, América", de Gilberto Gil, Capinam e Torquato Neto, por Caetano Veloso (*a introdução já veio no final da cena precedente*).
(*Material jornalístico misturado a dia a dia dos personagens.*)
a) Presidente Costa e Silva e dona Iolanda recebem visitantes estrangeiros.
b) Carlos Lacerda, aliado a Juscelino Kubitschek e João Goulart, declara-se solidário com os estudantes.
c) Abril, presidente Costa e Silva e ministro da Justiça Gama e Silva extinguem Frente Ampla.

d) ESCRITÓRIO DE FÁBIO NA HOLDING (INT DIA) Sérgio entrega papelada de trabalho a Fábio. Fábio olha e vai assinando.
e) RUA DA ZONA SUL (EXT DIA) Abre em Natália e Avelar, beijando-se, dentro do carro de Avelar. Ela sai. Entra em seu próprio carro, estacionado ao lado. Natália dá um adeus a Avelar, do volante, afasta-se, dirigindo seu carro, e Avelar fica olhando, apaixonado, parado ao volante do seu.
f) BOATE CLASSE A (INT NOITE) Heloísa e Olavo dançam animadamente "Soy loco por ti, América". Heloísa sorridente. Figuração animada, rapazes de cabelos longos.
g) Abril, assassinado em Memphis, EUA, por um franco-atirador o pastor negro Martin Luther King, prêmio Nobel da paz de 64.
h) APTO. DE MARCELO – SALA (INT NOITE) Reunião do CPR. João, Marcelo, Sandra, Pedro e figurantes. João defende algum argumento com ardor.
i) 16 de abril, greve operária em Contagem, MG.
j) QUARTO DE HOSPITAL (INT DIA OU NOITE) Abre em close de João, entrando no quarto, ansioso. Corta para Teobaldo morto no leito de hospital, enfermeira lhe fecha os olhos. Carmen abraça Marta, aos prantos. João abraça Maria Lúcia, muito comovido.
k) APTO. DE MARIA LÚCIA – SALAS (INT DIA) Caramuru e um figurante vêm trazendo malas e objetos de Marta, que vai passar a morar ali. Carmen e Maria Lúcia carinhosamente recebem Marta, de luto.
l) Cartaz do filme de Rogério Sganzerla O bandido da luz vermelha.
m) APTO. DE EDGAR – ESCRITÓRIO (INT DIA) Galeno, dois rapazes figurantes de cabelos longos e uma moça brincalhona, ensaiam um número musical para concorrer a Festival de Música. Galeno dá orientação, é líder. (A ideia a passar é de que Galeno está envolvido num desconhecido e fictício grupo jovem que lembre vagamente Os mutantes).
n) 1 de maio, governador de São Paulo, Abreu Sodré, apedrejado e ferido em protesto na praça da Sé.
o) Maio, prisão de 120 estudantes na Escola de Medicina de Belo Horizonte.
p) Maio, rebeliões estudantis na Alemanha, Bélgica, Espanha, Itália, Estados Unidos, Argentina, Bolívia, Chile, Senegal.
q) Maio, em Paris, estudantes levantam barricadas contra a polícia e a enfrentam com paralelepípedos das ruas, centenas de presos e feridos, carros incendiados, 500 mil desfilam em protesto, Sorbonne e fábricas Renault ocupadas, 10 milhões de trabalhadores em greve.
r) 26 de maio, doutor Euríclides Zerbini realiza primeiro transplante de coração no Brasil, no Hospital das Clínicas de São Paulo.
s) 6 de junho, assassinado a tiros na Califórnia o senador Robert Kennedy, candidato à presidência.
Edição: a sequência deve durar exatamente 1 minuto e dez segundos.
Corta para:

Cena 21: APTO. DE HELOÍSA CASADA – SALA (INT DIA)

Heloísa exaltada, logo após o café da manhã, já no meio de uma discussão com o marido Olavo, que vai sair para o trabalho. (*Atenção, figurinos:* roupas de inverno até a próxima passagem de tempo. E Edgar já não precisa estar com curativo na costela.)

HELOÍSA	– Conspiração sim, primeiro mataram o irmão que já era presidente, agora esse que ia se eleger, pensa que lá é diferente daqui, os caras fazem de tudo pra não entregar a rapadura!
OLAVO	– (*perplexo*) Mas que rapadura, Heloísa, que conspiração!?
HELOÍSA	– A Ku Klux Klan, os racistas, já tinham matado o Martin Luther King também, a máfia, a CIA!
OLAVO	– Mas não foi um árabe?
HELOÍSA	– Você não entende mesmo nada ou não tá querendo ver?
OLAVO	– Tô querendo sabe o que, Heloísa? Que você se dedique um pouco mais à casa! Chego cansado do trabalho, essa cozinheira é uma porcaria, cada dia um suflê novo solado, pede umas receitas pra tua mãe porque eu vou acabar engordando de tanto acordar de madrugada morrendo de fome e comer biscoito!

Tempo. Heloísa deprimida. Ele se aproxima, meigo.

OLAVO	– Não aguento esse clima de briga.
HELOÍSA	– (*frágil*) Você acha que eu gosto?
OLAVO	– Logo mais a gente vai ao aniversário do seu irmão, não vai?
HELOÍSA	– Se você quiser... claro. Meu irmão.

Corta rápido para:

Cena 22: APTO. DE MARIA LÚCIA – SALA (INT NOITE)

(*Atenção, edição*: não há interrupção de ritmo de diálogo entre a primeira fala desta cena e a última da cena precedente.)
João e Maria Lúcia vão sair para aniversário de Bernardo, o irmão de Heloísa. Carmen e Marta "ouvem" novela de televisão, muito atentas, diante da tela negra. Também ouvimos o som da novela.

JOÃO	– Não dá pra gente fazer algum outro programa, Lúcia? A Heloísa casou, já nem mora lá! Eu nunca tive intimidade com esse Bernardo nem quero ter...
MARIA LÚCIA	– Vai todo o mundo, João, eu tô com vontade de ver gente, todo dia só da faculdade pro trabalho, do trabalho pra casa...
JOÃO	– Também tô com vontade de sair, mas e se surge discussão com o pai dela?
MARIA LÚCIA	– O doutor Fábio tá viajando, acho que Europa...
JOÃO	– Tudo bem, vai pegar a tua bolsa.

Enquanto Maria Lúcia pega a bolsa, João caminha até a tevê, fala com Carmen.

JOÃO	– Que que houve com a imagem?
CARMEN	– Defeito.
MARTA	– Mas estamos acompanhando, pelo diálogo. Uma história de amor tão bonita!

Maria Lúcia já de bolsa, beija a mãe e a avó.

MARIA LÚCIA — Tchau, mãe, tchau, vó.

Enquanto João se despede informalmente, ficamos com Carmen e Marta, diante da tela negra da tevê. Ouvimos diálogo de amor de uma novela da época, de preferência vozes de astro e estrela conhecidos.
Close de Marta, adorando.
Corta para:

Cena 23: SALÕES DE HELOÍSA (INT NOITE)

Depois de jantar americano, reunião alegre e elegante, roupas esporte, presentes Antunes servindo, mais dois garçons, Bernardo, o aniversariante, Edgar, Galeno, Gustavo e Lavínia, Heloísa e Olavo, João e Maria Lúcia, Jurema, Natália recebendo, Waldir e um bom número de figurantes jovens, cabeludos. Música ambiente. Abre em conversa animada de Bernardo, Gustavo e Olavo, comendo sobremesa. Durante a fala de Olavo, Jurema se aproxima de Bernardo, atrasada, em segundo plano entrega um presente, pede desculpas pela hora, dá parabéns e Bernardo agradece, fora de áudio.

GUSTAVO — Verdade, Bernardo, ouvi lá na clínica, tão abafando, mas mandaram acompanhar qualquer manifestação vestidos à paisana, prender líderes estudantis...

BERNARDO — E você quer o quê? Que o governo fique de braços cruzados enquanto eles botam fogo no país?

GUSTAVO — Ouvi falar de um capitão que foi punido porque se recusou a participar de coisas que... *(triste)* O fim da picada, gente, imagina que/

OLAVO — *(corta)* Cê tá parecendo a Heloísa, acredita em tudo que é cretinice que comunista inventa, o que eles querem é isso mesmo, Gustavo, você nunca ouviu falar em indústria de boatos? Vou te contar, pensei que essas maluquices só viravam bate-boca lá em casa.

Corta rápido para Heloísa e Natália, bem à parte.

NATÁLIA — Quero saber sim, Heloísa, que mãe não quer? Quero saber se você tá feliz.

HELOÍSA — Me arranja uma cozinheira boa que fica tudo ótimo.

Corta descontínuo para Galeno e Waldir conversando, mais tarde, Antunes lhes serve champanhe, abre num copo ou garrafa. Em outro ambiente, um grupo grande brinca de jogo da verdade. Agora não há música ambiente.

GALENO — *(crítico)* Eu não acredito! Jogo da verdade, Marcel Carné 1958, e na época já era cafona.

Corta para o jogo. Jurema é interrogada. Vez de Edgar perguntar.

EDGAR — Caetano ou Chico Buarque?
JUREMA — *(tímida)* Acho que o Chico, porque é mais romântico.
BERNARDO — Você é virgem?
JUREMA — Não, sou sagitário.

Corta descontínuo para João sendo interrogado. Bernardo pergunta.

BERNARDO	– Você leu *O capital*, de Marx?
JOÃO	– Tudo não. Li umas partes da crítica da economia política... o que eu me interesso mais é pelos manuscritos do jovem Marx.
OLAVO	– Você usa essas roupas porque não tem dinheiro pra comprar outras, porque acha bonito ou é pra fazer gênero?
JOÃO	– Eu vou me preocupar com isso no dia que você tiver alguma coisa na cabeça a mais que titica.

Reações gerais: "Ih, que agressividade, assim não dá etc..."

LAVÍNIA	– Minha vez, gente, péra lá! (*tempo, a João*) Define a mulher ideal.
JOÃO	– (*olha Maria Lúcia, romântico*) Inteligente, sensível, bonita, um metro e 71 de altura, cabelo preto, sobrancelha grossa.

Close de Maria Lúcia, baixando os olhos, sem jeito.

GUSTAVO	– Você se forma esse ano, não é, João? Qual a sua maior ambição, depois de formado?
JOÃO	– Viver num mundo melhor. Com liberdade e comida pra todo trabalhador, um mundo em que todos tenham o direito de falar... de ter opinião.
JUREMA	– Você tem vontade de ter filhos?
JOÃO	– Enquanto eu não conseguir viver nesse mundo melhor, não sei... Acho que pode ser perigoso.

Close de Maria Lúcia, frustrada. Close de Edgar, notou.

Corta descontínuo para Edgar sendo interrogado. Lavínia pergunta.

LAVÍNIA	– Você é a favor ou contra guitarra elétrica na música brasileira?
EDGAR	– A favor. Acho que todo artista tem o direito de se expressar como quiser.
GUSTAVO	– Você se definiria como uma pessoa de esquerda ou de direita?
EDGAR	– Não sei. Acho que... ainda me falta uma formação mais sólida preu ter uma posição definida.
JUREMA	– Qual é o seu ideal na vida?
EDGAR	– Me tornar um bom profissional, ser útil ao meu país... encontrar uma mulher que me ame, casar e criar uns três ou quatro filhos.

Close de Maria Lúcia, disfarçando constrangimento.
Corta para:

Cena 24: RUA DE IPANEMA (EXT NOITE)

Galeno e João caminhando, depois de terem deixado Maria Lúcia em casa. Frio.

GALENO	– Um mês, João, o aquecedor enguiçou, elas tão sem grana pra consertar, foi a Dagmar quem falou pro Caramuru! Tão tomando banho frio de manhã com esse tempo, por falta de dinheiro!
JOÃO	– Fofoca, Galeno, a Maria Lúcia não ia esconder um troço desses de mim!
GALENO	– E a televisão? A maior distração da dona Carmen e da avó é ver novela! Pifou o tubo de imagem, chamaram o técnico, não têm dinheiro pra consertar porque é quase o preço dum aparelho novo!
JOÃO	– Isso eu vi, mas não pode ser falta de dinheiro, as duas tão trabalhando, a Lúcia não ia deixar de comentar comigo, com certeza o técnico explorou, vão chamar outro!
GALENO	– Pifou já faz três semanas, João! Tão <u>ouvindo</u> televisão faz três semanas, a Maria Lúcia é moita nessas coisas, você acha que eu ia inventar?

Close de João, perplexo.
Corta para:

Cena 25: APTO. DE MARIA LÚCIA (INT DIA)

Manhã seguinte, bem cedo. Abre no BANHEIRO, Maria Lúcia saindo do banho frio, tremendo de frio. Ouvimos campainha, enquanto Maria Lúcia começa a se enxugar, tremendo. Tempo.
Corta para CORREDOR. Maria Lúcia saindo do banheiro, João acaba de chegar. Dagmar passando para fazer algum serviço.

JOÃO	– Desculpa eu vir assim cedo, Lúcia, é que/ Tá faltando água lá em casa, será que dá preu tomar um banho aqui?
MARIA LÚCIA	– *(sem jeito)* Ih, eu achava melhor você ir no Edgar, ou na Lavínia... Porque... o aquecedor enguiçou, tamos sem água quente.
JOÃO	– Desde quando?
MARIA LÚCIA	– Desde... ah, João, eu... não lembro... não ligo... eu gosto de banho frio.

Corta rápido para:

Cena 26: APTO. DE JOÃO – BANHEIRO (INT DIA)

Abelardo faz a barba enquanto <u>discute</u> com João. Muito ritmo.

JOÃO	– O problema do aquecedor é fácil, mas televisão! Tive na Barbosa Freitas. Pra fazer crediário sem carteira de trabalho, só com fiador, será que é pedir muito, pai, se você não aceitar ser meu fiador vou pedir pra quem?
ABELARDO	– Pra quem for louco o suficiente pra achar que você tem condições de fazer essa compra!
JOÃO	– Vou deixar a família da Maria Lúcia nessa situação?

ABELARDO — (*agressivo*) Querem televisão pra quê? Banho quente pra quê? Acorda as três bem cedo, toda manhã, banho frio é muito bom pra circulação antes de passeata, quebrar loja, distribuir panfleto!

Corta rápido para:

Cena 27: APTO. DE SALVIANO E SANDRA – SALA (INT NOITE)

Reunião do CPR já pelo meio. Presentes João, Marcelo, que preside, Sandra, um figurante mais velho, que não pareça estudante, e <u>André</u>, participação especial. Atenções em João, constrangido.

MARCELO — (*sério*) Se o companheiro não tem condições de assumir a tarefa...
JOÃO — Eu não tô recusando, saindo fora, nada disso, só que nesse momento, coordenar finanças da organização, eu sei o tempo que toma, controlar contribuição do pessoal mais próximo, promover evento...
SANDRA — Por isso que a gente precisa de alguém de muita confiança.
JOÃO — O problema é o tempo, entendeu? Eu não tô podendo mais ficar horário integral... Não posso continuar só dependendo do meu pai pra tudo, eu tô procurando um emprego.

Close de Sandra, agressiva, olhar acusador.
Corta para:

Cena 28: APTO. DE GLÓRIA – SALA (INT DIA)

Glória, Zuleica, Adelaide e Dolores jogam biriba. Na parte final, diálogo em off com imagens da cena seguinte.

GLÓRIA — Concorrendo em Festival de Música, o Galeno?
DOLORES — Desclassificado na eliminatória, tadinho, tocou lá em casa pra gente ouvir, não era nenhuma beleza não, pra falar a verdade mais barulho que outra coisa.
ZULEICA — Tão todos achando que têm o talento do Chico Buarque!
ADELAIDE — Depois daquela pouca-vergonha toda na tal da *Roda viva* não sou mais fã do Chico não, sabe?
DOLORES — Maria Lúcia diz que muita coisa ali foi direção!
GLÓRIA — Se ele é autor, não podia proibir?
ZULEICA — Tô cada dia mais fã é do Costa e Silva! No dia seguinte da confusão toda aí por causa do tal estudante atingido pela bala perdida, vocês não leram o que ele fez, o seu Artur, no Rio Grande do Sul?
GLÓRIA — (*atenta ao jogo*) Não...
DOLORES — Eu li! No Clube Comercial de Pelotas! Salão vazio, a orquestra começou a tocar "Carolina", pra mim foi provocação... Pois sabe o que o Costa e Silva fez? Superior, minha filha, não guarda raiva, pegou dona Iolanda pela mão, ela com um vestido lindo, por sinal, e <u>dançou a Carolina</u>! Bofetada com luva de pelica!

ADELAIDE	– (*bate*) Bati.
GLÓRIA	– (*a Dolores*) Verdade que o João Alfredo tá trabalhando, Dolores?
DOLORES	– É, arrumou emprego num hotel, lá no Flamengo, parece que na portaria.
ZULEICA	– (*off*) Mas não tá pra se formar?
ADELAIDE	– (*off*) Final do ano, eu acho.
DOLORES	– (*off*) Ouvi dizer que a Valquíria e o Abelardo não gostaram muito não.
ZULEICA	– (*off*) E com razão, não é, Dolores? Criar um menino a pão de ló pra ver em portaria de hotel logo no ano da formatura?

Já cortou antes para:

Cena 29: PORTARIA DE HOTEL MÉDIO (INT NOITE)

João trabalha na recepção do hotel, de gravata. Movimento médio. Áudio do final da cena precedente. João recebe um casal de hóspedes que acaba de preencher ficha, chama um mensageiro e, muito solícito, pede que acompanhe o casal ao quarto. Close de João. Corta para:

COMERCIAIS

Cena 30: APTO. DE MARIA LÚCIA (INT DIA)

No BANHEIRO, Caramuru ajuda um rapaz a trocar serpentina do aquecedor.

CARAMURU	– Cuidado aí com essa serpentina, meu irmão, casa de gente finíssima, faz o conserto direito.

Corta para SALA, dois empregados de loja entregando um aparelho de tevê novo. João contente. Maria Lúcia e Carmen constrangidas, Marta muito contente.

MARIA LÚCIA	– Por que, João?
JOÃO	– Presente. Não tenho direito? Vou pagar parcelado, arrumei fiador.
CARMEN	– Mas... você é muito jovem pra uma despesa tão...

João se aproxima de Maria Lúcia, carinhoso. Enquanto isso, Marta se relaciona a Carmen.

JOÃO	– Diz que eu não tenho direito de dar de presente o que eu quiser pra mulher que eu amo.
MARIA LÚCIA	– Fico meio sem graça, João, tenta se pôr no meu lugar.
JOÃO	– (*quase beijando*) No seu lugar eu acho que... que eu agradecia.

Corta para Carmen e Marta, à parte.

MARTA	– (*baixo*) Meu pressentimento é que nós vamos ter casamento nessa casa muito breve.

Corta para:

Cena 31: APTO. DE AVELAR – SALA (INT DIA)

Ubaldo comendo rapidamente para sair para o trabalho, Avelar veio de seu quarto.

AVELAR	– Acho que tão radicalizando dos dois lados, a barra vai pesar!
UBALDO	– Os estudantes tão fazendo o que têm de fazer mesmo, Avelar, vão recuar agora?
AVELAR	– Você também? Parece que todo mundo... O doutor Salviano... um sujeito tão ponderado, dizem que deixou o Partido e se ligou a um grupo radical que... (*tom*) Ubaldo, essas reuniões todas que você tem ido, telefonemas, quase não tem saído mais com a Angela... Eu sei que o trabalho no jornal tá pesado, mas... você não tá metido em...

Reação de Ubaldo, se fecha. Avelar preocupado. Tempo.

AVELAR	– Desculpa, eu não devia tá falando, sei que esses assuntos... (*tom*) Eu ia só perguntar se você hoje volta tarde, porque lá pras seis horas... o marido dela tá viajando...
UBALDO	– (*desanuvia*) É, ainda há coisas boas nessa vida, fica tranquilo que eu não vou chegar antes das onze.
AVELAR	– (*meigo*) Pra ela aqui é mais seguro que motel. Chato se esconder assim, mas é o que dá pra gente ter por enquanto, e eu acho que tá sendo a melhor coisa que até hoje eu tive na vida.

Corta para:

Cena 32: ESCRITÓRIO DA EDITORA DE QUEIROZ (INT DIA)

No ESCRITÓRIO, Edgar entrega original de livro a Queiroz.

EDGAR	– Li com a maior atenção, doutor Queiroz, claro que é um livro da maior qualidade, mas... com todos os problemas que a empresa tá atravessando... acho arriscado, tem pouquíssimo apelo comercial, pra não dizer que não tem nenhum.

Queiroz olha o original. Pensa. Tempo.

QUEIROZ	– Logo mais eu tomo uma decisão, porque a Lavínia tá me esperando. (*olha relógio*) É bom de vez em quando almoçar com a minha filha, pelo menos enquanto eu ainda posso pagar uma conta de restaurante.

Corta para ANTESSALA, Lavínia e Maria Lúcia.

MARIA LÚCIA	– (*um pouco tensa*) Ah, não, Lavínia, tá fazendo insinuação!
LAVÍNIA	– (*constrangida, boa moça*) Esses assuntos... você sabe que eu não gosto... (*tom*) Só ia comentando porque você disse que tá achando João esquisito.

Maria Lúcia — Agora vai ter que falar!

Tempo.

Lavínia — É que o João... ele faz parte duma organização aí, não é?

Maria Lúcia — (*baixo*) Ele não esconde nada de mim, claro que eu sei tudo o que ele faz.

Lavínia — É que tem gente... dentro dessa organização... tem gente que conhece... gente que *eu* conheço. Então eu soube... (*rápida*) Parece que desde que tá trabalhando no hotel ele não tá podendo se dedicar como se dedicava antes, eu não sei detalhe nenhum, só sei que não devia tar comentando isso com você, pra que que eu fui abrir a minha boca, meu Deus do céu?

Close de Maria Lúcia, muito preocupada.
Corta para:

Cena 33: APTO. DE MARCELO – SALA (INT DIA)

Reunião do CPR já no auge, estão João, Marcelo, Sandra, Pedro, André e outro militante mais velho. Tensão.

João — Eu não tô abandonando a luta, só tô tentando colocar que preciso de um tempo, essa tarefa de hoje, levar os jornais pro aparelho... hora do meu trabalho, será que não tem outra pessoa que possa ir no meu lugar?

Tempo.

Sandra — Terminou?

João só faz que terminou, angustiado. Marcelo, presidindo, passa a palavra a Sandra, com um gesto. Tensão e ritmo.

Sandra — Acho melhor explicitar o que tá acontecendo, tá deixando a organização <u>sim</u>, optando pelo interesse pessoal, pela sua vida pequeno-burguesa. E nós não precisamos de revolucionário teórico.

João — (*irritado*) Eu nunca fui teórico, nunca fugi da ação!

Sandra — Tá fugindo agora!

João se levanta, angustiado mas decidido, com raiva.

João — Dá um aparte? Vou falar e vou embora, o que eu tinha pra dizer já disse, tô cansado desse papo de alienado, desbunde, tô com problema concreto, coloquei, cês acham o que quiserem.

André — Ela tá tentando analisar, entender.

João — Não tá não, me desculpa mas ela tá é rotulando, mais fácil do que entender, daqui a pouco cita Lênin e eu sinto muito mas tô sem saco, me chamar de teórico! Cês veem aí, se acharem que devem me desligar me avisam, eu tenho que ir.

João sai torturado. Clima pesado. Sandra se levanta.

SANDRA — Acho perda de tempo querer segurar uma pessoa que claro que já tá noutro esquema, escolheu.
MARCELO — Você pode levar os jornais no lugar dele?
SANDRA — O simpatizante da gráfica prometeu entregar às seis horas. (*olha relógio, triste*) Eu falto à reunião, entrego sim.

Sandra vai pegando seus pertences, para sair. Close de Marcelo, sofrido, tenso.
Corta para:

Cena 34: ESCRITÓRIO DA EDITORA DE QUEIROZ (INT DIA ANOITECENDO)

Sandra com Kira. Maria Lúcia entrando vinda da sala de Queiroz.

KIRA — (*não gosta desse assunto*) O Elias da gráfica mandou avisar que atrasou, diz que traz às sete horas.
SANDRA — Então eu volto às sete. (*nota antipatia*) Ele não tem nada com isso não, viu, eu que encomendei.
KIRA — Não sou dedo-duro, mas o doutor Queiroz e o Edgar não tão sabendo dessa história, não acho certo!

Sandra vai saindo enquanto Kira entra no escritório do qual Maria Lúcia saiu. Durante o próximo diálogo, Maria Lúcia vai colocar em sua bolsa grande *algumas* provas *de livro da editora para revisar em casa (vai ser importante no capítulo seguinte).*

MARIA LÚCIA — (*a Sandra*) Oi.

Antes de sair, Sandra olha Maria Lúcia com desprezo e não diz nada. Close. Vai sair.

MARIA LÚCIA — Pera aí, Sandra, tá certo que você nunca foi com a minha cara, mas seu pai e o meu, os maiores amigos, nem "boa-noite" mais?

Sandra vai sair novamente sem responder.

MARIA LÚCIA — (*tensa*) Aconteceu alguma coisa com o/ Vocês tinham reunião!
SANDRA — Aconteceu o que você sempre quis. Nós na luta e ele em portaria de hotel juntando dinheiro pra sua mãezinha e a sua avozinha verem novela, meus parabéns.

Corta rápido para:

Cena 35: PORTARIA DE HOTEL MÉDIO (INT NOITE)

Maria Lúcia diante de João, na recepção. Ela ainda carrega sua bolsa grande. Telefone sobre o balcão. Muito ritmo.

MARIA LÚCIA — (*aflita*) Eu não quero que você faça sacrifício por minha causa, João, não vai dar certo, você tem que/
JOÃO — (*corta*) Tô fazendo o que acho que devo!
MARIA LÚCIA — Se você largar o seu grupo pra/
JOÃO — (*corta*) Não larguei, Lúcia, ela te tratou desse jeito porque a gente

	discutiu, eu tinha que... entregar esses jornais, no carro dela, porque a Sandra tinha uma reunião, meu horário do serviço, ela vai faltar à reunião, não é nada tão/
MARIA LÚCIA	– (*corta*) Você só tá trabalhando aqui por minha causa!
JOÃO	– Tô aqui porque eu quero, você não me pediu nada!
MARIA LÚCIA	– João, olha nos meus olhos! Diz que não tem importância pra você, cumprir tarefa, ir entregar os jornais, diz que/
JOÃO	– (*corta*) Fica calma!
MARIA LÚCIA	– (*tensa*) Olha pra mim. (*tempo*) Você tá se sentindo bem trabalhando aqui, a Sandra faltando reunião pra substituir você, ou tá fazendo isso por minha causa? (*tom*) No dia que a gente se casar tá certo, mas esse problema de grana... Eu e a mãe tamos vivendo, João...

Tempo. João dividido. Toma uma decisão.

JOÃO	– Tem certeza que ela vai voltar à editora às sete horas?
MARIA LÚCIA	– Absoluta!
JOÃO	– Eu vou me sentir muito melhor entregando os jornais, sim.

Corta rápido para:

Cena 36: EDITORA DE QUEIROZ – ANTESSALA (INT NOITE)

Abre em close de embrulho muito grande, que o funcionário Elias está amarrando com corda. Dentro, muitos pequenos jornais, em papel ordinário. (Produzir uma capa. Nome do jornal: A Revolução. Manchete principal: "Só o povo armado derruba a ditadura.") Antes de Elias fechar o embrulho deve-se poder ler alguma coisa, João e Sandra já falando. Cena muito rápida.

SANDRA	– Tem certeza?
JOÃO	– Larguei o hotel, vou me sentir melhor assim.

Corta rápido para:

Cena 37: RUA PERTO DA EDITORA (EXT NOITE)

Sandra entregando as chaves de seu carro enquanto caminha em direção ao carro ao lado de João, que carrega o enorme embrulho fechado de jornais, e Maria Lúcia, sempre com sua bolsa grande. (O carro de Sandra deve ser muito modesto, chumbado, seria bom um daqueles Gordinis sem acabamento da época, por exemplo.) Já estão em frente ao carro, João vai abrir a mala.

SANDRA	– A chave da mala tá enguiçada, não deu tempo de passar no chaveiro... Cê acha que tem importância se/
JOÃO	– (*corta*) Besteira, um embrulho, entregar logo ali.

Enquanto João abre o carro e coloca o grande embrulho sobre o banco de trás, Sandra fala rapidamente a Maria Lúcia, emocionada.

SANDRA	– Maria Lúcia. Aquilo que eu falei... você me desculpa... Eu tenho andado muito nervosa.
MARIA LÚCIA	– Tá tudo bem.

Sandra se afasta enquanto João abre a porta indicando que Maria Lúcia deve entrar no carro.

JOÃO	– No caminho da Urca eu posso te deixar num ponto de ônibus.
MARIA LÚCIA	– Na rua da Passagem.

João concorda, vão entrar no carro, ele tem um pressentimento, segura-a um instante pelos braços.

JOÃO	– Lúcia, eu...

Hesita, ela o abraça com força, tensos. (Durante esta breve ação romântica, um close do embrulhão, no banco de trás do carro.) Um instante, separam-se e entram no carro. Terminar talvez com plano do carro já em movimento, close do embrulhão.
Corta para:

Cena 38: APTO. DE AVELAR – QUARTO (INT NOITE)

Avelar torturado, com Natália, ouvem rádio. Muita tensão.

AVELAR	– <u>Na Urca</u>! Na Faculdade de Economia!
LOCUTOR	– *(off)* "O reitor havia negociado a retirada do dispositivo policial, mas as informações que nos chegam do local dão conta de que mal os estudantes ganharam a rua a polícia atacou os jovens que se retiravam. O tumulto nesse momento é grande em toda a região."

Avelar desliga o rádio, muito tenso. Joga longe, com raiva, um livro de história ou economia que havia sobre a mesinha de cabeceira. Natália se aproxima, muito meiga, fazendo carinho.

NATÁLIA	– Esses rapazes, essas moças, entre eles pode haver... ex-alunos seus?
AVELAR	– *(torturado)* Muitos.

Corta rápido para:

Cena 39: RUAS DA ZONA SUL (EXT NOITE)

Dar impressão de perto da rua da Passagem. João dirigindo o carro de Sandra, Maria Lúcia ao lado. Rodam um pouco, clima de tensão. De repente, alguns estudantes passam correndo. João denota preocupação. Dobra uma esquina. Na SEGUNDA RUA, de repente, veem PMs no meio da rua mandando parar, João freia. Maria Lúcia e ele se entreolham, com medo. Vemos um grupo de jovens já detidos, rostos voltados para um muro, mãos para cima, PMs apontando metralhadoras, muita tensão. Um PM empurra um dos rapazes para dentro de um camburão. Belotti, um policial civil, de terno, comanda a *ação sem se envolver diretamente, tranquilo, sem gestos violentos. Mandam João e Maria Lúcia sair do carro. Maria Lúcia olha apavorada o embrulhão, no banco de trás, <u>close do embrulhão</u>, enquanto Belotti começa a examinar os dois, <u>brando</u>.*

Belotti   – Cara de estudante, encosta aí.

Reação de João, olha aflito para Maria Lúcia apavorada, vai dizer alguma coisa, um PM o empurra, coloca seu rosto contra o muro, ameaçando-o com metralhadora. Outro PM empurra Maria Lúcia. Ela olha o carro, morrendo de medo, tensão. Corta para o camburão, Belotti mandando um soldado prender uma moça que ele acabou de interrogar.

Belotti   – Essa vai.

O soldado faz a moça entrar no camburão. Corta para close de Maria Lúcia, morrendo de medo. Tudo muito rápido, é uma cena de montagem.
Belotti agora interroga um rapaz que acaba de ser parado e saiu de seu carro. PM ao lado. Belotti examina carteira de estudante.

Belotti   – Estudante? Não tem carteira de trabalho? (*ao PM*) Pega esses livros aí no banco de trás preu dar uma olhada.

Close de Maria Lúcia, morrendo de medo. Olha o carro de Sandra. Close do embrulhão, no banco de trás. Último close de Maria Lúcia, apavorada.
Corta.

Fim do capítulo 11

Cena 1: RUAS DA ZONA SUL (EXT NOITE)

Continuação quase imediata da última cena do capítulo anterior. BELOTTI se adianta para perto de MARIA LÚCIA trêmula.

BELOTTI — *(a um soldado)* Essa aí não foge, cerca quem tá vindo da Urca.

BELOTTI olha MARIA LÚCIA, complacente. Close de MARIA LÚCIA com muito medo. JOÃO, rosto contra o muro, tensíssimo, tenta ver o que acontece. Corta descontínuo para <u>triagem</u> de detidos, no meio da rua, PMs escoltam todo o grupo, BELOTTI libera uns, manda outros para o camburão, PMs empurram para dentro, tensão, medo. MARIA LÚCIA e JOÃO aguardam a vez, medo dos dois. BELOTTI examina um rapaz figurante, suado, ofegante, à frente de JOÃO e MARIA LÚCIA na triagem. (O rapaz do carro do capítulo precedente não precisa aparecer mais.)

BELOTTI — *(brando)* Suado, rapaz, sem ar! Exercício essa hora? Ou veio da faculdade e fugiu? *(ao soldado)* Esse vai com a gente.

PM empurra rapaz para o camburão, reações de JOÃO e MARIA LÚCIA, BELOTTI se volta para eles. Ela tem sua bolsa grande na mão.

BELOTTI — *(põe a mão na camisa de JOÃO)* Esse aqui não tá suado... *(a MARIA LÚCIA)* Deixa eu ver a bolsa, minha filha.

MARIA LÚCIA abre a bolsa. Aparecem as <u>provas</u> de livro do cap. 11.

BELOTTI — Que isso aí?
MARIA LÚCIA — São... provas de livro.

Durante as próximas falas, MARIA LÚCIA olha rapidamente para o carro deles, com muito medo. Close rápido do embrulhão.

JOÃO — Ela trabalha numa editora.
BELOTTI — E você, é estudante?
JOÃO — Trabalho num hotel, taqui a carteira.
BELOTTI — Deixa eu ver essas provas. *(olha)*
MARIA LÚCIA — É um romance.

BELOTTI folheia para verificar. Vem se aproximando lentamente um carro com uns cinco jovens dentro.

BELOTTI — *(confere)* <u>Romance</u>... <u>tradução</u>... *(vê o carro com os jovens e fala a um PM)* Para aquele carro ali, esses dois pode liberar.

PMs se afastam, JOÃO e MARIA LÚCIA entram assustados no carro. Enquanto JOÃO dá a partida, PM para o outro carro que vem chegando e BELOTTI se aproxima do carro. Corta para:

Cena 2: APTO. MARIA LÚCIA – SALA (INT NOITE)

Clima muito tenso. MARIA LÚCIA e JOÃO. Um tempo morto.

Maria Lúcia	– (*muito frágil*) Não vai prejudicar ninguém, ter jogado fora os jornais?
João	– Não é hora pra tá pensando nisso, Lúcia.
Maria Lúcia	– É que eu... eu...

Maria Lúcia *tem uma forte crise de choro. João faz carinho, meigo.*

João	– Não fica assim, por favor, se acalma...

Corta descontínuo para João *dando um comprimido e água a* Maria Lúcia, *ela toma, já mais calma.*

Maria Lúcia	– Me diz, João, o que que iam fazer conosco se a gente fosse preso?
João	– Não iam tratar bem não, Lúcia, você viu. Mas acho que iam entender que você não tinha nada a ver com os jornais, provavelmente te soltavam amanhã, que eles não podem ficar com tanta gente presa. Mas essa noite ia ser dura.
Maria Lúcia	– (*intensa*) Eu não tô aguentando!
João	– Natural, meu amor, primeira vez na vida, qualquer pessoa ia/
Maria Lúcia	– (*corta, ainda mais intensa*) Não tô aguentando há muito tempo! Toda noite, dez, quinze minutos que você se atrasa prum encontro, pior que o medo que a minha mãe sentiu a vida inteira! (*tom*) Se o meu pai não tivesse sido preso ninguém me tira da cabeça que ainda tava vivo, você nunca pensa nisso? (*frágil*) Ele não podia tá aqui, do nosso lado?

João *faz um carinho nela.* Maria Lúcia *se retrai, por instinto.*

João	– Eu fui burro, Lúcia, na hora que vi aquela turma correndo tinha que ter dobrado a primeira esquina, deixava você na São Clemente, você pegava um circular, ou mesmo que tivesse que trocar de ônibus no Leblon...
Maria Lúcia	– (*mais forte*) Por que, João? Eu tinha que fugir de quem, se eu não tenho motivo nenhum pra ter medo de ser parada em blitz? Eu nunca ouvi falar de alguém ter sido preso por tá vivendo a própria vida, trabalhar, estudar!
João	– Cê não acha melhor dormir, conversar amanhã, depois de/
Maria Lúcia	– (*corta*) Acho melhor conversar agora, já devia ter conversado um ano atrás, dois anos atrás, eu não tô aguentando, eu não tenho estrutura pra continuar ligada a um homem que/ (*corta-se, muito frágil*) Semana passada eu escrevi carta pra BBC de Londres, interessada num curso que eles têm... Claro que eu não quero ir, não ia ter coragem de largar a minha mãe, minha avó, o que eu tô tentando fazer você compreender é o quanto eu tô sozinha, João, me esforçando pra não ser chata, mas... (*quase chorando*) muito sozinha! (*tom*) Tá bem que você queira lutar por uma série de coisas que eu tô completamente do teu lado, mas a vida não pode ser só isso! Um mundo

melhor, claro, eu também quero, um dia, mas... e essa noite, amanhã de manhã, o presente não conta? (*tom*) Eu me apaixonei por um cara que... gostava de Visconti, ia ao cinema comigo... gostava de sorvete, ouvia música do meu lado, João Gilberto, me levava pra dançar, tudo isso é vida também... (*frágil, e não chata*) Eu não aguento mais marcar um programa com você, e surge reunião de última hora e eu vou com o Galeno, eu não sou namorada do Galeno! Não tenho idade pra me sentir responsável pelo futuro dum país que nunca deu certo, isso aqui já começou errado, sei lá se tem chance de dar certo algum dia, eu quero viver a minha vida, acho que eu tenho o direito de ter um namorado que saia comigo, que me faça um mínimo de companhia! (*tom*) Hoje de manhã, na faculdade, tava todo mundo comentando sobre uma cantora nova, acho que baiana, da patota do Caetano, e eu/ (*corta-se*) Cinema não vou há mais de três meses... (*tom*) Da faculdade pro trabalho, do trabalho pra casa, sempre insegura, morrendo de medo de você... (*gesto vago*) Não tô aguentando mais, João, eu fiz um esforço muito grande mas...

Tempo.

JOÃO — (*tenso e meigo*) Você... tá mandando eu escolher entre a organização e você?

MARIA LÚCIA — (*frágil*) Não tô mandando nada. Só que o medo que eu senti essa noite, por nós dois... (*tom*) Desculpa, eu... tô só cansada, a gente conversa amanhã, é cansaço mesmo.

Corta para o QUARTO. Maria Lúcia de camisola na cama, vai dormir, João a cobre.

JOÃO — Tem certeza que você não prefere que eu fique? De manhã eu explico à dona Carmen, eu sei que ela...

MARIA LÚCIA — (*corta*) Eu tô bem. Juro. Eu vou dormir. (*frágil*) Presta só atenção pra bater a porta da rua, a luz do abajur eu apago.

João faz menção de dizer alguma coisa mas sente que não tem o que dizer. Sai do quarto, lento. Da porta, faz um aceno carinhoso, ou manda um beijo e sai. Close de Maria Lúcia. Tempo. Ela apaga a luz do abajur mas continua um instante em close, os olhos bem abertos.
Corta para:

Cena 3: JORNALEIRO (EXT DIA AMANHECENDO)

<u>Nascer do sol</u>. *Caminhão entrega jornais da manhã ao jornaleiro. João passa sem dar atenção e chuta uma pedra, com raiva. Close de um dos grandes pacotes de jornais, no chão, enquanto João se afasta.*
Corta para:

Cena 4: APTO. EDGAR – SALA (INT DIA)

Abre em close de um jornal do dia, sobre algum móvel, já lido, manchete sobre o incidente da noite (diálogo já rolando), <u>ligação visual com o final da cena precedente</u>. João, sentado, <u>prostrado</u>, o olhar vago. Regina conversa com Edgar. Durante o diálogo a seguir, detalhar fotos que Regina mostra, em primeiras páginas, de moças e rapazes deitados no gramado ou encostados ao muro, no campo do Botafogo, mãos na nuca, vigiados.

REGINA — *(tensa)* Encontrei perto da banca de jornal, Edgar, sentado no meio fio, desse jeito que você tá vendo, é evidente que passou a noite em claro, consegui trazer até aqui, mas... Deve ter acontecido alguma coisa ligada à noite de ontem... tá nos jornais...

EDGAR — *(tenso, amigo)* João! Fala comigo! O que foi que aconteceu?

REGINA — *(mostrando fotos a Edgar)* Olha aqui. Atacaram os estudantes quando já estavam na rua, perseguiram até o campo do Botafogo, encurralaram, como se fosse campo de concentração! E continuaram caçando nas ruas perto, pararam ônibus, carro, prenderam centenas de estudantes, olha as fotos...

Close de João, catatônico, durante o diálogo.

EDGAR — Deixa eu ficar sozinho com ele, mãe.

Corta para:

Cena 5: APTO. AVELAR – SALA (INT DIA)

Avelar e Ubaldo abalados, também vendo os jornais.

AVELAR — Esses camaradas tão loucos, olha o que fizeram com os garotos, as meninas!

Tempo. Os dois olham mais fotos.

UBALDO — Me diz uma coisa, aquela história da denúncia contra você, no colégio...

AVELAR — Como é que eu vou pensar nisso agora? Boato, sei lá se é paranoia, Ubaldo, dizem que tem dedo-duro lá, fofoca sobre as minhas aulas, aliciando jovens, nem tenho pra onde aliciar, não pertenço a nenhum partido!

UBALDO — Mesmo assim, se a situação piorar...

AVELAR — *(<u>mostra jornal, emocionado</u>)* Esses meninos passando por isso... a única coisa que eu ainda posso fazer é dar minhas aulas, mostrar erros e acertos do passado, ensinar história, dizer mais ou menos o que eu acho, é a carreira que eu escolhi!

Corta rápido para:

Cena 6: APTO. EDGAR – SALA (INT DIA)

João e Edgar já no meio da conversa. Muita emoção.

JOÃO	– Tô confuso, não posso perder a Lúcia, é a coisa mais importante da minha vida...
EDGAR	– *(firme, quase agressivo)* É?
JOÃO	– Você não entende?
EDGAR	– Entendo muito bem a Maria Lúcia ser a coisa mais importante da vida de alguém. Mas da sua? Uma menina sacrificada do jeito que ela é, perdeu o pai... *(raiva)* Revistada no meio da rua como se fosse uma...
JOÃO	– Não foi minha culpa! A gente nem tava... *(tom)* Tanto que liberaram, podia ter sido com qualquer um...
EDGAR	– Que tipo de vida você tá querendo dar pra ela, João, você é político? Me diz só isso, tá achando que vocês vão derrubar o governo?
JOÃO	– *(raiva)* Vamos ficar quietos! Deixar nossos colegas apanharem, serem sacaneados daquele jeito, foram 300, 400 ontem, tá nos jornais, no campo do Botafogo!
EDGAR	– *(grita)* Enquanto outros 300, 400 <u>mil</u> tavam em casa, ou trabalhando, ou estudando! O que a Maria Lúcia quer é crime? *(mais brando)* A gente não tá vivendo nenhuma guerra não, que te convocam e você vai ou tem que fugir, desertar.
JOÃO	– É uma guerra <u>sim</u>!
EDGAR	– *(intenso)* Pra quem escolheu o campo do Botafogo! *(tom)* O Waldir e eu... foi na nossa faculdade que a confusão começou! Nós fomos pro trabalho! *(tom)* Olha, João, eu nunca escondi de você que eu... Você sabe quem pode acabar sendo o maior beneficiado nisso tudo... Porque se você escolher ficar pichando muro escondido pela rua, quebrar vidraça de banco, botar fogo em carro... você vai perder a Maria Lúcia. *(generoso)* A grande maioria das pessoas tá levando vida normal. E você sabe que pode passar pro lado de cá à hora que quiser.

Close de João, atônito.
Corta para:

Cena 7: PORTA PRÉDIO DE EDGAR (EXT DIA)

João saindo do prédio pensativo, muito abalado. Caramuru discutindo animado com outro porteiro ali perto, sem ver João.

CARAMURU	– Esse ano é do Botafogo, meu irmão, não tem porém, Botafogo campeão de 68 vou querer mais o que da vida?

João registra, sem dar importância.
Corta para:

Cena 8: RUA DE IPANEMA – JORNALEIRO (EXT DIA)

No jornaleiro, João vê em jornais pendurados manchetes e fotos sobre os acontecimentos da véspera. Falando com o jornaleiro, Solange com uma amiga, ela comprou duas revistas, está pagando e vai esperar o troco. (O fato de Solange ser amiga de Natália não tem nada a ver com esta cena.)

SOLANGE — Você ainda não recebeu convite não? Bodas de Prata, no Copacabana Palace, mandei fazer um vestido lindo no Ney Barrocas, crepe azul-marinho, olha, eu acho que não é bem marinho, é mais pra cobalto.

Reação de João: como é que essa moça pode estar falando de roupa e não de política? João se afasta.
Corta para:

Cena 9: BOTEQUIM (INT DIA)

João toma uma média com pão e manteiga. Figuração, movimento normal de início de manhã. Sérgio comprando cigarro com um amigo. (O fato de Sérgio ser assistente de Fábio não tem nada a ver com a cena.)

SÉRGIO — Eu ainda sou mais o JK.

Reação de João, interessa-se, discreto.

SÉRGIO — Principalmente pelo espaço no banco de trás, dá pra cinco pessoas no maior conforto, entrei pro consórcio.

Corta rápido para:

Cena 10: PRAIA DE IPANEMA (EXT DIA)

Não precisamos de planos gerais. Ao fundo, o mar. João chega, com a roupa da cena precedente, senta-se na areia, fica olhando o mar. Entra inicialmente em off diálogo de dois rapazes, ao lado. João olha enquanto falam. Um deles é Michel, que vai aparecer adiante como amigo de Galeno.

MICHEL — (*off*) O primo do Franklin chegou de Los Angeles e trouxe o disco. (*agora enquadrado, pv de João*) Cê precisa ouvir, Pituco, maior som, chama Jimi Hendrix.

Close de João, pensativo. De repente, toma uma decisão, levanta-se.
Corta para:

Cena 11: PÁTIO DA PUC (EXT DIA)

Alunos saindo da aula. Movimento. Focalizamos Maria Lúcia, com Lavínia, caminhando. João, com um disco embrulhado na mão, a chama de longe.

JOÃO — Maria Lúcia!

Ela para. João se aproxima. Os dois conversam, câmera ao longe, por um instante. Corta para plano próximo, diálogo já no meio.

JOÃO — (*emocionado*) Liguei pro Edgar, ele falou pra você tirar a tarde de folga, teu chefe, né?

Corta rápido para:

Cena 12: APTO. DE MARIA LÚCIA – QUARTO (INT DIA)

João entrega o disco. Maria Lúcia desembrulha enquanto ele fala. Não é preciso detalhar capa.

JOÃO — (*emocionado*) Eu tava passando e ouvi na loja, a cantora que você falou. Chama Gal Costa. Fiquei com muita vontade de ouvir com você, eu... eu queria passar o dia inteiro do teu lado.

Corta rápido descontínuo para close de disco rodando na vitrola.
<u>Sonoplastia</u>: "Baby", de Caetano Veloso, por Gal Costa. (A introdução, de 42 segundos, já vem desde as cenas precedentes. Com o close da vitrola entra a voz de Gal, pela primeira vez em nossa minissérie.) Maria Lúcia reage à música, gostando muito. Atenção, apenas uma fala, que não deve entrar por cima da voz de Gal. Assim, precisa contar tempo. Exatamente 18 segundos depois do close do disco na vitrola, Maria Lúcia fala.

MARIA LÚCIA — (*muito emocionada*) Bonito.

Devemos ter alguma ação visual depois desta fala. Que passe bastante ternura. No final da cena, João deve fazer um carinho nela, mas não beijar, vamos guardar o beijo para o comercial.
Corta para:

Cena 13: PRAIA DE IPANEMA (EXT DIA)

João de calção e camisa, Maria Lúcia de maiô. Ele sentado, ela correndo, vinda da água, feliz. João compra mate ou limãozinho pros dois. Vai entregar copo a ela. Na hora de pagar, atrapalha-se com dinheiro e os copos, quase derrama um dos copos. Maria Lúcia consegue pegar, os dois riem muito. Close de Maria Lúcia, rindo, alegre.
Corta para:

Cena 14: HALL DO CINEMA PAISSANDU (INT DIA)

Maria Lúcia e João chegando de mãos dadas. Figurantes entrando. Cartaz do filme: Edu coração de ouro, de Domingos de Oliveira. Ou Romeu e Julieta, de Zeffirelli.
Corta para:

Cena 15: INTERIOR DO CINEMA PAISSANDU (INT DIA)

Maria Lúcia e João sentam-se, a sessão começou há pouco. Acomodam-se. Mostrar a luz do projetor, bonita. Ele a abraça, ela se sente protegida. Close de Maria Lúcia, protegida.

Corta para:

Cena 16: BAR ABERTO (EXT DIA)

Maria Lúcia e João tomam sorvete tipo sundae, conversando animadamente. Como nas cenas precedentes, canção cobre diálogo.
Corta para:

Cena 17: GALERIA DE ARTE (INT DIA)

Maria Lúcia e João veem apenas uma tela de Antonio Dias, Roberto Magalhães ou Vergara, 1966, 67 ou 68. Conversam sobre a tela. (A cena pode ser feita em estúdio, basta a parede de fundo branco e a tela.)
Corta para:

Cena 18: TERRAÇO DO HOTEL MIRAMAR (EXT-DIA ANOITECENDO OU NOITE)

Maria Lúcia e João dançam, bastante tempo com os dois dançando até o beijo na boca, longo, com a avenida Atlântica iluminada ao fundo. Último plano deve ser close do beijo.
<u>Atenção, direção e edição</u>: *a partir do momento do close do disco rodando na vitrola na cena 12 até o final desta cena aqui: exatamente 1 minuto e 30 segundos.*
Corta para:

COMERCIAIS

Cena 19: APTO. DE MARCELO – SALA (INT NOITE)

João, já com alguns livros que veio buscar, e Marcelo. Emoção.

MARCELO	– Esse era um dia que eu achava que não ia viver nunca. Eu sempre soube que ainda vou me despedir dum monte de companheiros, é da vida, aprendi a encarar com calma, sem ressentimento, mas você... Engraçado, desde aquela vez que você ainda garoto se ofereceu pra dirigir o carro pra pichação no meu colégio, eu achei que era o começo dum caminho e que você ia até o fim, sempre pensei que de você eu não ia ter que me despedir nunca.
JOÃO	– Eu larguei o CPR mas não tô me despedindo do amigo.
MARCELO	– Veio buscar suas coisas.
JOÃO	– Aqui é a tua casa, mas também é um aparelho da organização, não vou tá mais vindo toda hora, não acho certo deixar coisa espalhada.
MARCELO	– Tem certeza que é isso mesmo que você quer?
JOÃO	– Queria que o mundo fosse outro, que as pessoas tivessem uma vida melhor, mas descobri que também quero ser feliz.
MARCELO	– E você acha que vai ser feliz assim?
JOÃO	– Eu sei que não vou ser feliz de outra maneira. Certeza até hoje eu só tinha que queria duas coisas, mais que tudo na vida. De repente

eu tive que escolher só uma. Nem foi escolha, fiquei com o que eu não posso passar sem.

Tempo. João terminou de separar livros. Vai sair.

JOÃO	– Marcelo, e você?... Tá se cuidando?
MARCELO	– É a minha vida, pro bem ou pro mal, tomara que cada um teja escolhendo a vida certa.

João vai sair. Marcelo chama. Vai tirar um relógio do pulso.

MARCELO	– João!

João se volta. Marcelo entrega o relógio (médio, nem de grande luxo nem chinfrim).

MARCELO	– Do jeito que tão indo as coisas sei lá se... (*entrega*) Meu pai me deu, de presente de formatura. Guarda pra mim, tá?

João guarda o relógio no bolso, comovido. Algum gesto de carinho masculino, é a despedida. Emoção.
Corta para:

Cena 20: APTO. MARIA LÚCIA – SALA (INT NOITE)

Abre em close do relógio de Marcelo na mão de João. Ele olha o relógio, muito triste. Maria Lúcia ao lado.

MARIA LÚCIA	– Não vai dar certo, João, por mais que a gente se ame, se você abandonar uma coisa que você acredita tanto, que é/
JOÃO	– (*corta*) Você não tá sabendo tudo sobre o CPR, Lúcia. A gente tá muito perto da luta armada, não é mais uma possibilidade longínqua, a maioria acha que é pra logo, o clima tá pesado. Pra lutar de arma na mão eu tinha que/ (*corta-se*) Não tenho tanta certeza assim que é o único caminho! (*tom*) Eu vou continuar no movimento estudantil, depois de formado vou continuar a luta, no meu sindicato, da maneira que eu puder.
MARIA LÚCIA	– Eu não quero que você faça um sacrifício por mim porque... eu te amo... essas coisas uma pessoa resolve, e depois...
JOÃO	– Por mim, Lúcia. Sacrifício por mim.

Tempo.

JOÃO	– Como é que você vai se sentir se amanhã eu falar que não posso te ver porque tenho treinamento de tiro, em algum lugar fora do Rio?

Reação de MARIA LÚCIA, nojo. João a abraça.

JOÃO	– Por mim, meu amor. A vida é minha. E eu quero dividir com você.

Fade out para:

Cena 21: FACULDADE DE ECONOMIA (EXT DIA)

Manhã seguinte. Estudantes chegando à aula. Waldir, contente, já no meio da conversa com Edgar, subindo escadas.

WALDIR	– Fez muito bem, o João é inteligente, faltava largar isso que não dá camisa a ninguém.
EDGAR	– Precisava agora arrumar um emprego na área dele, já que largou o hotel...
WALDIR	– Te falei que eu fui promovido?
EDGAR	– De novo? Trabalhando com o doutor Fábio?
WALDIR	– Direto com ele não, mas... só um andar abaixo. Na equipe de assessoria do vice-presidente. Ano que vem, já com diploma, quem sabe? Aliás, ia te perguntar, chamei uma garota pra ir ao teatro essa noite, o Copacabana! *(tom)* É verdade que só entra de gravata?
EDGAR	– Antigamente. Agora pode esporte.

Corta rápido para:

Cena 22: SEQUÊNCIA EM PRETO E BRANCO

<u>Sonoplastia</u>: "Sá Marina", de Antonio Adolfo e Tibério Gaspar, por Wilson Simonal. *(A introdução já entrou antes.)*

a) **HALL DO TEATRO COPACABANA (INT NOITE)**
Waldir e namoradinha vendo cartaz da peça Quarenta quilates, *encabeçando o elenco, Daisy Lúcidi, produzir. Waldir compra o programa e os dois entram no teatro, alegres. Waldir usa paletó, sem gravata.*
b) Notícia ou filme sobre Revolução Cultural na China.
c) **PORTA DE CINEMA (INT DIA OU NOITE)** *Diante de cartaz do filme* A chinesa, *de Godard, JOÃO, MARIA LÚCIA, Lavínia e Gustavo discutem o filme. (Não muito curto, temos medo da sequência dar menos do que o tempo pedido.)*
d) 26 de junho, Passeata dos 100 Mil na Cinelândia, no Rio, estudantes, intelectuais, padres, mães.
e) Comissão eleita na passeata dos 100 mil se avista com Costa e Silva em Brasília, atrito entre presidente e representantes dos estudantes encerra reunião <u>sem resultado</u>.
f) **HALL DE TEATRO (INT NOITE)** *Cartaz da peça* No começo é sempre difícil, vamos tentar outra vez, Cordélia Brasil, *de Antônio Bivar, com Norma Bengell. Galeno entra, muito falante, com garota bonita. (Não muito curto.)*
g) 5 de julho, ministro Gama e Silva proíbe qualquer manifestação pública.
h) Agosto, tanques soviéticos invadem Tchecoslováquia, fim da <u>Primavera de Praga</u>, <u>o socialismo com rosto humano</u>, violentas reações contrárias em todo o mundo, à direita e à esquerda.
i) 29 de agosto, polícia invade Universidade de Brasília, um estudante baleado na cabeça.
<u>Edição</u>: *exatamente 31 segundos.*

Corta para:

Cena 23: APTO. DE HELOÍSA CASADA (INT DIA)

Heloísa e Olavo em discussão acesa. (Pela primeira vez, Heloísa aparece com seu novo visual até o final, <u>cabelo curtíssimo</u>.)

HELOÍSA — (*gritando*) Tão abusando sim, até deputado linha dura ficou besta com o que fizeram em Brasília!

OLAVO — (*grita*) Essa violência é duma minoria, tem em qualquer classe, querer culpar todos os militares é infantil!

HELOÍSA — (*irritada*) Podem não ser todos mas é isso que dá, acaba virando uma guerra que/

OLAVO — (*corta*) Que seja guerra, Heloísa, mas é <u>deles</u>, eu não tô aguentando mais! (*cansado*) Todo dia, discussão por causa de política, discussão porque você não se interessa o suficiente pela casa! (*triste*) Eu tava acordado, ontem, na hora que você chegou, fingi que tava dormindo pra não discutir, com que cara você acha que eu fiquei diante do Carlos e da Paulinha? Chamei pra jantar, você <u>some</u>, o babaca do marido sem ter a menor noção donde você está, dando desculpa esfarrapada! Cortou esse cabelo sem me consultar, sabia que eu ia achar o fim da picada, eu gostava do seu cabelo, desde garoto, a gente tá chegando a um ponto que/

Olavo para de falar porque percebe que Heloísa está chorando, suave. Aproxima-se.

OLAVO — O que foi, Heloísa? Eu só falei que...

HELOÍSA — (*tentando parar de chorar*) <u>Me desculpa</u>.

OLAVO — (*meigo*) Eu sei que pra você ter dado um bolo desse jeito só pode ter sido por algum motivo importante, mas eu sou teu marido... Qualquer problema que você tenha é pra dividir comigo... (*meigo*) Que que adianta pedir desculpa? Com cara de tacho diante dos amigos eu já fiquei. O cabelo, até crescer... (*gesto vago*)

HELOÍSA — (*triste*) Não tô falando de corte de cabelo, nem do bolo, nem da casa, eu... tô pedindo desculpas por... Desculpa mesmo, Olavo, você é um cara bacana, eu não podia ter me casado com você.

Tempo. Olavo sofre.

HELOÍSA — (*muito emocionada*) Teve amiga minha que percebeu, eu não vou falar que não me passou pela cabeça, mas eu te juro, assim... <u>usar</u> você, de cabeça fria... não foi isso, acredita em mim. Eu achava que tinha um mínimo de chance de dar certo.

OLAVO — Do que é que você tá falando? Me usar como?

HELOÍSA — Você ainda não entendeu que eu só aceitei me casar porque foi a única maneira que eu encontrei de sair da casa do meu pai?

Tempo. Grande abalo de Olavo. Olha o apartamento. Toca coisas.

OLAVO — (*sofrido*) A gente... montou esse apartamento todo com tanto... (*tom, olha uma tela <u>moderna, bonita, abstrata</u>, detalhar*) Esse quadro

	aqui, nunca entendi o que quer dizer, não acho graça, você gostava, eu comprei pra te agradar, eu sempre quis... (*tom*) Esse tempo todo, Heloísa, eu só quis que...
HELOÍSA	– Eu também quis, te juro, principalmente no início. Mas foi um erro, Olavo, eu... sou feito esse quadro aí, você não vai me entender nunca. Foi um erro, ainda tá em tempo de consertar, eu vou arrumar as minhas coisas.

Heloísa sai. Olavo fica olhando a tela, triste e pensativo.
Corta para:

Cena 24: QUARTO DE HELOÍSA NA CASA DOS PAIS (INT NOITE)

Heloísa guarda algumas roupas em seu antigo armário, mala sobre a cama. Fábio arrasado.

FÁBIO	– (*meigo*) Briga de nada, Heloísa, acontece com todo casal, amanhã quando acordar você vai ver as coisas de outra maneira, o Olavo é um ótimo rapaz...
HELOÍSA	– (*triste*) Só nesse ponto eu concordo com você. O Olavo é um bom rapaz, sim. Mas a separação é definitiva.
FÁBIO	– Será que a geração de vocês não tem competência nem pra manter um casamento?

Heloísa olha o pai com raiva. Fábio tenta não ser agressivo.

FÁBIO	– Se é verdade mesmo, sua mãe e eu... Você volta pra cá. Se não mudar de ideia... recomeça a sua vida...
HELOÍSA	– Por uns dias eu aceito. Mas voltar pra cá... (*tom*) Eu preciso recomeçar a minha vida duma forma bem diferente, eu vou arrumar um emprego, trabalhar... Me deixa sozinha um pouco, por favor, eu tô precisando demais ficar sozinha.
FÁBIO	– É que a Zulmira... a que foi sua babá, ela tá no Rio, veio só pra te ver. Teve na sua casa, a cozinheira contou por alto o que aconteceu... (*saindo*) deixa pra lá. Eu vou pedir à sua mãe pra dar um pulo na cozinha e explicar que/
HELOÍSA	– (*corta, emocionada*) A Zulmira tá aí?
FÁBIO	– Você... quer ver?

Heloísa faz que sim com a cabeça. Gosta muito da ideia de ver a ex-babá. Fábio sai. Muito triste, Heloísa recomeça a guardar algumas roupas. Tempo. Para de guardar. Fica pensativa, olha o quarto, Zulmira entra. Closes alternados das duas. Abraçam-se longamente.

ZULMIRA	– Que saudade, Heloísa, que saudade da minha menina!

Tempo. Ternura.

ZULMIRA	– Eu fiz tudo pra vir pro casamento, não deu, venho logo numa hora que...
HELOÍSA	– Não fala nada.
ZULMIRA	– Você vai mesmo separar do rapaz?
HELOÍSA	– Não fala nada, bá, por favor. Me bota pra dormir, igualzinho quando eu era criança, tá? Foi a melhor coisa que podia ter me acontecido nessa hora... ver você.

Algum gesto de carinho entre as duas.
Corta para:

Cena 25: LAGOA RODRIGO DE FREITAS (EXT DIA)

De manhã. João e Maria Lúcia passeiam tomando sorvete de casquinha.

MARIA LÚCIA	– (*triste*) Deve tá precisando muito de companhia. Nos chamou pra passar o Sete de Setembro na fazenda.
JOÃO	– Pela Heloísa claro que eu ia, mas o pai dela...
MARIA LÚCIA	– Viajou, acho que pro Japão. Posso dizer que a gente aceita? Porque é pra ir todo mundo junto, de aviãozinho.

Corta rápido para:

Cena 26: FAZENDA DE FÁBIO (EXT DIA)

Planos gerais. Vistas aéreas, tomadas de helicóptero, até a câmera se aproximar da casa grande.
Corta para:

Cena 27: FAZENDA DE FÁBIO – CASA GRANDE (EXT DIA)

Numa varanda, Maria Lúcia conversa com Natália, enquanto Gustavo, Lavínia, Bernardo e namorada bonita figurante jogam biriba.

NATÁLIA	– Que bom! Pensei que cê tinha desistido do francês.
MARIA LÚCIA	– Só troquei de horário por causa do trabalho na editora. Tô fazendo o segundo literário, com monsieur <u>Delmas</u>.
NATÁLIA	– Proust?
MARIA LÚCIA	– Por enquanto só tive tempo pra ler o primeiro volume, Natália, vamos ver aqui na fazenda, eu trouxe.

João e Heloísa aparecem montados a cavalo. Ela com culote e botas, ele de botas e calça normal. Acenam, alegres, para Natália e Maria Lúcia.

NATÁLIA	– Que bom, tô vendo que alguma das botas serviu no João Alfredo.

Heloísa e João se afastam, se possível, meio galope.

NATÁLIA	– Se vocês soubessem o bem que tá fazendo à Heloísa o fato de vocês terem podido vir! Enfrentar uma separação assim, tão garota...

Maria Lúcia	– Ela vai se recuperar.
Natália	– Não tinha chance nenhuma de dar certo. (*leve, alegre, pensa em João*) Já outras! Vocês pensam, Maria Lúcia, em casamento, depois da formatura?
Maria Lúcia	– Planos assim definidos a gente não tem. (*cúmplice*) Agora, se você me perguntar se eu tenho vontade...

Corta para:

Cena 28: FAZENDA DE FÁBIO – GERAIS E VENDA (EXT DIA)

João e Heloísa passeiam a cavalo. Planos gerais. Corta para perto de uma venda com mantimentos, algumas ferramentas, roupas simples de trabalho. Um colono desorientado, aflito, um punhado de notas amassadas na mão, diante do vendeiro, que lhe mostra um caderninho aberto com anotações. João e Heloísa já um pouco cansados.

Heloísa	– Vamo tomar uma água, tô morrendo de sede.

João concorda, vão para lá, saltam dos cavalos, enquanto o vendeiro vem receber Heloísa, servil.

Heloísa	– Água, Manel, ou eu desmaio.

Vendeiro serve água enquanto o colono espia o caderno.

Colono	– Queria acertar as conta, tenho que voltar pra minha terra, inda tô devendo, toda semana a mesma coisa?

Heloísa ouve confusa, João com raiva, contido, close.
Corta descontínuo para João e Heloísa mais longe, já a cavalo, marcha.

Heloísa	– Não entendi, por que o Manel não deixou o homem acertar a conta dele?
João	– Sistema barracão, tá cheio disso pelo Brasil. Eu é que não queria me meter, fazenda do teu pai, sou visita.
Heloísa	– (*não conhece*) Sistema barracão?
João	– Esse colono é um trabalhador livre, se não tiver satisfeito procura outro lugar ou volta pra terra dele que nem esse aí queria, não é? Só que ele vem trabalhar na fazenda sem nada, sem dinheiro nenhum, não tem cidade perto, nenhum lugar pra ele comprar nada.
Heloísa	– Na venda tem tudo que eles precisam, é da fazenda mesmo, o Manel é empregado do meu pai.
João	– Pois é. Só que é caro, o mínimo que eles precisam pra sobreviver um mês ou uma semana, comida, roupa, ferramenta aqui custa muito mais do que eles ganham no mesmo tempo. Então ele fica sempre devendo, nunca vai poder sair daqui, vai morrer devendo, deixar a dívida pros filhos.
Heloísa	– Escravo.

Corta para plano a distância, os dois vão se afastando, a cavalo.
Corta para:

Cena 29: FAZENDA DE FÁBIO – CASA GRANDE (EXT DIA)

Abre em Natália, tocando sino para chamar a turma para o almoço.
Corta para Bernardo, namorada, Lavínia e Gustavo, entrando.

BERNARDO — A mamãe falou que o almoço de hoje é um leitão que eu acho o máximo.

Corta para Maria Lúcia e João, caminhando para a casa grande.

JOÃO — Ver o Festival na casa delas?
MARIA LÚCIA — A Natália que convidou.
JOÃO — Tava pensando em te chamar pro Maracanãzinho.
MARIA LÚCIA — (*casual*) Vai ser um grupo animado, João, acho que pode ser divertido.

Corta rápido para:

Cena 30: SALÕES DE HELOÍSA (INT NOITE)

Noite do FIC, em setembro. Antunes servindo. Bernardo, Edgar, Gustavo, Maria Lúcia e João, Jurema, Natália, Waldir e figurantes vendo o Festival pela tevê. Som: final da apresentação de Geraldo Vandré, com "Pra não dizer que não falei das flores", de Geraldo Vandré. O grupo todo muito atento. Closes, especialmente de João, Heloísa e Gustavo, entusiasmados. Câmera vai percorrendo as salas até a sala de jantar, onde Galeno e Lavínia se servem, no bufê. (Jurema vai intervir.)

LAVÍNIA — O Waldir comentou que você tava compondo, tinha organizado um conjunto.
GALENO — Pra ganhar prêmio você tem que se enquadrar num esquema, sabe, Lavínia, fazer "música de festival", como se fosse encomenda. Eu estou por assim dizer me dedicando... à poesia. Concreta, evidentemente.
JUREMA — (*intervindo*) Gente, a música do Geraldo Vandré é linda, vem ouvir!

Lavínia e Jurema vão para perto da tevê. Reação de Galeno: não se interessa. Tempo para ouvirmos um pouco da música.
Corta para o ambiente da tevê, apresentação de Vandré. Reações de entusiasmo especialmente de Heloísa e João.

HELOÍSA — Que letra!
JOÃO — (*batendo palmas*) Como é que um cara consegue botar assim numa música tudo o que a gente tá sentindo?

Corta para:

Cena 31: APTO. DE JOÃO – SALA (INT NOITE)

Guilherme, irmão mais moço de João, assiste entusiasmado ao festival na tevê, com dois amigos. (Antes, Guilherme só tinha aparecido sem falar, representado por um ator mais jovem.) <u>Som</u> *do Festival, ainda Vandré. Abelardo perto, Valquíria meio afastada.*

GUILHERME	– Se o João tivesse ido me levava, lá é outra coisa, sente o clima!
ABELARDO	– Fez bem em não ir, confusão danada.
GUILHERME	– Confusão é que é bom, é uma que o Zé Rodolfo vai perder, essa hora tá com a família do Texas vendo desenho na tevê.
ABELARDO	– Sorte do seu irmão ter conseguido vaga no American Field, tomara que na idade dele você consiga também, um ano nos Estados Unidos!

Abelardo se afasta e junta-se a Valquíria, que arruma alguma coisa.

ABELARDO	– Ainda bem que o João não foi presse Maracanãzinho. Você não ouviu, Valquíria, letra mais provocativa, <u>morrer pela pátria e viver sem razão</u>!
VALQUÍRIA	– Tá estudando mais, Abelardo, tem chegado mais cedo...
ABELARDO	– Fogo de palha, não me iludo assim não. (*cúmplice*) O doutor Queiroz, dono dessa editora onde trabalha a Maria Lúcia, comentou umas coisas... (*bate na madeira*) Melhor nem falar que é pra não entrar areia, mas tô com bons planos pra depois dessa formatura, sabe? Uns tempos no exterior que nem o Zé Rodolfo, preu ter certeza mesmo de que ele não vai ter nenhuma recaída. Do jeito que as coisas tão indo, eu só vou dormir tranquilo, Valquíria, no dia que conseguir mandar o João Alfredo pra bem longe.

Close de Valquíria, preocupada.
Corta para:

COMERCIAIS

Cena 32: SALÕES DE HELOÍSA (INT NOITE)

Continuam clima e personagens da cena sobre o Festival. Abre na tevê. Rápido plano de um repórter, produzir. Todos atentos, menos Bernardo e Maria Lúcia, que estão no bufê.

REPÓRTER	– (*animado*) Não vai ser fácil a decisão do júri! "Sabiá", de Antonio Carlos Jobim e Chico Buarque de Hollanda, tem fãs entusiasmados, mas "Pra não dizer que não falei das flores", de Geraldo Vandré, parece realmente a preferida da plateia jovem que lota o Maracanãzinho nesta noite inesquecível!

Corta para Bernardo e Maria Lúcia, no bufê, servindo-se. Lavínia vai intervir. (Nesta sala não se ouve o que diz o locutor.)

MARIA LÚCIA	– A letra é... puxa, acho que de tudo o que o Chico já fez, talvez seja a mais inspirada, mais completa! E a música do Tom... que coisa linda, Bernardo!
BERNARDO	– Pra variar, se derem o primeiro lugar vai ter vaia!
LAVÍNIA	– (*intervindo, excitada*) Tão anunciando, Maria Lúcia, "Pra não dizer que não falei das flores" tirou segundo!

Corta descontínuo para todos diante da tevê. Planos de apresentação de "Sabiá", por Cynara e Cybelle. <u>Debaixo de muitas vaias</u>. Algum tempo para ouvirmos a música. Na sala, João, Heloísa, Gustavo e alguns jovens figurantes vaiam "Sabiá" como se estivessem no Maracanãzinho. Ao mesmo tempo, reações de outros, chocados. Não deixar de intercalar com os planos de Cynara e Cybelle cantando.

MARIA LÚCIA	– (*chocadíssima*) Que isso, gente!?
NATÁLIA	– Que selvageria!
LAVÍNIA	– Ainda bem que o Chico tá viajando!
BERNARDO	– Vocês tão vaiando Antonio Carlos Jobim!
NATÁLIA	– Por motivos políticos! Vaiando o Chico Buarque, essas duas meninas maravilhosas!
MARIA LÚCIA	– Uma música deslumbrante!

Close de João, vaiando muito.
Corta para:

Cena 33: APTO. MARIA LÚCIA – SALA (INT NOITE)

João e Maria Lúcia discutem com muita gana. Gritos, muito ritmo.

MARIA LÚCIA	– Selvagens! Insensíveis!
JOÃO	– Como é que pode não darem o prêmio pruma obra-prima dessas!?
MARIA LÚCIA	– "Sabiá" é uma maravilha, João!
JOÃO	– Alienada!
MARIA LÚCIA	– Que critério é esse? A gente tá falando de música!
JOÃO	– O Vandré é um gênio!
MARIA LÚCIA	– Vaiar o Tom? O Chico?
JOÃO	– "Pra não dizer que não falei das flores" é o novo hino nacional brasileiro!
MARIA LÚCIA	– E "Sabiá" é o quê? Lixo?
JOÃO	– (*entusiasmadíssimo*) "Quem sabe faz a hora, não espera acontecer!"
MARIA LÚCIA	– Não tô falando mal do Vandré, só tô chocada com a vaia!
JOÃO	– Cê não vê que é a única maneira que a gente tem de manifestar um descontentamento?
MARIA LÚCIA	– Música, João, arte!
JOÃO	– Quer arte maior que a do Vandré?
MARIA LÚCIA	– É como comparar a *Marselhesa* com uma sonata de Beethoven!
JOÃO	– O Vandré cantou na frente do país todo o que tava entalado aqui, ó, entalado!

Maria Lúcia	– Quando você cair em si você vai ver, nem vem que não tem, "Sabiá" é muito mais bonita!
João	– "Pra não dizer que não falei das flores" vai servir de hino pra qualquer manifestação de massa dessa noite em diante, você quer apostar?

Corta para:

Cena 34: SEQUÊNCIA EM PRETO E BRANCO

Sonoplastia: "Pra não dizer que não falei das flores", por Geraldo Vandré.
a) *Artigo do coronel Otávio Costa pede prisão de Geraldo Vandré.*
b) *Setembro/outubro, olimpíadas no México, polícia invade cidade universitária, 500 presos, enormes manifestações de protesto, 28 mortos, atletas negros norte-americanos fazem saudação* black-power, *punhos erguidos, durante os jogos.*
c) *1 de outubro, deputado do MDB Maurílio Ferreira Lima denuncia plano de utilização do PARA-SAR em missões de assassinato de estudantes e políticos.*
d) *3 de outubro, ministro da Aeronáutica Márcio de Sousa e Melo desmente acusação.*
e) *20 oficiais do PARA-SAR e seu superior, major-brigadeiro Itamar Rocha, confirmam denúncia do deputado.*
f) *Brigadeiro Itamar Rocha é destituído do cargo e preso.*
g) *2 e 3 de outubro. Conflito na rua Maria Antônia, São Paulo, entre estudantes da faculdade de filosofia da USP e da Universidade Mackenzie, com paus, pedras, rojões etc.*
h) *8 de outubro, sequestro da atriz Norma Bengell em São Paulo por grupo de direita.*
i) *12 de outubro, presos todos os 700 participantes do Congresso da União Nacional dos Estudantes em Ibiúna, SP.*
j) *12 de outubro, assassinado em São Paulo o capitão do exército norte-americano Charles Chandler, acusado de ser agente da CIA.*
k) *12 de dezembro, Congresso Nacional recusa licença para processar deputado Márcio Moreira Alves pelo discurso considerado ofensivo às Forças Armadas.*
<u>Edição</u>: *exatamente 46 segundos.*
Corta para:

Cena 35: APTO. SALVIANO E SANDRA – SALA (INT NOITE)

Sandra e Pedro discutindo tensos.

Pedro	– É certo, não sei ainda o que vem, mas vem, a gente teve informação segura.
Sandra	– Nunca achei que eles iam engolir essa decisão do Congresso quietos, desde ontem que tá um boato só, diz que tão apertando o Costa e Silva na parede.

Salviano entra nervoso da rua com sua chave, liga logo a tevê.

Salviano	– *(liga)* Vocês não ouviram?
Sandra	– *(rápida)* Golpe?
Salviano	– De misericórdia.

PEDRO — 64 de novo...
SALVIANO — Muito pior.

Na tela, imagem real do ministro Gama e Silva nesta e nas três cenas seguintes, começar caracterizando bem que está lendo o texto do <u>AI-5</u>, depois destacar na leitura <u>fim do habeas corpus</u> e <u>recesso do Congresso</u>.
Corta para:

Cena 36: APTO. DE QUEIROZ E YONE – SALA (INT NOITE)

Ministro continua na tela da tevê, Lavínia, Gustavo, Queiroz e Yone assistindo, Queiroz muito tenso, Yone confusa.

YONE — Como assim, fim do *habeas corpus*?
QUEIROZ — (*abalado*) Existia desde 1215, Magna Carta, eles agora podem prender, cassar mandato de deputado, intervir nos estados, demitir, decretar estado de sítio, confiscar bens!
GUSTAVO — E ninguém pode fazer nada!

Corta para:

Cena 37: QUARTO FÁBIO E NATÁLIA (INT NOITE)

Abriu na tela da tevê, ministro continua, Natália e Fábio assistem.

FÁBIO — (*triste*) Não tinha outro jeito, como estava não podia continuar.

Close de Natália, aflita. Ministro continua, na tela.
Corta para:

Cena 38: APTO. DE AVELAR – SALA (INT NOITE)

Avelar e Ubaldo muito tensos diante da tevê, ministro continua.

AVELAR — Não dá pra acreditar!

Ubaldo só faz que sim, abalado. Campainha. Avelar vai abrir. Camargo entra com dois outros policiais civis.

CAMARGO — Já estive aqui há alguns anos, tenho muito boa memória. Professor Inácio Avelar? Dessa vez é o senhor mesmo que eu tô vindo buscar.

Reações de Avelar e de Ubaldo, Avelar tenta resistir.

AVELAR — Me prender por que, e <u>o mandado</u>? Qual foi o juiz que deu essa ordem?
CAMARGO — O senhor não tava vendo a televisão? (*sorri*) AI-5, professor, não precisa mais autorização de juiz pra isso não. Olha o mandado ali na tela.

Se possível, mostrar na tevê ministro dizendo que <u>qualquer medida praticada de acordo com o AI-5 está excluída de apreciação judicial</u>, achamos que é no fim do texto. Avelar e Ubaldo, arrasados, desistem de qualquer resistência.

Corta para:

Cena 39: APTO. DE JOÃO – SALA (INT DIA)

Manhã seguinte, café da manhã, Abelardo, Valquíria, João, Guilherme, servidos por Talita. João e Abelardo discutem. Durante o diálogo campainha toca, Talita atende, entra Edgar agitado.

ABELARDO	– Não tô defendendo, não era isso que ninguém queria, mas provocaram, quanto tempo eu tô dizendo, música esculhambando o Exército, discurso de deputado mandando moças recusarem convite de cadetes pra dançar em baile, mandando não ir na parada de Sete de Setembro!
JOÃO	– Se não fosse esse pretexto arrumavam outro!

Edgar já entrou, aborda João.

EDGAR	– João... notícia chata.
JOÃO	– (*alerta*) Prenderam mais quem?
EDGAR	– Tá indo todo o mundo, político, artista, Juscelino, Lacerda...
ABELARDO	– O Lacerda?!
EDGAR	– Caetano, Gil, Ferreira Gullar... (*a João*) Prenderam o seu Pedro Paulo, o jornalista amigo do seu Damasceno, ele nem sabia de nada, tava em casa. (*hesita*) E...
JOÃO	– Fala, quem mais?
EDGAR	– (*triste*) O Marcelo, João, na casa dum amigo, ontem de tarde. Ele pensou que dava tempo de pegar acho que uns troços comprometedores antes da polícia chegar...

João vai para o seu quarto, muito abalado. Abelardo vai seguir mas Edgar impede, com carinho.

EDGAR	– Melhor deixar sozinho um pouco, seu Abelardo. Logo o Marcelo, imagina o choque que tá sendo pra ele...

Corta para QUARTO de João. João abriu o armário e pegou o relógio de Marcelo. Fica olhando. Detalhar. Uma lágrima rola do rosto de João. De repente, João se sente violento. Joga algum objeto longe ou chuta alguma coisa.
Corta para:

Cena 40: PÁTIO DE ÓRGÃO DA REPRESSÃO (EXT DIA)

Um pátio grande de triagem de detidos, dezenas de presos, estudantes, adultos, ternos, roupas simples, operários, mistura muito grande, confusão, tensão. Entre os presos, alguns <u>motoristas e trocadores de ônibus uniformizados</u> detidos numa blitz. No meio, Marcelo, em close, deprimido. Abre neste close, ligação visual com a cena precedente. Corta para Pedro Paulo com Avelar cansado, com <u>camisa cáqui igual à dos motoristas</u>. Policiais civis. (Avelar já deve ter aparecido antes com esse tipo de camisa.)

AVELAR	– Dormir como, Pedro Paulo, nem comer consegui.
PEDRO PAULO	– Também, intragável.
AVELAR	– Quero ver se os <u>revolucionários</u> vão continuar chamando a gente de reformista aqui dentro, ainda por cima.

Um dos <u>trocadores</u> se aproxima de Avelar. Marcelo observa.

TROCADOR	– Companheiro, queria saber, qual é mesmo a sua linha?
AVELAR	– (*irritado, a Pedro Paulo*) Não tô dizendo? (*ao trocador, agressivo*) Olha, eu não quero discussão, não tenho linha nenhuma, já tô preso, ainda me aborrecer discutindo racha de esquerda?!

O trocador se afasta espantado ao mesmo tempo que Marcelo, que ouviu, se aproxima.

MARCELO	– Coitado, Avelar, o rapaz é trocador de ônibus. É que tão prendendo todo mundo, no arrastão pegaram um bando de motorista e trocador porque a sobrinha dum general deu queixa que foi destratada, o homem mandou prender o pessoal todo prela fazer um reconhecimento, olha a sua camisa, o rapaz queria saber qual era a <u>linha do seu ônibus</u>!

Avelar olha a própria camisa, chocado.

PEDRO PAULO	– Quanto tempo será que isso vai durar, meu Deus do céu?

Corta para:

Cena 41: APTO. DE JOÃO (INT NOITE)

Na SALA, noite de Natal, abre na árvore. Abelardo, Valquíria, João, Maria Lúcia, Guilherme e amigo figurante, Carmen, Marta, Dolores, Glória e marido figurante, Idalina e Rangel com Galeno em visita ao Rio, Waldir, Queiroz, que puxou Maria Lúcia, fala com ela à parte, Yone, Lavínia, Gustavo. Porta da rua aberta, Pedro Paulo chegando, cumprimentos alegres, abraço <u>comovido</u> em Carmen. João se aproxima. Abelardo vai se aproximar e ouvir.

JOÃO	– Soltaram mesmo o senhor pro Natal, seu Pedro Paulo, nem tava acreditando!
PEDRO PAULO	– Essa manhã, até que enfim! (*tom*) O Marcelo mandou um recado, tá firme. O professor Avelar é que levaram embora, não sei pra onde. A gente só se viu na triagem, pra separar os presos.
JOÃO	– O professor vão soltar logo, podem ter o que contra ele? (*muito preocupado*) O Marcelo sim, se ninguém fizer nada, não sai mais.

Reação de Abelardo, que ouviu, preocupado. Afasta-se pensativo, nota Maria Lúcia com Queiroz, fica ouvindo a certa distância.

QUEIROZ	– (*eufórico*) BBC, Maria Lúcia, curso de especialização em televisão, dificílimo de conseguir!
MARIA LÚCIA	– Eu escrevi faz muito tempo, pedindo informação, pensei que o senhor nem sabia...

QUEIROZ	– A Kira me contou, na época. Mexi meus pauzinhos sem te falar nada, o Gilson Amado conseguiu a bolsa pela Fundação, ele vai mesmo implantar a TV Educativa no Brasil, chance única!
MARIA LÚCIA	– Mas, doutor Queiroz, agora eu não posso viajar, as coisas mudaram, o João...

Reação de Abelardo, ouvindo excitado. Corta para Galeno pontificando com a irmã e o cunhado.

GALENO	– Isso é que é bonito, todo o mundo se formando junto, quatro anos de dureza mas valeu, João sociólogo, Maria Lúcia jornalista, Waldir e Edgar economistas... e eu ganhei por assim dizer... muita experiência!

Reações de Idalina e Rangel. Corta descontínuo para o QUARTO de Abelardo e Valquíria, os dois já no meio da conversa.

ABELARDO	– A Maria Lúcia tem essa chance de ir estudar em Londres, não quer por causa do João... Só estou esperando essa carta, Valquíria, se eu conseguir despachar o João pro estrangeiro quem vai ter paz por alguns anos sou eu!

Corta para:

Cena 42: APTO. AVELAR (INT DIA)

Manhã de 31 dezembro, Natália e Ubaldo ansiosos com Toledo.

NATÁLIA	– Um mês quase, doutor Toledo, nada?!
TOLEDO	– Dezoito dias nessa situação é pouco, horrível dizer isso, mas vocês têm que se preparar, ter muita paciência.
NATÁLIA	– É que hoje... Entrar o ano preso!
UBALDO	– Sou testemunha, Natália, o Toledo tá fazendo o possível e o impossível pra localizar.
TOLEDO	– Nós vamos encontrar o rapaz, eles transferem de um lugar pro outro, pra nos dificultar, mas nós vamos achar, promessa de Ano-Novo.

Close de Natália tentando manter a esperança, muito frágil.
Corta para:

Cena 43: APTO. JOÃO (INT DIA)

Na SALA, Valquíria experimenta perucas que Adelaide está vendendo. Enquanto isso, Talita traz correspondência para Abelardo, que abre casualmente. Esta ação é mais importante do que o diálogo.

VALQUÍRIA	– Não sei, Adelaide, festa de réveillon na casa do doutor Queiroz, dono da editora onde trabalha a Maria Lúcia, passaram o Natal aqui, pessoas muito finas!
ADELAIDE	– E essazinha aqui, de canecalon?

VALQUÍRIA	– Pro réveillon não sei. Agora, esse postiche, pro dia a dia...

Enquanto Valquíria experimenta um postiche, <u>reação forte</u> de Abelardo diante de uma carta que acaba de ler. Corre para o quarto, excitado.

ADELAIDE	– (*a Valquíria*) Deixa eu te mostrar a meia-calça que eu te falei. Do Macy's de Miami.

Corta descontínuo para o QUARTO de João, Abelardo mostrando a carta a João, muito abalado. Já conversaram. Muito ritmo até o final.

JOÃO	– Mestrado em política internacional em Londres?
ABELARDO	– É, tá na carta, aceitam teus créditos de sociologia, carreira afim. E a Maria Lúcia pode aceitar esse curso na BBC, vocês... vão juntos, casados!
JOÃO	– Ela... não tinha me falado nada...
ABELARDO	– Podia imaginar que havia essa chance de você ir também?
JOÃO	– (*confuso*) Como foi que você conseguiu esse mestrado?
ABELARDO	– Aquele professor que morou aqui perto, voltou pra Inglaterra faz uns anos, ficou meu amigo, estamos nos correspondendo, eu tava louco pra te fazer essa surpresa! Não é bolsa mas eu pago, juntei, vale a pena, meu filho! Um investimento no seu futuro, pra que que serve um pai?
JOÃO	– Um ano fora, talvez dois... <u>agora</u>? Ou é isso mesmo que você quer, pai, me ver longe do Brasil?
ABELARDO	– Quero ver você longe <u>da cadeia</u>! (*mais suave, comovido*) Sei que alguns amigos seus tão presos, deve tá sendo horrível pra você. Pensa bem, João, você não pode tirar a chance dessa menina que eu sei que você gosta, prejudicar você mesmo, eu tenho medo! Vocês se casam, João, vão pra Inglaterra, vocês têm a vida pela frente!

Corta rápido para:

Cena 44: BAR (INT DIA)

(<u>Atenção, edição</u>: *não há interrupção de ritmo de diálogo entre a primeira fala desta cena e a última da cena precedente.*)

João e Maria Lúcia, ritmo como se fosse uma continuação da cena precedente.

MARIA LÚCIA	– E você respondeu o quê?
JOÃO	– (*tenso*) Que eu... precisava pensar...

Tempo.

JOÃO	– (*confuso*) O que é que cê acha?
MARIA LÚCIA	– Bom, João... o curso na BBC, claro que é uma oportunidade que (*corta-se*) E o mestrado? Você não acha que vai te dar um preparo que... (*tom*) Não posso resolver não, João. Por mim, claro que eu topo ir, mas... você tinha que querer muito também.

Tempo. João reflete.

JOÃO	– Sabe o que tá me fazendo balançar mais que tudo?
MARIA LÚCIA	– O quê?
JOÃO	– A ideia da gente casar logo, morar junto... Eu te adoro.

João faz um carinho em Maria Lúcia. Ela passa amor com os olhos.
Corta para:

Cena 45: APTO. JOÃO – QUARTO DE ABELARDO E VALQUÍRIA (INT DIA)

Abelardo e Valquíria. Muito ritmo.

VALQUÍRIA	– Ficou de dar resposta quando?
ABELARDO	– Não marcou data, Valquíria, mas claro que ele vai aceitar, se perder uma oportunidade dessas é louco!

Corta rápido para:

Cena 46: PRAIA DE IPANEMA (EXT DIA)

Ao fundo, o mar. João caminha lentamente, pensativo. Finalmente, senta-se na areia. Corta para close de João.
Sonoplastia: entra aos poucos a primeira parte do hino de Guerra Peixe, como foi cantado na formatura do colégio.

CORAL	– "Se a pátria querida For envolvida pelo perigo, Na paz ou na guerra Defende a terra contra o inimigo. Com ânimo forte, Se for preciso, enfrenta a morte. A afronta se lava Com fibra de herói, de gente brava!"

Na parte final da letra, já entra cena da formatura, um trecho do discurso de João, paraninfo. (Este trecho não foi mostrado.)

JOÃO	– Prometemos não usar o nosso diploma como passaporte pro mundo dos privilegiados, pensar primeiro no sofrimento dos outros e só depois no nosso conforto. No momento em que deixamos o colégio, nós todos aqui juntos juramos continuar estudantes, na sinceridade, na entrega, no espírito e no coração, estudantes pelo resto da vida.

Volta para o close de João na praia, muito dividido.
Corta.

Fim do capítulo 12

Cena 1: APTO. DE MARIA LÚCIA (INT DIA-ANOITECENDO)

Na SALA, Maria Lúcia penteando cabelo de Leila, que não aparece desde o capítulo 8, agora é outra atriz, cresceu um pouco. Carmen, Dolores e Marta estão animadíssimas, Dagmar guarda alguma coisa em armário. Durante o diálogo abaixo, campainha vai tocar, Dagmar vai abrir, João vai entrar.

MARTA — Mas sem festa?

DOLORES — Um pai que financia mestrado em Londres, estadia, pelo amor de Deus, uma recepçãozinha não vai arruinar seu Abelardo, aluga um salão! A pessoa que não é convidada não manda presente!

CARMEN — E esses dois lá estão ligando pra presente, Dolores?

DOLORES — O pessoal da repartição adora Maria Lúcia, no casamento da sobrinha da Creusa fizeram lista, mandaram umas taças pra coquetel de camarão, uma beleza, as que eu te mostrei na revista, Carmen, aquela reportagem na casa da Márcia de Windsor!

MARIA LÚCIA — *(contente, a Dolores)* Se a gente viajar é pra levar vida de estudante, gente, eu tenho é que aprender a cozinhar o trivial, tô contando contigo, hein, Dagmar!

CARMEN — Olha a hora pro réveillon na casa do doutor Queiroz, minha filha, somos três pra tomar banho.

LEILA — *(a Maria Lúcia)* Eu vou ganhar roupa nova, pro casamento?

MARIA LÚCIA — *(fazendo carinho em Leila)* Tá nada resolvido não, Leila! Uma hipótese!

DOLORES — Mas que hipótese, Maria Lúcia? Encontrei Valquíria agorinha, na loja de flores, ela está animadíssima! Esse rapaz é louco de recusar uma boca rica dessas? Londres?

LEILA — *(a Maria Lúcia, à parte)* Tô perguntando <u>se</u> tiver casamento, né?

MARIA LÚCIA — *(meiga)* Isso... Pode não ter festa, nem vestido de noiva, nem taça de coquetel de camarão, mas você muito linda de roupa nova o meu casamento vai ter sim.

João já entrou. Cumprimenta as mulheres de longe, informalmente, tenso. Maria Lúcia nota que ele não está bem. Aproxima-se.

JOÃO — Eu... tô precisando conversar, Lúcia.

Corta para o QUARTO DE MARIA LÚCIA. João e Maria Lúcia. Olham-se. Tensão. Tristeza. Demoram a falar.

JOÃO — Ideais que eu tinha... Na formatura, eu não tava falando da boca pra fora, não. Vamos viajar por medo? Comodismo? Pra nos darmos bem na vida, enquanto os outros, o país...

Tempo. Ela se aproxima, carinhosa e honesta.

MARIA LÚCIA — *(sofrida)* Se eu achasse que ia dar um mínimo de resultado você fazer fosse lá o que fosse pra ajudar alguém!

João	– Por que você tem tanta certeza assim que eu não posso?
Maria Lúcia	– Você sabe, João. Você pode ter... sonhos, ideais, mas você é inteligente, basta fincar um pouco os pés na terra que... Você sabe tão bem quanto eu.
João	– Tô me achando covarde, se aceitar.
Maria Lúcia	– Então a gente não casa, não vai! Quem arrumou a bolsa foi o doutor Queiroz, eu nem lembrava mais que tinha escrito pedindo informações! Quem inventou mestrado foi o seu pai!
João	– Pra quê?
Maria Lúcia	– João, olha pra mim.

Closes alternados dos dois. Amor.

Maria Lúcia	– A gente vai fazer o que você decidir. Casamento, mestrado, só o que você achar que tá com vontade. Eu... eu te amo muito.

Maria Lúcia abraça João. Close dele, torturado.
Corta para:

Cena 2: SALÕES DE HELOÍSA (INT NOITE)

Fábio e Bernardo de smoking, Antunes lhes serve uísque. Heloísa sentada, de roupa casual.

Fábio	– (*a Antunes*) Dona Natália não tá pronta?
Antunes	– Acho que entrou no banho ainda agora.
Fábio	– (*carinhoso, a Heloísa*) A Marita recebe tão bem, uma casa linda, Heloísa... Tem certeza que você não quer vir conosco?
Heloísa	– (*disfarçando tristeza*) Tenho.
Bernardo	– (*a Fábio*) Não achei a mãe animada pra réveillon, não. Ela tava preferindo ir a algum outro lugar?
Fábio	– Eu vou dar uma apressada porque daqui a pouco tá chegando gente, convidamos pruns drinques, melhor ir cedo porque com esse negócio de candomblé, noite de 31 a Niemeyer tá ficando intransitável.

Fábio vai para o quarto. Bernardo aproxima-se de Heloísa, meigo.

Bernardo	– É pra não encontrar o Olavo que você não tá querendo ir?
Heloísa	– (*franca*) A gente não brigou, Bernardo, desquite amigável. Por mais que eu não ligue pra data, réveillon, vou aguentar essa turma por quê? Já combinei de ir pra casa duns amigos, nem é festa. Aliás, eu fiquei de levar uns discos, ia te pedir emprestado o novo dos Beatles.
Bernardo	– Um instante só que eu pego lá no quarto.

Bernardo vai saindo. Close de Heloísa, alheia a tudo.

Corta para:

Cena 3: QUARTO DE FÁBIO E NATÁLIA E CORREDOR (INT NOITE)

Natália estava diante da penteadeira, de robe, sem ânimo pra começar a se maquiar, quando Fábio entrou, clima de briga. Porta aberta.

Fábio	– (*alto*) Nem começou a se maquiar?
Natália	– Desculpa, Fábio, eu/
Fábio	– (*corta*) Você quer me dizer que diabo que tá acontecendo? Não quis ir pra Cortina D'Ampezzo que você adora por quê? Nessas últimas semanas eu não tô te reconhecendo, Natália, parece doente, você tá escondendo alguma coisa de mim?

Já cortou antes para plano rápido de Bernardo, no corredor. Parou um instante, preocupado com a discussão, um disco na mão, não é preciso identificar. Close de Bernardo, ouvindo.
Corta para:

Cena 4: APTO. DE AVELAR – SALA (INT NOITE)

(<u>Atenção, edição</u>: *não há interrupção de ritmo de diálogo entre a primeira fala desta cena e a última da cena precedente.*)
Toledo e Ubaldo muito excitados, agitados, no meio da conversa.

Ubaldo	– A gente tem que avisar a Natália já, ela tá muito aflita!
Toledo	– Avisar como? Se o marido desconfia?
Ubaldo	– Deve haver algum jeito, Toledo!
Toledo	– (*em cima, já vai para o telefone*) Tem, tem sim! A amiga que me apresentou à Natália, se ela estiver em casa... (*já consultou número em caderno e discou*) Alô, dona Solange, por favor.

Corta rápido para:

Cena 5: SALÕES DE HELOÍSA (INT NOITE)

Fábio, Natália (muito tensa), casal de figurantes lindos e Bernardo tomam drinques enquanto Antunes abre a porta para Solange e seu marido Tomás. Black tie. Câmera vai seguindo os dois enquanto vamos nos aproximando e ouvindo o diálogo juntamente com eles.

Fábio	– Eu vi na Broadway, Loureiro, é verdade sim, então ia inventar? Quase em frente àquele teatro onde vimos juntos o *My Fair Lady*! Um musical bastante idiota, diga-se de passagem, demagógico, sobre um rapaz convocado pro Vietnã, que se liga lá a uns *hippies*... Falam abertamente em masturbação, promiscuidade, droga, o diabo, e no final da primeira parte todo o mundo pelado, tão comentando muito, chama *Hair*, <u>nu frontal</u>, eu trouxe o programa, tem fotografia! Natália não quis me acompanhar (*casual*), aliás esse ano Natália não viajou comigo uma vez que fosse!

Durante o final da fala, close de Bernardo que olha a mãe. Close de Natália, tentando disfarçar que está tensa e deprimida. Tomás e Solange cumprimentam todos informalmente.

Corta descontínuo para Solange pegando bebida servida por Antunes (abre no copo), perto de Natália. Bernardo bem próximo numa marcação em que elas não possam perceber isso. Os outros mais distantes.

Solange	– (*alto, a Fábio*) Ah, Fábio, eu já tinha ouvido comentários, tô morrendo de curiosidade de ver o programa dessa peça. Era muito complicado você pegar?
Fábio	– De jeito nenhum.

Enquanto Fábio sai, Solange fala à parte com Natália. Só Bernardo vai ouvir.

Solange	– O advogado me ligou ainda há pouco! <u>Conseguiu localizar</u>, Natália!
Natália	– (*abalada*) Você... tá brincando!
Solange	– Achou que você ia romper o ano mais tranquila. Disse até o nome lá do órgão, eu que não guardei de cabeça.
Natália	– (*eufórica*) Então eu tenho que falar com o Toledo imediatamente! (*tensa*) Pelo amor de Deus, Solange, dá um jeito de segurar o Fábio aqui na sala, não deixa sair de jeito nenhum prele não poder ouvir em alguma extensão, eu vou telefonar pro doutor Toledo.

Reação de Bernardo, muito grilado, ao mesmo tempo em que Fábio chega à sala, com o programa de Hair *na mão. Solange o intercepta para que Natália possa sair da sala. Bernardo segue a mãe, discreto.*

Solange	– Deixa eu ver, Fábio. A Laurinha também viu a peça mas não lembrou de trazer o programa...

Corta para:

Cena 6: QUARTO DE FÁBIO E NATÁLIA – CORREDOR (INT NOITE)

Natália já ao telefone, muito agitada. Depois das primeiras falas, intercalamos com Bernardo, no corredor, ouvindo numa extensão.

Natália	– (*tel*) Tem certeza absoluta que é ele mesmo?
Toledo	– (*off*) Um advogado tem meios de comprovar, verifiquei a identificação, Inácio Avelar, professor.
Natália	– (*tel*) Onde, Toledo? Como é que ele está?

Bernardo ouve na extensão, chocado.

Toledo	– (*off*) Ele está bem, fica calma. Detalhes eu acho melhor a gente conversar pessoalmente. Você tem condições de me ver amanhã?
Natália	– (*tel*) No apartamento dele. O mais cedo que você puder, eu tenho a chave.

Close de Bernardo, muito chocado, tempo. Desliga e vai rápido para a sala. Logo em seguida, Natália passa, bem mais calma.

Corta para:

Cena 7: SALÕES DE HELOÍSA (INT NOITE)

Fábio, Natália (agora aliviada), Solange, o marido, os figurantes, despedem-se de Bernardo. Antunes abrindo a porta.

Fábio	– Coisa mais estranha, Bernardo!
Bernardo	– (*deprimido*) Tô... indisposto. Ou então foi alguma coisa que eu comi. Não tem sentido, festa, vou dormir.
Natália	– De repente você melhora! Eu tava estourando de dor de cabeça e passou, assim, num clique.

Reação de Bernardo, disfarçando grande sofrimento.

Solange – (*a Bernardo*) Feliz Ano-Novo.

Corta rápido para:

Cena 8: APTO. QUEIROZ E YONE (INT NOITE)

Festinha de réveillon. Queiroz, Yone, Abelardo, Valquíria, João, Maria Lúcia, Carmen, Marta, Dolores, Gustavo, Lavínia, figurantes. Abre em Yone, com Valquíria.

Yone – Depois da meia-noite, se alguém quiser me acompanhar, eu tinha muita vontade de jogar umas flores pra Iemanjá e molhar os pés na água.

Corta para Abelardo com Marta e Carmen. Maria Lúcia e João ao lado. Durante o diálogo abaixo, reações de João e Maria Lúcia, <u>sem jeito</u>, porque não sabem se vai haver casamento e viagem.

Abelardo	– Eles não têm muito tempo pra ficar pensando, não! Um monte de providências pra tomar!
Carmen	– Mas esse mestrado não começa só em setembro?
Abelardo	– João é muito fraco em inglês, precisa de um curso intensivo com urgência, nada como estudar a língua no próprio país. E a Maria Lúcia tem de se apresentar logo na BBC ou perde a chance! (*a João*) Você não acha, João, que podem marcar o casamento pelo menos pro início de fevereiro?

João sorri amarelo. Valquíria intervém, de champanhe na mão. Barulho de fogos ao longe.

Valquíria – Meia-noite!

Todos se cumprimentam, desejando-se Feliz Ano-Novo, feliz 69! Interessam-nos a emoção de dona Marta contrastando com o <u>profundo constrangimento de João e Maria Lúcia</u>.

MARTA	– (*emocionada*) De vez em quando eu tenho de me beliscar pra ter certeza de que não estou sonhando. Porque eu nunca pensei que ia viver o suficiente pra ter a alegria de ver a minha única neta casada!

Corta para:

Cena 9: PORTA DO PRÉDIO DE HELOÍSA (EXT DIA)

Manhã seguinte. Plano rápido de localização.
Corta para:

Cena 10: SALÕES DE HELOÍSA (INT DIA)

Bernardo deprimido na biblioteca. Tenta se concentrar na leitura de uma revista mas não consegue. Motorista Fausto se aproxima.

FAUSTO	– O senhor vai precisar do carro, doutor Bernardo?
BERNARDO	– (*mau humor*) Já avisei na portaria, obrigado.
FAUSTO	– Dona Natália vai visitar uma amiga, mas preferiu ir dirigindo.

Ao longe, Bernardo vê Natália caminhando para a porta de saída. Antunes já com a porta da rua aberta.

BERNARDO	– (*afastando-se, rápido*) Obrigado, Fausto, brigado...

Vemos Antunes fechar a porta por onde saiu Natália, ao mesmo tempo em que Bernardo passa para descer pelo elevador de serviço.

Corta para:

Cena 11: PORTA DO PRÉDIO DE AVELAR (EXT DIA)

Clima de policial. Natália para seu carro, perto da porta do prédio de Avelar. Não sai do carro. Procura Toledo com os olhos. De repente vê. Corta para Toledo, de pé, perto do prédio, vê Natália e faz um sinal discreto com a cabeça. Toledo entra no prédio. Natália espera uns instantes, sai de seu carro e caminha em direção ao prédio. Entra. Corta para close de Bernardo, ao volante de seu carro. Fica claro que seguiu a mãe. Um tempo com Bernardo, esperando. Ele consulta o relógio e fica parado dentro do carro.
Corta para:

Cena 12: APTO. DE AVELAR – SALA (INT DIA)

Natália com Toledo, já conversando. Tensão.

TOLEDO	– Ele está nesse organismo, é uma operação meio secreta, dum esquema semiclandestino.
NATÁLIA	– (*medo*) Dizem que nesses lugares...
TOLEDO	– Eu tenho informações seguras de que ele está bem. Pelo menos até agora. Na verdade não há nada de concreto contra ele, foi denun-

	ciado provavelmente por inveja e pode ser solto, basta uma ordem, o que nós precisávamos era de algum acesso ao comandante desse esquema... sabemos que ele tem muitas ligações com funcionários do governo, alguns empresários, mas...
Natália	– Você sabe o nome desse homem, Toledo?

Corta para:

Cena 13: APTO. JOÃO (INT DIA)

No QUARTO, Valquíria contente trazendo roupas de frio que Maria Lúcia pode levar pra Londres, entre elas um casaco de pele bem anos 50. João pegando roupa em seu armário, torturado com assunto de viagem e casamento. Guilherme cola plástico na janela, tem coleção. Talita vai entrar.

Valquíria	– Nunca pensei que eu tivesse tanta roupa de frio, João, olha só. Algumas praticamente eu nem usei, *cashmere* argentino lindo, tanta coisa que a Maria Lúcia talvez queira aproveitar... Esse casaco ouvi dizer que voltou à moda, pele de lombo de *petit-gris*, pro frio de Londres!
Guilherme	– Onde vocês vão morar vai ter lugar pra mim, se o papai pagar preu ir nas férias?
João	– (*irritado*) Guilherme, eu não sei se vou viajar, eu tô pensando, vocês falam como se/
Talita	– (*corta, entrando*) Tem um rapaz aqui na sala te procurando, João. Diz que é seu amigo.

João sai, aliviado por não ter que ouvir mais papo de viagem.

Guilherme	– Acho que o lugar que eu mais queria conhecer na vida era Carnaby Street, diz que fica assim de *hippie*, eu vi na revista.

Corta para a SALA. João, intrigado, já com André, nervoso.

João	– Chave? Tenho, mas a casa do Marcelo, você quer o que lá? O Daniel não continuou morando no apartamento?
André	– Tá fora do Rio, a gente tem que procurar um troço importante ainda hoje.
João	– Mas eu soube que vocês limparam tudo.
André	– Limpamos, é outra coisa, não dá pra emprestar a chave?

João separa uma chave de um chaveiro, entrega, grilado.

André	– Obrigado, depois a gente fala melhor.

Sai. João muito intrigado, gostaria de saber o que estão querendo.
Corta para:

Cena 14: PORTA DO PRÉDIO DE AVELAR (EXT DIA)

Clima de policial. Close de Bernardo, esperando, sentado em seu carro. Tempo. De repente, reação. Vemos de seu pv Toledo sair do prédio e caminhar em direção a seu próprio carro. Bernardo consulta o relógio, sai do carro e caminha em direção ao prédio.
Corta para:

Cena 15: APTO. DE AVELAR (INT DIA)

No QUARTO, Natália, deprimida, ouvindo música. Olha bem o quarto, onde passou momentos bonitos com Avelar. Toca em objetos, talvez o travesseiro dele. Na vitrola "Senza Fine", por Ornella Vanoni. Tempo. Campainha. Natália demora um pouco a ouvir. Depois que tocaram várias vezes, Natália sai do quarto para abrir a porta.
Corta para a SALA, Natália abrindo a porta. Entra Bernardo, Natália petrificada.

NATÁLIA — Eu... posso saber o que... o que é que...
BERNARDO — (*rude*) Você não acha que o contrário era mais lógico? <u>Você</u> me explicar o que tá fazendo aqui?

Close de Natália, abalada.

COMERCIAIS

Cena 16: APTO. DE AVELAR – SALA (INT DIA)

Natália e Bernardo, continuação imediata da cena precedente.

BERNARDO — (*sofrido, magoado*) Eu ouvi o que a Solange falou pra você ontem à noite, eu... também fui aluno do Avelar, antes de entrar pra faculdade. Esse advogado... eu conhecia de vista, tá ficando importante. A gente sabia que o Avelar foi preso e não foi difícil entender que você tá tentando soltar, escondida do meu pai. Só que... te olhando aqui... um apartamento que você tem a chave... (*agressivo*) Eu vou me sentir o maior imbecil da face da terra se eu te perguntar por quê.

Natália tem uma violenta crise de choro. Tempo com Natália chorando. Close de Bernardo, sem nenhuma piedade, com raiva.
Corta para:

Cena 17: QUARTO DE HELOÍSA (INT DIA)

Bernardo e Heloísa. Muita tensão. A segunda parte da cena, em especial, tem que ter muito ritmo. Bate-boca, gritos.

BERNARDO — (*grita*) <u>Confessou tudo!</u>
HELOÍSA — (*fria*) Tudo o quê?
BERNARDO — Amante dele, Heloísa! Apaixonada! Olhando nos meus olhos, teve a cara de pau de usar essa palavra, <u>apaixonada</u>! (*tom*) A minha impressão é que ela nem ligou tanto assim pro fato de tá ali, diante dum

	filho, quer dizer, chorou, tava com vergonha, claro, mas... Parecia que nada nesse mundo tinha mais importância pra ela do que tirar esse sacana da cadeia! Cê acredita que ela teve a coragem de... Na minha cara, falou que tava com um dilema muito grande, porque esse advogado não tem condições de soltar, tá procurando algum conhecimento, diz que eles não têm nada realmente grave contra ele... e que... Eu tenho vergonha até de lembrar, Heloísa!
HELOÍSA	– Vergonha de lembrar o quê?
BERNARDO	– Te juro que ela falou! Que quem tinha conhecimento pra tirar o cara da prisão era <u>o nosso pai</u>! Como se... libertar esse cafajeste fosse mais importante do que tudo o que eu... filho... Você pode imaginar como eu tava me sentindo, não pode?
HELOÍSA	– (*fria, um pouco cínica*) Posso.
BERNARDO	– Apaixonada! Eu não tô inventando, mais de uma vez, chorando, ela usou essa palavra! E falou da maneira mais clara possível que... <u>Tem um caso com ele sim</u>!
HELOÍSA	– (*com naturalidade*) Há mais de um ano.
BERNARDO	– (*chocadíssimo*) Você... sabia?
HELOÍSA	– Morando naquela casa só não percebeu quem não quis. Desde o momento em que ela conheceu o Avelar virou outra!
BERNARDO	– (*chocadíssimo*) Ela... alguma vez... ela tocou nesse assunto com você?
HELOÍSA	– Não.
BERNARDO	– E você... comé que você se sente?... em relação a... a isso tudo?...
HELOÍSA	– Morro de pena dela.
BERNARDO	– Pena?
HELOÍSA	– Muita. Porque é covarde, coitada. Mas eu entendo, eu também fui, só que eu tô tentando deixar de ser.
BERNARDO	– Eu não tô entendendo uma palavra do que você tá falando! Covarde por quê?
HELOÍSA	– Porque não tem <u>peito</u> pra largar o papai, enfrentar as dificuldades duma vida... mais verdadeira, ao lado dum homem que não mente pra ela. Mas eu entendo! Quando eu quis sair daqui e não tive apoio, eu acabei me casando com o Olavo, por medo de... É difícil, viu, Bernardo. Você e eu fomos muito protegidos. A vida aí fora, pra quem não tem grana, num país com tão poucas chances... sem perspectiva... Tenta se pôr no lugar dela. Trocar conforto, segurança... não sei se você tem ideia do que é o salário dum professor, mesmo tão competente, como o Avelar. Que condições a mamãe tem de ganhar a própria vida, uma altura dessas?
BERNARDO	– (*chocado*) Você tá falando como se... se o adultério... (*tom*) O fato dela ter um amante não te choca?
HELOÍSA	– Me choca muito ela ter esperado tanto. Quase vinte anos de comédia, ele sempre com mulher, abertamente...

Bernardo	– (*grita*) Homem é outra coisa, Heloísa!
Heloísa	– (*agora agressiva*) Outra coisa como?
Bernardo	– Pro homem não tem essa importância que você tá pensando, uma pulada de cerca!
Heloísa	– (*raiva*) Você não pode ser tão burro assim, tá bem que ele, ele eu já perdi a esperança, mas você, Bernardo, você acha que o que se passa dentro dum homem ou uma mulher... os sentimentos, as necessidades... Onde é que tá a diferença?
Bernardo	– Não vem de pedra na mão como se eu tivesse criado essas regras, Heloísa, eu/
Heloísa	– (*corta*) Tem tanta diferença assim entre criar as regras ou aceitar?
Bernardo	– (*desesperado*) <u>Minha mãe</u>!
Heloísa	– Uma mulher, Bernardo, até cachorro precisa de afeto, viu?
Bernardo	– (*desesperado*) <u>Meu pai</u>!
Heloísa	– Não tô dizendo? Até cachorro, o nosso pai procura na rua, nem deve saber que é afeto que tá procurando, mas procura.
Bernardo	– (*desesperado, sem ouvir*) <u>Um infeliz dum professor metido a galã que</u>/
Heloísa	– (*grita, raiva*) <u>Que você admirava muito</u>!
Bernardo	– O fato deu ter respeito intelectual pelo Avelar não significa que eu/
Heloísa	– (*corta*) <u>Você não é capaz de parar um instante pra pensar</u>?
Bernardo	– Se eu tivesse certeza que a atitude correta era entregar pro coroa não tinha procurado você!
Heloísa	– (*sem ouvir*) Por quanto tempo, eu não acredito, por quanto tempo vocês vão reger a vida de vocês por uma série de convenções que/ <u>Moral de aparência</u>!
Bernardo	– Só pode ser gênero, Heloísa, pra ser diferente, você não vai me convencer que o fato da nossa mãe ter um amante é uma coisa que você encara com naturalidade e/
Heloísa	– (*corta*) <u>Apaixonada</u>!
Bernardo	– Diz na minha cara que você acha natural!
Heloísa	– Isso eu confesso que me surpreendeu! Eu achava que era só uma válvula de escape, superficial... (*consigo mesma*) Apaixonada! De certa forma, me dá um pouco de esperança! Porque se nesse mundo triste que a gente tá vivendo... pelo menos a minha mãe, duma forma meio covarde, coitada, mas mesmo assim... (*consigo mesma*) Apaixonada! <u>Ela pode se salvar</u>! Até você, se em vez de ficar dizendo frase feita você parar pra pensar um instante, até você, Bernardo, você também tem salvação sim!
Bernardo	– (*grita com muita raiva*) Eu vou contar tudo pra ele!
Heloísa	– (*cínica*) Ah, que bom, Bernardo! Que atitude generosa! Porque aí o papai vai entender que foi péssimo marido, os dois vão se casar de novo e vão ser felizes pra sempre!

Corta rápido para:

Cena 18: SALÕES DE HELOÍSA – BIBLIOTECA (INT NOITE)

Bernardo tenso, muito constrangido, com Fábio intrigado.

FÁBIO	– Troço chato como, Bernardo?
BERNARDO	– (*lento*) Pra falar com você. É... penoso, pra mim, levantar esse assunto, mas você devia saber, quem sabe... encontra um meio de lidar com o problema, eu acho que é minha obrigação.
FÁBIO	– Vamos ver, rapaz, fala. (*tempo*)
BERNARDO	– É um professor, fui aluno dele na época do vestibular. (*pausa*) Foi preso no dia do AI-5, pelo que eu sei sem razão nenhuma, talvez uma dessas vinganças pessoais, chama Inácio Avelar, não foi um professor qualquer. Me ajudou muito, é de esquerda, mas... teórico, acredita em diálogo... Eu soube que um amigo seu é quem pode autorizar a soltura dele.

Corta rápido para:

Cena 19: SALA DE ÓRGÃO DA REPRESSÃO (INT DIA)

Outro dia. Fábio já diante do <u>comandante</u>, um homem em trajes civis, que já examina uma pasta de arquivo, só os dois na sala com móveis de escritório, arquivos etc. Tempo. Comandante lê, reflete.

COMANDANTE	– Realmente não consta nada de muito sério, algumas preleções suspeitas em sala de aula.
FÁBIO	– (*minimiza*) Aulas...
COMANDANTE	– Não gosto de subestimar. Esses teóricos botam ideias na cabeça de jovens imaturos que às vezes resolvem colocar essas ideias em prática... (*último olhar para a pasta*) Mas perigoso... realmente não é...

Corta para:

Cena 20: PORTA DE AVELAR (EXT DIA)

Carro de Toledo chegando. Saltam Toledo e Avelar, com uma valise na mão. Vão caminhando em direção ao prédio de Avelar. Corta para close de Natália, dentro de seu carro estacionado, lágrimas nos olhos.
Corta para:

Cena 21: SALÕES DE HELOÍSA (INT DIA)

Bernardo vai sair, paletó e gravata, pasta de executivo. Motorista Fausto o chama e ele se volta.

FAUSTO	– Doutor Bernardo! (*tempo*) É que a sua mãe saiu cedo, e deixou um recado pro senhor. Quer dizer... não é bem um recado. Ela pediu... (*pega uma rosa em algum lugar do cenário*) preu lhe entregar isso.

Fausto entrega uma bonita rosa, desembrulhada, a Bernardo.

FAUSTO	– Eu não entendi.
BERNARDO	– Certas coisas a gente... (*emocionado*) não pode entender, Fausto, só aceita.

Corta para:

Cena 22: APTO. DE AVELAR (INT DIA)

Avelar e Natália depois do amor, ele já contando, paixão. Mais ternura do que sensualidade.

AVELAR	– Mal tô acreditando, meu amor, o meu quarto, você aqui do meu lado... Quando eu me vi livre, no meio da rua, os carros passando... acho que até fumaça saindo de cano de descarga de ônibus eu achei bonito... Como é bom tá aqui com você... (*carinho*) Como é triste lembrar de quem ainda tá lá...
NATÁLIA	– Eu te adoro!
AVELAR	– Nunca pensei que fosse assim, o Ubaldo tinha razão o tempo todo, falava que eles não parecem humanos... mexer com jovens imberbes, senhores de idade, todo mundo, nem sabem quem tem mesmo algum envolvimento...

Natália toca o corpo dele instintivamente, se aproxima com medo.

NATÁLIA	– Você, eles...?
AVELAR	– Não me torturaram, fisicamente não. Sou café pequeno, minha sorte, mas o que eu vi por lá... coisas que me contavam... eu ouvia os gritos, Natália, acho que esses gritos não vão me sair da cabeça nunca... Principalmente os líderes estudantis, eles querem nomes, endereços, prendem pra isso, garotos que... (*não quer pensar*)
NATÁLIA	– (*meiga*) Não fica pensando nisso, meu amor, o país tá retomando vida normal, você vai recomeçar as suas aulas, foi um pesadelo horrível, já passou.

Corta para:

Cena 23: AGÊNCIA DE BANCO (INT DIA)

Maria Lúcia tensa com Dolores bem-humorada, na fila do caixa. Movimento normal de banco. Daqui a pouco vamos mostrar que entraram <u>cinco homens</u>, com capuzes, são assaltantes, a maioria jovens, não identificamos, só o <u>chefe</u> da ação vai falar.

DOLORES	– Se eu conseguisse essa função gratificada que eu tô de olho, apertando um pouco por um ano, vocês podendo me hospedar em Londres, ah!, minha sobrinha, eu sempre sonhei tanto com uma viagenzinha à Europa! Principalmente a Itália! Adelaide fez excursão, mais de 12 países! O que ela contou dos homens italianos!

MARIA LÚCIA — *(sem jeito)* Nem sei mais se vou, tia. O João tá cheio de dúvidas, eu não vou pressionar, nunca que ia dar certo fazer qualquer coisa sem ter certeza que é isso mesmo que ele tá querendo, pra mim não faz diferença, casar agora ou/

Maria Lúcia para de falar porque ouve a voz do assaltante. O que interessa na cena é <u>terror</u> no rosto de Maria Lúcia. Deve ser uma cena de <u>montagem</u>. Tudo muito rápido, até o último plano da cena, alternar closes dela com <u>closes dos vários revólveres</u>, talvez também mãos dos assaltantes pegando dinheiro, em close.

CHEFE — *(duro)* Isso não é um assalto, é uma expropriação. Ninguém precisa ter medo, só nos interessa o dinheiro do banco, todo mundo na parede!

Corta rápido para:

Cena 24: APTO. DE MARIA LÚCIA – QUARTO (INT NOITE)

João e Maria Lúcia discutem gritando. Muito muito ritmo.

MARIA LÚCIA	– Assalto!
JOÃO	– Calma!
MARIA LÚCIA	– De arma na mão!
JOÃO	– Machucaram alguém?
MARIA LÚCIA	– Porque não reagiram!
JOÃO	– Não são bandidos, Lúcia!
MARIA LÚCIA	– Vai discutir isso no Instituto Médico Legal dentro duma daquelas gavetas!
JOÃO	– Você tá nervosa, senta um pouco!
MARIA LÚCIA	– Não tá certo!
JOÃO	– E que outro jeito você vê de lutar contra uma/
MARIA LÚCIA	– *(corta)* Qualquer um, João, violência não! Nem o papai nunca admitiu que/
JOÃO	– *(corta)* Não é bem assim! A posição do seu pai sempre foi que/
MARIA LÚCIA	– *(corta)* <u>Violência não</u>!
JOÃO	– Guerrilha urbana! Que outra maneira pode haver de/
MARIA LÚCIA	– *(corta)* <u>Bola de neve</u>, João! Você acha que eu não penso no soldado da PM que mataram, jogaram tijolo do edifício! Um soldado cumpre ordens, não tem preparo pra fazer um balanço e/
JOÃO	– *(corta)* Não foi estudante, foi povo!
MARIA LÚCIA	– <u>Mas morreu</u>! Em condições normais ninguém ia pegar um tijolo e jogar de/
JOÃO	– *(corta, gritando)* Quem é que tá vivendo em condições normais?
MARIA LÚCIA	– *(desesperada)* E o major alemão que mataram por engano, dez tiros, pensando que era o que prendeu o Guevara?!
JOÃO	– Você mesma tá falando, Lúcia, <u>engano</u>!

MARIA LÚCIA — Eu não aguento isso! Não aguento, eu não tenho...

Maria Lúcia começa a chorar muito. João se aproxima, carinhoso.

JOÃO — Fica calma, meu amor...

MARIA LÚCIA — (*chorando*) Você mesmo disse... que tava perto... luta armada... eu tenho medo...

JOÃO — Nunca falei que era uma solução ideal, Lúcia... Olha pra mim...

Tempo. João faz carinho nela.

MARIA LÚCIA — (*recompondo-se*) Desculpa... Eu tô descontrolada... Porque foi horrível... Eu imaginei que um deles podia ser você e...

JOÃO — (*triste*) Como é que você acha que tão tratando o Marcelo, na cadeia? Se a gente não reagir de alguma forma...

MARIA LÚCIA — Faz o que você achar que deve, mas me promete só uma coisa. (*firme*) Que eu nunca vou ver uma arma na tua mão, meu amor, só isso, me jura que nunca, mas <u>nunca</u> você vai pegar numa arma... pra ameaçar a vida dum ser humano, ou... <u>Você promete?</u>

Tempo. João reflete.

JOÃO — Vamos pra Londres, Lúcia. Eu vou cuidar dos passaportes.

Corta rápido para:

Cena 25: SALA DE ESPERA DE ÓRGÃO PÚBLICO (INT DIA)

Abre num close, funcionário carimba passaporte de figurante. Um órgão de expedição de passaportes, ao fundo um balcão, guichês. Movimento de funcionários, pessoas esperando passaportes, João e Maria Lúcia entre estes num banco de espera.

JOÃO — Aquelas roupas de frio da mãe, alguma serviu?

MARIA LÚCIA — (*bom humor*) Várias.

João vê que André entra da rua tenso, troca um olhar de longe com uma funcionária atrás do balcão, João nota, alerta. André se aproxima discreto do balcão, a funcionária lhe dá um envelope pequeno, diz para ele esperar. André vai se sentar, João já se aproximou.

JOÃO — Vai viajar, André?

Reação de André, deixa sem querer o envelope cair no banco a seu lado, João pega, nota a tensão de André. O envelope se abriu, uma fotografia (de passaporte, preto e branco) de Marcelo aparece. Detalhar. O rosto de Marcelo deve encher a tela.

JOÃO — (*off*) Tá nervoso? Foto do Marcelo?

ANDRÉ — (*baixo*) Essa não precisou.

JOÃO — (*baixo, tenso*) Passaporte falso? Aquela mulher com quem você falou?

André	– (*baixo*) Tinha várias no apartamento, de carteira de identidade, mas se a dona furar nós tamos lascados.
João	– Então o Marcelo foi solto! Pelo menos uma lembrança boa eu levo do Brasil!
André	– (*baixo, nervoso*) Ele ainda não foi solto, nós vamos soltar daqui a pouco!
João	– (*reage*) Vão soltar, vocês?
André	– A gente conseguiu saber que o Marcelo vai prestar depoimento, o pessoal vai aproveitar, o carro tá pronto, tão me esperando aqui perto, vão levar direto pro aeroporto, já compraram passagem com esse nome falso.

Reação de João. Corta descontínuo para João já longe de André, contou tudo a Maria Lúcia que está impressionada. João escreve um bilhete às pressas, empenhado, tenso.

Maria Lúcia	– (*sussurra*) Loucura, atacar carro de preso, cê acha que pode dar certo?
João	– Tem que dar!
Maria Lúcia	– O que é que cê tá escrevendo?
João	– (*muita tensão*) Um bilhete. O André prometeu entregar pro Marcelo, se não atrasar a ação. Se pelo menos ele entendesse por que que eu tô indo embora... Tô dando nosso endereço em Londres, no caso de algum dia...

João continua a escrever. Não deve mais tirar os olhos do papel. Close do bilhete. Tensão. Corta para close de André muito tenso, olho no balcão. Corta para João escrevendo, Maria Lúcia ao lado ansiosa.

Maria Lúcia	– (*baixo*) Depressa, João!
João	– Tô acabando.

Corta para o balcão, a funcionária vem de dentro discreta com passaporte na mão, reação de André. Corta para João escrevendo as últimas linhas do bilhete. Close do bilhete, diálogo em off.

Maria Lúcia	– (*off, tensa*) Ela chamou o rapaz! (*tempo*) Tá entregando, João, depressa!

Na tela, o final do texto do bilhete, João escrevendo: "Se é covardia, eu acho que não vou me perdoar nunca. Tenta nos procurar porque assunto é que não vai nos faltar. Teu amigo de sempre, João." (O público não precisa ler, o texto não tem importância.)

Maria Lúcia	– (*off*) Desceu, João, por ali!

Só agora João terminou de escrever "João". Levanta os olhos do papel, vê a porta por onde André saiu. Corre para a porta.

Corta para:

Cena 26: ESCADA DE ÓRGÃO PÚBLICO (INT DIA)

Plano rápido de João descendo a escada, voando. Só um take.
Corta rápido para:

Cena 27: RUA DO CENTRO (EXT DIA)

Abre em João correndo, bilhete na mão, plano abre e mostra a distância pv de João, André chegando à esquina, carro de Sandra à espera, Sandra saiu do volante e fala com André. Pedro e um figurante jovem no carro, outro do lado de fora, com o braço direito engessado, muita tensão, vozes abafadas, ritmo muito nervoso desde o início. João chega perto, já ouvimos Sandra com André, toda a cena sem tempo morto no áudio. Muito, muito ritmo.

SANDRA	– *(furiosa)* Pra ninguém, não podia ter contado, não tem noção de segurança, não bastava o Adriano, que resolve quebrar esse braço no dia da ação?!
ANDRÉ	– *(olha o do braço engessado)* Que que houve com o...

João já lá ouvindo, em seguida Maria Lúcia também chega correndo.

SANDRA	– *(a André)* Você vai no lugar dele!
ANDRÉ	– *(medo)* Eu... não tô preparado, não tenho experiência!
SANDRA	– *(sussurra intensa)* Se o Marcelo perder o voo de hoje nunca mais, vai vacilar agora?
ANDRÉ	– *(pânico)* Pegar em arma... não combinei, eu nem sei... *(atirar, olha a mão)*

Olhou para o banco do carro, João e Maria Lúcia acompanham, um revólver, reação muito forte de Maria Lúcia. Detalhar.

SANDRA	– O tempo tá passando, por tua culpa o Marcelo/
JOÃO	– *(corta, muito firme)* Deixa ele, eu vou!
MARIA LÚCIA	– João, pelo amor de Deus!
SANDRA	– *(a João)* Você?
JOÃO	– Eu. *(amigo, a André)* Fica calmo.
MARIA LÚCIA	– João, você não pode, isso não, eu entendo, o Marcelo, mas...
JOÃO	– *(muito firme)* Me espera em casa. Vai dar tudo certo.

André e Adriano se afastam, enquanto João entra no carro, pega o revólver e coloca na cintura. Detalhar. Corta para Maria Lúcia parada na rua, aterrorizada, vendo o carro se afastar. Close dela.
Corta para:

Cena 28: PORTA DE AUDITORIA MILITAR (EXT DIA)

Uma auditoria fictícia no centro da cidade, prédio grande, antigo, apenas dois guardas uniformizados na porta, distraídos, poucos passantes. Um carro de presos estaciona em frente, dois outros guardas uniformizados saltam, abrem a porta de trás, Marcelo salta abatido, algemado. Subitamente, carro da cena precedente, Sandra ao volante, chega cantando pneu. João, Pedro e o outro companheiro já saltando rápidos, revólveres na mão, tudo rapidíssimo. João rende os dois guardas. Close do revólver na mão de João.

JOÃO — Quietinho que ninguém se machuca! (*aos outros*) Cobre os outros!

Um guarda vai reagir, leva a mão ao coldre.

JOÃO — Não toca nessa arma!

O que mais nos interessa é Marcelo entrando no carro da fuga. Close de Marcelo, tenso mas feliz. Corta rápido para o carro dos militantes se afastando. Corta rápido para Marcelo muito feliz, em close, dentro do carro em movimento.
Corta para:

COMERCIAIS

Cena 29: APTO. DE QUEIROZ E YONE (INT NOITE)

Maria Lúcia tensíssima com Gustavo e Lavínia, muito nervosismo.

MARIA LÚCIA — O medo que eu tenho é que essa hora o João/
LAVÍNIA — (*corta*) Deu edição extraordinária no rádio, eles libertaram o Marcelo, ninguém foi ferido!
MARIA LÚCIA — Mas tão caçando na cidade toda, quem garante que não vai sair mais tiro? Eles/
GUSTAVO — (*corta*) No aeroporto não entraram, Maria Lúcia, não são malucos, fiquei mais de uma hora lá, tem mais polícia que passageiro!
MARIA LÚCIA — (*firme, pra sair*) Eu vou descobrir onde ele está, pra casa não foi, deixei recado, tô pouco ligando pro que possa acontecer comigo, eu tenho que encontrar o João, tem outra pessoa do grupo que eu sei onde mora.
LAVÍNIA — (*entende*) Você... vai falar com ela?
GUSTAVO — (*firme*) É perigoso, eu vou com você.
MARIA LÚCIA — (*muito firme*) Não. Eu vou sozinha, por favor. Obrigada mesmo, Gustavo, mas eu não quero que a Lavínia sinta nem por cinco minutos tudo que eu/ (*corta-se*) Alguma coisa muito forte dentro de mim diz que ele não caiu não, eu vou encontrar.

Maria Lúcia sai. Ficamos um instante com o casal.

LAVÍNIA — <u>Caiu</u>?
GUSTAVO — É, <u>ser preso</u>, o pessoal das organizações fala assim. O lugar pra reunião ou alguém se esconder é <u>aparelho</u>, encontro na rua é <u>ponto</u>, o nome que cada um inventa, por proteção, é <u>nome de guerra</u>...

Corta para:

Cena 30: APTO. DE SALVIANO E SANDRA (INT NOITE)

Sandra defensiva, tensa, abrindo a porta para Maria Lúcia desesperada mas decidida.

SANDRA	– O papai saiu, mas se você quiser um café...
MARIA LÚCIA	– Não vem com cinismo pra cima de mim, Sandra, você sabe perfeitamente que eu preciso encontrar o João!
SANDRA	– (*dura, fechando a porta*) Você não pode tá falando disso aqui, minha casa, sempre foi um aparelho seguro e/
MARIA LÚCIA	– (*corta*) Não vim discutir nem criticar ninguém, eu só preciso ver o João, eu tenho direito, você não acha que o mínimo que eu... (*firme*) Tava do meu lado tirando passaporte pra ir embora, casar, e de repente... Não tô discutindo se o que vocês fizeram tá certo ou errado, eu também gosto muito do Marcelo, claro que saber que ele tá solto me (*corta-se, desesperada*) O João tá sendo perseguido pela cidade feito bandido! Eu preciso saber se ele tá ferido, se... (*tom*) Sandra, você nunca foi apaixonada por ninguém?

Tempo. Sandra muda de tom, fica com pena de Maria Lúcia.

SANDRA	– Não tá ferido não, Maria Lúcia. Ele ficou de levar o Marcelo prum aparelho seguro, no subúrbio, capaz de ainda tá lá. (*começa a escrever num pedaço de papel, agora fala seca*) Tô te dizendo, Maria Lúcia, um aparelho muito seguro. Se algum dia alguém cair porque esse endereço vasou a responsável vai ser você.

Corta rápido para:

Cena 31: APTO. NO MÉIER (INT NOITE)

Maria Lúcia muito tensa diante de Marcelo, que come um macarrão que ele mesmo preparou. Cenário <u>muito</u> simples, previamente pedido. Deve ter televisão, uma janela para a rua com persiana horizontal, telefone.

MARCELO	– Nunca pensei que esse espaguete à bolonhesa cansado de guerra que eu sei cozinhar feito a minha cara pudesse me dar tanto... (*corta-se, emocionado*) E ainda ficaram de me trazer uns livros lá de casa, umas roupas...

Maria Lúcia sorri amarelo, enternecida.

MARCELO	– Fica calma, Maria Lúcia, tô te dizendo que ele saiu daqui logo em seguida, ia pra tua casa. Tá tudo bem.
MARIA LÚCIA	– Eu fiquei esperando até oito horas!
MARCELO	– A gente achou que tinha chance deu viajar, um companheiro ficou estudando o aeroporto... O João pode ter chegado na tua casa logo que você saiu, oito e dez, oito e quinze...
MARIA LÚCIA	– (*medo*) Ou pode também... Nesse clima...

Campainha. Maria Lúcia tem medo. Marcelo vai abrir a porta, tranquilo, mas antes olha pelo olho mágico.

MARIA LÚCIA — *(tensa)* Cuidado! Não pode ser gente que...

Marcelo já abriu a porta, calmo, e João entra. Ele e Maria Lúcia olham-se longamente, closes alternados. Caminham um em direção ao outro e se abraçam longamente, muita emoção. Falam entre abraços e beijos. Melhor não focalizar mais Marcelo.

JOÃO — Eu já tava achando que...
MARIA LÚCIA — Não fala nada!
JOÃO — Não tinha ninguém na tua casa! Eu falei pra me esperar!
MARIA LÚCIA — *(apaixonada)* Você é louco!
JOÃO — Procurei na tua tia, procurei lá em casa, de repente me bateu uma paranoia que eu achei que até você...
MARIA LÚCIA — Eu te amo tanto!

Corta rápido para:

Cena 32: RUA DE IPANEMA (EXT NOITE)

(Atenção, edição: não há interrupção de ritmo de diálogo entre a primeira fala desta cena e a última da cena precedente.)
Maria Lúcia e João continuam a falar entre beijos, encostados a uma árvore, como se fosse exatamente a mesma cena acima.

JOÃO — E você acha que pra mim existe alguma coisa mais importante nessa vida que você?
MARIA LÚCIA — Eu te adoro!
JOÃO — Meu amor...
MARIA LÚCIA — O importante é que você tá aqui, vivo! Não vai te acontecer nada!

Os dois se beijam apaixonadamente. Um beijo muito longo. Corta descontínuo para os dois caminhando, abraçados, closes. Um tempo rápido sem diálogo.

JOÃO — A emoção de ver o Marcelo aqui fora também foi... foi forte, Lúcia.
MARIA LÚCIA — Eu entendo.
JOÃO — A gente precisa ter uma conversa muito séria. Porque eu resolvi que daqui por diante eu/
MARIA LÚCIA — *(tapa-lhe a boca, com amor)* Não fala nada, eu não quero saber. Faz o que você acha que tá certo... Cada momento que você puder me encontrar, ficar uns instantes do meu lado... Ah, João, a única coisa nessa vida que eu não vou aceitar nunca é te perder!

Outra vez, João beija Maria Lúcia apaixonadamente. Outro beijo longo. Tentar um enquadramento diferente do beijo de ainda há pouco. Tempo no beijo. Corta descontínuo para os dois caminhando, abraçados, de costas para a câmera, o visual mais bonito possível. Na montagem, desde que pararam de falar, o máximo de tempo possível para ouvirmos música.

Fade out para:

Cena 33: PORTA DO PRÉDIO DE MARIA LÚCIA (EXT DIA)

Manhã seguinte. Plano de localização. Figurantes passando.
Corta para:

Cena 34: APTO. DE MARIA LÚCIA – SALA (INT DIA)

Maria Lúcia acaba de dar a notícia de que não vai se casar a Carmen, Marta e Dolores.

MARIA LÚCIA	– A gente... achou melhor, entende?
MARTA	– (*tristíssima*) Um menino tão meigo! Pra mim é como se fosse um neto, Maria Lúcia, é um pouco difícil compreender que/
MARIA LÚCIA	– (*corta, doce*) A gente não brigou, vó! Vamos casar quando for possível...
DOLORES	– (*irritada*) Pra entender um absurdo desses eu ia ter que nascer de novo!
CARMEN	– É a vida deles, Dolores...

Corta para:

Cena 35: APTO. DE JOÃO (INT DIA)

Valquíria na SALA com Adelaide, Glória e Zuleica.
(Atenção, edição: não há interrupção de ritmo de diálogo entre a primeira fala desta cena e a última da cena precedente.)

VALQUÍRIA	– Hoje querem, no dia seguinte já mudam de ideia... Estavam achando prematuro casar assim, passarem tanto tempo fora do país, por causa de estudo...
GLÓRIA	– (*sacana*) Mas o João, desde o primário, que eu me lembre sempre colocou estudo na frente de tudo!
ZULEICA	– (*falsa*) O que é que a gente tem com isso, Glória? Ninguém veio aqui pra tá fofocando vida de ninguém não, viu, Valquíria?
ADELAIDE	– O que a gente tava querendo saber é... se você e o Abelardo querem ir ao Baile do Municipal, porque nós vamos comprar uma boa mesa, estamos organizando um grupo de fantasias iguais, quem deu ideia foi a Zuleica, um grupo bem animado de espantalhos psicodélicos, o desenho da fantasia tá lindo!

Corta para o QUARTO DE JOÃO, ele e Abelardo tensos, quase explodindo, meio da discussão. João muito duro.

JOÃO	– É a minha vida! Quero ficar no Brasil, vou ficar!
ABELARDO	– Você pensa que manda na casa, não deve satisfação!
JOÃO	– (*rude*) Se quiser eu saio agora! E satisfação pode perguntar o que quiser porque eu vou dizer a verdade. (*tempo*) Mas pensa bem, porque se eu fosse você não fazia pergunta nenhuma.

Reação de Abelardo, com medo de perguntar, medo de tudo. Sobre o close de João, fechando a cena, <u>letreiro</u>:

OS ANOS DE CHUMBO

Cena 36: ESCRITÓRIO DE FÁBIO NA HOLDING (INT DIA)

Fábio interrogando Waldir.

FÁBIO	– Não sou de tá me intrometendo em vida de filha, Waldir, uma adulta, o casamento não deu certo... Só achei melhor pedir pra você subir um instante porque... preocupação de pai...
WALDIR	– Eu entendo, doutor Fábio, claro.
FÁBIO	– O irmão me diz que ela arrumou um emprego aí em ramo de pesquisa, coisa de abordar gente no meio da rua, socióloga. Não me pede dinheiro. Vivendo na casa dessa tal de Sandra. Você conhece essa Sandra?
WALDIR	– É uma que fazia direito, não conheço bem não, sei que é filha dum médico... Mas o senhor fica descansado que eu vou procurar saber tudo direitinho...

Corta rápido para:

Cena 37: BAR DO CURSO DE FRANCÊS (INT DIA)

Movimento normal. Natália contente de estar com Heloísa, abre nelas. Galeno e Michel à parte, conversando com Angela. Em todas as cenas com figurantes daqui até o final tentar usar rapazes de <u>cabelos compridos</u>.
(<u>Atenção, edição</u>: não há interrupção de ritmo de diálogo entre a primeira fala desta cena e a última da cena precedente.)

NATÁLIA	– *(preocupada)* Seu irmão comentou comigo, um apartamento precário...
HELOÍSA	– Eu pensei que a essa altura você já soubesse que é possível uma pessoa se sentir bem no que você tá chamando de apartamento precário.

Natália baixa os olhos, sem jeito. Galeno e Michel vêm apresentar Angela a Heloísa. Natália se relaciona logo a algum figurante.

GALENO	– Você conhece a Angela Noronha, não conhece? *(com orgulho)* Atriz.
HELOÍSA	– Já vi em novela, como é que vai, Angela?
ANGELA	– *(simpática)* Oi.

Durante o próximo bife de Galeno, Michel vai se afastar e voltar no final. Durante o bife, reação de Heloísa, acha Galeno engraçado.

MICHEL	– Nós tamos com um projeto aí, de teatro.
HELOÍSA	– (*a Galeno*) Pensei que você tinha trocado o teatro pela poesia.
GALENO	– Caetano e Gil presos, exilados. O pessoal do *Roda viva* perseguido por esses loucos do <u>CCC</u>... (*empolgado*) Teatro! Traduzi a *Fedra*, do Racine.
ANGELA	– Ele vai ter um papo com o diretor, pra ver se existe possibilidade da Aliança financiar a encenação, ele vai dirigir!
HELOÍSA	– Eu podia esperar tudo, Galeno, menos te ver um dia dirigindo teatro clássico.
GALENO	– <u>Nada passa na censura</u>! Até no *Um bonde chamado desejo* cortaram as palavras "gorila", "vaca", "galinha"! Eu tenho a minha visão do Racine, entende? *Fedra*, pra mim, não é só a mulher que se apaixona pelo enteado. Minha concepção é, por assim dizer, original. Uma Fedra... tropicalista e engajada! Hipólito é o oprimido pelo poder econômico! Se nós tivermos meios de produção... este amor vai ser impedido por... soldados nazistas que durante toda a encenação terão uma relação de ódio com a plateia, o espectador precisa ser sacudido, porque... Teseu... <u>Teseu é a repressão</u>!
MICHEL	– (*já voltou*) O homem mandou chamar.
GALENO	– (*subindo*) Torce por nós!

Corta rápido para:

Cena 38: APTO. DE AVELAR (INT NOITE)

Avelar come enquanto conversa com Angela e Ubaldo. Indicar pela marcação que estes dois estão namorando.

AVELAR	– Arrumaram produção aí pras ideias do Galeno?
ANGELA	– Não dava pé não, eles não são produtores, tiveram boa vontade mas podem no máximo dar um apoio cultural. (*a Ubaldo*) Vai dar pra gente pegar o cinema, Ubaldo?
UBALDO	– Essa noite não, amor. Eu tenho reunião.

Corta para:

Cena 39: APTO. DE SALVIANO E SANDRA (INT NOITE)

Manhã seguinte. Heloísa fazendo uma pequena mala (podemos dar impressão de que ela guardava algumas roupas na sala), conversando com Sandra. Campainha vai tocar e Sandra vai abrir. Heloísa tem nas mãos um <u>casaco de lã</u> caramelo, um pouco acima do joelho (vai ser importante, alta-costura, embora sóbrio), não há espaço na maleta, Heloísa entrega o casaco a Sandra.

HELOÍSA	– Fica com esse casaco, Sandra, eu já usei tanto, e na Bahia nunca faz frio mesmo, quanto menos coisa eu levar melhor. (*Sandra vai abrir*

	a porta) Pena que não vai dar tempo deu me despedir do doutor Salviano. (*Entra Galeno, Heloísa vê, casual.*) Oi. (*a Sandra*) Eu que chamei.
GALENO	– (*a Heloísa, viu a mala*) Vai viajar?

Daqui em diante, Heloísa fala preenchendo um cheque, casual.

HELOÍSA	– Por pouco tempo. Bahia, pegar um sol. Mas eu fiquei interessada naquele seu papo de ontem, de revolucionar o teatro mundial. Sempre quis brincar de produtora, toma aqui, acho que dá pra vocês montarem a sua *Fedra*.

Entrega o cheque, Galeno vê, a quantia é alta. Reação.

GALENO	– Mas... é muita grana...
HELOÍSA	– Sobrou da minha parte na venda do apartamento onde eu morava com o Olavo. É um dinheiro que faz parte dum equívoco, não quero ter, não quero lembrar.
Galeno	– Não tá certo, Heloísa...
Heloísa	– Deixa de onda e capricha na montagem que eu quero ver essa estreia. Se sobrar, carnaval taí, faz uma fantasia bacana e sai de destaque no Império Serrano, ouvi dizer que esse ano eles vão botar pra quebrar.

Corta rápido para:

Cena 40: SEQUÊNCIA EM PRETO E BRANCO

<u>Sonoplastia</u>: *"Heróis da liberdade", de Mano Décio da Viola e Silas de Oliveira, samba-enredo do Império Serrano em 1969.*
a) Planos do desfile do Império Serrano no carnaval de 1969. Tempo.
b) **TEATRO (INT NOITE)** Galeno dirige leitura de mesa com o elenco de Fedra: Angela, Michel, e Maria (Fedra) na mesa, entre os outros. Galeno dá instruções, entusiasmado. (Este teatro da encenação de Fedra deve ser de arena.)
c) Notícias sobre a carreira da peça Galileu, Galilei, em cartaz, na época, no Teatro da Maison de France.
d) Alguma coisa sobre a novela Beto Rockefeller.
e) 25 de janeiro, capitão Carlos Lamarca, instrutor de tiro do Exército, desaparece do quartel de Quitaúna com fuzis, metralhadoras e bazucas, e adere à guerrilha contra o governo. (não frisar que foi em janeiro)
f) Capa do primeiro disco solo de Gal Costa. Se possível, planos de Gal cantando em show, em festival não serve.
g) **TEATRO (INT NOITE)** Ensaio de Fedra. Galeno dirige <u>entusiasmado</u> uma cena de Fedra e Hipólito, dá indicações de direção.
h) **ESCRITÓRIO DE QUEIROZ NA EDITORA (INT NOITE)** Maria Lúcia, Edgar e Kira trabalham até tarde, Kira boceja. Edgar olha o relógio. Pede a Maria Lúcia para continuarem, ela diz que sim, fazendo um esforço.

i) *Algum material jornalístico sobre Os Mutantes. Rita Lee.*
j) *28 de abril: Charles de Gaulle renuncia.*
k) *Notícia de que Chico Buarque de Hollanda deixa o país.*
l) *27 de maio, assassinado em Recife o padre Henrique Pereira Neto, colaborador de dom Hélder Câmara. Ou (junho) padres presos por subversão em Minas Gerais e em São Paulo.*
m) *Organismos militares – Operação Bandeirantes (Oban) em São Paulo e DOI (Departamentos de Operações Internas)-Codi (Centros de Operações de Defesa Interna), juntamente com serviços secretos do Exército, Marinha e Aeronáutica (CIE, Cenimar, Cisa) – começam a centralizar e aperfeiçoar repressão, substituindo Dops e polícia civil.*
n) *Material sobre a estreia da peça Na selva das cidades, Brecht, direção de José Celso Martinez Corrêa.*
o) *Morte de Cacilda Becker, junho.*
p) *Close de cartaz da estreia de Galeno, produzir. Maria Satamini em Fedra, de Racine, adaptação e direção de Galeno Quintanilha. Entre nomes fictícios do elenco, Angela Noronha e Michel Garrido.*
<u>Edição</u>: 1 minuto e 26 segundos.
Corta para:

Cena 41: APTO. DE MARIA LÚCIA (INT NOITE)

Maria Lúcia, Edgar, Regina, Carmen e Marta saindo excitadíssimos para a estreia de Galeno como diretor.

Edgar	– Olha aí, gente, tá em cima da hora!
Regina	– Eu prometi ao Galeno receber a irmã e o cunhado, vieram de Brasília especialmente!
Carmen	– O João ainda não chegou!
Maria Lúcia	– *(ajeitando alguma coisa na roupa de Marta)* Ligou ainda há pouco, mãezinha, vai encontrar a gente lá!
Marta	– *(excitada)* Se vocês soubessem há quantos anos eu não vou a um teatro! A última vez foi uma comédia tão divertida, *Society em baby-doll*, picante! Seu avô adorou!

Corta rápido para:

Cena 42: PORTA DO TEATRO (EXT NOITE)

Figurantes entrando. Galeno muito excitado, com Regina, Rangel, Idalina e Dolores. (Rapazes de cabelos compridos.)

Galeno	– Os lugares são bons?
Regina	– Seu assistente garantiu que são os melhores!
Idalina	– Ah, meu irmão, tô tão nervosa que parece que quem vai aparecer no palco sou eu.
Rangel	– *(a Galeno)* Não é esse negócio de teatro de agressão não, é?

Dolores	– Vê lá, hein, Galeno! Se vier ator me esculhambar, me jogar bife de fígado na cara, eu levanto e falo também!

Corta rápido para:

Cena 43: TEATRO – CAMARIM (INT NOITE)

Um plano muito rápido. Maria (Fedra) terminando de se maquiar. Ubaldo entrega flores a Angela, que lhe dá um beijinho na boca.
Corta para:

Cena 44: HALL DO TEATRO (INT NOITE)

O hall quase vazio. Alguns espectadores entrando correndo. Maria Lúcia espera. Lavínia vem de dentro e a aborda.

Lavínia	– Vai começar!
Maria Lúcia	– *(tensa)* O João ainda não chegou!
Lavínia	– Deixa o ingresso na bilheteria, esse tempo todo você ainda não se acostumou?
Maria Lúcia	– *(tensa)* O que eu mais tenho medo é de não me acostumar nunca!

Corta rápido para:

Cena 45: RUAS ESCURAS DE SUBÚRBIO (EXT NOITE)

Abre dentro de um ônibus em movimento, zona pobre. João falando com os passageiros, humildes, Pedro e André distribuindo folhetos. Num canto, focalizar às vezes um homem discreto, de terno, atento.

João	– Vocês escutam muito falar de terrorista, que são bandidos, assaltam, praticam violências, mas não é assim, vocês tão vendo a gente, nós não temos outra maneira de falar, só assim, entrando num ônibus na marra, nós somos revolucionários, tamos lutando por vocês!

Corta para Pedro parando o motorista, educadamente, enquanto João continuou a falar fora de áudio.

Pedro	– Tá bom aqui, companheiro, obrigado.

Os três saltam e câmera salta com eles. Olham para os lados, por cautela, enquanto vemos o ônibus se afastar. Começam a correr.
Corta para dentro do ônibus em movimento. O passageiro de terno mostra uma carteira de policial ao motorista. Motorista para.
Corta descontínuo para rua escura, o passageiro chama fora de áudio uma patrulhinha que vai passando. A patrulha para, saltam dois policiais. Sempre fora de áudio, o passageiro conta rapidamente o que se passou e aponta para que direção os rapazes correram.

Corta descontínuo para, em outra rua, perto de uma esquina, João, Pedro e André parando de correr, mais calmos. Sentem-se fora de perigo. De repente, pavor no rosto de Pedro, aborda João.

PEDRO – *(tenso, sem ar)* Olha!

Pedro mostra que dois policiais armados estão correndo ao longe em direção a eles. Junto, o homem de terno, também com uma arma na mão. Close de João, apavorado.
Corta.

Fim do capítulo 13

Nota: Vimos umas poucas cenas gravadas. Que beleza, vocês são mesmo o máximo! Mas de vez em quando, estão incluindo no diálogo termos que não eram da época. Em pouquíssimas cenas, contamos pelo menos três vezes "cara" como vocativo (Cássio, Caribé e Pedro), e uma vez um "sabia?" bem anos 80 em final de frase (Malu). Claro que é difícil controlar isso, peçam ajuda, alguém tem que ficar com o texto na mão, parece-nos o único jeito. De nos picharem o mínimo possível, tá? Abraços, os autores.

Os anos de chumbo

Em dezembro de 1968, o governo militar emitia o Ato Institucional Número 5, o quinto decreto em quatro anos, o mais antidemocrático até então. Ao invalidar direitos civis básicos em nome da segurança nacional, a ditadura se dava carta branca para perseguir, prender e torturar os "inimigos do regime", desobrigando-se de prestar contas de seus atos à sociedade. É depois do AI-5 que uma parcela da população engajada decide cair na clandestinidade, enquanto outra, menos radical, prefere conformar-se com a situação do país e levar uma vida "normal". Nesse momento, as escolhas de João Alfredo, Maria Lúcia, Edgar, Heloísa, Galeno e Waldir definirão o rumo de suas vidas.

Caminhos opostos

Os "anos de chumbo" têm início no capítulo 13, quando os confrontos públicos entre governo e sociedade dão lugar a um medo silencioso, opção da maioria, e à guerrilha, via radical escolhida por uma parcela da população. É justamente sobre essa questão que vemos João enfrentar seu pai de maneira bastante incisiva. Abelardo, desesperado para tirar João da luta política, consegue uma bolsa de estudos para que o filho vá estudar em Londres, mas João não quer.

>**Capítulo 13, Cena 35.** *Corta para o QUARTO DE JOÃO, ele e Abelardo tensos, quase explodindo, meio da discussão. João muito duro.*
>
>**João** – É a minha vida! Quero ficar no Brasil, vou ficar!
>
>**Abelardo** – Você pensa que manda na casa, não deve satisfação!

João – (*rude*) <u>Se quiser eu saio, agora</u>! E satisfação pode perguntar o que quiser porque eu vou dizer <u>a verdade</u>. (*tempo*) Mas pensa bem, porque se eu fosse você não fazia pergunta nenhuma.

Reação de Abelardo, com medo de perguntar, medo de tudo.

É com esta cena que abrimos "Os anos de chumbo". A partir de agora, a história ganha um ritmo quase de suspense policial, um ritmo em que é mais fácil prender o espectador. Esta cena é a preparação para a clandestinidade, na qual João cairá mais tarde.

Daí em diante, é ação o tempo inteiro. Fica difícil o espectador não se envolver. O sequestro do embaixador suíço marca a virada no clima da minissérie. Os planos ficam mais fechados, as cores mais escuras, os personagens principais já não se encontram a todo momento, perderam o contato entre si, cada um tomou um rumo e não sabe onde o outro está. Acho pungente ver estes jovens seguindo seus caminhos, tomando consciência de que não dá para ser de outro jeito, porque cada um é diferente do outro.

A cena 10 do sétimo capítulo, ainda na primeira fase da minissérie, é uma das minhas preferidas; João e Edgar discutem após Maria Lúcia terminar com Edgar e voltar para João. No meio da discussão, Edgar e João acabam se abraçando e dizendo que verão juntos o homem chegar à Lua. Esta cena agora é rebatida em outra do capítulo 14, em que os dois estão brigados e afastados. Enquanto um não sabe do outro, o que acontece? O homem chega à Lua e eles assistem ao evento separados. O sonho acabou.

A cena 10 do capítulo 7, retomada em *flashback*, é tão emocionante que o próprio Cássio Gabus Mendes ficou tocado; bem no final de sua fala, quando diz "... vamos ver juntos...", ele carregou num sotaque de paulista. É seu sotaque de criança, uma coisa meio caipira, porque quando a gente está muito emocionado, a gente vira criança mesmo.

Graças a Ricardo Linhares tivemos um registro bastante emocional nesta cena. No primeiro tratamento que fez, ele incluiu um álbum confeccionado por Edgar e João sobre astronautas e temas ligados à conquista do espaço.

A cena de celebração da amizade do sétimo capítulo foi escrita como preparação da outra, de solidão e saudade no 14º. Essa é a vantagem de fazermos uma obra fechada, diferentemente de novela, onde não há possibilidade de pensar e conceber algo que vá servir para dialogar diretamente com outra cena no futuro. Adoro estas cenas porque gosto muito do tema da amizade masculina. E elas ainda contam com a música extraordinária do filme *2001 – Uma odisseia no espaço*.

A diferença de clima da cena original para a cena 39, que a recupera em *flashback* no 14º capítulo, é total. Sete capítulos separam a esperança e a confiança na amizade da desilusão e da amargura.

A tragédia que é essa terceira parte de *Anos rebeldes* é marcada, por algum tempo, pela tentativa de João em se conformar e levar uma vida normal ao lado de Maria Lúcia. João até arranja um trabalho de recepcionista num hotel, enquanto se mantém na luta política. Mas, em determinado momento, uma coisa prejudica a outra e as atividades se tornam incompatíveis. Dá um nó na garganta, pois, independentemente de acharem que ele deve viver ao lado de Lúcia ou que precisa seguir só na luta, nenhuma das duas opções é algo errado ou ruim. Ambas são caminhos possíveis e passíveis de se tomar. Isso é que gera o drama da situação.

Sandra, interpretada por Deborah Evelyn, diz a João que só lhes resta uma saída, a clandestinidade. Daí para a frente, ele não conseguiria mais levar uma vida normal. Sabe que não poderia mais trabalhar com carteira assinada, visitar os amigos, morar com os pais, manter uma relação constante com Lúcia.

A personagem de Sandra cresce para catalisar essa mudança. Ela é uma mulher quase rancorosa, arrogante, um pouco masculinizada. Só se mostra mais feminina quando está perto do pai, Salviano, magistralmente vivido por Gianfrancesco Guarnieri, que apoia a decisão da filha e também cai na clandestinidade, juntamente com o grupo de jovens do qual João faz parte.

Sandra é o tipo de pessoa que eu não suporto. Ela é chata. Sérgio dizia: "Conheci muitas Sandras no movimento estudantil, eram um saco, mulheres insuportáveis." Ele escreveu mais essa personagem do que eu, já que conhecia bem o tipo. Tivemos a vantagem de Deborah ter valorizado bastante Sandra. Ela tem um excelente ritmo para cenas com falas rápidas, e isso era fundamental para a composição de sua personagem.

O par que Deborah fazia com Gianfrancesco Guarnieri, seu pai na minissérie, ficou bonito pela diferença de atuação dos dois. Guarnieri é um ator emocional, de expressões marcantes e fala mais pausada, e isso compunha bem com o jeito de Deborah atuar, rápida, seca. Salviano, personagem do Guarnieri, foi inspirado em alguém que teve um papel muito importante na luta armada e cuja trajetória eu conheci em *1968, O ano que não terminou*. É um comunista típico, exatamente o que eu queria para contrastar com o comunista bonitão, vivido por Geraldo Del Rey.

Guarnieri morreu em 2006, e eu me orgulho muito do fato dele ter gostado do papel que lhe demos. Guarnieri pertencia ao terreno político, aquela era sua área, então eu ficava preocupado se ele ia gostar das falas. Além do fato de ser um ator extraordinário, eu o admiro muito também como o ótimo escritor que foi, de peças como *Um grito parado no ar* ou *O botequim*. Eu já me sentia inseguro por estar escrevendo sobre algo que não fazia parte da minha dramaturgia habitual, e, quando pensava em Guarnieri, que chegou inclusive a ser secretário de cultura da cidade de São Paulo na gestão de Mário Covas, era passar pelo crivo de alguém que respeito muito. Adorei trabalhar com ele, sua atuação no programa me comove demais.

...

Pouco antes de João se decidir pela clandestinidade, Heloísa reaparece no programa, após sumir por quase dois capítulos. Sua aparição é impactante: ela está de cabelo curtinho e tornou-se companheira de João na luta armada. É uma nova Heloísa. Sua reaparição causa certo suspense e curiosidade, sendo a preparação para o que mais tarde veremos ser uma história de amor, certamente inspirada em *A dama das Camélias*.

Isso me deixou inseguro. Lembro-me de ter comentado com Sérgio Marques que estava receoso sobre como as pessoas de esquerda iriam avaliar a abordagem sobre a luta armada. Afinal, colocar *A dama das Camélias* dentro de um assunto seríssimo, como a luta armada, poderia ser considerado uma insensatez.

Tenho muita autocrítica, pois tive a mesma preocupação em relação aos *hippies*, abordados a partir do personagem Galeno. Não queria abordar o movimento *hippie* de forma depreciativa. Fiz até marcações no texto para a cena em que João vai visitar Galeno em sua comunidade: "Não deixar uma coisa muito folclórica." Sou fã do movimento *hippie*. Claro que há certos aspectos um tanto ridículos, como em tantos outros marcos de tempos passados, mas é preciso reconhecer que a luta pacífica pela liberdade e por menos preconceitos, entre outras coisas, trouxe grandes conquistas para os nossos tempos. Não queria que algo que admiro ficasse estereotipado na minissérie, queria respeitar o legado e o ideal de paz e amor que eles deixaram para nós e nossos filhos.

Pode-se notar também que, apesar de Galeno se drogar, o que poderia dar a impressão de que se trata de um personagem perdido nos próprios pensamentos, ele sempre faz comentários interessantes, sempre tem uma opinião forte, pontual e decisiva sobre o que acontece. Quando Maria Lúcia vai parar em uma clínica psiquiátrica com o diagnóstico de depressão, após sofrer um aborto espontâneo, é Galeno quem dá a sentença mais lúcida: "O problema da Lúcia é que ela nunca disse não, não sabe dizer não." E é verdade, Maria Lúcia sempre ficou na expectativa de que o pai lhe arrumasse um quarto melhor, de que ele se importasse mais consigo mesmo e com a família. Depois, essa expectativa estendeu-se para João, com Maria Lúcia à espera de uma mudança que o fizesse largar a luta e ir viver com ela. Ou seja, ela não sabia dar um basta às coisas que aconteciam na sua vida, não sabia dizer: "Não, isso eu não quero, não aguento."

Galeno é inteligente. Ele acompanha todos os movimentos artísticos da época e, pelo fato de circular em vários ambientes, com pessoas diferentes, tem uma visão mais neutra, mais crítica das coisas. Embora não participe da luta armada, não é um alienado. Faz parte da resistência estudantil até certo ponto e, quando a coisa fica mais pesada, some, porque seu interesse verdadeiro não é a política. Galeno gosta do que está na moda, mesmo que seja a moda intelectual. Ele começa o programa com *Les cahiers du cinéma* debaixo do braço, pois pertencia à geração de frequentadores do cinema Paissandu, época da *nouvelle vague*, e todos os rapazes mais intelectualizados curtiam esse tipo de cinema. Depois, vai para o teatro de invenção, o auge de Zé Celso. Em seguida, quer escrever um romance como o *Quarup* do Antonio Callado. Se algo fez sucesso, ele quer fazer igual. Galeno quer vencer na vida dentro do que está na moda.

O fato de ele ter se tornado autor de telenovelas não se encaixa nessa definição, pois as novelas já faziam sucesso muito antes do momento em que ele começa a escrever para a TV, já no fim da ditadura. Quando escrevi uma cena dele em Brasília, a 53 do último capítulo, discutindo com censores o número de vezes que a palavra "escravo" aparece em um capítulo de sua novela, foi uma maneira de ilustrar algo real que vivi enquanto eu próprio escrevia *Escrava Isaura*. Trata-se de uma cena cujo diálogo não me requisitou nenhum esforço criativo, bastou lembrar o que foi dito e transcrever. Galeno é autor de uma novela passada na época da escravatura. Os censores implicam com o uso da palavra "escravo" nas falas dos personagens, não querem que o termo apareça por acharem que isso pode incitar a população a se revoltar. Galeno acaba resolvendo a situação pela troca da palavra "escravo" pela palavra "peça". Dali em diante, em vez de um senhor comprar dez escravos, ele comprava dez peças. Os censores, certamente, não primavam pela inteligência.

• • •

Uma das cenas mais fortes do programa é quando Heloísa revela a seu pai que foi torturada pela polícia enquanto ficou presa por alguns dias. A cena é a 16ª do capítulo 16 e se passa na sala da residência de Fábio, um apartamento grande, cenário geralmente preenchido por muita gente e muita festa. Agora os dois estão a sós, na penumbra, iluminados apenas pela luz da janela. É uma bela cena, de grande impacto visual. Cada um num canto da sala, Heloísa nua, seu pai aterrorizado.

Fábio cooperava com a ditadura e sabia de um ou outro excesso cometido pela polícia, mas, vendo tudo de longe, nunca podia imaginar que a própria filha seria torturada.

O diálogo é muito forte. As falas de Heloísa são extremamente agressivas, mas justas. É pungente, é duro. Os dois atores dão um banho de atuação. Se Wilker não correspondeu ao que eu imaginava na primeira parte, ele acerta em dobro depois. Nessa cena, está absolutamente maravilhoso.

A estratégia do alívio cômico

Pelo grande peso dramático da parte final de *Anos rebeldes*, tivemos que aliviar um pouco essa densidade por meio da inserção de elementos mais leves. Podemos ver isso em alguns momentos cruciais da terceira parte da minissérie.

A situação do grupo clandestino de João, Sandra e Heloísa, enclausurados numa casa no subúrbio carioca depois de sequestrarem o embaixador suíço, é uma dessas passagens. Dentro deste contexto, criamos o embaixador Rolf Haguenauer, vivido por Odilon Wagner, um personagem simpático, carismático, que coopera com seus sequestradores, joga baralho com eles, pega sol no quintal dos fundos. Isso foi ótimo para aliviar o peso daquela situação, já tão tensa por si só.

No livro de Sirkis, o embaixador já parecia ser simpático, mas não era suíço. Escolhemos a nacionalidade suíça para o embaixador de *Anos rebeldes* porque teríamos mais liberdade para apresentar um sequestro fictício. Ninguém poderia reclamar que, na realidade, eles pediram pizza de aliche e não de calabresa, como aconteceu com o filme *O que é isso, companheiro?*, de Bruno Barreto. Em situações baseadas em fatos reais, a melhor opção é mudar o nome e a nacionalidade da pessoa. Não se pode exigir fidelidade absoluta de uma obra de ficção.

Um dos episódios de que mais gosto ao longo dessa situação do grupo, fechado no aparelho do subúrbio, é a festa de réveillon. O embaixador preso, trancado no quarto com João, o único que ainda não tinha sido visto pela vizinhança, e todas as outras pessoas fingindo estar tudo bem, dando uma festa dentro da casa, com todos os vizinhos do bairro. Que ideia! Isso é maravilhoso, digno de um filme de Billy Wilder. E é totalmente inspirado no livro de Sirkis, quase uma transcrição. Aconteceu mesmo.

Antes de a festa acontecer, temos uma vizinha que surge sempre nos momentos menos oportunos. Alguém bate à porta e todos ficam tensos, se escondem, pegam em armas, pensam que é a polícia, mas é a Jaqueline, essa mocinha humilde, pedindo um potinho de açúcar. Acho este nome uma delícia, Jaqueline, foi ideia do Sérgio Marques.

A técnica do alívio cômico também é empregada nas cenas que precedem a morte de Heloísa, que ocorre no último capítulo. Heloísa, João e Marcelo, namorado de Heloísa vivido por Rubens Caribé, precisam sair do país. O único jeito é ir de carro ou caminhão e cruzar a fronteira. Se eu colocasse os três dirigindo um carro e passando pelas blitzes, ficaria muito fechado, com um grau de tensão enorme. As possibilidades dramatúrgicas das cenas seriam reduzidas e, por isso, Caramuru ajuda os três e se junta a eles. Stephan Nercessian foi a escolha certa para camuflar com um pouco de comicidade todo o contexto extremamente trágico daquele momento.

Após serem parados numa blitz na cena 30, capítulo 20, João, Heloísa e Marcelo ficam tensos e preocupados. Caramuru diz que é só deixar com ele, e sugere ao policial que vão fazer uma orgia! Isso é uma delícia! E Stephan, extraordinário como sempre, fala tão naturalmente, que exala uma cumplicidade malandra entre seu personagem e o policial. É um ótimo ator, sempre adorei escrever para ele. Sérgio e eu sabíamos que, com Caramuru naquele carro ao lado dos três clandestinos, sairia alguma coisa mais leve, que traria um pouco de espetáculo à situação.

• • •

A concepção da morte de Heloísa no último capítulo é de Sérgio Marques, bem mais ligado em ação do que eu. É uma cena de pura concepção visual, não é minha especialidade. De certa forma, no estilo dos filmes de faroeste. Sérgio viu muito esse gênero, ao contrário de mim. Gosto muito da cena, mas como não assisti a muitos faroestes, não saberia fazer tão bem. É uma situação revoltante e patética ao mesmo tempo. Pensando que Heloísa se prepara para pegar uma arma na bolsa, um policial decide atirar. A cena termina com um close na carteira de identidade falsa que ela mostraria.

Depois disso, ainda vemos João e Marcelo seguindo com Caramuru e pegando carona com um caminhoneiro que vai cruzar a fronteira. É de cortar o coração, principalmente por Marcelo, que acabou de perder a namorada, mãe de sua filha, e ainda tem que se refugiar. Foi o romance com ele e a posterior gravidez de Heloísa que o programa deixou de cobrir. Este era o seu segredo. Ela quis ter a filha e continuar na luta, e preferiu que ninguém soubesse.

No prosseguimento, achei que seria um bom contraponto ter um *flashback* de Heloísa, principalmente planos do início da minissérie, para estabelecer um contraste bem patente entre o que ela era, no que se tornou e como terminou sua vida. Fizemos o *flashback* pela memória de Olavo, que sofre e pensa em vários momentos felizes de Heloísa. Temos então vários planos em que ela dança, retirados dos capítulos iniciais. Alguns, na verdade, só foram feitos para serem usados aqui no final. Eu queria uma Heloísa inicial dançando muito, espontânea, alegre, justamente para contrastar com seu final trágico.

Foi importante ter escolhido músicas alegres para marcar a personagem de Heloísa, mesmo no momento em que a barra começa a pesar. Quando ela é pega pela polícia numa cabine telefônica em frente à boate Le Bateau, a música de fundo é "Soy loco por ti, América", uma canção animada, mas que traz questões políticas, combinando perfeitamente com Heloísa: anuncia que aquela pessoa, aparentemente superficial, está prestes a se envolver em questões mais sérias.

• • •

A morte de Heloísa foi uma tristeza para todos que assistiram a *Anos rebeldes*. E, de fato, a parte final é cheia de crueldade. A traição cometida pelo personagem Waldir, por exemplo, mostra que tanto ricos quanto pobres são capazes de calhordice. Waldir se torna um mau caráter – tem uma marca pessoal "Gilberto Braga". No início, o rapaz é ajudado pelos amigos de classe média. No final, acaba por delatar o plano de Heloísa e João de saírem do país num navio das empresas de Fábio. Essa delação faz com que só lhes reste a tentativa de fugirem de carro. Antes de realmente contar o plano dos amigos a Fábio, seu patrão, Waldir ainda para um pouco para relembrar o passado, como vemos na cena 7 do último capítulo.

Na cena seguinte, Waldir já está contando tudo a Fábio, que certamente saberá recompensá-lo. O *flashback* relembra a antiga amizade que Waldir está sujando e jogando no lixo. Assim como as cenas de amizade e desilusão entre João e Edgar com o homem pisando na Lua e as cenas de dança de Heloísa pela memória de Olavo, esse par de cenas com Waldir foi escrito de propósito, para que uma cena rebatesse na outra.

Para esse tipo de estrutura, é preciso sabermos, de antemão, o que as cenas anteriores devem trazer. Depois, elas poderão dialogar com as cenas finais, produzindo um efeito de sincronicidade bem direta. Todo bom roteirista faz isso, principalmente no cinema. Na TV, em novela, fica mais difícil: como escrever as cenas do capítulo 26, por exemplo, sem saber se realmente vamos precisar delas no capítulo 153?

François Truffaut foi um roteirista brilhante. Tinha o dom de fazer o que descrevi acima, só que com ênfase nas palavras. Às vezes, usava certa expressão dentro de um diálogo. Depois, fazia jogos de palavras para, quase no final do filme, retomar o vocábulo usado inicialmente, fechando o jogo. Billy Wilder também é mestre nessa arte.

Waldir é um personagem muito elaborado. Tornou-se canalha aos poucos, na medida em que teve mais contato com Fábio e aceitava certas tarefas duvidosas que o patrão pedia, como vigiar Heloísa. Fábio foi envolvendo Waldir e, como este era ambicioso, acabou se tornando um mau caráter.

Nas primeiras reuniões de equipe, em que discutimos ideias vagas, comecei a falar sobre Waldir, que era filho do porteiro, ajudado por todo o mundo, cheio de dificuldades na família, o pai alcoólatra... Sérgio Marques, por me conhecer muito bem, foi logo dizendo: "Você está fazendo isso tudo para no final esse cara ser um dedo-duro?". Eu falei: "Claro!" Sérgio rejeitou um pouco a ideia, pois tem um pé na dramaturgia do Partidão, em que o pobre é bom e o rico é o demônio. Mas eu não, prefiro fazer ricos e pobres canalhas e generosos, porque a vida é assim mesmo.

Waldir trabalhava na mesma editora que Edgar. A editora pertencera a Queiroz, personagem de Carlos Zara, mas foi absorvida pelo conglomerado empresarial de Fábio. O personagem Queiroz é vagamente inspirado em Ênio Silveira, um grande editor de livros, um idealista. É interessante que, quando Edgar começa a trabalhar com Queiroz, na editora, os dois batem de frente, porque Edgar traz uma visão mais realista, mais capitalista. Queiroz quer qualidade acima de tudo. Edgar quer qualidade também, mas sem fazer loucuras; ele quer balancear os ganhos e as despesas da editora. Porém, em comparação a um cara idealista como Queiroz, Edgar se aproxima do que é um vilão. Quando Waldir entra na editora, a gente vê o que realmente é ser um mau caráter.

Edgar se dá conta de que Waldir faz com ele algo semelhante ao que ele fez com Queiroz, guardadas as devidas proporções. O clima entre Edgar e Waldir acaba ficando insustentável, não há mais como os dois trabalharem juntos. Fábio então decide-se pela permanência de Waldir, que assume a diretoria da editora.

A trajetória de Waldir foi feita com muito cuidado. Não chegou a ter uma reversão na expectativa do espectador, foi algo que seguiu o fluxo dos acontecimentos.

O mal-entendido dramático e a expectativa do público

Depois da tragédia que é a morte de Heloísa, só nos resta torcer pelo romance de João e Maria Lúcia. Até o fim do capítulo 19, o espectador entende que a história de amor deles não tinha como ser retomada, pois João, preparando-se para largar a vida normal e entrar na clandestinidade, disse a Lúcia que estava namorando Heloísa, que o acompanhava na luta. Galeno lhe sugeriu essa desculpa como o melhor modo de deixar Lúcia menos triste. Seu argumento é que ela ficaria com raiva, não teria mais por que pensar em João e tocaria sua vida. Só que, no fim do capítulo 18, Heloísa e João vão parar na garagem do prédio de Lúcia após serem perseguidos pela polícia. João acabara de levar um tiro.

Heloísa e João precisam arranjar um médico e sair do Brasil, nada disso é fácil para eles. Ironicamente, Lúcia resolve ajudá-los e se mostra muito mais competente que os dois e que toda a organização por trás deles, como eu já havia comentado. Ela aciona seus contatos e rapidamente resolve a situação de seus amigos. Nesse ponto, ela se torna a grande heroína de *Anos rebeldes*.

O reencontro dos três no capítulo 18 dá margem a que, nos dois últimos episódios do programa, Lúcia tire a limpo algumas situações do passado. Descobre que Heloísa tem uma filha com Marcelo e não demora muito para entender que o namoro de João com Heloísa foi uma mentira inventada por ele. Ela soluciona o mal-entendido dramático, um artefato dramatúrgico que raramente dá certo. É difícil criar um ambiente e uma história em que os personagens envolvidos no mal-entendido não terão oportunidade de se encontrar e logo passar a questão a limpo. Numa novela, é quase impossível fazer isso, porque as pessoas se encontram e conversam o tempo todo, mas numa minissérie com poucos capítulos é mais fácil colocar o recurso em prática. E, como afastei os personagens, eles não podiam se comunicar.

Parece então que, depois da descoberta de Maria Lúcia, não há mais nada a impedir o amor entre ela e João, a não ser o fato de ele ter que fugir do país. Grande ironia!

Assim como o mal-entendido dramático, a reversão de expectativa também caiu bem nesse momento da trama. Na cena 43 do capítulo 19, de separação de Maria Lúcia e Edgar, após ela lhe dizer que só havia terminado com João por achar que ele estava com Heloísa, podemos ver um bom uso desse recurso, já empregado em capítulos anteriores. Considero uma das falas mais tocantes que escrevi.

Dentro da dinâmica da relação de Edgar e Maria Lúcia, o normal seria que ela quisesse terminar o casamento. Porém, é Edgar quem dá o passo final para essa decisão, é ele quem se mostra mais determinado. Era algo inesperado para o espectador, que sabe de toda a longa batalha travada por Edgar para conquistar o amor de Lúcia. Ele sempre se manteve determinado, mesmo sabendo que estava em desvantagem em relação a João. Esse tipo de reversão, em que o membro do casal que termina a relação é o que sempre pareceu querê-la mais, pode render boas cenas.

• • •

Um dos melhores temas de melodrama é quando o tempo passa e as pessoas se afastam. Quando uso o termo melodrama, não é no sentido pejorativo. Melodrama é um gênero absolutamente nobre. E este tema do tempo e do afastamento é algo muito comovente. Todo o mundo vive isso, todo o mundo se emociona com isso. Em nossas vidas, sempre há algumas pessoas de quem já fomos bastante próximos e, numa certa ocasião, as reencontramos. E aí é a distância que se faz presente. Ao mesmo tempo em que é triste, é algo inevitável.

Quis explorar isso na última cena em que João, Edgar e Lúcia estão juntos. O reencontro se dá no final do capítulo 17 e início do capítulo 18. Edgar e Lúcia, ainda juntos, caminham pela praia depois da festa de réveillon, já de manhã, e encontram João, que foi dar sua primeira caminhada ao ar livre depois do longo tempo dentro do aparelho em que manteve preso o embaixador suíço. João está sozinho, estraçalhado pelo confinamento e pela tensão de ser procurado pela polícia. Seus pais sentem saudades e não podem vê-lo nem no Ano-Novo. Enfim, uma situação terrível, ainda mais em contraste com o casal que caminha docemente pela praia.

Estas cenas foram preparadas por outra cena anterior, em que Edgar pergunta a Maria Lúcia por que ela sempre fica desconfortável quando ele menciona o nome do João. Após hesitar em responder, Edgar manda: "E se ele voltasse, o que você faria?". Maria Lúcia responde: "Pra mim, ele não existe." Isso aumenta o suspense e a tensão. Afinal, se João não existisse, ficaria mais fácil para Maria Lúcia viver a vida com Edgar, mas acontece que João existe e pode aparecer a qualquer momento. E ela parte para a negação, para não ter que encarar que ainda o ama. Isso dá mais força dramática à possibilidade de um encontro entre os dois.

Por tudo que os três já viveram juntos, muitas coisas poderiam acontecer nesta cena do reencontro na praia: brigas, acertos de contas, discussões, comemorações, celebrações. Qualquer coisa com a força da amizade, da paixão, da saudade, do rancor. Qualquer coisa intensa, seja para o lado bom ou para o lado ruim. Mas não. Eles se falam apenas como conhecidos. Edgar espera pela reação de Maria Lúcia, para ver que tom aquilo vai assumir, mas com muita discrição. Maria Lúcia ainda está machucada, não quer fazer disso algo grande. Tudo é muito civilizado, o que aumenta a tensão.

O final de cada personagem

Já no capítulo 20, após a morte de Heloísa e a fuga de João e Marcelo do país, damos um pulo rápido para 1974, quando mostramos que as pessoas estão tocando suas vidas. Galeno escreve novelas, Bernardo e Maria Lúcia trabalham num escritório de publicidade. Lúcia parece ter sucesso profissional e sua força é demonstrada até pelo fato de ter conseguido uma filha, a filha de Heloísa, que ficou sob sua guarda, e tudo isso sem precisar de João.

Somos levados então para 1979 e à alegria que é a concessão da anistia na cena 57, do desembarque de João, Marcelo e Ubaldo no Galeão.

A atmosfera volta a ser de esperança e felicidade. Toda a turma que ficou no Brasil vai ao aeroporto receber os amigos, inclusive Lúcia, a única pessoa que realmente importava para João. Nesse novo clima, os dois voltam a ficar juntos e parece não haver mais nada que os separe. A gente joga com a expectativa do telespectador, e essa expectativa será frustrada. O desfecho da minissérie e de todos os personagens se aproxima.

• • •

O modo como a família de Fábio termina é desastroso. A filha morre, o filho corta relações com o pai e promete a si mesmo nunca mais trabalhar com ele. Fábio acaba com uma amante bem mais nova e Natália larga tudo e vai encontrar Avelar em outro país.

Se não pensarmos na morte de sua filha e levarmos em consideração apenas a trajetória individual da personagem, Natália tem um final feliz. Como o final do casal principal sofre um tratamento realista, na história paralela eu quis fazer o contrário, algo mais sonhador, romântico e otimista, com o casal formado por Natália e Avelar. Assim, ela vai encontrá-lo em Paris e entendemos que eles morarão juntos na capital francesa. Vence o amor.

Se essa trama fosse realista, Natália certamente não abandonaria o banqueiro. Ela teria relacionamentos com os progressistas, mas não largaria o dinheiro do marido. Este tipo de mulher não faz isso, ela vem de baixo, tem medo da pobreza, nunca iria se aventurar em outra cidade, em outro país, morando com um professor mal remunerado.

Se eu quero fazer um final romântico, tenho que criar possibilidades para que isso seja coerente. Assim, depois da trágica morte de Heloísa, Fábio tem a cara de pau de dizer: "Não mataram, foi suicídio." Natália lhe dá um merecidíssimo tapa na cara. Isso é armação dramatúrgica. É resolver a trama. Se Natália vai abandonar o marido, ele diz algo bem odioso, que justifique o ato dela. Era preciso ter algo forte a ponto de fazer com que a coragem dela não soasse falsa.

Gosto de variar os finais: dar um tom realista a uma trama, um mais romântico a outra. Assim diversifica-se o tipo de emoção criada, mostra-se que nem tudo é um horror e nem tudo é uma maravilha.

Infelizmente, as cenas de Natália chegando a Paris, do ponto de vista da cenografia e do figurino, não foram bem-feitas. A casa de Avelar tem uma flâmula com a palavra "Paris", em letras grandes; há uma rápida tomada da Torre Eiffel, Natália está de boina para ganhar um estereotipado ar francês.

Felizmente, em termos de produção, não sou de culpar os outros. Penso que a culpa foi minha, por ter escrito a cena. É impossível reproduzir Paris no Rio. Não adianta colocar boina na Betty Lago. Eu deveria ter escrito de outra forma. Era impossível fazer o que escrevemos sem ir a Paris, foi ingenuidade minha.

• • •

Voltemos ao desfecho do programa.

Maria Lúcia continua morando no apartamento que era dela e de Edgar e lá recebe João, que voltou há pouco do exterior. Passado o entusiasmo do reencontro, Maria Lúcia percebe que João nunca mudará e que, ao lado dele, ela nunca terá a vida com a qual sempre sonhou. A esperança e o sentimento, que já venceram tantas outras batalhas, acabam perdendo para a razão. Tudo foi por água abaixo.

Anos rebeldes
Gilberto Braga

É muito triste, mas é assim mesmo. Pessoas como João nunca vão mudar, elas simplesmente não mudam. São como são, por mais que tentem às vezes ir contra sua própria natureza.

Nossa minissérie termina ao som de "Como nossos pais", de Belchior, cantada por Elis Regina. Fui muito feliz na escolha da música que acompanharia os créditos finais. Quando eu pensava como terminar o programa de forma musical, estava ouvindo uma seleção de músicas cantadas por Elis Regina. De repente, entrou a canção de Belchior: "Já faz tempo eu vi você na rua...". Fiquei arrepiado e, naquele instante, sabia que essa seria a música. "Como nossos pais" parece ter sido escrita para a finalização de *Anos rebeldes*, especialmente para o momento em que Maria Lúcia chora, diante de uma foto antiga dos sete amigos nos tempos de colégio. A música casa muito bem com o final, com o nosso sentimento de que, apesar de tanto progresso, os problemas continuam os mesmos.

O final do casal em *Anos rebeldes* foi muito inspirado no final do filme *Nosso amor de ontem*, a obra de Sydney Pollack que citei no início deste livro: Barbra Streisand, já com uma certa idade, distribui panfletos contra a guerra nuclear na porta do Hotel Plaza. Seu idealismo é patético.

Sofri muitas críticas por fazer esse final – depois de vinte episódios, muitos queriam um final feliz para o casal, mas a verdade é que João e Lúcia não nasceram para ficar juntos. A história soaria forçada se eles terminassem unidos. É um final realista.

Também há liberdade, em novela, de fazer um final como esse, mas acho que não faria, pois o público reclamaria ainda mais. Novelas têm cerca de duzentos capítulos: são muitos acontecimentos para, depois de tudo, o final ser triste. Com vinte capítulos é diferente; dá para fazer um final realista.

É muito forte ver que o tempo passou, muita coisa aconteceu, mas que, no fundo, nada mudou. É isso o que acontece com João Alfredo e Maria Lúcia. A história nos ensinou a ser mais realistas, a luta armada não resultou em praticamente nada, o país mudou muito pouco.

Roteiro dos capítulos 14 ao 20

Cena 1: RUAS DE SUBÚRBIO (EXT NOITE)

Continuação imediata do capítulo precedente. João se recupera. Muito ritmo, muita tensão.

João — Vambora pro carro, rápido!

Os três viram a esquina, carro castigado à espera, nesta SEGUNDA RUA, entram correndo, muito suspense até o fim da cena, Pedro dirige, arrancou, policiais chegam, ao ver carro partindo voltam. Corta para a PRIMEIRA RUA, policiais entrando na patrulhinha, já partindo atrás à toda.
Corta para SEGUNDA RUA, perseguição. É uma cena trabalhosa, de montagem. Plano geral, um carro perseguindo o outro. Plano rápido dentro do carro dos militantes, tensos, João olha pra trás, com medo. Plano rápido dentro do carro dos policiais.
Corta para TERCEIRA RUA. Deve ser mais iluminada, cortada por ruas mais escuras. Plano rápido do carro dos militantes, à toda. Pedro, ao volante, vira a primeira esquina, de QUARTA RUA, escura, e para rápido. Apaga os faróis. Do pv do carro dos militantes, vemos o carro da polícia passar à toda pela rua mais iluminada (A TERCEIRA RUA). Corta para dentro do carro da fuga (na QUARTA RUA). Reação de João e André, mais aliviados, enquanto Pedro fala.

Pedro — Vamo nos separar, a essa altura já avisaram pelo rádio. Ponto de controle às dez e meia no Mercadinho Azul.

Corta para tomada fora do carro, na QUARTA RUA. João e André saltam e conversam rapidamente, enquanto Pedro se vai, ao volante do carro. André indica a rua mais larga (TERCEIRA RUA).

André — Acho que ali passa ônibus.
João — Vou tentar ir andando até a rodoviária, deve dar umas quatro, cinco quadras.

Os dois vão caminhando em direções opostas. Câmera segue um pouco João, caminhando pela rua escura, tentando aparentar normalidade.
(Se a cena 3 não puder ser feita num ponto de táxi que passe por rodoviária, trocar a fala de João, ele dirá <u>estação</u>, em vez de rodoviária, e grava-se na porta da estação da Leopoldina.)
Corta para:

Cena 2: TEATRO (INT NOITE)

Cena rápida durante a representação de Fedra, *teatro de arena. Na plateia, todos os que foram à estreia (parte final do capítulo precedente), além dos figurantes. Na arena, a cena é entre Fedra (Maria) e Hipólito (um figurante muito bonito). Os figurinos e algum adereço de cenário devem dar um clima ligeiramente "tropicalista" à encenação. Num canto discreto da arena, uma criada grega arruma frutas, entre as quais bananas. Nesta cena isto não precisa ser praticamente mostrado, é só para combinar com o que vem mais tarde. Uns dez figurantes, mais Michel, vestidos de soldados nazistas, armados de fuzis, circulam entre os espectadores, dando a impressão de que às vezes falam com eles. A cena não deve ter interrupção de áudio. Começa na primeira fala de Maria e termina praticamente na última, de Michel. Durante o diálogo, focalizar o que pediremos adiante. (Aqui, Maria deve passar o texto com seriedade, para não tirarmos a comicidade da cena esticada deste capítulo, mais tarde.)*

MARIA (FEDRA) – "<u>Ah, cruel! Por certo que me ouviste!</u>
Depois do que eu falei não pode haver engano!
<u>Estás diante de Fedra e o seu furor insano!</u>
Amo, não julgues não, dá-me ao menos um instante
Da paz que necessito ao ver o teu semblante!
E se neste delírio em que meu ser naufraga
Nutrisse complacente a venenosa chaga,
Alvo infeliz que sou das vinganças divinas,
<u>Mais ódio eu tenho a mim do que tu me abominas</u>!

<u>Enquanto isso</u>, *mostrar close de Galeno, de pé, ao fundo, orgulhoso de sua montagem. Michel, de soldado, <u>cutuca dona Marta com seu fuzil</u>. Ela está numa primeira fila ao lado de Carmen e Dolores. Dona Marta assustada.*

MICHEL – (*agressivo*) Não fareis nada para ajudar esta pobre mulher? Vamos! Coragem! <u>Participai</u>!

Para fechar a cena, Maria Lúcia, preocupada com a ausência de João, consulta seu relógio, ligação com a cena seguinte.
Corta para:

Cena 3: PONTO DE TÁXI DE ESTAÇÃO RODOVIÁRIA (EXT NOITE)

Um ponto de táxi perto da rodoviária. Movimento, fila de passageiros para táxi. João aparece esbaforido de uma rua de acesso, normaliza o passo, tenta regular respiração e disfarçar tensão. Entra na fila. Muita tensão. João começa a respirar aliviado, escapou. De repente um PM vem por trás, coloca a mão em seu ombro. Reação de João, em close, apavorado. E o soldado fala, entregando uma papeleta.

SOLDADO – Ficha com placa do táxi, tudo, qualquer reclamação aí do serviço.

João tenta disfarçar alívio, recolhe a papeleta.
Corta para:

Cena 4: APTO. DE MARIA LÚCIA (INT NOITE)

QUARTO DE MARIA LÚCIA. *João e Maria Lúcia, resto de tensão, amorosos, só namorando, meio da conversa.*

JOÃO – Valeu a pena, Lúcia, cê precisava ver as caras no ônibus, uma gente maltratada.
MARIA LÚCIA – E os seus amigos?
JOÃO – Ninguém caiu, nos encontramos às dez e meia, os tiras se perderam quando a gente foi cada um prum lado. (*tom*) Mas me conta

da peça, assim que eu puder tô lá, maior curiosidade, né, estreia do Galeno. Fiquei com pena mesmo de chegar no final.

Corta para SALA, Carmen, Marta e Dolores comentando o espetáculo.

CARMEN	– O que eu gostei mais foi desse ator que fez o papel de Hipólito, bonitão, capaz de fazer sucesso.
DOLORES	– (*fazendo o defeito de dicção de quem cicia*) Com aquela dicção, Carmen, que <u>sucesso</u>!
MARTA	– (*frustrada*) Uma peça tão bonita! Acho que eu vi, quando era moça, não estou bem lembrada se foi com madame Morineau, ou com a Dulcina... (*tom*) Não tinha nada dessas coisas esquisitas. A história não se passa na Grécia Antiga? Porque toda hora a Fedra comendo banana, comendo banana...

Corta rápido para:

Cena 5: CAMARIM DO TEATRO (INT DIA-ANOITECENDO)

Uma semana depois. Galeno com jornal fictício na mão, acaba de ler uma crítica. Maria chegando. Depois, Ubaldo e Angela entram.

GALENO	– Mas será possível que nenhum desses críticos entende uma proposta nova? Em <u>uma semana</u> não me sai <u>uma</u> crítica lúcida? Em 1969, todos ainda cultuando uma estética TBC!
MARIA	– Frustrados, Galeno, todos frustrados.

Angela e Ubaldo entraram.

GALENO	– (*a Angela*) Você passou pela bilheteria?
ANGELA	– Passei.
GALENO	– Muitas reservas?
ANGELA	– (*não*) Por enquanto... pra noite de sexta-feira...
GALENO	– Eles vão se ver comigo! O público está do nosso lado, a reação do público é que conta, o boca a boca se faz aos poucos, nós ainda vamos ter casas lotadas, filas na porta, vamos recusar gente!

Corta para Ubaldo, despedindo-se de Angela, à parte.

UBALDO	– Mais tardar onze horas tô aí.

Corta para:

Cena 6: APTO. DE AVELAR (INT NOITE)

SALA, Natália já se despedindo de Avelar, pegando chave de seu carro. Muito carinho entre os dois.

AVELAR	– Eu (*abraça pra beijar*) não queria me despedir de você nunca.

Avelar começa a beijar Natália suavemente.

Avelar	– A minha maior vontade era... passar uma noite inteira do teu lado, acordar na mesma cama...

Natália sorri, enternecida. Tempo. Alguma marcação.

Natália	– Amanhã é sábado, você não tem aula, tem?
Avelar	– Não.
Natália	– Ele... vai tá o dia todo fora. A Tininha, minha amiga, já te falei dela...
Avelar	– (*baixo, brincalhão, querendo beijar de novo*) Falou, da Tininha...
Natália	– (*sem ouvir*) Tem casa em Itacuruçá, tá vazia, não tem caseiro, a gente podia... Eu só preciso tá em casa à noite.
Avelar	– (*fazendo carinho*) Tô achando ótimo...
Natália	– Esquece despedida. Você fecha os olhos, quando você acordar, de manhã cedinho...

Avelar beija Natália apaixonadamente. Um beijo bem longo.
Sonoplastia: "Senza fine", por Ornella Vanoni.
Corta para:

Cena 7: PORTA DO PRÉDIO DE AVELAR (EXT DIA)

Manhã seguinte. Natália chega de carro, roupa de quem vai passar o dia fora, casa de praia. Para o carro, salta e caminha, entra no prédio de Avelar. (Carro de Avelar parado perto.) Corta descontínuo para Avelar e Natália saindo do prédio. Caminham em direção ao carro dele. Plano geral, não podemos ouvir o diálogo, música cobre. De repente, ela diz que deixou o lanche no carro, pede pra ele ir manobrando enquanto ela pega. Avelar pega seu carro, enquanto Natália entra no carro dela e pega uma cesta de piquenique, bem alegre. (Seria ótimo se conseguissem uma daquelas de vime, gênero Brooks Brothers.) Avelar abre a porta do carro dele, Natália entra com sua cesta. Corta para dentro do carro, Avelar dá um beijinho em Natália, ela se afasta um pouco, discreta, medo de ser vista. Avelar dá a partida, Natália lhe faz um carinho. O carro se afasta. Corta para plano geral, o carro se afastando.
(Se for preciso simplificar a cena, favor deixar o maior tempo possível na edição por causa da música.)
Corta para:

Cena 8: APTO. DE AVELAR (INT DIA)

Ubaldo e Angela terminando café da manhã, carinho entre os dois. Disco na vitrola. (Música da cena precedente, agora baixinha.)

Angela	– Disco lindo.
Ubaldo	– Do Avelar.
Angela	– Mas os teus também são ótimos. Ontem à noite, eu tava dando uma olhada, lá no quarto, depois que você pegou no sono... Só o que tem de Elizeth Cardoso!

UBALDO	– Desde garoto sou vidrado na Elizeth. (*tom*) Taí uma coisa que eu ia sentir falta, se algum dia tivesse que... (*não quer terminar*)
ANGELA	– Tivesse o quê?
UBALDO	– Besteira, esquece. (*Ubaldo pega sua câmera fotográfica, pra saírem*) Vou direto pra tal estrada onde tão testando o carro, ver se consigo uma foto, agora todo dia tem boato de algum modelo novo que vão lançar. Te deixo em casa e te pego à noite no teatro, se atrasar um pouco você me espera, tá?

Corta para:

Cena 9: PRAIA DESERTA (EXT DIA)

Avelar e Natália aproveitando a praia deserta. Produção de piquenique na areia. Pano estendido, comida, a cesta de piquenique já parcialmente consumida. Rádio ligado. (Vai continuar a canção que vem direta desde a cena 6.) Natália caiu n'água, vem alegre, talvez correndo, em direção a Avelar, que está tomando sol, deitado de peito para cima. Natália senta-se e começa a lhe acariciar o peito. Tempo. De repente, Avelar se levanta um pouco e fica pensativo.

NATÁLIA	– Tá pensando em quê?
AVELAR	– Nada importante.
NATÁLIA	– Fala.
AVELAR	– (*romântico, ligeiramente constrangido de falar de seus sentimentos*) Eu... acho que a minha vida inteira eu... nunca tinha tido um envolvimento tão... Quer dizer, eu namorei um pouco, claro, mas... gostar tanto de ficar do lado, assim como eu tô gostando de (*corta-se, súbito*) Tava pensando: será que é assim que um homem casado se sente? Depois de casado, será que o homem <u>perde</u> isso, essa vontade de... ficar perto de você o tempo todo, dividir tudo...

Natália lhe tapa suavemente a boca com a mão.

NATÁLIA	– (*muito emocionada*) Não fala nada.

Avelar beija Natália apaixonadamente. Joga-se por cima dela, na areia, sem que a marcação seja vulgar, temos que passar aqui mais ternura do que sexualidade. Tempo no beijo. A música sobe.
Corta para:

Cena 10: APTO. DE MARIA LÚCIA (INT DIA)

Abre na COZINHA, Caramuru tentando beijar Dagmar, que foge.

DAGMAR	– Para com isso, Caramuru, na cozinha, o home aí na sala, visita, colega de jornal do seu Damasceno!
CARAMURU	– Não era o que tava no xadrez e soltaram no Natal?
DAGMAR	– Seu Pedro Paulo. Era "assim" com o falecido.

CARAMURU — Gente boa, Dagmar, seu Pedro Paulo não liga pra isso não!

Dagmar dribla Caramuru, pega uns cafezinhos que esperavam, vai pra SALA. Câmera a acompanha. Pedro Paulo lá, nervoso, já falando com João e Maria Lúcia, cortam-se só um segundo, quando Dagmar vai servir o café, ela logo volta para a cozinha.

PEDRO PAULO — (*tenso*) Tentaram disfarçar, mas era polícia sim.
MARIA LÚCIA — Deixa que eu sirvo, Dagmar, brigada.

Dagmar sai. Clima tenso.

MARIA LÚCIA — Polícia? Atrás do Ubaldo?
PEDRO PAULO — No jornal. (*reservado*) Minha impressão é que o Ubaldo anda ligado a algum grupo, telefonemas, reuniões, tô achando que pode ser coisa séria, não sei explicar, mas...
JOÃO — Será que já não foram na casa dele?
PEDRO PAULO — Não tinham o endereço. O que constava na seção do pessoal era falso ou antigo, tão tentando localizar. A sorte é que o chefe do Ubaldo não deu o endereço certo. Eu queria demais encontrar, tô com medo por ele, já fui lá, tô telefonando há mais de duas horas, nem ele nem o Avelar tão em casa! Será que vocês não se lembram de mais alguém que possa... (*expressão*)

Tempo.

JOÃO — Eu sei que o Ubaldo conhece a Sandra... já vi juntos, talvez ela...

Corta rápido para:

Cena 11: APTO. DE SALVIANO E SANDRA (INT DIA-ANOITECENDO)

João já escutando Sandra muito agitada. Clima dramático.

SANDRA — Esse cara não pode ser preso! Ninguém nunca te disse como é que nós localizamos o Marcelo, a gente sabia direitinho quando ele ia prestar depoimento...
JOÃO — (*adivinha*) O Ubaldo?
SANDRA — (*emoção*) Um dos melhores fotógrafos de imprensa do Rio, conhece todo o mundo do meio, inclusive na polícia. Sem levantar suspeita já conseguiu várias vezes olhar os arquivos dos caras, faz umas perguntas como se fosse curiosidade, cavando furo, graças a ele muito desaparecido apareceu, advogado encontrou, família se empenhou, muita gente hoje tá livre ou viva por conta do Ubaldo. (*tom*) Ele tava saindo com aquela menina, Angela, atriz...

Corta rápido para:

Cena 12: TEATRO – CAMARIM (INT NOITE)

Antes do espetáculo, Angela, João e Sandra nervosos. Maria vai entrar. Tensão, ritmo muito rápido.

ANGELA	– Ele ficou de vir me buscar no fim do espetáculo, umas onze horas deve tá chegando.
JOÃO	– Pô, Angela, que alívio!
MARIA	– (*entra, fala com Angela*) Tem um cara aí querendo falar com você.
JOÃO	– (*alerta*) Quem? Não falou o nome?
MARIA	– Não. Educado, mas... Sei lá, de terno...

Reação de João, sabe que deve ser da polícia.
Corta para:

Cena 13: TEATRO – PLATEIA (INT NOITE)

A plateia ainda vazia. Ao longe, algum funcionário do teatro arrumando alguma coisa típica de antes de espetáculo começar. Belotti sorri para Angela, que veio do camarim. Atrás dele, um pouco afastados, dois homens, também de terno.

BELOTTI	– Dona Angela, como é que vai? Tô precisando bater um papinho com a senhora.

Angela com medo, Belotti continua sorrindo, amável. Close dele.
Corta para:

COMERCIAIS

Cena 14: TEATRO – PLATEIA (INT NOITE)

Algum tempo depois. Belotti disfarça, impaciente, Angela acuada.

BELOTTI	– Afinal, a senhora é ou não é namorada do rapaz, eu estou aqui em missão!
ANGELA	– Justamente... não sou.
BELOTTI	– Eu soube que era, fonte limpa.
ANGELA	– Era, fui sim, não sou mais. Tem algum tempo que não vejo, muito tempo.

Belotti desconfiado.
Corta rápido para:

Cena 15: TEATRO – CAMARIM (INT NOITE)

Angela já de volta, nervosa, João, Sandra, Maria, Galeno, tensão. Muito ritmo.

ANGELA	– Ficou desconfiadíssimo, disse que ia assistir à peça com os outros.
JOÃO	– É pra ver se o Ubaldo aparece! (*tom*) Eu cerco lá fora, não deixo entrar!
SANDRA	– Se ele chega depois que acabar, os homens já foram lá pra fora também, acabam caindo você e o Ubaldo!
JOÃO	– Só se ele chegasse antes da peça acabar, eu levo pra longe enquanto o meganha tá assistindo.

Angela	– Difícil ele chegar antes do fim, avisou que podia atrasar...
Maria	– Pera aí, eu acho que tem um jeito, tô aqui pensando, acho que ele vai chegar antes do final sim, (*a João*) vai lá pra fora, fica esperando, porque... peça, sabe como é, tem umas variaçõezinhas de tempo, às vezes um ator improvisa, demora mais um pouco, ninguém vai notar.

Os outros começam a entender, Galeno chocado.
Corta rápido para:

Cena 16: RUA PERTO DO TEATRO (EXT NOITE)

João se despedindo de Sandra, que vai embora.

Sandra	– Cuidado que os homens tão doidos atrás de quem soltou o Marcelo.
João	– (*solidário*) Abre o olho você também, não vou bobear, não.

Sandra se afasta. João procura um local discreto. Para. Consulta seu relógio, tentando disfarçar tensão. Close do relógio: dez para as dez. Mostrar um tempo o ponteiro dos segundos avançando.
Corta para:

Cena 17: TEATRO – PLATEIA (INT NOITE)

Cena de Fedra, *a mesma que mostramos na cena 2, agora esticada comicamente por Maria, sem fazer chanchada demais. Figurantes na plateia, um terço da casa. Numa das últimas filas, Belotti e seus companheiros. Perto da entrada para os camarins, Galeno, tenso. A cena é entre Fedra e Hipólito. Uma criada grega, num canto discreto, arruma cesta de frutas, entre as quais bananas. Soldados nazistas circulando por entre os espectadores, com seus fuzis. Quando Maria começar a dizer besteira, espectadores devem rir.*

Maria (Fedra)	– "<u>Ah, cruel! Por certo que me ouviste</u>! Depois do que eu falei não pode haver engano! (*sai do texto*) Como é que ia haver engano? Falei em alto e bom som! Tô sem graça, claro, meu enteado... não é uma situação assim que eu já tenha vivido antes, mas... me enchi de coragem e falei! Agora já sabes! (*volta ao texto*) <u>Estás diante de Fedra e o seu furor insano</u>! (*sai do texto*) E que furor! (*a uma espectadora*) A senhora sabe, não sabe? Aquele calor que vem assim e vai tomando conta do corpo inteiro da gente, já sentiu?

Corta para reação de Galeno, passado, estão destruindo sua criação.

Maria (Fedra)	– (*volta ao texto*) Amo, não julgues não! (*sai do texto*) Porque tem gente que tem mania de julgar! (*a uma espectadora*) A senhora conhece, não conhece? Fazem tudo que a gente faz, sentem o calor igualzinho que toda mulher sente, mas na hora que é a vizinha, atira pedra! (*volta ao texto*) Dá-me ao menos um instante da paz que necessito ao ver o teu semblante! E se neste delírio em que meu ser

naufraga nutrisse complacente a venenosa chaga, alvo infeliz que sou das vinganças divinas! (*sai do texto*) É, "assim" de deus querendo se vingar de mim! Porque sou Fedra! (*a um senhor*) O senhor já ouviu falar, não ouviu? Da mitologia grega! Filha de Minos e de Pasifaé, descendente do sol! Mulher de Teseu, que antes era casado com a Antíopa, aí tiveram esse filho aí, o Hipólito, rapagão! No dia que eu conheci, foi aquele tremelique nas pernas, nem sabia que era meu enteado nem nada! Entrou, com a espada na mão! Quando eu vi a espada, ih!... Passei um tempo querendo esquecer, nem pensava, sabe, dei pra comer, olha, eu cheguei a pesar uns noventa quilos, porque descarreguei aquela <u>tensão</u> toda no apetite, sempre fui assim, quando tô nervosa dou de comer tudo o que me aparece pela frente, chocolate... aliás tá me vindo fome, (*grita*) <u>ô aia</u>! Me dá aí uma fruta! (*já se aproximou das frutas, pega uma banana, e vai comer*) Tô nervosa, esse rapagão, meu enteado, os deuses todos querendo se vingar de mim! (*comeu um tasco de banana*) Tá boa. (*a uma espectadora*) Quer uma? Banana, menina, tem vitamina!

Corta para Belotti, rindo, fala à parte com um companheiro.

BELOTTI — Não sabia que era comédia. Gozada, né? Quando eu puder, vou trazer a patroa.

Corta rápido para:

Cena 18: RUA PERTO DO TEATRO (INT NOITE)

João tenso na esquina, pouco movimento. Tempo. Finalmente Ubaldo aparece, cansado mas animado, andando rápido na direção do teatro, João reage e vai para ele rápido.

UBALDO — (*surpreso*) João, que...
JOÃO — (*corta, baixo, tenso*) Vamos sair daqui logo, eu te explico.

Reação de Ubaldo, se afastam, João fala enquanto andam.

JOÃO — Os homens tão no teatro, te procurando, tudo bem com a Angela. Olha, o que você teve fazendo... inclusive o Marcelo...

Os dois vão se afastando. Tempo, falam. Corta para plano próximo. Clima de despedida.

UBALDO — (*abalado*) Fico te devendo, João, antes eu não podia falar mas eu sei o que você fez também e agora tá me salvando, acho que a gente não vai se ver por um tempo.
JOÃO — (*emocionado*) Quem tá devendo sou eu, o Marcelo, muitos outros pelo que eu soube, mas a gente se encontra com certeza um dia desses, vai.

Deve haver close de Ubaldo, cena marcante, para usarmos em flashback. Gesto caloroso de despedida, Ubaldo some, João olha um instante.

Corta para:

Cena 19: TELEFONE PÚBLICO (EXT NOITE) APTO. AVELAR (INT NOITE)

Alternadamente, Ubaldo muito tenso na rua e Avelar em casa, estava no banho, veio atender enrolado na toalha, corpo e cabelos molhados.

AVELAR	– (*tel*) Ubaldo?
UBALDO	– (*tel*) Vou falar depressa, cê vai entender já, será que dava pra fazer uma coisa pra mim?

Avelar ouve tenso.
Corta para:

Cena 20: RUA (EXT NOITE)

Um canto escuro sem movimento, Avelar saltou abalado de seu carro, uma mala na mão, Ubaldo esperava, recolhe a mala, câmera ao longe. Corta para perto, os dois já terminam de conversar, muito tristes.

AVELAR	– <u>Sumir</u>, Ubaldo, pra onde, até quando?
UBALDO	– Sei lá, uma hora tinha que acontecer, dei sopa até demais, tive sorte até agora, desculpa não abrir pra você, não dava, outras pessoas envolvidas.
AVELAR	– Eu tava calculando, é só que assim de repente...
UBALDO	– (*comovido*) Também tô baqueado, mas é melhor clandestinidade do que cana, ainda mais agora. (*pausa*) Tomara que você arrume logo outra pessoa pra dividir o apartamento... vou sentir falta.

Se despedem, muita emoção contida, Ubaldo vai caminhando, close de Avelar, desolado.
Corta para:

Cena 21: APTO. DE MARIA LÚCIA – SALA (INT NOITE)

João e Maria Lúcia tentando consolar Angela, próxima a sair. Já conversaram bastante.

ANGELA	– Nem conhecia esse termo... (*consigo mesma*) Cair em clandestinidade...
JOÃO	– Tem que pensar que ele se livrou do pior!
ANGELA	– Não vê ninguém, não conversa, o tempo todo preso num apartamento sem conforto?
MARIA LÚCIA	– Acho que também não é assim, sai pouco, só pro necessário mesmo.
JOÃO	– Não pode ficar telefonando, Angela, é tudo pra segurança dele, dos outros, ninguém sabe o tempo que vai durar.

Angela vai saindo. Maria Lúcia quase chorando. À porta, Angela fala, emocionada.

ANGELA	– Brigada por tudo.

Angela sai. João e Maria Lúcia abalados, pensativos. Tempo.

| MARIA LÚCIA | – Eu entendo o desespero dela, João. Ficar trancado, um ser humano igual a mim, a você, como é que alguém pode viver assim? Um cara que... (*emoção*) a Angela tem razão... adora disco, gosta da Elizeth Cardoso... |

João lhe faz um carinho. Tempo.

MARIA LÚCIA	– Clandestinidade me lembra... quando eu era criança, morria alguém...
JOÃO	– Não morreu, Lúcia, tá muito vivo, lutando!
MARIA LÚCIA	– Só tô dizendo que me lembra... Diziam pra mim: <u>é feito uma viagem, faz de conta que o tio viajou pra muito longe, vai demorar pra voltar, cê vai ficar muito tempo sem ver...</u>

Tenta ser forte, João abalado, com pena.
Corta para:

Cena 22: TEATRO – CAMARIM (INT DIA)

Uma semana depois, Maria falando com Angela antes de uma vesperal. Está calor, atenção vestuário nas próximas cenas.

| MARIA | – Uma semana só não é nada, cê vai ter notícia, aliás por enquanto bom é <u>não</u> ter notícia, e essa situação não é pra vida toda. |

Corta rápido para:

Cena 23: TEATRO – PLATEIA (INT DIA)

Antes do espetáculo, Galeno e Michel com Heloísa, que foi visitar e está como sempre de bom humor. Alguns poucos espectadores entrando, um funcionário mostra lugar. Galeno disfarça tristeza.

| HELOÍSA | – Quem é que pode tá com cabeça pra teatro uma hora dessas, Galeno? |
| GALENO | – Mas tem vindo gente! Bom público! |

Heloísa e Michel trocam olhares, claro que a peça é um fracasso.

| GALENO | – Bom, quantidade... realmente... não posso dizer que estejamos lotando... Mas também importa muito a <u>qualidade</u> do público! Temos tido gente, por assim dizer, selecionadíssima! Ontem vieram... dois rapazes de Vitória, recém-formados em direito, inteligentes, muito informados, um deles latinista! (*tenta lembrar*) Vieram... duas professoras de literatura, uma leciona na Nacional, achou a montagem muito interessante, instigante, entendeu a proposta! Anteontem veio um casal que/ |
| MICHEL | – (*corta*) Tão pouca gente que ele fica na plateia puxando papo um por um, Heloísa. |

Galeno	– (*a Michel*) Vai se vestir, cortina em quinze minutos, olha a disciplina!

Michel vai saindo, fazendo tchau pra Heloísa, com gesto.
Galeno olha o teatro quase vazio, desolado.

Heloísa	– Essa noite também vai ser fraca, tá parecendo que vai chover... E amanhã é folga, né?
Galeno	– Depois de amanhã é que não vai vir ninguém, com essa história dos americanos ficarem anunciando que vão chegar à Lua, cê acha que chegam?

Corta rápido para:

Cena 24: APTO. DE AVELAR (INT NOITE)

Muito calor. Natália, depois do amor, veste-se ou ajeita pintura para sair. Avelar só de short, ela transpira, um ventilador ligado.

Natália	– Calor absurdo no meio do ano, de repente! Não sei como é que vocês conseguem... (*arrepende-se, ajeita o cabelo, disfarça*)

Avelar aproxima-se carinhoso.

Avelar	– A gente consegue o quê?
Natália	– Como assim o quê?
Avelar	– O que é que você ia dizer?
Natália	– Não lembro mais. (*ajeita batom, disfarça*) Desculpa, eu tô... desligada... Almocei com a Heloísa, ela tá bem, mas... não é mais a mesma coisa, nem me convidar pra fazer uma visita onde tá morando... Eu tenho certeza que é fase, claro que vai passar. E a ausência do Ubaldo no apartamento, você sem notícias...
Avelar	– Você ia perguntar como é que a gente consegue viver sem ar-condicionado, não era isso?
Natália	– (*disfarça*) Não, não tava pensando nisso não, mas...
Avelar	– (*bom humor*) Na tua casa deve ter ar-condicionado até no hall de entrada.
Natália	– Tá muito enganado, prédio velho, tem nas salas, nos quartos, no hall de entrada, se o Antunes demora mais de dois minutos pra abrir a porta, com esse calor, uma amiga minha é capaz de derr... (*arrepende-se*)

Avelar se aproxima, abraçando, rindo.

Avelar	– (*rindo*) Eu acho a maior gracinha esse teu jeito de parar no meio duma frase, pra não me magoar, quando acabou de entregar tudo, Natália. E eu até que tô entendendo o problema das tuas amigas no hall de entrada, porque o teu rosto parece que <u>tá</u> derretendo.
Natália	– (*carinhosa*) Para de implicância, você sabe que eu não dou valor nenhum pra nada disso.

Corta descontínuo para a SALA, Natália vai sair.

NATÁLIA — Amanhã... vai dar pra gente se encontrar?
AVELAR — (*carinhoso*) Eu dou aula de manhã e de noite. Se você pudesse vir quatro horas, mais ou menos... tô livre até as sete.
NATÁLIA — (*entre beijos*) Quatro, cinco, meio-dia, o que importa é...

Os dois param de falar porque já estão se beijando, carinhosamente. Natália sai lenta, bem casal apaixonado. Alguns beijinhos até Avelar fechar a porta. Assim que fechou, Avelar nota que está transpirando também. Tem uma ideia. Vai ao telefone. Disca de cor.

AVELAR — (*tel*) Marcos? Avelar. (*t*) Aquele trabalho que você comentou, eu andei pensando... Será que o convite ainda tá de pé?

Corta rápido para:

Cena 25: PORTA DA EDITORA DE QUEIROZ (EXT DIA)

Manhã seguinte, plano de localização. Gente passando.
Corta para:

Cena 26: ESCRITÓRIO DE QUEIROZ NA EDITORA (INT DIA)

Manhã seguinte. ANTESSALA, Maria Lúcia passando com um livro, Kira observa.

MARIA LÚCIA — O doutor Queiroz pediu o parecer desse livro hoje, esqueceu que me deu outro ontem, 400 páginas, ainda não acabei.
KIRA — Não sei pra que, Maria Lúcia, tá é tentando se enganar. Na beira da concordata, coitado! Mas o tal do doutor Fábio parece que é consciencioso, aceitou receber pessoalmente.

Corta rápido para:

Cena 27: ESCRITÓRIO DE FÁBIO NA *HOLDING* (INT DIA)

Fábio com Queiroz.

FÁBIO — (*simpático*) Mas constrangido por quê?
QUEIROZ — (*deprimido*) Em procurá-lo pra isso, mas é que a nossa situação, infelizmente...
FÁBIO — As promissórias já estão vencendo?
QUEIROZ — Nós temos muita esperança em alguns projetos, há uma grande movimentação cultural na Europa, só que essas negociações às vezes demoram, se você pudesse aceitar... eu tenho bens que posso dar em garantia, estoques, equipamentos de escritório, uma boa casa em Itaipava...
FÁBIO — Mas o que é isso, Queiroz, sua casa? Nós dilatamos esse prazo, depois conversamos. (*toca interfone, Sérgio entra, Fábio fala com ele*) Você manda a Susana levar o doutor Queiroz pra acertar os detalhes

	com o Mário. (*a Queiroz*) Eu já dou instruções pra esse agente, Queiroz, está tudo bem.

Fábio vai acompanhando Queiroz até a porta, amigo. Sérgio também vai sair.

FÁBIO	– (*abraçando*) E a família?
QUEIROZ	– Todos muito bem, obrigado.
FÁBIO	– É isso que importa, meu querido, a família, a saúde.

Queiroz sorri forçado e sai. Fábio volta atarefado para a mesa, começa a tomar notas. Um tempo e Sérgio vem de fora, novamente.

FÁBIO	– Manda ligar pro Carrazedo e me traz o estudo sobre a compra do navio. (*tom*) Ah, pressiona o Carlos de novo porque mais de dois dias com produto importado preso na Alfândega, o que que é isso?
SÉRGIO	– Sobre essa editora, doutor Fábio, alguma providência?
FÁBIO	– (*casual*) Pede ao Veloso um levantamento de bons profissionais do ramo, de preferência gente jovem, manda ver em São Paulo, vou precisar de alguém pra dirigir. (*consigo mesmo*) Casa em Itaipava, me aparece cada uma... (*tom*) Falta pouco. Às vezes eu fico pensando que foi precipitação me envolver com livro, mas no caso da fábrica de tintas o Bernardo tinha razão, uma industriazinha de fundo de quintal, não estamos faturando mal não!

Corta para:

Cena 28: APTO. DE AVELAR (INT DIA)

Avelar abrindo a porta, de paletó e gravata, Natália entrando.

NATÁLIA	– Todo lindo de paletó e gravata essa hora? Aconteceu alguma coisa?
AVELAR	– Eu tinha um encontro no Ministério das Relações Exteriores, esqueci de comentar, por pouco você não chegava antes de mim. Fui convidado pra dar uma consultoria sobre política econômica na América Latina... Resolvi aceitar.
NATÁLIA	– (*criticando*) Você já trabalha tanto!
AVELAR	– Acho que eu vou gostar, tem gente liberal no ministério, e... a vida é isso mesmo, tem que trabalhar!

Campainha. Avelar vai abrir enquanto Natália fica à vontade, coloca bolsa em algum lugar, tira casaquinho, talvez, frisar que não se interessa pela campainha até Avelar falar em "só vinha amanhã". Avelar recebe dois funcionários de loja, que entregam uma caixa enorme (aparelho de ar-condicionado).

AVELAR	– (*dando gorjeta*) Podem deixar aí, eu achei que só vinha amanhã.

Os homens deixam a caixa, Avelar fecha a porta, enquanto Natália se levanta e olha a caixa, curiosa. Abre um pouco, certifica-se.

NATÁLIA	– *(criticando)* Inácio!
AVELAR	– Combinei pra instalarem amanhã...
NATÁLIA	– Você... acha que eu... *(comovida)* Inácio, com tudo o que eu tô arriscando, o que existe entre nós é tão... Que importância você acha que pode ter pra mim, ar-condicionado?
AVELAR	– Eu só <u>acho</u> que eu te amo...

Avelar beija Natália apaixonadamente.
Corta para:

Cena 29: ESCRITÓRIO DA EDITORA DE QUEIROZ (INT NOITE)

Queiroz vai passar deprimido, Maria Lúcia muito cansada, o livro de antes e mais outro (400 pgs.) na sua frente, fala com Edgar.

MARIA LÚCIA	– Se pelo menos não pressionou, deu prazo... *(tom, mostra livro)* Doutor Queiroz, ainda não terminei esse, me atrasei...
QUEIROZ	– Não faz mal, deixa na minha mesa, amanhã a gente vê...

Sai. Clima pesado. Um tempinho e Edgar se aproxima, delicado.

EDGAR	– Vocês vão essa noite ao aniversário da Jurema?
MARIA LÚCIA	– *(angustiada)* Não sei, o João... Acho que vamos... ele só ficou de confirmar, já devia ter ligado...

Telefone toca. Maria Lúcia atende. Edgar pega alguma coisa em armário, fingindo não se interessar pela conversa.

MARIA LÚCIA	– *(tel)* Alô. *(t)* Não, tudo bem, João, eu só vou sair daqui a uns quinze minutos... *(tempo, decepção)* Tá bom, claro que eu entendo. *(tempo)* Não quero ir não, a Jurema não vai ficar chateada, muito trabalho, eu vou ligar pra ela. *(tempo)* Té manhã. *(tempo)* Claro, não tem problema.

Maria Lúcia desliga. Está quase chorando, mas tenta disfarçar.

EDGAR	– Cê não quer ir mesmo?
MARIA LÚCIA	– Tenho um livro enorme pra terminar de ler. Você vai?
EDGAR	– Talvez dê uma passada mais tarde. Marquei um cinema com a Flávia, sessão das oito. Se você quiser carona...
MARIA LÚCIA	– *(prende choro)* Brigada, Edgar, eu vou ficar mais uns quinze minutos, deixa que eu entrego a chave ao vigia. Té manhã.

Maria Lúcia entra na sala de Queiroz para colocar o livro sobre a mesa dele. Edgar vai sair, mas a porta ficou entreaberta. Ouve ruído longe de choro forte. Olha pela porta entreaberta. Mostramos, do ponto de vista de Edgar, um plano de Maria Lúcia tendo uma forte crise do choro que estava contendo. Close de Edgar, muito triste.
Corta para:

Cena 30: PORTA DE CINEMA QUE NÃO PAISSANDU (EXT NOITE)

Movimento, final de sessão, João e Pedro tensos distribuindo panfletos, tudo rápido, eles sempre olhando para os lados, neste momento é muito arriscado o que estão fazendo. Reações assustadas da maioria dos espectadores que estão saindo, uns evitam receber os panfletos, desviam, outros pegam e reagem com medo. Edgar vai sair com uma garota bonita da sessão, ver os dois sem ser visto e hesitar enquanto corre o diálogo a seguir, João e Pedro sussurrando entre si num momento em que os outros não escutam.

Pedro	– Medo até de pegar um panfleto!
João	– Já distribuí aqui mesmo em 1966, 1967... Antes do AI-5, era outra coisa.

Edgar ainda hesita, João dá um panfleto a um homem que olha, amassa rápido, joga fora, se afasta dos dois, reações de João e Pedro, já estão saindo. Edgar recolhe o panfleto no chão. Detalhar a mão de Edgar, pegando o panfleto amassado.
Corta para:

Cena 31: APTO. DE EDGAR – QUARTO OU ESCRITÓRIO (INT NOITE)

Edgar sentado, muito deprimido. Abre o panfleto amassado que pegou no chão na cena precedente, <u>atenção, edição</u>, ligação visual. Edgar lê novamente o panfleto que desamassa. (Produzir panfleto, umas trinta linhas de impressão barata, título "<u>Quem são os culpados pela violência</u>", detalhar só uma linha do panfleto que Edgar lê, pode ser início ou fim do texto, destacado: "<u>A luta armada é a resposta do povo à violência da ditadura</u>". Se necessário, escrevemos o texto inteiro do panfleto.) Close de Edgar, desolado.
Corta para:

Cena 32: PORTA APTO. DE JOÃO (INT DIA)

Manhã seguinte. Dolores e Adelaide vão passando para a praia enquanto Edgar, cabisbaixo, entra no prédio de João.

Adelaide	– Acabou o Rayto de Sol, menina, duas semanas que eu procuro!
Dolores	– Na repartição me deram uma receita de óleo de bronzear à base de beterraba que dá uma cor fantástica, eu vou fazer um pouco pra você!

Corta para:

Cena 33: APTO. DE JOÃO (INT DIA)

João e Abelardo, café da manhã, discussão discreta no meio. Campainha toca, Talita abre para Edgar.

João	– Eu não tô diminuindo, só tô dizendo que a União Soviética preferiu tentar resolver os problemas aqui na Terra em vez de gastar um dinheirão mandando nego pra Lua!

Reação de Abelardo, "é despeito". Edgar entrou, muito sério.

EDGAR	– Desculpa, seu Abelardo, eu tinha que bater um papo com o João, é importante.
ABELARDO	– (*para sair*) Vocês fiquem à vontade, eu... já tava de saída pro trabalho.

Reações. Um certo constrangimento.
Corta pro QUARTO. <u>Discussão braba</u> entre João e Edgar. Panfleto amassado na mão de João, acabou de ler. Porta fechada. Muito ritmo.

JOÃO	– (*gritando*) E eu posso saber o que é que você tem com isso?
EDGAR	– (*gritando*) Muita coisa!
JOÃO	– O que eu faço da minha vida diz res/
EDGAR	– (*corta*) Você não tem o direito de destruir a vida da Maria Lúcia!
JOÃO	– Não tô destruindo vida de ninguém! Ela tá comigo porque/
EDGAR	– (*corta*) Só pode ser doença! Chorando escondida, João, com medo o tempo todo, só que até ontem eu não sabia que ela tinha mesmo tanto motivo pra ter medo!
JOÃO	– (*mais amigo*) Tenta compreender, Edgar, essa luta é/
EDGAR	– (*corta*) <u>Essa luta é um absurdo, eu já conheço o vencedor!</u>
JOÃO	– Como é que você pode dizer que/
EDGAR	– (*corta*) E mesmo que tivesse alguma chance! Seria justiça com as próprias mãos, não foi essa a formação que eu tive, que você teve, a gente tem que ser a favor das leis, da justiça oficial!
JOÃO	– Você tá argumentando como se/
EDGAR	– (*sem ouvir*) Violência só gera violência! Existem caminhos pacíficos, racionais, mesmo que sejam longos! Claro que eu quero Congresso, quero eleições, direitos individuais, mas/
JOÃO	– (*corta*) Você não pode tá falando sério! Você é inteligente, Edgar, você sabe o que tá acontecendo nas prisões, com colegas nossos, sabe que/ (*corta-se*) Você tá defendendo argumentos medíocres, hipócritas, porque/
EDGAR	– (*ofendidíssimo*) Medíocre?
JOÃO	– Não tô falando pra te ofender!
EDGAR	– (*ofendidíssimo*) Hipócrita?
JOÃO	– O que eu quero dizer é que/
EDGAR	– (*corta, mais firme ainda do que antes, muita raiva*) Olha, João, eu podia te dizer que essa opção pela guerrilha só pode retardar a volta da democracia, se eu sei que a guerrilha vai perder é melhor ela não existir pra guerra acabar mais rápido! Podia te dizer que aumenta a repressão! Se eu não posso ter democracia hoje, posso participar de alguma associação profissional, diretório estudantil permitido, eu prefiro ter um pouco a nada! Podia te dizer que sou democrata e não comunista, eu tenho tanto horror a ditadura de direita quanto de esquerda! Mas não vou te dizer nada disso porque a minha im-

pressão é que você não ouve! Então eu vou falar a única coisa que eu tenho um mínimo de esperança de você ouvir. É que eu amo a Maria Lúcia! Tanto quanto você, desde o primeiro dia que nós vimos! Respeitei, porque eu era teu amigo. Era! Eu não quero ver a Maria Lúcia infeliz, não vou deixar! Se eu souber que você não abandonou essa maluquice, se mais uma vez eu pegar a Maria Lúcia chorando pelos cantos, escondida, nossa amizade acabou mesmo, João, porque eu vou dar em cima! E tenho certeza absoluta que ela não vai continuar com esse masoquismo de ficar do teu lado pelo resto da vida.

Edgar sai, em fúria. Close de João, arrasado.
Corta para:

COMERCIAIS

Cena 34: ESCRITÓRIO DA EDITORA DE QUEIROZ (INT NOITE)

Fim de expediente, Edgar entrando em sua sala, Maria Lúcia lê. Kira trabalhando.

Edgar	– Daqui a pouco eu tô indo, cê não quer aproveitar a carona?
Maria Lúcia	– O João vem me buscar, nós vamos lá pra casa ver se os americanos chegam mesmo na Lua.

Edgar discreto, cético, com pena dela. Close de relógio, seis e meia.
Corta descontínuo para Maria Lúcia olhando relógio, sete horas, ela disfarça apreensão de Edgar, que vem de sua sala pronto para sair.

Edgar	– Não cansou de esperar?
Maria Lúcia	– Ele atrasou um pouco, deve tá chegando.
Edgar	– (*saindo, meio cruel*) Se você acha que vale a pena... Bom, cê já deve tá acostumada.

Corta para:

Cena 35: APTO. SALVIANO E SANDRA (INT NOITE)

João já falando com Sandra, tensão.

João	– Que que pode ter acontecido, assim de repente?
Sandra	– Furou o ponto, todo mundo que ele sabe endereço tem que se cuidar, marcou seis horas, esperei o André até seis e quinze, mais do que devia, não apareceu, pode ter caído sim.
João	– Não tem ponto de reserva?
Sandra	– Às dez, mais do que isso ninguém garante. Se ele caiu, do jeito que tão tratando, pode entregar todo o mundo, sabe os nomes, endereços...

Reação de João, pena de André, mas sabe que é verdade.

João	– Me pegou de surpresa, eu tinha combinado hoje de...
Sandra	– (*corta, firme*) Eu já arrumei lugar pra mim, os outros também, você vai passar a noite no aparelho do Méier, é tão seguro que o Alberto da direção nacional tá lá com o Marcelo, você pode ajudar eles no documento pra reunião da direção.
João	– (*vai para o tel.*) Deixa só eu dar um telefonema rápido.

João disca de cor.
Corta para:

Cena 36: ESCRITÓRIO DA EDITORA DE QUEIROZ (INT NOITE)

Maria Lúcia sozinha, ao telefone, muito decepcionada.

Maria Lúcia	– (*tel*) Você mesmo que queria tanto ver, vão transmitir pro mundo todo, vai ver onde? (*medo*) João, que que houve?... (*pausa*) Tá, me liga depois então.

Close de Maria Lúcia, muito decepcionada, triste.
Corta para:

Cena 37: APTO. DE EDGAR (INT NOITE)

Regina abrindo a porta para Edgar que entra, tentando esconder depressão. Na sala, Galeno, Michel, uns figurantes amigos de Regina.

Regina	– Já tava achando que você ia se atrasar. Tamos de olho grudado, Edgarzinho, pelos comentários pode ser a qualquer momento. Achei melhor nem fazer jantar pra não atrapalhar, fiz uns sanduíches, bolo, se você quiser/
Edgar	– (*corta*) Não tô com fome não, mãe, tô estourando de dor de cabeça, talvez mais tarde. Vou lá pra dentro, obrigado.
Regina	– Mas... você sempre se interessou muito mais pela conquista espacial do que/
Edgar	– (*corta*) Vou tomar um comprimido. Se eu melhorar, vejo na televisão lá de dentro.

Corta para:

Cena 38: APTO. NO MÉIER (INT NOITE)

João chegou há pouco, olha decepcionado para Marcelo e <u>Alberto</u> (mais velho, participação especial) que já vão sair, estão colocando muitos documentos numa pasta barata.

João	– (*frustrado*) Até o Alberto vai sair?
Alberto	– Reunião da direção nacional, muito importante, terminamos agora o documento.
Marcelo	– (*amigo*) Olha, eu acho que não houve nada com o André não, ele é atrapalhado mesmo, vai ver se atrasou só, com certeza aparece no

	ponto das dez, por que você não fica vendo o americano na Lua, se é que vão chegar. Tem pizza no forno, gostosa, só não vai dar pra esquentar porque tá faltando gás.
Alberto	– Se não voltar amanhã a gente vê que jeito dá, talvez um fogareiro.

Os dois saem. João, cansado e triste, olha a velha tevê desligada. Close da tevê.
Corta para:

Cena 39: APTO. EDGAR – QUARTO OU ESCRITÓRIO (INT NOITE)

Abre num bonito aparelho de tevê, desligado. Edgar olhando, triste. Close de Edgar. De repente, levanta-se. Pega num armário, depois de procurar um pouco, o álbum que fez com João sobre a conquista do espaço. Deve estar guardado em lugar de difícil acesso. Olha o álbum, triste. Close do álbum. Corta para flashback, capítulo 7, parte da cena 10, João e Edgar no escritório, folheando o álbum.

João	– A cachorrinha, a Laika, o primeiro ser vivo que mandaram pro espaço...
Edgar	– Você achou a maior sujeira terem mandado sozinha.
João	– Quantos anos a gente tinha, Edgar?
Edgar	– (*tentando não se emocionar*) Uns onze, doze, eu acho.
João	– (*triste*) Eu ficava imaginando a cadela sozinha lá em cima, uma solidão danada...
Edgar	– (*mais amigo*) Apesar de ter sido ideia dos russos.
João	– (*olhando, emocionado*) O Gagarin, olha aqui! Essa parada os teus perderam.
Edgar	– (*envolveu-se*) Te paguei cinco bananas-split, maior prejuízo na mesada.

Tempo.

Edgar	– Não lembro por que que a gente parou de fazer o álbum...

Corta descontínuo para o final da cena.

João	– Eu queria... no dia que o homem pisar na Lua... do jeito que tá indo o avanço tecnológico... se passar na televisão... aconteça o que acontecer... amizade pra mim é o troço mais sagrado dessa vida, Edgar. A gente podia ver junto e... e completar o álbum.

Edgar faz que sim com a cabeça, muito emocionado.
Corta para tempo real, Edgar muito triste, Regina entra, agitada.

Regina	– Chegaram, Edgar! Liga a tevê depressa, tá lindo!

Regina já ligou ela mesma a tevê e aparecem as primeiras imagens do homem chegando à Lua. Reação de Edgar, muito triste, close.
Corta para:

Cena 40: APTO. NO MÉIER (INT NOITE)

João vê a chegada do homem à Lua na tevê agora ligada. Come pizza fria com um suco de maracujá. Para de comer, interesssa-se pelas imagens, que devemos continuar a mostrar. Fica emocionado. Tempo. Uma lágrima rola do seu rosto. (Estas cenas são pontuadas musicalmente por frases que anunciam "O Danúbio Azul".)
Corta para:

Cena 41: APTO. DE SALVIANO E SANDRA (INT NOITE)

André abatido, Sandra e Pedro sérios mas sem excesso de severidade, André passa por uma crise grave.

SANDRA	– A gente entende, crise pessoal, mas furar um ponto sem razão, vários companheiros tiveram que sumir de repente!
ANDRÉ	– (*sofre*) Na primeira vez quando eu tava chegando... vi um camburão... sabia que ia te deixar esperando, mas eu tinha que me mandar, <u>medo</u> mesmo!
PEDRO	– Você nem tá sendo procurado.
ANDRÉ	– Eu já tava desbundado, não posso ver... um cara de terno azul que bate pânico, tenho que encarar a realidade, não dá mais pra mim, não dá mais não, tô saindo mesmo.

Sandra e Pedro trocam um olhar, não adianta insistir. Tristeza.
Corta para:

Cena 42: PRAIA DE IPANEMA (EXT DIA)

Manhã seguinte. Galeno e Michel. Figurantes perto, movimento normal.

GALENO	– Achei muito chata a Lua, Michel, parecia filme amador de aluno fracote do Dreyer, em câmera lenta, uma brancura, uma paradeza, um silêncio!
MICHEL	– Tenho certeza que aquilo foi montagem, pra engrupir a gente.
GALENO	– (*triste, emocionado*) Foi não, bicho, <u>foi real</u>. Por isso que foi chato. A realidade não tem graça nenhuma. Bonito foi no filme do Kubrick, a arte é sempre tão mais forte, mais rica, tão mais comovente do que a vida!

Corta para:

Cena 43: SEQUÊNCIA EM PRETO E BRANCO

<u>Música</u>: *"O Danúbio Azul", de Johann Strauss, já começou baixinho no meio da cena precedente.*
a) Material relativo ao filme 2001, de Kubrick. Podem ser fotos, mas deve ser marcante.
b) Algum material sobre a repercussão da chegada de Neil Armstrong e Edwin Aldrin à Lua. Se possível, imagens de cinejornal, homenagens prestadas à dupla.

c) *Julho, Lamarca comanda roubo do cofre de Ademar de Barros, com 2,5 milhões de dólares.*
d) *27 de agosto, comissão presidida pelo vice-presidente da República, Pedro Aleixo, submete ao presidente Costa e Silva projeto de emenda constitucional reabrindo o Congresso e eliminando atos institucionais.*
e) *28 de agosto, agrava-se trombose cerebral de Costa e Silva, que não pode promulgar a emenda nem continuar na presidência.*
f) *29 de agosto, ministros militares Lira Tavares, Rademaker e Sousa e Melo consideram inconveniente posse do vice.*
g) *30 de agosto, ministros militares formam junta e tomam o poder.*
h) *Economia em fins de 1969: crescimento do PIB de 9%, da indústria de 11%, da indústria automobilística de 20%, criado o consórcio de automóveis, novos modelos (Opala, Corcel, além do Fusca), Petrobras é a maior empresa da América Latina. (Estamos dando dados de dezembro. Favor escolher aqui apenas algumas notícias que possam ser divulgadas no início de setembro.)*
Edição: *tempo, 25 segundos.*
Corta para:

Cena 44: ESCRITÓRIO DE FÁBIO NA *HOLDING* (INT DIA)

Fábio e Bernardo conversando, satisfeitos, vendo jornal, manchete sobre crescimento econômico, setembro de 1969. Não precisa detalhar.

FÁBIO — Taí a resposta, o país crescendo, precisava de paz pra se trabalhar, ordem, aí quem é competente aparece!

BERNARDO — Até pra se fazer justiça social, estimular as empresas menores, tem que ter o que distribuir, se não deixam quem tem iniciativa produzir...

FÁBIO — Isso de empresa pequena que continua eternamente pequena é porque não sabe crescer, melhor fundir com outras, fusão, Bernardo, esse é o caminho, sabe que o Sérgio tá praticamente se especializando? Essa hora já deve estar lá com aquele Queiroz da editora que tivemos que absorver, o pai da sua amiga, um homem simpático, mas não tem realmente nenhuma mentalidade empresarial.

Corta para:

Cena 45: ESCRITÓRIO DE QUEIROZ NA EDITORA (INT DIA)

Sérgio já falando a Queiroz abatido.

SÉRGIO — Como consultor para, digamos, parâmetros culturais, o senhor é insubstituível, temos todo o interesse em conservá-lo conosco com um salário adequado, cargo de direção e livre dessa rotina administrativa, financeira, o senhor só teria de se entender com o Conselho Editorial.

QUEIROZ — *(muito deprimido)* Quem é que... que vai decidir o que publicar?

Corta para a ANTESSALA, Kira observa Maria Lúcia, que disfarça nervosismo, arrumando coisas de trabalho e pessoais para sair.
(Atenção, edição: não há interrupção de ritmo de diálogo entre a primeira fala desta cena e a última da cena precedente.)

KIRA — O <u>Edgar</u>! O maioral lá pai da tua amiga chamou, conversou, parece que foi com a cara, vai botar o Edgar na direção da editora! Você acha que o doutor Queiroz vai aceitar, Maria Lúcia, ficar numa posição que/ *(corta-se)* Maria Lúcia, você tá prestando atenção ao que eu tô falando?

MARIA LÚCIA — *(tensa)* Desculpa, eu tô meio nervosa, Kira, uns problemas aí, vou ter que sair pra pegar um resultado de exame em laboratório, mas não há de ser nada não, depois do almoço tô aí.

Maria Lúcia sai.

KIRA — *(preocupada)* Exame?

Corta para:

Cena 46: APTO. DE JOÃO – SALA (INT DIA)

João, Waldir, Galeno e Abelardo almoçam, servidos por Talita. Guilherme pegando coisas para sair e sai durante a cena. Valquíria vai chegar da parte íntima do apartamento.

WALDIR — *(com orgulho)* É, o <u>Edgar</u> sim senhor, vai subir muito, eu tô sabendo de fonte limpa, eu sempre tive certeza que o Edgar/

Galeno faz um sinal a Waldir para não falar muito de Edgar. Waldir entende, enquanto Valquíria entra. Daqui a pouco, telefone toca e Talita vai atender.

VALQUÍRIA — Tão bom ver vocês assim, feito nos velhos tempos, Waldir! O Galeno até que ainda aparece mais um pouquinho...

GALENO — Não posso deixar de prestigiar a galinha ao molho pardo aqui da nossa Talita! Sabe que um dia eu ainda lanço a Talita na vida artística? *(aos outros)* Não estou brincando não, porque presse grupo que o Michel e eu estamos organizando, um pouco nos moldes do Living Theatre, não queremos só atores profissionais, entende, o ator profissional está, por assim dizer, viciado! *(olha Talita)* Mas a Talita eu vejo mais como uma densa cantora de <u>soul</u> no estilo New Orleans!

TALITA — Te tiro as calça pela cabeça, hein, menino?!

ABELARDO — Você devia seguir o exemplo do Waldir, viu Galeno *(a Waldir)*, estou sabendo que você continua indo muito bem lá no Grupo Andrade Brito!

Close de Waldir, realmente emocionado.

Abelardo	– O que foi? Não é verdade?
Waldir	– Tô pensando, seu Abelardo, que quem me arrumou o emprego foi o seu filho. Aliás, se não fosse pelo João, nem o Pedro II eu tinha conseguido terminar...
Abelardo	– Então você vê se retribui dando uns conselhos aí ao seu amigo. Não ficou nem um mês na firma de pesquisa de mercado, imagina que essa semana, o João marcou uma entrevista prum emprego e/
Talita	– (*intervindo, a João*) Telefone.

João vai atender, câmera o acompanha. Abelardo preocupado.

João	– (*tel*) Sei. (*tempo*) Posso ir sim, claro, agora mesmo, eu sei onde é.

Close de Abelardo, muito preocupado. Constrangimento geral.
Corta para:

Cena 47: PRAÇA PÚBLICA (EXT DIA)

Pouco movimento, João e Sandra conversando em voz baixa num banco isolado.

João	– Acho que você tá exagerando um pouco!
Sandra	– O André conhece o endereço, desbundou mesmo, virou *hippie*, até droga já ouvi falar que tá tomando, melhor desativar logo o aparelho do Méier. A organização do meu pai arrumou uma simpatizante barra limpa, que pode alugar apartamento, só precisa dum cara pra passar por marido, mais fácil alugarem pra casal.
João	– Eu vou, como é o nome dela?
Sandra	– Não sei, só avisaram que tem cabelo curto e vai tá de blusa vermelha (*ou outra cor*), cê conhece esse botequim? É perto do tal apartamento.

Corta rápido para:

Cena 48: BOTEQUIM (INT DIA)

João espera no balcão do botequim, tomando um suco. Tempo. Movimento normal. Chega Heloísa. Surpresa dos dois. Closes alternados. Emoção leve. Falam baixo.

João	– (*achando graça*) Simpatizante?
Heloísa	– (*bom humor*) Que que custa, fazer um favor pruns amigos?
João	– Saudade, Heloísa! Quando a Maria Lúcia souber...
Heloísa	– (*brincalhona*) É a única pessoa pra quem eu nunca vou poder dizer que tava esperando um marido bem melhor aí desse teu CPR. Por falar nisso, vocês não podiam ter arrumado um nome melhor presse grupo não? Parece CPOR!

João dá um cascudo ou alguma coisa assim em Heloísa. Bom humor.
Corta para:

Cena 49: RUA DO RIO (EXT DIA)

João e Heloísa caminham em direção a um prédio de apartamentos. Funcionário da imobiliária na porta esperando, de terno.

HELOÍSA	– *(séria)* Olha lá o homem da imobiliária. De vez em quando me faz um carinho, me abraça, eu disse que a gente tava em lua de mel.

Os dois chegam à porta e se apresentam ao funcionário da imobiliária, fora de áudio. Entram os três no prédio. Câmera corrige e vemos Maria Lúcia chegando de táxi, do outro lado da rua. Maria Lúcia paga e salta do táxi. Dá-se conta de que o endereço que procura é um pouco adiante. Caminha e câmera a segue. Uns três prédios depois, tabuleta: LABORATÓRIO.... (fictício) DE ANÁLISES CLÍNICAS. Maria Lúcia confere, ar muito sério, preocupada, entra.
Corta para:

Cena 50: APTO. DE QUEIROZ E YONE – SALA (INT DIA)

Queiroz muito deprimido. Yone com pena.

YONE	– Quer um uísque?

Queiroz faz que não com a cabeça.

YONE	– Você... resolveu se vai aceitar a proposta e continuar trabalhando?
QUEIROZ	– *(muito deprimido)* Não...

Corta para:

Cena 51: RUA DO RIO (EXT DIA)

Maria Lúcia sai do laboratório, muito deprimida, com resultado de exame na mão. Olha o resultado mais uma vez, close, preocupação. Guarda na bolsa e caminha, procurando um táxi. De repente, está perto do prédio onde entraram João e Heloísa. Reação de Maria Lúcia. Do seu ponto de vista, zoom sobre João e Heloísa saindo do prédio, seguidos pelo funcionário da imobiliária. <u>Os dois estão abraçados em pose típica de casal, ela com a mão na cintura dele, ele com a mão no ombro dela.</u> Close de Maria Lúcia, atônita.
Corta para:

Cena 52: BAR (INT DIA)

Heloísa e João tentam explicar a situação a Maria Lúcia, que está um pouco distante de tudo.

JOÃO	– Tamos explicando, Lúcia!
HELOÍSA	– Você tá achando o quê?
JOÃO	– A organização tava precisando desse apartamento, eu nem desconfiava que o encontro era com a Heloísa, a gente precisava passar por um casal, fazer fachada pra conseguir alugar esse apartamento!

Maria Lúcia	– (*quase chorando, a Heloísa, chocada*) Você... também tá nessa...
Heloísa	– Aceitei alugar o apê no meu nome, só isso, pra ajudar...
João	– Por que é que você tá com essa cara? Tá passando pela sua cabeça que... Maria Lúcia! Você acha que eu e a Heloísa íamos ser capazes de/

João para de falar porque Maria Lúcia tem uma crise de choro. Heloísa também fica muito nervosa. Tempo, Maria Lúcia chora.

Heloísa	– Maria Lúcia, eu não posso acreditar que/
Maria Lúcia	– (*tentando se recompor*) Não é nada disso... eu entendi, não é nada disso... É um problema... entre nós dois...

Corta para:

Cena 53: APTO. DE MARIA LÚCIA (INT DIA)

Na SALA, João e Maria Lúcia. Ela mostra a ele o resultado do exame.

Maria Lúcia	– (*torturada*) Me descuidei, sei lá, há dias que eu tava desconfiando, fiz o exame sem falar nada pra não te preocupar, hoje que eu tive a confirmação.

João pega o papel. Detalhar. Resultado POSITIVO. Close de João, muito preocupado. Tempo.
Corta para a SALA. Algum tempo depois. João e Maria Lúcia, clima tenso. Abre em tempo morto, clima muito triste. Finalmente, João fala, muito emocionado.

João	– Te adoro, Maria Lúcia, você sabe, mais que tudo, mas nesse momento, com a vida que eu tô levando, que eu tenho que levar sei lá por quanto tempo, você acha que a gente tem alguma condição de ter esse filho?

Close de Maria Lúcia, torturada.
Corta.

Fim do capítulo 14

Cena 1: APTO. DE MARIA LÚCIA – SALA (INT DIA)

João e Maria Lúcia, clima muito triste, continuação do capítulo precedente.

JOÃO	– (*meigo*) A gente tem que resolver isso juntos! Me fala, Lúcia, você acha que nós temos condições, nesse momento?

Maria Lúcia responde com o olhar que não, sem grande convicção.

JOÃO	– Uma luta em que eu tô empenhado há tanto tempo... como é que eu vou me sentir se largar, agora?

Tempo. João pega na mão dela, com muita ternura.

MARIA LÚCIA	– Me fala a verdade. Se não tivesse nada disso, ditadura... (*tom*) Você ia querer?
JOÃO	– (*muito emocionado*) Me casar e criar o nosso filho?
MARIA LÚCIA	– Viver feito os outros, sem se sentir obrigado a modificar o mundo, tentando ser feliz, nós dois... Não ia ser pouco pra você?
JOÃO	– Lúcia, olha pra mim, me acredita. Nada, do teu lado, nada ia ser pouco pra mim, nunca.

Tempo.

MARIA LÚCIA	– Você... conhece alguém que... Você vai comigo?

Corta rápido para:

Cena 2: APTO. NO MÉIER (INT NOITE)

Marcelo entregando dinheiro a João (para pagar o aborto), Alberto presente, clima triste.

JOÃO	– Chato pegar dinheiro pra isso, não tenho outro jeito.
ALBERTO	– Natural, precisa, só esse galho do apartamento que você tá quebrando, esse porteiro aqui não tá tirando o olho de quem entra e sai, sabe que muito porteiro tá trabalhando pra polícia.
JOÃO	– Tá tudo certo com o apartamento novo, aceitaram nossa proposta, amanhã mesmo venho pegar você aqui, vou dizer que é parente, vai ficar morando lá.
MARCELO	– Eu já arrumei lugar, me mudo hoje.

João guarda o dinheiro, se prepara para sair.

MARCELO	– João, a gente sabe que você tá chateado de fazer isso, mas... (*emoção*) levanta a cabeça, vocês vão ter outros filhos em condições melhores, força, companheiro.

João tenta se animar, força sorriso, Marcelo e Alberto com pena.
Corta para:

Cena 3: RUA DE MARIA LÚCIA (EXT DIA)

Manhã seguinte. Zuleica e Dolores caminham para a praia.

ZULEICA	– Se a Glória soubesse o que ela perde de dormir até as tantas! Esse sol de manhã cedinho é que queima mais. Pena a Carmen não poder tá aproveitando. Aquele amigo do falecido Damasceno que prometeu emprego na TV Educativa não falou mais nada não?
DOLORES	– Tamos com esperança, horário menos rígido, mas a Carmen tá contente como inspetora no colégio. Maria Lúcia é que amanheceu meio esquisita hoje.
ZULEICA	– Esquisita como?
DOLORES	– Não sei te explicar, Zuleica, mas conheço a minha sobrinha. E o João, de manhã cedo já lá em casa, com uma cara muito escabriada!

Corta rápido para:

Cena 4: APTO. DE MARIA LÚCIA – SALA (INT DIA)

Abre numa maleta de Maria Lúcia no chão, diálogo já rolando. Carmen arrumando alguma coisa, Marta na sala, João e Maria Lúcia vão sair.

CARMEN	– *(sem ser chata)* Passar a noite na casa da Jurema por quê?
MARIA LÚCIA	– *(sem jeito)* É que... os pais dela vão viajar... A Jurema não gosta de dormir sozinha. Mas... eu ligo de lá, falo com vocês, de noite.
MARTA	– O João também vai?
JOÃO	– *(maleta na mão)* Vou... só deixar a Maria Lúcia, dona Marta, porque o pai emprestou o carro, vou pegar no serviço, a maleta fica no meu carro, mais prático, não é?
CARMEN	– *(a Maria Lúcia)* Não vai perder o *Beto Rockefeller*! Essa noite eu acho que o Vitório vai contar pro Beto que a Renata não vai casar mais!

Corta para:

Cena 5: PORTA DE CLÍNICA MODESTA (EXT DIA)

Uma mulher abre portão de casa para João e Maria Lúcia, que tocaram a campainha.

JOÃO	– A gente... marcou hora.

Os dois vão entrando.
Corta para:

Cena 6: SALA DE ESPERA DA CLÍNICA MODESTA (INT DIA)

Algumas mulheres esperando vez, o local deve ser um pouco deprimente. João espera. Tempo. Maria Lúcia sai por uma das portas e caminha em direção a ele. Senta-se para esperar, ao seu lado.

João	– Como é a cara dele?
Maria Lúcia	– *(tenta disfarçar tensão)* Normal.

Tempo.

João	– Você... vai ter que esperar muito aqui?
Maria Lúcia	– Ele disse que não.
João	– Sobre anestesia? Falou o quê?
Maria Lúcia	– Dão um sedativo. Melhor você ir dar uma volta, a moça falou que se correr tudo bem eu posso sair umas duas da tarde...

Mulher aproxima-se de Maria Lúcia.

Mulher	– Pode vir.

Maria Lúcia levanta-se. Dá um sorriso forçado para João e se afasta para um corredor. Tempo com João, muito ansioso. Olha as outras mulheres. De repente, João corre em direção a ela e a intercepta.

João	– *(muito romântico)* Lúcia! Não vamos fazer isso não, eu não quero!

Corta rápido para:

Cena 7: APTO. DE JOÃO – QUARTO DE JOÃO (INT DIA)

Já abre em João falando caloroso, Maria Lúcia cheia de esperança. A maleta de Maria Lúcia está por lá esquecida, sem destaque especial, <u>vão esquecê-la quando saírem</u>. Ternura e euforia!

João	– Vamos criar ele sim, cê vai ver, temos muito mais condição do que tanta gente, não dá pra esperar momento ideal, nada é ideal nunca nem precisa, a gente se ama, quer ficar junto, precisa mais o que, vamos casar, cuidar dele, ele vai ser feliz, cê não acredita que eu posso?
Maria Lúcia	– Você pode o que quiser, pode tudo, meu amor, cê quer mesmo, tem certeza?
João	– Claro que eu tenho certeza, vai ser difícil, não tem dúvida, mas vale a pena, até ajeitar melhor a nossa vida...
Maria Lúcia	– Não quero que você deixe de fazer nada importante pra você.
João	– Eu me organizo, a gente se sacrifica um pouco, pelo neném, você se importa?
Maria Lúcia	– Eu nunca me senti tão feliz, tão *(corta-se, muita emoção)* Nós dois juntos, nosso filho...
João	– O sacrifício que precisar, eu te adoro! Eu prometo que vou conseguir me dedicar muito a você, a ele...

Tempo. Carinho. João olha o relógio. Lembra que tem tarefa.

Maria Lúcia	– *(rindo, bom humor)* Dedicação vinte e quatro horas por dia...
João	– *(levemente grilado)* O companheiro tá me esperando, lá no Méier.

Aluguei o apartamento com a Heloísa, tenho que levar pra lá, eu que tô com a chave.

Maria Lúcia lhe faz um carinho. Acha natural se afastarem.

MARIA LÚCIA — Quando não é tarefa perigosa cê acha que eu fico chateada?

Já vão sair, carinhosos um com o outro, João pega uma revista, na porta dão com Guilherme, que ia entrar.

GUILHERME — Eu ia bater, perguntar se podia entrar.
JOÃO — Ia nada, mas quebrou a cara, nós tamos saindo.
GUILHERME — Tão escondendo alguma coisa, tô achando vocês esquisitos.
MARIA LÚCIA — (*ri, feliz*) Depois, quem sabe? Deixa o teu irmão voltar que a gente conta junto, tá?

Sai do quarto com João, Guilherme curioso, ninguém se lembra da maleta. *Não é preciso frisar isso.*
Corta para:

Cena 8: RUA DE IPANEMA (EXT DIA)

João e Maria Lúcia caminhando, carinho, João vai se despedir. Ele tem a revista na mão.

JOÃO — De noite eu passo lá, a gente conversa o que for preciso, de detalhe.
MARIA LÚCIA — Vou indo com você até o posto seis. Tô com a tarde livre mesmo...

Os dois caminham abraçados. Mostrar de costas, afastando-se.
Corta para:

Cena 9: PONTO FINAL DE ÔNIBUS (EXT DIA)

Passageiros entrando em ônibus Méier-Copacabana, no ponto final. João vai se despedir de Maria Lúcia, antes de entrar.

JOÃO — (*carinhoso*) Não fala nada pra elas antes deu chegar, eu preferia dar a notícia junto.
MARIA LÚCIA — Vou ter que inventar é uma desculpa muito boa porque distração tem limite, vou dormir na casa da Jurema, de repente já não vou mais/ (*corta-se, lembra*) João, a maleta!

Por um instante os dois não lembram. Ônibus vai sair.

JOÃO — No meu quarto! Tenho certeza, Lúcia, deixei no meu quarto.
MARIA LÚCIA — (*carinho*) Eu pego lá. Não fica preocupado que eu arrumo uma desculpa, vai.

Beijo. O ônibus vai sair. Mais um beijo, muito amor. João pega andando e o ônibus se vai. Da janela, João dá um adeus discreto, carinhoso. Close de Maria Lúcia, enternecida.

Corta para o ônibus se afastando. Corta para detalhe de identificação do ônibus: Méier-Copacabana, ligação com a cena seguinte.
Sonoplastia: começa aqui música de suspense.
Corta para:

Cena 10: RUA DO APTO. NO MÉIER (EXT DIA)

Calçada em frente ao prédio, movimento discreto de subúrbio, rua calma, porteiro por ali, é um figurante antipático, esquivo, clima inicialmente ameno, crianças, mães. Um instante e chega um camburão da polícia, saltam três ou quatro policiais civis, agitados, tensão subindo rápido, param na calçada em frente ao prédio, do outro lado da rua. Um vai até o porteiro, conversam fora de áudio. Os dois atravessam a rua e o porteiro diz qual é a janela do apartamento que delatou. Melhor não apontar para não ficar óbvio. O policial olha. Do ponto de vista do policial, zoom até a janela do apartamento, com persiana horizontal meio chumbada, ligação visual com a cena seguinte. (Atenção à ligação visual cenário-locação.)
Corta para:

Cena 11: APTO. NO MÉIER / APTO. DE JOÃO – SALA (INT DIA)

Abre direto em Alberto recuando da janela, fechando imediatamente a persiana horizontal, muito tenso, ligação com o último plano da cena anterior. Hesita só um instante, depois pega numa gaveta um caderninho, consulta às pressas, vai para o telefone. Disca, close, telefone sendo discado.
Corta para APTO. DE JOÃO – SALA, Maria Lúcia pegando sua maleta com Talita, bom humor, Guilherme intrigado ao telefone.

GUILHERME	– (*tel*) Não tô entendendo, o senhor quer falar com quem, o meu irmão saiu, como é que eu vou saber pra onde?

Maria Lúcia presta atenção, instintivamente alerta.

MARIA LÚCIA	– Quem é, Guilherme?
GUILHERME	– (*tapa bocal*) O homem tá nervoso! (*tel*) A namorada dele taqui, o senhor quer falar com ela?
MARIA LÚCIA	– Eu falo, deixa, Guilherme. (*tel*) É a namorada do João, quem tá falando?

A partir daqui, planos alternados, APTO. DE JOÃO/ APTO. NO MÉIER.

ALBERTO	– (*tel*) Você é a moça que... o João queria um dinheiro...
MARIA LÚCIA	– (*tel*) Sou eu sim, mas francamente eu não vejo motivo nenhum pro senhor/
ALBERTO	– (*tel, corta, nervosíssimo*) Eu tenho que falar com o João, cê sabe onde ele tá? Ele vinha me encontrar aqui hoje!
MARIA LÚCIA	– (*tel, fria*) Ele já foi praí, deixei no ônibus faz uns dez minutos.
ALBERTO	– (*tel*) Você tem que avisar, escuta, o João não pode vir, <u>vão estourar o aparelho, a polícia tá aqui na porta</u>, entendeu, dá um jeito, não

deixa o seu namorado chegar aqui de jeito nenhum, eu tenho que desligar!

Desliga. Corta para APTO. DE JOÃO – SALA, Maria Lúcia olha para o telefone mudo em sua mão, tonta, apavorada.

MARIA LÚCIA — *(consigo mesma, em pânico)* Eu sei onde é, já tive lá, a Sandra deu o endereço!
GUILHERME — Que endereço?
MARIA LÚCIA — De táxi eu chego antes ao ponto final! *(pânico)* Eu não tenho dinheiro, Guilherme, é muito importante, você sabe onde tem dinheiro aqui na casa, eu tenho que pegar um táxi pra longe!
TALITA — Pera aí que eu tenho! *(afastando-se, resmunga baixo)* Ah, essa mocidade, tudo correndo!

Talita saiu. Guilherme fala com Maria Lúcia.

GUILHERME — *(preocupado)* É desses troços que o papai vive com medo, não é?

Corta rápido para:

Cena 12: RUA DE IPANEMA (EXT DIA)

Gente passando. Maria Lúcia faz sinal para um táxi, muito tensa. O táxi para. Ela entra. Diz pra onde vai e o táxi se afasta.
(Por favor, até a cena ... não vamos especificar as locações, mas, naturalmente, é preciso que o espectador carioca perceba que Maria Lúcia vai num táxi, atrás, e João vai num ônibus, à frente, em direção de Copacabana ao Méier.)
Corta para:

Cena 13: RUA CARIOCA (EXT DIA)

Dentro do ônibus cheio, em movimento, uma senhora se levanta para saltar. João senta-se no seu lugar. Abre a revista que tinha na mão e começa a ler. Close de João, muito calmo, lendo.
Corta para:

Cena 14: RUA CARIOCA (EXT DIA)

Plano do ônibus fazendo seu trajeto.
Corta para:

Cena 15: RUA CARIOCA (EXT DIA)

Plano de Maria Lúcia dentro do táxi em movimento, muito tensa. Fala com o motorista.

MARIA LÚCIA — Será que pelo Catumbi–Laranjeiras o senhor não ia mais depressa, moço? É que... é muito importante, o senhor conhece melhor o trânsito...

Maria Lúcia leva as mãos à cabeça, sinal de desespero.
Corta para:

Cena 16: RUA PERTO DO MÉIER (EXT DIA)

Um plano do ônibus em movimento. Corta para dentro do ônibus, João calmamente continua a ler sua revista.
Corta para:

Cena 17: APTO. NO MÉIER (INT DIA)

Alberto encurralado, tensíssimo. Pega de novo o caderno de telefones, começa a rasgar as páginas. Depois puxa outra gaveta, tira uma arma, olha muito tenso para a porta, vai resistir, um plano da porta, enorme tensão. Close da arma.
Corta para:

Cena 18: RUA DO MÉIER (EXT DIA)

Ônibus chegando ao ponto final, passageiros já descendo. João desce entre eles. Corta para fora do ônibus. Plano de João descendo e caminhando. João vai dobrar uma rua. Corta para plano de Maria Lúcia saltando do táxi, paga rapidamente. Corre em direção ao ônibus, vê que está vazio. Fala com o trocador, fora de áudio. Certifica-se de que o ônibus acabou de chegar. Corta para close de Maria Lúcia, desesperada, aflita. Olha em volta. De repente, vê João ao longe, prestes a dobrar uma esquina. <u>Corre muito</u> em direção a ele. Quando está um pouco mais perto, grita.

MARIA LÚCIA	– João!

Ele não ouve e dobra a esquina. Maria Lúcia continua a correr.
Corta para:

Cena 19: RUA DO APTO. NO MÉIER (EXT DIA)

Maria Lúcia consegue alcançar João. Reação de João, assustado.

JOÃO	– Que foi que/
MARIA LÚCIA	– A polícia, o homem telefonou, <u>não vai lá</u>!
JOÃO	– Calma, me explica direito o que é que/

João para de falar porque vê passar um camburão que vai se juntar ao que já estava na porta do prédio. Mostramos os mesmos policiais civis e outros que chegaram, oito ou dez no total. Aproximam-se cautelosos da portaria do prédio, muita tensão, prontos para atirar, um ou dois podem ter sacado armas, passantes já se afastando com medo. Alberto aparece na porta do prédio, arma na mão, reações, policiais se protegem, procuram armas.

MARIA LÚCIA	– Vamos sair daqui, João, depressa porque/

O primeiro tiro corta a fala, muitos outros imediatamente, fuzilaria, João protege Maria Lúcia instintivamente, recuam para trás de alguma árvore ou carro. Na portaria, Alberto tenta proteger-se, atira, policiais se protegem, descarregam armas contra ele, cena rápida, Alberto cai ferido, desacordado.

JOÃO — *(tonto)* Alberto...

Corta para plano de Alberto sendo colocado ferido dentro de um camburão, por policiais.
Corta para:

Cena 20: APTO. DE MARIA LÚCIA (INT NOITE)

Na SALA, Carmen nervosa com Marta, Gustavo e Lavínia.

LAVÍNIA — É só que o papai tá muito nervoso, tem que tomar uma decisão, queria conversar com eles, o Edgar já foi pra lá...

MARTA — *(não está gostando da situação)* Estão os dois aí, trancados no quarto!

CARMEN — Espera aí, dona Marta, do jeito que a senhora está falando até parece que/ *(a Lavínia)* Realmente, Lavínia, eu acho que eles tiveram alguma briga, minha impressão é que a Maria Lúcia tá escondendo alguma coisa de mim. Saiu de manhã cedo com o João, dizendo que ia passar essa noite na casa da Jurema, porque os pais tinham viajado... Voltaram agora, ela muito branca, e...

MARTA — *(corta)* Sem a maleta!

Corta para o QUARTO DE MARIA LÚCIA, João e Maria Lúcia discutindo, muita tensão, muito ritmo.

MARIA LÚCIA — Ferido, num camburão!
JOÃO — A gente tem que descobrir se/
MARIA LÚCIA — *(corta)* Essa hora capaz de tá morto, podia ser você!
JOÃO — Calma, meu amor, você não/
MARIA LÚCIA — *(corta, suplicante)* Você tem que deixar isso tudo, João, eu tenho me virado pelo avesso mas não dá mais! A gente vai ter um filho! Eu não mereço isso, você não merece isso, todo mundo tá levando vida normal, será que você não entende, não existe ideal que valha a... *(sente-se mal, hemorragia)* Que valha...
JOÃO — O que é que você tá sentindo? O que foi?

Maria Lúcia faz gesto de quem está com dor no estômago. João sai correndo do quarto, gritando.

JOÃO — Dona Carmen! Dona Carmen!

Corta para SALA, descontínuo. Gustavo entrando no quarto, com Carmen. João muito tenso com Lavínia e Marta.

LAVÍNIA — *(tensa)* Que tipo de dor?
JOÃO — Não sei, de repente, távamos discutindo um assunto importante e/

Gustavo vem correndo do quarto e vai já discando o telefone, Carmen atrás.

CARMEN — Me explica, Gustavo, o que é que tá acontecendo?
GUSTAVO — (*discando telefone*) Uma hemorragia, dona Carmen, não é caso pra pânico, a gente só tem que levar pra clínica, fica calma!

Close de João, apavorado.
Corta para:

COMERCIAIS

Cena 21: QUARTO DA CLÍNICA DE GUSTAVO (INT NOITE)

Maria Lúcia na cama, já passando bem. Gustavo falando, João segurando sua mão, com muito carinho.

GUSTAVO — (*com carinho*) Seria pior se não tivesse havido a expulsão de todo o feto e a placenta. Ela vai se recuperar em poucos dias, só precisa tomar esse antibiótico. Eu sei que é triste, mas...

João faz um carinho no rosto de Maria Lúcia. Ela sorri triste para ele. Passar muito amor.
Corta para:

Cena 22: ANTESSALA DA CLÍNICA DE GUSTAVO (INT NOITE)

Carmen, Lavínia, Dolores. Uma certa tensão.

LAVÍNIA — O Gustavo garantiu sim, ela vai poder voltar pra casa hoje mesmo.
CARMEN — (*triste*) Devia ter me contado! Eu sou a mãe!
LAVÍNIA — Eles tinham resolvido casar e ter a criança. Dá apoio pra ela, dona Carmen, eu posso imaginar como que a Maria Lúcia tá se sentindo...
DOLORES — (*crítica*) Casar como, se esse rapaz nem trabalhar trabalha? Me desculpe, viu, Lavínia, mas a minha sobrinha merecia um futuro melhor, desde que eles desistiram da viagem pra Londres eu, como tia, sou contra esse namoro!
CARMEN — (*conformada*) A gente não pode resolver por eles, Dolores, os dois se amam, é a vida deles! O importante é que a Maria Lúcia está bem, pode ter outros filhos, ela é muito nova, o João é um bom rapaz, tenho certeza que ele gosta muito dela...

Corta para:

Cena 23: PRAIA DE IPANEMA (EXT DIA)

Manhã seguinte. Adelaide, Glória e Zuleica na praia.

ADELAIDE	– Assim que eu vi ambulância cantei a pedra pra Glória, menina! E não deu outra, Dolores acabou me contando!
GLÓRIA	– (*reprovando*) Uma garota tão séria...
ADELAIDE	– E você acha que hoje em dia ainda existe, moça séria?
ZULEICA	– A culpa é dessa tal de pílula, pra uma mulher casada está certo, mas ficam falando abertamente em jornais, em revistas...
GLÓRIA	– Meu marido diz que atualmente os jornais não podem publicar tudo o que querem não.
ZULEICA	– Ah, mas pílula publicam sim, pelo menos revista! Eu leio, gosto de me informar! Isso tudo vai levando à degradação dos costumes, você não vê os *hippies*? À minha filha, antes de se casar, graças a Deus eu sempre dei muita orientação. Cada vez que saía pra festinha, olha, Adelaide, eu juro, mesmo noiva. Eu falava: "Meu amor, <u>sopa</u>, só da cintura pra cima!" (*indica a cintura*)

Corta para:

Cena 24: APTO. DE MARIA LÚCIA (INT DIA)

Maria Lúcia sentada na cama, <u>totalmente deprimida</u>. Ao seu lado, Gustavo, um psiquiatra e João.

GUSTAVO	– (*meigo*) Sentindo o quê? Fala, Maria Lúcia, a gente só tá aqui pra ajudar.
MARIA LÚCIA	– (*parada*) Minha culpa... eu cavei isso tudo... minha culpa...

Gustavo fala à parte com João, cauteloso.

GUSTAVO	– Melhor deixarmos um pouco sozinhos... Psiquiatra... Amigo...

João e Gustavo vão saindo. Close de Maria Lúcia, o olhar vago, parado.
Corta para a SALA, algum tempo depois. Dagmar pondo a mesa. Gustavo despedindo-se à porta do psiquiatra de ainda há pouco. Apreensão de João, Carmen e Lavínia. O psiquiatra sai enquanto Dagmar tenta falar à parte, com Carmen.

DAGMAR	– São quantos pro almoço, dona Carmen?
CARMEN	– (*tensa*) Espera aí, não sei, daqui a pouco eu vejo...

Dagmar se afasta enquanto Gustavo se aproxima de Carmen, João e Lavínia.

JOÃO	– (*muito tenso*) Então? Fala logo!
GUSTAVO	– (*com carinho*) Depressão. Profunda. Na idade dela é... uma crise, João, perfeitamente curável com remédios adequados, um período de descanso... (*a Carmen*) O Geraldo é favorável ao afastamento do quadro familiar. Talvez sonoterapia. Ele recomendou uma boa clínica, tem convênio com o INPS. Mas a decisão é da família.

Reação de Carmen e João. Muita tristeza.
Corta para:

Cena 25: PRAIA DE IPANEMA (EXT DIA)

Aqui achamos que seria melhor <u>pedras</u>, tipo Arpoador. De qualquer forma, evitar a mesma locação da cena 23. Galeno com Michel.

MICHEL	– Internaram?
GALENO	– Faz <u>três dias</u>, bicho. Acontece, né? Muita loucura na cabeça de todo mundo... Eles querem que a gente fale <u>o que quer</u>, a gente só sabe <u>o que não quer</u>. Minha amiga, uma pessoa tão bonita, mas muito... triturada por essa rotinização da existência. Ela tinha que dizer mais <u>não</u>! Conheço desde garota. Quase não disse não. Não desconfiou o suficiente das pessoas de fora, que ficam tentando impor pra gente as estruturas delas... Pra sair dessa, a Maria Lúcia tem que conhecer os caminhos da mente que até hoje a ciência e o senso comum tão ignorando...
MICHEL	– Mas até lá, vai ficar internada nessa clínica?
GALENO	– Não sei, Michel, sei não. O João foi visitar, ainda há pouco. Fui até a casa dele... João tava saindo pra lá.

Corta para:

Cena 26: JARDINS DE CLÍNICA PSIQUIÁTRICA (EXT DIA)

Uma casa bonita, com jardins, bastante verde. João, Lavínia e Jurema caminham em direção a uma enfermeira. Jurema aproxima-se da enfermeira, um passo à frente do grupo.

JUREMA	– Por favor, a gente tá procurando uma amiga, internada aqui, Maria Lúcia Damasceno.

Corta para plano distante. A enfermeira explica que Maria Lúcia está nos jardins. Aponta a direção. Os três vão caminhando na direção indicada. De repente, veem Maria Lúcia ao longe, sentada num banco, sozinha, em local bonito. Pacientes espalhados. Não são loucos, são pessoas deprimidas, claro que o clima é triste.
João tem uma emoção muito forte ao ver Maria Lúcia de longe. Para Lavínia e Jurema, com um gesto.

JOÃO	– Por favor, gente. (*muito emocionado*) Deixa eu ir primeiro.
LAVÍNIA	– Claro.
JUREMA	– A gente espera aqui.

João caminha em direção a Maria Lúcia. A expressão do rosto dela só deve ser revelada no último plano da cena. João se aproxima. Abaixa-se para ficar com a cabeça ao nível da dela. Faz carinho em seu rosto enquanto fala.

JOÃO	– Que saudade, Lúcia! Eu te amo tanto! Que falta você tá me fazendo!

Close de Maria Lúcia, completamente apática, como se João não estivesse ali.

Corta para:

Cena 27: APTO. DE JOÃO - QUARTO DE JOÃO (INT NOITE)

João muito triste, com Galeno.

GALENO — Parada... como?

JOÃO — Como... se eu não tivesse ali, Galeno. Quer dizer, olhava pra mim, até respondia algumas coisas... mas... não parecia ela... não era a Maria Lúcia que eu conheço, cheia de vida por dentro, cheia de... O psiquiatra falou que é natural, que é da depressão, que ela vai ficar boa... mas eu... eu não mereço, ela não merece isso! Eu tô vivendo um pesadelo, enquanto eu não puder ver um sorriso no rosto da mulher que eu adoro... a mulher com quem eu quero compartilhar a minha vida... até a gente ficar velho... até...

João para, quase chorando. Galeno passa afeto por algum gesto.
Corta para:

Cena 28: APTO. DE QUEIROZ E YONE (INT NOITE)

Queiroz conversa com Edgar, muito triste. Yone vai se aproximar. Lavínia em outro ambiente.

EDGAR — Eu queria que o senhor entendesse, doutor Queiroz, primeiro... que eu não batalhei por nada disso, foi o doutor Fábio quem me chamou...

QUEIROZ — Eu sei.

EDGAR — Claro que eu queria muito... continuar a trabalhar do seu lado, quer dizer... se o senhor aceitar o cargo que ele lhe ofereceu, eu ia gostar muito de... Puxa, foi o senhor quem me deu minha primeira chance!

QUEIROZ — *(frágil)* Até que ponto você pretende mudar a linha editorial da editora?

EDGAR — Não sei! Acho que eu preciso... achar um equilíbrio entre... o lado cultural e o comercial... o dono é ele... Me chamou prum cargo de chefia mas... sou empregado.

QUEIROZ — Eu vou trabalhar com você.

EDGAR — *(contente)* Puxa!

QUEIROZ — A gente conversa amanhã... Essa noite eu... tô meio triste... preferia ficar um pouco comigo mesmo, tá?

Edgar se afasta ao mesmo tempo em que Yone traz um uísque para Queiroz. Entrega o uísque com amor. Queiroz aceita, deprimido. A esposa lhe faz um carinho. Close de Queiroz, muito triste.
Corta para outro ambiente, Edgar e Lavínia já em meio de conversa.

EDGAR — *(triste)* Eu queria muito ir, mas não me sinto à vontade, Lavínia, pra aparecer assim na clínica... Eu tive uma discussão braba com o João, sou contra tudo o que ele tá fazendo! Eles continuam juntos.

	Não queria nem tá lembrando mas, no fundo, muita coisa, acho que o João errou, a Maria Lúcia merece mais!
Lavínia	– Bate um papo com ele, Edgar, você é amigo, vai ficar lembrando discussão, numa hora dessas?
Edgar	– Deixa pra lá. O que interessa agora é a saúde da Maria Lúcia, ela não pode ter nada sério, não é justo ela... (*emocionado, romântico*) Eu acho que ela é a criatura mais... incrível, mais maravilhosa da face da Terra... e que o amor... Nessa vida não tem nada mais importante que amor não.

Corta rápido para:

Cena 29: APTO. DE AVELAR (INT DIA)

Tarde seguinte. No QUARTO, Avelar e Natália, depois do amor, na cama, entre lençóis. Muita ternura. Abrir na janela, frisar pela iluminação que é dia. Instalado o aparelho de ar-condicionado.

Natália	– (*carinhosa*) Viagem?
Avelar	– Três semanas no Chile, pra estudar a política de desenvolvimento deles. O Cláudio vai me substituir em algumas aulas, o Euclides em outras... Tirando a saudade doida que eu vou sentir de você, vai ser interessante, porque a universidade de Santiago é das mais adiantadas da América Latina.

Tempo. Natália um pouco triste. Avelar faz um carinho.

Avelar	– Tá chateada?
Natália	– Chateada não.
Avelar	– Passa depressa. Você pelo menos vai continuar a ter o seu dia a dia, a casa pra cuidar, seus filhos, as aulas de francês... Pra quem viaja...

Tempo. Ele faz mais carinho.

Natália	– Tava pensando... Acho tão ridículo, Inácio, mas de vez em quando eu fico achando que você só aceitou esse cargo no Itamarati pra comprar um aparelho de ar-condicionado!
Avelar	– E se fosse?
Natália	– É a coisa mais louca que/
Avelar	– (*corta, fazendo carinho*) Não foi! O trabalho me estimulava, me interessa.
Natália	– (*achando graça, carinhosa*) Um aparelho que a gente nunca nem ligou, porque nunca mais fez calor.
Avelar	– (*safado*) Verão taí, tá chegando.

Tempo. Natália olha o aparelho de ar-condicionado. Mostrar.

Natália	– Você não liga, não é?

Avelar	– Pra quê?
Natália	– Conforto.
Avelar	– Conforto como?
Natália	– Besteira, detalhes. Às vezes eu fico pensando... acho que você trabalha tanto... merecia mais.
Avelar	– (*carinhoso*) Mais o quê?
Natália	– (*consigo mesma, olhando o quarto*) Esse quarto... Ah, Inácio, eu fico sem jeito, é bobagem!
Avelar	– Fala!
Natália	– Não é propriamente bonito! É prático, claro, tem as coisas básicas de que você precisa, mas... Você não tem necessidade de... beleza!? Quadros, cor, móveis, tapetes, uma cortina que/
Avelar	– (*corta, com atração*) Qualquer dia eu vou pensar um pouco e te digo...
Natália	– Lençóis, por exemplo! Eu sempre fui louca por roupa de cama, não gosto de seda, nem mesmo linho, eu adoro algodão puro, fio longo egípcio, é o único que não dá bolinha, uma coisa que parece que tá acariciando a pele, geralmente eu encontro nos Estados Unidos, Inglaterra, Espanha...
Avelar	– Um dia eu te dou uma aula sobre a Revolução Francesa, tá?
Natália	– Você não dá valor nenhum, não é?
Avelar	– Pro teu lençol de fio longo egípcio não, porque eu não conheço, mas provavelmente se conhecesse ia gostar, todo mundo gosta de conforto, Natália. Beleza, quadro, esses troços todos... Só que na minha vida... não é o mais importante! Eu não ia ser capaz, por exemplo, de trabalhar em alguma coisa que não me desse prazer pra... ter um quarto bonito! (*sexy*) E de qualquer forma, desde que eu te conheci, em matéria de beleza, acho que esse quarto tá muito bem servido...

Avelar começa a beijar Natália, suavemente. Enquanto é beijada, Natália deve olhar alguma coisa que não lhe pareça bonita (um quadro, um abajur, seja lá o que for) e pensar. Deve ficar bem claro para o público (pelo corte close de Natália, este objeto) que ela está pensando em fazer alguma coisa em relação ao quarto. Logo em seguida, Natália se entrega a um beijo mais sensual, os dois começam a fazer sexo, em planos bonitos. Música romântica.
Corta para:

Cena 30: BAR DO CURSO DE FRANCÊS (INT DIA)

Movimentação habitual. Interessam-nos Natália e Solange, à parte.

Solange	– Você conseguiu? Em só três semanas?
Natália	– (*feliz*) Foi um dos trabalhos mais pesados da minha vida, pedindo orientação pra Titá, sem dizer direito pra quem era, correndo feito

uma doida de estofador pra loja de moldura, implorando a esse amigo que tá morando com ele pra receber alguma coisa em hora que eu não podia tá lá, porque além de tudo o raio do prédio nem tem porteiro, mas consegui sim! *(olha relógio)* O avião chega às quatro e dez. Eu vou indo porque depois desse trabalho todo eu tenho que chegar ao apartamento antes dele, tchau!

Enquanto Natália sobe a escada, corta para Lavínia e Jurema, saindo de uma sala de aula, com turma de colegas.

JUREMA	– O Gustavo falou exatamente o que da Maria Lúcia?
LAVÍNIA	– Ia conversar com o psiquiatra agora de tarde. Ela tá bem melhor, Jurema, não precisa mais de sonoterapia... Ele tá com muita esperança dela poder voltar pra casa ainda essa semana.

Corta para:

Cena 31: APTO. DE AVELAR (INT DIA)

Natália abre a porta para Avelar, que está chegando de viagem, com uma pequena mala. Muita emoção. Ele deixa a mala no chão, closes alternados, beija Natália apaixonadamente. Um beijo longo.
Corta descontínuo para o CORREDOR, Natália e Avelar caminhando abraçados em direção ao quarto.

AVELAR	– Vinha aqui fazer o quê?
NATÁLIA	– Uma porção de coisas... o Pedro Paulo é muito boa-praça... eu gostava de ficar aqui, pensando em você... *(quase entrando no quarto)* Fiz inclusive umas mudancinhas no seu quarto...

Abrem a porta do quarto. Close de Avelar, vendo o QUARTO, que o espectador ainda não viu, estupefato.

AVELAR	– *(estupefato)* O que é isso?

Câmera mostra um quarto <u>totalmente decorado</u>. Não propriamente de luxo, mas de muito bom gosto, paredes forradas de papel de listas, serigrafias e desenhos muito bonitos nas paredes, alguma parede de espelho, enfim, um trabalho de decoração mesmo, tudo novo, com um toque masculino de mulher que quis fazer um quarto masculino. (Avelar não vai gostar, continua nos próximos capítulos, mas aqui, por gentileza, ele se sente obrigado a dizer que achou lindo.)

NATÁLIA	– *(charmosa)* Mudanças!
AVELAR	– Mas... onde é que tão as minhas coisas?
NATÁLIA	– Roupa, livros, objetos pessoais, fotografias, tá tudo aí, só que guardado duma maneira racional, olha essa foto sua com os alunos, não ficou melhor aqui nesse porta-retrato?
AVELAR	– Mas... os móveis? Minha cama, meu armário...
NATÁLIA	– Dei de presente.

Avelar um pouco tonto.

NATÁLIA	– Você... não gostou?
AVELAR	– É... bonito, claro, mas... não tô me sentindo bem, Natália, se você quer saber a verdade eu... tô me sentindo meio gigolô, porque/
NATÁLIA	– (*corta, tentando beijar*) Para de ser convencional, o que conta é o carinho, o trabalhão que eu tive pra fazer a mudança em três semanas... (*tom*) Dinheiro, inclusive, se você entendesse um pouco de decoração, ia ver que eu não gastei quase nenhum, não vesti as paredes de tecido, pus papel, não botei um óleo, só desenhos, serigrafias, isso aí custou... pelo amor de Deus, Inácio, custou o preço duns dois vestidos...
AVELAR	– (*já beijando, com atração, brincalhão, ela entra no mesmo tom, daqui por diante clima de quem está fazendo <u>farra</u> romântica, namorados*) Dois vestidos...
NATÁLIA	– Te juro!
AVELAR	– De quantos mil dólares cada um?
NATÁLIA	– Coisa mais prosaica...
AVELAR	– A aula que eu prometi sobre a Revolução Francesa...
NATÁLIA	– (*quase beijando*) Que saudade, meu amor!
AVELAR	– (*quase beijando*) Vou ter que dar essa aula logo!
NATÁLIA	– Se não fosse essa ocupação o tempo não ia passar nunca!
AVELAR	– Dois vestidos...
NATÁLIA	– No máximo três!
AVELAR	– Maria Antonieta...
NATÁLIA	– "Se não tem pão comam brioches", eu estudei...
AVELAR	– Fresca...
NATÁLIA	– Gozação tem limite...
AVELAR	– Mascarada...

Os dois se beijam apaixonadamente, um beijo longo, muito romântico. Começam a fazer amor. Tempo.
Corta descontínuo para os dois, depois do amor, nus entre lençóis.
Um tempo morto. Carinho.

AVELAR	– E a Heloísa?
NATÁLIA	– (*um pouco triste*) Aparece de vez em quando, diz que tá bem.
AVELAR	– Você acha que não tá?
NATÁLIA	– Não sei, a Heloísa não é de mentir. Deve tá sim. Mas é uma situação... Evita o pai. Nunca aparece pra jantar, só pra almoçar, ou me procura na Aliança... Hoje, ela até me deu uma notícia boa... daquela amiga, a Maria Lúcia, que teve depressão, uma garota ótima, parece que vai sair da clínica por esses dias...

Corta rápido para:

Cena 32: APTO. DE MARIA LÚCIA – SALA (INT NOITE)

(<u>Atenção, edição</u>: não há interrupção de ritmo de diálogo entre a primeira fala desta cena e a última da cena precedente.)
João, Carmen e Gustavo, clima de otimismo, alegria.

João	– <u>Amanhã</u>?
Gustavo	– Amanhã.
Carmen	– Eu tenho que me beliscar pra acreditar que não tô sonhando!
João	– Completamente... curada, Gustavo?
Gustavo	– Claro! (*off*) Depressão se supera! Evidente que nas primeiras semanas... ela vai precisar de muito carinho, atenção, companhia, o máximo de estabilidade emocional... Uma crise, João! Totalmente superada!

Já cortou antes para:

Cena 33: JARDINS DA CLÍNICA PSIQUIÁTRICA (EXT DIA)

Primeiras imagens sobre a última fala de Gustavo, em off.
Primeiro plano é Maria Lúcia, com maleta na mão, à porta da clínica, despedindo-se de uma enfermeira. De repente, seu olhar cruza com o de João, que está ao lado de Carmen. João e Carmen caminham em direção a Maria Lúcia. Ela abraça primeiro Carmen, depois beija João, com muita emoção. Carinho, tempo.
Corta para:

Cena 34: APTO. DE MARIA LÚCIA – SALA (INT DIA)

Maria Lúcia terminando de almoçar, com João, Carmen, Dolores, Leila, Dagmar servindo. Na sala, para se misturarem aos que já vão se levantar da mesa, Lavínia, Jurema, Galeno, Pedro Paulo, Caramuru. (Maria Lúcia ainda não é a mesma de antes. Sorri, mas deve ficar um clima de "pessoa que ainda inspira cuidados".)
Abre em Caramuru e Dagmar, à parte.

Caramuru	– Acho que eu vou pedir também pro doutor Gustavo pra fazer esse negócio de sonambuloterapia porque tô com tanta dificuldade pa dormir, Dagmar! A Maria Lúcia tá outra!
Dagmar	– Brinca não que um mês atrás a gente tava vendo a coisa preta!
Caramuru	– Pois já não tá falando até em trabalhar amanhã?

Corta para Maria Lúcia e os outros, menos Pedro Paulo e João, que estão à parte.

Maria Lúcia	– Por que não, gente?
Galeno	– Podia descansar uns dias!
Maria Lúcia	– E o que é que vocês acham que eu fiquei fazendo esse tempo todo, na clínica?
Galeno	– Tem gente que veio mesmo presse mundo <u>a serviço</u>, acho que só eu que vim <u>a passeio</u>.

Corta para João e Pedro Paulo. Telefone vai tocar e Dagmar vai atender.

João	– (*contente*) O Ubaldo telefonou?
Pedro Paulo	– Ontem. Não podia falar onde estava, claro, mas eu achei a voz boa. Ficou de mandar alguém pra buscar umas coisas lá no apartamento, livros, discos, não quer ir pessoalmente... Chato que ele não tem condições de marcar hora, o Avelar e eu tamos quase todo o tempo fora, mas ele vai ligar de novo assim que puder, eu vou dar um jeito...
João	– Deixa lá em casa, Pedro Paulo! A Talita não sai nunca!
Pedro Paulo	– Tem certeza que o seu pai...?
João	– Livros? Discos? Pô, também não exagera!
Dagmar	– (*intervindo*) Telefone, João.

João vai ao telefone.
Corta para Maria Lúcia com Lavínia, ao fundo, João ao telefone. Em algum momento, desfocar as duas em primeiro plano e focar João, denotando grande preocupação.

Maria Lúcia	– Seu pai... como é que tá?
Lavínia	– Tocando o barco pra frente, cê sabe como ele é positivo. O Edgar tem sido muito bacana, aliás ele só não tá aqui por causa do João, ficou constrangido, mas pergunta por você religiosamente todo dia!
Maria Lúcia	– Deve ser difícil, pro doutor Queiroz, uma editora que ele criou...
Lavínia	– Acho que tem coisa mais dramática nessa vida, viu, Maria Lúcia?
Maria Lúcia	– (*pensando em si própria*) Claro que tem coisa mais dramática. E a gente tá aqui pra enfrentar. Felizmente o seu pai tem a sua mãe... (*mais segura*) <u>e eu tenho o João</u>.

Zoom sobre João, nervoso, ao telefone.

João	– (*tel*) <u>Mas precisava me chamar nesse momento?</u> (*t*) Desculpa, é que eu tô nervoso, cê tem razão, entendo sim. (*t*) Tá bom, amanhã, claro que eu vou.

Corta rápido para:

Cena 35: APTO. DE SALVIANO E SANDRA (INT NOITE)

Noite do dia seguinte. João com Sandra. Pedro arrumando papelada, com rádio ligado. Não frisar sua presença.

Sandra	– A gente sabia que essa hora ia chegar, João, mais cedo ou mais tarde!
João	– (*fora de si*) <u>Clandestinidade</u>?
Sandra	– Será que tem alguma outra forma de você participar da ação?
João	– Você tem ideia do que tá me pedindo? Quase um mês a Maria Lúcia passou nessa clínica! Tá precisando de mim mais do que nunca! Como é que eu tenho condições de sair de casa e cair em clandestinidade?

Close.
Corta para:

COMERCIAIS

Cena 36: APTO. DE SALVIANO E SANDRA (INT NOITE)

João discute com Sandra. Pedro continua a arrumar papelada, à parte.

SANDRA — Que jeito a gente tem de assumir uma tarefa dessas vivendo na legalidade? Circulando em local conhecido? <u>Vai roubar arma de sentinela de quartel</u> e voltar pra casa do paizinho, o primeiro lugar que vão te procurar se acontecer alguma coisa?

JOÃO — Eu preciso dum tempo, porque nesse momento eu/

SANDRA — (*corta*) <u>Uma semana no máximo</u>, João! Tamos estabelecendo o nosso primeiro núcleo de guerrilha no campo, o CPR precisa dessas armas, há pessoas se deslocando, vão ficar desprotegidas?

João senta-se, prostrado, muito tenso, enquanto Salviano vem do quarto, mala na mão, para partir, vem se despedir de Sandra. Emoção entre pai e filha. João vai reagir.

SALVIANO — Me dá aqui um abraço forte porque... eu não sei quando a gente vai poder se ver outra vez.

Os dois se abraçam, longamente.

JOÃO — O senhor... também?

SALVIANO — A luta tá se acirrando, vamos ter que partir pra ações mais radicais, minha organização vai me financiar... (*triste*) Alguns doentes mais graves eu vou ver se dou um jeito de acompanhar, indo às casas, o Gustavo ajuda... Vocês têm até sorte de ainda poderem esperar uma semana...

JOÃO — (*torturado*) De ação eu não tenho medo, doutor Salviano, clandestinidade é que... sumir assim, ninguém sabendo onde eu tô, se eu tô bem, se tô vivo ou morto... A Maria Lúcia não vai aguentar! (*desesperado*) Perdeu um filho, tá chegando da casa de saúde!

SALVIANO — (*meigo*) Conheço desde menina, João. O Damasceno pra mim era um irmão. Ela tem que compreender o momento que a gente tá atravessando. Você não vê possibilidade dela... eu sei que a Maria Lúcia é progressista... será que ela não podia querer também... se ligar a vocês? Porque uma relação de amor com uma pessoa de fora, numa hora dessas...

JOÃO — (*desesperado*) Luta armada ela é contra, vai desmoronar!

SALVIANO — (*emocionado*) Sendo assim, João, francamente, sei como você gosta da garota, mas... um revolucionário de verdade... você vai ter que escolher. (*abraça a filha, reação de João, nas próximas frases*) Você tem que ser firme, Sandra, não vai dar pra gente ter quase contato, não posso ficar telefonando, nem da rua, só vou sair praticamente pra cumprir tarefa, o resto do tempo no aparelho, um mínimo de pessoas pode saber onde é.

Salviano sai. Sandra fecha a porta. Olha João, que está totalmente arrasado. Closes alternados. Pedro intervém, excitado, aumenta o volume do rádio.

PEDRO — Ouve aqui, gente! Sequestraram mesmo o embaixador americano!

João e Sandra muito atentos ao rádio.

LOCUTOR — (*off*) "O embaixador dos Estados Unidos no Brasil foi sequestrado hoje no Rio de Janeiro, no bairro de Botafogo, no trajeto entre sua residência e a sede da embaixada, por um grupo de terroristas que exige, em troca do diplomata, a libertação de 15 presos políticos e a leitura de um manifesto em cadeia nacional."

Corta rápido para:

Cena 37: SALA DO APTO. DE GLÓRIA (INT DIA)

Manhã seguinte. Glória, Adelaide, Dolores e Zuleica indignadas, agitadíssimas, jornais por ali espalhados. Muito muito ritmo.

GLÓRIA — Onde é que a gente vai parar, raptar embaixador!
ZULEICA — Dos Estados Unidos da América! Desrespeito! Bagunça!
ADELAIDE — Sai no mundo inteiro, que que vão pensar aqui da gente? Que é selva!
DOLORES — Já pensou se acontece alguma coisa com esse homem, eles ficam com raiva e não mandam mais filme? No Rian tá anunciado Butch Cassidy, com o Paul Newman e aquele louro lindo!
ZULEICA — E eu que estou planejando a viagem a Las Vegas, que vergonha, meu Deus do céu, se acontece alguma coisa com esse embaixador, vou ter coragem?

Corta rápido para:

Cena 38: ESCRITÓRIO DA EDITORA DE QUEIROZ (INT DIA)

(*Atenção, edição*: *não há interrupção de ritmo de diálogo entre a primeira fala desta cena e a última da cena precedente.*)
Vários dias depois. Queiroz e Edgar explicando a situação *a Kira, se possível diante de um jornal com a foto famosa dos banidos em troca do embaixador, no aeroporto. Tensão. Maria Lúcia presente. (Não identificar nem figura nem nome de Elbrick.* O sequestro da minissérie é fictício.*) Reações de Maria Lúcia, medo.*

QUEIROZ — O manifesto foi lido no rádio e na televisão, Kira!
KIRA — O que deu na *Voz do Brasil*, olho por olho?

Edgar	– E a libertação desses 15 presos políticos o governo teve que atender!
Queiroz	– A polícia localizou a casa onde tavam guardando o homem, em Santa Teresa, não entraram pra não pôr em risco a vida de um diplomata, evitar um escândalo internacional! Os carros saíram da casa em fila, os militantes esperando uma chance de soltar o embaixador sem serem presos, a polícia acompanhando... Acabaram conseguindo soltar, mas claro que devem ter fotografado com teleobjetiva, vão identificar, vão acabar prendendo todo mundo!

Corta rápido para:

Cena 39: APTO. NOVO DO CPR (INT NOITE)

(Cenário muito simples, tevê modesta, telefone.)
Outro dia. João e Marcelo mais alegres, jornais por ali, <u>estamos a dias depois da libertação do embaixador americano</u>, notícias dos banidos no exterior.

Marcelo	– *(emocionado)* Quinze companheiros por um embaixador, já tão todos no México, não botam mais a mão neles! Vitória importante, João, primeira vez que o governo é obrigado a ceder.
João	– *(emoção)* O importante é que tão livres...
Marcelo	– Mas a reação tá braba, tão apertando mesmo, prendendo todo mundo que pode ter uma pista. O Pedro deve tá chegando com notícia.

Tempo.

João	– Marcelo, o relógio que você me deu pra guardar lá em casa, não tá na hora deu devolver? Nós tamos mais ou menos no mesmo barco, você corre mais perigo, mas mesmo assim...
Marcelo	– *(emocionado)* Eu só quero ver esse relógio... no dia que eu puder usar sem medo, como uma pessoa normal, o dia que eu morar numa casa em vez dum aparelho, puder ter um emprego legal, me casar, criar uns filhos...
João	– Quando a gente puder dizer o que pensa sem se esconder da polícia, combater o que acha errado sem ser de arma na mão... *(tom)* Você acha mesmo que um dia eu vou poder devolver o teu relógio?
Marcelo	– Se eu não tivesse esperança não suportava a vida que tô levando, não. Eu sei que esse dia vai demorar muito, a gente pode ficar velhinho até lá, mas você vai me devolver o relógio sim. Tá começando, nós conseguimos uma vitória, uma longa marcha começa com um pequeno passo.

Campainha. Marcelo vai atender.

Marcelo	– Amanhã a Sandra sai do apartamento. Termina teu prazo também, João. Você... tomou uma resolução?

Close de João, dividido, enquanto Marcelo olha pelo olho mágico, abre, entra Pedro, triste, tenso. Reação forte de João durante a última fala de Pedro.

PEDRO	– Prenderam o Ubaldo.
MARCELO	– *(triste)* O fotógrafo, caiu?
JOÃO	– Ele... tava no sequestro?!
PEDRO	– Tava, acabou de dar no rádio, e eu encontrei um companheiro que ainda sabia mais detalhe. O Ubaldo deu azar, deve ter sido reconhecido quando saíram do aparelho. Um tira que conhecia ele, fotógrafo da polícia, dedou numa rodoviária em São Paulo, ele tentou fugir mas pegaram.

Corta para:

Cena 40: APTO. DE JOÃO (INT NOITE)

João chega muito torturado, com sua chave. Acende alguma luz indireta. Talita vem da cozinha, de penhoar simples.

TALITA	– Comeu, meu filho?
JOÃO	– *(muito deprimido)* Brigado, comi sim.
TALITA	– Aquela encomenda que cê me avisou... até hoje ninguém veio buscar não. Será que não esqueceram?
JOÃO	– Que encomenda?
TALITA	– As caixa cheia de livro, disco, que seu Pedro Paulo deixou... Continua tudo no seu quarto.
JOÃO	– *(muito triste)* Pode deixar, Talita, depois eu vejo... Brigado.

João caminha lentamente para o seu QUARTO. Entra. Seu irmão Guilherme dorme. Acende uma luz indireta. Vai olhar no chão duas caixas com livros e discos de Ubaldo. Pega um livro. Poemas de Manoel Bandeira. Pega um disco de Elizeth Cardoso. Detalhar os dois. Close de João, pensativo.
Corta para flashback, novo capítulo 14, <u>cena 18</u>: RUA PERTO DO TEATRO (EXT NOITE) Final da cena entre João e Ubaldo.

UBALDO	– *(abalado)* Fico te devendo, João, antes eu não podia falar mas eu sei o que você fez também e agora tá me salvando, acho que a gente não vai se ver por um tempo.
JOÃO	– *(emocionado)* Quem tá devendo sou eu, o Marcelo, muitos outros pelo que eu soube, mas a gente se encontra com certeza um dia desses, vai.

Corta para tempo real, close de João, muito torturado.
Corta para:

Cena 41: APTO. DE MARIA LÚCIA – QUARTO (INT NOITE)

João e Maria Lúcia, clima muito triste.

MARIA LÚCIA	– (*frágil*) Você... tá falando sério?
JOÃO	– Não tem outro jeito, Lúcia. Eu fiquei de dar resposta até amanhã. É... clandestinidade ou... largar a luta...
MARIA LÚCIA	– Você acha que... existe alguma hipótese deu... concordar com um absurdo desses?
JOÃO	– Eu... só tinha esperança, muita esperança. O Ubaldo preso... como é que alguém pode desistir agora? Já nem é mais pra avançar, é pra tentar libertar os companheiros, tão sendo torturados... você tem ideia de quanta gente feito ele tá por aí, nas prisões, amigos meus?
MARIA LÚCIA	– (*desesperada*) Vocês só vão conseguir ser presos também!

Maria Lúcia cai em prostração. Tempo. João se aproxima, lento, com medo, meigo.

JOÃO	– Fala alguma coisa.
MARIA LÚCIA	– (*quase chorando*) <u>Eu</u> posso ter alguma coisa pra falar?

Tempo. Maria Lúcia senta-se, muito frágil. João se aproxima.

JOÃO	– Não tem nenhuma hipótese?
MARIA LÚCIA	– (*querendo morrer*) É o que o doutor Salviano disse. Você tem de escolher. (*com esperança, suplicante*) Fica comigo, João, eu preciso demais... Vocês tão completamente loucos de pensar que têm alguma chance de... Fica comigo, não só por mim, mas... principalmente... por você!
JOÃO	– (*querendo morrer*) Eu... vou dar uma volta... Minha cabeça tá estourando... tô precisando... de ar... eu volto ainda hoje. Não tranca a porta da sala, que eu... daqui a pouco eu tô aí...

João sai. Ficamos um tempo com Maria Lúcia, completamente apatetada.
Corta para:

Cena 42: RUA DE IPANEMA (EXT NOITE)

João com Galeno, iluminação e marcação bonitas. Sentados no meio-fio, por exemplo.

GALENO	– (*emocionado*) Tô com ela, bicho. Violência... não tá com nada. (*muito sincero, tirando o ranço e folclore das palavras a seguir*) Paz, amor.
JOÃO	– (*muito torturado*) Se eu sair da organização nesse momento nunca mais na vida vou ter coragem de olhar pra minha cara no espelho! Tudo que eu acredito, Galeno, eu vou até o fim!

Tempo.

GALENO	– Tá me perguntando então o quê? Cê já escolheu.
JOÃO	– Escolhi?
GALENO	– Não escolheu?

João entende que é verdade e fala.

João	– Eu só queria dar um jeito, uma mágica, sei lá, de seguir o meu caminho sabendo... que a Lúcia tá bem. A minha vida não interessa, o que eu sinto... Mas eu não tenho o direito de destruir a vida dela. Queria que ela... me esquecesse... que ela deixasse de gostar de mim... pra pelo menos ela... ter uma chance, né? De ser feliz...

Tempo.

Galeno	– Assim como vocês dois se gostam... eu só vejo uma saída.
João	– Que saída?
Galeno	– Está nos livros. Está nos filmes... Nas grandes peças de teatro...
João	– O quê?
Galeno	– Pra Maria Lúcia sair da sua... só achando que... que você não tá mais na dela. E pra ela realmente... acreditar... tinha que pensar que você... tá na de outra mulher. (*profissional de teatro*) A renúncia.

Close de João, querendo entender.
Corta para tomada à distância. Vemos ao longe Galeno e João, ainda conversando, sem podermos ouvir o diálogo. Tempo. Despedem-se. João vem caminhando muito triste, dividido, em direção à câmera. Quando chega perto, mais divivido do que nunca, senta-se no meio-fio, muito perdido. Close de João, pensativo, triste. Tempo.
Corta para:

Cena 43: APTO. DE MARIA LÚCIA (INT NOITE)

No QUARTO, Maria Lúcia e João, clima muito pesado.

Maria Lúcia	– (*intensa*) Não pode, João, eu não entendo, não vou entender nunca, não pode terminar assim, a gente se ama!
João	– É que... eu não te contei tudo. (*tempo*) Porque você teve essa depressão, eu tava com medo. Mas... chega uma hora que... não tem outro jeito a não ser encarar a verdade. (*tempo*) Aquele dia, quando você nos pegou alugando apartamento... eu não menti, Maria Lúcia, nem a Heloísa... não tinha nada entre nós dois... era pra fazer fachada mesmo. Só que... de lá pra cá... (*fazendo muito esforço para mentir*) por causa da luta... ela de vez em quando ajuda, entende? E na convivência... eu... Eu acabei me envolvendo com a Heloísa.
Maria Lúcia	– (*sofrendo, muito chocada*) Você... do que é que você tá falando? Você... e a Heloísa...
João	– <u>Nós tamos juntos</u>.

Reação forte de Maria Lúcia, o pior momento de sua vida. Tempo.

João	– Eu dava tudo pra não ter que tá dizendo isso pra você mas... não tem outra solução. Ela é... parecida comigo. A Heloísa é melhor pra mim.

Tempo.

| Maria Lúcia | – (*grita*) <u>Sai daqui!</u> (*tempo*) <u>Eu te odeio, sai daqui, eu vou esquecer o dia em que a gente se conheceu, eu te odeio, não vou te perdoar nunca, sai daqui!</u> |

João sai, lento. Depois que ele sai, Maria Lúcia tem uma violenta crise de choro. Ou já gritou chorando. Tempo com Maria Lúcia chorando.
Corta para:

Cena 44: ELEVADOR DO PRÉDIO DE MARIA LÚCIA (INT NOITE)

O elevador descendo, mostrar o indicador de andares. Close de João, chorando muito. Tempo.
Corta para:

Cena 45: RUA DE IPANEMA (EXT DIA)

Manhã seguinte. Gente passando.
Corta para:

Cena 46: APTO. DE JOÃO (INT DIA)

Abre no QUARTO DE JOÃO, ele acabando de arrumar uma mala, Valquíria ao lado nervosa.

Valquíria	– Viagem pra onde, João, você não falou nada!
João	– (*mente, nervoso*) Foi de repente, mãe, não tem que se preocupar, um trabalho que apareceu.
Valquíria	– (*mais nervosa, desconfiada*) Você não tava vendo trabalho nenhum, não falou nada, João, que trabalho é esse? Me diz!

João, culpado, nervoso, já está saindo, Valquíria vai atrás. Corta para a SALA, João já se despedindo, Valquíria aflita.

João	– Não vai acontecer nada comigo, mãe, acredita em mim!
Valquíria	– Acontecer o que, que que pode acontecer, pelo amor de Deus! Do que é que você tá falando?
João	– Nada, tô dizendo, não vai acontecer nada, por favor, eu já falei o que eu posso, até mais do que devia, olha, fica sossegada, eu telefono, prometo. (*vai saindo*)
Valquíria	– (*vai atrás*) Pra onde você vai? Espera pelo menos o seu pai porque...

João já saiu. Ela grita.

| Valquíria | – João! |

Corta rápido para:

Cena 47: RUA DE IPANEMA (EXT DIA)

De manhã cedo. João caminha carregando sua mala, de costas para a câmera. Tempo. Vai se afastando.
Corta para:

Cena 48: APTO. DE MARIA LÚCIA (INT DIA)

No QUARTO, clima pesado, Maria Lúcia abatida com Lavínia e Jurema.

Jurema	– A Heloísa?
Lavínia	– Eu não acredito!

Tempo.

Maria Lúcia — Foi o pior momento da minha vida... ele aí, na minha frente... É verdade sim, eu demorei muito pra acreditar... (*levanta-se, mais forte*) Mas eu vou esquecer, eu tenho que esquecer, vou trabalhar, vou conseguir esquecer sim.

Close de Maria Lúcia.
Corta.

Fim do capítulo 15

Cena 1: RUA DE IPANEMA (EXT DIA)

Movimentação normal, figurantes. Interessam-nos Jurema e Lavínia, caminhando, tristes.

JUREMA — Minha vontade era procurar a Heloísa pra me certificar se é verdade mesmo, você tem alguma ideia donde ela tá morando?

LAVÍNIA — Aparece às vezes na Aliança... se a gente fizer questão pode descobrir, mas pensa bem. Suponhamos que o João tenha inventado isso. E se inventou? A Maria Lúcia não vai desconfiar, porque falar assim na cara dela que tá com a outra? Pode ter sido uma desculpa pra brigar sim, pensando no bem dela. Vamos nos meter por quê?

Corta rápido para:

Cena 2: ESCRITÓRIO DA EDITORA DE QUEIROZ (INT DIA)

Na ANTESSALA, Maria Lúcia ajeitando-se para trabalhar, fazendo um esforço para parecer a de sempre. Edgar acabou de abordá-la. Kira, vinda do escritório, ouve, sem ser fofoqueira.

EDGAR — Tô te achando diferente, Maria Lúcia.
MARIA LÚCIA — (*disfarça*) Impressão sua.
EDGAR — (*meigo*) Não esconde nada de mim, tá?

Maria Lúcia sorri amarelo enquanto Kira fala.

KIRA — (*a Edgar*) O conselho editorial já tá reunido.

Edgar faz um aceno a Maria Lúcia e entra na sala. Kira se aproxima.

KIRA — Pra homem até que o Edgar não é bobo não, você tá diferente.

Maria Lúcia passa por expressão: "E se estiver?"

KIRA — Você chorou?
MARIA LÚCIA — (*amarga*) Muito, Kira, minha impressão é que eu tô chorando há seis anos, mas chegou a hora de parar. Você sabe onde tá o original daquele autor do Rio Grande do Sul preu fazer o parecer?

Corta para a sala principal. Reunião do conselho editorial. Edgar, Queiroz, três figurantes de muito bom nível, idades variáveis.

QUEIROZ — Esse aqui, francamente, Edgar, li e reli, mas sou obrigado a manter a minha opinião. É chulo.
EDGAR — Vai ter boa aceitação no mercado, doutor Queiroz.
QUEIROZ — (*chocado*) Você tá querendo me dizer que... vai publicar isso?
EDGAR — (*constrangido*) Não tá sendo a opinião da maioria?

Reação de Queiroz, engole o sapo.
Corta para:

Cena 3: APTO. DE SALVIANO E SANDRA (INT DIA)

Pedro arrumando alguma coisa, Sandra vendo anúncio de classificados com João, cuja mala está no chão. A sala completamente sem móveis. Apenas telefone no chão e uma caixa grande, cheia de livros.

SANDRA	– *(disfarça tensão tentando passar segurança, falando muito, rápida)* Eu disse pra mulher que era de Minas, ia passar só um tempo no Rio fazendo pesquisa pra tese de mestrado, dei o nome de Luísa, Luísa Alves, não esquece, numa emergência você pode ligar. *(olha jornal)* Pra você já andei vendo uns anúncios, quarto que você queria também, não é?
JOÃO	– *(já olhando)* É mais prático, vaga não serve, vão ficar xeretando.
SANDRA	– Tem Tijuca, meio caro, Vila Isabel...
JOÃO	– Esse aqui, Grajaú...
SANDRA	– Não esquece de me dar o nome que você vai usar, já te deram os documentos?

Corta rápido para:

Cena 4: APTO. DE MARLI (INT DIA)

(Atenção, edição: não há interrupção de ritmo de diálogo entre a primeira fala desta cena e a última da cena precedente.)
Marli, dona de casa de classe média, veio com João da cozinha, estão na área de serviço diante do quarto de empregada, pequeno, só cama, um armário velho, mesinha de cabeceira. João entrega documentos a Marli. Mala no chão.

JOÃO	– Augusto Figueiras.
MARLI	– Estudante?
JOÃO	– Vestibular de engenharia, pra isso que eu vim pro Rio, dou aula particular também, de matemática. *(olha, disfarça depressão)* Pelo anúncio eu não tinha entendido que era quarto de empregada.
MARLI	– Por esse preço? É sossegado, só eu e os meus filhos, passam a maior parte do tempo no colégio. Banheiro em frente, só pra você. E duas vezes por semana a garota da faxina, muito limpinha. Você tava querendo maior?
JOÃO	– Não, eu só queria... se tiver um abajur sobrando, gosto de ler à noite...

Olha o quarto, pensando que vai ser sua moradia por algum tempo.
Corta para:

Cena 5: APTO. DE SALVIANO E SANDRA (INT DIA)

Sandra amarrando a caixa com livros da cena 3, Pedro vindo do quarto. Telefone vai tocar. Movimentação.

SANDRA	– Limpou tudo?
PEDRO	– Tudo. (*tom*) E esses livros?
SANDRA	– (*tensa*) Ia deixar no Waltinho, liguei, falaram que não tá mais lá.
PEDRO	– Assim? De repente?
SANDRA	– Pois é, tô desconfiada que... (*corta-se, vai atender telefone*) Alô? (*tempo*) Puxa, ainda bem que você ligou, tô indo embora amanhã... (*pausa longa, assustada*) Você tem certeza? O casaco?

Corta rápido para:

Cena 6: QUARTO DE NATÁLIA E FÁBIO (INT DIA)

(*Atenção, edição: não há interrupção de ritmo de diálogo entre a primeira fala desta cena e a última da cena precedente.*)
Natália com Solange, clima tenso. Muito ritmo.

SOLANGE	– É, um casaco da Heloísa, eu tô lembrada, muito bonitinho, um pouco acima do joelho, caramelo! Eu tava na dona Sílvia, experimentando roupa, chegou polícia, se trancaram com ela um tempo enorme, com o casaco na mão, Natália. Dona Sílvia ficou uma pilha, chorou, e acabou me confessando que eles queriam que ela identificasse a cliente.
NATÁLIA	– E ela... deu o nome da Heloísa?
SOLANGE	– Tinha outro jeito, Natália? Polícia! Esse casaco deve ser muito importante pra eles, por algum motivo! Você sabe onde a Heloísa tá morando?
NATÁLIA	– (*tensa, envergonhada*) Não... ela... aparece de vez em quando, pra me ver, mas... (*tom*) Eu acho que o Bernardo sabe, prum assunto importante vai me dizer.

Corta rápido para:

Cena 7: ESCRITÓRIO DE FÁBIO NA *HOLDING* (INT DIA)

(*Atenção, edição: não há interrupção de ritmo de diálogo entre a primeira fala desta cena e a última da cena precedente.*)
Natália discute com Bernardo, clima tenso. Muito ritmo.

BERNARDO	– Paranoia, mãe! Uma porcaria dum casaco! Você tá parecendo que não conhece a sua filha! Sempre deixou roupa por aí, você não passou a vida inteira reclamando? Que diabo que a Heloísa pode ter a ver com alguma coisa séria, maior porra-louca, quem dera não fosse!
NATÁLIA	– Polícia, Bernardo! Então por que ela não quer que eu saiba onde tá morando?
BERNARDO	– Crise retardada de adolescência, agressão com o pai, claro que não tem nada a ver com você!

NATÁLIA	– O endereço dessa amiga, Bernardo, me dá!
BERNARDO	– Não tá mais lá. (*sem jeito*) Não sei ainda pra onde ela foi...
NATÁLIA	– (*desesperada*) E você ainda vem me dizer que eu não tenho motivo pra... (*torturada*) Quase não procura a gente, as amigas, não/
BERNARDO	– (*corta*) Como não procura as amigas? Essa noite mesmo, vai ter uma festa de aniversário pra Patrícia, lembra da Patrícia, que foi colega dela no colégio? A Heloísa tá no grupo que organizou essa festa, em boate, saiu hoje no jornal, não lembro se foi na coluna do/
NATÁLIA	– (*corta*) Essa noite?
BERNARDO	– É.
NATÁLIA	– Diziam qual é a boate?

Corta rápido para:

Cena 8: PORTA DE BOATE (EXT NOITE)

Movimento de chegada de festa chique, figurantes bonitos, elegantes. Natália chega e entrega seu carro ao guardador, tensa. Natália sai do carro e entra na boate.
Corta para:

Cena 9: BOATE (INT NOITE)

Sonoplastia: "Monday, Monday", de J. Philips, por The Mamas and the Papas. Festa animada, de jovens classe A. Abre em Heloísa dançando, alegre, com um figurante bonito. Tempo. Heloísa acena alegre para Olavo, à parte, numa mesa com garota bonita. Olavo responde ao aceno, câmera fica na mesa, um pouco. (Atenção à roupa de Heloísa, ela deve usar um vestido de festa que não fique ridículo na cena 16.)

OLAVO	– Pensei que você soubesse, a gente se separou faz mais de um ano, mas... somos amigos, eu... superei, não deu certo não deu, a Heloísa é uma pessoa bacana, fora de série, viu?

Corta para Natália, tensa, fazendo sinal a Heloísa, que ainda dança, que precisa falar com ela. Heloísa pede tempo ao rapaz com quem dançava e caminha em direção à mãe, de ótimo humor, talvez dançando um pouco sozinha, se vocês acharem bom.
Corta descontínuo para Heloísa e Natália, numa mesa discreta, longe da pista, para a música poder ser mais baixa. Música: "Going Out Of My Head Over You", por Sérgio Mendes.

HELOÍSA	– Preocupada por quê?
NATÁLIA	– Heloísa, não vem com cinismo!
HELOÍSA	– Acho que eu deixei esse casaco em Ouro Preto, faz um seis meses, ou... sei lá, mãe, não lembro, que importância que pode ter, um casaco?
NATÁLIA	– Heloísa, olha pra mim. Você tem que me dizer se tá envolvida em alguma coisa perigosa, pelo amor de Deus, eu/
HELOÍSA	– (*corta*) Quer que eu fale a verdade mesmo?

NATÁLIA	– Seja lá qual for. Eu tô do teu lado, pro que der e vier.
HELOÍSA	– Eu tô trabalhando prum serviço secreto, a Scotland Yard. Vim aqui ao aniversário da Patrícia porque eu tenho um encontro com o James Bond, mas eu não posso tá falando abertamente, porque ele tá pra chegar a qualquer momento, essas meninas não se mancam, são vidradas no Sean Connery, vão ficar enchendo o saco e...
NATÁLIA	– (*sofrida*) Fala sério, Heloísa. Você não tem nada a temer?
HELOÍSA	– (*séria*) Nada, mãe. Eu te garanto que desde o dia que saí de casa nunca fiz <u>nada</u> de que você pudesse se envergonhar, muito pelo contrário. (*faz um carinho*) Vai pra casa, relaxa, essa semana eu ligo e vou almoçar, tava morrendo de saudade.

Natália dá um beijo na filha, aliviada.

Corta para perto da porta de saída, as duas se despedem, câmera afastada. No que Natália vai sair, Heloísa dá um adeusinho, sorridente. Natália sai. Em close, <u>o sorriso de Heloísa se desfaz</u>. Ela caminha à procura de um telefone. Disca, em local discreto, séria. Sabe o número de cor. Close de Heloísa, muito séria.

HELOÍSA	– (*tel*) Alô?

Corta para:

Cena 10: APTO. DE SALVIANO E SANDRA – BOATE (INT NOITE)

Sandra em sua casa ao telefone, nervosíssima, perto da caixa grande com livros, na sala vazia. Planos alternados.

SANDRA	– (*tel*) Cê tá falando daonde, tem certeza que não tá grampeado? (*tempo*) Boate?
HELOÍSA	– (*tel, tensa*) Foi por causa desse raio desse casaco que você me ligou de tarde? (*tempo*) Claro que eu ia te procurar, então eu sou maluca? Só não tô entendendo por que é que tão atrás de mim, minha mãe tava uma pilha!
SANDRA	– Rolo muito brabo. Eu emprestei o casaco pra Sônia e aconteceu um troço horrível.

Corta para Heloísa na boate ficando muito assustada. Tempo.

HELOÍSA	– (*tel*) Você tem certeza que esqueceram lá?
SANDRA	– (*tel*) Absoluta. Tiveram que sair da casa correndo, debaixo da maior tensão! (*tempo*) Eu não notei que tivesse alguma coisa assim, pra identificar o casaco, de qualquer modo como é que eu podia imaginar que iam esquecer/ (*é cortada, tempo maior*) Você faz o seguinte, sai imediatamente daí, não fala com ninguém, não se despede, abre bem o olho pra ver se não tão te seguindo, mas não vem pra cá, eu vou te dar um endereço seguro, não escreve, guarda de cabeça!

Corta para:

Cena 11: PORTA DA BOATE (EXT NOITE)

Ainda movimento de porta da festa, gente bonita entrando, carros de luxo. Heloísa veio da boate segurando tensão, já fala ao guardador, a quem vai dar gorjeta.

Heloísa   – O carro tá ali, tô morta de pressa, Salvador, deixa de besteira, eu mesma pego...

Corta para o outro lado da rua. Junqueira, com dois homens de terno, jovens atléticos. Fala com um deles.

Junqueira   – (*discreto*) É aquela ali, tá saindo sozinha, eu não quero chamar muita atenção porque essa garotada tem costas quentes.

De longe, vemos o guardador entregar chave, Heloísa atravessar a rua e caminhar rapidamente em direção a seu carro. Junqueira a intercepta, ela leva um susto. Ele a segura pelo braço com energia, fala baixo.

Junqueira   – Melhor você vir com a gente sem barulho, porque vai vir de qualquer modo.
Heloísa   – (*enfrenta*) Que papo é esse, ir com você pra onde? Quem é você?

Corta rápido para:

Cena 12: QUARTO DE NATÁLIA E FÁBIO (INT NOITE)

Fábio dorme profundamente. Natália com o telefone na mão. Também estava dormindo, foi acordada e está terminando de falar.

Natália   – (*tel, perplexa*) Não, eu... (*muito tensa*) Claro que você fez bem em ligar, obrigada.

Desliga e acorda Fábio, que demora um pouco a se ligar.

Natália   – Fábio, acorda, pelo amor de Deus... é muito importante!
Fábio   – Que horas são?
Natália   – A boate que eu comentei. Ela garantiu que não tava envolvida em nada de mais, saí aliviada mas... (*quase chorando*) Que coisa horrível!
Fábio   – Fala! O que foi?
Natália   – A Maria Clara ligou. Diz que... na porta da boate, ainda há pouco... Viu a Heloísa ser presa!
Fábio   – Presa?

Close de Fábio ou Natália.
Corta para:

Cena 13: SALA DE ÓRGÃO DA REPRESSÃO (INT DIA)

Manhã seguinte. Fábio desesperado diante do Comandante.

Comandante	– (*desconcertado*) Não é possível, Fábio, só pode ser algum mal-entendido, vamos verificar!
Fábio	– Mal-entendido nenhum! Várias pessoas viram, levaram à força, empurraram pra dentro dum carro na saída dessa festa! (*deprimido*) Houve... violência. Eu fui lá, o carro dela ficou abandonado, o guardador tava perto quando... (*forte*) Pra onde podem ter levado a Heloísa, por quê?
Comandante	– (*convencido*) Calma, não há motivo pra você ficar nesse estado, vamos esclarecer isso, eu encontro a sua filha se realmente alguém prendeu.

Corta rápido para:

Cena 14: APTO. NOVO DO CPR (INT DIA)

(<u>Atenção, edição</u>: *não há interrupção de ritmo de diálogo entre a primeira fala desta cena e a última da cena precedente.*)
João, preocupadíssimo, com Sandra também nervosa.

Sandra	– Tem certeza?
João	– A Marisa se dá com a família, falou que a mãe da Heloísa tá péssima, o pai tá se mexendo pra tentar soltar.
Sandra	– Se tivesse metida no sequestro era capaz de sumirem com ela e depois dizerem pro coroa que não sabiam quem era.
João	– Vamos raciocinar com calma, não pode, eles quererem prender quem participou, pra exibir, mostrar eficiência, teve repercussão internacional, embaixador dos Estados Unidos!
Sandra	– Ela não tá envolvida, João, prenderam por causa do casaco. O Waltinho é que eu acho que tava mesmo na ação.
João	– Waltinho da Psicologia? Foi preso também?
Sandra	– Hoje de manhã. Passou no escritório do pai pra pegar alguma coisa, ainda seguiram depois até um ponto, aí que pegaram a Sônia. Foi pra ela que eu tinha emprestado o casaco da Heloísa, como é que eu podia imaginar que ela ia esquecer num aparelho logo numa hora que/
João	– (*corta*) Esses tão lascados, não podiam cair logo agora...! (*pausa*) Pra Heloísa até que pode aliviar, se essa menina assumir que ela que tava com o casaco.
Sandra	– (*torturada*) Sequestro de embaixador, João, com a gana que eles tão? Vão abrir tudo, vai acabar caindo todo o mundo, vão espremer até conseguirem o último nome, ninguém aguenta.

Corta para:

Cena 15: ESCRITÓRIO DE FÁBIO NA *HOLDING* (INT DIA)

Fábio, Natália e Bernardo nervosíssimos, dois dias depois. Muito ritmo.

BERNARDO	– Inocente, pai, por que não soltam, <u>dois dias</u> na cadeia, nem falam onde, como é que a Heloísa pode tá se sentindo, você tem que cobrar, não é favor, vai a Brasília, faz o escândalo que precisar, vai aos jornais!
FÁBIO	– Nessa situação até os amigos têm limitações, Bernardo, tenta compreender!
NATÁLIA	– (*por cima*) Não interessa, nossa filha, eu quero aqui, com a gente porque/
BERNARDO	– (*corta*) A minha irmã não pode ter nada a ver com sequestro de embaixador!
FÁBIO	– Claro que não tem, mas até estar tudo completamente esclarecido...
SÉRGIO	– (*entra e corta*) Doutor Fábio, telefone.
FÁBIO	– (*explode*) Eu não avisei que não ia atender ninguém, você não tá vendo que...
SÉRGIO	– (*baixo*) Doutor Fábio... é o comandante.

Reação de Fábio, pega tenso o telefone. Indica a Sérgio com um olhar que ele deve sair. Sérgio sai enquanto Fábio fala.

FÁBIO	– (*tel*) Alô. (*tempo, alívio, fala aos outros, tapando o bocal do telefone*) Foi localizada. (*tel*) Onde? (*tempo*) Eu tô indo praí nesse instante.

Corta rápido para:

Cena 16: SALA DE ÓRGÃO DA REPRESSÃO (INT DIA)

Fábio ansioso diante do comandante constrangido, amistoso.

COMANDANTE	– Sei que você entende, enganos lamentavelmente acontecem, sua filha está... <u>bem</u>, já mandei trazer pra cá, ela realmente não participou do sequestro.
FÁBIO	– (*irritado, grita*) E por algum momento passou pela sua cabeça que...
COMANDANTE	– (*corta*) Calma, Fábio! (*firme*) Motivos havia! Ela emprestou esse casaco a uma amiga, ou conhecida, essa moça é que de fato estava envolvida mas já foi capturada, confirmou a história, antiga colega de universidade. Abandonou os estudos pra se engajar nessa luta absurda, está tudo bem agora, Fábio, apenas se você me permite um conselho...
FÁBIO	– (*autoritário*) Eu fico imensamente grato, mas <u>onde é que está a minha filha</u>?
COMANDANTE	– Já mandei trazerem. (*tom*) É que nem todo o mundo compreende o que está acontecendo no país. Se nós não tivermos muita cautela acaba pagando o justo pelo pecador, você sabe tão bem quanto eu como os jovens são instrumentos úteis nas mãos de profissionais da subversão. Você é um homem consciente, sua filha... uma moça de ótima formação, não teria por que se envolver com essa gente, mas

o fato é que se envolveu! Sem saber, claro, mas nos dias que estamos vivendo, qualquer faculdade... qualquer local frequentado por gente jovem... eles usam todas as armas, Fábio. Pra uma moça na idade dela, é difícil selecionar amizades, discernir, converse com ela. Prisão é sempre traumático, mesmo por pouco tempo, quem sabe uma viagem, uma temporada no estrangeiro, pra afastar qualquer hipótese de más influências?...

Fábio pensativo, abalado. Batem à porta.

COMANDANTE – Pode entrar.

Reação de Fábio, ansioso. Um instante e Heloísa entra, muito abatida, parece sem ação, traumatizada. Close de Heloísa, olha o pai, sem muita expressão, olha o comandante, com raiva. Fábio vai para ela, aliviado, abraça-a com muito carinho. Tempo na emoção de Fábio.
Corta para:

Cena 17: SALÕES DE HELOÍSA – ESCRITÓRIO (INT DIA)

Heloísa já trocou de roupa, certamente tomou banho. Usa uma roupa que lhe cobre bastante o corpo. Fábio muito tenso e sofrido. Closes alternados.
Corta para:

COMERCIAIS

Cena 18: SALÕES DE HELOÍSA – ESCRITÓRIO (INT DIA)

Fábio e Heloísa, continuação. Um tempo morto, tenso, e Fábio fala.

FÁBIO	– *(lento)* Eu concordo com ele, a melhor solução seria uma viagem sim, você não tem uma amiguinha na Suíça, a filha do Arnaldo? Fazendo um curso de línguas?
HELOÍSA	– *(cínica)* <u>I am, you are, he she it is tired.</u> <u>We are, you are, they are</u> *(agressiva)* <u>FED UP</u>!
FÁBIO	– *(grita)* Será possível que nem depois de passar dois dias numa prisão você vai perder essa arrogância, esse/
HELOÍSA	– *(corta, fria)* Pensei que você tinha <u>esquecido</u> que eu passei dois dias numa prisão.
FÁBIO	– *(emocionado)* Me desculpa, é que essa situação toda me deixa... você pode imaginar o que eu tô sentindo. A ideia da viagem é boa, Heloísa, porque quem é capaz de emprestar roupa a uma infeliz que se envolve em sequestro de embaixador não tá livre de amanhã se deixar envolver por/ *(corta-se, meigo)* Você parece madura mas no fundo é uma criança... influenciável... Ele mencionou viagem por carinho, Heloísa, uma tentativa de te proteger, ele sabe que apesar da pose você é uma criança e/

Heloísa já começou a tirar a roupa, corta o pai com um gesto e mostra marca de tortura, não detalhar porque seria chocante.

HELOÍSA	– (*corta, mostrando*) Isso aqui foi carinho? (*mostra mais*) Foi pra me proteger?

Reação de Fábio, lívido.

FÁBIO	– (*olhando marcas*) O que é isso?
HELOÍSA	– Tem certeza que você quer mesmo que eu conte, com detalhes? (*mostra mais marcas*) Essa aqui nem deve impressionar tanto assim, queimadura de cigarro.
FÁBIO	– (*grita, indignado, fora de si*) <u>Você vai voltar comigo lá, agora!</u>
HELOÍSA	– Pra quê?
FÁBIO	– Então eu vou deixar por isso mesmo? Eu já tinha ouvido comentários que alguns irresponsáveis têm sido capazes de certos excessos, mas/

(Atenção, a partir daqui bate-boca violento porque Heloísa não confessaria estar na luta armada a não ser num rompante.)

HELOÍSA	– (*corta, com raiva*) Sádicos!
FÁBIO	– Eles não têm o direito!
HELOÍSA	– Têm prazer!
FÁBIO	– Vamos pra lá, agora!
HELOÍSA	– Não é só a luta!
FÁBIO	– Então eu vou deixar por isso mesmo?
HELOÍSA	– É o prazer da humilhação do ser humano!
FÁBIO	– Seja lá em nome do que for!
HELOÍSA	– A violentação da fraqueza porque/
FÁBIO	– (*sem ouvir, fora de si, por cima dela*) Não têm o direito de torturar jovens inocentes pra/
HELOÍSA	– (*corta, gritando*) <u>Inocentes?</u>
FÁBIO	– Heloísa, agressividade tem limite, você não vai inventar que/
HELOÍSA	– (*corta*) Você também acreditou?
FÁBIO	– (*grita*) Se eu descobrir que você se meteu em/
HELOÍSA	– (*corta, gritando*) <u>Eu tô na luta armada há mais de um ano!</u>

Tempo. Fábio mal acredita no que acaba de ouvir. Muita tensão.

FÁBIO	– Você... não pode tá falando sério...
HELOÍSA	– Nem os meus amigos mais íntimos tão sabendo.
FÁBIO	– (*consigo mesmo*) Minha filha... sequestro de embaixador...
HELOÍSA	– (*firme, agora que confessou vai até o fim, emocionada*) Eu ia ter muito orgulho em te dizer que tava na ação do sequestro, 15 companheiros fora de perigo, no México, um sucesso, mas a verdade é que não tava, a minha organização ficou de fora, eu antes só sabia muito

	por alto, boatos. Emprestei o casaco pruma amiga que emprestou pra outra que tá lá, provavelmente entregando o grupo todo, porque com o tratamento que eles tão dando ela não vai aguentar.
Fábio	– (*pasmo*) Você... só pode estar... envolvida por algum elemento sem escrúpulos, algum... (*tom, consigo mesmo*) Professores... doutrinada por professores! (*tom*) Você tem consciência do que tá dizendo? Você só pode estar confundindo uma... rebeldia até compreensível no jovem a... a uma situação política que você não tem idade pra compreender, você pode acabar morrendo por uma causa que não é a sua!
Heloísa	– <u>Não é minha</u>? (*prepara-se para sair, emocionada*) Você acha que eu só sou capaz de raciocinar pela cabeça de namorado? Professor? Você nunca parou pra pensar como foi que eu me senti, desde garota, vendo... (*muita emoção, raiva*) os seus colonos nas fazendas... os operários das suas fábricas, todo o <u>desprezo</u> que você tem por... (*mais firme, com raiva, mais rápida*) gente que vocês esmagam por ganância, pra fazer o que com tanto dinheiro é uma doença que eu ainda não compreendi e talvez não seja capaz de compreender nunca!
Fábio	– (*arrasado, consigo mesmo, baixo*) Luta... armada...
Heloísa	– (*firme*) E vou continuar.
Fábio	– (*desesperado*) Você tá louca, eu vou internar você, tem que haver um tratamento, eu não posso admitir que/
Heloísa	– (*corta, muito firme, agora mais fria*) Eu vou sair por aquela porta ali, agora, e não tenho a menor intenção de olhar pra trás. A única maneira que você tem de impedir deu continuar é me dar um tiro pelas costas. Acho que tiro nas costas mesmo você nunca chegou a dar em ninguém, chegou?

Heloísa sai de casa, lenta, sem olhar para trás. Fábio arrasado, sem saber o que fazer. Música triste, continuando na cena seguinte.
Corta para:

Cena 19: QUARTO DE NATÁLIA E FÁBIO (INT DIA)

Mais tarde. Natália em violenta crise de choro amparada por Fábio e Bernardo.

Natália	– Não pode!
Bernardo	– Calma, mãezinha...
Natália	– Diz que eu tô sonhando!
Fábio	– <u>Quanta injustiça</u>!
Bernardo	– Não fica assim, pai...
Fábio	– Como é que a minha própria filha...
Bernardo	– Ela vai cair em si!
Fábio	– <u>Quanto equívoco</u>! (*quase chorando*) Quanta acusação injusta!

Bernardo	– Só pra te agredir!
Fábio	– (*muito emocionado*) O que é que ia ser desse país se não fosse por homens como eu? Ela sabe que <u>eu vim do nada</u>! Comecei a trabalhar com 15 anos, tinha a rua pra andar, <u>existe igualdade de chance</u>! O que eu construí... pra vocês... foi com o suor do meu rosto, virando noite!
Bernardo	– Calma...
Fábio	– Podia muito bem viver de renda, botar dinheiro no exterior, eu <u>produzo</u>, aqui, dou empregos, chego ao escritório todo dia às nove da manhã!
Bernardo	– Você falou, pai. <u>Equívoco</u>. Eles fazem lavagem cerebral...
Fábio	– (*muito sinceramente indignado*) Desprezo pelos meus colonos? Uns nordestinos que atravessam o país de pau de arara, com uma trouxa nas costas, não tão morrendo de fome por causa de homens feito eu!
Bernardo	– (*continuando*) Foi muito injusta sim!
Fábio	– E os mais capazes... Nas nossas empresas... quanta gente eu ajudei a subir na vida, fazer carreira, educar filho...
Bernardo	– (*emocionado*) Paga impostos altos, ajuda o país a crescer, a abrir hospitais, pagar professores, oferecer educação e saúde a quem não tem nada, pai... A Heloísa vai entender...
Fábio	– (*raiva*) Não quero que entenda nada!
Bernardo	– Eu vou procurar nem que eu tenha que varrer essa cidade de ponta a ponta, ela vai sair dessa...
Fábio	– Pra mim morreu!
Bernardo	– Ela... vai te pedir desculpas...
Fábio	– Não é mais minha filha!

Close de Natália, alheia, chorando muito.
Corta para:

Cena 20: ESCRITÓRIO DE QUEIROZ NA EDITORA (INT DIA-ANOITECENDO)

Outro dia. Kira e Maria Lúcia preparam-se para sair. Kira entra na sala maior ao mesmo tempo que Edgar sai e se dirige a Maria Lúcia.

Edgar	– Muito bom o teu parecer sobre aquele romance francês, eu nem consegui terminar de ler, elitista mesmo.
Maria Lúcia	– Eu não disse que não tinha qualidade, Edgar.

Tempo. Edgar quer se aproximar sem ser calhorda.

Edgar	– Uma semana.
Maria Lúcia	– Uma semana o quê?
Edgar	– Que todo mundo tá buzinando no meu ouvido, ontem foi a Lavínia que encontrou com a mãe, eu queria saber.

Maria Lúcia	– O quê?
Edgar	– (*meigo*) Se é verdade que você e o João Alfredo brigaram.
Maria Lúcia	– (*querendo ser fria*) Pra sempre. E se você é meu amigo mesmo, nunca mais pronuncia o nome dele na minha frente, tá? (*tom, olha relógio*) Eu tô em cima da hora, marquei com a Lavínia pra fazer umas compras, semana que vem é aniversário de casamento dos pais dela, queria encontrar um presente legal, tô achando o doutor Queiroz tão caído...

Corta rápido para:

Cena 21: APTO. DE AVELAR – SALA (INT DIA)

Dias depois, abre num jornal, notícia de assalto a banco por grupo subversivo nas mãos de Natália, muito triste. Avelar ao lado.

Natália	– Aonde é que eles tão querendo chegar, eu não entendo! Assaltam banco pra comprar mais armas, vão querer raptar mais embaixadores, pra tentarem libertar o Ubaldo, os outros...

Avelar faz um carinho, não sabe o que dizer.

Natália	– É uma bola de neve que não vai parar nunca, Inácio! (*quase chorando*) Minha filha! Uma menina! Onde é que pode estar a Heloísa uma hora dessas? Será que eles não veem que é uma luta desigual? Eles não têm a menor chance! A Heloísa... ela...

Natália começa a chorar. Avelar lhe faz carinho, falando.

Avelar	– Calma, meu amor, fica calma... Isso não pode durar muito tempo, a Heloísa vai voltar, muito mais cedo do que você tá pensando... Eles vão compreender que mais importante do que morrer pela pátria... (*tom, emocionado*) Que pátria? <u>Vai ficar</u> que pátria? Eles vão encontrar um jeito de... <u>viver</u> pela pátria, lutando sem armas, há outras saídas, Natália, eles vão compreender...

Corta para:

Cena 22: SEQUÊNCIA EM PRETO E BRANCO

Música: "Here comes the sun", de George Harrison, por The Beatles. A introdução já foi na cena precedente.
a) **PRAÇA PÚBLICA (EXT DIA)** *Heloísa chega para encontro com algum companheiro figurante. Espera um pouco. O companheiro chega, ignora-a, deixa um envelope num local discreto. Heloísa certifica-se de que ninguém está olhando, pega o envelope e caminha para longe da câmera.*
b) *14 de outubro, junta declara vagos cargos de Costa e Silva e Pedro Aleixo (não dar a data).*

c) Emenda outorgada pela junta incorpora restrições do AI-5 permanentemente à Constituição, é a famosa Emenda No. 1 ou Constituição de 1969.
d) 22 de outubro, Congresso reaberto sem 93 membros cassados desde o AI-5.
e) 25 de outubro, Congresso elege Médici e Rademaker presidente e vice por 239 votos da Arena contra 76 abstenções do MDB.
f) 4 de novembro, morto pela polícia, em São Paulo, Carlos Marighella, ex-dirigente do PCB e principal líder da ALN.
g) 19 de novembro, Pelé é o terceiro jogador na história do futebol a marcar mil gols. (Seria bom material filmado).
h) Alguma notícia de sucesso de Leila Diniz, ou imagens da Banda de Ipanema. (A revista Tem Banana na Banda é só no próximo ano).
Edição: 40 segundos.

Cena 23: ESCRITÓRIO DA EDITORA DE QUEIROZ (INT DIA)

Final de reunião do conselho editorial, mesmos figurantes da cena 2, mais Maria Lúcia (que agora faz parte), Edgar, Queiroz. Clima tenso.

EDGAR — Doutor Queiroz, o livro é chato, hermético, puro pedantismo estruturalista, público reduzidíssimo, vamos editar por quê?

QUEIROZ — *(exaltado)* Porque a obrigação de uma editora é publicar <u>o que se deve ler</u>!

EDGAR — O senhor é voto vencido, eu sinto muito!

QUEIROZ — E... o original do professor Antolucci? Um autor da casa há mais de 15 anos!

EDGAR — Foram livros assim que comprometeram a editora! Ainda por cima... um jornalista... visado, doutor Queiroz, nós dependemos de bancos! Dar força nesse momento, por idealismo, a um autor de esquerda que/

QUEIROZ — *(corta, aos outros)* Vocês me dão licença de ter uma conversa com o Edgar, só nós dois?

MARIA LÚCIA — *(levantando-se)* Claro...

Todos vão se levantando. Ficam Queiroz e Edgar.

QUEIROZ — Eu fiz um esforço. Mas a verdade é que... eu tô me sentindo pior do que antes, não adianta nada ficar aqui, sem poder de decisão, sem/

EDGAR — *(corta, amigo)* Por favor, doutor Queiroz, tamos discutindo dois livros específicos, se o senhor generalizar a gente vai/

QUEIROZ — *(corta, amargo)* Qualquer coisa que você possa dizer só vai fazer eu me sentir ainda pior, Edgar. Nós dois sabemos perfeitamente que a minha única atitude digna é esse pedido de demissão.

EDGAR — Eu não concordo!

QUEIROZ — *(grita, nervoso)* <u>Pois eu estou pouco ligando se você concorda ou não concorda</u>! Esse infeliz botou o poder na sua mão, você está sabendo usar esse poder muito bem, não me venha com hipocrisia!

Queiroz começa a arrumar as suas coisas para ir embora. Edgar de cabeça baixa. Tempo. Queiroz vai sair. Agora mais brando.

QUEIROZ — Eu não devia ter me exaltado. Você tem o direito de escolher o seu caminho, na verdade já escolheu! Há muito tempo. Você vai subir muito na vida, editando livros ordinários, vulgares, espalhando merda precariamente impressa nesses supermercados que surgem cada dia em cada esquina, em bancas de jornais, aeroportos, estações ferroviárias, você vai <u>ficar rico</u>! Vai ter grandes compensações! Mas <u>uma</u> satisfação que eu tive em vários momentos da minha vida durante esses 18 anos você não vai ter <u>nunca</u>, Edgar! É o prazer de passar por uma <u>livraria</u> e ver na vitrine <u>um bom livro</u> editado por mim, <u>orgulho do meu trabalho</u>!

Queiroz vai sair. Edgar se aproxima.

EDGAR — Doutor Queiroz... Eu... tenho que aceitar a sua decisão, mas tô me sentindo muito mal das coisas tarem acontecendo desse jeito, essa mágoa...
QUEIROZ — (*sincero*) Não é contra você. A mágoa é... contra ele, contra o mundo!
EDGAR — (*amigo*) Outra coisa. O seu amigo jornalista, o professor Antolucci... O Gustavo andou comentando umas coisas comigo... Faz dois meses que os artigos dele pro jornal tão sendo vetados. Era melhor o senhor não ficar alardeando demais essa amizade, nem lembrando sem necessidade que foi sempre o senhor quem editou. Porque... eu não sei se ele tá metido em coisa mais radical mas... há boatos de que ele tá pra ser preso.

Corta rápido para:

Cena 24: APTO. DE QUEIROZ E YONE – SALA (INT NOITE)

Outro dia. Queiroz, Yone, Lavínia e Gustavo. Lavínia com cinco meses de gravidez.

QUEIROZ — (*tenso*) Você tem certeza, Gustavo?
GUSTAVO — (*triste*) Agora à tarde, foi preso sim.
QUEIROZ — Eu... estou com medo, eu quero sair daqui, a Yone concorda, nós já conversamos, ela aceita a ideia de vender o apartamento da Gávea, vamos passar uma temporada na Europa, Itália talvez, essa situação não pode durar pra sempre! Eu vendo o sítio, vocês tão precisando de um apartamento maior, ficam morando aqui!
LAVÍNIA — E você... não vai ver o nascimento do seu neto?
YONE — (*passa a mão ternamente na barriga da filha*) Vocês vão nos visitar...
LAVÍNIA — Eu acho tão triste!
YONE — Seus pais passarem uma temporada no estrangeiro?
GUSTAVO — Se fosse em outras condições...

LAVÍNIA — Tem certeza, pai, que é isso mesmo que vocês querem?

Corta para:

Cena 25: AVIÃO NO AR (EXT NOITE OU DIA)

Plano de avião (da época) no ar. Rio-Europa. Arquivo.
Um tempo. Já uma fala da cena seguinte.

DOLORES — (*off*) Mas que exilado político que nada, vocês acreditaram nessa história?

Corta para:

Cena 26: PRAIA DE IPANEMA (EXT DIA)

De manhã, Dolores, Adelaide, Glória e Zuleica, o grupinho de praia.
(Atenção, edição: não há interrupção de ritmo de diálogo entre a primeira fala desta cena e a última da cena precedente.)

GLÓRIA — Autoexilado!
ADELAIDE — Isso eu ainda não tinha ouvido falar.
ZULEICA — Yone tinha esse apartamento na Gávea, herança dos pais dela. Sempre foi louca pra passar uma temporada na Europa, adora velharia, toda metida, não falava sempre que não viajava de excursão? Queria uma desculpa! Subiu a escada do avião fazendo pose de exilada política, tá realizando é um sonho antigo de passar uns anos fora, sonha com isso desde que casou a filha!
DOLORES — Eu já tinha ouvido falar sim. Tem uns que vão porque a linha dura tá atrás mesmo, coitados, outros que aproveitam, e nem quero tá falando nome, sabe, gente conhecida!

Corta para:

Cena 27: JARDINS DO SÍTIO DE LAVÍNIA (EXT DIA)

Waldir com os pais, Zilá e Xavier.

ZILÁ — Cumé que não vamos ficar nervosos, filho? Se botou o sítio pra vender!
XAVIER — (*completando*) Viajou!
WALDIR — E quem comprar o sítio não vai precisar de caseiro?
ZILÁ — Seus irmão inda nem terminaram o colégio...
WALDIR — (*abraçando, meigo*) Eu tô ganhando bem, mãe, não tem perigo nenhum de faltar nada pra vocês... Até aparecer um comprador pro sítio, eu tenho condições de ajudar...

Close de Zilá, enternecida pelo filho.
Corta para:

Cena 28: ESCRITÓRIO DA EDITORA DE QUEIROZ (INT DIA)

Dia 31 de dezembro. Edgar despede-se de um figurante, seu agente na bolsa de valores. Kira perto.

EDGAR — Não é momento pra vender não, Henrique, eu tenho certeza que vão todas subir, lá pro dia 10 eu te telefono porque tô querendo muito é comprar <u>mais ações</u>! Feliz Ano-Novo!

Henrique sai.

KIRA — Se você não for precisar mais de mim eu preferia ir andando, porque dia 31 depois de certa hora, o trânsito...
EDGAR — *(despedindo-se)* Tá tudo bem, Kira, obrigado. *(meigo)* Feliz 1970!
KIRA — *(meiga)* Feliz 1970!

Kira sai. Edgar mexe em papéis, preparando-se para sair. Um tempo, Maria Lúcia entra.

MARIA LÚCIA — Você tem dez minutos pra mim?
EDGAR — *(meigo)* O que é que você acha?
MARIA LÚCIA — É um assunto... meio chato, quer dizer, pelo menos pra mim. Lembra que eu tinha te falado dum convite de trabalho muito vago do Ernesto, editor daquela revista que nos ajudou no lançamento no livro do Ivan?
EDGAR — Claro. Ele comentou que gostou muito de trabalhar com você...
MARIA LÚCIA — É que a gente hoje almoçou, depois ele me convidou pra conhecer a redação... A proposta agora é concreta, salário bom, um trabalho mais atraente do que o que eu tô fazendo, possibilidades de subir. Eu tô com muita vontade de aceitar.
EDGAR — Se é melhor pra você, passou pela sua cabeça que logo eu podia ser um impedimento?

Maria Lúcia sorri, sem alegria.

EDGAR — Mas essa noite... O Gustavo ligou ainda há pouco, a Lavínia tá organizando um grupo pra uma boate... Se você não aceitar passar o réveillon do meu lado aí sim, acho que eu vou ter um início de ano um pouco triste.
MARIA LÚCIA — *(mente)* Puxa, Edgar, se você tivesse falado antes! Eu já aceitei ir a uma festa!

Corta rápido para:

Cena 29: APTO. DE MARIA LÚCIA (INT NOITE)

SALA, Maria Lúcia e Carmen com roupa de ficar em casa, tristes.

CARMEN — Por que, minha filha? Romper o ano comigo e a dona Marta, que já foi até dormir? Não me conformo!

Maria Lúcia	– Vou continuar um livro ótimo que eu comecei e vou ter o melhor réveillon da minha vida, mãe.
Carmen	– Não vai não, eu sei, e não tá cumprindo a sua promessa.
Maria Lúcia	– Promessa?
Carmen	– De Ano-Novo. Você disse que ia mudar tudo, que nunca mais, que ia... esquecer.

Maria Lúcia vai para o seu QUARTO, disfarçando apreensão. Entra. Olha o quarto. Close de Maria Lúcia, dividida.
Corta para:

Cena 30: APTO. DE EDGAR – SALA (INT NOITE)

Edgar prepara drinques para Lavínia de barriga, Gustavo, Jurema, dois casais bonitos de figurantes. Todos em black tie. Abre em Jurema com Lavínia. Campainha vai tocar. Edgar vai atender.

Jurema	– Dona Regina não vai?
Lavínia	– Conosco? Imagina, tá namorando um coroa enxutérrimo! Saíram inda agorinha pro Flag!
Gustavo	– (*a Edgar, que está indo abrir a porta*) Devem ser o Mauro e a Lílian.

Edgar abre a porta. Reação forte. Corta para Maria Lúcia, especialmente linda, sofisticada.

Maria Lúcia	– Eu queria saber se... o convite ainda tá de pé.

Close de Edgar, radiante.
Corta para:

COMERCIAIS

Cena 31: BOATE (INT NOITE)

Festa animada de réveillon. Black tie. Numa mesa, Gustavo, Lavínia, Jurema, os figurantes da cena precedente. Muita animação. Na pista, Maria Lúcia e Edgar dançam animadamente, separados.
Música, "Monday, Monday". Tempo. Maria Lúcia sorridente.
<u>Fusão</u> *descontínua para fim de noite, menos gente na festa, bolas no chão, poucos casais dançando. Entre eles, Maria Lúcia e Edgar, agora par com par. Bastante tempo na dança. Vamos acompanhando o esforço de Edgar para que Maria Lúcia aceite "colar" o rosto. Finalmente, dançam de rosto colado. Close de Edgar, deleitado.*
A segunda música é "There's a Kind of Hush", por The Carpenters.
Corta para:

Cena 32: RUA DE IPANEMA (EXT NOITE)

Carro de Edgar estacionado. Edgar e Maria Lúcia, madrugada. Rádio ligado, continua baixa a música da cena precedente.

MARIA LÚCIA	– *(gentil)* Deixa eu subir pra ver se a mamãe tá bem, capaz da Dagmar inda não ter chegado dessa festa com o Caramuru...
EDGAR	– Dona Carmen não disse que ia ficar mais feliz... se você saísse?
MARIA LÚCIA	– *(suave)* Mesmo assim...

Maria Lúcia vai sair, Edgar a pega, suave, romântico.

EDGAR — Um instante só.

Close de Maria Lúcia.

EDGAR — A noite foi ótima. Mas... antes da gente se despedir... eu queria falar... de um assunto muito sério.

Close de Maria Lúcia, enigmática.
Corta para:

Cena 33: APTO. DE MARIA LÚCIA (INT DIA)

Manhã seguinte. Maria Lúcia, Carmen e Marta tomam café da manhã.

MARTA	– *(feliz)* Fiquei tão contente de você ter resolvido ir!
MARIA LÚCIA	– *(calma, contida)* Foi bom. Cercada de amigos... E no fim da noite eu... eu tive uma surpresa. Quer dizer... surpresa, propriamente, não posso dizer que tenha sido tanta surpresa assim. Mas aconteceu muito mais depressa do que eu pensava que ia acontecer.
CARMEN	– O que, minha filha?
MARIA LÚCIA	– O Edgar... me pediu em casamento.

Reações, Carmen se contém, espera Maria Lúcia falar mais.

MARIA LÚCIA	– Tô contando com vocês pra me ajudarem a tomar uma resolução... porque ele tava falando sério. E eu... tenho medo.
CARMEN	– Se você gosta dele... o Edgar tem tudo pra fazer qualquer mulher desse mundo feliz.
MARIA LÚCIA	– Concordo. O que eu não sei é se <u>eu</u> tenho alguma condição de fazer o Edgar feliz.

Corta rápido para:

Cena 34: APTO. DE EDGAR – SALA (INT DIA)

Algum tempo depois. Festa de casamento de Edgar e Maria Lúcia, terminando a cerimônia civil. Todos elegantes, paletó e gravata. Abre em close de Edgar, <u>radiante</u>, ligação com a cena precedente, assinando o livrão do juiz, ao lado de Maria Lúcia. (Ela não usa roupa de noiva tradicional.) Presentes ainda Adelaide, Bernardo e Natália, Carmen,

Dagmar, Leila de vestido novo, Dolores, Galeno, Glória, Gustavo e Lavínia com barriga um pouco maior, Jurema, Kira, Marta, Michel, Pedro Paulo, Regina, Sérgio, Waldir, Zuleica, figurantes. Dois garçons servem champanhe. <u>Corta descontínuo</u> *para Sérgio com Waldir.*

Sérgio	– O doutor Fábio só não veio pessoalmente porque já tinha um compromisso, você viu o presente que ele mandou?
Waldir	– Ainda não.
Sérgio	– Está muito satisfeito com o trabalho do Edgar, viu? Só estamos um pouco inseguros, na editora, é com o Fernandes, não estou lembrado se você conhece o Fernandes, o diretor administrativo.

Corta para Maria Lúcia dando um pedaço de bolo para Leila, que está com Natália.

Natália	– (*a Leila*) Você tá linda!
Leila	– Vestido novo!

Maria Lúcia comovida. Corta para Regina, muito contente, com Glória e Pedro Paulo.

Regina	– Encontraram um apartamento no mesmo prédio da Lavínia e do Gustavo, aqui pertinho, você conhece, o prédio onde moravam a Yone e o Queiroz!
Pedro Paulo	– Vão viajar, Regina, em lua de mel?
Regina	– (*orgulhosa*) Bariloche, pra esquecerem um pouquinho aqui o patropi.
Glória	– Presente da nossa grande advogada!

Reação de Regina, sem jeito. Corta para Adelaide e Dolores.

Adelaide	– E a Carmen não vai morar com eles?
Dolores	– Não, Adelaide, graças a Deus ela tá muito satisfeita lá na TVE, eu é que resolvi morar com ela e a dona Marta, apartamento grande!

Corta para Galeno com Jurema.

Jurema	– Agora você podia era casar com a dona Regina!
Galeno	– Grande dama, Jurema, enorme dama!
Jurema	– Mas... falando sério. Você vai continuar morando aqui?
Galeno	– Não. Eu já vinha sendo pressionado por alguns amigos a me fixar no Solar da Fossa, ali em Botafogo, você conhece?
Jurema	– De ouvir falar.
Galeno	– Lugar de grande efervescência cultural. Pessoas muito bonitas...
Jurema	– E o teatro?
Galeno	– A montagem da *Fedra* não foi propriamente um fracasso, eu diria que foi, por assim dizer... um sucesso de estima. Mas não chego a me orgulhar muito do trabalho não, porque no fundo a concepção ainda estava arraigada a certas convenções, eu estou pensando em partir pra alguma coisa realmente nova, talvez teatro de rua!

Corta rápido para:

Cena 35: SAGUÃO DE TEATRO (INT DIA)

Abre em cartaz grande anunciando testes *para o elenco carioca da peça* Hair, *produzir. No saguão, grande movimento de muitos e muitos figurantes hippies passando ou esperando vez. Corta para Galeno e Michel, aguardando vez.*

GALENO	– *(triste)* Acho diferente, bicho. Um grupo de teatro de rua tem sentido!
MICHEL	– E participar duma montagem em que a gente acredita, não tem sentido por quê?
GALENO	– *(critica)* Figuração!?
MICHEL	– Se a gente atrasar o aluguel de novo a dona não perdoa, a Carola sífu!

Tempo. Galeno constrangido. Caminha em direção ao banheiro. Michel segue. Galeno entra no banheiro.
Corta para:

Cena 36: BANHEIRO DO TEATRO (INT DIA)

Um hippie *saindo. Galeno olha discretamente o próprio sexo, encabulado, Michel do seu lado.*

GALENO	– Se a gente for aprovado no teste, será que o diretor deixa eu ficar na fila de trás?

Corta rápido para:

Cena 37: SEQUÊNCIA EM PRETO E BRANCO

Música: "Aquarius", de Rado, Ragni e MacDermot, por The Fifth Dimension. Tempo: *39 segundos. Introdução já entrou antes.*
a) *Material relativo à montagem de* Hair. *O que for possível.*
b) **PALCO (INT NOITE)** *Plano fechado. Durante a cena do final do primeiro ato de* Hair, *entre outros figurantes, Galeno e Michel, nus, apenas um plano rápido.*
c) **SAGUÃO DO TEATRO (INT NOITE)** *Depois do espetáculo, gente passando, animação. Galeno, ao lado de Michel, é cumprimentado por Jurema, Gustavo e Lavínia (agora com a barriga enorme), Regina e um namorado dela, boa-pinta. Regina diz palavras de incentivo a um Galeno um pouco encabulado.*
d) *Janeiro, presidente Médici institui censura prévia a livros e periódicos em defesa da moral e bons costumes. (não dar o mês)*
e) *Seca no Nordeste, 2 milhões de flagelados ameaçam saquear cidades, Médici declara que "economia vai bem mas povo vai mal".*
f) *Lançado projeto da rodovia Transamazônica, primeiro projeto-impacto do governo.*
g) *11 de março, sequestrado pela Vanguarda Popular Revolucionária cônsul japonês em São Paulo, libertados 11 presos políticos em troca de sua devolução.*

h) Abril, localizado e cercado campo de treinamento de guerrilheiros comandados por Lamarca no vale da Ribeira, Lamarca escapa.
i) 9 de maio, nota do governo nega existência de presos políticos e de tortura no Brasil.
j) Alguma notícia da época relativa a Milagre Econômico.
k) Material relativo à Copa do Mundo. Importante que a sequência termine com o público claramente informado de que estamos no dia do jogo Brasil e Inglaterra.
Corta para:

Cena 38: APTO. DE MARIA LÚCIA E EDGAR CASADOS (INT DIA)

Na televisão, instantes finais da partida Brasil e Inglaterra. Mais importante do que a tela é a narração de áudio, vitória do Brasil. Euforia geral. Presentes Maria Lúcia, bem dona de casa, oferecendo salgadinhos, Edgar, oferecendo bebidas, Gustavo, Lavínia, com bebê recém-nascido no colo, Bernardo, Jurema, Waldir, um casal de figurantes. Todos felizes com o resultado, carinho entre Maria Lúcia e Edgar. Jurema, Waldir e figurantes fazendo coro adaptado típico da época.

JUREMA e WALDIR — É canja, é canja, é canja de galinha! A nossa seleção botou no trono da rainha!

Corta descontínuo para, pouco mais tarde, Gustavo e um figurante.

GUSTAVO — No primeiro jogo eu tava disposto a torcer pela Tchecoslováquia, porque se a gente ganha o tri, o que esse governo não vai explorar! *(feliz)* Mas na hora que a bola rola o coração fala mais alto, a camisa canarinho...

Corta para Jurema vendo o bebê de Lavínia.

JUREMA — Cê marcou o batizado?
LAVÍNIA — Tá quase acertado pra daqui a duas semanas, eu te ligo assim que marcar.

Corta para Edgar abordando Maria Lúcia, que arruma alguma coisa de dona de casa.

EDGAR — O Gustavo comentou que até agora não conseguiram vender o sítio em Itaipava.
MARIA LÚCIA — Estranho, puxa, tanta gente com dinheiro, alta na bolsa, o diabo!
EDGAR — Tão pedindo um pouco alto, Maria Lúcia. Eu andei fazendo umas contas, se você também tivesse vontade... Acho que a gente podia fazer uma contraproposta.
MARIA LÚCIA — *(feliz)* Você... tá falando sério?
EDGAR — A Lavínia nos chamou pra ver o próximo jogo lá. Eu vou estudar direito os investimentos pra tentar bater um papo com o Gustavo.

Corta para:

Cena 39: APTO. DE QUEIROZ E YONE (INT DIA)

Maria Lúcia, Edgar, Lavínia, Gustavo, Bernardo, Waldir, Jurema, mais alguns jovens da cena anterior, perto da tevê, vai começar Brasil X Peru, conversas cruzadas, animação.

Abre em Edgar com Gustavo. (A partir de agora, este cenário deve ter leves mudanças de decoração, telas novas nas paredes, alguma coisa assim.)

EDGAR	– A proposta que eu posso fazer é essa.
GUSTAVO	– Acho razoável, Edgar, vou escrever pro doutor Queiroz.
EDGAR	– Se eu conseguir comprar o sítio sei que eu vou dar uma alegria muito grande pra Maria Lúcia, um lugar que ela adora, desde menina...
GUSTAVO	– E pra nós é muito melhor do que vender pra estranho, puxa!

Corta para Waldir, Jurema, Bernardo, depois Gustavo se junta ao grupo. Maria Lúcia prestando atenção. Reações dela. <u>O assunto a deixa tensa.</u>

WALDIR	– Você não leu, Jurema, sobre o sequestro do embaixador da Alemanha?
JUREMA	– Muito por alto.
WALDIR	– <u>Trocaram quarenta presos pelo embaixador!</u>
BERNARDO	– *(pensativo)* O americano, o cônsul japonês, agora o alemão...
GUSTAVO	– *(intervindo)* E o Médici preocupado com a escalação, se Everaldo joga, se Everaldo não joga.
WALDIR	– Por essas e outras que o Saldanha pulou fora da seleção...
LAVÍNIA	– *(intervindo, animada)* Gente, vai começar!

Todos correm para a tevê, animados. Se possível, mostrar na tela os primeiros lances da partida.
Corta descontínuo para o final da partida, narração de locutor, todos os presentes pulando, gritando, eufóricos, música da próxima sequência já a pleno vapor.
Corta para:

Cena 40: SEQUÊNCIA EM PRETO E BRANCO

Música: "Pra frente Brasil", de Miguel Gustavo. <u>Duração para a edição</u>: exatamente 40 segundos. A introdução já veio antes.
a) Notícias sobre a libertação do embaixador alemão. Presos políticos chegam à Argélia.
b) Continua a Copa do Mundo, até a vitória final do Brasil. Planos de euforia popular, pelas cidades.
c) Médici declara que ninguém segura esse país.
d) **JARDINS DO SÍTIO DE LAVÍNIA (EXT DIA)** Edgar e Maria Lúcia chegam de carro ao sítio, com bagagem. Xavier e Zilá os recebem. Abraços, emoção, Maria Lúcia em close, muito satisfeita. Edgar orienta Xavier para levar malas para dentro da casa.
e) **SALA DO SÍTIO DE LAVÍNIA (INT DIA)** Maria Lúcia acaba de dar ordem a Zilá, que se retira. Edgar vem abraçar Maria Lúcia, ternura entre os dois. <u>Beijam-se apaixonadamente.</u>
f) Campanha <u>Brasil, ame-o ou deixe-o.</u>
g) 24 de julho, Comissão Internacional de Juristas denuncia em Genebra violação de direitos humanos de presos políticos no Brasil.
h) Julho, sequestrado pela organização guerrilheira <u>tupamaros</u> o cônsul brasileiro no Uruguai, Aluísio Gomide.

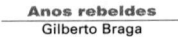

i) Aumentam assaltos a bancos para financiar guerrilha.
j) Setembro, bolsa de valores do Rio bate todos os recordes, movimento de 19,5 milhões de cruzeiros.
k) 21 de outubro, papa Paulo VI condena tortura.
l) **SALA DE MARIA LÚCIA E EDGAR CASADOS (INT NOITE)** Edgar trabalha até tarde da noite. Maria Lúcia vem lhe trazer um café. Ele para um instante, ternura entre os dois. Algum carinho.
Corta para:

Cena 41: APTO. DE JOÃO – QUARTO DE ABELARDO E VALQUÍRIA (INT NOITE)

Abelardo e Valquíria muito tensos, antes de se deitar.

ABELARDO	– Procurou você pra que, quer falar com a mãe mas não diz o que tá fazendo, tá vivendo de que, Valquíria, ele não deu nenhuma pista?
VALQUÍRIA	– Foi muito rápido, ligou da rua, só disse que tava bem, mandou um abraço pra você.
ABELARDO	– Abraço, se tá no Rio, nem pra aparecer aqui, ver a gente!?

Corta rápido para:

Cena 42: PRAÇA (EXT DIA)

Início de dezembro de 1970. <u>Atenção: é preciso passar a partir desta cena que vamos estar numa época de muito calor</u>. João e Pedro, tentando não chamar atenção.

JOÃO	– Logo mais?
PEDRO	– Nove horas. Vai ser uma ação conjunta com a FLN. Quem vai comandar eu acho que você conhece bem, o nome de guerra dele é <u>Doutor</u>.

Corta rápido para:

Cena 43: APTO. NOVO DO CPR (INT NOITE)

(<u>Atenção, edição</u>: não há interrupção de ritmo de diálogo entre a primeira fala desta cena e a última da cena precedente.)
Reunião com Salviano, João, Sandra, Heloísa, Marcelo, Pedro, dois figurantes. Clima tenso. Abre em close de Salviano. Durante sua fala, explorar tensão de nossos personagens, em close, especialmente João. Pedro deve estar ao lado de Heloísa, que é mais calma.

SALVIANO	– Minha maior preocupação é a segurança do aparelho onde vamos esconder o embaixador.
PEDRO	– Segurança total. Já tamos morando lá há seis meses.
HELOÍSA	– (*completando*) Fizemos amizade com os vizinhos, o pessoal da rua, fingindo de casal.
SALVIANO	– Vamos dar a última repassada. Os quatro carros vão estar no local

da ação uma hora antes. O Djalma bate com o Aero Willys no carro da embaixada na hora que ele aparecer na rua, fecha de frente, se abaixa logo porque corre mais risco de levar um tiro. Luísa sai da vaga com o Fusca branco, fecha o carro do embaixador por trás. Ela e o Djalma abandonam os carros, fogem no fusca vermelho com o Milton que vai tá esperando, acabou a ação pros três. Daí em diante é comigo e o Pedro.

Durante o último bife, close de João, tenso, enxugando suor do rosto com lenço, deve ser o último plano desta cena, e a fala vai quase toda em off, na cena seguinte.
Já cortou antes para:

Cena 44: LOCAL ERMO (EXT DIA)

Pedro vem dirigindo um carro castigado (marca não citada na cena precedente). Para e saltam rapidamente Pedro, Salviano, os dois com revólveres na mão, trazendo o embaixador Rolf Haguenauer (fictício). Clima muito tenso. À espera, numa Kombi, estavam Marcelo, na direção, e João, no bagageiro. Pedro e Salviano indicam que o embaixador deve entrar num grande caixote, no bagageiro. O embaixador começa a entrar no caixote. <u>Corta descontínuo</u> para Marcelo dando a partida, rápido, a Kombi se afasta e o primeiro carro fica abandonado no local ermo. (No início desta ação, a fala de Salviano da cena precedente deve cobrir o diálogo.) Música de suspense. (<u>Nota</u>: resolvemos tomar a liberdade ficcional de "esquecer" que existem capuzes porque os rostos cobertos de nossos personagens tirariam o impacto das cenas.)
Corta para:

Cena 45: SALA DE MARIA LÚCIA E EDGAR CASADOS (INT NOITE)

Edgar abrindo a porta para Maria Lúcia, que entra muito tensa.

EDGAR	– Que foi que aconteceu, meu amor? Liguei pra revista, falaram que você saiu cinco e pouco, eu tava nervosíssimo!
MARIA LÚCIA	– Duas horas só dentro do Túnel Rebouças, o maior engarrafamento que eu já vi na minha vida, deve ter acontecido alguma coisa muito séria!
EDGAR	– Você não ouviu o rádio?
MARIA LÚCIA	– Dentro do túnel, Edgar? Liguei o gravador, tava ouvindo música...
EDGAR	– *(triste)* Raptaram o embaixador da Suíça.

Close de Maria Lúcia, muito preocupada. Pensa em João. Edgar se aproxima, carinhoso.

EDGAR	– No que é que você tá pensando?
MARIA LÚCIA	– *(disfarça)* Em nada. Quer dizer... eu recebi o cheque por aquele artigo fora do contrato. Tava pensando em comprar uma mesa de pingue-pongue nova, pro sítio.

Corta rápido para:

Cena 46: PORTA DA CASA DO SEQUESTRO (EXT NOITE)

Rua deserta. A Kombi da cena 44 para em frente à casa. Salta primeiro Pedro. Certifica-se de que não há ninguém na rua. Chama Salviano. João e Marcelo vão carregando o caixote onde está o embaixador para dentro da casa. Tudo rápido.
Corta para:

Cena 47: CASA DO SEQUESTRO – SALA (INT NOITE)

João e Marcelo abrindo o caixote para que Rolf possa sair. Heloísa e Pedro esperando. Salviano num canto, discreto.

HELOÍSA — *You may get out of the box and make yourself comfortable. You won't be hurt.*

Muito tenso, castigado, Rolf respira, um pouco aliviado.

ROLF — (*sotaque francês*) Eu não sou americano, sou suíço, falo português! Vocês cometeram... um engano lamentável que pode ter... (*consigo mesmo, muito nervoso*) Eu não quero nem pensar nas consequências...

Corta rápido para QUARTO. Rolf sozinho com João. Muita tensão.

JOÃO — Engano por quê? Pro americano soltaram 15 presos, Japão cinco, Alemanha quarenta! O governo vai ceder, três precedentes favoráveis!

ROLF — (*em crescente tensão, com muito medo*) Não sou o alemão, muito menos o americano. (*tom*) A Suíça é um pequeno país. Vocês estão pensando que o governo brasileiro vai dar importância à minha vida? (*com muito medo*) Se eles não aceitarem as exigências vocês... vão me matar?

Close de João, muito tenso.
Corta.

Fim do capítulo 16

Cena 1: CASA DO SEQUESTRO (INT NOITE)

No QUARTO DE ROLF, João dando toalhas de banho e mão, e sabonete a Rolf, um pouco depois do final da cena precedente. Durante o diálogo João verifica se está tudo pronto na cama, para a noite.

João	– O senhor aprendeu português como?
Rolf	– Cinco anos aqui. Gosto do país.
João	– Fica calmo, embaixador, vai dar tudo certo, três precedentes. Tá na hora dos bancos suíços comprarem a vida duns companheiros nossos.
Rolf	– (*irritado, sem ser grosseiro*) Eu sou representante do <u>governo</u> suíço, os bancos têm seus próprios canais!

Corta para a SALA, Salviano datilografando numa velha máquina, Heloísa e Marcelo atentos. (<u>Janelas fechadas</u> sempre que <u>João</u>, <u>Salviano</u> ou <u>Rolf</u> estiverem na sala.) Mesa posta pro jantar, com muita simplicidade.

Marcelo	– (*a Heloísa*) O primeiro comunicado a Magda deixou na portaria do jornal logo depois da gente pegar o homem. E os simpatizantes tão telefonando pra polícia dizendo que viram três estudantes e um senhor apavorado num fusquinha verde indo pra zona sul...
Heloísa	– (*vai para a cozinha*) Deixa eu ver como é que tá indo a comida...
Salviano	– Taqui o manifesto, vamos exigir divulgação de quatro em quatro horas e trem gratuito pra todo o povo do Rio enquanto os setenta presos não chegarem ao Chile.

João e Rolf vêm do quarto.

Salviano	– (*continuando*) O Ubaldo tá logo no início, mas os nomes a gente só manda depois que eles aceitarem as condições.

Reação de João, feliz, emocionado. Pedro entra da rua, agitado.

Pedro	– Gente, o maior engarrafamento da história! Diz que é na cidade toda, bloquearam o trânsito, tão revistando carro por carro, ônibus, entrando nas casas, mas só lá pra baixo, tão achando que não deu tempo da gente vir pro subúrbio!

Alívio geral, discreta vibração, Heloísa vem da cozinha com travessas, feijão, arroz, ensopado de carne com vagem. Salviano faz sinal a Rolf que o jantar está servido e todos vão se sentando à mesa, enquanto Heloísa fala, <u>gaiata</u>, a Rolf.

Heloísa	– <u>Des haricots noirs, des haricots verts</u>, eu fiz curso de culinária no Maxim's mas assim que puder vou fazer pós-graduação na Suíça. (*Rolf não ri, está tenso.*)
Marcelo	– Ela não cozinha chongas, embaixador, sou mais meu macarrão, fica tranquilo que a gente se reveza.

Pedro já se servindo com apetite, modos feios, close da comida.

Anos rebeldes
Gilberto Braga

Corta descontínuo para depois do jantar, os mesmos e Rolf tenso, Salviano com o manifesto que datilografou.

JOÃO	– (*a Rolf*) Não vão achar a gente aqui nunca, porque o Doutor e eu não saímos, ninguém da rua sabe que a gente tá aqui. (*indica Marcelo*) Ele os vizinhos pensam que é primo dela, de Santos, veio passar as férias, o casal e o primo, com os três não tem problema.
SALVIANO	– Precisamos da sua rubrica aqui no segundo manifesto, com as exigências.
ROLF	– Eu posso... escrever uma palavra à minha mulher, dizendo que estou bem e que os senhores... já iniciaram as negociações?

Enquanto Salviano lhe dá papel, caneta, João e Marcelo, tensos, estão recolhendo os pratos, vão para a cozinha, falam à parte.

JOÃO	– E se dessa vez eles não cederem?
MARCELO	– Todo o mundo aqui sabe o que vai ter de fazer.

Reação de João. Medo.
Fade out para:

Cena 2: RUA DA CASA DO SEQUESTRO (EXT DIA)

Manhã seguinte cedo, movimento, crianças jogam bola na rua. Figurantes passam. Heloísa saindo, com sacola de compras de comida. Jaqueline, a filha dos vizinhos, de uns 13 anos, varre sua porta. (Atenção ao vestuário de Heloísa em toda esta fase. Ela tem que passar por proletária ao mesmo tempo em que pode ir a lugares classe A sem chamar atenção. Cláudia Abreu, nestas cenas com os vizinhos, deve encontrar um "ar" proletário convincente, este ar deve convencer mais do que suas roupas.)

HELOÍSA	– Tua mãe não te dá refresco, hein, Jaqueline?
JAQUELINE	– Seu primo não saiu ontem de noite?
HELOÍSA	– A gente ficou vendo televisão, fomos dormir cedo.
JAQUELINE	– Tô adorando *Irmãos coragem*, cês tão seguindo?
HELOÍSA	– Então? Imagina! Vou perder? Quem você acha mais bonito, Jaqueline, o João Coragem ou o Duda?

Corta rápido para:

Cena 3: QUARTO DE NATÁLIA E FÁBIO (INT DIA)

Natália na cama, ainda de camisola, deprimida. Uma copeira figurante arruma flores numa jarra e já vai sair. Há flores em algumas outras jarras ou arranjos. Antunes entrega buquê novo a Natália, com cartão, enquanto Fábio se prepara para sair.

ANTUNES	– Chegaram mais essas, dona Natália.

Natália lê o cartão sem entusiasmo e despacha Antunes.

NATÁLIA	– Bota em algum lugar da sala, obrigada.

Antunes sai enquanto Fábio fala.

FÁBIO	– (*meigo*) Deixa eu chamar prum jantar logo mais, Natália, um pequeno grupo, em restaurante. Vai passar seu aniversário com essa cara?
NATÁLIA	– (*consigo mesma*) Minha filha sumida... Quase dois meses, Fábio, você se deu conta de que faz dois meses que a Heloísa não dá sinal de vida?
FÁBIO	– Quantas vezes eu vou ter que dizer que <u>pra mim morreu</u>?

Corta <u>descontínuo</u> para Natália tomando café sem apetite, agora de penhoar por cima da camisola, enquanto Solange fala. Abre em close de <u>joia linda</u>, numa caixa, Solange admirando.

SOLANGE	– *Design* lindíssimo!
NATÁLIA	– Essa secretária nova do Fábio tem mais bom gosto que as outras.
SOLANGE	– Não fica assim, minha querida. Eu tenho tanta certeza que tudo que a Heloísa falou pro pai era mentira, pura agressão!
NATÁLIA	– (*sofrida*) Dois meses...
SOLANGE	– Quem sabe não viajou? A Heloísa sempre adorou inverno, pode ter ido esquiar, há quanto tempo anos ela não faz esqui?
NATÁLIA	– Ia pra Europa sem me avisar, Solange?
SOLANGE	– Pra agredir o pai! Para com isso. (*tom*) Você... não vai se encontrar com o Avelar, de tarde?
NATÁLIA	– Marquei mas vou ligar que não vou não. Enquanto eu não tiver alguma notícia da Heloísa...
SOLANGE	– Vai ficar nessa cama o resto da vida feito um fantasma? Não, senhora! Pelo menos à aula de francês não vou deixar você faltar de jeito nenhum!

Corta rápido para:

Cena 4: CASA DO SEQUESTRO (INT DIA)

QUARTO. João, Heloísa, Salviano, Pedro, Rolf conversam. Tensão.

ROLF	– Eu compreendo sua revolta, no meu país não há presos políticos, mas violência não leva a nada!
JOÃO	– Só raptando diplomatas é que nós conseguimos livrar alguns companheiros da tortura, tão livres!
ROLF	– Eu sou... malvisto por alguns dos ministros do seu governo justamente porque... pedi informações sobre tortura, disseram que era assunto interno do país, que houve excessos ocasionais e já tinham sido coibidos.
HELOÍSA	– Mentira! Todo preso político é torturado, eu fui!
SALVIANO	– Por isso que nós tamos lutando, primeiro derrubar a ditadura, mas o que nós queremos a longo prazo pro Brasil é o socialismo.

Rolf	– Mas são tão poucos, tão isolados! Ninguém se importa com o que estão fazendo, o seu povo não tem instrução, se distrai com carnaval, futebol, uma cerveja em botequim sem terem poder aquisitivo pra essa cerveja...

Marcelo entra com jornais, preocupado. Daqui a pouco sai.

Marcelo	– Nada nos jornais. O governo tá dizendo que não recebeu nenhum comunicado.
Salviano	– Ontem mesmo já foram mais cinco cópias, o que será que tão tramando?
João	– O rádio de meia em meia hora dá os telefones pra quem quiser dedurar suspeito, tão dizendo pra todo mundo ficar de olho em qualquer casa de janela fechada.
Heloísa	– (*a Rolf*) Esse perigo a gente não corre, na sala tá tudo aberto.
Salviano	– Janela com cortina bonita, colorida, a cortina é o orgulho da casa do pobre. As relações com a vizinhança são muito boas, e não passam da varanda. (*com ternura*) As pessoas mais pobres têm um grande respeito à privacidade, pudor.
Heloísa	– (*saindo*) Eu vou levar um pouco do doce de banana que sobrou do jantar aí pra vizinha, <u>fazer fachada</u>. (*sai*)
Rolf	– "Fazer fachada"?
João	– Fingir que tá tudo normal pra não desconfiarem, viver como o pessoal do bairro vive.
Salviano	– Fica tranquilo porque isso vai ser resolvido no máximo em cinco dias.
Rolf	– (*tenso*) Eu sou um liberal, só não posso lhes dar inteira razão porque não concordo com os seus métodos, acredito em direitos humanos, eu também estou sofrendo uma violência.
Pedro	– (*debochado*) Pelo que o senhor fala... tá praticamente do nosso lado!

Rolf passa por gesto: "Não me comprometam!"
Marcelo já saiu antes. Pedro e Salviano saem. Ficam Rolf e João.

Rolf	– (*chocado*) Alguns de vocês são tão jovens... Que idade tem essa mocinha?
João	– Acho que 23.

Reação de Rolf, acha tudo um absurdo.
Corta para:

Cena 5: RUA DO SEQUESTRO (EXT DIA)

PORTA DA CASA DA VIZINHA. Enquanto Heloísa entrega prato com um pouco de doce de banana a Jaqueline, a menina fala, excitada.

JAQUELINE	– Cês num ouviram no rádio não? Maior fofoca, menina, meu irmão contou, <u>roubaram o Imperador da Suécia</u>!

Corta rápido para:

Cena 6: CASA DO SEQUESTRO (EXT DIA)

QUARTO. Heloísa de volta, acaba de contar rindo o que ouviu, João, Marcelo e Pedro acham graça, só Rolf e Salviano sérios. Tempo.

HELOÍSA	– Por que essa cara, embaixador, pensa bem, <u>imperador</u> é uma bela duma promoção!

Rolf apaga guimba de seu último cigarro, Pall Mall, amassa o maço vazio, tenso. Heloísa saindo.

HELOÍSA	– (*casual*) Eu tenho que fazer umas compras maiores lá em Madureira, comida pra tanta gente aqui no bairro ia chamar atenção.

Salviano entrega o maço amassado a Heloísa.

SALVIANO	– Procura cigarros pro embaixador.
HELOÍSA	– (<u>*segundas intenções*</u>) Cigarro importado que eu saiba só no Copacabana Palace...
PEDRO	– (*antipático*) Tão longe?
SALVIANO	– A gente não tá com pressa. Pro almoço já tem tudo aí.

Reação discreta de Heloísa contente porque vai poder ir à zona sul.
Corta para:

Cena 7: BAR DO CURSO DE FRANCÊS (INT DIA)

Movimento normal. Natália saindo triste da aula com Solange.

NATÁLIA	– Não vou não, ligo pro Avelar e desmarco.
SOLANGE	– Seu aniversário!
NATÁLIA	– Talvez por isso mesmo. Eu fico lembrando... No dia em que eu fiz 30 anos, a Heloísa tinha o que, uns 10? (*quase chorando*) Fez um desenho de presente pra mim, mandou emoldurar e/

Corta-se, viu Heloísa, sorridente, descendo a escada, com um enorme embrulho de presente nas mãos. Reação muito forte de Natália. As duas se olham, Natália com lágrimas nos olhos. Abraçam-se longamente, muita emoção.
Corta descontínuo para Natália muito aliviada, agora sozinha com Heloísa, num recanto do bar. Perto delas, a caixa do embrulho de presente aberta, close para o corte descontínuo, o espectador deve poder identificar um bonito penhoar de seda clara.

HELOÍSA	– Você me conhece, sou avoada, não me dou conta que o tempo tá passando, e é tanta coisa acontecendo na minha vida, mas do aniversário eu não ia esquecer!

NATÁLIA	– Que tanta coisa, Heloísa?
HELOÍSA	– Programas, amigos! Ontem mesmo eu tive no ensaio pro carnaval da Portela, o samba tá lindo, você vai passar carnaval no Rio esse ano?

Natália um pouco mais relaxada.
Corta para:

Cena 8: ESCRITÓRIO DE FÁBIO NA *HOLDING* (INT DIA)

Fábio terminando de ver um relatório sobre a editora, Sérgio ao lado.

SÉRGIO	– Os números são animadores, não são?
FÁBIO	– (*passando os olhos*) Muito... não tem dúvida, muito. (*casual*) Você disse que o rapaz... comprou <u>um sítio</u> em Itaipava?
SÉRGIO	– Do próprio doutor Queiroz, o que viajou. Dizem que muito bonito, a Isaura foi prum churrasco, 6 mil metros quadrados.

Tempo, Fábio pensativo.

FÁBIO	– Competente mesmo, esse Edgar Ribeiro. Vocês continuam insatisfeitos com o diretor administrativo?
SÉRGIO	– Sem a sua autorização não pode trocar, mais de dez anos na editora, assumir sozinho essa indenização...
FÁBIO	– (*maquinando*) O Waldir aí da vice-presidência... Os dois foram colegas de faculdade, não foram?
SÉRGIO	– E de colégio! Foi o Waldir quem lhe deu as primeiras informações sobre o Edgar.
FÁBIO	– Manda chamar.

<u>*Corta descontínuo*</u> *para close de cafezinho, Waldir e Fábio a sós.*

WALDIR	– (*contente*) Diretor administrativo, eu?
FÁBIO	– Há bastante tempo o seu amigo vem se queixando, este Fernandes é ultrapassado, retrógrado, eu nem sei como o Edgar tem conseguido sucesso ao lado de um elemento tão *ancien régime*. Você tem todas as qualidades pro cargo, Waldir.
WALDIR	– Se o senhor... me dá essa chance...
FÁBIO	– Por um período de experiência, inclusive pra ver se você próprio se interessa pelo dia a dia de uma editora, negócio de pouca monta. Eu vou dar uma ligada pro Edgar e você passa lá, pra acertar os detalhes.

Waldir vai saindo, um pouco servil.

WALDIR	– Eu... nem sei como lhe agradecer a confiança, doutor Fábio, muito obrigado.

Fábio faz sinal com gesto que ele pode ir. Pega interfone.

Fábio	– Marlene, me liga pro Edgar Ribeiro, na/ (*corta-se*) Não, daqui a pouco. (*desliga e chama*) Waldir!

Waldir volta-se.

Fábio	– Só um pequeno detalhe. Assunto... confidencial. A editora vai bem. Mas eu soube por acaso que o rapaz... no espaço de um ano... comprou o sítio do antigo dono, leva uma vida bastante confortável... Você aproveita a sua presença lá pra, sem chamar a atenção, me certificar de que ele não está indo com muita sede ao pote, eu sempre trabalhei com pessoas em que tenho a mais absoluta confiança, você me entende?
Waldir	– (*constrangido*) Claro.
Fábio	– Uma investigação discreta, não vai ser difícil, porque além do cargo eu sei que vocês são amigos pessoais.

Corta rápido para:

Cena 9: ESCRITÓRIO DA EDITORA DE QUEIROZ (INT DIA)

(*Atenção, edição: não há interrupção de ritmo de diálogo entre a primeira fala desta cena e a última da cena precedente.*)
Waldir muito contente, Edgar meio triste.

Edgar	– Só fico com uma certa pena é do Fernandes, não gosto do estilo dele, mas tanto tempo de casa...
Waldir	– Puxa, Edgar, você nem parece contente deu tar vindo pra cá!
Edgar	– (*esquece a tristeza*) Tá louco, rapaz? Acho que juntos nós podemos fazer história no empresariado brasileiro!

Corta rápido para:

Cena 10: APTO. DE AVELAR (INT DIA)

Depois do amor, Avelar e Natália na cama, muita ternura. Tempo morto. Close dela, feliz.

Avelar	– Tá pensando em quê?
Natália	– (*divertindo-se*) Que eu tô com fome.
Avelar	– Vamos ver lá na cozinha se/
Natália	– (*corta*) Eu trouxe um lanchinho. Comemoração!

Enquanto fala, Natália vai tirando de uma bolsa champanhe, patê de foie gras, torradinhas.

Natália	– Pega só o balde com bastante gelo e duas taças.
Avelar	– Vamos pra sala que a gente fica mais à vontade.
Natália	– (*não gosta*) Na sala?
Avelar	– (*sem jeito*) Bom... tem mesa...

Natália	– Mesa e o Pedro Paulo chegando a qualquer momento!
Avelar	– Ele só vem depois das nove.

Corta descontínuo para os dois tomando champanhe e comendo torradas com patê enquanto conversam, com ternura, ainda no quarto.

Natália	– Por que viagem pro Peru?
Avelar	– O Itamarati tá querendo um estudo sobre essa política deles de nacionalismo de direita, acho que pode ser interessante, mas eu ainda não dei resposta, meu amor, porque se você preferir que eu não vá...
Natália	– Duas semanas?
Avelar	– Três no máximo, até o Natal eu tô aí. Você pensa um pouco, eu tenho dois dias pra resolver. (*olha uma serigrafia, tempo*) Esse quadro aí, Natália, você fica chateada se eu puser no corredor? Porque eu ganhei um presente de fim de ano duns alunos que tava com vontade de pendurar...
Natália	– Deixa eu ver.

Avelar pega no armário o presente dos alunos. Arco e flecha de índios, ou alguma outra coisa grande típica de casa de intelectual, artesanato, que Natália ache um pavor raro e ele aprecie.

Avelar	– (*com orgulho*) Compraram na Amazônia.
Natália	– Acho que combina mais com o corredor.
Avelar	– (*conformado*) É, cê tem razão. Agora, esse vaso aí de flores eu tava querendo tirar, porque tô precisando de espaço, às vezes eu chego em casa com livro na mão e/
Natália	– (*corta*) Inácio. Me responde uma coisa com toda a franqueza. Você gosta desse quarto?
Avelar	– (*constrangido*) Claro! Você que arrumou, com o maior carinho!
Natália	– Eu não pus em dúvida o meu carinho, perguntei objetivamente se você <u>gosta</u> do quarto. Você vive aqui!
Avelar	– (*mentindo*) Evidente que gosto, tão bonito!
Natália	– Mas vive arrumando desculpa pra gente ficar na sala, agora quer trocar uma serigrafia linda por (*olha com nojo, corta-se*) Eu tenho o direito de saber se você <u>gosta</u> do quarto ou não gosta, é uma maneira deu conhecer você melhor, porque quem ama/
Avelar	– (*corta*) Ridículo ficar falando em quarto!
Natália	– Custa falar a verdade?
Avelar	– A última coisa que eu pretendo fazer na vida é te magoar!
Natália	– Fala!
Avelar	– Eu... acho lindo, puxa, bacana demais! (*envergonhado*) Mas eu me sentia melhor no quarto antigo. Ou porque eu sou cafona, ou porque fui eu que escolhi os troços, aqui eu fico achando sempre que vou sujar, que vou estragar, como se eu tivesse numa vitrine de loja, dá impressão que não é meu! De vez em quando eu sinto saudade

	daquela... *(por favor, um detalhe da antiga decoração do quarto condizente com o perfil de Avelar)* Mas isso não tem importância nenhuma, o que me interessa é tá aqui, do teu lado, eu te adoro!
NATÁLIA	– Você não entende que se abrindo eu tenho a chance de te conhecer melhor?
AVELAR	– Entendo.
NATÁLIA	– E que te conhecer melhor é a coisa mais importante que tem na minha vida?

Avelar beija Natália apaixonadamente. Recomeçam a fazer amor. Tempo.
Corta descontínuo para depois do amor, os dois relaxados. Tempo sem diálogo. Ternura. Sem Avelar perceber, Natália toca em algum objeto de luxo do quarto, um cinzeiro, um vide-poche, qualquer coisa. Vai falar passando para o público que tem segundas intenções.

NATÁLIA	– A viagem pro Peru. Eu tive pensando. Acho que você deve aceitar sim, o tempo passa tão depressa...

Avelar beija Natália apaixonadamente. Que fique claro para o público, e não pra ele, que ela tem novas ideias sobre o quarto.
Corta para:

Cena 11: APTO. DE JOÃO (INT NOITE)

Abelardo e Valquíria no QUARTO, roupas de dormir, tensos.

VALQUÍRIA	– Não dá notícia, nem sei onde ele tá!
ABELARDO	– *(disfarça)* Não vai acontecer nada com o João, vê se o governo ainda vai se preocupar com bravata de estudante!
VALQUÍRIA	– O João não é mais estudante!
ABELARDO	– Agora a coisa é séria, Valquíria, os militares têm que cuidar desses bandidos sequestrando embaixador, dois dias com o suíço preso, nem um comunicado, alguém vai lembrar de garotão pichando muro ou sei lá o que ele tá fazendo?

Corta rápido para:

Cena 12: CASA DO SEQUESTRO (INT DIA)

QUARTO, manhã seguinte, frisar pela iluminação que é dia. João, Heloísa, Salviano, Marcelo, Pedro, Rolf, que usa bermudas, camisa esporte e chinelos de feira. Jornais por ali. Muita tensão. Close de jornal no chão com manchete: "GOVERNO RECEBE COMUNICADO TERRORISTA E PEDE NOMES DOS SETENTA PRESOS POLÍTICOS".

JOÃO	– Pelo menos reconheceram que nós mandamos o comunicado!
MARCELO	– Mas não vão cumprir as exigências!
ROLF	– Calma, só algumas!
HELOÍSA	– Não vão divulgar o manifesto, não vão dar o trem de graça no subúrbio, nem tocam no assunto!

João	– Gente, o mais importante são os companheiros presos!
Salviano	– Nem isso eles prometeram atender, só tão pedindo pra mandar a lista!
João	– Mas... se atenderem, não foi pra isso que a gente... Não é isso que conta?
Pedro	– (*duro*) Conta tudo! Pra mim é tudo ou nada. Ou fazem o que a gente exigiu ou não tem entendimento!

Reações. Tensão sobe. Close de Rolf, com muito medo.
Corta para:

COMERCIAIS

Cena 13: PORTA DA CASA DO EMBAIXADOR (EXT DIA)

Cena rápida, viva, repórteres de plantão, polícia, muito tumulto. Chega um diplomata, é Raymond Cohl, agitação cresce, repórteres vão para ele, que tenta escapar, entrar rápido na casa, policiais protegem. Atropelo, todos falam ao mesmo tempo, uma repórter furona se adianta.

Repórter	– Raymond Cohl, eu conheço o senhor, trabalha com o embaixador, a Suíça vai mesmo exigir a libertação dos terroristas?
Raymond	– Não sei, nada a declarar, perdão!

Consegue chegar à porta da casa, repórteres em cima.
Corta rápido para:

Cena 14: CASA DO SEQUESTRO (INT DIA)

Continuação da cena 12. Abre em tempo morto, depois:

Rolf	– (*com medo*) O que vocês vão fazer comigo se não soltarem os presos?

Hesitação dos outros, tensão. Salviano se adianta.

Salviano	– Vamos ter de transferi-lo para outro aparelho. Por tempo indeterminado.
Rolf	– Como... o cônsul brasileiro no Uruguai, há meses nas mãos dos guerrilheiros...
Heloísa	– (*se adianta, leve*) Imperador, tá na hora do seu banho de sol, vem senão vai ficar feio, Sua Majestade tá muito branco, tem que pegar uma corzinha, vem!

Corta descontínuo para ÁREA EXTERNA com muro alto, indevassável, Rolf numa cadeira de praia, fumando, tenso, Heloísa com ele.

Heloísa	– (*gaiata*) Gostou da roupa nova? Aposto que na Suíça não tem um chinelo desses, legítimo de feira! <u>Artisanat</u> local! O sol dessa hora é bom, aproveita, senão quando voltar pra casa sua mulher vai pensar

	que a gente deixou o senhor a pão e água de pé acorrentado, na masmorra.
Rolf	– Vocês são gentis, fazem o que podem pra atenuar esta situação penosa. (*pensativo*) Os jovens são idealistas, acreditam em revoluções, salvar o mundo, só a idade ensina que a vida é um jogo de cartas marcadas, só muda muito devagar... Eu gostaria de tê-los conhecido noutras circunstâncias...

Corta para a SALA, janelas fechadas. João e Pedro em discussão acesa, Salviano e Marcelo atentos. Muita tensão, ritmo.

João	– Se exigir tudo fica sem nada, sacrifica os companheiros à toa!
Pedro	– É questão de moral, exigir e aceitar recusa <u>desmoraliza</u>, você tá vacilando!
João	– Infantil, fincar pé numa exigência pra salvar as aparências e esquecer o fundamental. Depois, essa <u>transferência</u> a gente sabe que não é pra outro aparelho! Uma coisa é executar o inimigo na luta, mas matar esse homem inocente, o povo não vai entender, nós vamos tá agindo como assassinos frios!
Marcelo	– (*pensativo*) Eles não vão aceitar tudo, ia ser prova de fraqueza, se a gente garantir a libertação dos presos já acho muito.
Salviano	– Só que nem isso eles disseram que aceitam, ainda.
João	– Pediram os nomes, só pode ser pra soltar, que mais? (*tempo*)
Salviano	– (*finalmente firme*) Vamos abrir mão do resto, nos concentrar na libertação dos setenta, já vai ser uma grande vitória.

Reação de João, contente. Pedro concorda de má vontade. Heloísa vem da área externa com Rolf mais vermelho.

Heloísa	– O imperador já tá com a cor mais bonitinha, (*a Pedro*) não fica me olhando com essa cara feia não! Quem vai num biribinha, três duplas?

Rolf senta-se à mesa, para jogar cartas. Baralho sobre a mesa.
Corta para:

Cena 15: PORTA DA CASA DO EMBAIXADOR (EXT DIA)

Mesma presença de repórteres e policiais da cena 13, mas sem a agitação de antes, clima fatigado, de rotina. A repórter atrevida de antes conversa com um colega.

Repórter	– <u>Três semanas</u> de plantão aqui e nada, esse embaixador já empacotou, tamos perdendo tempo, cê acredita que uma menina que entrou outro dia no jornal agora tá cobrindo inauguração do maior *shopping* e eu nessa pasmaceira, tem gente que nasce virado mesmo!

Corta para:

Cena 16: JARDINS DO SÍTIO DE LAVÍNIA (EXT DIA)

Final de tarde, Xavier pega malas, Zilá paparica Edgar e Maria Lúcia que acabaram de chegar de carro.

ZILÁ	– Só vão ficar té domingo?
MARIA LÚCIA	– O Edgar tem trabalho segunda-feira cedo.
XAVIER	– (*orgulhoso*) Waldir veio contá que também tá trabalhando na editora que era de doutor Queiroz!
EDGAR	– E o que não tá faltando pra nós é trabalho, viu, seu Xavier?
ZILÁ	– Orgulho desse menino! Sabe que ele aprendeu a ler com seis ano, sem ninguém ensinar?
MARIA LÚCIA	– (*abraçada a Zilá, caminhando em direção à casa*) Tem que ter muito orgulho de vocês também, dona Zilá, que souberam criar, deram as chances! (*tom*) Entregaram a mesa de pingue-pongue?

Corta rápido para:

Cena 17: SALA DO SÍTIO DE LAVÍNIA (INT NOITE)

Maria Lúcia e Edgar terminaram de jantar, Zilá tirando a mesa.

ZILÁ	– Comeram tão pouco do pavê!
EDGAR	– Mania dela, pra não engordar.
MARIA LÚCIA	– Tava uma delícia, dona Zilá, antes de dormir talvez eu coma mais um pouco.

Corta descontínuo para mais tarde, Edgar lendo jornal, Maria Lúcia trazendo uma bebida.

MARIA LÚCIA	– Tava pensando em chamar uns amigos e emendar Natal com Ano-Novo aqui no sítio, Edgar, que que cê acha? Sabe há quanto tempo eu não vejo o Galeno, por exemplo? Deixou o endereço novo com o porteiro, é perto lá de casa...
EDGAR	– Não vai dar, meu amor, esse projeto que eu tô desenvolvendo, tenho reuniões importantes marcadas pra 26 e 28.

Maria Lúcia disfarça frustração, arruma alguma coisa. Ele ligado no jornal.

EDGAR	– Esse caso do suíço tá parecendo novela! Por que diabo vão sequestrar um embaixador e não dizem logo o que querem? O governo nitidamente disposto a negociar!

Maria Lúcia não responde. Tem que passar que este assunto a incomoda. Edgar compreende e volta à leitura do jornal.
Corta para:

Cena 18: CASA DO SEQUESTRO (INT NOITE)

Salviano, João, Heloísa, Marcelo, Pedro, Rolf, tensos, na SALA.

SALVIANO	– Já mandamos quatro comunicados, ficam dizendo que não receberam nada, tem alguma jogada!
MARCELO	– Eles tão se comportando diferente dos outros sequestros desde o início.
PEDRO	– Tão é ganhando tempo pra localizar o aparelho e estourar!
JOÃO	– Não vamos perder a cabeça, gente, eles não têm como nos encontrar!

Campainha corta. Reações, silêncio. Salviano puxa João e Rolf para o QUARTO. Heloísa vai atender. É a menina Jaqueline, que fica na porta, Heloísa sorri natural, Marcelo e Pedro tensos.

HELOÍSA	– Oi, Jaqueline, quer entrar?
JAQUELINE	– Precisa não, a mãe só mandou eu ver se você tinha um bocadinho de óleo pra emprestar que lá em casa acabou.
HELOÍSA	– Tenho sim, entra.

Vai para a cozinha, natural, Jaqueline espia disfarçadamente a sala, curiosa, Marcelo e Pedro forçam sorrisos.
Corta para QUARTO. João, Salviano e Rolf colados a um rádio com locutor em BG muito baixo, sussurram.

JOÃO	– É a nota do Ministério da Justiça! Receberam a lista, reconheceram!
ROLF	– Cuidado que a menina escuta!

Heloísa, Marcelo e Pedro vêm da sala.

PEDRO	– Essa garota tá desconfiando de alguma coisa!
HELOÍSA	– Já despachei, criançona, curiosa!
JOÃO	– Ouve aí, gente, presta atenção!
LOCUTOR	– (*off, rádio*) No propósito de salvaguardar a vida do embaixador Rolf Haguenauer, o governo vai libertar os presos. (*reações, locutor continua*) Com exceção dos de números 7, 11, 25, 31, 45 e 63, por terem cometido crime de morte...

Revolta no aparelho, locutor continua em BG, Salviano anotando tenso os números que ele cita, João tonto, Pedro olha com raiva para Rolf arrasado. Salviano desliga o rádio brusco.
Corta direto, descontínuo, para a SALA, reunião pelo meio, quente, todos menos Rolf. Salviano com os números que anotou.

PEDRO	– Minha posição é queimar o homem, vão ver que não podem brincar com a gente!
JOÃO	– Matar não resolve, é o que eles tão querendo!
PEDRO	– Eu sabia que você ia vacilar!
MARCELO	– Acho desmoralização mesmo, se não soltarem todo mundo, não vejo outro jeito.

João olha desesperado para Heloísa, para Salviano. Tempo.

HELOÍSA — Dureza mas não tô vendo saída, a gente já fez concessão até demais.

Salviano olha sua lista, fala contido, duro, sofrido.

SALVIANO — Negaram o Quixote, 17 anos, tava comigo numa ação, atirou pra me salvar, eu consegui fugir, ele bateu com o carro logo na frente. (*muito duro, raiva*) O Quixote não fica preso, não fica!

MARCELO — (*triste*) Você é voto vencido, João.

Tempo. João se levanta, derrotado, vai para um quarto.
Corta para o QUARTO onde dorme João. Ele se senta na cama, muito deprimido. Sobre a mesa de cabeceira, um revólver. João olha, close da arma. Olha a parede que dá para o quarto de Rolf. Medo. Quer pensar em outra coisa. Pega um livro e começa a ler. Tempo. Não consegue se fixar na leitura. Tempo. Heloísa entra.

HELOÍSA — (*meiga*) Não tem outro jeito, você acha que eu gosto da ideia?

JOÃO — Sei que não. Às vezes fico só achando que... sei lá, você tem muito mais espírito revolucionário do que eu. (*tom*) Você não pensa nunca, Heloísa, na vida lá fora?

HELOÍSA — Uma vida que eu sempre fui contra?

JOÃO — A Maria Lúcia... casada com ele! Cê acha que eu consigo esquecer? Tudo isso pra quê? O que é que a gente tá conseguindo, de concreto?

Heloísa faz um carinho de amiga na cabeça de João. Sai, meiga.
Tempo com João, muito triste. Senta-se, muito deprimido. Close. Corta para série de flashbacks, planos curtos cobertos por música, no caso de haver diálogo.
a) Capítulo 1, cena 19, **COLÉGIO PEDRO II**, no comercial, primeira vez que João e Maria Lúcia se encontram.
b) Capítulo 1, cena 27, **SALÕES DE HELOÍSA**, o comercial, planos de Maria Lúcia e João dançando.
c) Capítulo 2, cena 35, **TERRAÇO DO HOTEL**, primeiro um plano dos dois conversando, à mesa. Corta para um plano dos dois dançando, avenida Atlântica vista lá de cima.
d) Capítulo 2, cena 36, **PORTA DE MARIA LÚCIA**, os dois se olham e se beijam, o primeiro beijo. Corta para plano de João se afastando, feliz, dando um pulo de vitória.
e) Capítulo 6, cena 14, **QUARTO DE MARIA LÚCIA**, os dois fazendo amor pela primeira vez.
f) Capítulo 15, cena 6, **CLÍNICA MODESTA**, final da cena, o momento em que João diz que não quer o aborto.
g) Capítulo 13, cena 32, **RUA DE IPANEMA NOITE**, beijo entre os dois.
Corta para o tempo real, João muito deprimido, lágrimas nos olhos, quer reagir, limpa as lágrimas com lenço, em close.
Atenção, edição: do close de João quando vai começar o flashback até o close em que ele limpa lágrimas, <u>exatamente 1 minuto</u>.

Sonoplastia: "Can't Take My Eyes Off Of You."
João sai do quarto e câmera o segue. João entra no banheiro.
*Corta descontínuo para João olhando-se no espelho, no **BANHEIRO**, depois de já ter estado ali algum tempo. Acha-se feio. Não quer pensar nisso. Sai. No **CORREDOR**, reação de espanto de João, close. Corta para Heloísa e Marcelo se beijando, na penumbra. Os três ficam sem jeito. Marcelo se adianta para dar alguma explicação mas sente que não há o que dizer. João entra em seu quarto, fechando a porta, mais triste do que nunca.*
*No **QUARTO**, João se joga na cama, tem uma longa e violenta crise de choro. Bastante tempo com João chorando.*
Corta para:

Cena 19: SÍTIO DE LAVÍNIA – QUARTO (INT NOITE)

Edgar dorme profundamente. Maria Lúcia com insônia, luz de abajur ligada. Maria Lúcia mostra sinais de ansiedade. Levanta-se, com cuidado para não acordar o marido. Senta-se em alguma poltrona, muito triste, o olhar parado. Close de Maria Lúcia, muito triste.
Corta para:

Cena 20: CASA DO SEQUESTRO (INT NOITE – DIA)

***QUARTO**, voltamos a João chorando muito. Tempo. A impressão que temos que passar é que ele vai pegar no sono depois de ter chorado muito.*
Atenção, edição: do momento em que João entra no quarto, no final da cena 18, e se joga na cama chorando, até João pegar no sono, aqui no início desta cena (incluindo a cena 19, claro), exatamente 30 segundos. Continuação da canção "Can't Take My Eyes Off Of You".
Corta descontínuo para manhã seguinte. Salviano acorda João, que dormiu vestido, traz um café para ele. Luz bonita entrando pela janela quase fechada.
Sonoplastia: galo cantando ao longe.

SALVIANO – *(sério, amigo)* Tô precisando conversar.

Reação de João, acordando. Olha o revólver, close da arma.
Corta descontínuo para COZINHA, João e Salviano tomando café, já no meio da conversa.

SALVIANO – Fiquei pensando a noite toda, não consegui pegar no sono, você tem razão, transferir o embaixador ia ser um desastre. Ninguém vai entender, nem a gente mesmo depois. Negaram o Quixote, verdade, outros companheiros, os mais importantes, pomba, doeu fundo, mas todos os companheiros são importantes, um que a gente consiga salvar já vale a pena! *(tom)* Engoliram o Ubaldo, cê viu.

JOÃO – *(emocionado)* Acho que não conseguiram provar que ele tava no sequestro...

SALVIANO – O Marcelo trouxe o resultado da votação do pessoal de fora, maioria esmagadora pela transferência. Eu, como comandante da ação, posso vetar, não queria mas vou, se preciso, e quero teu apoio. Queria te dizer também que tenho o maior respeito pelo modo como você resistiu sozinho ontem à noite, não é fácil. Agora somos dois.

Corta descontínuo para SALA, algum tempo depois, reunião em andamento, tensão, Salviano já concluindo, João, Heloísa, Marcelo e Pedro presentes. Salviano já falou muito. Tempo.

SALVIANO — Eu quero submeter a vocês, quem tá na ação é que tem que dar a palavra final.
PEDRO — (*seco*) Vai desmoralizar a luta. Eu não mudo meu modo de pensar de jeito nenhum.
MARCELO — Vai abrir crise na organização.
JOÃO — (*tenso*) Dois a dois.

Salviano olha Heloísa, suspense. Tempo.

HELOÍSA — Por mim... vamos ceder. Vocês me convenceram.

Reação de João, aliviado.
Corta descontínuo para Heloísa já no QUARTO com Rolf, acaba de dar a notícia a ele.

HELOÍSA — A gente mandou uma lista nova, substituindo os nomes que negaram. Agora é só esperar a resposta deles.
ROLF — (*tenso*) Vão demorar. Estão querendo ganhar tempo, eu sabia... Não sou o americano, nem o alemão, estão pouco se importando com a minha vida! (*tom*) Em todo caso, Deus abençoe quem votou a meu favor. (*tempo, agora leve*) Mas que horas são? Hoje ninguém vai sair para fazer <u>fachada</u>, vão deixar <u>estourar o aparelho</u> logo agora?

Heloísa sorri.
Corta para:

Cena 21: QUARTO DE NATÁLIA E FÁBIO (INT DIA)

Natália terminando de se arrumar apressada, com Solange.

SOLANGE — Conseguiu? Cada detalhe?
NATÁLIA — (*excitada*) Não ficou faltando nada, depois eu te conto a reação dele, Solange, tô em cima da hora, quero chegar antes!

Corta rápido para:

Cena 22: APTO. DE AVELAR (INT DIA)

Abre numa maleta no chão, indicando que Avelar acaba de chegar de viagem. Pedro Paulo se despede dele e de Natália.

PEDRO PAULO — Foi bom te ver, Natália. (*a Avelar*) Té logo mais.

Pedro Paulo sai. Avelar se aproxima, carinhoso. Vai beijar.

Avelar	– Que saudade, meu amor...
Natália	– Aqui não... Primeiro você vem ver o seu presente de Natal.
Avelar	– Puxa, Natália, eu queria tanto já ter comprado o seu em Lima, não encontrei nada que pudesse interessar você, quer dizer, pelo menos que eu achasse que/
Natália	– (*corta, romântica*) Vem!

Os dois caminham em direção ao quarto. Vão entrar. Close de Avelar, grande espanto.

Avelar	– Eu... mas que diabo é isso? Eu tô tendo alguma alucinação?

Câmera revela o QUARTO, enquanto os dois entram. A decoração <u>exatamente como era antes, em todos os detalhes</u>. De novo, só o presente dos alunos da cena 10. Clima romântico leve.

Natália	– Três semanas de trabalho insano!
Avelar	– Eu... não acredito... que brincadeira é essa?
Natália	– Brincadeira pra você que vai ver nem se lembra de tudo que é objeto que eu fiquei catando por aí.
Avelar	– (*emocionado*) Natália, eu...
Natália	– Agora pelo menos eu não preciso perguntar se você gostou.
Avelar	– Eu... eu te adoro... eu... Isso deve ter dado um trabalho que/
Natália	– (*corta, brincalhona*) E se quiser se sentir um pouquinho gigolô dessa vez até que pode, porque não foi a sopa do outro quarto não, Inácio, <u>foi caríssimo!</u> A cama, por exemplo, eu tinha dado pra passadeira da Solange, que deu pruma sobrinha que levou pruma cidade mínima perto de Recife. Eu só tinha três semanas, não podia correr risco, tive de fretar um aviãozinho pra reaver só essa cama! Uns objetos que eu dei pro porteiro aqui do prédio, ele tinha vendido prum brechó lá da cidade, vivendo e aprendendo, eu não podia ter ido bem-vestida a um brechó, carro novo, porque quando o proprietário entendeu que eu tava disposta a pagar qualquer preço por essas quinquilharias, olha, por cada bonequinho desses aí de artesanato ele me cobrou preço de cerâmica chinesa antiga!
Avelar	– (*de bom humor, já beijando*) Oito vestidos... No máximo nove...

Avelar joga Natália na cama e beija-a apaixonadamente. Tempo no beijo para ouvirmos música. "Senza fine".
Corta para:

Cena 23: ESCRITÓRIO DE FÁBIO NA *HOLDING* (INT DIA)

Fábio com Waldir.

Fábio	– Você tem certeza?
Waldir	– Absoluta, doutor Fábio.
Fábio	– Porque se você estiver protegendo um amigo...

WALDIR	– Eu ia ser ingrato, porque o senhor sempre teve muita confiança em mim, e <u>burro</u>, porque o senhor ia acabar descobrindo. (*tom*) Ele é um cara inteligente e deu muita sorte, tá jogando na bolsa, o senhor pode mandar fazer uma auditoria que não vai encontrar a menor irregularidade na editora. O Edgar é super-honesto, comprou o sítio porque vendeu as ações na alta.
FÁBIO	– Era exatamente o que eu tinha vontade de ouvir. (*afetuoso*) É de pessoas assim que eu gosto de me cercar, Waldir, a confiança total é o maior trunfo numa empresa bem-sucedida.
WALDIR	– Outra coisa. Se o senhor estiver de acordo, eu tinha vontade de continuar lá no cargo, porque eu tô gostando, é bom trabalhar com ele e/
FÁBIO	– (*corta*) O cargo é seu! Vai à luta, rapaz, e manda o Sérgio entrar porque eu preciso confirmar com o meu filho uma reunião de balanço de fim de ano da empresa de navegação que tá nas mãos dele.

Corta para:

Cena 24: CASA DO SEQUESTRO (INT DIA)

SALA. Janelas fechadas. João, Heloísa, Marcelo e Rolf jogam biriba, improvisam comentário rápido enquanto Pedro num canto desmonta um revólver de grande calibre sem os outros perceberem. Salviano vem de dentro, reage. Abre em close do revólver.

SALVIANO	– Já disse pra não mexer nisso à toa, arma é pra usar, tá pronta a qualquer momento, não pra brincar!
PEDRO	– (*assustado*) Eu ia limpar... Mexo com arma desde criança, monto de novo num instante, desculpa.
JOÃO	– Ficar só esperando dá nos nervos...
SALVIANO	– Eu exagerei, me desculpem, enquanto não tiver resposta da lista com os novos nomes é meio difícil manter a calma no aparelho mais procurado do Brasil.

Vai discreto para perto da janela, constrangido.

HELOÍSA	– (*desanuvia*) Imperador, não vai baixar?

Voltam ao jogo, Salviano espia pela cortina, sussurra da janela.

SALVIANO	– (*contido, muito tenso*) Silêncio. Tem um carro esquisito aí fora.

Reações, completo silêncio no mesmo instante, João, Marcelo e Pedro procuram suas armas, João vigia Rolf apavorado, mudo, Pedro chega até a janela, Salviano sussurra.

Salviano	– Dá uma olhada sem chamar atenção.

Pedro entreabre a porta, olha, João e Heloísa afastaram Rolf do ângulo de visão da porta. Pedro se volta para dentro, faz gesto para Marcelo, os dois escondem as armas sob as roupas, saem.

Corta para:

Cena 25: PORTA DA CASA DO SEQUESTRO (EXT DIA)

Marcelo e Pedro observam tensos, discretos, uma viatura da Aeronáutica parada perto da casa. Um sargento e dois soldados descem, vêm aparentemente na direção de Marcelo e Pedro. Logo em seguida, percebe-se que vão entrar na casa vizinha. Batem à porta da casa vizinha. Marcelo e Pedro assustados. A mãe de Jaqueline abre a porta, os homens entram.
Corta rápido para:

Cena 26: CASA DO SEQUESTRO (INT DIA)

Abre em muita tensão, Marcelo e Pedro voltaram, concluem, todos sussurram, armas na mão, João mantém Rolf junto à parede colada à casa vizinha, fora da visão da janela.

MARCELO	– Aeronáutica, entraram no vizinho!
SALVIANO	– *(sussurra tenso, a João)* Sai daí que podem estourar pela parede!

Reações, João puxa Rolf para longe da parede, todos olham para lá, armas apontadas, muita tensão. Close de João.
Corta para:

COMERCIAIS

Cena 27: CASA DO SEQUESTRO (INT DIA)

Continuação da cena precedente. Todos falam muito baixo. Tempo.

MARCELO	– Vou lá olhar.
HELOÍSA	– Peraí, eles te pegam!
JOÃO	– Não dá pra ficar esperando sem fazer nada!
SALVIANO	– Podem tá usando técnica de combate de casa em casa, entrar no vizinho pra dinamitar nossa parede. *(reações, fala com Marcelo)* A gente tem que saber o que tá havendo, vai você. Muito cuidado.

Marcelo faz que sim, esconde a arma, sai.
Corta para:

Cena 28: PORTA DA CASA DO SEQUESTRO (EXT DIA)

Marcelo vem da casa, adianta-se cauteloso para a casa vizinha quando a porta se abre, estão saindo o sargento e os dois soldados da Aeronáutica conduzindo um rapaz para a viatura, a mocinha Jaqueline atrás. Marcelo hesita um instante, os militares já embarcaram com o rapaz, partem, Marcelo vai até Jaqueline.

JAQUELINE	– *(casual)* Meu irmão, vagabundo que só ele, quer servir na euronáutica, quando tira licença não quer mais voltá, vi ero levá ele, a mãe tá nervosa!

Corta rápido para:

Cena 29: CASA DO SEQUESTRO (INT DIA)

Todos juntos, risos, alegria, Marcelo de volta, comemoram com cerveja no QUARTO. Falam bem mais alto do que de costume.

MARCELO	– Por causa do desertor quase que a gente manda a rua pelos ares, já pensou?
JOÃO	– Eu cheguei a me ver morto!
ROLF	– Vira essa língua para outro lado!
HELOÍSA	– (*bem alto*) Boca, imperador, "vira essa boca pra lá", assim que se diz!
PEDRO	– (*alto*) Tá achando que o homem algum dia vai aprender a falar direito?
ROLF	– Meninos, mais baixo, vizinhos podem ouvir, olha a seguridade, quer dizer, <u>segurança</u>!

Os outros se olham espantados, riem ainda mais, porém mais baixo.
Corta para:

Cena 30: EDITORA DE QUEIROZ (INT DIA)

Vários dias mais tarde. Waldir e Edgar em clima de muito trabalho. Kira vai entrar.

EDGAR	– E esse original da Muriel Garcia, *O direito ao orgasmo*, você chegou a ler?
WALDIR	– Passei os olhos. Tá na cara que vai vender bem, o mulherio cada dia mais aceso pra reivindicar, contestar...
EDGAR	– Eu preparei uma lista provisória pra gente bater uma bola antes de submeter ao conselho a coleção dos grandes romances da literatura universal...
KIRA	– Desculpa a folga, gente, mas... dia 31, vocês tão pretendendo romper o ano aqui dentro, trabalhando?
EDGAR	– Que horas são?
KIRA	– Quatro e meia da tarde!

Os dois se olham, riem, bom humor, não sentiram o tempo passar.

EDGAR	– (*pegando alguma coisa pra sair*) Combinei de tá na minha mãe sete horas pra dar um abraço, depois acho que a dona Carmen vai lá em casa, a Maria Lúcia me mata!

Corta rápido para:

Cena 31: CASA DO SEQUESTRO (INT DIA)

Abre em Heloísa terminando de enfeitar pequena árvore de Natal, Salviano ao lado. Marcelo vai entrar, vindo das compras, e deixar a porta entreaberta porque se atrapalha com sacolas.

SALVIANO	– Fachada é uma coisa, árvore de Natal já acho exagero, porque/
HELOÍSA	– (*corta*) Besteira foi não ter arrumado antes, quem passa vê da rua!
MARCELO	– Me ajuda aqui porque dia 31, com ônibus cheio, só o que eu trouxe de feijão e arroz de Madureira...
HELOÍSA	– (*enquanto Salviano ajuda Marcelo*) A gente tem dado sorte mas não pode facilitar. Outro dia o embaixador tava aqui na sala, na maior, se eu não tivesse visto a janela aberta...

Heloísa para de falar porque Jaqueline entrou e dá de cara com Salviano. Reação de Salviano, passado. Closes alternados.

JAQUELINE	– Eu só entrei porque minha mãe tava precisando de... Desculpa, não sabia que tava com visita.
HELOÍSA	– (*natural*) Meu tio, chegou ainda agora, de São Paulo, pra romper o ano, eu tava doida pra te apresentar, essa é a amiga que eu falei pro senhor, tio, a Jaqueline.

Salviano e Jaqueline cumprimentam-se informalmente.

HELOÍSA	– (*tem a ideia*) Inclusive eu tinha que te chamar pra festinha de réveillon, logo mais! Vamos reunir o pessoal aqui da rua!

Corta rápido para, mais tarde, todos num QUARTO.

JOÃO	– (*espantado*) Festa de réveillon?
HELOÍSA	– Vocês não vivem grilados com a segurança do aparelho? Tem melhor fachada que uma festa? Só você e o imperador que não podem aparecer, a gente arruma uma desculpa, quem é que vai desconfiar dum lugar onde teve festa?
MARCELO	– Perigo realmente eu não vejo não...
PEDRO	– (*a Salviano*) Se já tiveram que apresentar até o senhor!
MARCELO	– Vem comprar cerveja comigo, Doutor, depois de quase um mês trancado, acho que o senhor vai gostar de dar uma respirada, ver o sol...

Corta rápido para:

Cena 32: RUA DA CASA DO SEQUESTRO (EXT DIA)

Salviano, feliz com o sol no rosto, caminha com Marcelo.

SALVIANO	– Revolucionário se acostuma com tudo, mas te confesso, vou sofrer muito se um dia tiver de sair desse calor de 40 graus, <u>eu</u> de sobretudo, luva?! Minha vocação não é pra elegância não, gosto é daquela bermuda embaixo do umbigo do imperador, chinelo de dedão de fora, papo furado de salão de sinuca.
MARCELO	– (*sorri*) Nunca vi o senhor à toa!

SALVIANO — O quê?! Você não sabe o que é uma boa tarde de domingo jogando conversa fora, se entupindo de tremoço e muita cervejinha.

Marcelo sorri comovido, seguem.
Corta para:

Cena 33: BOTECO PERTO DA RUA DO SEQUESTRO (INT DIA)

Movimento normal de bar. Salviano, feliz, acaba de entrar com Marcelo que, sem jeito, o apresenta ao pai Betão, gordo, roupa branca, simpático, outros frequentadores curiosos.

MARCELO — Meu tio, pai Betão. (*constrangido, a Salviano*) Pai Betão é muito respeitado aqui na rua, tio.
BETÃO — (*discreto*) Seu tio não acredita nisso, menino, não é médico que você falou?
MARCELO — É.
SALVIANO — (*natural*) Eu, não acredito? Sou de Omulu, meu pai, Obaluaiê, bênção.
BETÃO — (*sorri*) O orixá da saúde, das curas.
SALVIANO — E das doenças, mas eu felizmente tô muito bom, saravá!

Betão abre sorriso, clima bom, Marcelo se diverte.
Corta para:

Cena 34: CASA DO SEQUESTRO (INT DIA)

COZINHA. Heloísa e João arrumando grandes bandejas de papelão com salgadinhos.

HELOÍSA — Só foi pena eu não ter tido a ideia antes porque comprar tudo fora saiu caro paca.
JOÃO — Tá gostando porque não é você que vai ficar trancada.
HELOÍSA — (*meiga*) Tá perto de terminar, João, paciência. (*tom*) Outra coisa, eu queria te explicar, por causa daquela noite, é que o Marcelo e eu... (*para*)
JOÃO — Tem nada pra me explicar não, Heloísa, cada um cuida da sua vida. (*sério*) Alguma vez te passou pela cabeça que eu não valorizo? (*pausa curta*) Vida afetiva?

Corta rápido para:

Cena 35: APTO. DE MARIA LÚCIA E EDGAR CASADOS (INT NOITE)

QUARTO DE MARIA LÚCIA E EDGAR. Maria Lúcia, de penhoar, está colocando cílios postiços em Carmen que, como Dolores, está pronta para réveillon, esporte. Edgar vai entrar vestido informalmente.

MARIA LÚCIA — Fica quieta senão eu não consigo!
DOLORES — (*a Carmen*) Esse é o cílio que a Adelaide tá vendendo?

CARMEN	– De *vison*! Fico com tanto medo de cair! Não sei como é que vocês conseguem enxergar com isso no olho, uma cortina!
MARIA LÚCIA	– Fica quieta um instante! Vocês deviam era vir comigo e o Edgar, parece que o réveillon vai ser animado, ele convidou!
CARMEN	– Só casal, a gente não ia se sentir bem.
DOLORES	– E diz que essa festa no Silvestre é a mais animada que tem!
MARIA LÚCIA	– Você se defende, mas pra mamãe tô com medo de ser meio barra-pesada.
EDGAR	– (*entrando*) Olha a hora, gente! A dona Zuleica acabou de ligar, que já tá pronta!
MARIA LÚCIA	– (*a Dolores*) Ela dirige bem?

Corta descontínuo para SALA, mais tarde, Maria Lúcia e Edgar saindo sozinhos, elegantíssimos, black tie. Ela pega bolsa.

EDGAR	– Santa Teresa, Maria Lúcia, você fala como se fosse o fim do mundo!
MARIA LÚCIA	– Meio deserto, não é?
EDGAR	– Que deserto que nada, residências lindas! De vez em quando só me passa uma nuvem de preocupação na cabeça é por causa do sequestro, o americano esconderam lá. Mas seria ridículo, depois de tanto tempo, quem é que vai pensar em estourar aparelho logo numa noite de réveillon?

De repente, Edgar nota que Maria Lúcia ficou tensa. Vai a ela, muito franco.

EDGAR	– Será que dava pra você me dizer por que é que sempre que eu por acaso menciono o sequestro do suíço você fica nesse estado?
MARIA LÚCIA	– (*disfarça*) Que estado?
EDGAR	– Nervosa!
MARIA LÚCIA	– Impressão sua! Tava pensando na mamãe! Ela não tem malícia...
EDGAR	– (*meigo*) Será que você não entende que muitas vezes essa sua maneira de mudar de assunto, ou... mesmo o silêncio... isso tudo me magoa?
MARIA LÚCIA	– Eu não sei do que é que você tá falando, Edgar, tá na hora, a Lavínia detesta atraso.
EDGAR	– (*firme, mas meigo*) Você sabe muito bem do que que eu tô falando.

Tempo. Maria Lúcia não responde.

EDGAR	– Eu acho que tenho o direito de perguntar. Você... esqueceu completamente o João?
MARIA LÚCIA	– Que pergunta!
EDGAR	– Esqueceu?
MARIA LÚCIA	– Eu não vejo nem sentido em responder, Edgar, você sabe que eu <u>odeio o João</u>!

EDGAR	– *(frágil)* Eu vou ficar muito mais tranquilo se um dia você me disser que o João pra você é... indiferente.
MARIA LÚCIA	– É indiferente!
EDGAR	– Você nunca pensa nele?
MARIA LÚCIA	– *(impaciente)* Olha a hora, Edgar!
EDGAR	– Me responde só uma coisa, eu tenho o direito de saber. Se de repente, você e o João, se cruzassem na rua, me responde, qual ia ser a sua atitude? Cara a cara!
MARIA LÚCIA	– Se desse tempo eu trocava de calçada, ou... sei lá, cumprimentava, talvez. Pra mim é como se o João não existisse.

Edgar lhe faz um carinho, aliviado.
Corta para:

Cena 36: PORTA DA CASA DO SEQUESTRO (EXT NOITE)

Réveillon começando, pessoal da rua chegando, entre eles Jaqueline com a mãe, o irmão, uma mulata muito bonita, Dorilei, com Betão. Salviano recebe animado na varanda com Heloísa.

SALVIANO	– Vamos entrando, tem que aproveitar, festa, 1970 é só mais um pouquinho, já já é outro ano!
HELOÍSA	– *(ao irmão de Jaqueline)* Teu irmão, né, tá tudo bem contigo?

O rapaz encabulado, Jaqueline nem um pouco, espevitada.

JAQUELINE	– Pois é, soltaro pro ano novo, essa euronáutica tá muito mole pro meu gosto!

Heloísa dá um cascudinho na menina, Salviano ri, Betão apresenta a mulata.

BETÃO	– Essa aqui é a Dorilei, minha cria.
SALVIANO	– Tá com pai Betão tá com Deus, vamo entrando, Dorilei, fica à vontade.

Encantado com a mulata linda, sem vulgaridade. Heloísa adora. Os convidados vão entrando.
Sonoplastia: a partir do início desta cena, música de carnaval pelo rádio: "O primeiro clarim", de Klécius Caldas e Rutinaldo, por Marília Medaglia, "Máscara Negra", de Ké Kéti e Pereira Matos, por Jair Rodrigues.
Corta para:

Cena 37: CASA DO SEQUESTRO (INT NOITE)

SALA. Animação, já bastantes convidados. Entraram entre outros Jaqueline, família, Betão e Dorilei. Pedro lá.

PEDRO	– *(enturmado)* Adoro São Paulo, mas samba tem que reconhecer que é no Rio!

Corta para um QUARTO que não o de Rolf, música vindo da sala, Marcelo enturmado com outro grupo de visitas.

MARCELO — Vocês que não conhecem, um dia tem que vir comigo pra São Paulo preu mostrar as bocas, cada casa de samba no Ibirapuera, com todo o respeito!

O pessoal ri, numa boa.
Corta para ÁREA EXTERNA, garrafas de cerveja no gelo, no tanque, bandejas de salgadinhos, Marcelo vindo da SALA com um grupo:

MARCELO — Fica à vontade, é simples mas é de coração, só vou pedir pra ninguém ir no quarto do meio, o colega do meu cunhado foi numa festa na Mangueira, deixou o pivetinho de seis meses pra dormir aí, fica chato acordar.

Corta para QUARTO DO MEIO, o de Rolf, ele lá, aflito, com João sem jeito, revólver pendurado da cadeira, uma garrafa vazia de cerveja na mão, pouca luz. Os dois sussurram tensos, aborrecidos. Música mais distante vem da sala.

ROLF — Na garrafa?!
JOÃO — Que jeito, no banheiro não dá pra ir, com esse mundo de gente no corredor!

Rolf suspira, pega a garrafa, vira-se para a parede, de costas para João, que olha para outro lado, constrangido. Consulta o relógio, onze e meia.
Corta descontínuo para a SALA, bem mais gente, música alta: "Tristeza", de Haroldo Lobo e Niltinho, <u>produzir</u>. Arranjo bem animado pra samba no pé. Salviano, Marcelo, Pedro, todos os convidados que já apareceram, vários dançando, Salviano animado com Dorilei. Focalizamos especialmente Heloísa dando um <u>show de samba</u>, com um passista negro. Bastante tempo na dança.

HELOÍSA — Agora é samba até o sol raiar!

Atenção: alternar a dança com planos de arquivo, fogos na noite.
Voltamos para a dança.
Corta descontínuo para Betão e Dorilei despedindo-se, são os últimos, Heloísa, Salviano, Marcelo e Pedro ali, Betão fala à parte com Salviano, sério e caloroso.
Sonoplastia: "Bandeira branca", de Max Nunes e Laércio Alves, por Dalva de Oliveira.

BETÃO — Ogum lhe valha.

Betão abençoa Salviano discreto, sai com Dorilei.

PEDRO — Quatro da manhã!
MARCELO — Valeu a pena, foi um <u>réveillon</u>.
HELOÍSA — O João, coitado!

Corta para o QUARTO. Rolf dorme. João triste, pensativo. Tempo, close de João. Corta para um PLANO RÁPIDO DO MAR, imaginação de João. Corta para o QUARTO, tempo real, Heloísa entrou, chama.

Anos rebeldes
Gilberto Braga

Heloísa	– João, já pode vir!

Corta para a SALA, todos menos Rolf, João já falando.

João	– A situação tá mais calma, eu... tava querendo dar uma saída, pagar o aluguel do meu quarto, pra dona não desconfiar. (*sincero*) E espairecer um pouco também, queria só ver o mar um instante, com toda a segurança, saio agora, ninguém vê, volto antes das sete da noite.
Pedro	– Os companheiros presos não têm colher de chá de espairecer, o aluguel pode esperar.
Heloísa	– E se a mulher chamar a polícia, revistar as coisas dele?
Marcelo	– E também é o único que tá trancado esse tempo todo, sem ver ninguém, os outros todos já tão podendo sair, até o Doutor!

Tempo. Esperam decisão de Salviano.

Salviano	– Ficar meses fechado em aparelho é ruim pra condição psicológica do militante, vai sim, paga teu aluguel, volta antes das sete.
Marcelo	– (*satisfeito*) Eu acho que tenho um calção pra te emprestar, cê bota por baixo, se tiver chance dá um mergulho por mim.

Corta rápido para:

Cena 38: PORTA DA CASA DO SEQUESTRO (EXT NOITE)

João se despede de Marcelo. Emoção.

Marcelo	– Lembranças pra Iemanjá.
João	– E um pedido, tanta coisa pra pedir!
Marcelo	– Se a gente chegar vivo até o próximo Ano-Novo já tá bom. (*força animação*) Vai, que ônibus hoje, quatro da manhã, deve ter pouco.
João	– (*já indo, pensativo*) Feliz Ano-Novo.

Tempo com João se afastando na noite, Marcelo olhando.
Corta para:

Cena 39: PORTA DA CASA DE MARIA LÚCIA E EDGAR CASADOS (EXT NOITE)

Porteiro vai abrir porta da garagem para Edgar entrar com o carro. Caramuru se aproxima, meio de pileque, uniforme, prato de comida numa mão, garrafa na outra. Maria Lúcia sai do carro para cumprimentá-lo.

Maria Lúcia	– (*feliz*) Aí, Caramuru! Boas entradas! Pensei que cê tivesse com a Dagmar...
Caramuru	– Traidora! Nem quero nem mais ver! Eu de serviço e ela diz que foi apreciar festa num clube lá na avenida Brasil! Apreciar!
Maria Lúcia	– Amanhã vocês fazem as pazes, que a Dagmar te adora.

Caramuru	– De serviço! A noite toda! Só deixei a portaria um segundo que a dona Odete, aí do 233, queria me dar essa garrafa de sidra e uns fios d'ovos com presunto. Até essa hora não chegou, apreciar? Ainda dona Carmen tá certa, coitada, que é viúva...
Maria Lúcia	– (*preocupada*) A mamãe... ainda não chegou?
Caramuru	– Té dez minuto atrás num tinha chegado não...

Corta rápido para:

Cena 40: APTO. DE MARIA LÚCIA E EDGAR CASADOS (INT NOITE – DIA)

QUARTO. Edgar se despindo para dormir. Maria Lúcia ainda com a roupa do réveillon, ao telefone.

Maria Lúcia	– (*tel*) Não, tia Dolores, pra dizer a verdade tô mais preocupada ainda! Não veio com você por quê? (*tempo*) E a Adelaide dirige bem? (*tempo*) Me dá o telefone dela. (*anota*) Não, tá tudo bem, é só que eu não tô acostumada, claro que não aconteceu nada, té manhã, tia, Feliz Ano-Novo.

Maria Lúcia desliga e começa a discar. Fala enquanto disca.

Maria Lúcia	– Diz que tava gostando, ficou na festa, a tia Dolores veio com a Zuleica e ela ficou com a Adelaide...

Ligação se completa. <u>Sinal de ocupado</u>. Maria Lúcia reage, tensa.
Corta descontínuo para meia hora depois, LUZ DO SOL já entrando pela janela. Maria Lúcia discando novamente, agora de camisola. Edgar quase dormindo, já na cama. Novamente <u>ruído de ocupado</u>.

Maria Lúcia	– Não dá não. Quarenta minutos um telefone ocupado, não é paranoia, tá com muita pinta de acidente, sempre ouvi dizer que a Adelaide é barbeira, seis horas da manhã, eu vou até lá! Ela mora logo aqui, na Vieira Souto.
Edgar	– (*levantando-se, meigo*) Eu vou com você.

Corta para:

Cena 41: PORTA DE PRÉDIO NA VIEIRA SOUTO (EXT DIA)

Porta de prédio na Vieira Souto. Estamos com Edgar, na calçada. Maria Lúcia na porta, terminando de falar com o porteiro. Despede-se e caminha até Edgar.

Edgar	– E aí?
Maria Lúcia	– Paranoia mesmo, desculpa. O telefone da Adelaide tá enguiçado há dias, elas chegaram faz uns dez minutos, parece que tão aí em frente, foram ver o mar, jogar flor, sei lá...

Corta para:

Cena 42: PRAIA DE IPANEMA (EXT DIA)

Abre na beira d'água, Maria Lúcia, Carmen e Adelaide, que acabaram de jogar flores no mar. (A praia tem que estar muito suja de flores e despachos.)

CARMEN — Agora deu pra isso, Adelaide, parece que eu que sou a filha e ela é a mãe!

MARIA LÚCIA — Desculpa, mãezinha, desculpa...

Corta para outro ponto. João chega, não vê ninguém. Fica olhando o mar. Longamente, emoção. Começa a tirar as calças para cair n'água. Coloca as calças na areia, que é um plano bem triste, detalhar.
Corta para Maria Lúcia, Carmen e Adelaide, que vai caminhando em direção ao seu prédio. Carmen grita.

CARMEN — Pera aí, Adelaide! Eu deixei a bolsa com a chave de casa no seu carro!

Enquanto Carmen corre atrás de Adelaide, Edgar se aproxima de Maria Lúcia, meigo. Abraça, protetor.

MARIA LÚCIA — Desculpa... Eu não tô sabendo nem onde enfiar a cara, você de pijama...

EDGAR — Se desculpar porque tem afeto pela sua mãe? Acho que nessa vida a gente pode se desculpar de tudo, meu amor, menos de ter afeto.

Os dois se abraçam, vão caminhar para casa, quando dão de cara com João, já de calção mas ainda de camisa. Reações dos três, muita emoção. Terminar em closes de Maria Lúcia e João.
Corta.

Fim do capítulo 17

Cena 1: PRAIA DE IPANEMA (EXT DIA)

João, Maria Lúcia e Edgar frente a frente, continuação imediata do capítulo precedente. Abre em tempo morto. Silêncio. <u>Barulho do mar</u>. Os três têm uma grande dificuldade de falar. Finalmente, João fala.

João	– Era... a dona Carmen, ali adiante?
Edgar	– (*constrangido*) Era. A gente veio procurar, por causa dum mal-entendido, mas já tá tudo bem. (*polido*) Faz tanto tempo, João... Acho que... pelo menos um ano...
João	– (*sem olhar Maria Lúcia*) Quinze meses. A última vez foi em setembro do outro ano. Depois... eu soube que vocês se casaram, eu... (*querendo morrer*) Felicidades.

Durante a última fala, close de Maria Lúcia, escondendo mágoa. Quando João diz "felicidades" ela responde, <u>agressiva</u>, tentando conter choro e emoção forte.

Maria Lúcia	– Nós tamos <u>muito</u> felizes. Espero que vocês também. (*a Edgar, falsamente casual*) A gente tem que ir, eu queria... chamar a mamãe, pra tomar café lá em casa...

Maria Lúcia vai se afastando. Edgar sem jeito diante de João.

Edgar	– (*constrangido*) Felicidades pra você também. Acho que... que vai dar sorte esse encontro... primeiro dia do ano, espero que dê sorte pra nós todos.

Edgar se afasta. João chama. Edgar <u>e</u> Maria Lúcia se voltam.

João	– Edgar! (*chegam perto*) A dona Carmen não me viu. (*tempo*) É que... eu tô com uns problemas aí... Preferia que vocês não comentassem com ninguém que me encontraram, assim tão perto de casa... porque... minha mãe, meu pai, cês sabem como é.
Edgar	– Pode deixar.
Maria Lúcia	– (*agressiva*) Eu tenho certeza que vai ser bem melhor pra eles.

Edgar e Maria Lúcia se afastam. Ficamos um tempo com João, deprimido. João olha o mar. Plano do mar. <u>Barulho do mar</u>.
Corta descontínuo para Maria Lúcia e Edgar caminhando em direção à calçada.

Edgar	– Eu sabia que se isso acontecesse... cheguei a comentar, Maria Lúcia, sabia que você ia ficar abalada.
Maria Lúcia	– (*disfarça*) Que abalada? Tava nervosa por causa da mamãe, já encontrei, imagina que ideia, abalada...
Edgar	– Por que você falou pra ele: "Espero que <u>vocês</u> também tejam felizes"?
Maria Lúcia	– Eu disse "vocês"?
Edgar	– Disse.
Maria Lúcia	– Tem certeza?
Edgar	– Absoluta.

Anos rebeldes
Gilberto Braga

Maria Lúcia	– Bom... o Marcelo... Eles devem continuar amigos. Se eu falei vocês só pode ser isso, devia tá pensando no Marcelo. (*tom*) Você se importa se eu chamar a mamãe pra tomar café com a gente?

Corta para:

Cena 2: APTO. DE EDGAR E MARIA LÚCIA CASADOS (INT DIA)

Maria Lúcia, Carmen, Dolores, Leila e Edgar tomam café da manhã, um pouco mais tarde, de forma descontraída. Dagmar vem da cozinha, com mais café, ainda vestida com sua roupa do réveillon. (Maria Lúcia tenta disfarçar, mas está triste e longe dali.)

Edgar	– Deixa que eu pego, Dagmar, aqui você é visita.
Dagmar	– Posso ser visita mas não sou madame. Tô doida pra saber cumé que foi seu réveillon, dona Carmen!
Dolores	– Cê precisava ver, Dagmar, ela só não ganhou prêmio de mais animada porque <u>não tinha</u> prêmio de mais animada! Dançou a noite inteira sem parar!
Leila	– Com quem?
Carmen	– Ora com quem, Leila, sozinha! Carnaval não precisa de par!
Edgar	– (*bom humor*) Tá falando sério, dona Carmen? A senhora brincou a noite inteira sozinha?
Carmen	– Sempre gostei de carnaval! (*a Maria Lúcia*) Não lembra quando você era pequena, seu pai e eu íamos ao High-Life, ao Bola Preta? (*a Edgar*) E sem beber! Sempre dancei só na base do refrigerante!
Dagmar	– Tô interessada em saber se a tal da festa era ou não era barra-pesada!
Carmen	– Que barra-pesada, Dagmar, de jeito nenhum! Uma rapaziada ótima, uns com jeito de *hippie*, agora qualquer lugar tem. Animadíssimos! Tinha... <u>beijo</u>, como sempre teve em qualquer baile de carnaval. Uma festa família mesmo, muito família. Podiam era ter organizado um pouco melhor, sabe?
Edgar	– Por quê?
Carmen	– Ah, depois duma certa hora... acabou o gelo, cerveja, refrigerante, tudo quente.
Dagmar	– Ano que vem vou levar a senhora comigo, que lá no meu clube tinha cerveja gelada a noite inteirinha!
Edgar	– O Caramuru ficou chateado, Dagmar, de serviço...
Carmen	– (*continuando*) E cigarro? Sorte que eu não fumo, porque eu acho que não vendiam cigarro, lá em cima, Santa Teresa, não devia ter nem botequim perto. Ou acabou logo, sei lá, porque a rapaziada toda, principalmente os mais jovens, a partir duma certa hora, ficavam sentadinhos assim no chão, sabe, mais família eu nem posso imaginar, faziam grupos, e ficavam fumando o mesmo cigarrinho, um ia passando pro outro, passando pro outro... olhar aquilo dava uma sensação de paz!

Todos riem da ingenuidade de Carmen.

DAGMAR — Acho que 1971 dona Carmen vai acabar rompendo ano é com o Galeno, viu?

Edgar sorri. Olha Maria Lúcia, ela sorri amarelo, alheia. Close.
Corta para:

Cena 3: PRAIA DE IPANEMA (EXT DIA)

João continua olhando o mar, muito triste. Tempo. Plano do mar. <u>Barulho do mar</u>. Corta para insert de um plano do capítulo 1, cena 5, RUA DE IPANEMA, João, Edgar, Galeno e Waldir caminhando, uniformes do Pedro II. Escolher um plano rápido em que Galeno tenha destaque. Corta para João, tempo presente. Toma uma decisão, pega suas calças, que ficaram na areia, e começa a vesti-las. Praia quase deserta.
Corta para:

Cena 4: RUA DE IPANEMA (EXT DIA)

Poucos figurantes já indo para a praia. João vem caminhando, plano geral. Tira um papelzinho do bolso, confere número de prédio, olha um prédio e entra.
Corta para:

Cena 5: APARTAMENTO DOS *HIPPIES* (INT DIA)

Comunidade hippie. *(Só precisamos ver a sala, o corredor e o quarto onde está Galeno.) Muitos* hippies *espalhados e passando o tempo todo. Alguns fazendo trabalho de artesanato. Michel tem um bebê recém-nascido no colo. Está abrindo a porta para João, que está muito triste. Nada aqui é comédia, nem folclórico, de jeito nenhum.*

JOÃO — *(cumprimentando)* Michel.

Michel sorri.

JOÃO — *(vendo a criança)* Não brinca que você... *(vibrando)* Teu filho?
MICHEL — *(sem piada)* Não sei... Pode ser. Que importância que tem? *(gosta da criança)* Tá quase andando...
JOÃO — Eu... queria ver o Galeno...
MICHEL — Vem.

João segue Michel pelo corredor. Entra sozinho no quarto indicado.
No QUARTO, Galeno ouve música. Vitrola portátil pobre no chão, com disco rodando. Ao lado, no chão, capa do disco, vai ser usada mais tarde. <u>Sonoplastia</u>: "Sun King", Lennon & McCartney, pelos Beatles.
Uma moça hippie amamenta outro bebê e uma criança de uns 3 anos brinca perto dela. Durante o diálogo, um dos hippies que fazia artesanato na sala deve entrar, pegar alguma coisa que precisava para seu trabalho, e sair, sem que se dê qualquer importância à sua presença. Galeno não é em absoluto o de antes. Continua afetuoso, mas <u>ouve pouco</u> tudo o que diz João.

Galeno	– (*sorridente, bem* hippie 71) João! (*passa a mão no rosto*) Você tá tão bonito...
João	– O André me deu o endereço. (*emocionado*) Bom te ver.
Galeno	– A gente tá tentando arrumar um lugar fora da cidade... A cidade não tá mais com nada.
João	– Você... não tá... escrevendo?
Galeno	– Às vezes... Quando eu tenho vontade... Mas eu queria mesmo... contato com a terra... plantar... Ainda leio muito. (*só aqui mais interessado em João*) Parei de ler foi jornal. Porque eu li... o sequestro... Violência. Não leio mais.
João	– O sequestro é uma forma de luta... Acho que não vai longe não, Galeno. Funcionou num momento particular, mas se generalizou demais pelo mundo, tá se desgastando...
Galeno	– Violência.

Tempo. Os dois não têm muito o que se dizer.

João	– Encontrei o Edgar ainda há pouco, na praia. Fiquei lembrando uma porção de coisas... O Waldir, você tem visto?
Galeno	– Se separaram.
João	– Quem?

Galeno mostra a capa do disco Abbey Road. *Detalhar.*

Galeno	– O George se dedicando a pesquisas espirituais... O Paul com esse conjunto novo... O Ringo... (*sorri*) Eu gosto do Ringo... (*tom*) O John lá no Village, com a Yoko... O John falou, eu li, ele falou assim: "Fico orgulhoso de ser o palhaço do ano, nesse mundo em que as pessoas ditas sérias tão matando e destruindo nas guerras, feito a do Vietnã."

Tempo.

João	– Eu... tenho que ir andando.
Galeno	– Por quê? Mal chegou.
João	– Queria te ver mas... (*constrangido*) Tá na minha hora.
Galeno	– (*muito amigo*) Você tá bem? Tá precisando de alguma coisa?
João	– Outro dia eu passo aí.

Corta descontínuo para a porta de saída, Galeno e João.

Galeno	– Ontem eu cruzei com a sua mãe e o seu pai...

Close de João, o assunto o incomoda.

Galeno	– (*em close, já à porta*) Pessoas muito lindas.

Corta para:

Cena 6: BOTEQUIM (INT DIA) APTO. DE JOÃO (INT DIA)

No balcão de um botequim, João diante de empregado. Telefone em cima do balcão.

JOÃO — Uma vitamina de abacate, por favor. E eu queria dar um telefonema.

O empregado coloca o aparelho perto de João enquanto vai fazer a vitamina. João olha o aparelho. Hesita. Tempo. Está em conflito. Resolve discar. Disca.
Corta para Abelardo atendendo, em sua SALA. Perto dele, Guilherme tomando café da manhã, servido por Talita.

ABELARDO — (*tel*) Alô.

Close de João, em conflito, não sabe se fala ou não fala. Hesita.

ABELARDO — (*tel*) Alô. (*tempo*) Alô.

João desliga, tenso. O empregado lhe entrega a vitamina. João começa a tomar a vitamina de abacate.
Corta para:

Cena 7: APTO. DE MARLI (INT DIA)

João com Marli diante da porta de seu quarto.

JOÃO	— Não deu pra avisar a senhora...
MARLI	— Natal, Ano-Novo, eu entendo, datas da família.
JOÃO	— Desculpa ter atrasado o aluguel.
MARLI	— Tá tudo bem, já pagou, seria até normal a gente combinar vencimento pra dia 30, você vai ficar direto?
JOÃO	— Não, só vim mesmo acertar o aluguel, pegar umas coisas, capaz de ainda passar uns dias em São Paulo, depois eu volto.
MARLI	— (*natural*) Claro, fica à vontade.

Vai se afastando, João entra no quarto. Sozinho, olha distraído os móveis, tira uma chave do bolso e destranca o armário, abre. Abre algumas gavetas, tira umas poucas peças de roupa, coloca em uma pequena sacola. Enquanto pega alguma peça, sem nenhum clima especial, cai no chão um <u>pequeno conjunto de fotos suas, modelo identidade/passaporte</u>, dentro de um envelopinho comum. Detalhar. João pega as fotos e guarda onde estavam. Continua a pegar roupas. Ao retirar um par de meias, nota <u>outro par</u> colocado do outro lado da gaveta, separado dos demais. Toca o par separado, os outros, fica olhando um instante, pensativo. Close de João, pensativo.
Corta para:

Cena 8: RUA DA CASA DO SEQUESTRO (EXT NOITE)

João vem pela rua com sua sacola, pensativo, reage ao ver Salviano na porta da casa conversando animado, fora de áudio, com um morador da rua. João para, hesita, finge que procura um endereço, olha número em outra casa. Salviano nota, puxa o morador na outra direção, ouvimos o final de sua conversa.

SALVIANO — Aliás ainda é dia primeiro, já tá na hora de começar a comemorar de novo, vai numa cerveja?

O outro ri, acompanha Salviano enturmadíssimo, João espera os dois se afastarem e vem discreto para a casa, entra sem ser visto.
Corta para:

Cena 9: CASA DO SEQUESTRO (INT NOITE)

QUARTO. João triste com Heloísa, já no meio da conversa.

JOÃO — Chato encontrar a Maria Lúcia e o Edgar naquela hora, um clima muito triste, como é que eu podia imaginar, não eram nem sete da manhã! *(tempo, tom)* A conversa com o Galeno também foi estranha. Quer dizer, eu não tava querendo nada especial, mas... nem parecia o Galeno... Cada um tão distante do outro...

HELOÍSA — Por isso que você tá assim?

JOÃO — Não sei... Tô meio invocado mesmo é com a meia, tenho quase certeza que as meias eu guardei do outro lado da gaveta, só se na hora fiz confusão, não vi, deixei longe das outras.

HELOÍSA — Muito arrumadinho você nunca foi. Tinha mais alguma coisa fora do lugar, esquisita? A mulher deve ter cópia da chave, pode ter fuçado, essa gente é enxerida.

JOÃO — Não, isso de jeito nenhum, porque eu olhei tudo, no duro, nem a meia eu tenho assim tanta certeza se não fui eu mesmo que troquei de lugar.

HELOÍSA — Não fica cismado, agora falta pouco, não vão ter desculpa mais pra recusar nome nenhum, terceira lista que a gente manda...

JOÃO — Era pra resolver numa semana, já tem quase um mês...

Close de Heloísa, relação visual com a cena seguinte.
Corta para:

Cena 10: QUARTO DE NATÁLIA E FÁBIO (INT NOITE)

Natália de penhoar, pronta para dormir, Bernardo entrando.

BERNARDO — Difícil mesmo de vender, essa casa da Solange e do Tomás. O cara de Minas que eu falei que podia tá interessado achou melhor comprar apartamento.

NATÁLIA — Pode deixar que eu aviso a ela. *(tom)* Queria te pedir uma coisa. A sua irmã. A última vez que me procurou foi no meu aniversário, já faz um mês... Você não conhece ninguém que pudesse saber dela?

BERNARDO — *(meigo)* Vou pensar um pouco, mãe. Vou tentar.

Corta para:

Cena 11: APTO. DE AVELAR (INT DIA)

Manhã seguinte. Avelar estava escrevendo à máquina um documento que vai ser importante, interrompeu para ouvir, muito abalado, algo que Pedro Paulo, também muito abatido, lhe conta.

AVELAR	– Pegaram o Lincoln, Pedro Paulo?!
PEDRO PAULO	– Eu sabia que você ia sentir... Disseram que foi tiroteio na rua mas não deixaram nem a família ver o corpo, caixão fechado.
AVELAR	– (*muito tocado*) Como é que pode, logo o Lincoln, um dos alunos mais brilhantes que eu tive...
PEDRO PAULO	– (*olha o documento*) Você vai mesmo escrever esse relatório? Não tá ficando perigoso demais, Avelar?
AVELAR	– (*com dor e raiva*) Agora mesmo é que vou, eles não têm como descobrir, e todo mundo precisa saber, vamos deixar continuarem abafando pra sempre?

Corta para:

Cena 12: APTO. DE MARIA LÚCIA E EDGAR CASADOS (INT DIA)

Maria Lúcia com Bernardo, empregada figurante servindo cafezinho, Edgar vai entrar, vindo do quarto. Maria Lúcia se esforça para não deixar transparecer que o assunto a incomoda.

MARIA LÚCIA	– Infelizmente é isso, eu não tenho a menor ideia, não vejo há tanto tempo!
EDGAR	– (*entrando*) Bernardo! Que surpresa!
MARIA LÚCIA	– (*enquanto os dois se cumprimentam informalmente*) O Bernardo achou que eu podia ter alguma notícia da Heloísa. Eu vou perguntar pra Lavínia, pra Jurema... quem sabe uma delas...
EDGAR	– Um dia desses você precisa passar lá na editora! Tamos com grandes planos pra 71, eu ia gostar muito de te mostrar os lançamentos previstos, sei que pra quem compra navio é café pequeno, mas você sempre gostou de ler...

Corta rápido para:

Cena 13: EDITORA DE QUEIROZ (INT DIA – NOITE)

Edgar e Waldir mostram lista de lançamentos de livros previstos para o ano a Bernardo. Tempo. Bernardo lê. Finalmente fala.

BERNARDO	– Muito bom. Se eu não recebesse de graça acho que ia comprar quase tudo. Aliás, vocês me desculpem só uma pequena crítica. Esse romance americano que vocês lançaram no Natal... de uma mulher, como é que chama mesmo?
EDGAR	– Susan Kramer.

WALDIR	– *Cidade nua.*
BERNARDO	– Pois é, eu achei interessante, mas a tradução... abaixo da crítica, gente!
EDGAR	– (*aborrecido, a Waldir*) Não te falei? Não tem revisor que dê jeito! (*a Bernardo*) É da alçada aqui do diretor administrativo. Pra conseguir tradutor competente, só pagando mais.
WALDIR	– Tamos pagando o preço de mercado, Edgar, a garota é que era fraca. Esse rapaz que entregou tradução hoje, puxa, outro nível, não é questão de preço.
BERNARDO	– Entregou o quê?
EDGAR	– Um romance policial. Inglês. Eu li o original, boa trama, prende atenção.
BERNARDO	– Se vocês quiserem a minha opinião sobre a tradução... Dá pra me fazer uma cópia?
EDGAR	– Um segundo só que eu vou providenciar com a Kira. Pra nós é ótimo, porque a gente tem discutido tanto...

Corta descontínuo para <u>uma semana depois</u>, NOITE, frisar pela luz, close de original que Bernardo entrega na mão de Edgar, Waldir presente. Agora, Bernardo está de paletó e gravata.

BERNARDO	– Desculpa eu ter demorado tanto...
EDGAR	– Só <u>uma semana</u>? Tem funcionário nosso que demora mais que isso, Bernardo!
WALDIR	– E a tradução?
BERNARDO	– Desculpa mas eu achei tão ruim quanto a outra. Romance gostoso, mas... uma tradução literal, sem nenhuma criatividade, o rapaz traduz (*em inglês*) <u>evidence</u> por evidência!
EDGAR	– Eu falei, Waldir, tem que pagar melhor! Uma pessoa capaz não se sujeita a ganhar essa mixaria!
WALDIR	– (*a Bernardo*) Você é dono da empresa.
BERNARDO	– <u>Filho</u> do dono.
WALDIR	– Meu trabalho é reduzir os custos. Você vai dar força pra ele?
BERNARDO	– Nesse caso vou. Tá claro que o único jeito é pagar melhor sim, reduz custo em outra área!

Waldir e Edgar se entreolham. Fica claro que já há divergências entre os dois e Bernardo saca isto. Close de Bernardo.
Corta para:

Cena 14: CASA DO SEQUESTRO (INT DIA – NOITE)

Manhã seguinte. No QUARTO onde dorme, João está lendo um livro, ligação visual com a cena precedente, rádio ligado. "Baby", por Gal Costa. Quando João se dá conta de qual é a canção, para rapidamente de ler e aumenta o volume do rádio. Enquanto está fazendo isto, Rolf entra para pegar uma revista. João não o vê, está totalmente absorto. Ficamos *por um tempo com João, em close, <u>muito emocionado</u>, sendo observado por Rolf, que pega a revista. Tempo. Finalmente, Rolf fala.*

ROLF — Recordações?

João o olha triste, quase chorando. Não sabe o que dizer.

ROLF — Desculpa, eu... não devia ter feito uma pergunta dessas. Claro que cada um de vocês aqui tem um passado, uma vida lá fora... A canção é linda, emocionante, uma coisa que não falta ao país de vocês é emoção. Eu já tinha ouvido uma vez e só não comprei o disco porque não sabia o nome da/

Rolf para de falar porque os dois ouvem falatório alto na sala, reagem, vão caminhando rápidos enquanto ouvimos falas em off.

PEDRO — (*off*) Entregaram os pontos, vão soltar o pessoal!
HELOÍSA — (*off*) Aceitaram os nomes?

Corta para a SALA, João e Rolf vindo do quarto, Heloísa, Salviano, Marcelo e Pedro vibrando em volta de um jornal que Pedro trouxe da rua, falam todos ao mesmo tempo.

MARCELO — <u>Soltaram todos</u>, amanhã tão embarcando, Santiago, Allende!
SALVIANO — Assim que a televisão mostrar eles lá, o senhor tá livre também!
ROLF — (*animado*) Eu mal estou acreditando!
HELOÍSA — Aposto que vai sentir falta da gente, imperador.
JOÃO — (*amigo*) Amanhã, seu último dia de reinado.

Corta descontínuo para NOITE do dia seguinte, na SALA, todos menos Pedro diante da tevê, imagem não precisa aparecer, ansiosos. Se for possível tape real de desembarque dos presos no Chile, tanto melhor. (Sem Ubaldo, claro.)

JOÃO — São eles mesmos, olha lá, descendo do avião! (*de repente, vibrando*) O Ubaldo!
MARCELO — Ubaldo, mais magro ainda, será?
SALVIANO — (*emocionado*) É ele sim!
HELOÍSA — Camisa xadrez! (*revoltada*) Sacanagem, olha como ele tá!
SALVIANO — (*emocionado*) Tá vivo, tá livre, é o que conta! (*a Rolf*) Hoje mesmo vai ser sua vez...

Pedro entra da rua nervoso.

PEDRO — Eu tenho uma notícia ruim, ruim não, péssima.
JOÃO — Não é possível, caiu mais alguém?
PEDRO — Ninguém, foi o carro. Bati com ele, um playboizinho me fechou e sumiu, deixei na oficina em Bonsucesso, o mecânico disse que era enrolado, tinha que trocar o rolamento de não sei o que, só prometeu pra daqui a três dias!
ROLF — (*ficando nervoso, não entende*) Mas vamos em outro, tantos carros, aquele que bateu no meu, é confortável!

SALVIANO	– Que conforto, embaixador, aquele ficou lá mesmo batido e os outros todos a organização já se livrou, carro usado numa ação assim, só ficou mesmo o que veio com a gente!
ROLF	– Soltam setenta presos e vocês não têm um carro pra me tirar daqui?

Close de Salviano, constrangido.
Corta para:

COMERCIAIS

Cena 15: CASA DO SEQUESTRO (INT NOITE)

Continuação imediata da cena precedente. Os mesmos.

ROLF	– Eu vou a pé, consegue-se tudo e eu continuo sequestrado por falta de condução? Pensei que vocês fossem melhor organizados!
PEDRO	– Não precisa esculhambar!
JOÃO	– Calma todo mundo, o senhor vai sair, embaixador, a gente vai arrumar um jeito! (*a Salviano*) Tem que ter algum outro carro na organização!

Corta descontínuo para <u>dois dias</u> depois. Na SALA, Salviano, Rolf e Marcelo, jogando cartas. Heloísa chegando da rua, com embrulhos, sacolas, vai arrumando coisas durante diálogo. Pedro vai chegar logo em seguida com jornal.

ROLF	– O meu governo não vai acreditar nunca! <u>Dois dias</u> pra conseguir um carro!
SALVIANO	– Esse que a companheira prometeu não fura, embaixador, taí tá chegando.
PEDRO	– (*entrando*) Tá pesado na rua, polícia em todo canto. (*indica Rolf*) Tudo com fotografia do nosso amigo aí, tão querendo pegar a gente mesmo!
ROLF	– Não trouxe o carro? Quem ia buscar era você ou o outro?

Pedro olha em volta. Sente a falta de João. Fica preocupado.

PEDRO	– Vocês... deixaram ele sair, de dia?
HELOÍSA	– (*casual*) Ele não tá mais escondido não. Eu tava saindo de manhã pra fazer as compras, a Dorilei foi entrando, deu de cara com ele vindo do quarto de calção, falei que era meu outro primo de Santos. Essa altura se a gente apresentar o imperador falando que é meu tio francês que chegou de Marselha ninguém aqui na rua estranha mais.
ROLF	– Eu fico muito honrado, mas dispenso o risco. Se o rapaz não chegar em meia hora, gostaria de submeter-lhes uma proposta. Eu vou de... como se diz mesmo, <u>autobus</u>?
PEDRO	– Devolver um sequestrado <u>de ônibus</u>? Desmoraliza, é arriscado!

Marcelo	– O senhor não tem cara de quem anda de ônibus, vai chamar atenção.
Rolf	– Com um bom disfarce, roupas bem comuns, ela sabe escolher...
Heloísa	– Acho que se não tiver outro jeito a gente bem que podia mesmo apelar porque/

Marcelo para de falar porque João entra, excitado, sorridente, chave de carro na mão, disco embrulhado na outra.

João	– Taí na porta, não é de luxo mas roda! Mas não tem pressa, imperador, pode acabar seu joguinho...

Rolf já partiu voando para o quarto, os outros riem.
Corta descontínuo para o QUARTO DE ROLF, que termina de dar o laço na gravata, terno do dia do sequestro. João vem lhe entregar o disco embrulhado. Durante o diálogo, Heloísa vai entrar, com embrulho na mão.

João	– Pro senhor se lembrar da gente.
Rolf	– (*desembrulhando*) Obrigado.
João	– E da emoção que o senhor falou que tem aqui nesse país atrapalhado. É a cantora que o senhor gostou.

Close de capa de disco de Gal Costa, com foto da cantora. Heloísa entrega presente embrulhado.

Heloísa	– Eu também trouxe um presentinho.

Rolf desembrulha, é uma coroa de rei de lata, de carnaval. Fica emocionado. Heloísa coloca a coroa na cabeça dele, Rolf se olha no espelho.

Rolf	– Mas... onde foi que você conseguiu isso?
Heloísa	– Casa Turuna.
Rolf	– Casa o quê?
Heloísa	– Vende adereços de carnaval, lá na cidade. Saia de havaiana, chapéu de mosqueteiro, sandália de grego, purpurina, o senhor já viu nego desfilando de mosqueteiro, na Mangueira? E ala das baianas, velhinha de óculos amarrados com elástico? Sambando no pé, rodando a saia, lindas...

Rolf pega a coroa, fica olhando em suas mãos, emocionado.

Heloísa	– (*emocionada, se possível, a partir de algum ponto, lágrimas nos olhos*) Muita coisa aqui não dá pro senhor entender não, por mais que o senhor seja inteligente, informado... Um comentário seu, outro dia... O operário que toma cerveja sem poder aquisitivo... Um cara desses, se fizer as contas, na ponta do lápis, de quanto ele vai economizar se não tomar cerveja o resto da vida... sabe em quantos séculos ele ia ser capaz de... digamos... ser proprietário duma casinha modesta? O perfume da Dorilei, fazendo conta ela também ia se mancar que não tem grana pra comprar não. Então é isso aí, bi-

cho, o sonho. Mosqueteiro, muita purpurina. Casa Turuna, o senhor não vai conseguir entender nunca.

Heloísa dá um beijinho no rosto de Rolf.
Corta para:

Cena 16: RUA DA CASA DO SEQUESTRO (EXT DIA)

Marcelo, Pedro e Rolf, com seu disco e coroa embrulhados, caminhando em direção ao carro, ali perto, um fusquinha bem chumbado.

PEDRO	– Vamos deixar o senhor num ponto de táxi.
MARCELO	– Vai ter que ir de cabeça baixa pra gente não ter que vendar os olhos.
ROLF	– Não vou denunciar ninguém, nem tenho mesmo ideia de onde estou, digo que conheço mal o Rio, mas... não quero ir direto para minha casa, tenho um colega de embaixada, Raymond Cohl, mora no Leme.
PEDRO	– Não quer ir pra casa?
MARCELO	– (*entende*) Tá com medo de encontrar a repressão no caminho e... Acho que ele tem razão, Pedro, podem acabar com a raça dele pra botar a culpa em nós.

Já entraram no carro, Pedro dá a partida.
Corta para:

Cena 17: CASA DO SEQUESTRO (INT DIA)

João, Heloísa e Salviano terminando apressados de limpar a casa, retirando papéis, objetos pessoais, todos os vestígios da presença do grupo. Certa tensão. Todos os três devem pegar <u>revólveres</u>, porque vão sair armados. O de João ele deve levar numa pequena pasta barata, tipo envelope, público deve registrar isso.

SALVIANO	– Diferente o que, na gaveta?
JOÃO	– Deve ter sido impressão, achei que uma meia tava num lugar diferente do que eu botei.
SALVIANO	– (*ri*) Meia, bom, eu se me perguntarem onde eu guardei é capaz de ter esquecido embaixo da cadeira, foi só isso?
JOÃO	– Não tem muita coisa importante lá não, uns livros que eu encapei pra não chamar atenção, as roupas, até as fotos tavam lá direitinho.

Nota ar alerta de Salviano, Heloísa também atenta.

SALVIANO	– Que fotos são essas, suas?
JOÃO	– (*casual*) Foto comum, usei pra tirar a identidade falsa, sobraram umas.
HELOÍSA	– E ficaram lá na casa da mulher? Você não tinha me falado.
SALVIANO	– Tinha alguma identificação, seu nome verdadeiro, onde foi que você tirou?

João	– Não, não tinha nome, tirei, deixa ver, faz tanto tempo, ah, foi quando eu ia precisar de passaporte pra viajar, na época que a gente libertou o Marcelo.
Heloísa	– 1969, fevereiro.
Salviano	– Cê não lembra onde tirou?
João	– Foi na Barão da Torre, desde criança eu sempre tirei lá.
Salviano	– Tinha carimbo do fotógrafo atrás? Alguns botam.
João	– *(tempo, tenta lembrar)* Isso eu não lembro, não prestei atenção...
Salviano	– *(hesita)* Perigo mesmo, eu acho que não tem, se bem que foto assim, não gosto de deixar por aí, você com identidade falsa.
Heloísa	– Por mim não arriscava, voltar lá pra quê?
Salviano	– Perigoso deixar foto se não lembra se tem nome do fotógrafo.
Heloísa	– *(a Salviano)* Ele não pode ficar uns dias no aparelho médico?
Salviano	– Foi desativado. A organização tá num estado de penúria...
Heloísa	– *(ideia)* Areal! Podia se encostar um tempo no aparelho de Areal.
João	– Areal tô achando ótimo.
Heloísa	– Então cê vai na mulher, pega tuas coisas, deixa num bagageiro na rodoviária, a gente marca um ponto de tarde, dá pra ir essa noite mesmo.

Corta rápido para:

Cena 18: RUA PERTO DA CASA DO EMBAIXADOR (EXT DIA)

Rolf e Raymond no carro elegante em movimento de Raymond, que dirige. Raymond fala francês, legendas em português.

Raymond	– *Je crois que vous avez eu tout à fait raison, Monsieur l'Ambassadeur, j'aurais fait exactement la même chose.*

(Legenda: "Acho que o senhor fez muito bem, senhor embaixador, eu teria feito exatamente a mesma coisa.")

Corta para:

Cena 19: PORTA DA CASA DO EMBAIXADOR (EXT DIA)

O mesmo clima das cenas anteriores neste local, ainda mais repleto e agitado. Muitos repórteres e policiais, tensão, excitação. Presente a repórter furona que apareceu no capítulo anterior, com o mesmo colega, neste momento os dois e os demais repórteres rodeando um táxi que parou perto, motorista e passageiro assustados, repórteres em cima, fora de áudio. Logo a repórter se afasta decepcionada, corta para plano próximo, ela conclui ao colega.

Repórter	– Procurar restaurante no meio dessa confusão, sujeito parece que não lê jornal, nem sabe de sequestro! Mas a primeira declaração desse embaixador vai ser pra mim, se vier se fazer de rogado nem deixo entrar em casa!

O carro de Rolf e Raymond se aproxima discreto, vai para a garagem, porteiro abre a porta, carro entra.

REPÓRTER — Placa da embaixada, é o diplomata que não sai daí, fica pajeando a esposa, o homem vem de táxi.

Corta descontínuo para Raymond saindo do edifício, repórter reconhece, vai até ele.

REPÓRTER — Seu Raymond, só aqui pra mim, o homem nem telefonou, não deu notícia, nada?
RAYMOND — *(sotaque forte)* Está aí dentro, já vai aparecer na janela.
REPÓRTER — *(passada)* Dentro... da casa?
RAYMOND — Mais tarde vai receber vocês pra uma entrevista coletiva.

Reações, outros repórteres cercam Raymond. Agitação.

RAYMOND — Viemos no meu carro. *(vê Rolf à janela, com a esposa)* Olha lá ele, com sua mulher!

Plano de Rolf com a esposa, à janela. Acena para a imprensa, reações, movimento, chapas sendo batidas, a repórter confusa.

REPÓRTER — Eu vou perder o meu emprego!

Corta rápido para:

Cena 20: APTO. DE AVELAR (INT DIA)

No QUARTO, Natália e Avelar, na cama, depois do amor. Ternura.

NATÁLIA — *(triste)* Essa amiga não sabia, a Maria Lúcia. Mas vai perguntar pra outras, o Bernardo tá se empenhando...

Avelar faz um carinho, com pena. Natália se chega.

AVELAR — Por quanto tempo você acha que o seu filho vai continuar morando com vocês? Ele não pensa em casar, morar sozinho?
NATÁLIA — Por que você tá perguntando isso?
AVELAR — *(carinho)* Talvez... porque de vez em quando eu penso... A Heloísa tenho certeza que tá bem, meu amor, mas pra casa de vocês não volta... No dia que o Bernardo sair de casa... Você nunca pensou? Em enfrentar a barra de ser mulher dum professor?

Natália sorri, meiga. Close dela, enigmática. Avelar fica fazendo carinho.
Corta para:

Cena 21: APTO. DE MARLI (INT DIA)

João com a mala quase pronta, recolhendo últimas coisas do armário, encontra as fotos no envelopinho, examina ocultando de Marli, que acompanha os preparativos da mudança. Enquanto Marli fala, detalhamos as fotos, João examinando o verso, <u>carimbo de fotógrafo fictício na rua Barão da Torre</u>.

Marli	– Assim tão depressa, você disse que ia a São Paulo, depois voltava!

João viu o carimbo, reagiu tenso, agora disfarça.

João	– Pois é, doença, família a senhora sabe como é, nem sei se vai dar pra fazer o vestibular agora.

Guardou as fotos e as outras coisas, fechou a mala para sair.

João	– (*apressado*) Vamos só acertar esses dias, eu... tenho que correr.

Marli disfarça desconfiança.
Corta rápido para:

Cena 22: PRAÇA (EXT DIA)

Banco isolado da praça, <u>ponto</u>, João e Heloísa, ela lhe passa uma passagem de ônibus durante a conversa. Tensão.

João	– Tinha carimbo do fotógrafo mas acho que ela não mexeu, seguido eu não fui, prestei a maior atenção, já deixei a mala na rodoviária.
Heloísa	– Cê tá fora de lá, não se preocupa mais. Arrumei passagem pras oito e o Pedro vai deixar o carro comigo, preu te levar, só que eu ainda tenho outro ponto antes, a gente pode combinar às sete.

Heloísa deu a passagem a João, que olha o relógio, close: 1 hora. Reação de João, vai ter que fazer hora.
Corta para:

Cena 23: TELEFONE PÚBLICO (INT DIA) APTO. DE JOÃO (INT DIA)

João vem pela rua (ou qualquer outro local) fazendo hora, vê o telefone público, se decide, disca. Planos alternados com APTO. JOÃO – SALA, já corta para Talita emocionada ao telefone, Valquíria vai vir de dentro e reagir.

Talita	– (*tel, emocionada*) Tá onde que num diz nem pra mim, minino, cê nunca foi disso, que <u>por aí</u>, isso é resposta?

Valquíria entrou, ouviu, já vem para o tel., Talita ainda fala.

Talita	– (*tel*) João, vem pra casa, tá todo o mundo aqui aflito, vem meu filho!
Valquíria	– (*pega tel., emocionada*) João?
João	– (*tel, emocionado, tempo*) Pois é, mãe, eu vou viajar, queria me despedir. (*t*) Não é longe não, é... Miguel Pereira, um trabalho que apareceu, mas não sei se vai dar preu ficar ligando. (*tempo*) Problema nenhum, tá tudo bem comigo...
Valquíria	– (*tel*) Despedir assim não, eu quero ver você, meu filho, tenho que ver, mãe, você vai embora assim, e eu, fico como, sem saber... (*lágrimas nos olhos*) Por favor, João, só um minuto! (*tempo*) Não quer vir aqui tá certo, onde você quiser! (*tempo*) Por favor!

João	– (*tel*) Daqui a uma hora então, vamos combinar um lugar. Mas você vai sozinha.

Close de Valquíria, muito emocionada.
Corta para:

Cena 24: APTO. DE AVELAR (INT DIA)

QUARTO, Avelar e Natália já se despedindo, ela ainda pensativa.

Natália	– Quando é que a gente se vê?
Avelar	– Quando você puder, eu tô de férias, aula só dois dias da semana, no Itamarati nem têm pedido nada...
Natália	– (*num impulso*) O que você falou! Da gente ficar juntos, um dia...

Avelar a olha, com amor.

Natália	– Eu quero muito... Claro que eu quero muito, mas tem uma série de coisas que a gente precisa conversar porque/

Corta-se, porque ouviu o ruído da porta, na sala.

Pedro Paulo	– (*off, da sala, nervoso*) Avelar, você taí, sou eu, Pedro Paulo, vem cá!

Reação de Avelar, Natália um pouco tensa.
Corta descontínuo para a SALA, Avelar tenso já falando com Pedro Paulo muito agitado, com medo. Clima bem tenso.

Avelar	– Peraí, vamos pensar com calma.
Pedro Paulo	– Não dá tempo, eu vou é arrumar minha mala, nem você nem eu podemos ficar aqui, o <u>Renatinho</u>, Avelar, ele e a mulher foram presos, a qualquer momento pode estourar tudo!
Avelar	– Eu tenho quase certeza que eles tavam envolvidos em outra coisa, pode não ter nada a ver com a gente!
Pedro Paulo	– O relatório, Avelar, você entregou a cópia pra eles!

Reação de Avelar, sente que a situação é realmente crítica.
Corta para:

Cena 25: APTO. DE GLÓRIA (INT DIA)

Glória e Zuleica. Muito ritmo.

Glória	– Você tem certeza, Zuleica? O fotógrafo da Barão da Torre?
Zuleica	– Ih, minha filha, a pena que eu tenho da Valquíria e do Abelardo!
Glória	– Me conta direito!
Zuleica	– Aquela menina, recepcionista, contou pra manicure da Adelaide. Polícia, com fotografia do João Alfredo, perguntando o nome!
Glória	– Meu Deus do céu!
Zuleica	– O que eu fico na dúvida, numa hora dessas, é se o papel duma amiga é avisar pros pais ou calar a boca!

Corta rápido para:

Cena 26: LOCAL ERMO (EXT DIA)

João e Valquíria muito emocionados e tensos.

João	– Não dava pra ser lá perto, mãe. Foi ruim de chegar?
Valquíria	– Isso não tem importância, eu tinha que... (*abraça, toca*) João, meu filho, tanto tempo, tanto medo!
João	– Medo não, mãe, por quê?
Valquíria	– E já vai de novo, assim sem nem... Seu pai é... Ele não gosta de dar o braço a torcer, sempre com aquela cara fechada, mas ele sente também, pensa que não?
João	– Eu sei que ele sente, você também, não queria que vocês se preocupassem, não tem motivo!
Valquíria	– Por que, João, embora? Outra cidade...
João	– Não dá pra falar muito, acredita em mim, é melhor, pra mim, pra vocês.
Valquíria	– Pra mim não é não, melhor como, melhor do que a tua casa, será que tá tudo tão virado que a gente não pode nem cuidar do filho em casa, proteger...?

João só faz que não, com muita pena, abraça-a, ela chora mansamente.
Corta para um canto oculto, a certa distância, Camargo e dois auxiliares, já abre em close da mesma foto de João que vimos na casa de Marli, agora na mão de Camargo. Clima.

Camargo	– É esse mesmo, a mulher do quarto desconfiou certo, não era maluca não. (*olha o verso, o carimbo do fotógrafo*) Se chama João e deu nome de Augusto pra alugar o quarto com documento falso, tá escondendo coisa séria, foi bom grampear o telefone da mãe.

Um dos auxiliares dá um passo à frente, Camargo o detém.

Camargo	– Ainda não. Tô com palpite que se a gente deixar ele rodar mais um pouco acaba jogando a rede em peixe mais graúdo.

Corta para:

COMERCIAIS

Cena 27: LOCAL ERMO (EXT DIA)

A mesma situação da cena precedente, minutos depois. João e Valquíria se despedem abalados, Camargo e auxiliares atentos de longe, sem serem vistos.

João	– Eu vou ficar bem, também tô sentindo muita saudade, tenho que ir.
Valquíria	– Vai ficar bem mesmo, cê toma cuidado?

João	– Tomo, muito, dá um beijo no pai, nos meus irmãos, eu gosto muito deles, cuida de você também, mãe, não... não fica se preocupando.

Beija-a, vai se afastando, Valquíria parada, depois o chama.

Valquíria	– João!

Ele se volta.

Valquíria	– Me promete, se você precisar, se eu puder, qualquer coisa que eu possa fazer... me procura, não pensa em mim como uma pessoa inútil...
João	– Nunca pensei, mãe, você é forte, eu prometo, procuro sim.

João faz um carinho no rosto da mãe e se vai. Ela ainda fica olhando um instante, depois vai em outra direção, lenta, cabeça baixa, lágrimas nos olhos. Depois que se afasta, Camargo e os auxiliares discretamente seguem João.
Corta para:

Cena 28: APTO. DE AVELAR (INT DIA)

QUARTO. *Avelar fazendo mala apressado, ao mesmo tempo já concluindo explicação a Natália muito tensa.*

Avelar	– Não falei pra não preocupar, não tô ligado a nenhuma organização, só um grupo de amigos, tem muita gente revoltada, Natália, vê um ex-colega, companheiro de trabalho, ou um ex-aluno, de repente some, isso sempre se sabe, com toda a censura, boca a boca, a gente quis fazer alguma coisa.
Natália	– (*abalada*) Mandar... informações pro estrangeiro?
Avelar	– Eu me correspondo com instituições do exterior há anos, pro meu trabalho. Um cara que eu conheci na prisão me procurou meses depois, esse que foi preso agora, falou com o Pedro Paulo também. Tem jornalista, advogado, parente de preso fazendo isso, às vezes a gente manda carta prum amigo fora, escrevi pro Juarez, se asilou em 1964, agora tá na Alemanha dirigindo um programa de educação.
Natália	– O seu trabalho no Itamarati...
Avelar	– Não teve nada a ver com isso, só aproveitei viagem que eu tinha mesmo de fazer pra algum contato. Mas o Renato e a mulher, cê sabe como tão tratando os presos políticos, eles tavam com um relatório que eu preparei, detalhado, com todas as informações que a gente juntou, encaminhando pra Anistia Internacional, se encontraram vão querer saber o que é aquilo, e não dá pra resistir muito, tem umas dez pessoas só nesse grupo, o Pedro Paulo avisou quem ele encontrou, foi pra casa dum amigo que não tem nada a ver com política, eu vou prum hotel, aqui não dá pra ficar, amanhã a gente já deve ter ideia se realmente tamos correndo algum perigo.

Natália	– (*aflita*) Nunca me disse nada!
Avelar	– Pra te preocupar?
Natália	– Pra que se meter nessas coisas? Depois de ter sido preso, e tudo...
Avelar	– Eu vacilei sim, tive medo, mas aconteceu uma coisa que... (*hesita*)
Natália	– O que, aconteceu o que, pra se envolver nisso sem razão, graças a Deus você pelo menos não foi... (*torturado*)
Avelar	– (*corta, simples*) A Heloísa. <u>Ela</u> foi torturada, outros foram. Aí que eu resolvi. Alguém tem que denunciar, Natália, direitos humanos, não dá pra gente viver fingindo que isso não tá acontecendo!

Tempo. Natália muito abalada. Lágrimas. Avelar se aproxima, faz carinho.

Natália	– Desculpa. Me desculpa. Você não vai pra hotel nenhum, não vai não, espera. Eu tenho medo. (*vai até o telefone, disca*) A Solange, por favor.

Corta para:

Cena 29: EDITORA DE QUEIROZ (INT DIA)

Término de uma reunião de conselho editorial, todos se levantando, despedindo-se informalmente, entre os participantes, Waldir e Edgar. Edgar chama Waldir.

Edgar	– Waldir.

Waldir se volta, enquanto os outros saem, fica só com Edgar.

Edgar	– Eu... não queria discutir esse assunto na frente dos outros.
Waldir	– Que assunto?
Edgar	– A coleção de grandes romances da literatura universal. Não tá me batendo bem.
Waldir	– O quê?
Edgar	– Só até o século XIX, Waldir?
Waldir	– Domínio público. Você já me onerou com aumento pra tradutor, vamos nos meter com direitos autorais? Dez por cento do preço de capa!
Edgar	– (*irritado*) Anunciar uma coleção de grandes romances da literatura universal... Waldir, a gente vai tá dizendo que a grande literatura terminou no século XIX! Aldous Huxley não é um grande romancista porque morreu em 63?
Waldir	– Não exagera que muito escritor do início do século já caiu em domínio público!

Corta rápido para:

Cena 30: APTO. DE MARIA LÚCIA E EDGAR CASADOS (INT DIA-ANOITECENDO)

SALA. Maria Lúcia, Edgar e Regina, de visita, fazendo um lanche.

EDGAR	– (*a Maria Lúcia*) Você acha correto?
MARIA LÚCIA	– De jeito nenhum, em último caso só se pusessem outro título na coleção.
REGINA	– E depois, quem dirige a editora é você ou o Waldir?
EDGAR	– (*chateado*) Eu tava gostando tanto de trabalhar com ele... O doutor Queiroz era um sonhador, tá certo... Mas tão mercenário assim, sei lá, eu vou pensar um pouco. (*tom, a Maria Lúcia*) Você vem comigo de noite, pro boliche?
MARIA LÚCIA	– E eu não tenho curso? Logo hoje, Edgar, aula de redação publicitária!
EDGAR	– Se quiser eu te deixo de carro e na saída vou te buscar.
MARIA LÚCIA	– Eu acho melhor ir no meu, porque vocês se empolgam e eu acabo esperando no meio da rua. (*a Regina*) Mas você disse que tinha um assunto sério pra falar com a gente, Regina.
REGINA	– Eu... nem sei se devo...
EDGAR	– Que isso, mãe? A gente nunca teve segredo nem ficou de mas não mas pra assunto nenhum!
REGINA	– É que não tem nada a ver conosco, propriamente.
MARIA LÚCIA	– Fala!
REGINA	– (*triste*) A Zuleica. Ela soube que a polícia esteve aí no fotógrafo, da Barão da Torre, com fotos do João, perguntando nome...

Reação de Maria Lúcia, muito tensa.

REGINA	– Tão atrás dele. E a Zuleica na dúvida, se devia avisar os pais...
EDGAR	– Claro que tem que avisar! Porque a gente sabe muito bem em que tipo de coisa o João tá metido. Se a polícia tá atrás, seu Abelardo pode já ir conversando com um advogado, melhor tá prevenido!

Corta descontínuo para o QUARTO, Edgar muito tenso. Maria Lúcia começando a se vestir pra aula. Tempo morto. Finalmente, Maria Lúcia se aproxima e fala.

MARIA LÚCIA	– Em que que você tá pensando?
EDGAR	– O que é que você acha?
MARIA LÚCIA	– No João?
EDGAR	– Nós fomos muito amigos, Maria Lúcia... Apesar do ciúme que claro que eu ainda sinto... quando eu fico lembrando certas coisas... Você tem ideia de quantos anos a gente conviveu, mas assim unha e carne?

Maria Lúcia faz um carinho em Edgar, pensando em João.

EDGAR	– (*consigo mesmo*) Polícia atrás dele... (*tom*) Se batesse aqui na porta, pedindo ajuda, tenho ouvido falar de muitos casos, não é uma hipótese assim tão remota não. Será que eu ia ter coragem de não deixar entrar?

MARIA LÚCIA — *(tentando ser fria)* A gente fez tudo o que podia, Edgar, ele escolheu! Não desejo mal, mas... comprometer a nossa casa, você... Eu acho que não abria a porta não.

Close de Edgar, sofrido.
Corta para:

Cena 31: PORTA DE CASARÃO VAZIO DE SOLANGE (EXT NOITE)

Porta de uma casa enorme, elegante, vazia. Na RUA, Natália para seu carro. Avelar ao lado. Natália salta, Avelar fica esperando. Do ponto de vista de Avelar, dentro do carro, vemos Natália caminhar até Solange, que está de pé. Solange entrega chaves a Natália, que caminha em direção ao carro. Fala com Avelar.

NATÁLIA — Vem.

Corta para:

Cena 32: CASARÃO VAZIO DE SOLANGE (EXT NOITE)

Avelar, maleta na mão, vai subindo com Natália as escadas para um pequeno quarto em cima da garagem.

NATÁLIA — Era o quarto do motorista. Ela botou roupa de cama, tudo, a Solange tá sendo uma mãe.

Os dois entram no quarto.
Corta para:

Cena 33: QUARTO DO MOTORISTA NA CASA DE SOLANGE (INT NOITE)

Natália e Avelar entrando no pequeno quarto, modestamente mobiliado.

NATÁLIA — Faz meses que a casa tá anunciada pra vender.
AVELAR — E não tem chave em mão de corretor?
NATÁLIA — Tem, mas a Solange falou que só aparece gente interessada muito raramente. De qualquer maneira, ela já entrou em contato com o corretor. Disse que guardou umas coisas aqui no quarto e precisou trancar. Se vier alguém ver a casa vem de dia, você ouve barulho, fica quieto. E toda noite eu dou um jeito de vir te ver, trago comida.
AVELAR — Eu podia muito bem ter ido prum hotel. *(carinho)* É só precaução, meu amor, não vai acontecer nada.
NATÁLIA — Eu fico mais tranquila assim.
AVELAR — Se eles derem o meu nome, vai ser nos próximos dias. *(aproxima-se)* Eu... eu adoro você.

Avelar e Natália beijam-se apaixonadamente.

Corta para:

Cena 34: BAR (INT NOITE)

Movimento normal, maioria dos frequentadores tomando chope, Heloísa numa mesa de canto. Tempo. João vem da rua, aproxima-se.

HELOÍSA	– O carro taí, tudo em ordem.
JOÃO	– Já dá pra ir?
HELOÍSA	– Destino rodoviária sem escala, nem pensa mais em problema por um tempo, agora cê vai descansar pra recuperar, daqui a pouco é a minha vez que eu também tô precisada.

Heloísa deixa dinheiro na mesa. Vão saindo, relaxados, alívio.
Corta para:

Cena 35: PORTA DO BAR (EXT NOITE)

Heloísa e João vão entrar no carrinho castigado. João tem sempre a sua pasta, com revólver. Alguns passantes.

JOÃO	– (*sobre o carro*) Ainda deve tá com o cheiro do imperador.
HELOÍSA	– (*gaiata*) Que jeito, nem o CPR nem a FLN tão nadando em dinheiro não, vai querer luxar? Tá rodando direitinho, dá 110, 120!

João acha graça, os dois vão entrando no carro. Corta para um ponto discreto onde Camargo e dois auxiliares reagem, movimentam-se.

CAMARGO	– Vamolá senão eles somem, cerca os dois!

Correm para o carro, já sacando as armas. Heloísa já está ao volante, João entrando pelo outro lado, vê os policiais.

JOÃO	– Heloísa!

Heloísa vê os policiais e engrena. É uma <u>motorista habilíssima, talvez fosse bom usar dublê</u>.

HELOÍSA	– Entra, depressa!

Partiu com o carro, saiu da vaga. Camargo ou um dos auxiliares corre, coloca-se na frente do carro, no meio da rua, braço estendido com a arma apontada, posição clássica de tiro.

CAMARGO	– Tá em cana, para aí ou eu te queimo!

Heloísa hesita só um segundo, detém o carro, passantes apavorados começando a fugir. João saca sua arma, para atirar. O segundo auxiliar mira João, atira, acerta no peito, perto de uma costela. João responde ao fogo pela janela, acerta o policial, que cai. O primeiro auxiliar (ou Camargo, o que não estiver diante do carro) se esconde atrás de um carro estacionado. Heloísa viu João ferido, acelerou imediatamente. Camargo ou o outro policial percebe que Heloísa vai jogar o carro sobre ele, pula fora no último momento, se possível caindo sobre o bar, derrubando mesinhas na calçada, se houver. Na rua, Heloísa encontra tráfego ou qualquer obstáculo pela frente, age imediatamente, dá um cavalo de pau com o carro e retorna pela contramão, um caminhão vem entrando pela rua, ela bate de leve no caminhão, some na transversal. (Na batida, o carro perde um para-lama.) Camargo corre para o seu próprio carro lá estacionado, mas vê que o caminhão bloqueou a rua, motorista paralisado de medo ao volante. Camargo vai examinar o policial ferido.

Corta rápido para:

Cena 36: RUA CARIOCA (EXT NOITE)

Numa rua deserta, Heloísa vem dirigindo seu carro a toda velocidade, João ferido. Ela olha pelo espelho, certifica-se de que não está sendo seguida. Para o carro. Olha o ferimento de João.

HELOÍSA — Melhor você passar pra trás, esse carro sem para-lama tá chamando atenção. *(entrega casaco)* Vai agachado, segura firme pra estancar o sangue.

Continuam a falar enquanto João se deita escondido no banco de trás estancando sangue com o casaco e Heloísa bota um lenço na cabeça.

JOÃO — *(frágil)* Cê tá sabendo de algum aparelho médico?
HELOÍSA — Os que eu conheço tão desativados. Se preocupa não, vou dar um jeito.

Corta para plano geral do carro se afastando, a toda.
Corta para:

Cena 37: RUA DO APTO. DE QUEIROZ E YONE (EXT NOITE)

Carro de Heloísa se aproximando do prédio onde agora moram Lavínia, Gustavo, Maria Lúcia e Edgar. Fala com João, sempre agachado, tirando o lenço da cabeça.

HELOÍSA — O Gustavo, marido da Lavínia, já ajudou muita gente. E se eu der sorte, tem um porteiro que eu conheço, trabalhou anos no meu prédio, me conheceu criança.

Já chegou à porta. Vê, na portaria, o porteiro Madureira. Heloísa salta e fala com ele.

MADUREIRA — *(contente)* Heloísa!
HELOÍSA — Tô precisando que você me quebre o maior galho. Dei uma batida, Madureira, tem uma mulher histérica me perseguindo, porque acha que a culpa foi minha e não foi! Será que dá preu botar o carro na garagem, uma meia hora?
MADUREIRA — Puxa, Heloísa, se todo problema fosse esse...

Madureira abre a porta da garagem.

Corta rápido para:

Cena 38: APTO. DE MARIA LÚCIA E EDGAR CASADOS (INT NOITE)

Maria Lúcia pegando coisas para sair de casa, fala com empregada, figurante.

MARIA LÚCIA — (*simpática*) Não precisa mais nada não, Antonia, o Edgar vai jantar fora e eu, quando chegar do curso, faço um sanduíche. Chama só o elevador dos fundos, que eu vou pegar o carro na garagem, tá?

Corta rápido para:

Cena 39: GARAGEM DE MARIA LÚCIA E EDGAR CASADOS (INT NOITE)

Heloísa manobrando o carro com João escondido na parte de trás. Madureira perto, não viu João. Heloísa salta do carro e Madureira se aproxima. João, ensanguentado, ouve o diálogo. Muito ritmo.

MADUREIRA — Dona Lavínia saiu e o doutor Gustavo deve de ter na clínica, quinta-feira ele trabalha inté mais tarde! A babá levou o bebê não sei pra onde, não tem ninguém lá!

HELOÍSA — Você tem o telefone da clínica?

MADUREIRA — Dona Maria Lúcia, do 902, pode ter, são muito amigos.

HELOÍSA — Eu... conheço a Maria Lúcia, preferia que você perguntasse a outra pessoa. Ninguém mais nesse prédio pode ter o número da clínica do Gustavo?

MADUREIRA — Tem dona Berta, no 1001, era muito amiga da mãe da dona Lavínia, eu vou lá num instante.

Madureira sai da garagem por algum lugar que não o elevador. Heloísa vai ver João. Olha o ferimento.

HELOÍSA — Tá saindo muito sangue?

JOÃO — Acho que tá.

HELOÍSA — Guenta só um pouco, eu tenho certeza que o Gustavo vai ajudar, deve tá na clínica, até lá é rápido, só não posso chegar assim, sem telefonar.

JOÃO — (*fraco*) A Maria Lúcia e o Edgar... eles moram aqui nesse prédio?

HELOÍSA — Moram. Mas eu tenho medo de procurar e/

JOÃO — (*corta, fraco*) Claro que não! De jeito nenhum!

Heloísa ouviu barulho de elevador. Faz sinal a João para se calar. Vai se afastar do carro quando Maria Lúcia sai do elevador de serviço. De longe, as duas se veem. Planos alternados. Maria Lúcia se aproxima. Olha o carro, batido.

MARIA LÚCIA — Você... O que foi que aconteceu?

HELOÍSA — Dei uma batida com o carro, tá... com problema, chamei um mecânico, pra desenguiçar, o porteiro deixou eu ficar aqui esperando, um instante.

Tempo. Maria Lúcia se afasta em direção ao seu carro, fria com Heloísa. De repente, para. Raciocina. Close. Aproxima-se de Heloísa, que está perto de seu carro.

Maria Lúcia	– Se o carro tá enguiçado como foi que você entrou aqui?
Heloísa	– Tava andando. Aqui na garagem que parou.
Maria Lúcia	– (*mais desconfiada*) Mas se tava andando, Heloísa, por que foi que você entrou na garagem?

Heloísa olha o carro nervosa, com medo que Maria Lúcia veja João. Maria Lúcia desconfia. Abre a porta do carro, num ímpeto. Dá de cara com João, ensanguentado. Closes alternados dos dois.
Corta.

Fim do capítulo 18

O cenário QUARTO DE NATÁLIA E FÁBIO não entra nos capítulos 19 e 20. Para facilitar plano de gravação, vamos incluir aqui uma cena do capítulo 19, sem numeração:

Cena do capítulo 19: QUARTO DE NATÁLIA E FÁBIO (INT DIA)

Natália entra em seu quarto, muito aflita. Tem uma importante decisão a tomar (fugir ou não com Avelar). Olha o quarto, pensativa, dividida. Toca em algum objeto de luxo, de que goste. Abre seu armário. Fica olhando alguns de seus vestidos de luxo. Close de Natália, muito dividida.
Corta.

Cena 1: GARAGEM DO PRÉDIO DE MARIA LÚCIA E EDGAR (INT NOITE)

Continuação imediata do capítulo precedente. João e Maria Lúcia se olham, longamente. Tempo. Finalmente Heloísa fala.

Heloísa	– Eu achava melhor você se mandar e esquecer que viu a gente, Maria Lúcia, eu já tô tomando providências pra medicar e/
Maria Lúcia	– (*corta, tensa*) Foi... <u>tiro</u>?
Heloísa	– (*triste*) Foi.
Maria Lúcia	– (*quase chorando*) No meio da rua?
Heloísa	– Foi.
Maria Lúcia	– (*quase chorando*) Eu... sempre soube que isso só podia... Vocês são...
Heloísa	– Ele ia viajar essa noite, pra fora do Rio, então nós/
Maria Lúcia	– (*corta, agressiva, quase gritando*) Eu acho melhor você não me contar nada, Heloísa, eu tenho ouvido dizer que nesses casos, pra minha própria segurança, quanto menos eu/

Maria Lúcia para de falar porque o porteiro Madureira vem chegando, pelo mesmo lugar por onde saiu. Heloísa, apressada, fecha a porta do carro, enquanto Madureira se aproxima. Maria Lúcia deve estar atrás de alguma pilastra ou outra marcação que não permita que o porteiro a veja logo.

Madureira	– (*a Heloísa*) A dona Berta saiu pro supermercado, a empregada falou que ela deve de voltar daqui uma hora, hora e meia... Mas eu tenho certeza que a dona Maria Lúcia sabe esse telefone da clínica do doutor Gustavo, acho que ela tá em casa, porque o carro dela taí e/

Madureira para de falar porque, de repente, vê Maria Lúcia. Tempo.

Maria Lúcia	– (*fria, um pouco autoritária, rápida, <u>firme</u>*) Claro que eu tenho o número da clínica, Madureira, vai pra portaria e vê se dá um jeito de ninguém entrar aqui na garagem por uns 15 minutos, se chegar algum morador diz que o meu carro enguiçou, que tá bloqueando a entrada!

Corta rápido para:

Cena 2: APTO. DE MARIA LÚCIA E EDGAR CASADOS (INT NOITE)

Apenas um plano rápido de Maria Lúcia ao telefone.

Maria Lúcia	– (*tel*) É, sou eu, mas acho melhor você não falar nome de ninguém, aconteceu uma coisa horrível, tem alguma possibilidade de alguém aí na clínica, ou mesmo, sei lá, alguém de fora... tá ouvindo essa ligação?

Corta rápido para:

Cena 3: SALA DO COMANDANTE (INT NOITE)

O comandante e Camargo, tensos, examinando fotografias de arquivo de presos, frente e perfil, abre em close de fotos de Heloísa, como estava quando esteve presa, capítulo 16, Camargo reconhece.

CAMARGO	– Foi essa, tenho certeza, ela que deu fuga ao rapaz, quase atropelou a gente!
COMANDANTE	– (*reage*) Eu sei quem é, conheço o pai, quando teve aqui já não morava com eles, separada do marido, agora não vai mais aparecer em casa mesmo. (*pausa*) Melhor não procurar a família, pelo menos por enquanto, são ricos, podem ajudar a fugir, vamos investigar sem levantar a lebre.

Corta para:

Cena 4: GARAGEM DO PRÉDIO DE MARIA LÚCIA E EDGAR (INT NOITE)

Maria Lúcia e Heloísa diante do carro de Heloísa, ritmo ágil e clima tenso.

MARIA LÚCIA	– Vocês tão com muita sorte do Gustavo não trabalhar numa clínica grande, ele tem condições de operar, já tá falando com um anestesista e uma instrumentadora de confiança. Você conhece a clínica?
HELOÍSA	– Claro.
MARIA LÚCIA	– (*olha relógio*) Pode ir agora, ele disse que a partir de nove e meia não tinha problema. Você entra pela porta lateral, tem um pequeno estacionamento pros médicos, o rapaz que toma conta vai tá avisado, melhor o João continuar onde está, você diz ao rapaz que é prima do Gustavo, daí em diante fica por conta dele.
HELOÍSA	– (*já entrando em seu carro*) Obrigada. Se não fosse por você acho que... (*emocionada*) Brigada mesmo.

Heloísa manobra para sair. Maria Lúcia vê que o carro está sem para-lama. Grita, tensa.

MARIA LÚCIA	– Heloísa!

Heloísa para. Maria Lúcia se aproxima, tensa.

MARIA LÚCIA	– Quando ele levou o tiro... você tava junto?
HELOÍSA	– Tava.
MARIA LÚCIA	– Nesse carro?
HELOÍSA	– (*aflita*) Ele tá perdendo sangue, Maria Lúcia, fala logo!
MARIA LÚCIA	– Vocês devem tá sendo procurados, como é que você vai até a clínica nessa porcaria de carro, sem para-lama, um carro assim chama muita atenção, vocês não/
HELOÍSA	– (*corta, muito tensa*) Eu já consegui chegar até aqui, a gente não tem tempo a perder não, Maria Lúcia, muito obrigada mas/
MARIA LÚCIA	– (*corta, autoritária*) Me ajuda a levar o João pro meu carro, depressa.
HELOÍSA	– Você... tem coragem?

Maria Lúcia — (*agressiva*) Eu pensei que você tivesse acabado de falar que não há tempo a perder.

Reação rápida de Heloísa, alegria de estar sendo ajudada.
Corta rápido para:

Cena 5: CENTRO CIRÚRGICO (INT NOITE)

Planos rápidos de cirurgia de extração de bala. Gustavo operando João, a bala perto da costela. Um anestesista, uma instrumentadora. Gustavo retira a bala.
Corta para:

Cena 6: QUARTO DA CLÍNICA DE GUSTAVO (INT NOITE)

Abre em close de João deitado, sob efeito de anestesia geral, grogue. Gustavo terminando de lhe tirar temperatura com termômetro. Reação de Gustavo favorável. Aproxima-se de Maria Lúcia e Heloísa, tensas. Fala baixo.

Gustavo — A bala não perfurou nenhum órgão, a costela impediu o caminho. Em condições normais, ele teria que ficar aqui algum tempo, no soro, mas... a partir de sete da manhã vai ficar perigoso. Vocês têm pra onde levar? Ele precisa de repouso por uma semana, pelo menos.

Heloísa — Não se preocupa com isso.

Gustavo — Eu vou receitar um antibiótico e um analgésico forte, porque ele vai sentir dor. Se houver alguma complicação, vocês entram em contato comigo, de qualquer forma eu dou um jeito de ir ver, nos próximos dias.

Enquanto Gustavo escreve receita, Maria Lúcia se aproxima de Heloísa.

Maria Lúcia — Vai levar pra onde?

Heloísa — Friburgo. Eu tive uma babá, pessoa da maior confiança, ela trabalha num colégio, lugar mais seguro não podia ter.

Maria Lúcia — E um carro direito, como é que você vai conseguir?

Heloísa — (*tensa*) Você quer parar de me botar mais nervosa do que eu já tô por causa de carro? Tá batido, mas também não é assim, não vai ser o único carro chumbado na cidade, e depois que eu pegar a estrada... (*mais frágil*) Você acha que tá chamando tanta atenção assim?

Maria Lúcia — (*firme*) Nem na garagem lá de casa pode ficar, Heloísa, vem comigo, rápido, eu tenho um porteiro de confiança que leva aquela porcaria pra onde você mandar.

Corta rápido para:

Cena 7: APTO. DE MARIA LÚCIA E EDGAR CASADOS (INT DIA)

De manhã bem cedo, frisar pela luz que é dia. Maria Lúcia termina de comer alguma coisa rápido, de pé, falando com a empregada Antonia. Está segura.

MARIA LÚCIA — O Edgar ainda não acordou, Antonia, você explica pra ele que eu vou ter que sair agora, pra fazer uma pesquisa pro curso de publicidade, não vou ao trabalho hoje, na hora do jantar eu tô aí.

Corta rápido para:

Cena 8: APTO. DE JOÃO (INT DIA)

Na SALA, Galeno (ainda gênero hippie) com Valquíria e Talita.

GALENO — Me procurou, dona Valquíria, fiquei com impressão que ele queria falar alguma coisa... acabou não falando...

TALITA — *(aflita)* Devia de ter trazido pra cá, Galeno, aqui é que é a casa dele!

Valquíria toca em Talita, comovida, sofrendo muito, para que Talita não diga nada.

GALENO — É que o pessoal lá da comunidade... nós encontramos uma casa, em Penedo, tamos indo essa semana... Uma terra bonita, muito verde, tem um rio perto, onde se pode pescar... Eu queria chamar o João pra ir com a gente...

Abelardo vem do quarto apavorado, jornal na mão, já cortando.

ABELARDO — *(a Galeno)* Avelar, não é aquele professor de vocês do colégio?
GALENO — *(sorri)* Uma pessoa linda...
ABELARDO — Comunista, me lembro, foi preso no AI-5, agora taí, olha só, mandando notícia de tortura pro estrangeiro, vai ver que é nisso que o João se meteu, por isso que a polícia foi atrás dele no fotógrafo, é sério, o jornal tá fazendo o maior bafafá, que que o João tinha que... olhaqui, usando telex do Itamarati pra falar mal do Brasil!

Corta rápido para:

Cena 9: QUARTO DO MOTORISTA NA CASA DE SOLANGE (INT DIA)

(Atenção, edição: não há interrupção do ritmo do diálogo entre a primeira fala desta cena e a última da cena precedente.)
Avelar, indignado, com o mesmo jornal da cena anterior, Natália e o advogado Toledo com ele, muita tensão.

AVELAR — Mentira, nunca usei telex nem mala diplomática, nada do Itamarati, mandava carta pelo correio comum!
NATÁLIA — Que que adianta, eles...

Não conclui, muito abalada, com medo.

TOLEDO — Ela tá certa, vão explorar o fato de você tá de alguma forma ligado ao ministério, a repressão não vai perder a chance, traição, falta de patriotismo.

AVELAR	– Patriotismo é defender o direito à tortura?
NATÁLIA	– (*mais firme*) Vão te fazer de Judas, Inácio, e sem direito de resposta, que que você acha, Toledo?
TOLEDO	– Vai ser duro encarar isso de frente, a gente prova sua inocência no fim, você não cometeu crime nenhum, mas...
NATÁLIA	– (*com medo*) Até lá...
TOLEDO	– É, sou advogado, vou continuar usando o que resta de lei contra a injustiça, mas não vou enganar vocês (*olha jornal*), nesse clima quem garante que vão respeitar os seus direitos? Até chegar a um julgamento você sabe o que pode acontecer, você mesmo tava denunciando.

Close de Natália, apavorada. Tempo.

AVELAR	– Que que eu faço, Toledo, o resto da vida escondido aqui nesse quarto?
TOLEDO	– Infelizmente seguro mesmo é sair do país. Passaporte falso. Se consegue rápido com dinheiro, muito dinheiro. Eu tinha nojo de mexer nisso, mas não tá dando pra ter escrúpulo.
NATÁLIA	– Você pode ver isso? Não se preocupa com dinheiro. (*corta Avelar*) Nem pensa em orgulho agora, vou ficar cheia de joias e você preso? (*a Toledo, rápida*) Eu tenho muitas joias...
TOLEDO	– Vou tratar disso, se é pra fazer não pode perder um minuto, dou notícia.

Sai. Tempo. Natália e Avelar emocionados, inseguros.

NATÁLIA	– Você vai pra onde, viver como?
AVELAR	– Talvez Paris, eu tenho alguns conhecidos, não é fácil recomeçar no estrangeiro mas tão se virando, o Joel de porteiro, o Cirilo arrumou licença pra dirigir um táxi. Até legalizar. O Juarez na Alemanha tá legalizado, trabalhando na área dele.

Sorri para Natália, deprimida mas tentando ser otimista.

NATÁLIA	– Qualquer coisa é melhor que prisão.

Tempo.

AVELAR	– Eu... de tudo o que eu vou sentir falta... acho que... (*bem romântico*) Puxa, Natália, eu tô com muita dificuldade de me imaginar vivendo sem você.
NATÁLIA	– (*num rompante*) <u>Não vai!</u>
AVELAR	– O quê?
NATÁLIA	– Viver sem mim! Não vai, Inácio, porque eu... eu não ia conseguir... (*tempo*) Não tem nada mais importante pra mim do que tá do teu lado, eu vou junto, eu largo tudo, eu... A minha vida não ia fazer o menor sentido longe de você!

AVELAR	– Você tá falando sério?

Natália beija Avelar apaixonadamente. Beijo longo.
Corta para:

Cena 10: ESCRITÓRIO DA EDITORA DE QUEIROZ (INT DIA)

Um garçom serve café a Edgar e Waldir, que conversam, Edgar examinando papelada de trabalho.

WALDIR	– Pra que horas tá marcada a reunião do conselho?
EDGAR	– Pras onze. Mas tem uns pontos que eu preferia discutir com você antes, porque o Sérgio vem... e certos detalhes... Eu me sinto mal quando nós temos posições muito opostas na frente do conselho.
WALDIR	– *(simpático)* Claro! Que pontos?
EDGAR	– Pra coleção dos grandes romances. A tua sugestão de capa padronizada, por exemplo.
WALDIR	– Pera lá, não vai dizer que não concorda! Você viu quanto reduz os custos? Na França é praticamente praxe!
EDGAR	– Mas o leitor brasileiro não tá acostumado! Bom, esse ponto eu reconheço que até que dá pra discutir, mas livro de páginas coladas não!
WALDIR	– *(frio)* Se você tá fazendo questão de destruir o meu trabalho de planejamento item por item acho que não tem mesmo outra saída a não ser esperar pelo conselho.
EDGAR	– Eu quero lançar uma coleção popular, mas de qualidade, não tô vendo motivo pra mudanças tão radicais, mal ou bem a editora tem uma clientela, um nome, o livro de páginas costuradas/
WALDIR	– *(corta, frio, saindo)* Vamos ver qual vai ser a opinião do Sérgio.

Waldir sai. Close de Edgar, chateado. Tempo. Corta para flashback, <u>capítulo 16, cena 23</u>, Edgar e Queiroz, apenas um trecho rápido.

QUEIROZ	– Você vai subir muito na vida, editando livros ordinários, vulgares, espalhando merda precariamente impressa nesses supermercados, que surgem cada dia em cada esquina, em bancas de jornais, aeroportos, estações ferroviárias, você vai ficar rico! Vai ter grandes compensações! Mas uma satisfação que eu tive em vários momentos da minha vida durante esses 18 anos você não vai ter nunca, Edgar! É o prazer de passar por uma livraria e ver na vitrine um bom livro editado por mim, orgulho do meu trabalho!

Corta para tempo real. Close de Edgar, pensativo.
Corta para:

Cena 11: ESTRADA PARA FRIBURGO (EXT DIA)

(De preferência serra, estrada arborizada.) Um plano do carro de Maria Lúcia passando rápido. Corta para interior do carro em movimento, Maria Lúcia ao volante, segura, Heloísa ao lado. (Não precisa mais de lenço na cabeça.) João atrás, fraco, com curativo que a camisa esconde, quase adormecido. Coberto por uma manta. Um plano de cada um dos três, em silêncio, dentro do carro.

MARIA LÚCIA — *(fria)* Tem certeza que essa sua antiga babá vai tá mesmo no colégio?
HELOÍSA — Absoluta. *(a João)* Você tá acordado?
JOÃO — Mais ou menos...
HELOÍSA — Tá com dor?
JOÃO — Um pouco...

Tempo. Os três calados. De repente, Maria Lúcia vê pelo espelho retrovisor que uma patrulha vem atrás. Reação. Suspense.

MARIA LÚCIA — Tá mandando eu parar. *(a Heloísa)* Não abre a boca, deixa eu falar com eles.

Corta para fora do carro. Carro de patrulha de estrada indica que Maria Lúcia deve parar no acostamento. Ela para no acostamento. Tensão. Um policial salta do carro e vem falar.

POLICIAL — Os documentos do carro e carteira de motorista.

Maria Lúcia mostra os documentos. Heloísa tenta aparentar naturalidade, mas está muito tensa. Policial examina os documentos lentamente, olha Maria Lúcia, planos alternados, close dela. Maria Lúcia calma. Heloísa mais apreensiva.

POLICIAL — A luz do freio da esquerda não tá acendendo.

Maria Lúcia vai saindo do carro, fala rápida com Heloísa.

MARIA LÚCIA — Acho que ele tá querendo suborno, fica calma.

Maria Lúcia sai do carro e fala com o policial.

MARIA LÚCIA — O senhor tem certeza?
POLICIAL — Pede à sua amiga pra pisar no freio que a senhora vai ver.

Corta rápido para dentro do carro. João com muita dor.

HELOÍSA — Tá com muita dor?
JOÃO — Muita.

Heloísa vai dar rápido água, analgésico e calmante.

HELOÍSA — Vou te dar mais um analgésico e calmante.

Corta para fora do carro, Maria Lúcia e o policial.

Maria Lúcia	– Vou ter que pagar multa?
Policial	– Não precisa. Mas daqui a uns dez quilômetros tem uma oficina, do seu lado mesmo, a senhora verifica essa luz.

O policial entrega os documentos. Maria Lúcia agradece rapidamente e vai entrando no carro. Quando entra, o policial vê Heloísa dando analgésico a João. Olha a figura de João, não gosta.

Policial	– Espera aí.

Maria Lúcia e Heloísa tentam disfarçar medo.

Policial	– Deixa eu ver os documentos do rapaz.
Maria Lúcia	– (*segura, a Heloísa*) Deixa que eu pego.

Grande tensão. Maria Lúcia pega documentos no bolso de João e mostra ao guarda, sem entregar.

Maria Lúcia	– Eu achava melhor o senhor ler na minha mão porque nós tamos indo pro hospital em Friburgo, tamos achando que ele tá com varíola, doença contagiosa.

Policial tem medo, fala rápido.

Policial	– Tá tudo bem, pode ir, vai tratar do rapaz.

Maria Lúcia dá a partida. O carro se vai. Close de Maria Lúcia segura, ao volante. Corta para:

Cena 12: ESCRITÓRIO DA EDITORA DE QUEIROZ (INT DIA)

Reunião do conselho editorial já bem adiantada, figurantes habituais, Edgar e Waldir brigando, bate boca, Sérgio tentando contemporizar. Muito ritmo.

Edgar	– Disso você nunca tinha falado!
Waldir	– Tô falando agora!
Edgar	– Demitir funcionários por quê?
Waldir	– Uma folha de pagamento absurda, podemos contratar por tarefa!
Edgar	– E a gráfica que você tá recomendando é abaixo da crítica!
Waldir	– Tô desempenhando a minha função, Edgar, tô reduzindo custos!

Um tempo. Edgar muito tenso. Sérgio fala.

Sérgio	– Vocês me desculpem, mas isso já deixou de ser uma reunião de conselho editorial há muito tempo.
Edgar	– (*dispensando os outros*) O Sérgio tem razão. Por mim a reunião tá... adiada...

Todos vão se levantando. Sérgio fala com Edgar e Waldir.

Sérgio	– Eu acho que a solução é levar essa crise ao conhecimento do doutor Fábio, pra ver qual vai ser a posição dele.

WALDIR	– (*saindo, por cima*) É, eu tenho muita curiosidade também de saber qual vai ser a posição dele.
SÉRGIO	– (*a Edgar*) Eu te dou um retorno provavelmente ainda hoje.

Close de Edgar, muito aborrecido.
Corta para:

Cena 13: PÁTIO DE COLÉGIO EM FRIBURGO (EXT DIA)

Pátio de um colégio. Duas freiras passam, para dar clima. Carro de Maria Lúcia chega e para. Corta para dentro do carro. Maria Lúcia e Heloísa se dão conta de que João pegou no sono.

HELOÍSA	– Você acha que eu devo acordar ele?
MARIA LÚCIA	– (*agressiva*) Isso é você quem deve decidir, não é?
HELOÍSA	– (*sem sentir a agressividade*) Vou deixar dormir um pouco enquanto eu procuro a Zulmira.

Plano de João adormecido. Close. As duas saltam do carro. Heloísa se aproxima de Maria Lúcia.

HELOÍSA	– (*chama*) Maria Lúcia! (*chegam mais perto*) Essa confiança que eu tenho na Zulmira... (*um pouco seca*) Bom, você ia ter que saber, de qualquer maneira. Ninguém sabe, e eu... puxa, claro que eu posso confiar em você. (*tempo, Maria Lúcia curiosa*) Um pouco antes do AI-5, eu... eu engravidei.

Maria Lúcia olha em direção a João dormindo, sofrida.

HELOÍSA	– (*um pouco seca*) Claro que eu não tinha condição nenhuma de assumir uma maternidade, mas... eu sempre tive menstruação irregular, quando eu percebi que tava grávida já tinha passado do terceiro mês, o médico achou que fazer aborto era muito arriscado. Eu me afastei do Rio pra ter a criança e... dar pra adoção. A luta pra mim sempre foi mais importante que tudo. Mesmo a ligação afetiva, eu não achava que podia ter muito peso, amor, amor, pra mim não era hora pra amor não.
MARIA LÚCIA	– (*com nojo*) Você... teve um filho e... entregou pra estranhos?
HELOÍSA	– Uma menina. (*emocionada*) Só que... quando ela nasceu... quando eu olhei pra cara dela... às vezes a cabeça da gente tá cheia de teoria mas... a carinha da minha filha... Ah, Maria Lúcia, eu descobri tanta coisa, sobre mim, sobre a vida, eu <u>adorei ser mãe</u>! Entendi inclusive que a minha ligação com o pai dela era muito mais forte do que eu pensava! Olhando pra cara da minha filha, o sorriso dela, eu tive uma esperança muito grande que um dia... isso tudo ia acabar e que... a gente ia poder criar a nossa filha. (*tom*) Ela tá com um ano e meio, chama Maria Clara, a Zulmira tá criando pra mim, escondida, por isso que eu tenho tanta confiança que ela pode cuidar do João por uma semana.

Durante o bife acima, reação de Maria Lúcia, sofrendo. Assim que termina o bife, surge Zulmira, tensa.

ZULMIRA — *(abraçando)* Heloísa!

Um abraço muito comovente entre Heloísa e Zulmira.

ZULMIRA — *(tensa)* Vem. Vem pro meu quarto, depressa!

Corta rápido para:

Cena 14: QUARTO DE ZULMIRA NO COLÉGIO (INT DIA)

Abre em longo, comovente abraço entre Heloísa e a menina Maria Clara, de 1 ano e meio, loura. Seria bom que Heloísa improvisasse uma fala de ternura com a filha. Maria Lúcia sofrida. Uma mala aberta com roupa de criança sobre a mesa. Zulmira muito tensa.

HELOÍSA — Por que essa mala?
ZULMIRA — *(olha Maria Lúcia)* É um assunto meio...
HELOÍSA — A Maria Lúcia tá sabendo de tudo, pode falar.
ZULMIRA — Eu já conversei com as freiras, arrumei uma desculpa. Tô levando a menina pra casa da minha prima, em Minas...
HELOÍSA — *(atônita)* Por quê?
ZULMIRA — A polícia teve aqui, Heloísa, faz uma hora, procurando você!

Close de Heloísa, em pânico.
Corta para:

COMERCIAIS

Cena 15: QUARTO DE ZULMIRA NO COLÉGIO (INT DIA)

Um pouco depois da cena precedente, Zulmira entregando o endereço escrito a Heloísa. Maria Lúcia com a menina, disfarçando tristeza.

ZULMIRA — Tá aqui o endereço, tô com medo de ficar, Heloísa, eles não viram a menina, eu falei que não sabia nada de você faz muito tempo, mas fico morrendo de medo deles voltarem!
HELOÍSA — *(a Maria Lúcia)* Devem ter me reconhecido quando feriram o João, eles têm fotos minhas, da época que eu fui presa. *(a Zulmira)* Vai embora, o mais rápido que você puder, é perigoso ficar aqui sim.

Heloísa olha a filha. Caminha em direção a ela e abraça longamente. Tempo no abraço. Close de Heloísa, os olhos cheios d'água.
Corta para:

Cena 16: PÁTIO DE COLÉGIO EM FRIBURGO (EXT DIA)

Maria Lúcia e Heloísa caminham apressadas em direção ao carro. Falam enquanto vão entrando.

Heloísa	– A única solução é o aparelho onde o Marcelo tava morando antes do sequestro.
Maria Lúcia	– No Rio?
Heloísa	– É perigoso, mas não tem outro jeito, a gente deixa ele lá, provisoriamente, enquanto eu tento arrumar um lugar mais seguro.

Já entraram no carro. Corta para plano geral. Maria Lúcia dá a partida e o carro se afasta, rápido. Vemos o carro se afastar.
Corta para:

Cena 17: ESCRITÓRIO DA EDITORA DE QUEIROZ (INT DIA)

Edgar deprimido. Kira entra.

Kira	– A secretária do doutor Fábio tá na linha. Quer saber se você e o Waldir podem ter uma reunião com ele, cinco horas.

Edgar, triste, faz que sim com a cabeça. Kira sai. Edgar olha papelada de trabalho, preocupado.
Corta para:

Cena 18: SALÕES DE HELOÍSA (INT DIA)

Bernardo vai sair, com pasta de executivo. Quando está tocando a maçaneta da porta de saída, o motorista Fausto se aproxima.

Fausto	– Doutor Bernardo?

Bernardo se volta.

Fausto	– Será que dava preu falar com o senhor um instante?
Bernardo	– Claro, Fausto, fala.
Fausto	– Eu... fiquei muito na dúvida se devia comentar ou não... mas acho que a minha obrigação é comentar sim.

Close de Bernardo, sério e curioso.
Corta para:

Cena 19: ESTRADA PARA ITAIPAVA (EXT DIA)

Plano geral, passa o carro de Maria Lúcia, rápido. Corta descontínuo para um trecho em que a estrada se bifurca. Maria Lúcia toma o caminho que dá impressão de menos importante. Corta para dentro do carro, Maria Lúcia ao volante, segura, Heloísa reage, olha para a estrada que ficou para trás. (João no banco de trás, dormindo, não é preciso focalizar.)

Heloísa	– Eu tenho impressão que você entrou errado, o Rio é na outra direção.

Close de Maria Lúcia, uma expressão dura, tipo "não fala comigo".

Corta para:

Cena 20: JARDINS DO SÍTIO DE LAVÍNIA (EXT DIA)

Maria Lúcia entrando devagar, de carro, nos jardins do sítio, Heloísa e João no carro. Xavier já virá receber. Corta para dentro do carro.

HELOÍSA	– Mas aqui não é... O pai da Lavínia tá viajando, não tá? Você falou com ela, ou com o Gustavo?
MARIA LÚCIA	– *(seca)* O Edgar e eu compramos o sítio, faz muito tempo.

Corta para fora do carro, Maria Lúcia parou, Xavier se aproxima.

MARIA LÚCIA – *(rápida)* Ajuda aqui, Xavier, por favor.

Corta para:

Cena 21: QUARTO DO SÍTIO DE LAVÍNIA (INT DIA)

João deitado na cama. Heloísa lhe dando sopa. Maria Lúcia ajeitando alguma coisa no quarto, seca.

HELOÍSA	– Tá com dor?
JOÃO	– Melhorou muito.

Maria Lúcia sai do quarto.

HELOÍSA – Toma a sopa...

João toma um pouco de sopa.
Corta para:

Cena 22: SALA DO SÍTIO DE LAVÍNIA (INT DIA)

Maria Lúcia com Xavier e Zilá.

MARIA LÚCIA	– O João e a Heloísa vão ficar aqui por uns dias, uma semana, eu acho.
XAVIER	– Sim senhora.
MARIA LÚCIA	– Eu vou dar um pulo aqui no seu Davi pra comprar umas coisas pra despensa.
ZILÁ	– Tem bastante comida aí.
MARIA LÚCIA	– Mas... isso é um assunto muito sério, Zilá. *(aos dois)* Eu tenho uma grande confiança em vocês. Onde é que estão os meninos?
ZILÁ	– Na casa da minha comadre, em Muriqui, tão de férias, vão ficar até o carnaval, com os primos.
MARIA LÚCIA	– Melhor assim. Porque o João e a Heloísa... eles tão com problemas muito sérios. Ninguém, mas pelo amor de Deus, eu tô contando com vocês, <u>ninguém na face da Terra</u> pode saber que eles tão aqui. A casa tem que ficar fechada, pra se alguém passar não desconfiar nem de

	longe que tem gente dentro. (*tom*) Se não for pedir demais, eu preferia... não ter que explicar pra vocês em que tipo de problema eles tão metidos.
Xavier	– Precisa explicar nada não, dona Maria Lúcia!
Zilá	– (*emocionada*) O João a gente conhece desde menino, é feito um filho!
Maria Lúcia	– Ninguém pode saber. Nem o Edgar, eu vou dar um jeito dele não vir ao sítio nesse período. E o Waldir, se por acaso o Waldir aparecer pra visitar... vocês dizem... que a casa tá fechada, que eu levei a chave por engano, pro Rio. Ninguém pode saber que eles tão aqui de jeito nenhum, nem o Edgar, nem o Waldir, nem ninguém!

Corta rápido para:

Cena 23: ESCRITÓRIO DA *HOLDING* DE FÁBIO (INT DIA)

Abre em close de Waldir (relação visual com a cena precedente), falando com a datilógrafa Zilda, que estava trabalhando, à parte. ANTESSALA. Edgar esperando, apreensivo. Secretária de Fábio, Patrícia, vai vir da sala de Fábio.

Waldir	– (*desculpa-se*) Muito trabalho, Zilda.
Zilda	– De noite também?
Waldir	– Um dia desses eu telefono, te garanto que tô com muito mais vontade que você...

Patrícia sai da sala e fala com os dois rapazes.

Patrícia	– Doutor Fábio pediu pra entrarem.

Patrícia acompanha Edgar e Waldir, que entram na sala, Waldir com um relatório na mão. Patrícia fecha a porta e vai para sua mesa.

Zilda	– Tô achando que o Waldir depois que foi pressa editora ficou meio metido a besta. Nem prum cinema, nunca mais me chamou...

Corta descontínuo para SALA DE FÁBIO, Fábio, paciente, testemunhando discussão calorosa entre Edgar e Waldir, que já falaram bastante. Waldir tem o parecer na mão.

Edgar	– (*indignado*) Dispensar funcionários contratados há anos!
Waldir	– É antieconômico, tá tudo aqui no relatório!
Edgar	– Chamar uma coleção de GRANDES ROMANCES DA LITERATURA UNIVERSAL só com autores que caíram em domínio público é uma tentativa baixa de enganar o consumidor!

Bernardo entra, tenso, fala com Fábio.

Bernardo	– Desculpa, pai, eu tenho um assunto importante pra conversar com você.
Fábio	– Tô em reunião, senta aí.

BERNARDO	– É urgente...
FÁBIO	– Não vamos demorar, Bernardo, a empresa é sua também. Os rapazes estão tendo posições muito opostas na administração da editora, é bom você participar, eu quero a sua opinião, um pouco de paciência, presta atenção. O Edgar tá relutando em aceitar certas medidas sugeridas pelo Waldir que visam reduções de custos... bastante drásticas. Resume rapidamente o seu relatório, Waldir.

Corta descontínuo para algum tempo depois, close do relatório, na mão de Waldir, que está terminando de falar.

WALDIR	– E além de tudo isso... detalhes insignificantes, até de qualidade de papel!
EDGAR	– (*inflamado, a Bernardo*) E tipos de letra! (*a Waldir*) Tá especificado no relatório que você defende letrinha minúscula, corpo 5, é pra acelerar o processo de vista cansada do leitor?
BERNARDO	– Como consumidor, eu confesso que me sinto muito atraído por um livro bonito, bem acabado...
WALDIR	– Seu perfil tá muito distante do consumidor típico, Bernardo, tão distante do consumidor típico quanto o seu poder aquisitivo.

Tempo. Os quatro se olham.

FÁBIO	– Eu não sou propriamente do ramo, só posso usar o meu bom-senso. Vou estudar esse relatório com cuidado. A única coisa que me parece muito clara é que vocês dois já não têm condições de trabalhar juntos. Estou enganado?
EDGAR	– (*firme*) De forma alguma.
FÁBIO	– (*a Waldir*) Caso eu aprove as suas ideias, você estaria disposto a assumir a direção da editora?
WALDIR	– (*servil*) Se o senhor achar que é a melhor maneira de servir a empresa...
FÁBIO	– (*dispensando*) Dentro de no máximo uma semana eu escolho um dos dois. (*acompanhando os dois à porta, carinhoso*) A vantagem de lidar com profissionais capazes é que não há de faltar um bom cargo pro outro numa das nossas outras firmas.

Waldir e Edgar se despedem rapidamente. Fábio olha a hora e fala com a secretária.

FÁBIO	– Patrícia, manda o Freitas nos servir um uisquinho, por favor.

Fábio fica sozinho com Bernardo. Durante o próximo diálogo, um garçom vai entrar e vai começar a servir uísque para os dois.

FÁBIO	– Qual dos dois você escolhia pra dirigir essa editora, Bernardo?
BERNARDO	– O Edgar, eu nem ia pensar duas vezes! Já tava por dentro dos problemas. E acho que é uma coisa muito mais geral do que simplesmente escolher quem vai dirigir uma pequena editora, o que tá em

	jogo aqui é a postura do empresário! Não pode ser só lucro, pai, o empresário tem uma responsabilidade diante da comunidade, diante de si mesmo, onde é que já se viu, dispensar funcionários antigos, não tamos em recessão, muito pelo contrário!
Fábio	– Mas você falou que tinha um assunto importante pra tratar comigo.
Bernardo	– (*olha o garçom, de longe*) Um assunto muito chato. Você pode imaginar sobre quem.
Fábio	– (*tenso*) O que foi que ela fez?
Bernardo	– Não sei, talvez não tenha feito nada. Mas a polícia procurou o seu motorista, o Fausto, fez uma série de perguntas, se ela tem ido lá em casa, há quanto tempo a gente não vê...

Close de Fábio, enigmático. (Garçom na sala, sem frisarmos.)
Corta para a ANTESSALA, Waldir se despedindo de Zilda, à parte, enquanto Patrícia dá ordem fora de áudio a algum assistente.

Zilda	– Jantar?
Waldir	– (*envolvente*) Num restaurantezinho aconchegante, a noite que você quiser.
Zilda	– Vou adorar.
Waldir	– Só queria te pedir uma coisa, Zilda. Eu... tô na boca prum cargo importante, que pode mudar radicalmente a minha vida. Você aqui acaba mesmo sabendo tudo o que se passa aí dentro... Fica atenta, tá?

Zilda sorri, cúmplice.
Corta para:

Cena 24: JARDINS DO SÍTIO DE LAVÍNIA (EXT DIA)

Maria Lúcia vai se despedir de Heloísa e entrar no carro.

Heloísa	– Você... não vai se despedir do João?
Maria Lúcia	– (*fria*) Melhor ele descansar, fala que eu deixei um abraço.
Heloísa	– Você não quer mesmo que o Edgar saiba que a gente tá aqui?
Maria Lúcia	– Não acho justo. Ele sempre foi radicalmente contra isso tudo, eu prefiro fazer besteira sozinha, responsabilidade minha. Já tô bastante preocupada de tá envolvendo os pais do Waldir.
Heloísa	– São pessoas simples. Se descobrirem, um pouco difícil a barra pesar pro lado deles. (*tom*) Mas o Gustavo vai comentar com o Edgar, que operou.
Maria Lúcia	– Não vai não que eu pedi, não vai comentar nada, nem com a Lavínia. O que tá me preocupando mais que tudo é... tentar encontrar um jeito de tirar vocês do país.
Heloísa	– Se você tiver coragem de ter um encontro discreto com a Sandra, a organização pode arrumar um esquema.
Maria Lúcia	– Como é que eu faço pra entrar em contato com ela?

Heloísa	– Telefona pro número que eu vou te dar. Mas é melhor não escrever, você consegue guardar de cabeça, não consegue?

Corta para:

Cena 25: APTO. NOVO DO CPR (INT DIA)

(É o apartamento onde Marcelo morava antes do sequestro.)
Sandra já concluindo para Salviano e Marcelo tensos, abalados.

Sandra	– Tava num bar, na Penha, o Milton vinha chegando pra encontrar ele, sorte que viu o camburão se aproximando, parou antes, blitz de rotina, mas o Pedro tava armado, não deu pra reagir, levaram.
Salviano	– Não devem ter demorado pra levantar a ficha, o Pedro é conhecido da repressão.
Marcelo	– Será que sabem que tava no sequestro?
Sandra	– Acho que não, mas até quando ele aguenta? Vocês dois melhor sair do Rio, a qualquer momento podem descobrir todo o esquema do sequestro, quem participou, tudo!
Marcelo	– Não vamos exagerar, o Pedro é um cara firme, e se ele não falar nada?

Salviano pensativo um instante, olha com carinho para Sandra.

Salviano	– Eu ia sair do Rio de qualquer modo. A organização tá mesmo montando o foco de guerrilha no campo.

Reação de Sandra. Marcelo fica de lado, discreto.

Sandra	– Você... já vai pra lá? Quando é que a gente vai se ver? *(num impulso, frágil)* Pai, a gente *vai* se ver de novo?
Salviano	– Eu vou cumprir uma tarefa, uma tarefa... importante, mas volto, eu não volto sempre? Desde que você era pequena, sua mãe viva, você não foi sempre quem confiou mais? Preciso da sua confiança agora de novo pra ir tranquilo, sei que nós vamos nos encontrar de novo sim, o que taí não vai durar pra sempre, nós vamos nos encontrar, sem esse medo, quando tudo isso tiver acabado.

Abraça Sandra. Tempo.

Marcelo	– Eles devem tá secos atrás da Heloísa e do João. Será que... eles caíram?

Telefone toca. Tensão. Sandra atende.

Sandra	– *(tel)* Alô. *(tempo)* Claro que eu sei quem ela é, te ligou por quê? *(tempo)* Vou sim, evidente que eu vou.

Sandra faz sinal aos dois que são boas notícias.

Corta para:

Cena 26: PRAÇA (EXT NOITE)

Ponto, Maria Lúcia e Sandra isoladas, conversando baixo, tensão.

SANDRA	– A gente sabia que a repressão tava atrás, mas eles sumiram, não fizeram nenhum contato!
MARIA LÚCIA	– *(fria)* Não dava pra procurar ninguém.
SANDRA	– Claro que tem esquema pra fugir do país, só que demora, não é assim.
MARIA LÚCIA	– Muito não pode demorar, onde eles tão só dá pra ficar uns dias!
SANDRA	– Me dá um tempo, eu ligo pro teu trabalho, deixa com a gente.

Corta para:

Cena 27: SALA DE MARIA LÚCIA E EDGAR CASADOS (INT DIA)

<u>Cinco dias depois</u>. *Maria Lúcia muito tensa com Gustavo. Estava tomando café da manhã quando Gustavo chegou.*

MARIA LÚCIA	– <u>Cinco dias</u>, Gustavo, essa situação não pode durar pra sempre! Será possível que nem pra fugir eles têm alguma eficiência?
GUSTAVO	– Pelo menos o João tá se recuperando bem...
MARIA LÚCIA	– E você acha que eles não tão correndo perigo? Essa garota já tinha que ter me procurado!
GUSTAVO	– Vai procurar, fica calma! Não fala alto! O Edgar pode já ter acordado...

Corta rápido para:

Cena 28: QUARTO DE MOTORISTA NA CASA DE SOLANGE (INT DIA)

Toledo entregando passaporte e duas passagens aéreas a Avelar, Natália ali, muita tensão, Avelar abre o passaporte enquanto Toledo fala, vê que está tudo bem. (Se Kadu não se incomodar, a partir desta cena, Avelar deve aparecer <u>sem barba</u>, o rosto liso.)

TOLEDO	– Reserva confirmada, não esquece a hora, melhor não chegar com muita antecedência ao aeroporto.
NATÁLIA	– Eu contratei um carro pra oito horas, dei o endereço de duas casas adiante.
AVELAR	– Natália, você tem certeza do que tá fazendo?
NATÁLIA	– *(de saída)* Claro que sim, sete e meia em ponto eu tô aqui, não vou levar quase nada pra não notarem, lá a gente compra.

Beija Avelar, já vai sair, muita tensão.
Corta para:

Cena 29: SALÕES DE HELOÍSA (INT DIA)

Natália tomando um chá, servida por Antunes. Prataria em cima da mesa. Luxo, geleias, tudo muito lindo.

ANTUNES — A senhora não tocou nos biscoitinhos, dona Natália, são aqueles ingleses, chegaram ontem.

NATÁLIA — Tô sem apetite, Antunes, obrigada. Se eu precisar de alguma coisa te chamo.

Antunes se afasta. Natália fica olhando a mesa. Muito triste e dividida. Levanta-se. Caminha longamente pela sala. Olha quadros de que gosta. Passar divisão, angústia. Tempo. Caminha em direção aos quartos.
Corta para:

Cena 30: QUARTO DE NATÁLIA E FÁBIO (INT DIA)

(É a cena que foi enviada juntamente com o capítulo 18.)
Natália entra em seu quarto, muito aflita. Olha o quarto, pensativa, dividida. Toca em algum objeto de luxo de que goste. Abre seu armário. Fica olhando alguns de seus vestidos de luxo. Close de Natália, muito dividida.
Corta para:

Cena 31: QUARTO DO MOTORISTA DE SOLANGE (INT NOITE)

Avelar terminando de fechar sua mala, pronto para embarcar. Natália entra. Avelar a olha, enternecido.

AVELAR — Você... deixou a bagagem no tal carro?
NATÁLIA — *(muito frágil)* Não...
AVELAR — Você... mudou de ideia?

Close de Natália, angustiada.
Corta para:

COMERCIAIS

Cena 32: QUARTO DO MOTORISTA DE SOLANGE (INT NOITE)

Continuação imediata da cena precedente. Natália e Avelar. Os dois muito emocionados.

NATÁLIA — Eu... pensei muito, Inácio, eu não tenho coragem.

Reação de Avelar, deprimido.

NATÁLIA — Eu não sei por onde anda a Heloísa... *(tempo)* O Bernardo... ainda não se casou, precisa de mim... eu acho que ia me sentir muito mal se... *(corta-se)* Eu quero dizer hoje, entende? Porque com o tempo... eu sabendo que a Heloísa tá bem, que o Bernardo não precisa mais de mim... eu vou me encontrar com você...

Avelar	– (*meigo*) Eu entendo... Por mais que vá ser difícil sobreviver sem você, sem o calor do teu corpo, o teu cheiro, eu... eu sei que o sentimento de mãe é/
Natália	– (*grita, desesperada*) <u>É mentira</u>! (*tempo, quase chorando*) Mentira, Inácio, mentira, claro que os filhos contam, eu ia ter muita preocupação com a Heloísa mas... (*pra baixo, envergonhada*) Eu não acredito, nunca acreditei nesses sonhos de vocês que vão modificar o mundo, vai sempre existir o lado de lá e o lado de cá! (*pra dentro, envergonhada*) Meu pai era um funcionário público, minha mãe costurava pra fora, pra ajudar... Eu comecei a trabalhar com 14 anos de idade, Inácio, no balcão duma perfumaria... Conheci o Fábio, ele me mostrou um mundo com que eu sonhava desde criança, via nas revistas... Eu odeio o Fábio, quero me separar assim que eu tiver chance, mas... Não consigo me imaginar, Inácio, eu não tenho mais idade, você dirigindo um táxi, contando tostão pra pagar conta de luz, de gás, aluguel, num país estranho... O nosso amor não ia durar nem um mês!
Avelar	– (*magoado*) Eu acho que você... pelo menos tá tendo coragem de assumir que você é assim.

Tempo.

Natália	– Eu queria... queria muito que você me perdoasse, algum dia.
Avelar	– Eu já perdoei.
Natália	– Eu tô sentindo ressentimento na tua voz. Eu te amo...

Avelar fecha a sua mala. Acha que ela não ama.

Natália	– Por favor... Eu vou pensar... eu preciso de um tempo... Quem sabe eu não encontro alguma maneira de... (*tempo*) Você acha que não existe nenhuma chance deu mudar de ideia?
Avelar	– Se você mudar de ideia vai ser num impulso, você vai se arrepender depois, vai sentir falta do seu algodão de fio longo egípcio. Como você própria falou... não ia durar nem um mês.
Natália	– Apesar disso tudo... você acredita que... que você foi a melhor coisa que aconteceu na minha vida?
Avelar	– Acredito que você se sentiu bem nos momentos que passou do meu lado.
Natália	– Faz uma coisa por mim! Não se despede com ressentimento. Eu queria muito... guardar na memória esse nosso encontro como... como... pelo menos... um último momento de amor...

Avelar beija Natália apaixonadamente. Um beijo muito longo.
Corta para:

Cena 33: PORTA DA CASA VAZIA DE SOLANGE (INT NOITE)

Iluminação caprichada. Abre num carro elegante de aluguel, motorista de paletó e gravata, esperando, umas duas casas à distância. Câmera corrige e vai até o portão da casa vazia. Natália sai. Olha em volta. Vê que não há ninguém na rua. Faz sinal a Avelar que ele pode vir. Avelar vem de dentro, com sua mala. Os dois caminham em direção ao carro contratado. Cumprimentam o motorista. Motorista coloca mala de Avelar na mala do carro. Quando Avelar vai entrar no carro, Natália o chama à parte. Arrasta-o discreta para perto de uma árvore. Os dois se beijam apaixonadamente. Têm dificuldade de se afastarem um do outro. Um beijo longo. Finalmente, Natália olha o relógio dele, diz que está na hora. Avelar entra no carro. O motorista dá a partida. Natália fica olhando o carro se afastar, com lágrimas nos olhos. Close.
Corta para:

Cena 34: AVIÃO NO AR (EXT NOITE)

Plano de arquivo de avião da época no ar. Rio-Paris. Tempo.
Corta para:

Cena 35: SALÕES DE HELOÍSA (INT NOITE)

Luz bonita. Natália sozinha na sala, angustiada. Tem uma violenta crise de choro. De repente, sente uma grande raiva. Olha um objeto caro e joga contra um espelho, quebrando o espelho. Joga-se num sofá, chorando mais. Tempo com Natália chorando, desesperada.
<u>Atenção, edição</u>: *Desde o beijo no final da cena 32 até o último plano desta cena, exatamente 47 segundos.*
Sonoplastia: "Senza fine", por Ornella Vanoni.
Corta para:

Cena 36: PRAÇA (EXT NOITE)

<u>Ponto</u>, *Maria Lúcia e Sandra isoladas, já falando, baixo e nervosas, irritação entre as duas.*

SANDRA	– Tá quase tudo pronto, vão os dois e o Marcelo, nenhum deles tem mais condição de ficar no Brasil em segurança, vão pela fronteira, tem um certo risco mas é o que dá, mais uma semana no máximo.
MARIA LÚCIA	– Uma semana, você tá louca, uma hora alguém descobre, o lugar que eles tão é... (*não quer dizer onde é*) Tem vizinho acostumado a entrar sem pedir licença, alguém acaba desconfiando!
SANDRA	– Não tem outro jeito, você não entende disso, é complicado!
MARIA LÚCIA	– E você falou que ainda por cima é arriscado?
SANDRA	– Fugir sem risco nenhum não tem como.
MARIA LÚCIA	– (*levanta-se impaciente*) Não vai dar pra esperar mais não, viu Sandra, vou apelar pra outro lado.
SANDRA	– Peraí, vai fazer o que, como?

Maria Lúcia anda apressada, sem olhar para trás, Sandra um pouco perdida.

SANDRA — *(chama)* Ei!

Maria Lúcia não olha para trás. Close de Sandra, preocupada.
Corta para:

Cena 37: SALÕES DE HELOÍSA (INT NOITE)

Maria Lúcia já diante do mordomo Antunes, desnorteado.

ANTUNES — Com o doutor Fábio, não sei se/
MARIA LÚCIA — *(corta, muito firme)* Ou com a dona Natália, um dos dois pode me atender sim, chama!

Corta descontínuo para outro ambiente, Maria Lúcia diante de Fábio e Natália, Fábio já falando, tensão.

FÁBIO — Sair do país, muito bem, mas onde é que ela está?
NATÁLIA — *(desesperada)* Fábio, se ela precisa ir embora!
MARIA LÚCIA — *(a Fábio)* Onde ela está não dá pra dizer, mas ela e o João vão tá é na cadeia logo se ninguém ajudar, quem tem condições e devia ajudar é o senhor! *(mais branda, a Natália)* Desculpa, eles precisam sair sim, eu não tô fazendo drama.
FÁBIO — E que fizesse, vou me deixar impressionar? Não sou homem de agir sob pressão, sabe, minha filha, claro que eu estou disposto a ajudar, mas eu quero saber qual é a situação, não é um grupo terrorista que vai me dizer o que eu devo fazer pela minha filha!
MARIA LÚCIA — Então é bom o senhor mesmo resolver. E logo! Porque não tem tempo. E olha. Eu não tenho nada a ver com grupo nenhum. *(emocionada)* <u>Não gosto de terrorista</u>. Só não acho certo entregar pra polícia quando todo mundo diz que lá dentro eles... Se o senhor ainda se considera responsável pela sua filha, achava melhor pensar nisso.

Vai saindo, Natália desesperada, Fábio hesita abalado.

NATÁLIA — Fábio, pelo amor de Deus!
FÁBIO — *(a Maria Lúcia)* Eu procuro você!

Maria Lúcia sai, Fábio tenta acalmar Natália.

FÁBIO — *(humano)* Eu vou ajudar, tiro a Heloísa dessa, claro que tiro, mas não é assim. Esses subversivos, a gente compactua por pena e a Heloísa nunca mais sai dessa vida, clandestina, podendo levar um tiro de repente...
NATÁLIA — Pior do que prisão?
FÁBIO — *(firme)* Fica calma, não vai acontecer nada grave com ela nem vai passar a vida escrava dum grupinho suicida, eu sei perfeitamente o que eu tenho que fazer.

Corta para:

Cena 38: RESTAURANTE FINO (INT NOITE)

Waldir jantando com Zilda. Movimento normal.

WALDIR	– *(animado)* Tem certeza?
ZILDA	– A gente sempre ouve as conversas... O doutor Fábio já escolheu você, mas o filho pediu pelo outro, por isso que ele ainda não te chamou, deve tá entre a cruz e a caldeira.
WALDIR	– Eu pensava que o Bernardo era mais inteligente. *(tom)* De qualquer maneira, um homem feito o doutor Fábio, acho difícil se deixar influenciar por cabeça de filho.
ZILDA	– Eles brigam muito, e esses dias... o garçom tem ouvido cada coisa... Você conhece a filha dele, a Heloísa, não conhece?
WALDIR	– Conheço, claro.
ZILDA	– Problema grave, capaz do doutor Fábio não tomar nenhuma decisão sobre a editora antes de resolver. E é mais por causa da Heloísa que os dois se desentendem. Tão comentando que ela tá escondida da polícia, o irmão quer tirar do país de qualquer maneira e o doutor Fábio não quer!

Tempo. Waldir indica a um garçom que quer mais bebida.

ZILDA	– Que que cê acha da gente pegar um cinema amanhã, sessão das seis?
WALDIR	– *(casual)* Eu te ligo à tardinha. Enquanto o homem não se decide, não tenho grande coisa pra fazer na editora. Amanhã vou aproveitar pra dar um pulo a Itaipava, levar uma grana pros meus pais.

Zilda pega a mão dele, carinhosa.
Corta para:

Cena 39: PORTA DO PRÉDIO DE MARIA LÚCIA E EDGAR CASADOS (EXT DIA)

Manhã seguinte. Figurantes. Adelaide e Zuleica passando para a praia.

ADELAIDE	– Na praia aqui em frente?
ZULEICA	– Mais pra baixo, na Farme de Amoedo!
ADELAIDE	– A Leila Diniz?
ZULEICA	– É, um barrigão, minha filha, nove meses de gravidez, <u>de biquíni</u>! Diz que junta gente pra ver! Se continuar assim, você já pensou onde esse mundo vai parar?

Corta para:

Cena 40: APTO. DE MARIA LÚCIA E EDGAR CASADOS (INT DIA)

Edgar e Maria Lúcia terminando café da manhã, Edgar já vai se levantar.

EDGAR	– (*meigo*) Aérea sim, há mais de uma semana, Maria Lúcia, tô te achando aérea.
MARIA LÚCIA	– (*disfarça*) Impressão sua, você tá nervoso por causa da crise na editora. Mas isso acaba logo, tinha muita graça botarem o Waldir no seu lugar, nunca pensei que ele fosse tão medíocre.
EDGAR	– (*dando beijinho*) Vou descer pelos fundos, sete e meia mais tardar tô aí, talvez a gente pudesse jantar fora...

Maria Lúcia disfarça apreensão enquanto Edgar sai pela porta da cozinha. Tempo. Ela começa a tirar a mesa do café quando campainha toca. Ela olha pelo olho mágico e abre a porta. Entra Bernardo.

MARIA LÚCIA	– Que surpresa, Bernardo, você combinou alguma coisa com o Edgar? Peraí, ele tá descendo pelos fundos e/
BERNARDO	– (*corta, tenso*) Não tô procurando Edgar nenhum, Maria Lúcia, se ele saiu melhor ainda! Eu tô sabendo de tudo, minha mãe me contou, eu tava louco atrás da minha irmã, você fez muito bem em procurar. Eu vou tirar a Heloísa e o João do país.
MARIA LÚCIA	– (*contente*) Você... tá falando sério?
BERNARDO	– Já tô com tudo acertado, tenho certeza que vai dar certo. Meu pai é que não pode saber, porque a maneira que eu encontrei ele não vai concordar de jeito nenhum, os dois vão viajar ainda hoje!
MARIA LÚCIA	– São <u>três</u>, Bernardo. A Heloísa, o João e o Marcelo, não sei se você conhece.
BERNARDO	– Pera lá! Isso eu não tava sabendo, não dá não, complica muito, você fala pra Heloísa que/
MARIA LÚCIA	– (*corta*) Que ela quer fuga pra três e você só consegue pra dois? Olha, Bernardo, desculpa mas você conhece a sua irmã bem melhor do que eu, você diz isso a ela pessoalmente, tá?
BERNARDO	– (*conformado*) Três, tá bom, eu dou um jeito. Deixa eu te explicar o que a gente vai fazer.

Corta rápido para:

Cena 41: SALA DO SÍTIO DE LAVÍNIA (INT DIA)

(<u>Atenção, edição</u>: *não há interrupção de ritmo de diálogo entre a primeira fala desta cena e a última da cena precedente.*)
Maria Lúcia e Heloísa.

HELOÍSA	– (*vibrando*) Claro que vai dar certo! E o Bernardo pode ajudar depois a levar a nossa filha pra nos encontrar, quando a mamãe souber eu tenho certeza que ela leva! Eu nem quero pensar na reação do Marcelo!

Maria Lúcia	– *(casual)* Por que o Marcelo?
Heloísa	– *(casual)* Bom, eu... de você eu não tenho motivo pra esconder... O Marcelo é o pai da minha filha, a gente não comentava com ninguém, por precaução, ele é visado há muito tempo e/
Maria Lúcia	– *(corta, para ela este assunto é muito importante)* Mas a menina tem um ano e meio!
Heloísa	– É. Eu me liguei ao Marcelo assim que me separei...
Maria Lúcia	– *(lenta)* Quer dizer então que... você e o João... não durou nem...
Heloísa	– *(casual)* Eu e o João o que, Maria Lúcia?
Maria Lúcia	– *(muito grilada)* A ligação de vocês...
Heloísa	– Ligação entre mim e o João? Você tá delirando?
Maria Lúcia	– *(muitíssimo abalada)* Quando a gente se separou, Heloísa, o João me disse que... *(para, começa a entender que deve ter sido mentira)*
Heloísa	– Disse o quê?
Maria Lúcia	– Heloísa, pelo amor de Deus, isso é muito importante pra mim! Fala a verdade! O que foi que houve de concreto entre você e o João?
Heloísa	– Nada, mas que ideia mais louca, imagina, eu tô com o Marcelo esse tempo todo, entre mim e o João nunca houve nada vezes nada!

Zilá entra muito nervosa. Daqui em diante, Maria Lúcia abobalhada.

Zilá	– Eu acho que... tá acontecendo algum problema, eu tô com medo! Tem uma gente, aí fora, dois carros...

Heloísa já se aproximou da janela, olhou.

Heloísa	– *(contente)* Não é nada demais não, Zilá, muito pelo contrário, vem comigo, a gente tava esperando!

Heloísa vai saindo para a parte externa, seguida por Zilá.
Close de Maria Lúcia, prostrada numa poltrona.
Corta para:

Cena 42: JARDINS DO SÍTIO DE LAVÍNIA (INT DIA)

Dois carros parados. <u>Tomada de longe</u>. O carro de Bernardo e um caminhãozinho com logotipo ANDRADE BRITO TRANSPORTES MARÍTIMOS. (Parte traseira fechada, com porta atrás.) Bernardo salta do seu carro e fala fora de áudio com o motorista do caminhãozinho. Dá alguma ordem enquanto Heloísa sai da casa e corre em direção a ele. Os dois se abraçam longamente, emoção.
Corta para carro de Waldir, em movimento, bem devagar, chegando ao sítio. Vê os dois carros ao longe, antes de poder ser visto. Para seu carro, discretamente. Close de Waldir, intrigado. Waldir dá marcha a ré, para esconder seu carro. Que fique muito claro que ele vai esconder o carro.
Corta descontínuo para Waldir saindo de seu carro, escondido, caminha sempre escondido para algum ponto de onde possa ver os dois carros lado a lado, sem ser visto. Do ponto de vista de Waldir, vemos Bernardo abrir a porta de trás do caminhãozinho, Marcelo

salta. Marcelo e Heloísa beijam-se apaixonadamente. Close de Waldir, maquinando.
Corta para:

Cena 43: SALA DO SÍTIO DE LAVÍNIA (INT DIA)

Sozinha na sala, Maria Lúcia se recupera lentamente. Toma uma decisão e caminha em direção ao quarto.
Corta para:

Cena 44: QUARTO DO SÍTIO DE LAVÍNIA (INT DIA)

João, já recuperado, está terminando de se aprontar para partir. Maria Lúcia entra. Ele reage. Closes alternados. Emoção.

JOÃO	– Eu... sei que você não podia tá vindo sempre, eu... Eu queria tanto agradecer, Maria Lúcia, o que você tá fazendo por nós...
MARIA LÚCIA	– (*firme*) Por que foi que você mentiu pra mim?
JOÃO	– (*inseguro*) Menti em quê? Do que é que você tá falando?
MARIA LÚCIA	– Você sabe muito bem do que eu tô falando. Quando a gente terminou, João. (*desesperada, grita*) <u>Por que foi que você mentiu pra mim?</u>

Close de João, aflito.
Corta.

Fim do capítulo 19

Cena 1: QUARTO NO SÍTIO DE LAVÍNIA (INT DIA)

Maria Lúcia e João, continuação da cena precedente. Emoção.

MARIA LÚCIA	– Eu acho que tenho o direito de saber, João, quando a gente terminou, <u>por quê</u>?
JOÃO	– Eu... não encontrei outro jeito de *(corta-se)* Lúcia, eu queria ver você feliz!
MARIA LÚCIA	– Inventando uma coisa que a Heloísa acabou de me dizer que nunca existiu?
JOÃO	– Eu queria que você me esquecesse!
MARIA LÚCIA	– Você não acha que eu tinha o direito de pelo menos eu mesma poder escolher?
JOÃO	– *(tenso)* Como é que você ia se sentir sabendo que eu tava vivendo na clandestinidade, entrando em quartel pra roubar arma, sequestrando embaixador? Era a única saída sim, Lúcia, eu fiz bem, você tocou a sua vida pra frente... Eu não podia/
MARIA LÚCIA	– *(corta)* Quem te garante que eu tô feliz? Não tô dizendo que não tô, mas/

Maria Lúcia para de falar porque Zilá entrou.

ZILÁ	– Desculpa, é que o moço pediu preu apressar, que os outros tão esperando!

Corta rápido para:

Cena 2: SALA DO SÍTIO DE LAVÍNIA (INT DIA)

Heloísa pegando alguma coisa para partir enquanto Maria Lúcia, João e Zilá caminham para fora. <u>Buzina de carro</u>, discreta. Bernardo vindo de fora para falar com Heloísa. João volta ao quarto.

BERNARDO	– *(a Heloísa, tenso)* Quanto mais cedo a gente chegar menos fiscalização.
JOÃO	– *(de longe, a Bernardo)* Desculpa, um segundo só que eu esqueci um troço importante no quarto. *(volta ao quarto)*

Enquanto Bernardo sai, Maria Lúcia aborda Heloísa.

MARIA LÚCIA	– Eu queria te pedir desculpa, Heloísa.
HELOÍSA	– Desculpa de quê?
MARIA LÚCIA	– O meu comportamento, eu tenho sido grossa, o João te explica, foi por causa duma mentira que ele inventou...
HELOÍSA	– *(entendeu)* Será que pra você não foi melhor assim?
MARIA LÚCIA	– *(quase chora)* Eu gosto muito de você.
HELOÍSA	– A minha filha, Maria Lúcia, eu queria te pedir uma coisa. O Bernardo vai falar com a mamãe, eu tenho certeza que ela vai aceitar levar pro estrangeiro, quando eu e o Marcelo tivermos levando uma

	vida normal, mas... se acontecer alguma coisa... a gente nunca sabe... o Bernardo tem o endereço, lá de Minas... Eu queria saber que eu conto com você também...
Maria Lúcia	– (*mais emocionada*) Contar comigo? (*tom*) Claro que não vai acontecer nada, nem pensa nisso, mas... (*emoção*) A sua filha... puxa, Heloísa, você <u>tem que</u> contar comigo, mais que nunca!

Corta para João, que já voltou do quarto, despedindo-se de Zilá.

João	– (*abraçando*) Brigado mesmo, Zilá. Assim que eu puder eu volto, pra repetir a tua canja de galinha, ninguém faz igual não.

Zilá abraça João, emocionada. <u>Buzina</u> *lá fora.*
Corta para:

Cena 3: JARDINS DO SÍTIO DE LAVÍNIA (EXT DIA)

Caminhãozinho e carro de Bernardo lado a lado. Bernardo segurando a porta de trás do caminhãozinho. Entram Heloísa e Marcelo. Quando João vai entrar, Maria Lúcia vem de dentro da casa, seguida de Zilá, e grita. Xavier vem se encontrar com Zilá.

Maria Lúcia	– João!

João espera um instante, ela se aproxima, rápida.

Maria Lúcia	– (*quase chorando*) Boa sorte.

Emoção rápida, João entra no caminhãozinho, Bernardo fecha a porta. (Deve ficar muito frisado que João, Heloísa e Marcelo entraram na parte de trás do veículo.) Enquanto Bernardo caminha para o seu carro, Maria Lúcia aproxima-se de Zilá e Xavier.

Maria Lúcia	– (*emocionadíssima*) O que vocês fizeram por eles... Gente feito vocês me dá muita esperança dum dia a gente poder viver num mundo melhor...
Zilá	– (*emocionada*) Qualquer coisa que a gente fizer pelo João é pouco... Por causa dele que o Waldir num largou os estudo... ele que arrumou esse trabalho aqui...
Xavier	– Com a ajuda da Heloísa. Fizeram muito pelo nosso filho, todos os dois.

Corta para close de Waldir, escondido, vendo os carros partindo.
Corta para:

Cena 4: ESTRADA EM ITAIPAVA (EXT DIA)

Close de Bernardo, ao volante do seu carro em movimento. Corta para plano geral, o caminhãozinho seguindo, um pouco afastado. Corta para close de Waldir, ao volante de seu carro, seguindo os dois.
Corta para:

Cena 5: APTO. DE JOÃO (INT DIA)

Bem rápido. Valquíria chora, consolada por Carmen.

CARMEN	– Não fica assim, Valquíria... Ele não te falou que ia prum lugar seguro?
VALQUÍRIA	– (*chorando*) Nunca mais deu notícias...
CARMEN	– Vai dar, Valquíria, cê precisa ter fé, vai dar tudo certo...

Corta para:

Cena 6: CAIS DO PORTO (EXT DIA)

Pelo lado de fora, entrada de armazéns, não muito longe do embarque de passageiros. Chegam o carro de Bernardo e o caminhãozinho atrás. Param numa entrada por onde figurantes estão fazendo entrar carga. Corta para carro de Waldir, mais longe, parando do outro lado da rua. Close de Waldir, ao volante do carro, agora parado. Do ponto de vista de Waldir, vemos Bernardo sair do seu carro, dar ordens a dois ou mais carregadores. Bernardo abre a porta de trás do caminhãozinho e os carregadores começam a tirar <u>três caixotes grandes</u>, com especificação de algum tipo de mercadoria, e letreiro grande FRÁGIL, que vemos sair pela porta por onde entraram Heloísa, João e Marcelo. Waldir sai de seu carro, atravessa a rua, com cuidado para não ser visto por Bernardo, aborda um funcionário.

WALDIR	– Tá saindo hoje algum navio da Andrade Brito?
FUNCIONÁRIO	– Sete da noite.

Corta rápido para:

Cena 7: BOTEQUIM PERTO DO CAIS DO PORTO (INT DIA)

Numa mesinha, Waldir sentado, tomando um gole de uísque importado que garçom acabou de trazer. Waldir faz sinal ao garçom para deixar o uísque sobre a mesa. Garçom deixa e se afasta. Waldir olha seu copo. Toma um leve gole de uísque. Close, está dividido. Corta para flashback, <u>Capítulo 2</u>, final da cena 26 (QUARTO DE WALDIR NO APARTAMENTO DE AVELAR) Galeno termina de pregar o pôster.

GALENO	– ... Roubei no Riviera!

Risos dos outros. Reação de Waldir, emocionado. Edgar entrega uma caixa grande embrulhada para presente.

EDGAR	– A minha mãe falou que esse negócio de só ficar dando lençol usado era muito cafona, aí soltou verba também pressa colcha.
WALDIR	– (*contentíssimo*) Eu... poxa, Edgar, eu nunca tive um troço tão... é linda!

João entrega uma pequena máquina de escrever usada.

JOÃO	– Meu presente é usado mesmo. O velho me deu uma nova... mas essa ainda tá funcionando bem... Pelo menos nunca mais vou ter que emprestar.

Waldir fica deslumbrado com sua máquina de escrever. Era um grande sonho. Abraça João, agradecido, bastante emoção. Corta para um plano rápido do <u>capítulo 19</u>, <u>cena 23</u>, ESCRITÓRIO DE FÁBIO NA HOLDING, *apenas uma fala de Fábio, em close:*

FÁBIO	– Caso eu aprove as suas ideias, você, estaria disposto a assumir a direção da editora, <u>Waldir</u>?

(Gravar close de Fábio dizendo esta fala, quando fizerem o 19.)
Corta para tempo real, close de Waldir, triste. Serve-se de mais uísque, uma dose dupla, bebe de um gole só.
Corta rápido para:

Cena 8: ESCRITÓRIO DE FÁBIO NA *HOLDING* (INT DIA)

Waldir com Fábio.

WALDIR	– Eu... nem sei como comentar isso com o senhor, doutor Fábio, mas é que eu acho que... a forma como o senhor vem me tratando esses anos todos, não foi como um empregado. E a Heloísa... puxa, eu tenho amizade pela Heloísa como se fosse assim uma irmã mais nova...
FÁBIO	– *(impaciente)* Fala logo! O que é que você sabe sobre a Heloísa!?
WALDIR	– Eu tenho certeza que o Bernardo tá fazendo isso com a melhor das intenções, mas... acho arriscado, fico com medo... pela segurança dela... a segurança das empresas...

Corta rápido para:

Cena 9: BEIRA DO CAIS (EXT DIA)

Beira do cais, navio cargueiro atracado, <u>grande número</u> de caixotes iguais aos da cena 6, empilhados, <u>três caixotes à parte</u>, Fábio em fúria falando com Bernardo, tentando não fazer escândalo. Muita tensão. (Não devemos enquadrar o nome do navio, ou companhia.)

BERNARDO	– Mas... quem foi lhe dizer uma coisa dessas, pai?
FÁBIO	– *(irado)* Eu não estou aqui pra responder perguntas, seu irresponsável, nós temos contratos com o governo, como é que você tem a ousadia de pôr em risco a estabilidade da *holding* pra/ *(corta-se, tom)* Eu vou ajudar a sua irmã, mas não arriscando o que eu construí pra vocês por toda uma vida! Faça imediatamente o que eu estou mandando! Ou você quer que eu mande abrir esses caixotes todos aqui, um por um?

Corta rápido para:

Cena 10: ARMAZÉM NO CAIS DO PORTO (INT DIA OU NOITE)

(<u>Atenção, edição</u>: não há interrupção de ritmo de diálogo entre a primeira fala desta cena e a última da cena precedente.)

Mais tarde. Um grande armazém, cheio de carga, dando impressão de distante das cenas precedentes. Abre em Heloísa, indignada. Os três caixotes onde eles estavam escondidos à vista, abertos. João, Marcelo, Bernardo e Natália, todos muito tensos e com medo. Ritmo.

HELOÍSA	– *(grita)* Preocupado com a <u>minha</u> segurança, Bernardo, conta outra!
BERNARDO	– Seu pai, Heloísa, quer ajudar, só não concordou com o plano, a prova é que deu um jeito deu trazer vocês pra cá! Ele quer se encontrar com você!
HELOÍSA	– Pois eu não quero ver a cara desse homem nunca mais na vida, ele não existe!
NATÁLIA	– Não é o momento, Bernardo, ela tá nervosa... O que interessa agora é encontrar um lugar pra vocês se esconderem até terem condições de sair do país...
JOÃO	– Essa amiga tá arrumando um esquema de fuga, pela fronteira...
MARCELO	– Lá no aparelho não acho seguro pra passar nem a noite, os três assim... podem ver entrar...
NATÁLIA	– Eu acho que tenho um lugar seguro.

Corta rápido para:

Cena 11: QUARTO DO MOTORISTA NA CASA VAZIA DE SOLANGE (INT NOITE)

Natália tomando providências práticas para que os três durmam ali. João, Heloísa e Marcelo tensos.

HELOÍSA	– Gesto bacana da Solange...
NATÁLIA	– *(despedindo-se, meiga)* Fica calma... Vai dar tudo certo... O Bernardo e eu vamos encontrar alguma maneira... ou a amiga de vocês, da organização...

Da porta, Natália dá um sorriso para Marcelo, que retribui. João se dá conta de que deve deixar Heloísa e Marcelo sozinhos.

JOÃO	– Eu... vou levar a senhora até o portão. Sem sair da casa, inda posso ser cavalheiro, né?

Natália sorri e os dois saem. Heloísa e Marcelo se olham, longamente. Marcelo se aproxima, romântico.

MARCELO	– Apesar da decepção toda... pelo menos tá aqui do teu lado...

Heloísa e Marcelo se beijam apaixonadamente.
Corta para:

Cena 12: JARDINS DA CASA VAZIA DE SOLANGE (EXT NOITE)

João se despede de Natália, perto do portão, fora de áudio. Natália vai embora. João fica olhando a casa vazia, pelo lado de fora. Não quer ir ao quarto para não incomodar He-

loísa e Marcelo. Olha janela do quarto. Senta-se em algum lugar, ansioso, triste. Close de
João, ligação visual com a cena seguinte.
Corta para:

Cena 13: APTO. DE MARIA LÚCIA E EDGAR CASADOS (INT NOITE)

QUARTO. Maria Lúcia acaba de contar a Edgar que escondeu João e Heloísa no sítio,
usam roupas de dormir. Abre em tempo morto. Finalmente Edgar fala.

EDGAR	– Sem me dizer nada?
MARIA LÚCIA	– Eu achei que... que era melhor não dividir essa responsabilidade com você... o perigo...
EDGAR	– (*irritado*) E o que você acha que eu ia fazer, Maria Lúcia, entregar os dois pra polícia?
MARIA LÚCIA	– Eu sei que não! Mas não tinha necessidade, eu queria te poupar!
EDGAR	– Me poupar ou não queria que eu aparecesse no sítio, de repente, você e o João...

Close de Maria Lúcia, ofendida.

EDGAR	– Desculpa, eu... claro que eu tenho ciúme, mas... Você agiu bem, sim, no seu lugar acho que eu era capaz de ter feito a mesma coisa... (*tom*) Talvez fosse melhor eu entrar em contato com o Bernardo, já que furou o embarque no navio.
MARIA LÚCIA	– Acho que não precisa, Edgar. Eles vão dar algum jeito, e o Bernardo sabe que se precisar pode procurar a gente...

Close de Edgar, sem saber muito bem o que pensar.
Corta para:

Cena 14: RUA DA ZONA SUL (EXT DIA)

Manhã seguinte. Movimento normal. Bernardo esperando nervoso em seu carro estacionado. Sandra aparece a certa distância, vê Bernardo, que também a vê, reage, ela disfarça, olha em volta tensa, decide-se, vai para o carro.
Corta descontínuo para Sandra já no carro ao lado de Bernardo.

BERNARDO	– O mais seguro é avião particular, tô procurando algum amigo que tenha pista de decolagem em fazenda, a nossa não posso usar por causa do meu pai.
SANDRA	– A gente tem um bom esquema pela fronteira, não sei ainda o dia que dá pra ir mas é garantido, rota de contrabando, motorista acostumado, conhece todas as barreiras, pontos perigosos, com dinheiro na mão a gente bota eles nesse caminhão e tão salvos!
BERNARDO	– Caminhão de contrabando? Em último caso, não sou contra, mas se eu antes conseguir arrumar preles irem de avião...

Corta rápido para:

Cena 15: ESCRITÓRIO DE FÁBIO NA *HOLDING* (INT DIA)

ANTESSALA. Patrícia e Zilda trabalham. Olavo, tenso, à parte, com Sérgio. Muito ritmo.

OLAVO	– No escritório da companhia de navegação ele não tá, em casa também não, eu preciso muito ver o Bernardo! (*baixo*) Tô preocupado com a Heloísa, andei ouvindo uns boatos aí... Quem sabe eu não posso ajudar em alguma coisa?
SÉRGIO	– Só se ele foi pro cais do porto, eu tô indo pra lá, tá havendo um probleminha com liberação de carga que chegou ontem, de Buenos Aires, se você quiser vir comigo...

Corta rápido para:

Cena 16: CAIS DE EMBARQUE DE PASSAGEIROS NA PRAÇA MAUÁ (INT DIA)

O prédio comumente conhecido como Touring Club. Abre em Olavo esperando, ansioso. Tempo. Sérgio vem do cais. Os dois vão já caminhar juntos. Muito ritmo.

SÉRGIO	– Infelizmente pra cá não veio não, Olavo.
OLAVO	– Vou tentar de novo em casa, se você tiver alguma notícia me liga pra/

Olavo para de falar. Tem uma reação forte. Mostra a Sérgio três cartazes típicos da época fixados numa parede. Câmera vai mostrando, em detalhe, produzir. "Terroristas procurados. Ajude a proteger sua vida e a de seus familiares. Avise à polícia." Fotos de: 1) Heloísa Andrade Brito (Teresa), 2) Marcelo Pietrangeli (Cícero), 3) João Alfredo Galvão (Augusto). O último close de fotografia deve ser o de João, ligação visual com a cena seguinte.

OLAVO	– (*off*) Sérgio!
SÉRGIO	– (*off*) Ontem não tava aí, eu passei várias vezes! Pregaram isso hoje!

Corta do close da foto de João para:

Cena 17: APTO. DE JOÃO (INT DIA)

QUARTO. Valquíria chorando, Abelardo em pânico, Guilherme e Talita muito tensos. Guilheme e Talita falam ao mesmo tempo.

VALQUÍRIA	– (*chorando*) Eu não acredito!
ABELARDO	– Regina viu, chegando de São Paulo, no Santos Dumont, terrorista procurado!
GUILHERME	– Calma, mãezinha...
TALITA	– (*chorando*) O meu menino, o meu menino...

Corta rápido para:

Cena 18: QUARTO DO MOTORISTA NA CASA VAZIA DE SOLANGE (INT DIA)

Bernardo, João, Heloísa, Marcelo, muita tensão e ritmo.

MARCELO — Eu sabia, desde que prenderam o Pedro, mais cedo ou mais tarde ia acontecer...

JOÃO — Não dá pra resistir não, pouca gente resiste...

BERNARDO — (*a Heloísa, suplicante*) Um encontro, Heloísa, que mal pode te fazer, um encontro! Teu pai! Quer ajudar!

Tempo. Heloísa reflete. Finalmente fala.

HELOÍSA — Eu vou. Mas não confio nele. Não quero que vá dirigindo. Vai no teu carro, Bernardo, eu digo o lugar, você não fala pra ele, só leva, eu não tenho um pingo de confiança nele.

Corta para:

Cena 19: LOCAL COM VISTA BONITA (EXT DIA)

(*Algum ponto de Santa Teresa, Vista Chinesa, uma locação assim.*)
Abre em close de Fábio, tenso, ao lado de Bernardo, que dirige seu carro lentamente. Corta para plano geral, a distância. De um lado da tela, o carro de Natália já parado. Do outro lado da tela, o carro de Bernardo, parando. Tempo. Corta para dentro do carro de Natália, que está ao volante, Heloísa ao lado.

NATÁLIA — Vai. Ele não tá mentindo não, Heloísa. Quer ajudar. Não quis me dizer como, mas eu senti que é verdade. Ele quer ajudar.

Heloísa salta do carro e caminha em direção ao pai. Vemos, do ponto de vista de Natália, Heloísa e Fábio caminharem um em direção ao outro. Corta para carro de Bernardo, parado, o rapaz já sozinho ao volante. Do ponto de vista de Bernardo, vemos Heloísa e Fábio já conversando, ao longe. Corta para Heloísa e Fábio, já no meio da conversa, vista muito bonita ao fundo.

FÁBIO — (*humano, suplicante*) <u>Se entregar sim</u>, Heloísa, se entregar! Eu garanto a sua segurança, não tocam em você, não dessa vez, consigo prisão especial, vai ser bem tratada, só interrogam, presta depoimento, conta o que sabe, vai a julgamento, tenho promessa que você não fica nem um ano presa, sai livre, recomeça a vida, não como uma meliante perdida pelo mundo, fugida, com medo de tudo!

HELOÍSA — (*chocada*) Contar pra eles... o que eu sei?

FÁBIO — Se não quiser mente, diz que não sabe nada, só não desafia, não provoca, colabora!

HELOÍSA — Nós somos <u>três</u>.

FÁBIO — Com os outros não vou me meter, nem que eu quisesse, eles se arranjam, não tão confiando que vão se arranjar, de qualquer maneira?

Heloísa	– Você acha mesmo que eu vou confiar em quem tá há meses tentando me matar?
Fábio	– Tão cumprindo o dever deles, Heloísa!
Heloísa	– E eu o meu. Se era isso que você tinha pra me oferecer, muito obrigada, oferece pruma das tuas amantes, quando tirar uma grana escondida da tua carteira.

Heloísa se afasta, Fábio chama.

Fábio	– Heloísa! (*ela se volta, Fábio sincero, suplicante*) Eu sou seu pai... eu gosto de você... quero o seu bem...
Heloísa	– (*seca*) Se você quisesse o meu bem, essa hora eu e os meus companheiros távamos livres, sabe, no meio do mar, bem longe daqui, livres.

Heloísa caminha para o carro de Natália, não olha mais pra trás.

Fábio	– Heloísa! (*tempo*) Heloísa!

Close de Fábio, atônito.
Corta para:

Cena 20: SALÕES DE HELOÍSA (INT DIA)

Natália indignada com Bernardo e Olavo. Clima muito tenso.

Natália	– Eu não posso dizer que tô tão decepcionada assim porque não esperava muito mais dele não.
Olavo	– Vamos ver esse meu tio, gente, tem fazenda em Mato Grosso, um cara liberal, simpatizava tanto com a Heloísa!
Bernardo	– Acho que não custa, mãe, vamos lá...

Corta rápido para:

Cena 21: QUARTO DO MOTORISTA NA CASA VAZIA DE SOLANGE (INT DIA)

Sandra, João, Heloísa, Marcelo, excitados, já conversando.

Sandra	– Tudo pronto!
João	– (*eufórico*) No duro mesmo?
Sandra	– Só tem que chegar na estrada, o caminhão tá lá esperando, vai direto pra fronteira, o motorista cuida de tudo, eu passo rápido no aparelho pra pegar a grana pro moambeiro dono do caminhão e arrumo carro pra vocês irem até lá.
Heloísa	– Melhor um carro direito, legal, cartaz com a cara da gente por aí, ideal era um carro sem problema, com o próprio dono dirigindo pra ninguém prestar atenção na gente, o Bernardo consegue fácil.
Sandra	– Mas tem que ser hoje, nesse momento!

JOÃO — (*emocionado*) Se o Bernardo conseguir... fora do Brasil, gente. Livres!
Corta para:

COMERCIAIS

Cena 22: APTO. DE MARIA LÚCIA E EDGAR CASADOS (INT DIA)
Maria Lúcia e Dagmar, ritmo rápido.

MARIA LÚCIA — Mas que história é essa, Dagmar, o Caramuru pode ser meio brincalhão mas sempre foi um cara honesto, "enveredar pelo caminho do crime", que maneira de falar!

DAGMAR — Às vez más companhias, acontece muito, más companhias! Juntando dinheiro faz ano pra comprar uma lambreta, inda num tinha nem pra bicicleta, de repente me aparece de carro, falando que ganhou no Jóquei?

Corta rápido para:

Cena 23: PORTA DO PRÉDIO DE MARIA LÚCIA SOLTEIRA (EXT DIA)
(<u>Atenção, edição</u>: *não há interrupção de ritmo de diálogo entre a primeira fala desta cena e a última da cena precedente.*)
Maria Lúcia e Caramuru discutem ao lado do carro da fuga de Heloísa e João (capítulo 18), consertado e pintado de cor berrante. <u>Ritmo bem rápido</u>.

MARIA LÚCIA — (*firme*) Vai me embromar, Caramuru? Então não fui eu que botei a Heloísa em contato com você?

CARAMURU — Quer me dizer que foi que eu fiz de errado?

MARIA LÚCIA — Primeiro você me diz exatamente o que a Heloísa mandou você fazer com o carro.

CARAMURU — Mandou levar prum lugar vazio e tacar fogo. Assim, gasolina, fogo!

MARIA LÚCIA — Se você aceitou tinha que ter feito!

CARAMURU — Se o meu sonho a vida inteira sempre foi ter um carango? Tacar fogo? Não falei a verdade pra Dagmar porque essa história toda... cê tá sabendo... (*acariciando o carro*) Levei prum conhecido que tem uma oficina, olha que beleza que ficou, gastei minhas economias todas na reforma e ainda tô devendo, Maria Lúcia, cê não sabe o dinheirão que foi pra trocar placa, número de motor, pintura, documento no meu nome!

Corta rápido para:

Cena 24: APTO. DE MARIA LÚCIA E EDGAR CASADOS (INT DIA)

(<u>Atenção, edição</u>: *não há interrupção de ritmo de diálogo entre a primeira fala desta cena e a última da cena precedente.*)
Maria Lúcia discute com Caramuru enquanto disca telefone. Ritmo.

MARIA LÚCIA	– Mundo do crime sim! Se a Heloísa mandou tacar fogo tinha que ter obedecido! Não vai ficar com esse carro de jeito nenhum, pode ser perigoso!
CARAMURU	– Dá 120 com estabilidade! Botei pneu recauchutado novinho!
MARIA LÚCIA	– <u>Não é seu</u>! Eu tenho telefone de quem pode dizer o que você tem que fazer com esse carro. (*ao telefone*) Alô.

Corta rápido para:

Cena 25: QUARTO DO MOTORISTA NA CASA VAZIA DE SOLANGE (INT DIA)

João, Heloísa e Marcelo se arrumando correndo para fugir, os três com as armas escondidas, Heloísa guarda a sua na bolsa, detalhar.

MARCELO	– Eu sei onde é esse lugar que o caminhão tá, avenida Brasil logo depois de Campo Grande, melhor ir pela Barra.
JOÃO	– Só precisa do carro.
HELOÍSA	– (*guarda arma na bolsa*) Tinha graça, não arrumar carro pra ir a Campo Grande!

Corta rápido para:

Cena 26: APTO. DO CPR (INT DIA)

(<u>Atenção, edição</u>: *não há interrupção de ritmo de diálogo entre a primeira fala desta cena e a última da cena precedente.*)
Sandra desesperada ao telefone.

SANDRA	– (*tel*) Você tem certeza? Nem ele nem dona Natália? (*tempo*) Não disseram a que horas vão voltar? (*tempo*) Precisa deixar recado não, se for o caso mais tarde eu ligo.

Desliga. Procura outros números em seu caderno, tensa. Tempo. Telefone toca. Sandra atende.

SANDRA	– (*tel*) Alô. (*tempo*) Você tem certeza? (*tempo*) Devolver o carro? (*ri consigo mesma*) Não, é só que... agora não dá pra explicar, claro que a gente tá precisando desse carro, caiu do céu, eu vou te dar um endereço, você manda o cara ir pra lá mas imediatamente!

Corta rápido para:

Cena 27: PORTA DO PRÉDIO DE MARIA LÚCIA SOLTEIRA (EXT DIA)

(Atenção, edição: não há interrupção de ritmo de diálogo entre a primeira fala desta cena e a última da cena precedente.)
Maria Lúcia firme, obrigando Caramuru a entrar no carro.

Caramuru	– Você não pode fazer uma coisa dessas comigo!
Maria Lúcia	– Entra!
Caramuru	– *(mostrando)* Olha aí, até escudo do Botafogo eu botei! Pé de coelho no espelho retrovisor, chaveiro de ferradura com luz negra, comprei luva!
Maria Lúcia	– Vai logo que a moça tá esperando.

Caramuru entra no carro, como quem caminha para o patíbulo. Arranca com o carro.
Corta para:

Cena 28: PORTA DA CASA VAZIA DE SOLANGE (EXT DIA)

João, Heloísa, Marcelo, Sandra perto do carro, Caramuru já explicando, tensão. Ritmo muito rápido de diálogo.

Caramuru	– Demorei por causa desse assalto, banco aqui perto, tão dando batida por aí tudo, diz que foi terrorista. *(sem jeito, <u>sabe</u> que João é "terrorista")* Sacumé, João, eles que fala assim.
João	– Cê já fez até demais, Caramuru.
Sandra	– Tenho que deixar a grana no moambeiro, o caminhão sai seis em ponto, o motorista vai telefonar pra saber se o cara recebeu, vou de ônibus senão desvia muito, cês vão sozinhos?
Marcelo	– Com blitz na rua deixa eu dirigir, tenho carteira de motorista com o nome que eu tô usando.
Heloísa	– Bom mesmo era alguém com carteira direita, ficha limpa, mas...
Caramuru	– Eu já tô no volante!
João	– De jeito nenhum, Caramuru, você não tem nada com isso, já se arriscou!
Caramuru	– Olha, João, eu posso num ter entendido ainda direito o que é o tal do figeteésse, mas amigo meu na mão nunca deixei. *(autoritário)* Entra aí todo mundo.

Corta descontínuo para os quatro dentro do carro, Heloísa ao lado de Caramuru ao volante, carro em movimento. Close de Heloísa, ligação visual com a cena seguinte.
Corta para:

Cena 29: SALÕES DE HELOÍSA (INT DIA)

Natália, Bernardo e Olavo chegando de fora, tristes, já falando.

Bernardo	– Você fez o que pôde.
Olavo	– Três dias, será que dá preles esperarem mais três dias?

BERNARDO	– Não foi culpa do seu tio, Olavo, hóspede na fazenda, antes de saírem não dá.
NATÁLIA	– Se acontecer alguma coisa com a Heloísa a culpa é do seu pai! (*vai para dentro, muito nervosa*)

Bernardo fica olhando tenso, Olavo pensativo, triste.

OLAVO	– A Heloísa, como é que ela... Tão linda, quando vi a primeira vez nem parecia de verdade... (*nota Bernardo tenso*) Vai, vê a tua mãe, tô achando muito nervosa, coitada, vai ver se ela tá bem...

Bernardo vai para dentro, Olavo pensativo. Está perto de uma bandeja com bebidas, já começou a se servir de uísque. Senta-se, muito triste e pensativo. Close de Olavo. Corta para <u>vários flashbacks</u> de Heloísa dançando. <u>Capítulo 1, Cena 29</u>, BOATE: a) Heloísa dança chá-chá-chá; b) Heloísa dança twist. <u>Capítulo 3, Cena 37</u>, SALÃO DE BAILE DE FORMATURA: Heloísa dança com figurante. <u>Capítulo 5, Cena 11</u>, BOATE: a) Heloísa dança muito animada com figurante; b) Heloísa dança com Olavo, tentando seduzi-lo. <u>Capítulo 9, Cena 9</u>, TEATRO OPINIÃO: Heloísa dança com jovem negro. <u>Capítulo 10, Cena 10</u>, BOATE CLASSE A: Heloísa dança animada com Olavo. <u>Capítulo 16, Cena 9</u>, BOATE: Heloísa dança alegre com figurante. Corta para close de Olavo em tempo real, triste.

Sonoplastia: "See You In September", por The Happenings.

Edição, desde o momento em que Olavo fica sozinho na sala até o último plano da cena, <u>exatamente 1 minuto e 5 segundos</u>.

Corta para:

Cena 30: RUA DO RIO DE JANEIRO (EXT DIA)

Caramuru dirigindo o carro com Heloísa, Marcelo e João. Abre em close de Heloísa, ao lado de Caramuru, relação visual com a cena anterior. Tempo. De repente, reação de João, tenso.

JOÃO	– Cuidado, Caramuru, devagar, tenta não chamar atenção!

Corta para, pv dentro do carro, uma grande confusão de <u>blitz</u>, dirigida por Belotti, que escolhe os carros que vai mandar parar.

CARAMURU	– Deixa comigo.

Belotti manda soldado fazer sinal que Caramuru deve parar o carro. Caramuru para. Closes rápidos de Marcelo, João e Heloísa, dentro do carro, tentando disfarçar uma grande aflição.

BELOTTI	– Documentos.

Caramuru entrega documentos, vai logo saindo do carro, à vontade.

CARAMURU	– Será que vai demorar muito, autoridade? Porque... tô com um problema aí...

Belotti olha dentro, registra que há uma mulher e dois homens.

CARAMURU — Tá vendo a menina? Cá entre nós, autoridade, já viu coisa mais gostosa? Né profissional não, só faz programa quando vai com a cara, diz que tem duas ainda melhor que ela esperando a gente, no motel, eu e os meus amigo tamo sem molhar o biscoito faz quase um mês, se a gente demorar as garota vão se mandar!

Corta para:

Cena 31: BOTEQUIM NA MESMA RUA (INT DIA)

Camargo, descansando da blitz, toma café no balcão com soldado muito jovem armado de metralhadora, que o ouve, impressionado.

CAMARGO — Precisava ver essa lourinha, de cabelo curto, sequestrou embaixador, terrorista é pior que bandido, quase me atropela, de arma na mão, não vacila em apagar um de nós, eu vou indo, acaba teu café com calma, já tá pago.

Corta para:

Cena 32: RUA DO RIO DE JANEIRO (EXT DIA)

Mesma situação da cena 30, Caramuru com Belotti, que amolece.

CARAMURU — Enquadrar um broto desses em vadiagem, doutor? Lhe dou o cartão desse motel em Campo Grande, tem suíte até pra seis, autoridade deve ter desconto...

BELOTTI — (*sério, entregando os documentos*) Vai que eu tenho coisa séria pra tratar.

Caramuru entra vitorioso no carro, os três dentro disfarçam alívio, sai devagar com o carro na direção do <u>botequim</u> da cena 31, logo adiante, primeira esquina. <u>Dentro do carro, de janelas fechadas</u>:

JOÃO — Devagar, nenhum gesto brusco, nós não temos nada com assalto, tamo passeando.

O soldado de metralhadora está saindo do botequim para a rua, pouco à frente Camargo caminhando em direção a Belotti, que ficou para trás. Quando o carro passa, Camargo vê Heloísa de repente, <u>ela não o vê</u>, um plano rápido de Heloísa no carro, pv de Camargo, que grita ao soldado que está adiante, saindo do botequim.

CAMARGO — (*ao soldado*) É ela! A de cabelo curto, cuidado aí!

Soldado reage assustado, ergue metralhadora para o carro, corta imediato para dentro do carro, (<u>não ouviram Camargo</u>), o soldado indicando com a metralhadora que o carro deve parar.

HELOÍSA — Calma que eu tenho documento falso, eu levo esse cara na conversa.

Caramuru para. Closes rápidos de João e Marcelo, aflitos. Heloísa já saltou <u>com a bolsa</u>, muita tensão, ela vai para o soldado muito tenso, sorri encantadora abrindo a bolsa, ainda não viu Camargo. Detalhe da mão de Heloísa abrindo a bolsa. O soldado deve ter a impressão de que ela vai sacar uma arma.

CAMARGO – (*grita*) Cuidado que ela atira!

Heloísa vê Camargo, reconhece, muda a expressão, muito tensa, a mão quase já saindo da bolsa, soldado dispara <u>a metralha com medo de ser baleado</u>, Heloísa cai, sangue brotando, mão deslizando para fora da bolsa, ainda não detalhamos. Por apenas um instante todos sem ação, Marcelo, João e Caramuru chocados. (Tudo tem que ser gravado take a take, cena de montagem.) Quando Marcelo vai sair do carro, João impede, desesperado mas firme, puxa Marcelo.

JOÃO – Não adianta mais, tem tua filha, Marcelo, vem!

Caramuru arranca enquanto soldados vêm correndo do ponto onde havia a blitz. Dois atiram nos pneus no carro, não acertam. Carro dobra esquina. Tudo rápido.
Corta para plano de Heloísa estendida no chão, morta, câmera percorre seu corpo lentamente até enquadrar, em primeiro plano, em sua mão, uma carteira de identidade (e não uma arma). Close da falsa carteira de identidade. Reação de Camargo, <u>humano</u>, compreende que se enganou. Corta para a metralhadora abaixada na mão do soldado, que é muito jovem e está em estado de choque.
Corta para:

Cena 33: ESTRADA (EXT DIA)

Só planos gerais. Seis da tarde. Caminhão esperando. Tempo. Carro que Caramuru dirige chega. Saltam João, Marcelo e Caramuru. Falam com o motorista do caminhão. Caramuru despede-se de João e Marcelo. Não deve haver nenhum close nesta cena, em que música cobre diálogo. Marcelo hesita antes de entrar no caminhão. João praticamente o obriga. Os dois finalmente entram e o motorista dá a partida. Caramuru, emocionado, fica olhando o caminhão se afastar, ao lado do carrinho que ganhou. Tempo com o caminhão se afastando cada vez mais da câmera.
Sonoplastia: "See You In September", por The Happenings.
Edição: do corte de Heloísa morta no chão na cena precedente, até o último plano desta cena, <u>exatamente 30 segundos</u>.
Corta para:

Cena 34: SALÕES DE HELOÍSA (INT NOITE)

Clima de velório. Natália e Bernardo chorando, Olavo tentando confortar. Fábio completamente apático e triste. Natália se aproxima. Fábio fala, <u>fraco e triste</u>, consigo mesmo.

FÁBIO – Eu falei desde o início... eu fiz tudo que eu podia... Não mataram... Foi suicídio...

Natália dá um tapa bem estalado na cara de Fábio.
Corta rápido para:

Cena 35: APTO. DE JOÃO (INT NOITE)

Sandra com Abelardo e Valquíria, muita tristeza.

VALQUÍRIA	– (*tonta, para si mesma, talvez chorando*) A Heloísa, uma menina, lembro no enterro do seu Damasceno com a mãe, João Alfredo falava sempre dela...
SANDRA	– (*doce*) O João vai escrever quando chegar no Chile, mas ele tá seguro, a gente confirmou, já tão fora do país, melhor carta do que telefone, dona Valquíria, ele manda prum endereço sem problema, eu faço chegar até vocês na mesma hora.

Close de Abelardo, com esperança de que o filho escape.
Corta para:

Cena 36: ESCRITÓRIO DA EDITORA DE QUEIROZ (INT DIA)

Dias depois, Sérgio chegando à editora, com Waldir. Kira recebe.

SÉRGIO	– O Waldir vai ficar na direção da editora.
WALDIR	– (*a Kira, contente*) A gente tem muita coisa pra fazer, Kira, tô precisando inclusive trocar umas coisas na decoração aí da minha sala, racionalizar o trabalho.

Corta para:

Cena 37: AGÊNCIA DE VIAGENS (INT DIA)

Natália no balcão, diante de um funcionário. Só um plano.

NATÁLIA	– (*segura*) Uma passagem pra Paris, só de ida, classe econômica.

Corta para:

Cena 38: INTERIOR DE AVIÃO (INT DIA)

(Podemos fazer este plano no avião cenográfico da emissora?)
Apenas um close de Natália, dentro do avião, ao lado da janela. Figuração de classe econômica. Explorar beleza de Natália. Tempo.
Corta para:

Cena 39: AVIÃO NO AR (EXT DIA)

Plano de avião da época, Rio-Paris. Arquivo.
Corta para:

Cena 40: PLANOS DE PARIS (DIA OU NOITE)

Planos gerais bonitos da cidade de Paris. De mais gerais a mais detalhados. Terminar com carros passando. De acordo com estes planos, as duas próximas cenas devem ser de dia ou de noite também.
Corta para:

Cena 41: HALL DE ENTRADA DE PRÉDIO EM PARIS (DIA OU NOITE)

Um hall de entrada de prédio caracteristicamente parisiense, classe média baixa. Elevador pequeno vasado. Natália chegando, carregando ela própria duas malas. Uma senhora gorda (a concierge), mal-humorada, vem dizer a Natália que como ela não mora ali não pode subir com as malas. Natália muito firme, discute com a mulher, enquanto está chamando o elevador. Elevador chega. Natália entra com as malas apesar dos protestos da concierge. Elevador vai subindo enquanto a concierge resmunga. (Música cobre o diálogo.)
Corta para:

Cena 42: QUARTO MODESTO DE AVELAR EM PARIS (INT DIA OU NOITE)

Avelar está escrevendo, máquina de escrever modesta, roupa simples. Batem à porta. Ele reage. Abre a porta. Reação muito forte ao ver Natália, duas malas pousadas no chão. Closes alternados de Natália e Avelar, muita emoção. Beijam-se apaixonadamente. Um beijo longo.
Sonoplastia: "Mascarada".
Edição: desde que Natália para de falar na cena 37, <u>exatamente</u> o número de segundos que vamos dar depois, porque ainda não temos esta gravação da canção.
Corta para:

Cena 43: APTO. DE MARIA LÚCIA E EDGAR CASADOS (INT DIA)

QUARTO. Maria Lúcia e Edgar. Clima muito pesado. Tempo.

EDGAR	– (*sofrido*) Por isso então que... que você aceitou casar comigo?
MARIA LÚCIA	– (*triste*) Por isso eu terminei com ele, Edgar, o nosso casamento... (*gesto vago*)
EDGAR	– Você não me contou antes por quê?
MARIA LÚCIA	– (*angustiada*) Porque... não sei... eu acreditei nessa mentira por tanto tempo... Acho que ainda dói muito, só de pensar no assunto, talvez a morte da Heloísa... Acho que foi isso sim, essa morte horrível, que eu não vou aceitar nunca... eu me senti muito sozinha. Tava precisando desabafar, precisando de um (*corta-se*)

Tempo.

EDGAR	– Um amigo?
MARIA LÚCIA	– (*frágil*) Você não é meu amigo, não foi sempre?

EDGAR	– Essa palavra... me ofende, porque eu queria ter sido muito mais que isso, Maria Lúcia, eu tentei conquistar você, tentei... (*gesto vago*)
MARIA LÚCIA	– Não fala assim. Dá impressão que você tá querendo... (*não tem coragem de terminar*)
EDGAR	– (*firme*) Tô, Maria Lúcia. Tô sim.
MARIA LÚCIA	– Por quê?
EDGAR	– Porque... desde que eu te conheci... você sabe o que eu sempre senti por você. Quando eu tinha 19, 20 anos, eu morria de ciúme do João mas passava por cima, o amor era maior que tudo, eu ficava sempre achando que... te amar ia ser suficiente, (*consigo mesmo*) <u>Eu amando, você sendo amada</u>... casei assim. Mas... tá sendo pouco, eu quero ser amado também, eu preciso.
MARIA LÚCIA	– (*quase chorando*) Eu gosto muito de você, Edgar, nós dois... eu não posso me imaginar sem... logo agora... (*tom*) Será que você não tá tomando uma decisão precipitada? Vamos esperar um pouco, porque nesse momento... Você já perdeu a editora, vai começar nesse emprego novo... Será que tá na hora de...? (*não sabe terminar sem ofender*)
EDGAR	– Perder você?

Tempo. Ela não sabe o que responder. Edgar se aproxima, meigo.

EDGAR	– Foi um erro, Maria Lúcia, vai ser melhor pra nós dois enfrentar a verdade. E <u>perder</u>... não tô perdendo nada, isso não, porque... a gente não pode perder o que nunca teve.

Close de Maria Lúcia, muito triste.
Corta para:

Cena 44: APTO. DE JOÃO (INT DIA)

Valquíria com carta na mão, Abelardo, Talita e Guilherme em volta excitados, emocionados, todos já falando ao mesmo tempo.

GUILHERME	– Do João, mãe, abre!
ABELARDO	– A menina trouxe?
VALQUÍRIA	– (*abrindo*) Mandou entregar. (*abriu, olhou assinatura, emocionada*) É dele, ele tá bem, graças a Deus!
ABELARDO	– (*enorme alívio, olha a carta*) Do Chile, é a letra dele sim, abre logo!

Valquíria não consegue ler, lágrimas nos olhos. Detalhe da carta, <u>Santiago do Chile, março de 1971 e assinatura de João</u>.
Corta para:

COMERCIAIS

Cena 45: ESCRITÓRIO DE FÁBIO NA *HOLDING* (INT DIA)

Maria Lúcia e Bernardo. Algumas semanas mais tarde.

BERNARDO	– O pai concordou que a tutela da menina ficasse comigo. Falei ontem com o Marcelo, pelo telefone. A situação em Santiago do Chile tá muito tensa. Pelo menos por enquanto... fico com pena, mas... é arriscado demais levar uma criança de menos de 2 anos pra lá.
MARIA LÚCIA	– E depois... um homem sozinho... lutando pra recomeçar vida num país estranho...
BERNARDO	– Eu entrei em contato com a Zulmira, vou a Minas amanhã, é uma cidade bem pequena, perto de Três Rios. A mamãe quer criar, eu não tenho nada contra, mas... Europa... Alguma coisa me diz que a Heloísa não ia querer a filha educada... (*quase chorando*) longe da Mangueira, longe da areia de Ipanema, dessa bagunça toda que ela gostava tanto...
MARIA LÚCIA	– Deixa eu criar?
BERNARDO	– Você?
MARIA LÚCIA	– (*quase chorando*) Ia me fazer tão bem, Bernardo! Nessa fase que eu tô atravessando... Eu tenho... inveja de gente feito eles, gente capaz de se dedicar a <u>uma causa</u>, eu não seria! Mas uma pessoa! Eu lembro da carinha dela... Eu tô precisando de... <u>uma razão pra viver</u>... Deixa eu criar. Pelo menos até o dia que o Marcelo tiver condições... Eu tenho tanta certeza que a Heloísa ia concordar!

Close de Bernardo, pensativo.
Corta para:

Cena 46: RUA POBRE EM MINAS GERAIS (EXT DIA)

Carro elegante de Bernardo parado em frente a uma casa muito pobre, como toda a rua. Câmera corrige e revela Zulmira entregando a menina Maria Clara a Maria Lúcia, Bernardo ao lado. (Mesma criança do capítulo 19.) Os três se despedem de Zulmira e vão entrando no carro de Bernardo. Música cobre o diálogo.
Corta para:

Cena 47: PORTA PRÉDIO MARIA LÚCIA E EDGAR (EXT DIA)

Carmen, Dolores e Marta esperam Maria Lúcia, que está chegando de carro com Bernardo e a menina. Plano geral. Maria Lúcia despede-se de Bernardo, que entrega uma pequena mala a porteiro figurante. Corta para plano próximo, as mulheres cercando a menina. (Se possível, no último plano desta cena, um plano geral que passe por rua Nascimento Silva, ligação com a cena seguinte.)

MARTA	– É linda!
CARMEN	– Parecida com a mãe, não acha, dona Marta? Puxou muito mais à mãe do que ao pai.

DOLORES – *(carinhosa)* Vou te levar pra passear no Jardim de Alá!...
CARMEN – Eu levava Maria Lúcia criança, ela adorava andar de bodinho, mas agora não tem mais, Dolores, tá até perigoso...
MARIA LÚCIA – *(à menina, muito meiga)* Mas tem muita coisa boa aqui. Muita coisa que a tua mãe gostava. De todas as pessoas que eu conheci, a tua mãe era a mais alegre, a mais positiva, a que mais gostava da vida... *(para, medo de chorar, contém a emoção)* Enquanto você for crescendo, eu vou te mostrando tudo, te contando tudo, a gente tem muita coisa boa pra lembrar...

Corta rápido para:

Cena 48: SEQUÊNCIA EM PRETO E BRANCO

Música: "Carta ao Tom", de Toquinho e Vinicius de Moraes, por Toquinho e Vinicius.
a) 1971, Médici torna obrigatória em todos os níveis de ensino a educação moral e cívica, nos cursos superiores e pós-graduação sob o nome de estudos de problemas brasileiros.
b) Algum material sobre a cantora Elizeth Cardoso, se possível fotos da época da produção do LP Canção do amor demais.
c) Ainda em 1971, é preso sem motivo declarado o ex-deputado Rubens Paiva, que em seguida desaparece.
d) Médici anuncia sua grande meta, no início de 1972: conter a inflação.
e) Algum material sobre o programa A grande família, *TV Globo.*
f) 8 de fevereiro de 1972, vendido primeiro aparelho de tevê em cores no Brasil.
g) Algum material sobre a novela O bem amado, *da TV Globo, nossa primeira novela em cores.*
h) 3 de abril de 1972, emenda constitucional no. 2 cancela eleições diretas para governo dos estados, previstas para outubro de 1974.
i) Agosto de 1972, MDB lança projeto anti-impacto, *contesta resultados econômicos, critica distribuição de renda, Médici inaugura a Transamazônica.*
j) 16 de novembro de 1972, bolsa do Rio tem menor movimento do período do milagre, fecha o ano com recuo de 49,9%, princípio do fim do milagre.
k) Polícia federal veta referência em jornais a: Anistia Internacional, abertura política ou democratização, anistia para cassados, críticas à política econômica, bem como a publicação do decreto de dom Pedro I do século passado abolindo a censura no Brasil.
l) 1972, Émerson Fittipaldi campeão mundial de Fórmula 1 e Henrique Mecking, Mequinho, grande mestre internacional de xadrez.
m) Setembro de 1973, Allende deposto e morto no palácio presidencial; general Augusto Pinochet chefia ditadura no Chile, milhares de presos políticos concentrados no Estádio Nacional, mortos e desaparecidos.
n) Médici, no fim do governo, declara que não abre mão de suas prerrogativas constitucionais: nenhuma perspectiva de democratização.
o) 1973, Toda nudez será castigada, *de Arnaldo Jabor, premiado no primeiro festival de Gramado.*

p) Janeiro de 1974, Geisel reconhece dificuldades mundiais e nacionais, efeitos do choque do petróleo, é o fim do milagre brasileiro. (Aqui é bom darmos um jeito de mostrar que estamos em 1974 porque o salto no tempo é muito grande.)
q) 15 de janeiro de 74, colégio eleitoral elege Geisel presidente, começo da <u>abertura lenta e gradual</u>, <u>distensão</u>.
<u>Tempo de edição: 1 minuto e 4 segundos</u>.
Corta para:

Cena 49: APTO. DE MARIA LÚCIA E EDGAR (INT NOITE)

1974. SALA. Maria Lúcia com Bernardo. Perto estão Marta e Maria Clara, agora com 5 anos, o mais parecida possível com Heloísa.

BERNARDO	– Como é que tão as coisas na agência?
MARIA LÚCIA	– Não dá pra me queixar, mas hoje pintou uma campanha pro governo, tô meio insegura se aceito ou não...
BERNARDO	– Não me arrependo de ter apoiado a Revolução não, Maria Lúcia, homens como o Castelo queriam salvar o país da desordem e voltar pros quartéis. Foi pena terem cedido à linha dura. Tô com fé no Geisel, fé no futuro, radicalismo e intolerância não podem durar pra sempre. Eu ainda hei de ver o Ocidente e o Oriente no mesmo barco, eu dou razão ao Churchill: "a democracia é o pior dos regimes, salvo todos os outros".
MARTA	– *(intervém de longe, excitada)* Vai começar a novela do Galeno!
BERNARDO	– *(a Maria Lúcia)* O Galeno? Galeno, Galeno? Não virou *hippie*, de carteirinha?
MARIA LÚCIA	– E ainda tem *hippie* onde, Bernardo? O Galeno ficou uns tempos no campo, chegou até a ser dono duma barraca de feira, vendiam o que plantavam... *(tom)* Não gosto de brincar com movimento *hippie* não, sabe, levar no folclore... Eles conquistaram muita coisa, pra nós todos.
BERNARDO	– Mas... novela?
MARIA LÚCIA	– Ele sempre não quis ser escritor? Arrumou pra escrever novela, uma adaptação de romance, sobre escravatura, tá fazendo um sucesso danado!
CARMEN	– *(já ligou a tevê)* É uma história linda!

Plano de cena rápida de novela sobre escravos, em que não apareçam os atores principais, é melhor o público não identificar a obra. Mas pelo diálogo devem entender bem que é história sobre escravos.
Corta para:

Cena 50: ESCRITÓRIO DE GALENO ESCRITOR (INT NOITE)

Galeno, mais velho mas no tom do início da história, desliga irado o aparelho de tevê, terminou sua novela. Edgar e Regina visitando.

Galeno	– Três cenas cortadas!
Edgar	– Eu não sabia que novela também tinha censura!
Regina	– Graças a Deus eu fiz essa viagenzinha à Europa e pude ver *O último tango*.
Galeno	– Problema até a raiz dos cabelos, Edgar, corte, corte o tempo todo, a gente nunca sabe o que pode escrever e o que não pode! Até beijo cortam! Fui chamado a Brasília, pra dialogar, tem um raio duma censora lá falando em tirar minha novela do ar, você já pensou nas consequências? Tirar do ar uma novela que está fazendo... por assim dizer, um grande sucesso popular!?

Corta rápido para:

Cena 51: PLANOS GERAIS DE BRASÍLIA (EXT DIA)

Alguns planos gerais já com diálogo em off da cena seguinte. Importante mostrar a Praça dos Três Poderes.

Rangel	– (*off*) Mas eu pensei que pelo menos essa sua... Puxa, novela das seis, o que é que tem demais?
Galeno	– (*off*) E eu sei? Vai perguntar pra mim? A gente no início manda uma sinopse, eles aprovam ou não aprovam, mas tem que ir mandando os capítulos aos poucos, se cortam cenas demais o público não entende a história, quem passa por maluco é quem está fazendo!

Corta para:

Cena 52: APTO. DE RANGEL E IDALINA EM BRASÍLIA (INT DIA)

Galeno nervoso com Idalina e Rangel.

Idalina	– Calma, meu irmão! A novela tá tão boa!
Galeno	– (*indignado*) Tirar do ar!
Rangel	– Não vão fazer um troço desses, você dialoga, você sempre foi safo! Pra que horas tá marcado esse encontro, na censura?
Galeno	– Pras quatro da tarde.
Rangel	– Eu te levo e fico esperando.
Galeno	– Precisa não, Rangel, obrigado, vem um funcionário da emissora me pegar.
Idalina	– (*excitada*) Deve ser no prédio onde tem o cineminha!
Galeno	– Que cineminha, Idalina?
Idalina	– (*orgulhosa*) De vez em quando nos convidam, o cineminha da censura, a gente vê os filmes proibidos todos, sem cortes!

Corta rápido para:

Cena 53: SALA DE CENSURA FEDERAL (INT DIA)

(<u>Atenção, edição</u>: *não há interrupção de ritmo de diálogo entre a primeira fala desta cena e a última da cena precedente.*)
É um escritório normal, de repartição pública moderna. Galeno dialoga com a equipe de censoras: Mariléa, mais velha, autoritária, Teresa e Míriam, mais jovens, simpáticas. Um figurante de muito boa aparência, é o representante da emissora. Muito ritmo.

MARILÉA	– (*intensa*) <u>Se eu não estivesse de férias não tinham liberado esta sinopse</u>!
GALENO	– Mas se eu mal lhe pergunto, dona Mariléa, por quê?
MARILÉA	– <u>Escravatura</u>! É uma faca de dois gumes! No capítulo 37 a moça diz... (*à outra*) Está anotado aí, Míriam, a cena que eu achei capciosa!
MÍRIAM	– (*lê num papel*) A moça diz: "Será justo que os homens sejam escravos de outros homens?"
MARILÉA	– Olha aí! Nem é uma afirmação, é uma pergunta! Pergunta pode fazer pensar! Não gosto de pergunta, não é bom...
GALENO	– (*atônito*) A senhora podia... se explicar um pouco melhor, dona Mariléa?
MARILÉA	– Você está me entendendo muito bem, você não é bobo, rapaz! Escravidão é um assunto que dá margem a <u>muitas ilações</u>!
GALENO	– Da História do Brasil, dona Mariléa! Qualquer criança aprende, na escola!
MARILÉA	– (*irritada*) <u>Uma página que devia ser arrrancada dos compêndios</u>! (*mais branda*) Se o espectador começa a fazer comparações, hein? Escravos e senhores... Operários... e patrões?
GALENO	– Só um marxista, dona Mariléa, porque o operário... é remunerado, desculpa perguntar, mas... a senhora é marxista?
MARILÉA	– (*a uma outra*) Eu não tinha aprovado esta sinopse!
GALENO	– É uma história de amor!
MARILÉA	– Não sei! Agora a moça fugiu. <u>Fuga de escravo</u>, eu acho perigoso, começa assim! Porque daqui a pouco vocês podem <u>querer me vir com quilombos</u>!
GALENO	– Quilombo não, não está na sinopse, eu lhe juro, dona Mariléa, nunca me passou pela cabeça, onde é que já se viu, quilombo?
MARILÉA	– (*resmungando*) Fizeram muito mal em aprovar esta sinopse! (*a Galeno*) Só a palavra <u>escravo</u>! Por que estar botando essas ideias na cabeça do público? <u>Pra que lembrar</u>? (*a Míriam*) Quantas vezes nós contamos, Míriam, no capítulo 37, quantas vezes havia a palavra <u>escravo</u>?
MÍRIAM	– (*consultando anotações*) No 37, cinco vezes, no 36 é que eram oito.
GALENO	– Se o problema é... a palavra escravo, dona Mariléa, não escrevo mais a palavra escravo. (*à outra*) Realmente, pra que lembrar?
MARILÉA	– Se você assumir este compromisso...
GALENO	– (*aperta a mão*) Palavra de honra!

Corta rápido para:

Cena 54: ESCRITÓRIO DE GALENO (INT NOITE)

(*Atenção, edição: não há interrupção de ritmo de diálogo entre a primeira fala desta cena e a última da cena precedente.*)
Galeno com Edgar, muito ritmo. Máquina de escrever perto, pilhas de capítulos de novela.

EDGAR	– Um pacto meio louco! Quantos capítulos você ainda tem que escrever?
GALENO	– Uns cento e poucos.
EDGAR	– Numa novela sobre escravos, como é que você vai escrever cento e poucos capítulos sem mencionar a palavra escravo?
GALENO	– (*mostrando texto*) Há soluções, Edgar, jogo de cintura, olha aqui. Esse diálogo eu já refiz. O fazendeiro dizia: "Essa manhã, no leilão, comprei 18 escravos." Troquei, olha só, ele diz: "Essa manhã, no leilão, comprei 18 <u>peças</u>".

Edgar sorri.
Corta rápido para:

Cena 55: APTO. DE QUEIROZ E YONE (INT NOITE)

Maria Lúcia termina de jantar com Lavínia e Gustavo. Abre em rádio nitidamente ligado, diálogo já em off até câmera chegar aos três.

MARIA LÚCIA	– Eu ia mandar a menina, ele tem direito, mas agora o Marcelo foi pra Portugal!
GUSTAVO	– (*a Lavínia*) Por causa da revolução, não sei se vai ficar, os dois tão sempre dum lado pro outro, o João tá lá também, fazendo cobertura da revolução acho que pruma revista alemã.
MARIA LÚCIA	– (*discreta*) O João, escrevendo em alemão?
GUSTAVO	– (*sorri*) Ele escreve em francês, aprendeu, ou português mesmo, traduzem, vale a pena, parece que ele virou um jornalista muito bom.
MARIA LÚCIA	– (*triste*) Melhor que a morte, não tem dúvida, mas cada vez que eu penso nessa gente toda no exílio, que coisa mais triste, vocês já pensaram? Porque não é uma escolha! Uma pessoa... não ter o direito de voltar pro seu país?

Corta rápido para:

Cena 56: SEQUÊNCIA EM PRETO E BRANCO

Música: "O bêbado e a equilibrista", de João Bosco e Aldir Blanc, por Elis Regina.
a) 15 de novembro de 1974, eleições para senadores e deputados no Brasil, vitória do MDB nas grandes cidades.

b) Algum material sobre o lançamento dos filmes A estrela sobe, de Bruno Barreto e Vai trabalhar, vagabundo, de Hugo Carvana.
c) Janeiro de 1975, fim da guerrilha do Araguaia.
d) 30 de abril de 75, governo pró-americano do Vietnã do Sul entrega poder ao vietcongue, últimos norte-americanos se retiram de Saigon, fim da guerra.
e) Notícia da proibição da novela Roque Santeiro, de Dias Gomes, no dia da estreia, 1975.
f) 31 de outubro de 75, dom Paulo Evaristo Arns, rabino Henry Sobel e reverendo Jaime Wright celebram culto ecumênico por Vladimir Herzog na catedral da Sé.
g) 19 de janeiro de 76, Geisel demite comandante do II Exército, general Ednardo Mello, após morte do preso Manoel Fiel Filho.
h) João Carlos de Oliveira, João do Pulo, bate recorde mundial do salto triplo nos jogos pan-americanos.
i) Algum material sobre filmes de 76, Xica da Silva, de Cacá Diegues, premiado em Brasília; Dona Flor e seus dois maridos, de Bruno Barreto, sucesso internacional, maior bilheteria da década.
j) 11 de agosto de 77, em frente à Faculdade de Direito, em SP, passeata: vai acabar, a ditadura militar.
k) 1978, algum material sobre as novelas O astro, de Janete Clair, e Dancin' Days, sem que apareça o nome do autor Gilberto Braga.
l) 1 de janeiro de 79, Geisel revoga AI-5.
m) Algum material sobre a série brasileira na Globo: Malu mulher.
n) Censura libera O último tango em Paris, de Bernardo Bertolucci.
o) 13 de março, 160 mil metalúrgicos do ABC paulista em greve.
p) 15 de março de 1979, general João Baptista Figueiredo toma posse na presidência da República.
q) Algum material sobre a montagem da peça Rasga coração, de Oduvaldo Vianna Filho.
r) 22 de agosto de 79, Congresso aprova lei da anistia.
s) Material filmado sobre retorno de exilados.
Edição: o tempo da cena é de 1 minuto e 30 segundos.
Corta para:

Cena 57: AEROPORTO DO GALEÃO – DESEMBARQUE (INT DIA)

Muita emoção e movimentação. Abelardo, Valquíria, Talita, Angela, Galeno, Gustavo, Lavínia, Maria Lúcia e Maria Clara, agora com 10 anos (o mais parecida com Heloísa possível), esperando. Tentam ver pelo vidro se chegaram ou não chegaram os amigos. Expectativa.

GALENO — Tão lá eles! Tão juntos, os três!
LAVÍNIA — São eles sim! *(Alguma observação de detalhe sobre visual de um dos três, por exemplo: o Marcelo tá de cabelo grande, qualquer coisa assim.)*

Mostramos na alfândega João, Marcelo e Ubaldo. João acena para a família, feliz. Corta descontínuo para os três saindo do portão, com os carrinhos. João abraça Valquíria longamente. Muita emoção. Todos cercando. Ubaldo beija Angela na boca. <u>Corta descontínuo</u> para Maria Lúcia de mãos dadas com a menina, olhando Marcelo. Closes alternados de Maria Lúcia, Marcelo e Maria Clara, muito emocionados. Marcelo pega a filha no colo e se abraçam muito longamente. Tempo. <u>Corta descontínuo</u> para João abraçado a Talita, caminhando.

TALITA — Ia fazer feijoada, meu filho, pediu cozido por quê?

JOÃO — Se um dia cê ficar oito anos no exílio cê vai ver, Talita, cada reunião de brasileiro lá fora, pô... Acho que eu comi mais feijoada do que comia no Brasil.

De repente, pela primeira vez João vê Maria Lúcia. Talita afasta-se, discreta. João se aproxima. Closes alternados dos dois. Emoção.

JOÃO — Você... vai almoçar lá em casa?
MARIA LÚCIA — Dona Valquíria chamou.

Corta rápido para:

Cena 58: APTO. DE JOÃO (INT DIA)

Planos rápidos de almoço (cozido) movimentado e alegre, com João, Abelardo, Valquíria, Talita, Glória, Adelaide, Dolores, Zuleica, Galeno, Gustavo, Lavínia, Jurema, Regina, Ubaldo, Angela. Abre em Zuleica com Glória e Dolores.

ZULEICA — E o tal professor Avelar, que casou com a mãe da menina que morreu?

GLÓRIA — Não voltou?

DOLORES — Tão morando nos Estados Unidos, a Maria Lúcia contou que ele dá aula, parece que é muito respeitado, Zuleica, e a tal Natália tá trabalhando como bibliotecária, acho que eles vêm nas férias de julho, prela conhecer a netinha.

Corta para Ubaldo com Lavínia e Gustavo.

UBALDO — Depois que liquidaram a guerrilha o doutor Salviano e a Sandra não saíram do Brasil não. Foram parar no Amazonas, ele se virou, trabalhando em farmácia, parece que também já tão de volta. (*a Lavínia*) Teus pais não vêm almoçar, Lavínia?

Corta para João com Galeno.

JOÃO — O Edgar tá bem mesmo?
GALENO — Muito bem, é sócio do Bernardo nessa editora, o Bernardo nunca mais quis saber de trabalho com o pai.

João olha Maria Lúcia, que ficou sozinha por um momento.

João	– Ela... você sabe se ela tem alguém?
Galeno	– Relação séria tenho certeza que não.

João se aproxima de Maria Lúcia enquanto Adelaide pega Galeno.

Adelaide	– Ah, me conta, Galeno, a novela, tô louca pra saber, a Laura vai terminar com quem?

Corta para João e Maria Lúcia. Já falaram um pouco.

Maria Lúcia	– Só nós dois?
João	– (*romântico*) Num lugar mais calmo, depois. Será que eu não mereço?

Corta rápido para:

Cena 59: APTO. DE MARIA LÚCIA E EDGAR (INT NOITE – DIA)

Maria Lúcia e João tomando um drinque, luz bonita.

Maria Lúcia	– Esse livro que você tá escrevendo é sobre o quê?
João	– A minha história, Maria Lúcia, na luta. Acho importante contar. A classe dominante não mudou, mas uma situação como a que a gente viveu, de opressão sangrenta... acho que eu... nós todos... a gente tem obrigação de divulgar... pra que isso nunca mais se repita, quanto mais gente souber melhor.
Maria Lúcia	– (*frágil*) Você vai contar... sobre nós?
João	– (*romântico*) Sobre nós... eu achava melhor... conversar... ver se ainda existe alguma chance de...

Os dois já se aproximaram, clima bem romântico. Closes alternados. Ela quer ser beijada. João a beija apaixonadamente.
Corta para o QUARTO, os dois começando a fazer amor, planos suaves. Tempo para ouvirmos música.
Corta para SALA, <u>manhã seguinte</u>, os dois tomam café da manhã.

Maria Lúcia	– Cê inda gosta de café puro, de manhã?
João	– Bem forte. E você? Ainda sonha com croissant e geleia na cama todo dia?
Maria Lúcia	– (*acha graça*) Agora que eu posso, quando dá tempo de engolir uma torrada às pressas antes de chegar na agência...
João	– Nunca mais tive notícia foi do sacana do doutor Fábio, nem do Waldir.
Maria Lúcia	– O Fábio casou logo, com uma garota nova, bonita, uns seis meses depois que a Natália se mandou, de vez em quando eu vejo foto deles, em coluna social. O Waldir também casou, tá superbem na *holding*, aliás... de todos os sacanas que eu conheço não tô lembrando nenhum que teja mal não.

João lhe faz um carinho, muito meigo.

João	– Vamo ficar juntos, Lúcia?

Maria Lúcia indecisa, tempo.

João	– Me ofereceram emprego, num jornal.
Maria Lúcia	– *(animada)* Aqui no Rio?
João	– É, segundo caderno, editor boa-praça...
Maria Lúcia	– *(muito emocionada)* Você acha mesmo que... tem alguma chance?
João	– *(envolvendo)* O que separou a gente foi... foi guerra, Lúcia.
Maria Lúcia	– *(fazendo carinho, muita emoção)* Você... se acha pronto pra... levar uma vida normal, ter o filho que a gente perdeu...
João	– *(alegre)* Dois, três, quatro, cinco!
Maria Lúcia	– *(olhos iluminados)* Eu queria tentar sim, João. Queria muito!

Os dois se beijam apaixonadamente.
Corta para QUARTO, mais tarde, depois do amor, os dois na cama. Tempo. Ternura. De repente, João olha relógio e reage, casual.

João	– Quase que eu ia esquecendo, eu tenho compromisso.
Maria Lúcia	– *(animada)* Pra tratar do emprego?
João	– Não, esse eu marquei pra amanhã. É um encontro na casa dum conhecido do Marcelo, ele até combinou de deixar a filha com o Bernardo...
Maria Lúcia	– Encontro sobre o quê?
João	– Pra preparar uma reunião de reorganização partidária que vai ter na ABI, vamos discutir também o problema dos sem-terra, no sul, você deve tá sabendo, tá tendo repercussão internacional...
Maria Lúcia	– *(decepcionada)* Eu... li vagamente...
João	– Quer vir comigo?
Maria Lúcia	– *(escondendo medo)* Quero. Quero sim. *(mais firme)* No caminho você me conta melhor sobre os sem-terra...

Corta rápido para:

Cena 60: APTO. ELEGANTE (INT DIA)

(<u>Atenção, edição: não há interrupção do ritmo de diálogo entre a primeira fala desta cena e a última da cena precedente.</u>)
Reunião informal, João, Maria Lúcia, Marcelo, Salviano, Sandra, muitos figurantes. Salviano falando. Marcelo ao lado de João.

Salviano	– Encruzilhada Natalino, Rio Grande, 150 famílias! Encheram as terras deles de soja, queriam que fossem pra Transamazônica, eles acamparam noutra fazenda, já tem líder operário junto com os camponeses...
Marcelo	– Alguém tem que ir no local pegar informação, não dá pra perder tempo!

SANDRA	– Difícil, gente, longe paca, todo mundo ocupado...
JOÃO	– (*entusiasmado*) Eu posso ir!

Reação discreta de Maria Lúcia. Close dela, durante a próxima fala.

JOÃO	– Tô escrevendo pra revista do partido social democrata alemão, tão muito interessados na questão do campo!

Close de Maria Lúcia, mal acredita no que ouve. Corta para flashbacks de discussões de Maria Lúcia e João, com ritmo muito rápido. Capítulo 6, parte da Cena 14, APARTAMENTO DE MARIA LÚCIA:

MARIA LÚCIA	– (*muita raiva*) Por sua causa eu perdi o meu quarto, o maior sonho que eu sempre tive nessa vida!
JOÃO	– Qual a importância duma porcaria dum quarto com cortina bonitinha?
MARIA LÚCIA	– Por causa daquele mimeógrafo maldito todo mundo aqui podia ter sido preso!
JOÃO	– A coisa mais importante da vida pra você é um jantarzinho de aniversário?
MARIA LÚCIA	– Nessa esperança infantil que vocês têm de salvar o mundo estragam a vida de quem tá perto!

Corta rápido para Capítulo 12, parte da Cena 33, APTO. MARIA LÚCIA:

JOÃO	– Como é que pode não darem o prêmio pruma obra-prima dessas!?
MARIA LÚCIA	– "Sabiá" é uma maravilha, João!
JOÃO	– Alienada!
MARIA LÚCIA	– Que critério é esse? A gente tá falando de música!
JOÃO	– O Vandré é um gênio!
MARIA LÚCIA	– Vaiar o Tom? O Chico?
JOÃO	– "Pra não dizer que não falei das flores" é o novo hino nacional brasileiro!
MARIA LÚCIA	– E "Sabiá" é o quê? Lixo?

Corta para tempo real, Maria Lúcia muito pensativa. Durante as próximas falas, Maria Lúcia vai sair discretamente da sala. Só Marcelo vai notar.

SANDRA	– É longe, entre Sarandi e Cruz Alta.
JOÃO	– Eu vou, pego os dados que a gente precisa, volto quando a reorganização partidária vai tá mais quente, só preciso arranjar o dinheiro da passagem, de ônibus até Porto Alegre é barato, de lá eu dou um jeito...

Marcelo indica discretamente a João que Maria Lúcia está saindo. João olha para a porta que se fecha.

JOÃO	– (*a todos*) Cês me dão licença, um instante só...

Corta rápido para:

Cena 61: **PORTA DE EDIFÍCIO (EXT DIA)**

(Uma locação bonita, com verde, talvez Parque Guinle.)
Abre em Maria Lúcia tentando abrir a porta do seu carro. Dá-se conta de que não está conseguindo porque está com os olhos cheios d'água. Enxuga lágrimas, ao mesmo tempo que ouve passos apressados. Vê João correndo da porta do edifício até chegar a ela. Maria Lúcia segura emoção, para que ele não perceba que ela chorou. Quando ficam cara a cara, closes alternados. Muita emoção.

JOÃO — Eu posso transar o emprego no jornal quando voltar, não vou ficar mais de uma semana, eu...

Close de Maria Lúcia. João percebe que não há mais o que dizer. Tempo. Ela dá um beijo no rosto dele.

MARIA LÚCIA — Eu... te admiro muito. Se eu fosse feito você, talvez...

Close de João, entende que é o fim. Maria Lúcia vira as costas para entrar no carro. Ele chama.

JOÃO — Lúcia!

Ela se volta.

JOÃO — Numa coisa... eu tive pensando... esses anos todos... Numa coisa eu acho que você tinha razão. Sobre o festival... "Sabiá" era mais bonita sim, mereceu ganhar.

Maria Lúcia sorri triste, fazendo um carinho no rosto dele, e entra no carro. Dá a partida. João fica olhando o carro de Maria Lúcia se afastar, triste.
Corta.

Cena 62: **APTO. DE MARIA LÚCIA E EDGAR (INT DIA)**

Logo após o final da cena 61 (encontro com João na externa, 1979), Maria Lúcia chega em casa, muito triste. O primeiro plano da cena deve ser de Maria Lúcia abrindo sua porta com sua chave e entrando em casa. Olha a sala, triste. Caminha em direção a um álbum de retratos, pega o álbum, para olhar.
Corta descontínuo para Maria Lúcia folheando o álbum. Close dela, emoção, uma lágrima rola de seu rosto. Corta para close do álbum (que só precisa ser detalhado neste plano). Close de uma foto em preto e branco, bem grande (18 por 24), que deve praticamente encher a tela. É uma foto da nossa turma do Pedro II, em 1964: Maria Lúcia, João, Edgar, Waldir, Galeno, Lavínia e Jurema, de uniforme do colégio. (A foto pode ser tirada com qualquer fundo plausível, desde que seja nítida). Esta foto é o último plano da minissérie. Entram em seguida os créditos finais.

Fim

A todos vocês, tão longe mas tão perto, Dennis, atores, a equipe inteira, todos os que estão tentando fazer conosco uma minissérie bonita, com grande esperança de que voltemos a trabalhar juntos muito breve, o abraço mais afetuoso dos autores.

Anos rebeldes
Gilberto Braga

Conclusão

Anos rebeldes hoje

Se compararmos o Brasil retratado na série com o de hoje por uma perspectiva esquerdista, veremos que as coisas não melhoraram tanto assim. Continuamos nas mãos das mesmas pessoas, basicamente aquelas que na minissérie foram representadas pelo personagem de Fábio, o banqueiro. Era importante mostrar os procedimentos com os quais o governo militar agiu, tanto quanto mostrar que pessoas bacanas, como a Heloísa, morreram.

Os banqueiros continuam tendo enorme poder dentro da política brasileira. Essa figura que financiava os militares continua mandando muito. A seu modo, a direita continua aí, envergonhada de se dizer direita, mas continua. Essa influência pode não ser identificada na figura de uma pessoa específica, mas por meio de financiamentos. Ninguém é eleito sem fazer alianças com a direita e são poucos os que têm coragem de dizer: "Sou de direita." Todo mundo no país diz que é de centro, moderado, mas evidentemente os banqueiros são de direita. Não estão nada preocupados com os problemas dos pobres e não fazem coisa alguma para que haja melhoras. Daí vem a escolha da música que fecha o programa, "Como nossos pais".

Eu gostaria muito de ver uma reapresentação da minissérie. Acho que teríamos chance de fazer ainda mais sucesso do que em 92. Mais do que nunca, o espectador está interessado em assistir a histórias engajadas, os jovens querem conhecer o passado do país.

A minissérie fala de arte, imprensa, sexualidade, afetividade, num painel bastante realista, e seu apelo é inegável. Tivemos a sorte de contar com um grupo de trabalho esplêndido, liderado por Dennis Carvalho. Quero mais.

Infelizmente, a percepção do espectador no formato DVD é diferente daquela de quem viu o programa na televisão. *Anos rebeldes* foi originalmente escrita para ser vista em vinte partes, ou seja, em vinte capítulos separados, cada um deles entremeado de intervalos comerciais. Por conta do DVD ser uma compilação, sem interrupções, e com pequenos cortes de cenas que fizemos a fim de que tudo coubesse em três discos, acho que o conteúdo fica um pouco comprometido.

Por exemplo, na televisão, fiz uma cena longa, com muitos diálogos, para Malu Mader. No meio da discussão, o capítulo terminava e a fala continuava no dia seguinte. No DVD, o espectador assiste à cena de uma vez só. Fica um pouco monótono. Há cenas de discussão muito cansativas para serem vistas no mesmo dia, não foram concebidas para isso. No DVD, se você assistir sem pausas, vai ver até cinco discussões de uma vez. Na minissérie, havia ainda cortes para cenas paralelas que faziam o espectador respirar e muitas dessas ficaram de fora na compilação.

É uma pena que o programa tenha sido compactado, pois *Anos rebeldes* originalmente já é muito acelerado, com cenas cadenciadas e curtas. É uma linguagem muito rápida para a televisão. Quando chegamos por volta do capítulo 11, eu vi que daria para fazer toda a história em quarenta capítulos, o dobro do plano inicial. Eu seria capaz de reescrever a minissérie com a maior facilidade, bastava pegar cada cena e dobrar o tempo, deixando mais espaço para detalhes de comportamento. Na época, preferi não levar essa ideia adiante. Quarenta capítulos iam demorar mais para serem escritos, gravados e finalizados. Eu queria terminar logo, antes que mudassem de ideia e decidissem não levar *Anos rebeldes* ao ar. A censura interna foi um fantasma terrível.

A compactação de vinte capítulos em três discos foi muito trabalhosa. É uma pena que o programa tenha saído nesse formato porque, atualmente, com o sucesso das séries americanas, a própria Globo já lança minisséries completas, com todos os capítulos na íntegra em DVD. *O primo Basílio*, por exemplo, foi lançado dessa forma e tem 16 capítulos. Hoje, no mercado de séries americanas, todas as temporadas de *Sex and The City*, por exemplo, são vendidas com os capítulos inteiros. Essa foi uma das séries que iniciou a proposta do lançamento completo.

Dicas para os iniciantes

Para quem deseja seguir a carreira de roteirista, a principal dica que posso dar é que comece escrevendo para outros veículos, principalmente o teatro. Se você faz uma peça, mesmo que seja realizada por um grupo desconhecido, e se for uma peça de qualidade, pode-se entrar na televisão por cima, porque a TV vai te buscar e perguntar: "Você quer assinar um contrato com a gente?"

No momento, quem quer escrever para televisão não tem uma porta de entrada. Nos contratos de autores da Rede Globo, há uma cláusula que diz sermos proibidos de ler qualquer texto que não seja a mando da emissora. E se a pessoa interessada em escrever para TV vai diretamente à Rede Globo e entrega uma sinopse, não tem garantia de que seu texto será lido.

Esta situação é péssima, tanto para o escritor novato quanto para as emissoras de televisão, pois em alguma gaveta, acumulando mofo, pode estar guardada a sinopse de um *Roque Santeiro*, de uma *Escalada*, de uma *Guerra dos sexos*.

Gostaria de que este cenário se modificasse. Poderia haver leitores profissionais na equipe da Globo para avaliar trabalhos de escritores que ainda não estão no mercado de televisão. Esses leitores dariam um retorno aos aspirantes a roteirista, fosse o parecer positivo ou negativo.

Faço parte da Associação dos Roteiristas. Acho importante dar força à classe. É bom esclarecer que, para ser roteirista contratado, não é preciso fazer parte da associação. Mas me parece importante que a classe esteja unida. Só assim podemos dialogar de igual para igual com os empregadores.

• • •

Gosto muito de trabalhar em equipe. Conto com a colaboração de gente jovem, como João Ximenes Braga e Ricardo Linhares, pessoas muito importantes e que me auxiliam quando tenho a insegurança típica daqueles que já escreveram demais. Minha equipe sempre me incentiva a ousar, e, atualmente, penso que não conseguiria mais escrever sozinho, ao menos para televisão. Após tantos anos fazendo novela, é bom trazer gente nova para procurar temas diferentes, injetar sangue novo nas produções.

Dentro de toda a equipe de colaboradores, não só a minha, mas de modo geral, há alguns que são brilhantes para escrever cenas, mas não têm a chama do novelista. Dificilmente serão os primeiros, o autor principal, o líder. E muitos, amigos meus até, estão satisfeitos assim, ganham um ótimo salário e gostam desse tipo de trabalho. Já outros não, estão batalhando num aprendizado para se tornarem os primeiros.

Hoje em dia há muitos cursos de roteiro e até alguns voltados para televisão. Na minha época, não havia isso, aprendia-se assistindo e testando, escrevendo só ou sob a orientação de alguém, como aconteceu comigo nos primeiros programas que escrevi para a Globo. Minha experiência não é calcada em cursos, mas em ver muita novela, muito filme, muita peça de teatro. Atualmente, quase não vejo novela, mas, quando queria aprender como se fazia, eu assisti a muitas.

Aprendi um pouco com cada autor e muito mais com os que tive chance de trabalhar pessoalmente.

    Apesar da grande oferta de cursos de roteiro, o mercado está fechado. Ao mesmo tempo, a televisão está precisando desesperadamente de novos bons escritores. João Emanuel Carneiro, por exemplo, consagrou-se com o bom trabalho que foi *A favorita*. Ele foi roteirista de *Central do Brasil*. Era desconhecido, mas Walter Salles apostou nele para *Central do Brasil*, um excelente filme, com uma história bem contada. A TV Globo foi procurar por quem havia escrito o roteiro do filme e o chamou. Não foi ele que bateu à porta da emissora pedindo para escrever novela.

Ficha técnica

Autoria: Gilberto Braga
Escrita por: Gilberto Braga e Sérgio Marques
Colaboração: Ricardo Linhares e Ângela Carneiro
Direção: Dennis Carvalho, Sílvio Tendler e Ivan Zettel
Direção geral: Dennis Carvalho
Período de exibição: 14/7/1992 – 14/8/1992
Horário: 22h30
Nº de capítulos: 20

Elenco

Adriana de Brooks – repórter
André Barros – Bernardo
André Pimentel – Waldir
Benvindo Siqueira – Xavier
Bernardo Jablonski – Prof. Juarez
Bete Mendes – Carmem
Betty Lago – Natália
Carla Jardim – Jaqueline
Carlos Gregório – Alberto
Carlos Zara – Queiroz
Cássio Gabus Mendes – João Alfredo Galvão
Castro Gonzaga – Teobaldo
Cininha de Paula – D. Mariléa (censora)
Clara Cresta – Leila
Cláudia Abreu – Heloísa
Denise Del Vecchio – Dolores
Deborah Evelyn – Sandra
Edyr de Castro – Zulmira
Elida L'Astorina – Angela
Emiliano Queiroz – Dr. Alcir
Emílio de Mello – Toledo
Enrique Diaz – Pedro
Eva Wilma – Joana (atriz)
Fatima Freire – Idalina

Fausto Galvão – Michael
Francisco Milani – Inspetor Camargo
Georgia Gomide – Zuleica
Geraldo Del Rey – Orlando Damasceno
Gianfrancesco Guarnieri – Salviano
Hélio Zacchi – Fausto
Herson Capri – Comandante
Ivan Cândido – Abelardo
Jonathan Nogueira – Guilherme
Jorge Coutinho – Pai Betão
José Wilker – Fábio Andrade Brito
Joyce de Oliveira – D. Marli
Kadu Moliterno – Avelar
Leandro Figueiredo – José Rodolfo
Lourdes Mayer – Marta
Malu Mader – Maria Lúcia Damasceno
Malu Valle – D. Célia
Marcelo Novaes – Olavo
Marcelo Serrado – Edgar
Maria Lucia Dahl – Yone
Maria Luiza Galli – Jurema
Maria Padilha – Maria
Maria Rita – Zilá
Mário Cardoso – Capitão Junqueira
Marjorie Andrade – Maria Isabel Soares
Maurício Ferraza – Gustavo
Mila Moreira – Regina
Moacyr Deriquém – diretor de teatro
Nelson Motta – repórter no Festival da Canção
Nildo Parente – Pedro Paulo
Norma Blum – Valquíria
Odilon Wagner – Rolf Haguenauer
Pamela Orlando e Sousa – Maria Clara
Patrícia Novaes – Vera
Paula Newlands – Lavínia
Paulo Carvalho – Sérgio
Paulo Figueiredo – Beloti
Paulo Mendes – Madureira
Pedro Cardoso – Galeno

Roberto Pirillo – Capitão Rangel
Rubens Caribé – Marcelo
Savas Karidakis – Raymond Kohl
Sílvia Salgado – Solange
Simon Khoury – Antunes
Sonia Clara – Glória
Stela Freitas – Dagmar
Stepan Nercessian – Caramuru
Suzana Vieira – Mariana
Terezinha Sodré – Adelaide
Thales Pan Chacon – Nelson
Tuca Andrada – Ubaldo
Yaçanã Martins – Kira
Zeny Pereira – Talita

Produção executiva: Roberto Costa
Coordenação de produção: William de Freitas
Assistência de direção: Alexandre Avancini, Mariana Mesquita e Vinícius Reis
Cenografia: Mário Monteiro
Figurino: Marília Carneiro
Produção de arte: Cristina Médicis
Direção de fotografia: Edgar Moura
Pesquisa de texto: Marília Garcia
Pesquisa de arte: Andréa Penafiel e Anna Maria Backheuser
Assessoria histórica: Rosa Maria Araujo
Edição: Aníbal Veiga e J. Carlos Serra
Continuidade: Rita Erthal e Maria Fernanda Luz
Maquiagem: Jaldete Garcia
Cinédia: Sérgio Perricone e Fernando Camargo
Câmeras: Antônio Laport, José de Oliveira e Lúcio Sibaldi
Iluminação: Marcelo Yamada
Sonoplastia: Adilson Sansão
Coordenação musical: Gilberto Braga
Produção musical: Edom de Oliveira e Felipe Reis
Direção musical: Mariozinho Rocha

Este livro foi composto em tipologia Minion Pro e Univers 10/12
utilizando papel off-set 70g/m² e impresso nas oficinas da Markgraph
para a Editora Rocco, em maio de 2010.